suhrkamp taschenbuch
wissenschaft 615

D1666431

Georg Wilhelm Friedrich Hegel
Werke 15

Georg Wilhelm Friedrich Hegel
Vorlesungen über die Ästhetik III

Suhrkamp

Auf der Grundlage der *Werke* von 1832–1845 neu edierte Ausgabe
Redaktion Eva Moldenhauer und Karl Markus Michel

Klimaneutral
Druckprodukt
ClimatePartner.com/14438-2110-1001

13. Auflage 2024

Erste Auflage 1986
suhrkamp taschenbuch wissenschaft 615
© Suhrkamp Verlag Frankfurt am Main 1970
Suhrkamp Taschenbuch Verlag
Umschlag nach Entwürfen von
Willy Fleckhaus und Rolf Staudt
Druck und Bindung: C. H. Beck, Nördlingen
Printed in Germany
ISBN 978-3-518-28215-1

www.suhrkamp.de

INHALT

Dritter Teil

DAS SYSTEM
DER EINZELNEN KÜNSTE

[Fortsetzung]

Dritter Abschnitt
Die romantischen Künste

Den allgemeinen Übergang aus der Skulptur zu den übrigen Künsten hin bringt, wie wir sahen, das in den Inhalt und die künstlerische Darstellungsweise hineinbrechende Prinzip der *Subjektivität* hervor. Die Subjektivität ist der Begriff des ideell für sich selbst seienden, aus der Äußerlichkeit sich in das innere Dasein zurückziehenden Geistes, der daher mit seiner Leiblichkeit nicht mehr zu einer trennungslosen Einheit zusammengeht.

Aus diesem Übergang folgt deshalb sogleich die Auflösung, das Auseinandertreten dessen, was in der substantiellen, objektiven Einheit der Skulptur in dem Brennpunkte ihrer Ruhe, Stille und abschließenden Abrundung enthalten und ineinandergefaßt ist. Wir können diese Scheidung nach zwei Seiten betrachten. Denn einerseits schlang die Skulptur, in Rücksicht auf ihren *Gehalt,* das Substantielle des Geistes mit der noch nicht in sich als einzelnes Subjekt reflektierten Individualität unmittelbar zusammen und machte dadurch eine *objektive* Einheit in dem Sinne aus, in welchem Objektivität überhaupt das in sich Ewige, Unverrückbare, Wahre, der Willkür und Einzelheit nicht anheimfallende Substantielle bedeutet; andererseits blieb die Skulptur dabei stehen, diesen geistigen Gehalt ganz in die Leiblichkeit als das Belebende und Bedeutende derselben zu ergießen und somit eine neue *objektive* Einigung in *der* Bedeutung des Worts zu bilden, in welcher Objektivität – im Gegensatz des nur Innerlichen und Subjektiven – das äußere reale Dasein bezeichnet.

Trennen sich nun diese durch die Skulptur zum erstenmal einander gemäß gemachten Seiten, so steht jetzt die in sich zurückgetretene Geistigkeit nicht nur dem *Äußeren* überhaupt, der Natur, sowie der eigenen Leiblichkeit des Inneren gegenüber, sondern auch im Bereiche des *Geistigen* selbst ist das Substantielle und Objektive des Geistes, insofern es nicht mehr in einfacher substantieller Individualität gehalten bleibt, von der lebendigen subjektiven Einzelheit als solcher geschieden, und alle diese bisher in eins verschmolzenen Momente werden gegeneinander und für sich selber frei, so daß sie nun auch in dieser Freiheit selbst von der Kunst herauszuarbeiten sind.

1. Dem Inhalte nach erhalten wir dadurch auf der einen Seite die Substantialität des Geistigen, die Welt der Wahrheit und Ewigkeit, das *Göttliche,* das hier aber, dem Prinzip der Subjektivität gemäß, selber als Subjekt, Persönlichkeit, als sich in seiner unendlichen Geistigkeit wissendes Absolutes, als Gott im Geiste und in der Wahrheit von der Kunst gefaßt und verwirklicht wird. Ihm gegenüber tritt die weltliche und *menschliche* Subjektivität heraus, die, als mit dem Substantiellen des Geistes nicht mehr in unmittelbarer Einheit, sich nun ihrer ganzen menschlichen Partikularität nach entfalten kann und die gesamte Menschenbrust und ganze Fülle menschlicher Erscheinung der Kunst zugänglich werden läßt.

Worin nun aber beide Seiten den Punkt ihrer Wiedervereinigung finden, ist das Prinzip der *Subjektivität,* welches beiden gemeinsam ist. Das Absolute erscheint deshalb ebensosehr als lebendiges, wirkliches und somit auch menschliches Subjekt, wie die menschliche und endliche Subjektivität, als geistige, die absolute Substanz und Wahrheit, den göttlichen Geist in sich lebendig und wirklich macht. Die dadurch gewonnene neue Einheit aber trägt nicht mehr den Charakter jener ersten Unmittelbarkeit, wie die Skulptur sie darstellt, sondern einer Einigung und Versöhnung, welche sich wesentlich als Vermittlung unterschiedener Seiten zeigt und ihrem Begriff gemäß sich nur im *Inneren* und Ideellen vollständig kundzugeben vermag.

Ich habe dies bereits bei Gelegenheit der allgemeinen Einteilung unserer gesamten Wissenschaft (Bd. I, S. 118) so ausgedrückt, daß, wenn das Skulpturideal die in sich gediegene Individualität des Gottes in seiner ihm schlechthin angemessenen Leiblichkeit sinnlich und gegenwärtig hinstelle, diesem Objekt jetzt die Gemeinde als die geistige Reflexion in sich gegenübertrete. Der in sich zurückgenommene Geist aber kann sich die Substanz des Geistigen selbst nur als Geist und somit als Subjekt vorstellen und erhält daran zugleich das Prinzip der geistigen Versöhnung der einzelnen Subjektivität mit Gott. Als einzelnes Subjekt jedoch hat der Mensch auch sein zufälliges Naturdasein und einen weiteren oder beschränkteren Kreis endlicher Interessen, Bedürfnisse, Zwecke und Leidenschaften, in welchem er sich ebensosehr verselbständigen und genügen als denselben in jene Vorstellungen von Gott und die Versöhnung mit Gott versenken kann.

2. Was nun *zweitens* für die Darstellung die Seite des *Äußeren* angeht, so wird sie gleichfalls in ihrer Partikularität selbständig und erhält ein Recht, in dieser Selbständigkeit aufzutreten, indem das Prinzip der Subjektivität jenes unmittelbare Entsprechen und sich nach allen Teilen und Beziehungen hin vollendete Durchdringen des Inneren und Äußeren verbietet. Denn Subjektivität ist hier gerade das für sich seiende, aus seinem realen Dasein in das Ideelle, in Empfindung, Herz, Gemüt, Betrachtung zurückgekehrte Innere. Dies Ideelle bringt sich zwar an seiner Außengestalt zur Erscheinung, jedoch in einer Weise, in welcher die Außengestalt selber dartut, sie sei *nur* das Äußere eines innerlich *für sich* seienden Subjekts. Der in der klassischen Skulptur feste Zusammenhang des Leiblichen und Geistigen ist deshalb nicht zu einer totalen Zusammenhangslosigkeit aufgelöst, doch so gelockert und lose gemacht, daß beide Seiten, obschon keine ohne die andere ist, in diesem Zusammenhange ihre partikulare Selbständigkeit gegeneinander bewahren oder doch, wenn eine tiefere Einigung wirklich gelingt, die Geistigkeit als das über seine Verschmelzung mit dem Objektiven und Äußeren hinausgehende Innere zum

wesentlich herausleuchtenden Mittelpunkte wird. Es kommt deshalb, um dieser relativ vermehrten Selbständigkeit des Objektiven und Realen willen, hier zwar am meisten auch zur Darstellung der äußeren Natur und ihrer selbst vereinzelten, partikularsten Gegenstände, doch, aller Treue der Auffassung unerachtet, müssen dieselben in diesem Falle dennoch einen Widerschein des Geistigen an ihnen offenbar werden lassen, indem sie in der Art ihrer künstlerischen Realisation die Teilnahme des Geistes, die Lebendigkeit der Auffassung, das Sicheinleben des Gemüts selbst in dieses letzte Extrem der Äußerlichkeit und somit ein Inneres und Ideelles sichtbar machen.

Im ganzen führt deshalb das Prinzip der Subjektivität die Notwendigkeit mit sich, einerseits die unbefangene Einigkeit des Geistes mit seiner Leiblichkeit aufzugeben und das Leibliche mehr oder weniger negativ zu setzen, um die Innerlichkeit aus dem Äußeren herauszuheben, andererseits dem Partikularen der Mannigfaltigkeit, Spaltung und Bewegung des Geistigen wie des Sinnlichen einen freien Spielraum zu verschaffen.

3. Dies neue Prinzip hat sich *drittens* nun auch an dem sinnlichen *Material* geltend zu machen, dessen die Kunst sich zu ihren neuen Darstellungen bedient.

a) Das bisherige Material war das Materielle als solches, die schwere Masse in der *Totalität* ihres räumlichen Daseins sowie in der einfachen Abstraktion der Gestalt als bloßer *Gestalt*. Tritt nun das *subjektive* und zugleich an sich selbst partikularisierte, erfüllte Innere in dieses Material herein, so wird es, um als Inneres herausscheinen zu können, an diesem Material einesteils zwar die räumliche Totalität tilgen und sie aus ihrem unmittelbaren Dasein in entgegengesetzter Weise zu einem vom *Geiste* hervorgebrachten Schein verwandeln, andererseits aber sowohl in betreff auf die Gestalt als deren äußere sinnliche Sichtbarkeit die ganze Partikularität des Erscheinens hinzubringen müssen, welche der neue Inhalt erfordert. Im Sinnlichen und Sichtbaren aber hat sich hier die Kunst zunächst noch zu bewegen, weil, dem bisherigen Gange zufolge, das Innere allerdings als Reflexion-in-sich zu fassen ist, zugleich aber als Zurückgehen seiner in sich *aus der Äußerlichkeit und Leiblichkeit* und somit als ein Zusichselberkommen zu erscheinen hat, das sich auf einem ersten Standpunkte nur wieder an dem objektiven Dasein der Natur und der leiblichen Existenz des Geistigen selber dartun kann.

Die *erste* unter den romantischen Künsten wird deshalb in der angegebenen Art ihren Inhalt noch in den Formen der äußeren menschlichen Gestalt und der gesamten Naturgebilde überhaupt sichtbar herausstellen, ohne jedoch bei der Sinnlichkeit und Abstraktion der Skulptur stehenzubleiben. Diese Aufgabe macht den Beruf der *Malerei* aus.

b) Insofern nun aber in der Malerei nicht wie in der Skulptur die schlechthin vollbrachte Ineinsbildung des Geistigen und Leiblichen den Grundtypus liefert, sondern umgekehrt das Hervorscheinen des in sich konzentrierten Inneren, so ergibt sich überhaupt die räumliche Außengestalt als ein der Subjektivität des Geistes nicht wahrhaft gemäßes Ausdrucksmittel. Die Kunst verläßt deshalb ihre bisherige Gestaltungsweise und ergreift statt der Figurationen des Räumlichen die Figurationen des *Tons* in seinem zeitlichen Klingen und Verklingen; denn der Ton, indem er nur durch das Negativgesetztsein der räumlichen Materie sein ideelleres zeitliches Dasein gewinnt, entspricht dem Inneren, das sich selbst seiner subjektiven Innerlichkeit nach als *Empfindung* erfaßt und jeden Gehalt, wie er in der inneren Bewegung des Herzens und Gemütes sich geltend macht, in der Bewegung der Töne ausdrückt. Die zweite Kunst, welche diesem Prinzip der Darstellung folgt, ist die *Musik*.

c) Dadurch stellt sich jedoch die Musik wiederum nur auf die entgegengesetzte Seite und hält, den bildenden Künsten gegenüber, sowohl in Rücksicht auf ihren Inhalt als auch in betreff des sinnlichen Materials und der Ausdrucksweise an der Gestaltlosigkeit des Inneren fest. Die Kunst aber hat der Totalität ihres Begriffs gemäß nicht *nur* das Innere, sondern ebensosehr die Erscheinung und Wirklichkeit desselben in seiner *äußeren Realität* vor die Anschauung zu bringen. Wenn nun die Kunst aber das wirkliche Hineinbilden in die wirkliche und damit sichtbare Form der Objektivität verlassen und sich zum Elemente der Innerlichkeit herübergewendet hat, so kann die Objektivität, der sie sich von neuem zukehrt, nicht mehr die *reale,* sondern eine bloß *vorgestellte* und für die innere Anschauung, Vorstellung und Empfindung gestaltete Äußerlichkeit sein, deren Darstellung, als Mitteilung des in seinem eigenen Bereiche schaffenden Geistes an den Geist, das *sinnliche* Material seiner Kundgebung nur als bloßes Mitteilungsmittel gebrauchen und deshalb zu einem für sich bedeutungslosen Zeichen heruntersetzen muß. Die *Poesie,* die Kunst der Rede, welche sich auf diesen Standpunkt stellt und – wie der Geist sonst schon durch die Sprache, was er in sich trägt, dem Geiste verständlich macht – so nun auch ihre Kunstproduktionen der sich zu einem selbst künstlerischen Organe ausbildenden Sprache einverleibt, ist zugleich, weil sie die *Totalität* des Geistes in ihrem Elemente entfalten kann, die *allgemeine* Kunst, die allen Kunstformen gleichmäßig angehört und nur da ausbleibt, wo der sich in seinem höchsten Gehalte noch unklare Geist seiner eigenen Ahnungen sich nur in Form und Gestalt des ihm selbst Äußeren und Anderen bewußt zu werden vermag.

Erstes Kapitel
Die Malerei

Der gemäßeste Gegenstand der Skulptur ist das ruhige substantielle Versenktsein des Charakters in sich, dessen geistige Individualität ganz in das leibliche Dasein zu vollständiger Durchdringung herausgeht und das sinnliche Material, das diese Verkörperung des Geistes darstellt, nur nach seiten der Gestalt als solcher dem Geiste adäquat macht. Der Punkt der inneren Subjektivität, die Lebendigkeit des Gemüts, die Seele der eigensten Empfindung hat die blicklose Gestalt weder zur Konzentration des Inneren zusammengefaßt, noch zur geistigen Bewegung, zur Unterscheidung vom Äußeren und zur inneren Unterscheidung auseinandergetrieben. Dies ist der Grund, weshalb uns die Skulpturwerke der Alten zum Teil kaltlassen. Wir verweilen nicht lange dabei, oder unser Verweilen wird zu einem mehr gelehrten Studium der feinen Unterschiede der Gestalt und ihrer einzelnen Formen. Man kann es den Menschen nicht übelnehmen, wenn sie für die hohen Skulpturwerke nicht das hohe Interesse zeigen, das dieselben verdienen. Denn wir müssen es erst lernen, sie zu schätzen; sogleich werden wir entweder nicht angezogen, oder der allgemeine Charakter des Ganzen ergibt sich bald, und für das Nähere müssen wir uns dann erst nach dem umsehen, was ein weiteres Interesse gibt. Ein Genuß aber, der erst aus Studium, Nachdenken, gelehrter Kenntnis und vielfachem Beobachten hervorgehen kann, ist nicht der unmittelbare Zweck der Kunst. Und was selbst bei einem auf diesen Umwegen erworbenen Genuß immer noch in den alten Skulpturwerken unbefriedigt bleibt, ist die Forderung, daß ein Charakter sich entwickle, zur Tätigkeit und Handlung nach außen, zur Besonderung und Vertiefung des Inneren übergehe. Einheimischer wird uns deshalb sogleich bei der Malerei. In ihr nämlich bricht sich das Prinzip der endlichen und in sich unendlichen Subjektivität, das Prinzip unseres eigenen Daseins und Lebens, zum erstenmal Bahn, und wir sehen in ihren Gebilden das, was in uns selber wirkt und tätig ist.

Der Gott der Skulptur bleibt der Anschauung als bloßes Objekt gegenüber, in der Malerei dagegen erscheint das Göttliche an sich selber als geistiges lebendiges Subjekt, das in die Gemeinde herübertritt und jedem Einzelnen die Möglichkeit gibt, sich mit ihm in geistige Gemeinschaft und Vermittlung zu setzen. Das Substantielle ist dadurch nicht wie in der Skulptur ein in sich beharrendes, erstarrtes Individuum, sondern in die Gemeinde selbst herübergetragen und besondert.

Dasselbe Prinzip unterscheidet nun auch ebensosehr das Subjekt von seiner eigenen Leiblichkeit und äußeren Umgebung überhaupt, als es auch das Innere mit derselben in Vermittlung bringt. In den Kreis dieser subjektiven Besonderung – als Verselbständigung des Menschen gegen Gott, Natur, innere und äußere Existenz anderer Individuen sowie umgekehrt als innigste Beziehung und festes Verhältnis Gottes zur Gemeinde und des partikularen Menschen zu Gott, Naturumgebung und den unendlich vielfachen Bedürfnissen, Zwecken, Leidenschaften, Handlungen und Tätigkeiten des menschlichen Daseins – fällt die ganze Bewegung und Lebendigkeit, welche die Skulptur sowohl ihrem Inhalt als auch ihren Ausdrucksmitteln nach vermissen läßt, und führt eine unermeßliche Fülle des Stoffs und breite Mannigfaltigkeit der Darstellungsweise, die bisher gefehlt hatte, neu in die Kunst herein. So ist das Prinzip der Subjektivität auf der einen Seite der Grund der Besonderung, auf der anderen aber ebenso das Vermittelnde und Zusammenfassende, so daß die Malerei nun auch das in ein und demselben Kunstwerke vereinigt, was bis jetzt zweien verschiedenen Künsten zufiel: die äußere Umgebung, welche die Architektur künstlerisch behandelte, und die an sich selbst geistige Gestalt, die von der Skulptur erarbeitet wurde. Die Malerei stellt ihre Figuren in eine von ihr selbst in dem gleichen Sinn erfundene äußere Natur oder architektonische Umgebung hinein und weiß dies Äußerliche durch Gemüt und Seele der Auffassung ebensosehr zu einer zugleich subjektiven Abspiegelung zu machen, als sie es mit dem Geist der sich darin bewegenden Gestalten in Verhältnis und Einklang zu setzen versteht.

Dies wäre das Prinzip für das Neue, was die Malerei zu der bisherigen Darstellungsweise der Kunst herzubringt.

Fragen wir jetzt nach dem Gange, den wir uns für die bestimmtere Betrachtung vorzuschreiben haben, so will ich hier folgende Einteilung feststellen:

Erstens müssen wir uns wiederum nach dem *allgemeinen Charakter* umsehen, den die Malerei ihrem Begriff nach in Rücksicht auf ihren spezifischen Inhalt sowie in betreff auf das mit diesem Gehalt zusammenstimmende Material und die dadurch bedingte künstlerische Behandlung anzunehmen hat.

Zweitens sind sodann die *besonderen* Bestimmungen zu entwickeln, welche in dem Prinzip des Inhalts und der Darstellung liegen und den entsprechenden Gegenstand der Malerei sowie die Auffassungsweisen, Komposition und das malerische Kolorit fester begrenzen.

Drittens vereinzelt sich durch solche Besonderungen die Malerei zu verschiedenen Schulen, welche, wie in den übrigen Künsten, so auch hier ihre historischen Entwicklungsstufen haben.

1. Allgemeiner Charakter der Malerei

Wenn ich als das wesentliche Prinzip der Malerei die innere Subjektivität in ihrer Himmel und Erde umfassenden Lebendigkeit der Empfindung, Vorstellung und Handlung, in der Mannigfaltigkeit der Situationen und äußeren Erscheinungsweisen im Leiblichen angegeben und den Mittelpunkt der Malerei dadurch in die romantische, christliche Kunst hineinverlegt habe, so kann jedem sogleich die Instanz einfallen, daß nicht nur bei den Alten vortreffliche Maler zu finden sind, welche in dieser Kunst ebenso hoch als in der Skulptur, d. h. auf der höchsten Stufe standen, sondern daß auch andere Völker, wie die Chinesen, Inder, Ägypter usf., sich nach seiten der Malerei hin Ruhm erworben haben. Allerdings ist die Malerei durch die Mannigfaltigkeit der Gegenstände, die sie ergreifen, und der Art, in welcher sie dieselben ausführen kann, auch in ihrer Verbreitung über verschiedene Völker weniger beschränkt; dies macht aber nicht den Punkt aus, auf den es ankommt. Sehen wir nur auf das Empirische, so ist dies und jenes in dieser und jener Art von diesen und anderen Nationen in den verschiedensten Zeiten produziert worden; die tiefere Frage jedoch geht auf das *Prinzip* der Malerei, auf die Untersuchung ihrer Darstellungsmittel und dadurch auf die Feststellung desjenigen Inhalts, der durch *seine Natur selbst* mit dem Prinzip gerade der *malerischen* Form und Darstellungsweise übereinstimmt, so daß diese Form die schlechthin entsprechende dieses Inhalts wird. – Wir haben von der Malerei der Alten nur wenige Überbleibsel: Gemälde, denen man es ansieht, daß sie weder zu den vortrefflichsten des Altertums gehören, noch von den berühmtesten Meistern ihrer Zeit gemacht sein können. Wenigstens ist das, was man in Privathäusern der Alten durch Ausgrabungen gefunden hat, von dieser Art. Dennoch müssen wir die Zierlichkeit des Geschmacks, das Passende der Gegenstände, die Deutlichkeit der Gruppierung sowie die Leichtigkeit der Ausführung und Frische des Kolorits bewundern, Vorzüge, die gewiß noch in einem weit höheren Grade den ursprünglichen Vorbildern eigen waren, nach welchen z. B. die Wandgemälde in dem sogenannten Hause des Tragödiendichters zu Pompeji gearbeitet worden sind. Von namhaften Meistern ist leider nichts auf uns gekommen. Wie vortrefflich nun aber auch diese ursprünglicheren Gemälde gewesen sein mögen, so steht dennoch zu behaupten, daß die Alten bei der unerreichbaren Schönheit ihrer Skulpturen die Malerei nicht zu dem Grade der eigentlich malerischen Ausbildung bringen konnten, welchen dieselbe in der christlichen Zeit des Mittelalters und vornehmlich des sechzehnten und siebzehnten Jahrhunderts gewonnen hat. Dies Zurückbleiben der Malerei hinter der Skulptur ist bei den Alten an und für sich zu präsumieren, weil der eigentlichste Kern der griechischen Anschauung mehr als mit jeder anderen Kunst gerade mit dem Prinzip dessen zusammenstimmt, was die Skulptur irgend zu leisten imstande ist. In der Kunst aber läßt sich der geistige Gehalt nicht von der Darstellungsweise abscheiden. Fragen wir in dieser Rücksicht, weshalb die Malerei erst durch den Inhalt der romantischen Kunstform zu ihrer eigentümlichen Höhe emporgebracht sei, so ist eben die Innigkeit der Empfindung, die Seligkeit und der Schmerz des Gemüts dieser tiefere, eine geistige Beseelung fordernde Gehalt, welcher der höheren malerischen Kunstvollkommenheit den Weg gebahnt und dieselbe notwendig gemacht hat.

Ich will als Beispiel in dieser Rücksicht nur an das wieder erinnern, was Raoul Rochette von der Auffassung der Isis, die den Horus auf den Knien hält, anführt. Im allgemeinen ist das Sujet hier dasselbe mit dem Gegenstande christlicher Madonnenbilder: eine göttliche Mutter mit ihrem Kinde. Der Unterschied aber der Auffassung und Darstellung dessen, was in diesem Gegenstande liegt, ist ungeheuer. Die ägyptische Isis, welche in Basreliefs in solcher Situation vorkommt, hat nichts Mütterliches, keine Zärtlichkeit, keinen Zug der Seele und Empfindung, wie sie doch selbst den steiferen byzantinischen Madonnenbildern nicht gänzlich fehlt. Was hat nun nicht gar Raffael oder irgendein anderer der großen italienischen Meister aus der Madonna und dem Christuskinde gemacht. Welche Tiefe der Empfindung, welch geistiges Leben, welche Innigkeit und Fülle, welche Hoheit oder Lieblichkeit, welch menschliches und doch ganz von göttlichem Geiste durchdrungenes Gemüt spricht uns aus jedem Zuge an. Und in wie unendlich mannigfaltigen Formen und Situationen ist dieser eine Gegenstand oft von den gleichen Meistern und mehr noch von verschiedenen Künstlern dargestellt worden. Die Mutter, die reine Jungfrau, die körperliche, die geistige Schönheit, Hoheit, Liebreiz, alles dies und bei weitem mehr ist abwechselnd als Hauptcharakter des Ausdrucks herausgehoben. Überall aber ist es nicht die sinnliche Schönheit der Formen, sondern die geistige Beseelung, durch welche die Meisterschaft sich kundgibt und auch zur Meisterschaft der Darstellung führt. – Nun hat zwar die griechische Kunst die ägyptische weit überflügelt und auch den Ausdruck des menschlichen Inneren sich zum Gegenstande gemacht, aber die Innigkeit und Tiefe der Empfindung, welche in der christlichen Ausdrucksweise liegt, war sie doch nicht zu erreichen imstande und strebte auch ihrem ganzen Charakter nach gar nicht dieser Art der Beseelung zu. Der schon öfter von mir angeführte Faun z. B., der den jungen Bacchus auf den Armen hält, ist von höchster Lieblichkeit und Liebenswürdigkeit. Ebenso die Nymphen, die den Bacchus pflegen, eine Situation, welche eine kleine Gemme in schönster Gruppierung darstellt. Hier haben wir die ähnliche Empfindung unbefangener, begierdeloser, sehnsuchtsloser Liebe zum Kinde, aber selbst abgesehen von dem Mütterlichen, hat der Ausdruck dennoch die innere Seele, die Tiefe des Gemüts, welcher wir in christlichen Gemälden begegnen, in keiner Weise. Die Alten mögen zwar Porträts vortrefflich gemalt haben, aber weder ihre Auffassung der Naturdinge noch ihre Anschauung von menschlichen und göttlichen Zuständen ist der Art gewesen, daß in betreff der Malerei eine so innige Begeistigung als in der christlichen Malerei könnte zum Ausdruck gekommen sein.

Daß aber die Malerei diese subjektivere Art der Beseelung fordern muß, liegt schon in ihrem Material. Ihr sinnliches Element nämlich, in welchem sie sich bewegt, ist die Verbreitung in die Fläche und das Gestalten durch die *Besonderung* der Farben, wodurch die Form der Gegenständlichkeit, wie sie für die Anschauung ist, zu einem vom Geist an die Stelle der realen Gestalt selbst gesetzten künstlerischen Scheine verwandelt wird. Im Prinzip dieses Materials liegt es, daß das Äußerliche nicht mehr für sich in seinem – wenn auch von Geistigem beseelten – wirklichen Dasein letzte Gültigkeit behalten soll, sondern in dieser Realität gerade zu einem bloßen Scheinen des *inneren* Geistes herabgebracht werden muß, der sich für sich als Geistiges anschauen will. Einen anderen Sinn, wenn wir die Sache tiefer fassen, hat dieser Fortgang von der totalen Skulpturgestalt her nicht. Es ist das Innere des Geistes, das sich im Widerschein der

Äußerlichkeit *als Inneres* auszudrücken unternimmt. Ebenso führt dann zweitens die Fläche, auf welcher die Malerei ihre Gegenstände erscheinen macht, schon für sich zu Umgebungen, Bezüglichkeiten, Verhältnissen hinaus, und die Farbe fordert als *Besonderung* des Scheinens nun auch eine Besonderheit des Inneren, welche erst durch Bestimmtheit des Ausdrucks, der Situation und Handlung klarwerden kann und deshalb unmittelbar Mannigfaltigkeit, Bewegung und partikulares inneres und äußeres Leben erheischt. Dies Prinzip der Innerlichkeit als solcher, welche zugleich in ihrem wirklichen Erscheinen mit der Vielgestaltigkeit des äußeren Daseins verknüpft ist und sich aus dieser partikularen Existenz heraus als in sich gesammeltes Fürsichsein zu erkennen gibt, haben wir aber als das Prinzip der romantischen Kunstform gesehen, in deren Gehalt und Darstellungsart deshalb das Element der Malerei einzig und allein seinen *schlechthin entsprechenden* Gegenstand hat. Umgekehrt können wir gleichfalls sagen, die romantische Kunst, wenn sie zu Kunstwerken fortgehen wolle, müsse sich ein Material suchen, das mit ihrem Inhalte zusammenfalle, und finde dasselbe zunächst in der Malerei, welche deshalb in allen übrigen Gegenständen und Auffassungen mehr oder weniger formell bleibt. Wenn es daher außer der christlichen Malerei auch eine orientalische, griechische und römische gibt, so bleibt dennoch die Ausbildung, welche diese Kunst innerhalb der Grenzen des Romantischen gewonnen hat, ihr eigentlicher Mittelpunkt, und wir können von orientalischer und griechischer Malerei nur so sprechen, wie wir auch in der Skulptur, die im klassischen Ideal wurzelte und mit der Darstellung desselben ihre wahre Höhe erreichte, von einer christlichen Skulptur zu reden hatten, d. h. wir müssen zugestehen, daß die Malerei erst im Stoffe der romantischen Kunstform den Inhalt erfaßt, der ihren Mitteln und Formen vollständig zusagt und deshalb auch in Behandlung solcher Gegenstände erst ihre Mittel nach allen Seiten gebrauchen und erschöpfen lernt.

Verfolgen wir diesen Punkt zunächst ganz im allgemeinen, so ergibt sich daraus für den *Inhalt, das Material* und die künstlerische *Behandlungsweise* der Malerei folgendes.

a. Hauptbestimmung des Inhalts

Die Hauptbestimmung, sahen wir, ist für den *Inhalt* des Malerischen die für sich seiende Subjektivität.

α) Dadurch kann nun weder nach seiten des *Inneren* die Individualität ganz in das Substantielle eingehen, sondern muß im Gegenteil zeigen, wie sie jeden Gehalt in sich als dieses Subjekt enthält und in demselben sich, ihr Inneres, die eigene Lebendigkeit ihres Vorstellens und Empfindens hat und ausdrückt, – noch kann die *äußere* Gestalt schlechthin wie in der Skulptur von der inneren Individualität beherrscht erscheinen. Denn die Subjektivität, obschon sie das Äußere als die ihr zugehörige Objektivität durchdringt, ist dennoch zugleich aus dem Objektiven in sich zurückgehende Identität, welche durch diese Beschlossenheit in sich gegen das Äußerliche gleichgültig wird und dasselbe frei läßt. Wie deshalb in der *geistigen* Seite des Inhalts das Einzelne der Subjektivität nicht mit der Substanz und Allgemeinheit unmittelbar in Einheit gesetzt, sondern zur Spitze des Fürsichseins in sich reflektiert ist, so wird nun auch im Äußeren der Gestalt die Besonderheit und Allgemeinheit derselben aus jener plastischen Vereinigung zum Vorwalten des Einzelnen und somit Zufälligeren und Gleichgültigeren in *der* Weise fortgehen, in welcher dies auch sonst schon in der empirischen Wirklichkeit der herrschende Charakter aller Erscheinungen ist.

β) Ein *zweiter* Punkt bezieht sich auf die *Ausdehnung,* welche die Malerei durch ihr Prinzip in Rücksicht auf die darzustellenden Gegenstände erhält.

Die freie Subjektivität läßt einerseits der gesamten Breite der Naturdinge und allen Sphären der menschlichen Wirklichkeit ihr selbständiges Dasein, andererseits aber kann sie sich in alles Besondere hineinbegeben und es zum Inhalt des

Inneren machen; ja erst in diesem Verflochtensein mit der konkreten Wirklichkeit erweist sie sich selbst als konkret und lebendig. Dadurch wird es dem Maler möglich, eine Fülle von Gegenständen in das Gebiet seiner Darstellungen hineinzunehmen, welche der Skulptur unzugänglich bleiben. Der ganze Kreis des Religiösen, die Vorstellungen von Himmel und Hölle, die Geschichte Christi, der Jünger, Heiligen usf., die äußere Natur, das Menschliche bis zu dem Vorüberfliehendsten in Situationen und Charakteren, alles und jedes kann hier Platz gewinnen. Denn zur Subjektivität gehört auch das Besondere, Willkürliche und Zufällige des Interesses und Bedürfnisses, das sich deshalb gleichfalls zur Auffassung hervordrängt.

γ) Hiermit hängt die *dritte* Seite zusammen, daß die Malerei das *Gemüt* zum Inhalt ihrer Darstellungen ergreift. Was im Gemüt lebt, ist nämlich in subjektiver Weise vorhanden, wenn es seinem Gehalt nach auch das Objektive und Absolute als solches ist. Denn die Empfindung des Gemüts kann zwar zu ihrem Inhalte das Allgemeine haben, das jedoch als Empfindung nicht die Form dieser Allgemeinheit beibehält, sondern so erscheint, wie *ich* als dieses bestimmte Subjekt mich darin weiß und empfinde. Um objektiven Gehalt in seiner Objektivität herauszustellen, muß ich mich selbst vergessen. So bringt die Malerei allerdings das Innere in Form äußerer Gegenständlichkeit vor die Anschauung, aber ihr eigentlicher Inhalt, den sie ausdrückt, ist die empfindende Subjektivität; weshalb sie denn auch nach der Seite der Form nicht so bestimmte Anschauungen des Göttlichen z. B. als die Skulptur zu liefern vermag, sondern nur unbestimmtere Vorstellungen, die in die Empfindung fallen. Dem scheint zwar der Umstand zu widersprechen, daß wir auch die äußere Umgebung des Menschen, Gebirge, Täler, Wiesen, Bäche, Bäume, Gesträuch, Schiffe, das Meer, Wolken und Himmel, Gebäude, Zimmer usf., vielfach von den berühmtesten Malern zum Gegenstande von Gemälden vorzugsweise ausgewählt sehen; doch was in solchen Kunstwerken den Kern ihres Inhaltes ausmacht, sind nicht diese Gegenstände selbst, sondern die Lebendigkeit und Seele der subjektiven Auffassung und Ausführung, das Gemüt des Künstlers, das sich in seinem Werke abspiegelt und nicht nur ein bloßes Abbild äußerer Objekte, sondern zugleich sich selbst und sein Inneres liefert. Gerade dadurch erweisen sich die Gegenstände in der Malerei auch nach dieser Seite als gleichgültiger, weil das Subjektive an ihnen anfängt als Hauptsache hervorzustechen. In dieser Wendung gegen das Gemüt, das bei Gegenständen der äußeren Natur oft nur ein allgemeiner Klang der Stimmung sein kann, die hervorgebracht wird, unterscheidet sich die Malerei am meisten von Skulptur und Architektur, indem sie mehr in die Nähe der Musik tritt und aus der bildenden Kunst her den Übergang zu der tönenden macht.

b. Das sinnliche Material der Malerei

Das sinnliche *Material* nun *zweitens* der Malerei, im Unterschiede von der Skulptur, habe ich bereits mehrfach dem allgemeinsten Grundzuge nach angegeben, so daß ich hier nur den näheren Zusammenhang berühren will, in welchem dies Material mit dem geistigen Inhalt steht, den es vorzugsweise zur Darstellung zu bringen hat.

α) Das nächste, was in dieser Rücksicht muß in Betracht gezogen werden, ist der Umstand, daß die Malerei die räumliche Totalität der *drei* Dimensionen zusammenzieht. Die vollständige Konzentration wäre die in den Punkt als Aufhebung des Nebeneinander überhaupt und als Unruhe-in-sich dieses Aufhebens, wie sie dem Zeitpunkt zukommt. Zu dieser konsequent durchgeführten Negation aber geht erst die Musik fort. Die Malerei dagegen läßt das Räumliche noch bestehen und tilgt nur *eine* der drei Dimensionen, so daß sie die *Fläche* zum Element ihrer Darstellungen macht. Dies Vermindern der drei Dimensionen zur Ebene liegt in dem Prinzip des Innerlichwerdens, das sich am Räumlichen als Innerlichkeit nur dadurch hervortun kann, daß es die

Totalität der Äußerlichkeit nicht bestehen läßt, sondern sie beschränkt.

Gewöhnlich ist man geneigt zu meinen, diese Reduktion sei eine Willkür der Malerei, durch welche ihr ein Mangel anklebe. Denn sie wolle ja doch Naturgegenstände in deren ganzer Realität oder geistige Vorstellungen und Empfindungen vermittels des menschlichen Körpers und dessen Gebärden anschaulich machen; für diesen Zweck aber sei die Fläche unzureichend und bleibe hinter der Natur zurück, welche in ganz anderer Vollständigkeit auftrete.

αα) Allerdings ist die Malerei in Rücksicht auf das materiell Räumliche noch abstrakter als die Skulptur; aber diese Abstraktion, weit entfernt, eine bloß willkürliche Beschränkung oder menschliche Ungeschicklichkeit der Natur und ihren Produktionen gegenüber zu sein, macht gerade den notwendigen Fortgang von der Skulptur her aus. Schon die Skulptur war nicht ein Nachbilden bloß des natürlichen, leiblichen Daseins, sondern ein Reproduzieren aus dem Geist und streifte deshalb von der Gestalt alle die Seiten der gewöhnlichen Naturexistenz ab, welche dem bestimmten darzustellenden Inhalt nicht entsprachen. Dies betraf in der Skulptur die Partikularität der Färbung, so daß nur die Abstraktion der sinnlichen Gestalt übrigblieb. In der Malerei tritt nun das Entgegengesetzte ein, denn ihr Inhalt ist die geistige Innerlichkeit, die nur im Äußeren kann zum Vorschein kommen, als aus demselben in sich hineingehend. So arbeitet die Malerei zwar auch für die Anschauung, doch in einer Weise, in welcher das Objektive, das sie darstellt, nicht ein wirkliches, totales, räumliches Naturdasein bleibt, sondern zu einem Widerschein des *Geistes* wird, in welchem er seine Geistigkeit nur insofern offenbar macht, als er das reale Dasein aufhebt und es zu einem bloßen Scheinen im Geistigen fürs Geistige umschafft.

ββ) Dadurch *muß* hier die Malerei der räumlichen Totalität Abbruch tun und braucht nicht etwa nur aus Beschränktheit der menschlichen Natur auf diese Vollständigkeit Verzicht zu leisten. Indem nämlich der Gegenstand der Malerei seinem räumlichen Dasein nach nur ein Scheinen des geistigen Inneren ist, das die Kunst für den Geist darstellt, löst sich die Selbständigkeit der wirklichen, räumlich vorhandenen Existenz auf und erhält eine weit engere Beziehung auf den Zuschauer als beim Skulpturwerk. Die Statue ist für sich überwiegend selbständig, unbekümmert um den Beschauer, der sich hinstellen kann, wohin er will; sein Standpunkt, seine Bewegungen, sein Umhergehen ist für das Kunstwerk etwas Gleichgültiges. Soll diese Selbständigkeit noch bewahrt sein, so muß das Skulpturbild nun auch dem Zuschauer auf jedem Standpunkte etwas geben können. Bewahrt aber muß dies Fürsichsein des Werks in der Skulptur bleiben, weil sein Inhalt das äußerlich und innerlich auf sich Beruhende, Abgeschlossene und Objektive ist. In der Malerei dagegen, deren Gehalt die Subjektivität, und zwar die in sich zugleich partikularisierte Innerlichkeit ausmacht, hat eben auch diese Seite der Entzweiung im Kunstwerk als Gegenstand und Zuschauer hervorzutreten, doch sich unmittelbar dadurch aufzulösen, daß das Werk, als das Subjektive darstellend, nun auch seiner ganzen Darstellungsweise nach die Bestimmung herauskehrt, wesentlich nur für das Subjekt, für den Beschauer und nicht selbständig für sich dazusein. Der Zuschauer ist gleichsam von Anfang an mit dabei, mit eingerechnet, und das Kunstwerk nur für diesen festen Punkt des Subjekts. Für diese Beziehung auf die *Anschauung* und deren geistigen Reflex aber ist das bloße Scheinen der Realität genug und die wirkliche Totalität des Raums sogar störend, weil dann die angeschauten Objekte für sich selbst ein Dasein behalten und nicht nur durch den Geist für seine eigene Anschauung darstellig gemacht erscheinen. Die Natur vermag deshalb ihre Gebilde nicht auf eine Ebene zu reduzieren, denn ihre Gegenstände haben und sollen zugleich ein reales Fürsichsein haben; in der Malerei jedoch liegt die Befriedigung nicht im wirklichen Sein, sondern in dem bloß theoretischen Interesse an dem äußerlichen Widerscheinen des Inneren, und sie entfernt damit alle Bedürftigkeit und Anstalt zu einer räumlichen, totalen Realität und Organisation.

γγ) Mit dieser Reduktion auf die Fläche hängt nun auch *drittens* der Umstand zusammen, daß die Malerei zur Architektur nur in einem entfernteren Bezuge steht als die Skulptur. Denn Skulpturwerke, selbst wenn sie selbständig für sich auf öffentlichen Plätzen oder in Gärten aufgestellt werden, bedürfen immer eines architektonisch behandelten Postamentes, während in Zimmern, Vorplätzen, Hallen usf. entweder die Baukunst nur als Umgebung der Statuen dient oder umgekehrt Skulpturbilder als Ausschmückung von Gebäuden gebraucht werden und zwischen beiden dadurch ein engerer Zusammenhang stattfindet. Die Malerei dagegen, sei es in eingeschlossenen Zimmern oder in offenen Hallen und im Freien, beschränkt sich auf die Wand. Sie hat ursprünglich nur die Bestimmung, leere Wandflächen auszufüllen. Diesem Berufe genügt sie hauptsächlich bei den Alten, welche die Wände der Tempel und später auch der Privatwohnungen in solcher Weise verzierten. Die gotische Baukunst, deren Hauptaufgabe die Umschließung in den grandiosesten Verhältnissen ist, bietet zwar noch größere Flächen, ja die immensesten, welche zu denken sind, doch tritt bei ihr sowohl für das Äußere als auch für das Innere der Gebäude die Malerei nur in den früheren Mosaiken als Ausschmückung leerer Flächen ein; die spätere Architektur des vierzehnten Jahrhunderts besonders füllt im Gegenteil ihre ungeheuren Wandungen in einer selbst architektonischen Weise aus, wovon die Hauptfassade des Straßburger Münsters das großartigste Beispiel liefert. Hier sind die leeren Flächen, außer den Eingangstüren, der Rose und den Fenstern, durch die über die Mauern hingezogenen fensterartigen Verzierungen sowie durch Figuren mit vieler Zierlichkeit und Mannigfaltigkeit ausgeschmückt, so daß es dazu keiner Malereien mehr bedarf. Für die religiöse Architektur tritt daher die Malerei vornehmlich erst in Gebäuden wieder auf, welche sich dem Typus der alten Baukunst zu nähern anfangen. Im ganzen jedoch trennt sich die christliche religiöse Malerei auch von der Baukunst ab und verselbständigt ihre Werke, wie z. B. in großen Altargemälden, in Kapellen oder auf Hochaltären. Zwar muß auch hier das Gemälde in bezug auf den Charakter des Ortes bleiben, für welchen es bestimmt ist, im übrigen aber hat es seine Bestimmung nicht nur in der Ausfüllung von Wandflächen, sondern ist um seiner selbst willen wie ein Skulpturwerk da. Endlich wird die Malerei zur Auszierung von Sälen und Zimmern in öffentlichen Gebäuden, Rathäusern, Palästen, Privatwohnungen usw. gebraucht, wodurch sie sich wieder enger mit der Architektur verbindet, eine Verbindung, durch welche jedoch ihre Selbständigkeit als freie Kunst nicht verlorengehen darf.

β) Die weitere Notwendigkeit nun aber für die Aufhebung der Raumdimensionen in der Malerei zur Fläche bezieht sich darauf, daß die Malerei die zugleich in sich besonderte und dadurch an mannigfaltigen Partikularitäten reiche Innerlichkeit auszudrücken den Beruf hat. Die bloße Beschränkung auf die *räumlichen* Formen der Gestalt, mit denen sich die Skulptur begnügen kann, löst sich deshalb in der reicheren Kunst auf, denn die Raumformen sind das Abstrakteste in der Natur, und es muß jetzt nach partikularen Unterschieden, insofern ein in sich mannigfaltigeres Material gefordert ist, gegriffen werden. Zum Prinzip der Darstellung im *Räumlichen* tritt daher die *physikalisch* spezieller bestimmte Materie hinzu, deren Unterschiede, wenn sie für das Kunstwerk als die wesentlichen erscheinen sollen, dies an der totalen Räumlichkeit, die nicht mehr das letzte Darstellungsmittel bleibt, selber zeigen und der Vollständigkeit der Raumdimensionen Abbruch tun müssen, um das Erscheinen des Physikalischen herauszuheben. Denn die Dimensionen sind in der Malerei nicht durch sich selbst in ihrer eigentlichen Realität da, sondern werden nur durch dies Physikalische scheinbar und sichtbar gemacht.

αα) Fragen wir nun, welcher Art das *physikalische* Element

sei, dessen sich die Malerei bedient, so ist dasselbe das *Licht* als das allgemeine Sichtbarmachen der Gegenständlichkeit überhaupt.

Das bisherige sinnliche, konkrete Material der Architektur war die widerstandleistende, schwere Materie, welche besonders in der Baukunst gerade diesen Charakter der schweren Materie als drückender, lastender, tragender und getragener usf. hervorkehrte und die gleiche Bestimmung auch in der Skulptur noch nicht verlor. Die schwere Materie lastet, weil sie ihren materiellen Einheitspunkt nicht in sich selbst, sondern in anderem hat und diesen Punkt sucht, ihm zustrebt, durch den Widerstand anderer Körper aber, die dadurch zu tragenden werden, an ihrem Platze bleibt. Das Prinzip des Lichts ist das Entgegengesetzte der zu ihrer Einheit noch nicht aufgeschlossenen schweren Materie. Was man auch vom Licht sonst noch aussagen möge, so steht doch nicht zu leugnen, daß es absolut leicht, nicht schwer und Widerstand leistend, sondern die reine Identität mit sich und damit die reine Beziehung auf sich, die erste Idealität, das erste Selbst der Natur sei. Im Licht beginnt die Natur zum erstenmal subjektiv zu werden und ist nun das allgemeine physikalische Ich, das sich freilich weder zur Partikularität fortgetrieben noch zur Einzelheit und punktuellen Abgeschlossenheit in sich zusammengezogen hat, dafür aber die bloße Objektivität und Äußerlichkeit der schweren Materie aufhebt und von der sinnlichen, räumlichen Totalität derselben abstrahieren kann. Nach dieser Seite der *ideelleren* Qualität des Lichts wird es zum physikalischen Prinzip der *Malerei*.

ββ) Das Licht als solches nun aber existiert nur als die *eine* Seite, welche im Prinzip der Subjektivität liegt, nämlich als diese ideellere Identität. In dieser Rücksicht ist das Licht nur das Manifestieren, das sich jedoch hier in der Natur nur als das Sichtbarmachen *überhaupt* erweist, den besonderen Inhalt aber dessen, was es offenbart, außerhalb seiner als die Gegenständlichkeit hat, welche nicht das Licht, sondern das Andere desselben und damit dunkel ist. Diese Gegenstände nun gibt das Licht in ihren Unterschieden der Gestalt, Entfernung usf. dadurch zu erkennen, daß es sie bescheint, d. h. ihre Dunkelheit und Unsichtbarkeit mehr oder weniger aufhellt und einzelne Teile sichtbarer, d. h. als dem Beschauer näher, hervortreten, andere dagegen als dunkler, d. h. als von dem Beschauer entfernter, zurücktreten läßt. Denn Hell und Dunkel als solches, insofern nicht die bestimmte Farbe des Gegenstandes dabei in Betracht kommt, bezieht sich überhaupt auf die Entfernung der beschienenen Objekte von uns in ihrer spezifischen Beleuchtung. In diesem Verhältnis zur Gegenständlichkeit bringt das Licht nicht mehr das Licht als solches, sondern das in sich selbst schon partikularisierte Helle und Dunkle, Licht und Schatten hervor, deren mannigfaltige Figurationen die Gestalt und Entfernung der Objekte voneinander und vom Beschauer kenntlich machen. Dies Prinzip ist es, dessen sich die Malerei bedient, weil die Besonderung von Hause aus in ihrem Begriffe liegt. Vergleichen wir sie in dieser Rücksicht mit der Skulptur und Architektur, so stellen diese Künste die realen Unterschiede der räumlichen Gestalt wirklich hin und lassen Licht und Schatten durch die Beleuchtung, welche das natürliche Licht gibt, sowie durch die Stellung des Zuschauers bewirken, so daß die Rundung der Formen hier schon für sich vorhanden und Licht und Schatten, wodurch sie sichtbar wird, nur eine Folge dessen sind, was schon unabhängig von diesem Sichtbarwerden wirklich da war. In der Malerei dagegen gehört das Helle und Dunkle mit allen seinen Gradationen und feinsten Übergängen selber zum Prinzip des künstlerischen *Materials* und bringt nur den *absichtlichen Schein* von dem hervor, was Skulptur und Baukunst für sich *real* gestalten. Licht und Schatten, das Erscheinen der Gegenstände in ihrer Beleuchtung ist durch die Kunst und nicht durch das natürliche Licht bewirkt, welches deshalb nur dasjenige Hell und Dunkel und *die* Beleuchtung *sichtbar* macht, die hier schon von der Malerei produziert sind. Dies ist der aus dem eigentlichen Material selbst hervorgehende positive Grund, weshalb die Malerei nicht der drei Dimensionen bedarf. Die Gestalt wird durch Licht und Schatten gemacht und ist für sich als reale Gestalt überflüssig.

γγ) Hell und Dunkel, Schatten und Licht sowie ihr Ineinanderspielen sind nun aber *drittens* nur eine Abstraktion, welche als diese Abstraktion in der Natur nicht existiert und daher auch nicht als sinnliches Material gebraucht werden kann.

Das Licht nämlich, wie wir bereits sahen, bezieht sich auf das ihm Andere, das Dunkle. In diesem Verhältnis bleiben jedoch beide Prinzipien nicht etwa selbständig, sondern setzen sich als Einheit, als Ineinander von Licht und Dunkel. Das in dieser Weise in sich selbst getrübte, verdunkelte Licht, das aber ebenso das Dunkle durchdringt und durchleuchtet, gibt das Prinzip für die *Farbe* als eigentliches Material der Malerei. Das Licht als solches bleibt farblos, die reine Unbestimmtheit der Identität mit sich; zur Farbe, die gegen das Licht schon etwas relativ Dunkles ist, gehört das vom Licht Unterschiedene, eine Trübung, mit der sich das Prinzip des Lichts in eins setzt, und es ist deshalb eine schlechte und falsche Vorstellung, sich das Licht als aus den verschiedenen Farben, d. h. aus verschiedenen Verdunklungen zusammengesetzt zu denken.

Gestalt, Entfernung, Abgrenzung, Rundung, kurz, alle Raumverhältnisse und Unterschiede des Erscheinens im Raum werden in der Malerei nur durch die Farbe hervorgebracht, deren ideelleres Prinzip nun auch einen ideelleren Inhalt darzustellen befähigt ist und durch die tieferen Gegensätze, die unendlich mannigfaltigen Mittelstufen, Übergänge und Feinheiten der leisesten Nuancierung in Rücksicht auf die Fülle und Besonderheit der aufzunehmenden Gegenstände den allerbreitesten Spielraum gewährt. Es ist unglaublich, was hier in der Tat die bloße Färbung vollbringt. Zwei Menschen z. B. sind etwas schlechthin Unterschiedenes; jeder ist in seinem Selbstbewußtsein wie in seinem körperlichen Organismus für sich eine abgeschlossene geistige und leibliche Totalität, und doch ist dieser ganze Unterschied in einem Gemälde nur auf den Unterschied von Farben reduziert. *Hier* hört solche Färbung auf, eine andere fängt an, und dadurch ist alles da: Form, Entfernung, Mienenspiel, Ausdruck, das Sinnlichste und das Geistigste. Und diese Reduktion dürfen wir, wie gesagt, nicht als Notbehelf und Mangel ansehen, sondern umgekehrt: die Malerei entbehrt die dritte Dimension nicht etwa, sondern verwirft sie absichtlich, um das bloß räumlich Reale durch das höhere und reichere Prinzip der Farbe zu ersetzen.

γ) Dieser Reichtum erlaubt der Malerei nun auch in ihren Darstellungen die Totalität des Erscheinens auszubilden. Die Skulptur ist mehr oder weniger auf das feste Insichabgeschlossensein der Individualität beschränkt; in der Malerei aber kann das Individuum nicht in der gleichen Begrenzung in sich und nach außen gehalten bleiben, sondern tritt zur mannigfaltigsten Bezüglichkeit über. Denn einerseits ist es, wie ich schon berührte, in einen weit näheren Bezug auf den Zuschauer gesetzt, andererseits erhält es einen mannigfaltigeren Zusammenhang mit anderen Individuen und der äußeren Naturumgebung. Das bloße Scheinenmachen der Objektivität gibt die Möglichkeit, sich zu den weitesten Entfernungen und Räumen und allen den verschiedenartigsten darin vorkommenden Gegenständen in ein und demselben Kunstwerk auszubreiten, das jedoch als Kunstwerk ebensosehr ein in sich beschlossenes Ganzes sein und sich in dieser Abschließung nicht als ein bloß zufälliges Aufhören und Begrenzen, sondern als eine der Sache nach zueinander gehörige Totalität von Besonderheiten erweisen muß.

c. Prinzip für die künstlerische Behandlung

Drittens haben wir, nach dieser allgemeinen Betrachtung des Inhalts und des sinnlichen Materials der Malerei, kurz noch das allgemeine Prinzip für die *künstlerische* Behandlungsart anzugeben.

Die Malerei läßt mehr als Skulptur und Baukunst die zwei

Extreme zu, daß auf der einen Seite die Tiefe des Gegenstandes, der religiöse und sittliche Ernst der Auffassung und Darstellung der idealen Schönheit der Formen, und auf der anderen Seite, bei für sich genommen unbedeutenden Gegenständen, die Partikularität des Wirklichen und die subjektive Kunst des Machens zur Hauptsache wird. Wir können deshalb auch oft genug zwei Extreme des Urteils hören; bald den Ausruf: welch herrlicher Gegenstand, welche tiefe, hinreißende, bewunderungswürdige Konzeption, welche Großheit des Ausdrucks, welche Kühnheit der Zeichnung; bald wieder den entgegengesetzten: wie herrlich, wie unvergleichlich gemalt. Dies Auseinandertreten liegt im Begriff der Malerei selbst, ja man kann wohl sagen, daß beide Seiten in gleichmäßiger Ausbildung nicht zu vereinigen sind, sondern daß jede für sich selbständig werden muß. Denn die Malerei hat sowohl die Gestalt als solche, die Formen der Raumbegrenzung, als auch die Farbe zu ihrem Darstellungsmittel und steht durch diesen ihren Charakter zwischen dem Idealen, Plastischen, und dem Extreme der unmittelbaren Besonderheit des Wirklichen, wodurch auch zwei Arten der Malerei zum Vorschein kommen: die eine, die idealische, deren Wesen die Allgemeinheit ist, die andere, welche das Einzelne in seiner engeren Partikularität darstellt.

α) In dieser Rücksicht hat die Malerei *erstens,* wie die Skulptur, das Substantielle, die Gegenstände des religiösen Glaubens, die großen Begebenheiten der Geschichte, die hervorragendsten Individuen aufzunehmen, obschon sie dies Substantielle in Form innerer Subjektivität zur Anschauung bringt. Hier ist die Großartigkeit, der Ernst der dargestellten Handlung, die Tiefe des darin ausgedrückten Gemüts das, worauf es ankommt, so daß die Ausbildung und Anwendung all der reichen Kunstmittel, deren die Malerei fähig ist, und der Geschicklichkeit, welche der vollkommen virtuose Gebrauch dieser Mittel erfordert, hier noch ihr vollständiges Recht nicht erhalten kann. Es ist die Macht des darzustellenden Gehalts und die Versenkung in das Wesentliche und Substantielle desselben, welche jene überwiegende Fertigkeit in der Kunst des Malens als das noch Unwesentlichere zurückdrängen. So sind z. B. die Raffaelischen Kartons von unschätzbarem Wert und zeigen die ganze Vortrefflichkeit der Konzeption, obschon Raffael selbst bei ausgeführten Gemälden – welche Meisterschaft er auch in Zeichnung, Reinheit idealer und dennoch durchweg lebendiger individueller Gestalten, Komposition und Kolorit erreicht haben mag – gewiß im Kolorit, im Landschaftlichen usf. von den holländischen Meistern übertroffen wird. Mehr noch ist dies bei früheren italienischen Heroen der Kunst der Fall, gegen welche schon Raffael ebensosehr in Tiefe, Macht und Innigkeit des Ausdrucks zurücksteht, als er sie in Kunst des Malens, in Schönheit lebendiger Gruppierung, in Zeichnung usf. überflügelt hat.

β) Umgekehrt aber darf, wie wir sahen, die Malerei nicht bei dieser Vertiefung in das Gehaltvolle der Subjektivität und deren Unendlichkeit stehenbleiben, sondern sie hat die Besonderheit, das, was sonst nur das Beiwesen, die Umgebung und den Hintergrund gleichsam ausmacht, selbständig zu entlassen und frei zu machen. In diesem Fortgange nun vom tiefsten Ernste zur Äußerlichkeit des Partikularen muß sie bis zum Extrem der Erscheinung selbst als solcher, d. h. bis dahin durchdringen, wo aller Inhalt gleichgültig und das künstlerische Scheinenmachen das Hauptinteresse wird. Mit höchster Kunst sehen wir die flüchtigsten Scheine des Himmels, der Tageszeit, der Waldbeleuchtung, die Scheine und Widerscheine der Wolken, Wellen, Seen, Ströme, das Schimmern und Blinken des Weins im Glase, den Glanz des Auges, das Momentane des Blicks, Lächelns usf. fixieren. Die Malerei schreitet hier vom Idealischen zur lebendigen Wirklichkeit fort, deren Effekt der Erscheinung sie besonders durch Genauigkeit und Ausführung jeder einzelnsten Partie erreicht. Doch ist dies keine bloße Emsigkeit der Ausarbeitung, sondern ein geistreicher Fleiß, der jede Besonderheit für sich vollendet und doch das Ganze in Zusammenhang und Fluß erhält und hierzu der größten Kunst bedarf. Hier scheint nun die dadurch erreichte Lebendigkeit im Scheinenmachen des Wirklichen eine höhere Bestimmung als das Ideal zu werden, und bei keiner Kunst wird deshalb mehr über Ideal und Natur gestritten, wie ich schon früher bei anderer Gelegenheit weitläufiger besprochen habe. Man könnte allerdings die Anwendung aller Kunstmittel bei einem so geringfügigen Stoff als eine Verschwendung tadeln; die Malerei jedoch darf sich dieses Stoffs nicht entschlagen, der wieder seinerseits und allein dazu geeignet ist, mit solcher Kunst behandelt zu werden und diese unendliche Subtilität und Delikatesse des Scheinens zu gewähren.

γ) Bei diesem allgemeineren Gegensatze nun aber bleibt die künstlerische Behandlung nicht stehen, sondern geht, da die Malerei überhaupt auf dem Prinzip der Subjektivität und Besonderheit beruht, zu einer näheren Partikularisation und Vereinzelung fort. Die Baukunst und Skulptur zeigt zwar auch nationale Unterschiede, und besonders in der Skulptur läßt sich bereits eine nähere Individualität von Schulen und einzelnen Meistern erkennen; in der Malerei aber dehnt sich diese Verschiedenheit und Subjektivität der Darstellungsweise ganz ebenso ins Weite und Unberechenbare aus, als die Gegenstände, welche sie ergreifen darf, nicht im voraus können begrenzt werden. Hier vornehmlich macht sich der partikulare Geist der Völker, Provinzen, Epochen und Individuen geltend und betrifft nicht nur die Wahl der Gegenstände und den Geist der Konzeption, sondern auch die Art der Zeichnung, Gruppierung, des Kolorits, der Pinselführung, Behandlung bestimmter Farben usf. bis auf subjektive Manieren und Angewöhnungen herunter.

Weil die Malerei sich im Inneren und Besonderen so unbeschränkt zu ergehen die Bestimmung hat, so ist nun allerdings ebenso des Allgemeinen wenig, was sich bestimmt von ihr sagen läßt, als es des Bestimmten wenig gibt, das im allgemeinen von ihr könnte angeführt werden. Dennoch dürfen wir uns nicht mit dem begnügen, was ich bisher von dem Prinzip des Inhalts, des Materials und der künstlerischen Behandlung erläutert habe, sondern müssen, wenn wir auch das Empirische in seiner weitschichtigen Mannigfaltigkeit beiseite stellen, noch einige besondere Seiten, die sich als durchgreifend erweisen, einer näheren Betrachtung unterwerfen.

2. Besondere Bestimmtheit der Malerei

Die verschiedenen Gesichtspunkte, nach denen wir diese festere Charakteristik zu unternehmen haben, sind uns schon durch die bisherige Erörterung vorgeschrieben. Sie betreffen wiederum den Inhalt, das Material und die künstlerische Behandlung beider.

Was *erstens* den *Inhalt* angeht, so haben wir zwar als den entsprechenden Stoff den Gehalt der romantischen Kunstform gesehen, wir müssen jedoch die weitere Frage nach den bestimmteren Kreisen aus dem Reichtume dieser Kunstform aufwerfen, welche sich mit der malerischen Darstellung vorzugsweise zusammenzuschließen geeignet sind.

Zweitens kennen wir wohl das *Prinzip* des sinnlichen Materials, müssen aber jetzt die Formen näher bestimmen, welche auf der Fläche durch Färbung ausdrückbar sind, insofern die menschliche Gestalt und die sonstigen Naturdinge sollen zur Erscheinung kommen, um die Innerlichkeit des Geistes kundzugeben.

Drittens fragt es sich in der gleichen Weise nach der Bestimmtheit der künstlerischen Auffassung und Darstellung, welche dem verschiedenen Charakter des Inhalts in selber unterschiedener Weise entspricht und dadurch besondere *Arten* der Malerei herbeiführt.

a. Der romantische Inhalt

Ich habe schon früher daran erinnert, daß die Alten vortreffliche Maler gehabt haben, zugleich aber bemerkt, daß der Beruf der Malerei erst durch die Anschauungsweise und

Art der Empfindung zu erfüllen sei, welche sich in der romantischen Kunstform tätig erweist. Dem scheint nun aber, von seiten des Inhalts her betrachtet, der Umstand zu widersprechen, daß gerade auf dem Höhepunkte der christlichen Malerei, zur Zeit Raffaels, Correggios, Rubens' usf., mythologische Gegenstände teils für sich, teils zur Ausschmückung und Allegorisierung von großen Taten, Triumphen, Heiraten der Fürsten usf. sind benutzt und dargestellt worden. Ähnliches ist auch in neuester Zeit vielfach wieder zur Sprache gekommen. So hat Goethe z. B. die Beschreibungen des Philostrat von Polygnots Gemälden wieder aufgenommen und diese Sujets sehr schön mit poetischer Auffassung für den Maler aufgefrischt und erneuert. Ist nun aber mit solchen Vorschlägen die Forderung verbunden, die Gegenstände der griechischen Mythologie und Sagengeschichte oder auch Szenen aus der römischen Welt, zu denen die Franzosen in einer gewissen Epoche ihrer Malerei große Vorliebe gezeigt haben, im spezifischen Sinne und Geist der Alten selbst aufzufassen und darzustellen, so ist hiergegen sogleich im allgemeinen einzuwenden, daß sich dies Vergangene nicht ins Leben zurückrufen lasse und das Spezifische der Antike dem Prinzip der Malerei nicht vollkommen gemäß sei. Der Maler muß deshalb aus diesen Stoffen etwas ganz anderes machen, einen ganz anderen Geist, eine andere Empfindungs- und Veranschaulichungsweise, als bei den Alten selber darin lag, hineinlegen, um solchen Inhalt mit den eigentlichen Aufgaben und Zwecken der Malerei in Einklang zu bringen. So ist denn auch der Kreis antiker Stoffe und Situationen im ganzen nicht derjenige, welchen die Malerei in konsequenter Entwicklung ausgebildet hat, sondern er ist im Gegenteil als ein zugleich heterogenes Element, das wesentlich erst muß umgearbeitet werden, verlassen worden. Denn wie ich schon mehrfach andeutete, hat die Malerei vornehmlich das zu ergreifen, dessen Darstellung sie vornehmlich der Skulptur, Musik und Poesie gegenüber vermittels der äußerlichen Gestalt gewähren kann. Es ist dies die Konzentration des Geistes in sich, welche der Skulptur auszudrücken versagt bleibt, während die Musik wiederum nicht zum Äußerlichen der Erscheinung des Inneren herübertreten und die Poesie selbst nur eine unvollkommene Anschauung des Leiblichen geben kann. Die Malerei dagegen ist beide Seiten noch zu verknüpfen imstande, sie vermag im Äußerlichen selbst die volle Innigkeit auszudrücken und hat sich deshalb auch die empfindungsreiche Tiefe der Seele und ebenso die tief eingeprägte Besonderheit des Charakters und Charakteristischen zum wesentlichen Inhalt zu nehmen; die Innigkeit des Gefühls überhaupt und die Innigkeit im *Besonderen,* für deren Ausdruck bestimmte Begebenheiten, Verhältnisse, Situationen nicht bloß als Explikation des individuellen Charakters erscheinen müssen, sondern die spezifische Besonderheit sich als in die Seele und Physiognomie selbst tief eingeschnitten, eingewurzelt und als von der äußeren Gestalt ganz aufgenommen zu zeigen hat.

Zum Ausdruck der Innigkeit überhaupt nun aber ist nicht die ursprünglich ideale Selbständigkeit und Großartigkeit des Klassischen erforderlich, in welcher die Individualität in dem unmittelbaren Einklang mit dem Substantiellen der geistigen Wesenheit und dem Sinnlichen der körperlichen Erscheinung bleibt; ebensowenig genügt der Darstellung des Gemüts die natürliche Heiterkeit, die griechische Froheit des Genusses und selige Versenktheit, sondern zur wahren Tiefe und Innigkeit des Geistes gehört, daß die Seele ihre Gefühle, Kräfte, ihr ganzes inneres Leben durchgearbeitet, daß sie vieles überwunden, Schmerzen gelitten, Seelenangst und Seelenleiden ausgestanden, doch in dieser Trennung sich erhalten habe und aus ihr in sich zurückgekehrt sei. Die Alten stellen uns in dem Mythos vom Herkules zwar auch einen Heros hin, der nach vielen Mühseligkeiten unter die Götter versetzt wird und dort einer seligen Ruhe genießt; aber die Arbeit, die Herkules vollbringt, ist nur eine äußere Arbeit, die Seligkeit, die ihm als Lohn zugeteilt wird, nur ein stilles Ausruhen, und die alte Prophezeiung, daß Zeus' Reich durch ihn zu Ende gebracht werden solle, hat er, der höchste griechische Held, nicht wahr gemacht, sondern das Ende der Regierung jener selbständigen Götter fängt erst da an, wo der Mensch statt äußerlicher Drachen und Lernäischer Schlangen die Drachen und Schlangen der eigenen Brust, die innere Härtigkeit und Sprödigkeit der Subjektivität überwindet. Nur hierdurch wird die natürliche Heiterkeit zu jener höheren Heiterkeit des Geistes, welche den Durchgang durch das negative Moment der Entzweiung vollendet und sich durch diese Arbeit die unendliche Befriedigung errungen hat. Die Empfindung der Heiterkeit und des Glücks muß verklärt und zur Seligkeit geläutert sein. Denn Glück und Glückseligkeit enthalten noch ein zufälliges natürliches Zusammenstimmen des Subjekts mit äußeren Zuständen; in der Seligkeit aber ist das Glück, das sich noch auf die unmittelbare Existenz bezieht, fortgelassen und das Ganze in die Innerlichkeit des Geistes verlegt. Seligkeit ist eine Befriedigung, die erworben und so allein berechtigt ist; eine Heiterkeit des Sieges, das Gefühl der Seele, welche das Sinnliche und Endliche in sich ausgetilgt und damit die Sorge abgeworfen hat, die immer auf der Lauer steht; selig ist die Seele, die zwar in Kampf und Qual eingegangen ist, doch über ihr Leiden triumphiert.

α) Fragen wir jetzt nach dem, was in diesem Inhalt das eigentlich *Ideale* sein kann, so ist es die *Versöhnung* des subjektiven Gemütes mit Gott, der in seiner menschlichen Erscheinung selbst diesen Weg der Schmerzen durchgemacht hat. Die substantielle Innigkeit ist nur die der *Religion*, der Frieden des Subjekts, das sich empfindet, doch nur wahrhaft befriedigt ist, insofern es sich in sich gesammelt, sein irdisches Herz gebrochen, sich über die bloße Natürlichkeit und Endlichkeit des Daseins erhoben und in dieser Erhebung sich die allgemeine Innigkeit, die Innigkeit und Einigkeit in und mit Gott erworben hat. Die Seele will *sich,* aber sie will sich in einem Anderen, als sie selbst in ihrer Partikularität ist, sie gibt sich deshalb auf gegen Gott, um in ihm sich selber zu finden und zu genießen. Dies ist der Charakter der *Liebe,* die Innigkeit in ihrer Wahrheit, die begierdelose, religiöse Liebe, welche dem Geiste Versöhnung, Frieden und Seligkeit gibt. Sie ist nicht der Genuß und die Freude wirklicher, lebendiger Liebe, sondern leidenschaftslos, ja ohne Neigung, nur ein Neigen der Seele; eine Liebe, in der nach der natürlichen Seite ein Tod, ein Abgestorbensein ist, so daß das wirkliche Verhältnis als irdische Verbindung und Beziehung von Menschen zu Menschen als ein vergängliches vorschwebt, das so, wie es existiert, wesentlich nicht seine Vollkommenheit hat, sondern den Mangel der Zeitlichkeit und Endlichkeit in sich trägt und damit eine Erhebung in ein Jenseits herbeiführt, die zugleich ein sehnsuchtsloses, begierdeloses Bewußtsein und Genießen der Liebe bleibt.

Dieser Zug macht das seelenvolle, innere, höhere Ideale aus, das jetzt an die Stelle der stillen Größe und Selbständigkeit der Antike tritt. Den Göttern des klassischen Ideals fehlt es zwar gleichfalls nicht an einem Zug von Trauer, an dem schicksalsvollen Negativen, welches das Scheinen der kalten Notwendigkeit an diesen heiteren Gestalten ist, die jedoch, in selbständiger Göttlichkeit und Freiheit, ihrer einfachen Größe und Macht gewiß bleiben. Solch eine Freiheit aber ist nicht die Freiheit der Liebe, die seelenvoller und inniger ist, da sie in einem Verhalten von Seele zu Seele, von Geist zu Geist liegt. Diese Innigkeit entzündet den in dem Gemüt gegenwärtigen Strahl der Seligkeit, einer Liebe, die im Leiden und höchsten Verlust sich nicht etwa nur getröstet oder gleichgültig fühlt, sondern je tiefer sie leidet, desto tiefer auch darin das Gefühl und die Gewißheit der Liebe findet und im Schmerze zeigt, an sich und in sich überwunden zu haben. In den Idealen der Alten dagegen sehen wir, unabhängig von jenem angedeuteten Zuge einer stillen Trauer, wohl nur den Ausdruck des Schmerzes edler Naturen, wie z. B. in der Niobe und dem Laokoon; sie vergehen nicht in Klage und Verzweiflung, sondern bewähren sich groß und hochherzig darin, aber dieses Bewahren ihrer selbst bleibt leer, das Leiden, der Schmerz ist gleichsam das Letzte, und an die Stelle der Aussöhnung und Befriedigung muß eine kalte Resignation treten, in welcher das Individuum, ohne in sich zusammenzubrechen, das aufgibt, woran es festgehalten hatte. Nicht das Niedrige ist zerdrückt, keine Wut, keine Verachtung oder Verdrießlichkeit gibt sich kund, aber die Hoheit der Individualität ist doch nur ein starres Beisichsein, ein erfüllungsloses Ertragen des Schicksals, in welchem der Adel und Schmerz der Seele nicht als ausgeglichen erscheinen. Den Ausdruck der Seligkeit und Freiheit hat erst die romantische religiöse Liebe.

Diese Einigkeit und Befriedigung nun ist ihrer Natur nach geistig konkret, denn sie ist die Empfindung des Geistes, der sich in einem Anderen eins mit sich selber weiß. Dadurch sind hier, wenn der dargestellte Inhalt vollständig sein soll, *zwei* Seiten gefordert, insofern zur Liebe die Verdoppelung geistiger Persönlichkeit notwendig ist; sie beruht auf zwei selbständigen Personen, welche dennoch das Gefühl ihrer Einheit haben. Mit dieser Einheit jedoch ist immer zugleich das Moment des *Negativen* verbunden. Die Liebe nämlich gehört der Subjektivität an, das Subjekt aber ist *dieses* für sich bestehende Herz, das, um zu lieben, von sich selbst ablassen, sich aufgeben, den spröden Punkt seiner Eigentümlichkeit opfern muß. Dies Opfer macht das *Rührende* in der Liebe aus, die nur in der Hingebung lebt und empfindet. Wenn deshalb der Mensch dennoch in dem Hingeben sein Selbst zurückerhält und in dem Aufheben seines Fürsichseins gerade zum affirmativen Fürsichsein gelangt, so bleibt bei dem Gefühl dieser Einigkeit und ihres höchsten Glücks doch das Negative, die Rührung übrig, nicht sowohl als Empfindung des Opfers als vielmehr der unverdienten Seligkeit, sich dessenungeachtet selbständig und mit sich in Einheit zu fühlen. Die Rührung ist das Gefühl des dialektischen Widerspruchs, die Persönlichkeit aufgegeben zu haben und doch selbständig zu sein, ein Widerspruch, der in der Liebe vorhanden und in ihr ewig gelöst ist.

Was nun die Seite der besonderen *menschlichen* Subjektivität in dieser Innigkeit anbetrifft, so hebt die eine beseligende, den Himmel in ihr genießende Liebe über das Zeitliche und die besondere Individualität des Charakters hinaus, der etwas Gleichgültiges wird. Schon die Götterideale der Skulptur gehen, wie bemerkt worden, ineinander über; indem sie aber dem Inhalt und dem Kreise der ersten, unmittelbaren Individualität nicht entnommen sind, so bleibt diese Individualität dennoch die wesentliche Form der Darstellung. In jenem reinen Strahle der Seligkeit dagegen ist die Besonderheit aufgehoben; vor Gott sind alle Menschen gleich, oder vielmehr die Frömmigkeit macht sie wirklich gleich, so daß es nur die angegebene Konzentration der Liebe ist, auf deren Ausdruck es ankommt und welche ebenso des Glücks oder dieses und jenes einzelnen Gegenstandes nicht bedarf. Freilich braucht auch die religiöse Liebe zu ihrer Existenz bestimmte Individuen, die auch außer dieser Empfindung einen anderweitigen Kreis ihres Daseins haben; da jedoch die seelenvolle Innigkeit hier den eigentlich idealen Inhalt abgibt, so findet dieselbe nicht in der besonderen Verschiedenheit des Charakters und seines Talentes, seiner Verhältnisse und Schicksale ihre Äußerung und Wirklichkeit, sondern ist vielmehr darüber erhoben. Wenn man daher in unserer Zeit die Rücksicht auf den Unterschied der Subjektivität des Charakters zur Hauptsache in der Erziehung und in dem, was der Mensch an sich selbst zu fordern hat, machen hört, woraus der Grundsatz folgt, daß jeder anders behandelt werden und sich selbst anders behandeln müsse, so steht diese Sinnesweise ganz im Gegensatz gegen die religiöse Liebe, in welcher dergleichen Verschiedenheiten zurücktreten. Umgekehrt aber erhält die individuelle Charakteristik, gerade weil sie das Unwesentliche ist, das sich mit dem geistigen Himmelreich der Liebe nicht absolut verschmilzt, hier eine größere Bestimmtheit, indem dieselbe, dem Prinzipe der romantischen Kunstform gemäß, frei wird und sich um so charakteristischer ausprägt, als sie die klassische Schönheit, das Durchdrungensein der unmittelbaren Lebendigkeit und endlichen Besonderheit von dem geistigen religiösen Gehalte nicht zu ihrem höchsten Gesetze hat. Dessenunerachtet aber kann und soll dies Charakteristische nicht jene Innigkeit der Liebe trüben, die nun ihrerseits gleichfalls an das Charakteristische als solches nicht gebunden, sondern frei geworden ist und für sich das wahrhaft selbständige geistige Ideale ausmacht.

Den idealen Mittelpunkt nun und Hauptinhalt des religiösen Gebietes bildet, wie schon bei Betrachtung der romantischen Kunstform auseinandergesetzt ist, die in sich *versöhnte*, befriedigte Liebe, deren Gegenstand in der Malerei, da dieselbe auch den geistigsten Gehalt in Form menschlicher, leiblicher Wirklichkeit darzustellen hat, kein bloßes geistiges Jenseits bleiben, sondern wirklich und gegenwärtig sein muß. Hiernach können wir die *Heilige Familie* und vornehmlich die Liebe der Madonna zum Kinde als den schlechthin gemäßen idealen Inhalt dieses Kreises bezeichnen. Diesseits und jenseits dieses Mittelpunktes aber breitet sich noch ein weiter, wenn auch in einer oder anderer Rücksicht weniger in sich selbst für die Malerei vollkommener Stoff aus. Die Gliederung dieses gesamten Inhalts können wir folgendermaßen feststellen.

αα) Der erste Gegenstand ist das *Objekt* der Liebe selbst in einfacher Allgemeinheit und ungetrübter Einheit mit sich: Gott selbst in seinem erscheinungslosen Wesen – *Gottvater*. Hier hat die Malerei jedoch, wenn sie Gott, den Vater, wie die religiöse christliche Vorstellung ihn zu fassen hat, darstellen will, große Schwierigkeiten zu überwinden. Der Vater der Götter und Menschen als besonderes Individuum ist in der Kunst in Zeus erschöpft. Was dagegen dem christlichen Gottvater sogleich abgeht, ist die menschliche Individualität, in welcher die Malerei das Geistige allein wiederzugeben imstande ist. Denn für sich genommen, ist Gottvater zwar geistige Persönlichkeit und höchste Macht, Weisheit usf., aber als gestaltlos und als eine Abstraktion des

Gedankens festgehalten. Die Malerei aber kann die Anthropomorphisierung nicht vermeiden und muß ihm deshalb eine menschliche Gestalt zuteilen. Wie allgemein nun, wie hoch, innerlich und machtvoll sie dieselbe auch halten möge, so wird daraus dennoch nur ein männliches, mehr oder weniger ernstes Individuum entstehen, das mit der Vorstellung von Gottvater nicht vollständig zusammenfällt. Von den alten Niederländern z. B. hat van Eyck in dem Gottvater des Altarbildes zu Gent das Vortrefflichste erreicht, was in dieser Sphäre kann geleistet werden; es ist dies ein Werk, das man dem olympischen Jupiter an die Seite stellen kann; aber wie vollendet es auch durch den Ausdruck der ewigen Ruhe, Hoheit, Macht, Würde usf. sein mag – und es ist in der Konzeption und Ausführung so tief und großartig als irgend möglich –, so bleibt doch darin für unsere Vorstellung etwas Unbefriedigendes. Denn das, als was Gottvater vorgestellt wird, ein zugleich menschliches Individuum, ist erst Christus der Sohn. In ihm erst schauen wir dies Moment der Individualität und des Menschseins als ein göttliches Moment, und zwar so an, daß sich dasselbe nicht als eine unbefangene Phantasiegestalt, wie bei den griechischen Göttern, sondern als die wesentliche Offenbarung, als die Hauptsache und Hauptbedeutung erweist.

ββ) Das wesentlichere Objekt der Liebe wird daher in den Darstellungen der Malerei *Christus* sein. Mit diesem Gegenstande nämlich tritt die Kunst zugleich ins Menschliche hinüber, das sich hier außer Christus noch zu einem weiteren Kreise ausbreitet, zur Darstellung der Maria, des Joseph, Johannes, der Jünger usf. sowie endlich des Volkes, das teils dem Heiland folgt, teils seine Kreuzigung verlangt und ihn in seinen Leiden verhöhnt.

Hier kehrt nun aber die soeben erwähnte Schwierigkeit wieder, wenn Christus, wie dies in Brustbildern, Porträts gleichsam geschehen ist, in seiner *Allgemeinheit* soll gefaßt und dargestellt werden. Ich muß gestehen, daß für mich wenigstens die Christusköpfe, die ich gesehen habe, von Carracci

z. B., vornehmlich der berühmte Kopf von van Eyck in der ehemaligen Sollyschen Sammlung, jetzt in dem Berliner Museum, und der von Memling bei den Gebrüdern Boisserée, jetzt in München, für mich nicht das Befriedigende haben, das sie gewähren sollen. Der Eycksche ist zwar in der Form, der Stirn, Farbe, der ganzen Konzeption sehr großartig, aber der Mund und das Auge drücken nichts zugleich Übermenschliches aus. Der Eindruck ist mehr der eines starren Ernstes, welcher durch das Typische der Form, Scheitelung des Haars usf. noch vermehrt wird. Sind dergleichen Köpfe dagegen in Ausdruck und Gestalt gegen das individueller Menschliche hingewendet und damit zugleich in das Mildere, Weichere, Sanfte, so verlieren sie leicht an Tiefe und Macht der Wirkung; am wenigsten aber, wie ich schon früher anführte, paßt für sie die Schönheit der griechischen Form.

In gemäßerer Weise kann daher Christus in den Situationen seines wirklichen Lebens zum Gegenstande von Gemälden genommen werden. Doch ist in dieser Rücksicht ein wesentlicher Unterschied nicht zu übersehen. In der Lebensgeschichte Christi nämlich ist zwar einerseits die menschliche Subjektivität Gottes ein Hauptmoment; Christus wird einer der Götter, aber als wirklicher Mensch, und tritt so als einer derselben unter die Menschen zurück, in deren Erscheinungsweise er deshalb auch, soweit sie das geistige Innere ausdrückt, dargestellt werden kann. Andererseits aber ist er nicht nur einzelner Mensch, sondern durchaus Gott. In solchen Situationen nun, wo diese Göttlichkeit aus der menschlichen Subjektivität hervorbrechen soll, stößt die Malerei auf neue Schwierigkeiten. Die Tiefe des Gehalts fängt an, zu übermächtig zu werden. Denn in den meisten Fällen, wo Christus z. B. lehrt, wird die Kunst es nicht viel weiter bringen, als daß sie ihn als den edelsten, würdigsten, weisesten Mann darstellt, etwa wie Pythagoras oder sonst einen anderen Weisen in Raffaels »Schule von Athen«. Eine vornehmlichste Aushilfe ist deshalb nur darin zu suchen, daß die Malerei die

Göttlichkeit Christi hauptsächlich im Vergleiche zu seiner Umgebung, besonders im Kontraste gegen das Sündliche, die Reue und Buße oder die Niedrigkeit und Schlechtigkeit im Menschen zur Anschauung bringt oder umgekehrt durch Anbetende, welche als Menschen, als seinesgleichen durch ihre Anbetung ihn, der erscheint und da ist, der unmittelbaren Existenz entrücken, so daß wir ihn in den Himmel des Geistes gehoben werden sehen und zugleich den Anblick haben, daß er nicht nur als Gott, sondern als gewöhnliche, natürliche, nicht ideale Gestalt erschienen ist und als Geist wesentlich sein Dasein in der Menschheit, der Gemeinde hat und im Reflexe derselben seine Göttlichkeit ausdrückt. Diesen geistigen Reflex jedoch müssen wir nicht so nehmen, als wenn Gott in der Menschheit als in einer bloßen Akzidenz oder äußeren Gestaltung und Ausdrucksweise vorhanden sei, sondern wir müssen das geistige Dasein im Bewußtsein des Menschen als die wesentliche geistige Existenz Gottes ansehen. Eine solche Darstellungsart wird besonders da einzutreten haben, wo Christus als Mann, Lehrer, als Auferstandener oder verklärt und gen Himmel fahrend uns vor Augen gestellt werden soll. In dergleichen Situationen nämlich sind die Mittel der Malerei, die menschliche Gestalt und ihre Farbe, das Antlitz, der Blick des Auges an und für sich nicht zureichend, um das vollkommen auszudrücken, was in Christus liegt. Am wenigsten aber kann hier die antike Schönheit der Formen ausreichen. Besonders die Auferstehung, Verklärung und Himmelfahrt, wie überhaupt alle Szenen aus dem Leben Christi, in welchen er nach der Kreuzigung und dem Tode bereits dem unmittelbaren Dasein als dieser einzelne Mensch entnommen und auf dem Wege der Rückkehr zum Vater ist, fordern in Christus selbst einen höheren Ausdruck der Göttlichkeit, als ihn die Malerei vollständig zu geben vermag, indem sie hier das eigentliche Mittel, durch welches sie darstellen muß, die menschliche Subjektivität in ihrer Außengestalt, verwischen und dieselbe in einem reineren Lichte verklären soll.

Vorteilhafter und ihrem Zweck entsprechender sind deshalb diejenigen Situationen aus der Lebensgeschichte Christi, in welchen er in sich selbst geistig noch nicht vollendet oder wo die Göttlichkeit gehemmt, erniedrigt, im Momente der Negation erscheint. Dies ist in Christi *Kindheit* und in der *Passionsgeschichte* der Fall.

Daß Christus *Kind* ist, drückt einerseits bestimmt seine Bedeutung, die er in der Religion hat, aus: er ist Gott, der Mensch wird und deshalb auch den natürlichen Stufengang des Menschlichen durchmacht; andererseits liegt zugleich darin, daß er als Kind vorgestellt wird, die sachliche Unmöglichkeit, das schon alles klar zeigen zu können, was er an sich ist. Hier hat nun die Malerei den unberechenbaren Vorteil, daß sie aus der Naivität und Unschuld des Kindes eine Hoheit und Erhabenheit des Geistes hervorleuchten läßt, welche teils durch diesen Kontrast schon an Macht gewinnt, teils, eben weil sie einem Kinde angehört, in dieser Tiefe und Herrlichkeit in einem unendlich geringeren Grade zu fordern ist als in Christus dem Manne, Lehrer, Weltrichter usf. So sind Raffaels Christuskinder, besonders das der Sixtinischen Madonna in Dresden, vom schönsten Ausdruck der Kindlichkeit, und doch zeigt sich in ihnen ein Hinausgehen über die bloß kindliche Unschuld, welches ebensosehr das Göttliche in der jungen Hülle gegenwärtig sehen als auch die Erweiterung dieser Göttlichkeit zur unendlichen Offenbarung ahnen läßt und zugleich wieder im Kindlichen die Rechtfertigung enthält, daß solche Offenbarung noch nicht vollendet dasteht. Bei van Eyckschen Madonnenbildern dagegen sind die Kinder jedesmal das am wenigsten Gelungene, meist steif und in der mangelhaften Gestalt neugeborener Kinder. Man will darin etwas Absichtliches, Allegorisches sehen: sie seien nicht schön, weil nicht die Schönheit des Christuskindes das ausmache, was verehrt werde, sondern Christus als Christus. Bei der Kunst aber darf solche Betrachtung nicht hereinkommen, und Raffaels Kinder stehen als Kunstwerke in dieser Rücksicht weit höher.

Ebenso zweckmäßig ist die Darstellung der *Leidensgeschichte,* der Verspottung, Dornenkrönung, des *Ecce Homo,* der Kreuztragung, Kreuzigung, Abnahme vom Kreuz, Grablegung usf. Denn hier ist es eben die Göttlichkeit im Gegenteil ihres Triumphes, in der Erniedrigung ihrer unbegrenzten Macht und Weisheit, was den Gehalt abgibt. Dies bleibt die Kunst nicht nur überhaupt vorzustellen imstande, sondern die Originalität der Konzeption hat zugleich in diesem Inhalte einen großen Spielraum, ohne ins Phantastische auszuschweifen. Es ist *Gott,* der leidet, insofern er Mensch ist, in dieser bestimmten Schranke ist, und so zeigt sich der Schmerz nicht nur als menschlicher Schmerz über menschliches Schicksal, sondern es ist ein ungeheures Leiden, die Empfindung unendlicher Negativität, aber in menschlicher Gestalt, als subjektive Empfindung; und doch tritt, indem es Gott ist, der leidet, wiederum die Milderung, Herabsetzung seines Leidens ein, das nicht zum Ausbruch der Verzweiflung, nicht zu Verzerrung und Gräßlichkeit kommen kann. Dieser Ausdruck von *Seelenleiden* ist besonders in mehreren italienischen Meistern eine ganz originelle Schöpfung. Der Schmerz ist in den unteren Teilen des Gesichts nur Ernst, nicht wie im Laokoon ein Verziehen der Muskeln, das auf ein Schreien könnte gedeutet werden, aber in Augen und Stirne sind es Wellen, Stürme des *Seelenleidens,* die gleichsam sich übereinander herwälzen; die Schweißtropfen der inneren Qual brechen hervor, aber eben auf der Stirn, in welcher der unverrückbare Knochen das Hauptbestimmende ausmacht; und gerade in diesem Punkte, wo Nase, Augen und Stirn zusammenkommen und sich das innere Sinnen, die geistige Natur konzentriert und diese Seite hervortreibt, sind es nur wenige Häute und Muskeln, die keiner großen Verzierung fähig sind und dieses Leiden eben damit gehalten und zugleich unendlich zusammengefaßt erscheinen lassen. Insbesondere erinnere ich mich eines Kopfes in der Galerie von Schleißheim, in welchem der Meister – ich glaube Guido Reni – und dann auch in ähnlichen Darstellungen andere ein ganz eigentümliches Kolorit erfunden haben, das nicht der menschlichen Farbe angehört. Sie hatten die Nacht des Geistes zu enthüllen und schufen sich hier eine Farbengebung, die ebendiesem Gewittersturme, diesen schwarzen Wolken des Geistes, die zugleich fest umschlossen sind von der ehernen Stirne der göttlichen Natur, aufs herrlichste entspricht.

Als den vollkommensten Gegenstand aber habe ich bereits die in sich *befriedigte* Liebe angegeben, deren Objekt kein bloß geistiges Jenseits, sondern gegenwärtig ist, so daß wir die Liebe selbst in ihrem Gegenstande vor uns sehen. Die höchste, eigentümlichste Form dieser Liebe ist die Mutterliebe Marias zu Christus, die Liebe der *einen* Mutter, die den Heiland der Welt geboren und in ihren Armen trägt. Es ist dies der schönste Inhalt, zu dem sich die christliche Kunst überhaupt und vornehmlich die Malerei in ihrem religiösen Kreise emporgehoben hat.

Die Liebe zu Gott und näher zu Christus, der zur Rechten Gottes sitzt, ist rein geistiger Art; ihr Gegenstand ist nur den Augen der Seele sichtbar, so daß es hier nicht zu der eigentlichen Verdoppelung kommt, die zur Liebe gehört, und kein zugleich auch natürliches Band die Liebenden befestigt und von Hause aus aneinanderkettet. Jede andere Liebe umgekehrt bleibt teils in ihrer Neigung zufällig, teils haben die Liebenden, wie Geschwister z. B. oder der Vater in der Liebe zu den Kindern, noch außerhalb dieses Verhältnisses andere Bestimmungen, von welchen sie wesentlich in Anspruch genommen werden. Der Vater, Bruder haben sich der Welt, dem Staat, Gewerbe, Krieg, kurz, allgemeinen Zwecken zuzuwenden, die Schwester wird Gattin, Mutter usw. Bei der Liebe der Mutter dagegen ist überhaupt schon die Liebe zum Kinde weder etwas Zufälliges noch ein bloß einzelnes Moment, sondern es ist ihre höchste irdische Bestimmung, in welcher ihr natürlicher Charakter und ihr heiligster Beruf unmittelbar in eins zusammenfallen. Wenn aber bei der sonstigen Mutterliebe die Mutter im Kinde zugleich den

Gatten und die innerste Einigung mit demselben anschaut und empfindet, so bleibt in der Beziehung Marias zum Kinde auch diese Seite fort. Denn ihre Empfindung hat nichts mit ehelicher Liebe zu einem Manne gemein, im Gegenteil, ihr Verhältnis zu Joseph ist mehr geschwisterlicher Art und von Josephs Seite ein Gefühl geheimnisreicher Ehrfurcht vor dem Kinde, das Gottes und Marias ist. So kommt denn die religiöse Liebe in ihrer vollsten und innigsten menschlichen Form nicht in dem leidenden und erstandenen oder unter seinen Freunden weilenden Christus, sondern in der weiblichen empfindenden Natur, in Maria zur Anschauung. Ihr ganzes Gemüt und Dasein überhaupt ist menschliche Liebe zu dem Kinde, das sie das ihre nennt, und zugleich Verehrung, Anbetung, Liebe zu Gott, mit dem sie sich eins empfindet. Sie ist demütig vor Gott und doch in dem unendlichen Gefühl, die Eine zu sein, die vor allen anderen Jungfrauen die gebenedeite ist; sie ist nicht selbständig für sich, sondern erst in ihrem Kinde, in Gott vollendet, aber in ihm, sei es an der Krippe, sei es als Himmelskönigin, befriedigt und beseligt, ohne Leidenschaft und Sehnsucht, ohne weiteres Bedürfnis, ohne anderen Zweck, als zu haben und zu halten, was sie hat.

Die Darstellung dieser Liebe erhält nun von seiten des religiösen Inhalts einen breiten Verlauf: die Verkündigung, die Heimsuchung, Geburt, Flucht nach Ägypten usf. z. B. gehören hierher. Hierzu gesellen sich dann im späteren Lebensgange die Jünger und Frauen, welche Christus folgen und in welchen die Liebe zu Gott mehr oder weniger ein persönliches Verhältnis der Liebe zu dem lebendigen, gegenwärtigen Heiland wird, der als wirklicher Mensch unter ihnen wandelt; ebenso die Liebe der Engel, die bei der Geburt und vielen anderen Szenen zu Christus in ernsterer Andacht oder unschuldiger Freudigkeit hernieder schweben. In allen diesen stellt besonders die Malerei den Frieden und das volle Genügen der Liebe dar.

Aber dieser Frieden geht ebensosehr zum innersten Leiden

fort. Maria sieht Christus das Kreuz tragen, sie sieht ihn am Kreuze leiden und sterben, vom Kreuze herabgenommen und begraben werden, und keines Schmerz von allen ist tiefer als der ihrige. Doch auch in solchem Leiden macht weder die Starrheit des Schmerzes oder nur des Verlustes noch das Tragen der Notwendigkeit oder die Anklage der Ungerechtigkeit des Schicksals den eigentlichen Inhalt aus, so daß hier besonders die Vergleichung mit dem Schmerze der Niobe charakteristisch wird. Auch Niobe hat alle ihre Kinder verloren und steht nun da in reiner Hoheit und unverkümmerter Schönheit. Was sich hier erhält, ist die Seite der Existenz dieser Unglücklichen, die zur Natur gewordene Schönheit, welche den ganzen Umfang ihrer daseienden Realität ausmacht; diese wirkliche Individualität bleibt in ihrer Schöne, was sie ist. Aber ihr Inneres, ihr Herz hat den ganzen Gehalt seiner Liebe, seiner Seele verloren; ihre Individualität und Schönheit kann nur versteinern. Der Schmerz der Maria ist von ganz anderer Art. Sie empfindet, fühlt den Dolch, der die Mitte ihrer Seele durchdringt, das Herz bricht ihr, aber sie versteinert nicht. Sie *hatte* nicht nur die Liebe, sondern ihr volles Inneres *ist* die Liebe, die freie konkrete Innigkeit, die den absoluten Inhalt dessen bewahrt, was sie verliert, und in dem Verluste selbst des Geliebten in dem Frieden der Liebe bleibt. Das Herz bricht ihr; aber das Substantielle ihres Herzens, der Gehalt ihres Gemüts, der in unverlierbarer Lebendigkeit durch ihr Seelenleiden scheint, ist etwas unendlich Höheres: die lebendige Schönheit der *Seele* gegen die abstrakte Substanz, deren *leiblich* ideales Dasein, wenn sie verlorengeht, unverdorben bleibt, aber zu Stein wird.

Ein letzter Gegenstand in bezug auf Maria ist endlich ihr Tod und ihre Himmelfahrt. Den Tod der Maria, in welchem sie den Reiz der Jugend wiedererhält, hat besonders Scorel schön gemalt. Der Meister hat hier der Jungfrau den Ausdruck des Somnambulismus, des Erstorbenseins, der Erstarrung und Blindheit nach außen mit dem Ausdruck gegeben, daß der Geist, der dennoch durch die Züge hindurchblickt, sich anderwärts befindet und selig ist.

γγ) *Drittens* nun tritt zu dem Kreise dieser wirklichen Gegenwart Gottes in seinem und der Seinen Leben, Leiden und Verklärtwerden die *Menschheit*, das *subjektive* Bewußtsein, das sich Gott oder spezieller die Akte seiner Geschichte zum Gegenstande seiner Liebe macht und sich nicht zu irgendeinem zeitlichen Inhalt, sondern zum Absoluten verhält. Auch hier sind die drei Seiten, die herausgehoben werden können, die ruhige *Andacht*, die *Buße* und *Konversion*, welche im Inneren und Äußeren die Leidensgeschichte Gottes am Menschen wiederholt, sowie drittens die innere *Verklärung* und Seligkeit der Reinigung.

Was *erstens* die Andacht als solche angeht, so gibt sie hauptsächlich den Inhalt für die *Anbetung* ab. Diese Situation ist einerseits Demütigung, Hingabe seiner, das Suchen des Friedens in einem anderen, andererseits nicht *bitten*, aber *beten*. Bitten und Beten sind zwar eng verwandt, insofern auch das Gebet eine Bitte sein kann. Doch das eigentliche Bitten will etwas *für sich*; es dringt in den, der etwas mir Wesentliches besitzt, um ihn durch meine Bitten mir geneigt, ihm das Herz weich zu machen, seine Liebe zu mir zu erregen, also das Gefühl seiner Identität mit mir zu erwecken; was ich aber beim Bitten empfinde, ist das Verlangen nach etwas, das der andere verlieren soll, damit ich es empfange; der andere soll mich lieben, damit meine Selbstliebe befriedigt, mein Nutzen, mein Wohl befördert werde. Ich dagegen gebe nichts Weiteres dabei auf als etwa das, was in dem Bekenntnis liegt, daß der Gebetene dergleichen über mich vermöge. Solcher Art nun ist das Beten nicht; es ist eine Erhebung des Herzens zu dem Absoluten, das an und für sich die Liebe ist und nichts für sich hat; die Andacht selber wird die Gewährung, die Bitte selber die Seligkeit. Denn obschon das Gebet auch eine Bitte um irgend etwas Besonderes enthalten kann, so ist doch nicht dieses Besondere das, was sich eigentlich ausdrücken soll, sondern das Wesentliche ist die Gewißheit der Erhörung überhaupt, nicht der Erhörung in betreff dieses Besonderen, aber das absolute Zutrauen, daß Gott mir zuteilen werde, was zu meinem Besten gereicht. Auch in dieser Beziehung ist das Beten selbst die Befriedigung, der Genuß, das ausdrückliche Gefühl und Bewußtsein der ewigen Liebe, die nicht nur als Strahl der Verklärung die Gestalt und Situation durchscheint, sondern für sich die Situation und das Darzustellende, Existierende ausmacht. Diese Situation der Anbetung haben z. B. der Papst Sixtus auf dem nach ihm benannten Raffaelischen Gemälde, die heilige Barbara ebendaselbst, ebenso unzählige Anbetungen der Apostel und Heiligen, des heiligen Franziskus z. B. unter dem Kreuz, wo nun statt des Schmerzes Christi oder statt des Zagens, Zweifelns, Verzweifelns der Jünger die Liebe und Verehrung Gottes, das in ihn versinkende Gebet zum Inhalt erwählt wird. Es sind dies besonders in den älteren Epochen der Malerei meist alte, im Leben und Leiden durchgearbeitete Gesichter, porträtmäßig aufgefaßt, aber andächtige Seelen, so daß dieses Anbeten nicht nur in diesem Moment ihr Geschäft ist, sondern sie werden gleichsam zu Geistlichen, Heiligen, deren ganzes Leben, Denken, Begehren und Wollen die Andacht ist und deren Ausdruck bei aller Porträtmäßigkeit nichts anderes enthält als diese Zuversicht und diesen Frieden der Liebe. Anders jedoch ist dies schon bei älteren deutschen und niederländischen Meistern. Das Sujet des Kölner Dombildes z. B. sind die anbetenden Könige und die Patrone Kölns; auch in der van Eyckischen Schule war dieser Gegenstand sehr beliebt. Hier nun sind die Anbetenden häufig bekannte Personen, Fürsten, wie man z. B. auf der berühmten Anbetung bei den Gebrüdern Boisserée, welche für ein Werk van Eycks *ausgegeben* wird, in zweien der Könige Philipp von Burgund und Karl den Kühnen hat erkennen wollen. Diesen Gestalten sieht man es an, daß sie auch außerdem noch etwas sind, andere Geschäfte haben und hier nur gleichsam am Sonntag oder morgens früh in die Messe gehen, die übrige

Woche aber oder den übrigen Tag anderweitige Geschäfte treiben. Besonders sind auf niederländischen oder deutschen Bildern die Donatare fromme Ritter, gottesfürchtige Hausfrauen mit ihren Söhnen und Töchtern. Sie gleichen der Martha, die ab- und zugeht und sich auch um Äußerliches und Weltliches bemüht, und nicht der Maria, die das beste Teil erwählt hat. Es fehlt ihnen zwar in ihrer Frömmigkeit nicht an Innigkeit und Gemüt, aber es ist nicht der Gesang der Liebe, der ihre ganze Natur ausmacht und der nicht bloß eine Erhebung, ein Gebet oder Dank für empfangene Gewährung, sondern ihr einziges Leben wie das der Nachtigall sein müßte.

Der Unterschied, welcher im allgemeinen auf dergleichen Gemälden zwischen Heiligen und Anbetenden und frommen Mitgliedern der christlichen Gemeinde in ihrem wirklichen Dasein zu machen ist, läßt sich dahin angeben, daß die Betenden besonders auf italienischen Bildern im Ausdruck ihrer Frömmigkeit eine vollkommene Übereinstimmung des Äußeren und Inneren zeigen. Das seelenvolle Gemüt erscheint auch als das Seelenvolle hauptsächlich der Gesichtsformen, die nichts den Gefühlen des Herzens Entgegengesetztes oder von denselben Verschiedenes ausdrücken. Dies Entsprechen ist dagegen in der Wirklichkeit nicht jedesmal vorhanden. Ein weinendes Kind z. B., besonders wenn es eben zu weinen anfängt, bringt uns oft – unabhängig davon, daß wir wissen, sein Leiden sei nicht der Tränen wert – durch seine Grimassen zum Lachen; ebenso verzerren ältere Leute, wenn sie lachen wollen, ihr Gesicht, weil die Züge zu fest, kalt und eisern sind, um sich einem natürlichen, unangestrengten Lachen oder freundlichen Lächeln zu bequemen. Solche Unangemessenheit der Empfindung und der sinnlichen Formen, in welchen die Frömmigkeit sich ausspricht, muß die Malerei vermeiden und soviel als möglich die Harmonie des Inneren und Äußeren zustande bringen; was denn auch die Italiener im vollsten Maße, die Deutschen und Niederländer, weil sie porträtartiger darstellen, weniger getan haben.

Als eine fernere Bemerkung will ich noch hinzufügen, daß diese Andacht der Seele auch nicht das angstvolle Rufen in äußerer Not oder Seelennot sein muß, wie es die Psalmen und viele lutherische Kirchenlieder enthalten – als z. B.: »Wie der Hirsch schreit nach frischem Wasser, so schreit meine Seele nach dir« [Ps. 42,2] –, sondern ein Hinschmelzen, wenn auch nicht so süß wie bei Nonnen, eine Hingebung der Seele und ein Genuß dieses Hingebens, ein Befriedigtsein, Fertigsein. Denn die Not des Glaubens, die angstvolle Verkümmerung des Gemüts, dies Zweifeln und Verzweifeln, das im Ringen und in der Entzweiung bleibt, solche hypochondrische Frömmigkeit, welche niemals weiß, ob sie auch nicht in Sünde, ob die Reue auch wahr und die Gnade durchgedrungen ist, solche Hingebung, in welcher sich das Subjekt doch nicht kann fahrenlassen und dies gerade durch seine Angst beweist, gehört nicht zur Schönheit des romantischen Ideals. Eher schon kann die Andacht das Auge sehnsüchtig gegen den Himmel emporschlagen, obgleich es künstlerischer und befriedigender ist, wenn der Blick auf ein gegenwärtiges, diesseitiges Objekt der Anbetung, auf Maria, Christus, einen Heiligen usf. gerichtet ist. Es ist leicht, ja zu leicht, einem Bilde dadurch ein höheres Interesse zu geben, daß die Hauptfigur den Blick gen Himmel, ins Jenseitige hinein hebt, wie denn auch heutigentags dies leichte Mittel gebraucht wird, Gott, die Religion zur Grundlage des Staats zu machen oder alles und jedes, statt aus der Vernunft der Wirklichkeit, mit Bibelstellen zu erweisen. Bei Guido Reni z. B. ist es zur Manier geworden, seinen Bildern diesen Blick und Augenaufschlag zu geben. Die Himmelfahrt Mariä in München z. B. hat sich den höchsten Ruhm bei Freunden und Kunstkennern erworben, und allerdings ist die hohe Glorie der Verklärung, der Versenkung und Auflösung der Seele in den Himmel und die ganze Haltung der in den Himmel hineinschwebenden Figur, die Helligkeit und Schönheit der Farbe von der höchsten Wirkung; aber ich finde es für Maria dennoch angemessener, wenn sie in ihrer gegenwärtigen Liebe und Beseligung mit dem Blick auf das Kind dargestellt wird; die Sehnsucht, das Streben, jener Blick gen Himmel streifen nahe an die moderne Empfindsamkeit heran.

Der *zweite* Punkt nun betrifft das Hereintreten der Negativität in die geistige Andacht der Liebe. Die Jünger, Heiligen, Märtyrer haben zum Teil äußerlich, zum Teil nur im Innern denselben Schmerzensweg entlangzugehen, auf welchem Christus ihnen in der Passionsgeschichte vorangewandelt ist.

Dieser Schmerz liegt zum Teil an der Grenze der Kunst, welche die Malerei zu überschreiten leicht geneigt sein kann, insofern sie sich die Grausamkeit und Gräßlichkeit des *körperlichen* Leidens, das Schinden und Braten, die Peinigung und Qual der Kreuzigung zum Inhalte nimmt. Dies darf ihr, wenn sie nicht aus dem geistigen Ideal heraustreten soll, nicht erlaubt werden, und nicht etwa bloß, weil dergleichen Martern vors Auge zu bringen nicht sinnlich schön ist oder weil wir heutigentags schwache Nerven haben, sondern aus dem höheren Grunde, daß es um diese sinnliche Seite nicht zu tun ist. Die geistige Geschichte, die *Seele* in ihrem Leiden der Liebe, und nicht das unmittelbare körperliche Leiden an einem Subjekte selbst, der Schmerz um das Leiden anderer oder der Schmerz in sich selbst über den eigenen Unwert ist der eigentliche Inhalt, der gefühlt und dargestellt werden soll. Die Standhaftigkeit der Märtyrer in sinnlichen Grausamkeiten ist eine Standhaftigkeit, die bloß sinnlichen Schmerz erträgt, im geistigen Ideal aber hat es die Seele mit sich, ihrem Leiden, der Verletzung ihrer Liebe, der inneren Buße, Trauer, Reue und Zerknirschung zu tun.

Auch bei dieser inneren Pein darf dann aber die *positive* Seite nicht fehlen. Die Seele muß der objektiven, an und für sich vollbrachten Versöhnung des Menschen mit Gott gewiß und nur bekümmert sein, daß dies ewige Heil auch in ihr subjektiv werde. In dieser Weise sehen wir häufig

Büßende, Märtyrer, Mönche, die in der Gewißheit der objektiven Versöhnung teils in der Trauer sind um ein Herz, das aufgegeben werden soll, teils diese Hingabe ihrer selbst vollbracht haben, doch die Versöhnung immer von neuem vollbracht wissen wollen und sich deshalb die Buße immer wieder auferlegen.

Hier nun kann ein gedoppelter Ausgangspunkt genommen werden. Ist nämlich von Hause aus ein frohes Naturell, Freiheit, Heiterkeit, Entschiedenheit, die das Leben und die Bande der Wirklichkeit leichtnehmen und es kurz damit abzumachen wissen, vom Künstler zugrunde gelegt, so vergesellschaften sich damit auch mehr ein natürlicher Adel, Grazie, Froheit, Freiheit und Schönheit der *Form*. Wenn dagegen ein halsstarriger, trotziger, roher, beschränkter Sinn die Voraussetzung abgibt, so fordert die Überwindung eine harte Gewalt, um den Geist aus dem Sinnlichen und Weltlichen herauszuwinden und die Religion des Heils zu gewinnen. Bei solcher Widerspenstigkeit treten daher härtere Formen der Kräftigkeit und Festigkeit ein, die Narben der Wunden, welche dieser Hartnäckigkeit geschlagen werden müssen, sind sichtbarer und bleibender, und die Schönheit der Formen fällt fort.

Drittens kann nun auch die positive Seite der Versöhnung, die *Verklärung* aus dem Schmerz, die aus der Buße gewonnene Seligkeit für sich zum Inhalt gemacht werden, ein Gegenstand, der freilich leicht zu Abwegen verleitet.

Dies sind die Hauptunterschiede des absoluten geistigen Ideals als des wesentlichsten Inhaltes der romantischen Malerei; es ist der Stoff ihrer gelungensten, gefeiertesten Werke, Werke, die unsterblich sind durch die Tiefe ihres Gedankens und, wenn eine wahrhafte Darstellung hinzukommt, die höchste Steigerung des Gemüts zu seiner Beseligung, das Seelenvollste, Innigste ausmachen, was der Künstler irgend zu geben vermag.

Nach diesem religiösen Kreise haben wir nun noch *zweier* anderer Gebiete Erwähnung zu tun.

β) Das Entgegengesetzte gegen den religiösen Kreis ist das, für sich genommen, ebenso Innigkeitslose als auch Ungöttliche – die *Natur* und, näher in bezug auf Malerei, die *landschaftliche* Natur. Wir haben den Charakter der religiösen Gegenstände so angegeben, daß sich in ihnen die *substantielle* Innigkeit der Seele ausspreche, das Beisichsein der Liebe im Absoluten. Die Innigkeit hat nun aber auch noch einen anderen Gehalt. Sie kann auch in dem ihr schlechthin Äußeren einen Anklang an das Gemüt finden und in der Objektivität als solcher Züge erkennen, die dem Geistigen verwandt sind. Ihrer Unmittelbarkeit nach werden zwar Hügel, Berge, Wälder, Talgründe, Ströme, Ebenen, Sonnenschein, der Mond, der gestirnte Himmel usf. bloß als Berge, Ströme, Sonnenschein wahrgenommen; aber *erstens* sind diese Gegenstände schon für sich von Interesse, insofern es die freie Lebendigkeit der Natur ist, die in ihnen erscheint und ein Zusammenstimmen mit dem Subjekt als selbst lebendigem bewirkt; *zweitens* bringen die besonderen Situationen des Objektiven Stimmungen in das Gemüt herein, welche den Stimmungen der Natur entsprechen. In diese Lebendigkeit, in dieses Antönen an Seele und Gemüt kann der Mensch sich einleben und so auch in der Natur innig sein. Wie die Arkadier von einem Pan sprachen, der im Düster des Waldes in Schauer und Schrecken versetzt, so sind die verschiedenen Zustände der landschaftlichen Natur in ihrer milden Heiterkeit, ihrer duftigen Ruhe, ihrer Frühlingsfrische, ihrer winterlichen Erstarrung, ihrem Erwachen am Morgen, ihrer Abendruhe usf. bestimmten Gemütszuständen gemäß. Die ruhige Tiefe des Meeres, die Möglichkeit einer unendlichen Macht des Aufruhrs hat ein Verhältnis zur Seele, wie umgekehrt Gewitter, das Brausen, Heranschwellen, Überschäumen, Brechen der sturmgepeitschten Wellen die Seele zu einem sympathetischen Tönen bewegen. Diese Innigkeit hat die Malerei auch zu ihrem Gegenstande. Deshalb dürfen nun aber nicht die Naturobjekte als solche in ihrer bloß äußerlichen Form und Zusammenstellung den eigentlichen

Inhalt ausmachen, so daß die Malerei zu einer bloßen Nachahmung wird; sondern die Lebendigkeit der Natur, welche sich durch alles hindurcherstreckt, und die charakteristische Sympathie besonderer Zustände dieser Lebendigkeit mit bestimmten Seelenstimmungen in den dargestellten landschaftlichen Gegenden hervorzuheben und lebhafter herauszukehren, dies innige Eingehen erst ist das geistvolle und gemütreiche Moment, durch welches die Natur nicht nur als Umgebung, sondern auch selbständig zum Inhalt der Malerei werden kann.

γ) Eine *dritte* Art der Innigkeit endlich ist diejenige, welche bei teils ganz unbedeutenden Objekten, die aus ihrer landschaftlichen Lebendigkeit herausgerissen sind, teils bei Szenen des menschlichen Lebens stattfindet, die uns nicht nur als ganz zufällig, sondern sogar als niedrig und gemein erscheinen können. Ich habe schon bei anderer Gelegenheit (Bd. I, S. 214 ff. und S. 222 ff.) das Kunstgemäße solcher Gegenstände zu rechtfertigen gesucht. In Rücksicht auf Malerei will ich zu der bisherigen Betrachtung nur noch folgende Bemerkungen hinzufügen.

Die Malerei hat es nicht nur mit der inneren Subjektivität, sondern zugleich mit dem in sich *partikularisierten* Inneren zu tun. Dies Innere nun, eben weil es die Besonderheit zum Prinzip hat, bleibt nicht bei dem absoluten Gegenstande der Religion stehen und nimmt sich ebensowenig vom Äußeren nur die Naturlebendigkeit und deren bestimmten landschaftlichen Charakter zum Inhalt, sondern muß zu allem und jedem fortgehen, wohinein der Mensch, als einzelnes Subjekt, sein Interesse legen und worin er seine Befriedigung finden kann. Schon in Darstellungen aus dem religiösen Kreise hebt die Kunst, je mehr sie steigt, um so mehr auch ihren Inhalt in das Irdische und Gegenwärtige hinein und gibt demselben die Vollkommenheit weltlichen Daseins, so daß die Seite der sinnlichen Existenz durch die Kunst zur Hauptsache und das Interesse der Andacht das geringere wird. Denn auch hier hat die Kunst die Aufgabe, dies Ideale ganz zur Wirklichkeit herauszuarbeiten, das den Sinnen Entrückte sinnlich darstellig zu machen und die Gegenstände aus der fernen Szene der Vergangenheit in die Gegenwart herüberzubringen und zu vermenschlichen.

Auf unserer Stufe nun ist es die Innigkeit im unmittelbar Gegenwärtigen selbst, in den alltäglichen Umgebungen, in dem Gewöhnlichsten und Kleinsten, was zum Inhalte wird.

αα) Fragen wir nun aber, was bei der sonstigen Armseligkeit oder Gleichgültigkeit solcher Stoffe den eigentlich *kunstgemäßen* Gehalt abgebe, so ist das Substantielle, das sich darin erhält und geltend macht, die *Lebendigkeit* und Freudigkeit des selbständigen Daseins überhaupt, bei der größten Mannigfaltigkeit des eigentümlichen Zwecks und Interesses. Der Mensch lebt immer im unmittelbar Gegenwärtigen; was er in jedem Augenblick tut, ist eine Besonderheit, und das Recht besteht darin, jedes Geschäft, und sei es das kleinste, schlechthin auszufüllen, mit ganzer Seele dabeizusein. Dann wird der Mensch eins mit solcher Einzelheit, für welche allein er zu existieren scheint, indem er die ganze Energie seiner Individualität hineingelegt hat. Dies Verwachsensein bringt nun diejenige Harmonie des Subjekts mit der Besonderheit seiner Tätigkeit in seinen nächsten Zuständen hervor, die auch eine Innigkeit ist und hier den Reiz der Selbständigkeit solch eines für sich totalen, abgeschlossenen und vollendeten Daseins ausmacht. So liegt also das Interesse, das wir an dergleichen Darstellungen nehmen können, nicht im Gegenstande, sondern in dieser Seele der Lebendigkeit, die schon für sich, unabhängig von dem, worin sie sich lebendig erweist, jedem unverdorbenen Sinne, jedem freien Gemüt zusagt und ihm ein Gegenstand der Teilnahme und Freude ist. Wir müssen uns daher den Genuß nicht dadurch verkümmern, daß wir Kunstwerke dieser Art aus dem Gesichtspunkte der sogenannten *Natürlichkeit* und täuschenden Nachahmung der Natur zu bewundern aufgefordert werden. Diese Aufforderung, welche dergleichen

Werke an die Hand zu geben scheinen, ist selbst nur eine Täuschung, welche den eigentlichen Punkt verkennt. Denn die Bewunderung schreibt sich dann nur aus der bloß äußerlichen Vergleichung eines Kunstwerks und eines Naturwerks her und bezieht sich nur auf die Übereinstimmung der Darstellung mit einer sonst schon vorhandenen Sache, während hier der eigentliche Inhalt und das Künstlerische in der Auffassung und Ausführung die Übereinstimmung der dargestellten Sache *mit sich selbst,* die für sich beseelte Realität ist. Nach dem Prinzipe der Täuschung können z. B. wohl die Dennerschen Porträts gelobt werden, die zwar Nachahmungen der Natur sind, aber größtenteils die Lebendigkeit als solche, auf die es hier ankommt, gar nicht treffen, sondern sich gerade darin ergehen, die Haare, Runzeln, überhaupt das darzustellen, was zwar nicht ein abstrakt Totes, doch ebensowenig die Lebendigkeit menschlicher Physiognomie ist.

Lassen wir uns ferner den Genuß durch die vornehme Verstandesreflexion verflachen, daß wir dergleichen Sujets als gemein und unserer höheren Gedanken unwürdig betrachten, so nehmen wir den Inhalt ebenfalls nicht so, wie die Kunst ihn uns wirklich darbietet. Wir bringen dann nämlich nur das Verhältnis mit, welches wir unseren Bedürfnissen, Vergnügen, unserer sonstigen Bildung und anderweitigen Zwecken nach zu solchen Gegenständen haben, d. h. wir fassen sie nur nach ihrer *äußeren Zweckmäßigkeit* auf, wodurch nun unsere Bedürfnisse der lebendige Selbstzweck, die Hauptsache werden, die Lebendigkeit des Gegenstandes aber vernichtet ist, insofern er wesentlich nur dazu bestimmt erscheint, als bloßes Mittel zu dienen oder uns ganz gleichgültig zu bleiben, weil wir ihn nicht zu gebrauchen wissen. Ein Sonnenblick z. B., der durch eine offene Tür in ein Zimmer fällt, in das wir hineintreten, eine Gegend, die wir durchreisen, eine Näherin, eine Magd, die wir emsig beschäftigt sehen, kann uns etwas durchaus Gleichgültiges sein, weil wir weit davon abliegenden Gedanken und Interessen ihren Lauf geben und deshalb, in diesem Selbstgespräch oder Dialog mit anderen, gegen unsere Gedanken und Reden die vor uns dastehende Situation nicht zum Worte kommen lassen oder nur eine ganz flüchtige Aufmerksamkeit darauf richten, die über die abstrakten Urteile »angenehm, schön, häßlich« usf. nicht hinausreicht. So erfreuen wir uns auch wohl an der Lustigkeit eines Bauerntanzes, indem wir denselben oberflächlich mit ansehen, oder entfernen uns davon und verachten ihn, weil wir »ein Feind von allem Rohen« sind. Ähnlich geht es uns mit menschlichen Physiognomien, mit denen wir im täglichen Leben verkehren oder die uns zufällig begegnen. Unsere Subjektivität und Wechseltätigkeit kommt immer dabei mit ins Spiel. Wir sind getrieben, diesem oder jenem dies oder das zu sagen, haben Geschäfte abzumachen, Rücksichten zu nehmen, denken an dies oder jenes von ihm, sehen ihn um diesen oder jenen Umstand an, den wir von ihm wissen, richten uns im Gespräch danach, schweigen von diesem, um ihn nicht zu verletzen, berühren jenes nicht, weil er's uns übel deuten möchte, kurz, wir haben immer seine Geschichte, Rang, Stand, unser Benehmen oder unser Geschäft mit ihm zum Gegenstande und bleiben in einem durchaus praktischen Verhältnisse oder in dem Zustande der Gleichgültigkeit und unaufmerksamen Zerstreutheit stehen.

Die Kunst nun aber in Darstellung solcher lebendigen Wirklichkeit verändert vollständig unseren Standpunkt zu derselben, indem sie ebensosehr alle die praktischen Verzweigungen abschneidet, die uns sonst mit dem Gegenstande in Zusammenhang setzen und uns denselben ganz theoretisch entgegenbringt, als sie auch die Gleichgültigkeit aufhebt und unsere anderwärts beschäftigte Aufmerksamkeit ganz auf die dargestellte Situation hinleitet, für die wir, um sie zu genießen, uns in uns sammeln und konzentrieren müssen. – Die Skulptur besonders schlägt durch ihre ideale Produktionsweise die praktische Beziehung zu dem Gegenstande von Hause aus nieder, insofern ihr Werk sogleich zeigt, dieser Wirklichkeit nicht anzugehören. Die Malerei dagegen führt uns einerseits ganz in die Gegenwart einer uns näheren alltäglichen Welt hinein, aber sie zerreißt in ihr andererseits alle die Fäden der Bedürftigkeit, der Anziehung, Neigung oder Abneigung, welche uns zu solcher Gegenwart hinziehen oder von ihr abstoßen, und führt uns die Gegenstände als Selbstzweck in ihrer eigentümlichen Lebendigkeit näher. Es findet hier das Umgekehrte dessen statt, was Herr [A. W.] von Schlegel z. B. in der Geschichte des Pygmalion so ganz prosaisch als die Rückkehr des vollendeten Kunstwerks zum gemeinen Leben, zum Verhältnis der subjektiven Neigung und des realen Genusses ausspricht, eine Rückkehr, die das Gegenteil derjenigen Entfernung ist, in welche das Kunstwerk die Gegenstände zu unserem Bedürfnisse setzt und eben damit deren eigenes selbständiges Leben und Erscheinen vor uns hinstellt.

ββ) Wie nun die Kunst in diesem Kreise einem Inhalte, den wir sonst nicht für sich in seiner Eigentümlichkeit gewähren lassen, die eingebüßte Selbständigkeit revindiziert, so weiß sie *zweitens* solche Gegenstände festzuhalten, die in der Wirklichkeit nicht so verweilen, daß wir sie für sich zu beachten gewohnt würden. Je höher die Natur in ihren Organisationen und deren beweglicher Erscheinung hinaufreicht, desto mehr gleicht sie dem Schauspieler, der nur dem Augenblicke dient. In dieser Beziehung habe ich es schon früher als einen Triumph der Kunst über die Wirklichkeit gerühmt, daß sie auch das Flüchtigste zu fixieren imstande ist. In der Malerei nun betrifft dieses Dauerbarmachen des Augenblicklichen einerseits wiederum die konzentrierte *momentane* Lebendigkeit in bestimmten Situationen, andererseits die Magie des Scheinens derselben in ihrer veränderlichen momentanen Färbung. Ein Trupp von Reitern z. B. kann sich in seiner Gruppierung, in den Zuständen jedes einzelnen in jedem Augenblicke verändern. Wären wir selber dabei, so hätten wir ganz andere Dinge zu tun, als auf die Lebendigkeit dieser Veränderungen zu achten; wir hätten dann aufzusteigen, abzusteigen, den Schnappsack aufzumachen, zu essen, zu trinken, auszuruhen, die Pferde abzuschirren, zu tränken, zu füttern usf.; oder wären wir im gewöhnlichen praktischen Leben Zuschauer, so sähen wir mit ganz anderen Interessen darauf; wir würden wissen wollen, was sie machen, was für Landsleute es sind, zu welchem Zweck sie ausziehen und dergleichen mehr. Der Maler dagegen schleicht den vorübergehendsten Bewegungen, den flüchtigsten Ausdrücken des Gesichts, den augenblicklichsten Farbenerscheinungen in dieser Beweglichkeit nach und bringt sie bloß im Interesse dieser ohne ihn verschwindenden Lebendigkeit des Scheinens vor uns. Besonders das Spiel des Farbenscheins, nicht die Farbe als solche, sondern ihr Hell und Dunkel, das Hervor- und Zurücktreten der Gegenstände ist der Grund, daß die Darstellung natürlich erscheint, worauf wir in Kunstwerken weniger zu merken pflegen, als es diese Seite verdient, die uns erst die Kunst zum Bewußtsein bringt. Außerdem nimmt der Künstler in diesen Beziehungen der Natur ihren Vorzug, ins einzelnste zu gehen, konkret, bestimmt, individualisiert zu sein, indem er seinen Gegenständen die gleiche Individualität lebendiger Erscheinung in deren schnellsten Blitzen bewahrt und doch nicht unmittelbare, streng nachgebildete Einzelheiten für die bloße Wahrnehmung, sondern für die Phantasie eine Bestimmtheit gibt, in welcher zugleich die Allgemeinheit wirksam bleibt.

γγ) Je geringfügiger nun, im Verhältnis zu religiösen Stoffen, die Gegenstände sind, welche diese Stufe der Malerei als Inhalt ergreift, desto mehr macht hier gerade die *künstlerische* Produktion, die Art des Sehens, Auffassens, Verarbeitens, die Einlebung des Künstlers in den ganz individuellen Umkreis seiner Aufgaben, die Seele und lebendige Liebe seiner Ausführung selbst eine Hauptseite des Interesses aus und gehört mit zu dem Inhalt. Was der Gegenstand unter seinen Händen wird, muß jedoch nichts sein, was nicht derselbe in der Tat ist und sein kann. Wir glauben nur etwas ganz Anderes und Neues zu sehen, weil wir in der Wirklichkeit nicht auf dergleichen Situationen und deren Farbenerscheinung so im Detail achthaben. Umgekehrt kommt auch allerdings etwas Neues zu diesen gewöhnlichen Gegenständen hinzu, nämlich eben die Liebe, der Sinn und Geist, die Seele, aus welcher sie der Künstler ergreift, sich aneignet und so seine eigene Begeisterung der Produktion dem, was er erschafft, als ein neues Leben einhaucht.

Dies sind die wesentlichsten Gesichtspunkte, welche in betreff des Inhalts der Malerei zur Berücksichtigung kommen.

b. Nähere Bestimmungen des sinnlichen Materials

Die *zweite* Seite, von welcher wir demnächst zu sprechen haben, bezieht sich auf die näheren Bestimmungen, denen das sinnliche *Material*, insofern es den angegebenen Inhalt in sich aufnehmen soll, sich zugänglich erweisen muß.

α) Das *erste,* was in dieser Rücksicht von Wichtigkeit wird, ist die *Linearperspektive.* Sie tritt als notwendig ein, weil die Malerei nur die Fläche zu ihrer Verfügung hat, während sie nicht mehr, wie das Basrelief der alten Skulptur, ihre Figuren nebeneinander auf ein und demselben Plane ausbreiten kann, sondern zu einer Darstellungsweise fortgehen muß, welche die Entfernung ihrer Gegenstände nach allen Raumdimensionen scheinbar zu machen genötigt ist. Denn die Malerei hat den Inhalt, den sie erwählt, zu entfalten, in seiner vielfachen Bewegung vor Augen zu stellen und die Figuren mit der äußeren landschaftlichen Natur, Gebäulichkeiten, Umgebung von Zimmern usf. in einem ganz anderen Grade, als dies die Skulptur selbst im Relief irgendwie vermag, in einen mannigfaltigen Zusammenhang zu bringen. Was nun die Malerei in dieser Rücksicht nicht in seiner wirklichen Entfernung in der realen Weise der Skulptur hinstellen kann, muß sie durch den Schein der Realität ersetzen. Das nächste besteht in dieser Rücksicht darin, daß sie die *eine* Fläche, die sie vor sich hat, in unterschiedene, scheinbar voneinander entfernt liegende Plane zerteilt und dadurch die Gegensätze eines nahen Vordergrundes und entfernten Hintergrundes erhält, welche durch den Mittelgrund wieder in Verbindung treten. Auf diese verschiedenen Plane stellt sie ihre Gegenstände hin. Indem sich nun die Objekte, je weiter sie vom Auge abliegen, um so mehr verhältnismäßig verkleinern und diese Abnahme in der Natur selbst schon mathematisch bestimmbaren optischen Gesetzen folgt, so hat die Malerei auch ihrerseits diesen Regeln, welche durch die Übertragung der Gegenstände auf eine Fläche wiederum eine spezifische Art der Anwendung erhalten, Folge zu geben. Dies ist die Notwendigkeit für die sogenannte lineare oder mathematische Perspektive in der Malerei, deren nähere Vorschriften wir jedoch hier nicht zu erörtern haben.

β) *Zweitens* nun aber stehen die Gegensätze nicht nur in bestimmter Entfernung voneinander, sondern sind auch von unterschiedener *Form*. Diese besondere Raumumgrenzung, durch welche jedes Objekt in seiner spezifischen Gestalt sichtbar gemacht wird, ist die Sache der *Zeichnung*. Erst die Zeichnung gibt sowohl die Entfernung der Gegenstände voneinander als auch die einzelne Gestalt derselben an. Ihr vorzüglichstes Gesetz ist die *Richtigkeit* in Form und Entfernung, welche sich freilich zunächst noch nicht auf den geistigen Ausdruck, sondern nur auf die äußere Erscheinung bezieht und deshalb nur die selbst äußerliche Grundlage bildet, doch besonders bei organischen Formen und deren mannigfaltigen Bewegungen durch die dadurch eintretenden Verkürzungen von großer Schwierigkeit ist. Insofern sich nun diese beiden Seiten rein auf die *Gestalt* und deren räumliche Totalität beziehen, so machen sie das *Plastische*, Skulpturmäßige in der Malerei aus, das diese Kunst, da sie auch das Innerlichste durch die Außengestalt ausdrückt, ebensowenig entbehren kann, als sie in anderer Rücksicht dabei stehenbleiben darf. Denn ihre eigentliche Aufgabe ist die Färbung, so daß in dem wahrhaft Malerischen Entfernung und Gestalt nur durch Farbenunterschiede ihre eigentliche Darstellung gewinnen und darin aufgehen.

γ) Es ist deshalb die Farbe, das *Kolorit,* was den Maler zum Maler macht. Wir bleiben zwar gern beim Zeichnen und hauptsächlich beim Skizzenhaften als bei dem vornehmlich Genialen stehen, aber wie erfindungsreich und phantasievoll auch der innere Geist in Skizzen aus der gleichsam durchsichtigeren, leichteren Hülle der Gestalt unmittelbar heraustreten kann, so muß doch die Malerei *malen,* wenn sie nicht nach der sinnlichen Seite in der lebendigen Individualität und Partikularisation ihrer Gegenstände abstrakt bleiben will. Hiermit soll jedoch den Zeichnungen und besonders den Handzeichnungen der großen Meister, wie z. B. Raffaels und Albrecht Dürers, ein bedeutender Wert nicht abgesprochen werden. Im Gegenteil haben nach einer Seite hin gerade Handzeichnungen das höchste Interesse, indem man das Wunder sieht, daß der ganze Geist unmittelbar in die Fertigkeit der Hand übergeht, die nun mit der größten Leichtigkeit, ohne Versuch, in augenblicklicher Produktion alles, was im Geiste des Künstlers liegt, hinstellt. Die Dürerschen Randzeichnungen z. B. in dem Gebetbuche auf der Münchener Bibliothek sind von unbeschreiblicher Geistigkeit und Freiheit; Einfall und Ausführung erscheint als ein und dasselbe, während man bei Gemälden die Vorstellung nicht entfernen kann, daß hier die Vollendung erst nach mehrfachem Übermalen, stetem Fortschreiten und Verbessern geleistet sei.

Dessenungeachtet bringt erst die Malerei durch den Gebrauch der Farbe das Seelenvolle zu seiner eigentlich lebendigen Erscheinung. Doch haben nicht alle Malerschulen die Kunst des Kolorits in gleicher Höhe gehabt, ja es ist eine eigentümliche Erscheinung, daß fast nur die Venezianer und vorzüglich die Niederländer die vollkommenen Meister in der Farbe geworden sind: beide der See nahe, beide in einem niedrigen Lande, durchschnitten von Sümpfen, Wasser, Kanälen. Bei den Holländern kann man sich dies so erklären, daß sie bei einem immer nebligen Horizonte die stete Vorstellung des grauen Hintergrundes vor sich hatten und nun durch dieses Trübe um so mehr veranlaßt wurden, das Farbige in allen seinen Wirkungen und Mannigfaltigkeiten der Beleuchtung, Reflexe, Lichtscheine usf. zu studieren, hervorzuheben und darin gerade eine Hauptaufgabe ihrer Kunst zu finden. Gegen die Venezianer und Holländer gehalten, erscheint die sonstige Malerei der Italiener, Correggio und einige andere ausgenommen, als trockener, saftloser, kälter und unlebendiger.

Näher nun lassen sich bei der Färbung folgende Punkte als die wichtigsten herausheben.

αα) *Erstens* die abstrakte Grundlage aller Farbe, das *Helle* und *Dunkle*. Wenn dieser Gegensatz und seine Vermittlungen für sich ohne weitere Farbenunterschiede in Wirkung gesetzt werden, so kommen dadurch nur die Gegensätze des Weißen als des Lichts und des Schwarzen als des Schattens sowie die Übergänge und Nuancen zum Vorschein, welche die Zeichnung integrieren, indem sie dem eigentlich Plastischen der Gestalt angehören und die Hebung, Senkung, Rundung, Entfernung der Gegenstände hervorbringen. Wir können in dieser Rücksicht hier der Kupferstecherkunst, welche es nur mit dem Hell und Dunkel als solchem zu tun hat, beiläufig erwähnen. Außer dem unendlichen Fleiß und der sorglichsten Arbeitsamkeit ist in dieser hochzuschätzenden Kunst, wenn sie auf ihrer Höhe steht, Geist mit der Nützlichkeit großer Vervielfältigung verbunden, welche auch die Buchdruckerkunst hat. Doch ist sie nicht, wie die Zeichnung als solche, bloß auf Licht und Schatten angewiesen, sondern bemüht sich in ihrer heutigen Ausbildung, besonders mit der Malerei in Wetteifer zu treten und außer dem Hell und Dunkel, das durch die Beleuchtung bewirkt wird, auch noch diejenigen Unterschiede größerer Helle oder Dunkelheit auszudrücken, welche durch die Lokalfarbe selbst hervorkommen; wie sich z. B. im Kupferstich bei derselben Beleuchtung der Unterschied von blondem und schwarzem Haar sichtbar machen läßt.

In der Malerei nun aber gibt das Hell und Dunkel, wie

gesagt, nur die Grundlage ab, obschon diese Grundlage von der höchsten Wichtigkeit ist. Denn sie allein bestimmt das Vor- und Zurücktreten, die Rundung, überhaupt das eigentliche Erscheinen der Gestalt als sinnlicher Gestalt, das, was man die *Modellierung* nennt. Die Meister des Kolorits treiben es in dieser Rücksicht bis zum äußersten Gegensatz des hellsten Lichtes und der tiefsten Schatten und bringen nur dadurch ihre großen Effekte hervor. Doch ist ihnen dieser Gegensatz nur erlaubt, insofern er nicht hart, d. h. insofern er nicht ohne reichhaltiges Spiel der Übergänge und Vermittlungen bleibt, die alles in Zusammenhang und Fluß setzen und bis zu den feinsten Nuancierungen fortgehen. Fehlen aber solche Gegensätze, so wird das Ganze flach, weil eben nur der Unterschied des Helleren oder Dunkleren bestimmte Teile sich hervorheben, andere dagegen zurücktreten läßt. Besonders bei reichen Kompositionen und weiten Entfernungen der darzustellenden Gegenstände voneinander wird es notwendig, bis in das tiefste Dunkel hineinzugehen, um eine weite Stufenleiter für Licht und Schatten zu haben.

Was nun die nähere Bestimmtheit des Lichts und Schattens betrifft, so hängt dieselbe vornehmlich von der Art der vom Künstler angenommenen *Beleuchtung* ab. Das Tageslicht, Morgen-, Mittags-, Abendlicht, Sonnenschein oder Mondlicht, klarer oder bewölkter Himmel, das Licht bei Gewittern, Kerzenbeleuchtung, beschlossenes, einfallendes oder gleichmäßig sich verbreitendes Licht, die verschiedenartigsten Beleuchtungsweisen verursachen hier die allermannigfaltigsten Unterschiede. Bei einer öffentlichen, reichen Handlung, einer in sich selbst klaren Situation des wachen Bewußtseins ist das äußere Licht mehr Nebensache, und der Künstler wird am besten das gewöhnliche Tageslicht gebrauchen, wenn nicht die Forderung dramatischer Lebendigkeit, die gewünschte Heraushebung bestimmter Figuren und Gruppen und das Zurücktretenlassen anderer eine ungewöhnliche Beleuchtungsweise, welche für dergleichen Unterschiede günstiger ist, notwendig macht. Die älteren großen Maler haben deshalb Kontraste, überhaupt ganz spezielle Situationen gleichsam der Beleuchtung wenig benutzt, und mit Recht, da sie mehr auf das Geistige als solches als auf den Effekt der sinnlichen Erscheinungsweise losgingen und bei der überwiegenden Innerlichkeit und Wichtigkeit des Gehalts diese immer mehr oder weniger äußere Seite entbehren konnten. Bei Landschaften dagegen und unbedeutenden Gegenständen des gewöhnlichen Lebens wird die Beleuchtung von ganz anderem Belang. Hier sind die großen künstlerischen, oft auch künstlichen, magischen Effekte an ihrer Stelle. In der Landschaft z. B. können die kühnen Kontraste großer Lichtmassen und starker Schattenpartien die beste Wirkung tun, doch ebensosehr auch zur bloßen Manier werden. Umgekehrt sind es in diesen Kreisen hauptsächlich die Lichtreflexe, das Scheinen und Widerscheinen, dies wunderbare Lichtecho, das ein besonders lebendiges Spiel von Hell und Dunkel hervorbringt und sowohl für den Künstler als auch für den Beschauer ein gründliches und anhaltendes Studium erfordert. Dabei kann denn die Beleuchtung, welche der Maler äußerlich oder innerlich in seiner Konzeption aufgefaßt hat, selbst nur ein schnell vorübergehender und sich verändernder Schein sein. Wie plötzlich aber auch oder ungewöhnlich die festgehaltene Beleuchtung sein mag, so muß dennoch der Künstler selbst bei der bewegtesten Handlung dafür sorgen, daß das Ganze in dieser Mannigfaltigkeit nicht unruhig, schwankend, verworren werde, sondern klar und zusammengehalten bleibe.

ββ) Demgemäß, was ich bereits oben sagte, muß nun aber die Malerei das Hell und Dunkel nicht in seiner bloßen Abstraktion, sondern durch die Verschiedenheit der Farbe selbst ausdrücken. Licht und Schatten müssen farbig sein. Wir haben deshalb *zweitens* von der Farbe als solcher zu sprechen.

Der *erste* Punkt betrifft hier wieder zunächst das *Hell und Dunkel* der Farben gegeneinander, insofern sie in ihrem wechselseitigen Verhältnis selbst als Licht und Dunkel wirken und einander heben oder drücken und schaden. Rot z. B. und noch mehr Gelb ist für sich bei gleicher Intensität heller als Blau. Dies hängt mit der Natur der verschiedenen Farben selbst, die erst Goethe neuerdings in das rechte Licht gestellt hat, zusammen. Im *Blau* nämlich ist das *Dunkle* die Hauptsache, das erst, insofern es durch ein helleres, doch nicht vollständig durchsichtiges Medium wirkt, als blau erscheint. Der Himmel z. B. ist dunkel; auf höchsten Bergen wird er immer schwärzer; durch ein durchsichtiges, jedoch trübendes Medium wie die atmosphärische Luft der niedrigeren Ebenen gesehen, erscheint er blau und um so heller, je weniger durchsichtig die Luft ist. Beim *Gelb* umgekehrt wirkt das an und für sich *Helle* durch ein Trübes, welches das Helle noch durchscheinen läßt. Der Rauch ist z. B. solch ein trübendes Mittel; vor etwas durch ihn hindurchwirkendem Schwarzen gesehen, sieht er bläulich aus, vor etwas Hellem gelblich und rötlich. Das eigentliche *Rot* ist die wirksame, königliche, konkrete Farbe, in welcher sich Blau und Gelb, die selbst wieder Gegensätze sind, durchdringen; *Grün* kann man auch als solche Vereinigung ansehen, doch nicht als die konkrete Einheit, sondern als bloß ausgelöschten Unterschied, als die gesättigte, ruhige Neutralität. Diese Farben sind die reinsten, einfachsten, die ursprünglichen *Grundfarben*. Man kann deshalb auch in der Art und Weise, wie die älteren Meister sie anwendeten, eine symbolische Beziehung suchen. Besonders im Gebrauch des Blau und Rot: Blau entspricht dem Sanfteren, Sinnvollen, Stilleren, dem empfindungsreichen Hineinsehen, insofern es das Dunkle zum Prinzip hat, das nicht Widerstand leistet, während das Helle mehr das Widerstehende, Produzierende, Lebendige, Heitere ist; Rot das Männliche, Herrschende, Königliche; Grün das Indifferente, Neutrale. Nach dieser Symbolik trägt z. B. Maria, wo sie als thronend, als Himmelskönigin vorgestellt ist, häufig einen roten, wo sie dagegen als Mutter erscheint, einen blauen Mantel.

Alle die übrigen unendlich mannigfaltigen Farben müssen als bloße Modifikationen betrachtet werden, in welchen irgendeine Schattierung jener Kardinalfarben zu erkennen ist. In diesem Sinne wird z. B. kein Maler Violett eine Farbe nennen. In ihrem Wechselverhältnis nun sind alle diese Farben selber in ihrer Wirkung gegeneinander heller und dunkler, – ein Umstand, welchen der Maler wesentlich in Betracht ziehen muß, um den rechten Ton, den er an jeder Stelle für die Modellierung, Entfernung der Gegenstände nötig hat, nicht zu verfehlen. Hier tritt nämlich eine ganz eigentümliche Schwierigkeit ein. In dem Gesicht z. B. ist die Lippe rot, die Augenbraue dunkel, schwarz, braun oder, wenn auch blond, dennoch immer in dieser Farbe dunkler als die Lippe; ebenso sind die Wangen durch ihr Rot heller der Farbe nach als die Nase bei gelblicher, bräunlicher, grünlicher Hauptfarbe. Diese Teile können nun ihrer Lokalfarbe zufolge heller und intensiver gefärbt sein, als es ihnen der Modellierung nach zukommt. In der Skulptur, ja selbst in der Zeichnung werden dergleichen Partien ganz nur nach dem Verhältnis der Gestalt und Beleuchtung in Hell und Dunkel gehalten. Der Maler dagegen muß sie in ihrer lokalen Färbung aufnehmen, welche dies Verhältnis stört. Dasselbe findet mehr noch bei voneinander entfernteren Gegenständen statt. Für den gewöhnlichen sinnlichen Anblick ist es der Verstand, der in bezug auf die Dinge über ihre Entfernung und Form usf. nicht nur nach dem Farbenscheine, sondern auch noch aus ganz anderen Umständen urteilt. In der Malerei aber ist nur die Farbe vorhanden, die als bloße Farbe dasjenige beeinträchtigen kann, was das Hell und Dunkel für sich fordert. Hier besteht nun die Kunst des Malers darin, solch einen Widerspruch aufzulösen und die Farben so zusammenzustellen, daß sie weder in ihrer Lokaltinte der Modellierung noch in ihrem sonstigen Verhältnis einander Schaden tun. Erst durch die Berücksichtigung beider Punkte kann die wirkliche Gestalt und Färbung der Gegenstände bis zur Vollendung zum Vorschein kommen. Mit welcher Kunst haben z. B. die Holländer den Glanz von Atlasgewändern mit allen den mannigfaltigen Reflexen und Abstufungen des Schattens in Falten usf., den Schein des Silbers, Goldes, Kupfers, glasierter Gefäße, Samt usf. und ebenso van Eyck schon das Leuchten der Edelsteine, Goldborten, Geschmeide usf. gemalt. Die Farben, durch welche z. B. der Goldglanz hervorgebracht ist, haben für sich nichts Metallisches; sieht man sie in der Nähe, so ist es einfaches Gelb, das für sich betrachtet nur wenig leuchtet; die ganze Wirkung hängt einerseits von dem Herausheben der Form, andererseits von der Nachbarschaft ab, in welche jede einzelne Farbnuance gebracht ist.

Eine weitere Seite *zweitens* geht die *Harmonie* der Farben an.

Ich habe bereits oben bemerkt, daß die Farben eine durch die Natur der Sache selbst gegliederte Totalität ausmachen. In dieser Vollständigkeit müssen sie nun auch erscheinen; keine Hauptfarbe darf ganz fehlen, weil sonst der Sinn der Totalität etwas vermißt. Besonders die älteren Italiener und Niederländer geben in Ansehung dieses Farbensystems eine volle Befriedigung; wir finden in ihren Gemälden Blau, Gelb, Rot, Grün. Solche Vollständigkeit nun macht die Grundlage der Harmonie aus. Weiter aber müssen die Farben so zusammengestellt sein, daß sowohl ihr malerischer Gegensatz als auch die Vermittlung und Auflösung desselben und dadurch eine Ruhe und Versöhnung fürs Auge zustande kommt. Teils die Art der Zusammenstellung, teils der Grad der Intensität jeder Farbe bewirkt solche Kraft des Gegensatzes und Ruhe der Vermittlung. In der älteren Malerei waren es besonders die Niederländer, welche die Kardinalfarben in ihrer Reinheit und ihrem einfachen Glanz gebrauchten, wodurch die Harmonie durch Schärfung der Gegensätze erschwert wird, aber, wenn sie erreicht ist, dem Auge wohltut. Doch muß bei dieser Entschiedenheit und Kräftigkeit der Farbe dann auch der Charakter der Gegenstände sowie die Kraft des Ausdrucks selbst entschiedener und einfacher sein. Hierin liegt zugleich eine höhere Harmonie der Färbung mit dem Inhalt. Die Hauptpersonen z. B. müssen auch die hervorstechendste Farbe haben und in ihrem Charakter, ihrer ganzen Haltung und Ausdrucksweise großartiger erscheinen als die Nebenpersonen, denen nur die gemischteren Farben zukommen. In der Landschaftsmalerei treten dergleichen Gegensätze der reinen Kardinalfarben weniger heraus, in Szenen hingegen, worin die Personen die Hauptsache bleiben und insbesondere die Gewänder die größten Teile der ganzen Fläche einnehmen, sind jene einfacheren Farben an ihrer Stelle. Hier entspringt die Szene aus der Welt des Geistigen, in welcher das Unorganische, die Naturumgebung abstrakter, d. h. nicht in seiner natürlichen Vollständigkeit und isolierten Wirkung erscheinen muß und die mannigfaltigen Tinten der Landschaft in ihrer nuancenreichen Buntheit weniger passen. Im allgemeinen paßt die Landschaft zur Umgebung menschlicher Szenen nicht so vollständig als ein Zimmer, überhaupt Architektonisches, denn die Situationen, welche im Freien spielen, sind im ganzen genommen gewöhnlich nicht diejenigen Handlungen, in denen das volle Innere als das Wesentliche sich herauskehrt. Wird aber der Mensch in die Natur herausgestellt, so muß sie nur als bloße Umgebung Gültigkeit erhalten. Bei dergleichen Darstellungen nun erhalten, wie gesagt, vornehmlich die entschiedenen Farben ihren rechten Platz. Doch gehört eine Kühnheit und Kraft zu ihrem Gebrauch. Süßliche, verschwemmte, lieblich tuende Gesichter stimmen nicht zu ihnen; solch ein weicher Ausdruck, solche Verblasenheit von Physiognomien, welche man seit Mengs für Idealität zu halten gewohnt ist, würde durch entschiedene Farben ganz darniedergeschlagen werden. In neuester Zeit sind bei uns vornehmlich nichtssagende, weichliche Gesichter mit gezierten, besonders graziös oder einfach und großartig seinsollenden Stellungen usf. Mode geworden. Diese Unbedeutendheit von seiten des inneren geistigen Charakters führt dann auch auf Unbedeutendheit der Farben und des Farbtons, so daß alle Farben in Unscheinbarkeit und kraftloser Gebrochenheit und Abdämpfung gehalten werden und nichts recht hervorkommt, – nichts anderes freilich herunterdrückt, aber auch nichts heraushebt. Es ist dies wohl eine Harmonie der Farben und häufig von großer Süße und einschmeichelnder Lieblichkeit, aber in der Unbedeutendheit. In der ähnlichen Beziehung sagt schon Goethe in seinen Anmerkungen zur Übersetzung von Diderots *Versuch über die Malerei*: »Man gibt keineswegs zu, daß es leichter sei, ein schwaches Kolorit harmonischer zu machen als ein starkes; aber freilich, wenn das Kolorit stark ist, wenn Farben lebhaft erscheinen, dann empfindet auch das Auge Harmonie und Disharmonie viel lebhafter; wenn man aber die Farben schwächt, einige hell, andere gemischt, andere beschmutzt im Bilde braucht, dann weiß freilich niemand, ob er ein harmonisches oder disharmonisches Bild sieht; das weiß man aber allenfalls zu sagen, daß es unwirksam, daß es unbedeutend sei.«

Mit der Harmonie der Farben ist nun aber im Kolorit noch keineswegs alles erreicht, sondern es müssen *drittens* noch mehrere andere Seiten, um eine Vollendung hervorzubringen, hinzukommen. Ich will in dieser Rücksicht hier nur noch der sogenannten *Luftperspektive*, der *Karnation* und endlich der *Magie* des Farbenscheines Erwähnung tun.

Die Linearperspektive betrifft zunächst nur die Größenunterschiede, welche die Linien der Gegenstände in ihrer geringeren oder weiteren Entfernung vom Auge machen. Diese Veränderung und Verkleinerung der *Gestalt* ist jedoch nicht das einzige, was die Malerei nachzubilden hat. Denn in der Wirklichkeit erleidet alles durch die atmosphärische Luft, die zwischen den Gegenständen, ja selbst zwischen den verschiedenen Teilen derselben hinzieht, eine Verschiedenartigkeit der *Färbung*. Dieser mit der Entfernung sich abdämpfende Farbton ist es, welcher die *Luftperspektive* ausmacht, insofern dadurch die Gegenstände teils in der Weise ihrer Umrisse, teils in Rücksicht auf ihren Hell- und Dunkelschein und sonstige Färbung modifiziert werden. Gewöhnlich meint man, was im Vorgrunde dem Auge am nächsten steht, sei immer das Hellste und der Hintergrund das Dunklere, in der Tat aber verhält sich die Sache anders. Der Vorgrund ist das Dunkelste und Hellste zugleich, d. h. der Kontrast von Licht und Schatten wirkt in der Nähe am stärksten, und die Umrisse sind am bestimmtesten; je weiter dagegen die Objekte sich vom Auge entfernen, desto farbloser, unbestimmter in ihrer Gestalt werden sie, indem sich der Gegensatz von Licht und Schatten mehr und mehr verliert, bis sich das Ganze überhaupt in ein helles Grau verliert. Die verschiedene Art der Beleuchtung jedoch verursacht in dieser Rücksicht die verschiedenartigsten Abweichungen. – Besonders in der Landschaftsmalerei, doch auch in allen übrigen Gemälden, welche weite Räume darstellen, ist die Luftperspektive von höchster Wichtigkeit, und die großen Meister des Kolorits haben auch hierin zauberische Effekte hervorgebracht.

Das Schwerste nun aber *zweitens* in der Färbung, das Ideale gleichsam, der Gipfel des Kolorits ist das *Inkarnat,* der Farbton der menschlichen Fleischfarbe, welche alle anderen Farben wunderbar in sich vereinigt, ohne daß sich die eine oder andere selbständig heraushebt. Das jugendliche, gesunde Rot der Wange ist zwar reiner Karmin, ohne allen Stich ins Blaue, Violette oder Gelbe, aber dies Rot ist selbst nur ein Anflug oder vielmehr ein Schimmer, der von innen herauszudringen scheint und sich unbemerkbar in die übrige Fleischfarbe hinein verliert. Diese aber ist ein ideelles Ineinander aller Hauptfarben. Durch das durchsichtige Gelb der Haut scheint das Rot der Arterien, das Blau der Venen, und zu dem Hell und Dunkel und dem sonstigen mannigfaltigen Scheinen und Reflexen kommen noch graue, bräunliche, selbst grünliche Töne hinzu, die uns beim ersten Anblick höchst unnatürlich dünken und doch ihre Richtigkeit und wahrhaften Effekt haben können. Dabei ist dieses Ineinander von Scheinen ganz glanzlos, d. h. es zeigt kein Scheinen von anderem an ihm, sondern ist von innen her beseelt und belebt. Dies Durchscheinen von innen besonders ist für die Darstellung von größter Schwierigkeit. Man kann es einem See im Abendschein vergleichen, in welchem man die Gestalten, die er abspiegelt, und zugleich die klare Tiefe und Eigentümlichkeit des Wassers sieht. Metallglanz dagegen ist wohl scheinend und widerscheinend, Edelgesteine zwar durchsichtig, blitzend, doch kein durchscheinendes Ineinander von Farben wie das Fleisch, ebenso der Atlas, glänzende Seidenstoffe usf. Die tierische Haut, das Haar oder Gefieder, die Wolle usf. sind in derselben Weise von der verschiedenartigsten Färbung, aber doch in den bestimmten Teilen von direkterer, selbständiger Farbe, so daß die Mannigfaltigkeit mehr ein Resultat verschiedener Flächen und Plane, kleiner Punkte und Linien von verschiedenen Färbungen als ein Ineinander wie beim Fleisch ist. Am nächsten noch kommen demselben die Farbenspiele durchscheinender Trauben und die wunderbaren zarten, durchsichtigen Farbnuancen der Rose. Doch auch diese erreicht nicht den Schein innerer Belebung, den die Fleischfarbe haben muß und dessen glanzloser Seelenduft zum Schwierigsten gehört, was die Malerei kennt. Denn dies Innerliche, Subjektive der Lebendigkeit soll auf einer Fläche nicht als aufgetragen, nicht als materielle Farbe, als Striche, Punkte usf., sondern als selbst lebendiges Ganzes erscheinen: durchsichtig tief, wie das Blau des Himmels, das fürs Auge keine widerstandleistende Fläche sein darf, sondern worein wir uns müssen vertiefen können. Schon Diderot in dem von Goethe übersetzten Aufsatz über Malerei sagt in dieser Hinsicht: »Wer das Gefühl des Fleisches erreicht hat, ist schon weit gekommen, das übrige ist nichts dagegen. Tausend Maler sind gestorben, ohne das Fleisch gefühlt zu haben, tausend andere werden sterben, ohne es zu fühlen.«

Was kurz das Material angeht, durch welches diese glanzlose Lebendigkeit des Fleisches kann hervorgebracht werden, so hat sich erst die Ölfarbe als hierzu vollkommen tauglich erwiesen. Am wenigsten geschickt, ein Ineinanderscheinen zu bewirken, ist die Behandlung in Mosaiken, welche sich zwar durch ihre Dauer empfiehlt, doch, weil sie die Farbnuancen durch verschieden gefärbte Glasstifte oder Steinchen, die nebeneinandergestellt werden, ausdrücken muß, niemals das fließende Sichverschmelzen eines ideellen Ineinander von Farben bewirken kann. Weiter gehen schon die Fresko- und Temperamalerei. Doch beim Freskomalen werden die auf nassen Kalk aufgetragenen Farben zu schnell eingesogen, so daß einerseits die größte Fertigkeit und Sicherheit des Pinsels nötig ist, andererseits mehr mit großen Strichen nebeneinander gearbeitet werden muß, welche, da sie schnell auftrocknen, keine feinere Vertreibung gestatten. Das Ähnliche findet beim Malen mit Temperafarben statt, die zwar zu großer innerer Klarheit und schönem Leuchten zu bringen sind, doch durch ihr schnelles Auftrocknen gleichfalls sich weniger zur Verschmelzung und Vertreibung eignen und eine mehr zeichnende Behandlung mit Strichen nötig machen. Die Ölfarbe dagegen erlaubt nicht nur das zarteste, sanfteste Ineinanderschmelzen und Vertreiben, wodurch die Übergänge so unmerklich werden, daß man nicht sagen kann, wo eine Farbe anfängt und wo aufhört, sondern sie erhält auch bei richtiger Mischung und rechter Auftragsweise ein edelsteinartiges Leuchten und kann vermittels ihres Unterschiedes von Deck- und Lasurfarben in weit höherem Grade als die Temperamalerei ein Durchscheinen verschiedener Farbenlagen hervorbringen.

Der *dritte* Punkt endlich, dessen wir noch erwähnen müssen, betrifft die Duftigkeit, *Magie* in der Wirkung des Kolorits. Diese Zauberei des Farbenscheins wird hauptsächlich da erst auftreten, wo die Substantialität und Geistigkeit der Gegenstände sich verflüchtigt hat und nun die Geistigkeit in die Auffassung und Behandlung der Färbung hereintritt. Im allgemeinen läßt sich sagen, daß die Magie darin besteht, alle Farben so zu behandeln, daß dadurch ein für sich objektloses Spiel des Scheines hervorkommt, das die äußerste verschwebende Spitze des Kolorits bildet, ein Ineinander von Färbungen, ein Scheinen von Reflexen, die in andere Scheine scheinen und so fein, so flüchtig, so seelenhaft werden, daß sie ins Bereich der Musik herüberzugehen anfangen. Nach seiten der Modellierung gehört die Meisterschaft des Helldunkels hierher, worin schon unter den Italienern Leonardo da Vinci und vor allem Correggio Meister waren. Sie sind zu tiefsten Schatten fortgegangen, die aber selbst wieder durchleuchtet bleiben und sich durch unmerkliche Übergänge bis zum hellsten Lichte steigern. Dadurch kommt die höchste Rundung zum Vorschein, nirgends ist eine Härte oder Grenze, überall ein Übergehen; Licht und Schatten wirken nicht unmittelbar nur als Licht oder Schatten, sondern beide durchscheinen einander, wie eine Kraft von innen her durch ein Äußeres hindurchwirkt. Das Ähnliche gilt für die Behandlung der Farbe, in welcher auch die Holländer die größten Meister waren. Durch diese Idealität, dies Ineinander, dieses Herüber und Hinüber von Reflexen und Farbenscheinen, durch diese Veränderlichkeit und Flüchtigkeit von Übergängen breitet sich über das Ganze bei der Klarheit, dem Glanz, der Tiefe, dem milden und saftigen Leuchten der Farbe ein Schein der Beseelung, welcher die Magie des Kolorits ausmacht und dem Geiste des Künstlers, der dieser Zauberer ist, eigens angehört.

γγ) Dies führt uns auf einen letzten Punkt, den ich kurz noch besprechen will.

Unseren Ausgangspunkt nahmen wir von der Linearperspektive, schritten sodann zur Zeichnung fort und betrachteten endlich die Farbe; *zuerst* Licht und Schatten in Rücksicht auf Modellierung; *zweitens* als *Farbe selbst,* und zwar als Verhältnis der relativen Helligkeit und Dunkelheit der Farben gegeneinander sowie ferner als Harmonie, Luftperspektive, Karnation und Magie derselben. Die *dritte* Seite nun betrifft die schöpferische *Subjektivität* des Künstlers in Hervorbringung des Kolorits.

Gewöhnlich meint man, die Malerei könne hierbei nach ganz bestimmten Regeln verfahren. Dies ist jedoch nur bei der

Linearperspektive, als einer ganz geometrischen Wissenschaft, der Fall, obschon auch hier nicht einmal die Regel als abstrakte Regel hervorscheinen darf, wenn sie nicht das eigentlich Malerische zerstören soll. Die Zeichnung zweitens läßt sich weniger schon als die Perspektive durchweg auf allgemeine Gesetze zurückführen, am wenigsten aber das Kolorit. Der Farbensinn muß eine künstlerische Eigenschaft, eine eigentümliche Seh- und Konzeptionsweise von Farbtönen, die existieren, sowie eine wesentliche Seite der reproduktiven Einbildungskraft und Erfindung sein. Dieser Subjektivität des Farbtons wegen, in welcher der Künstler seine Welt anschaut und die zugleich produktiv bleibt, ist die große Verschiedenheit des Kolorits keine bloße Willkür und beliebige Manier einer Färbung, die nicht so in *rerum natura* vorhanden ist, sondern liegt in der Natur der Sache selbst. So erzählt z. B. Goethe in *Dichtung und Wahrheit*[1] folgendes hierher gehörige Beispiel. »Als ich (nach einem Besuche der Dresdner Galerie) bei meinem Schuster wieder eintrat« – bei einem solchen hatte er sich aus Grille einquartiert –, »um das Mittagsmahl zu genießen, traute ich meinen Augen kaum: denn ich glaubte ein Bild von Ostade vor mir zu sehen, so vollkommen, daß man es nur auf die Galerie hätte hängen dürfen. Stellung der Gegenstände, Licht, Schatten, bräunlicher Teint des Ganzen, alles, was man in jenen Bildern bewundert, sah ich hier in der Wirklichkeit. Es war das erste Mal, daß ich auf einen so hohen Grad die Gabe gewahr wurde, die ich nachher mit mehrerem Bewußtsein übte, die Natur nämlich mit den Augen dieses oder jenes Künstlers zu sehen, dessen Werken ich soeben eine besondere Aufmerksamkeit gewidmet hatte. Diese Fähigkeit hat mir viel Genuß gewährt, aber auch die Begierde vermehrt, der Ausübung eines Talents, das mir die Natur versagt zu haben schien, von Zeit zu Zeit eifrig nachzuhängen.« Besonders tut sich diese Verschiedenheit des Kolorits auf der einen Seite bei

---

1 2. Teil, 8. Buch

Darstellung des menschlichen Fleisches hervor, selbst abgesehen von allen äußerlich wirkenden Modifikationen der Beleuchtung, des Alters, Geschlechts, der Situation, Nationalität, Leidenschaft usf. Auf der anderen ist es die Darstellung des täglichen Lebens im Freien oder Innern der Häuser, Schenken, Kirchen usw. sowie die landschaftliche Natur, deren Reichtum von Gegenständen und Färbungen jeden Maler mehr oder weniger an seinen eigenen Versuch weist, dies mannigfaltige Spiel von Scheinen, das hier eintritt, aufzufassen, wiederzugeben und sich nach seiner Anschauung, Erfahrung und Einbildungskraft zu erfinden.

c. Die künstlerische Konzeption, Komposition und Charakterisierung

Wir haben bis jetzt in betreff auf die besonderen Gesichtspunkte, welche in der Malerei geltend zu machen sind, *erstens* vom Inhalt, *zweitens* von dem sinnlichen Material gesprochen, dem dieser Inhalt eingebildet werden kann. *Drittens* bleibt uns zum Schluß nur noch übrig, die Art und Weise festzustellen, in welcher der Künstler seinen Inhalt, diesem bestimmten sinnlichen Elemente gemäß, malerisch zu konzipieren und auszuführen hat. Den breiten Stoff, der sich auch hier wieder unserer Betrachtung darbietet, können wir folgendermaßen gliedern.

Erstens sind es die *allgemeineren* Unterschiede der *Konzeptionsweise*, die wir sondern und in ihrer Fortbewegung zu immer reicherer Lebendigkeit begleiten müssen.

Zweitens haben wir uns mit den bestimmteren Seiten zu beschäftigen, welche innerhalb dieser Arten der Auffassung näher die eigentlich malerische *Komposition*, die künstlerischen Motive der ergriffenen *Situation* und der *Gruppierung* angehen.

Drittens wollen wir einen Blick auf die Art der *Charakterisierung* werfen, welche aus der Verschiedenheit sowohl der Gegenstände als auch der Konzeption hervorgeht.

α) Was nun *erstens* die allgemeinsten Weisen der malerischen Auffassung betrifft, so finden dieselben teils in dem Inhalt selbst, der zur Darstellung gebracht werden soll, teils in dem Entfaltungsgange der Kunst ihren Ursprung, welche nicht gleich von Hause aus den ganzen Reichtum, der in einem Gegenstande liegt, herausarbeitet, sondern erst nach mannigfaltigen Stufen und Übergängen zur vollen Lebendigkeit hingelangt.

αα) Der erste Standpunkt, den die Malerei in dieser Beziehung einnehmen kann, zeigt noch ihre Herkunft von der Skulptur und Architektur, indem sie sich in dem allgemeinen Charakter ihrer *ganzen* Konzeptionsweise noch diesen Künsten anschließt. Dies wird am meisten der Fall sein können, wenn sich der Künstler auf einzelne Figuren beschränkt, welche er nicht in der lebendigen Bestimmtheit einer in sich mannigfaltigen Situation, sondern in dem einfachen, selbständigen Beruhen auf sich hinstellt. Aus den verschiedenen Kreisen des Inhalts, den ich als für die Malerei gemäß bezeichnet habe, sind hierfür besonders religiöse Gegenstände, Christus, einzelne Apostel und Heilige passend. Denn dergleichen Figuren müssen fähig sein, für sich selbst in ihrer Vereinzelung Bedeutung genug zu haben, eine Totalität zu sein und einen substantiellen Gegenstand der Verehrung und Liebe für das Bewußtsein auszumachen. In dieser Art finden wir vornehmlich in der älteren Kunst Christus oder Heilige isoliert ohne bestimmtere Situation und Naturumgebung dargestellt. Tritt eine Umgebung hinzu, so besteht sie hauptsächlich in architektonischen Verzierungen, besonders gotischen, wie dies z. B. bei älteren Niederländern und Oberdeutschen häufig vorkommt. In dieser Bezüglichkeit auf die Architektur, zwischen deren Pfeiler und Bogen oft auch mehrere solche Figuren, der zwölf Apostel z. B., nebeneinandergestellt werden, geht die Malerei noch nicht zu der Lebendigkeit der späteren Kunst fort, und auch die Gestalten selbst bewahren noch teils den mehr starren, statuarischen Charakter der Skulptur, teils bleiben sie überhaupt in einem statuarischen Typus stehen,

wie ihn die byzantinische Malerei z. B. an sich trägt. Für
solche einzelne Figuren ohne alle Umgebung oder bei bloß
architektonischer Einschließung ist dann auch eine strengere
Einfachheit der Farbe und grellere Entschiedenheit derselben
passend. Die ältesten Maler haben statt einer reichen Naturumgebung deshalb den einfarbigen Goldgrund beibehalten,
dem nun die Farben der Gewänder *face* machen und ihn
gleichsam parieren müssen und daher entschiedener, greller
sind, als wir sie in den Zeiten der schönsten Ausbildung der
Malerei finden, wie denn überhaupt die Barbaren ohnehin
an einfachen lebhaften Farben, Rot, Blau usf., ihr Gefallen
haben.

Zu dieser ersten Art der Auffassung gehören nun größtenteils auch die wundertätigen Bilder. Als zu etwas Stupendem
hat der Mensch zu ihnen nur ein stupides Verhältnis, das
die Seite der Kunst gleichgültig läßt, so daß sie dem Bewußtsein nicht durch menschliche Verlebendigung und Schönheit freundlich nähergebracht werden und die am meisten
religiös verehrten, künstlerisch betrachtet, gerade die aller-
schlechtesten sind.

Wenn nun aber dergleichen vereinzelte Figuren nicht als eine
für sich fertige Totalität um ihrer ganzen Persönlichkeit
willen einen Gegenstand der Verehrung oder des Interesses
abgeben können, so hat eine solche noch im Prinzip der
skulpturartigen Auffassung ausgeführte Darstellung keinen
Sinn. So sind Porträts z. B. für die Bekannten der Person
und ihrer ganzen Individualität wegen interessant; sind aber
die Personen vergessen oder unbekannt, so frischt sich durch
ihre Darstellung in einer Aktion oder Situation, die einen
bestimmten Charakter zeigt, eine ganz andere Teilnahme
an, als die ist, die wir für solche ganz einfache Konzeptionsweise gewinnen können. Große Porträts, wenn sie durch alle
Mittel der Kunst in voller Lebendigkeit vor uns dastehen,
haben an dieser *Fülle* des Daseins selbst schon dies Hervortreten, Hinausschreiten aus ihrem Rahmen. Bei van Dyck-
schen Porträts z. B. hat mir der Rahmen, besonders wenn

die Stellung der Figur nicht ganz *en face,* sondern etwas herumgewendet ist, ausgesehen wie die Tür der Welt, in welche der Mensch da hereintritt. Sind deshalb Individuen nicht, wie Heilige, Engel usf., schon etwas in sich selbst Vollendetes und Fertiges und können sie nur durch die Bestimmtheit einer Situation, durch einen einzelnen Zustand, eine besondere Handlung interessant werden, so ist es unangemessen, sie als selbständige Gestalten darzustellen. So waren z. B. die letzte Arbeit Kügelgens in Dresden vier Köpfe, Bruststücke: Christus, Johannes der Täufer, Johannes der Evangelist und der verlorene Sohn. Was Christus und Johannes den Evangelisten anbetrifft, so fand ich, als ich sie sah, die Auffassung ganz zweckmäßig. Aber der Täufer und vollends der verlorene Sohn haben gar nicht diese Selbständigkeit für mich, daß ich sie in dieser Weise als Bruststücke sehen mochte. Hier ist im Gegenteil notwendig, diese Figuren in Tätigkeit und Handlung zu setzen oder wenigstens in Situationen zu bringen, durch welche sie in lebendigem Zusammenhange mit ihrer äußeren Umgebung die charakteristische Individualität eines in sich abgeschlossenen Ganzen erlangen könnten. Der Kügelgensche Kopf des verlorenen Sohnes drückt zwar sehr schön den Schmerz, die tiefe Reue und Zerknirschung aus, aber daß dies gerade die Reue des *verlorenen Sohnes* sein solle, ist nur durch eine ganz kleine Herde Schweine im Hintergrunde angedeutet. Statt dieser symbolischen Hinweisung sollten wir ihn mitten unter der Herde sehen oder in einer anderen Szene seines Lebens. Denn der verlorene Sohn hat keine weitere vollständige allgemeine Persönlichkeit und existiert für uns, soll er nicht zu einer bloßen Allegorie werden, nur in der bekannten Reihe von Situationen, in welchen ihn die Erzählung schildert. Wie er das väterliche Haus verläßt, oder in seinem Elend, seiner Reue, seiner Rückkehr müßte er uns in konkreter Wirklichkeit vorgeführt werden. So aber sind jene Schweine im Hintergrunde nicht viel besser als ein Zettel mit dem aufgeschriebenen Namen.

ββ) Überhaupt kann die Malerei, da sie die volle Besonderheit der subjektiven Innigkeit zu ihrem Inhalt zu nehmen hat, weniger noch als die Skulptur bei dem situationslosen Beruhen in sich und der bloß substantiellen Auffassung eines Charakters stehenbleiben, sondern muß diese Selbständigkeit aufgeben und ihren Inhalt in bestimmter Situation, Mannigfaltigkeit, Unterschiedenheit der Charaktere und Gestalten in bezug aufeinander und auf ihre äußere Umgebung darzustellen bemüht sein. Dies Ablassen von den bloß traditionellen statuarischen Typen, von der architektonischen Aufstellung und Umschließung der Figuren und der skulpturartigen Konzeptionsweise, diese Befreiung von dem Ruhenden, Untätigen, dies Suchen eines lebendigen menschlichen Ausdrucks, einer charakteristischen Individualität, dies Hineinsetzen jedes Inhalts in die subjektive Besonderheit und deren bunte Äußerlichkeit macht den Fortschritt der Malerei aus, durch welchen sie erst den ihr eigentümlichen Standpunkt erlangt. Mehr als den übrigen bildenden Künsten ist es daher der Malerei nicht nur gestattet, sondern es muß sogar von ihr gefordert werden, zu einer *dramatischen* Lebendigkeit fortzugehen, so daß die Gruppierung ihrer Figuren die Tätigkeit in einer bestimmten Situation anzeigt.

γγ) Mit diesem Hineinführen in die vollendete Lebendigkeit des Daseins und dramatische Bewegung der Zustände und Charaktere verbindet sich *drittens* dann die immer vermehrte Wichtigkeit, welche bei der Konzeption und Ausführung auf die Individualität und das volle Leben der Farbenerscheinung aller Gegenstände gelegt wird, insofern in der Malerei die letzte Spitze der Lebendigkeit nur durch Farbe ausdrückbar ist. Doch kann sich diese Magie des Scheins endlich auch so überwiegend geltend machen, daß darüber der Inhalt der Darstellung gleichgültig wird und die Malerei dadurch in dem bloßen Duft und Zauber ihrer Farbtöne und der Entgegensetzung und ineinanderscheinenden und -spielenden Harmonie sich ganz ebenso zur Musik herüberzuwenden anfängt, als die Skulptur in der weiteren Ausbildung des Reliefs sich der Malerei zu nähern beginnt.

β) Das nächste nun, wozu wir jetzt überzugehen haben, betrifft die besonderen Bestimmungen, denen die malerische *Kompositions*weise, als Darstellung einer bestimmten Situation und deren näherer Motive durch Zusammenstellung und Gruppierung verschiedener Gestalten oder Naturgegenstände zu einem in sich abgeschlossenen Ganzen, in ihren Hervorbringungen folgen muß.

αα) Das Haupterfordernis, das wir an die Spitze stellen können, ist die glückliche Auswahl einer für die Malerei passenden *Situation*.

Hier besonders hat die Erfindungskraft des Malers ihr unermeßliches Feld: von der einfachsten Situation eines unbedeutenden Gegenstandes an, eines Blumenstraußes oder eines Weinglases mit Tellern, Brot, einzelnen Früchten umher, bis hin zu den reichhaltigen Kompositionen von großen öffentlichen Begebenheiten, Haupt- und Staatsaktionen, Krönungsfesten, Schlachten und dem Jüngsten Gericht, wo Gottvater, Christus, die Apostel, die himmlischen Heerscharen und die ganze Menschheit, Himmel, Erde und Hölle zusammentreten.

Was das Nähere angeht, so ist in dieser Beziehung das eigentlich *Malerische* einerseits von dem *Skulpturartigen,* andererseits von dem *Poetischen,* wie es nur der Dichtkunst vollkommen auszudrücken möglich ist, bestimmter abzuscheiden.

Die wesentliche Verschiedenheit einer malerischen von einer *skulpturmäßigen* Situation liegt, wie wir bereits oben gesehen haben, darin, daß die Skulptur hauptsächlich das selbständig in sich Beruhende, Konfliktlose in harmlosen Zuständen, an denen die Bestimmtheit nicht das Durchgreifende ausmacht, darzustellen berufen ist und erst im Relief vornehmlich zur Gruppierung, epischen Ausbreitung von Gestalten, zur Darstellung von bewegteren Handlungen, denen eine Kollision zugrunde liegt, fortzuschreiten

anfängt, die Malerei dagegen bei ihrer eigentlichen Aufgabe
erst dann anfängt, wenn sie aus der beziehungslosen Selbst-
ständigkeit ihrer Figuren und dem Mangel an Bestimmtheit
der Situation herausgeht, um in die lebendige Bewegung
menschlicher Zustände, Leidenschaften, Konflikte, Handlungen in stetem Verhältnis zu der äußeren Umgebung eintreten
und selbst bei Auffassung der landschaftlichen Natur dieselbe Bestimmtheit einer besonderen Situation und deren
lebendigster Individualität festhalten zu können. Wir stellten deshalb gleich anfangs schon für die Malerei die Forderung auf, daß sie die Darstellung der Charaktere, der Seele,
des Inneren nicht so zu liefern habe, wie sich diese innere
Welt unmittelbar in ihrer äußeren Gestalt zu erkennen gibt,
sondern durch *Handlungen* das, was sie ist, entwickelt und
äußert.

Der letztere Punkt hauptsächlich ist es, welcher die Malerei
in einen näheren Bezug zur *Poesie* bringt. Beide Künste in
diesem Verhältnisse haben teils einen Vorzug, teils einen Nachteil. Die Malerei kann die Entwicklung einer Situation, Begebenheit, Handlung nicht, wie die Poesie oder Musik, in
einer *Sukzession* von Veränderungen geben, sondern nur
einen Moment ergreifen wollen. Hieraus folgt die ganz
einfache Reflexion, daß durch diesen einen Moment das
Ganze der Situation oder Handlung, die Blüte derselben,
dargestellt und deshalb *der* Augenblick aufgesucht werden
muß, in welchem das Vorhergehende und Nachfolgende in
einen Punkt zusammengedrängt ist. Bei einer Schlacht z. B.
würde dies der Moment des Sieges sein: das Gefecht ist noch
sichtbar, zugleich aber die Entscheidung bereits gewiß. Der
Maler kann daher einen Rest des Vergangenen, das sich in
seinem Abziehen und Verschwinden noch in der Gegenwart geltend macht, aufnehmen und zugleich das Künftige,
das als unmittelbare Folge aus einer bestimmten Situation
hervorgehen muß, andeuten. Ins Nähere jedoch kann ich
mich hier nicht einlassen.

Bei diesem Nachteil gegen den Dichter hat nun aber der

Maler den Vorteil voraus, daß er die bestimmte Szene, indem er sie sinnlich vor die Anschauung im Scheine ihrer wirklichen Realität bringt, in der vollkommensten Einzelheit ausmalen kann. »Ut pictura poesis erit«, ist zwar ein beliebter Spruch, der besonders in der Theorie vielfach urgiert und von der beschreibenden Dichtkunst in ihren Schilderungen der Jahres- und Tageszeiten, Blumen, Landschaften präzis genommen und in Anwendung gebracht worden ist. Die Beschreibung aber solcher Gegenstände und Situationen in Worten ist einerseits sehr trocken und tädiös und kann dennoch, wenn sie aufs einzelne eingehen will, niemals fertig werden; andererseits bleibt sie verwirrt, weil sie das als ein Nacheinander der Vorstellung geben muß, was in der Malerei auf einmal vor der Anschauung steht, so daß wir das Vorhergehende immer vergessen und aus der Vorstellung heraushaben, während es doch wesentlich mit dem anderen, was folgt, in Zusammenhang sein soll, da es im Raum zusammengehört und nur in dieser Verknüpfung und diesem Zugleich einen Wert hat. In diesen gleichzeitigen Einzelheiten dagegen kann gerade der Maler das ersetzen, was ihm in Ansehung der fortlaufenden Sukzession vom Vergangenen und Nachfolgenden abgeht. Doch steht die Malerei wieder in einer anderen Beziehung gegen die Poesie und Musik zurück, in betreff des Lyrischen nämlich. Die Dichtkunst kann Empfindungen und Vorstellungen nicht nur als Empfindungen und Vorstellungen überhaupt, sondern auch als Wechsel, Fortgang, Steigerung derselben entwickeln. Mehr noch in Rücksicht auf die konzentrierte Innerlichkeit ist dies in der Musik der Fall, die es sich mit der Bewegung der Seele in sich zu tun macht. Die Malerei nun aber hat hierfür nichts als den Ausdruck des Gesichts und der Stellung und verkennt, wenn sie sich auf das eigentlich Lyrische ausschließlich einläßt, ihre Mittel. Denn wie sehr sie auch die innere Leidenschaft und Empfindung in Mienenspiel und Bewegungen des Körpers ausdrückt, so muß doch dieser Ausdruck nicht unmittelbar die Empfindung als solche be-

treffen, sondern die Empfindung in einer *bestimmten Äuße-*
rung, Begebenheit, Handlung. Daß sie im Äußerlichen
darstellt, hat deshalb nicht den abstrakten Sinn, durch Physiognomie und Gestalt das Innere anschaubar zu machen;
sondern die Äußerlichkeit, in deren Form sie das Innere
ausspricht, ist eben die individuelle Situation einer Handlung,
die Leidenschaft in bestimmter Tat, durch welche die Empfindung erst ihre Explikation und Erkennbarkeit erhält.
Wenn man daher das Poetische der Malerei darein setzt, daß
sie die innere Empfindung unmittelbar ohne näheres Motiv
und Handlung in Gesichtszügen und Stellung ausdrücken
solle, so heißt dies nur die Malerei in eine Abstraktion zurückweisen, der sie sich gerade zu entwinden hat, und von
ihr verlangen, sich der Eigentümlichkeit der Poesie zu
bemächtigen, wodurch sie, wenn sie den Versuch wagt, nur
in Trockenheit oder Fadheit gerät.
Ich hebe hier diesen Punkt heraus, weil in der vorjährigen
hiesigen Kunstausstellung (1828) mehrere Bilder aus der
sogenannten Düsseldorfer Schule sehr gerühmt worden sind,
deren Meister bei vieler Verständigkeit und technischer
Fertigkeit diese Richtung auf die bloße Innerlichkeit, auf
das, was ausschließlich nur für die Poesie darstellbar ist,
genommen haben. Der Inhalt war größtenteils Goetheschen
Gedichten oder aus Shakespeare, Ariost und Tasso entlehnt
und machte hauptsächlich die innerliche Empfindung der
Liebe aus. Gewöhnlich stellten die vorzüglichsten Gemälde
je ein Liebespaar dar, Romeo und Julia z. B., Rinaldo und
Armida, ohne nähere Situation, so daß jene Paare gar nichts
tun und ausdrücken, als ineinander verliebt zu sein, also sich
zueinander hinzuneigen und recht verliebt einander anzusehen, recht verliebt dreinzublicken. Da muß sich denn
natürlich der Hauptausdruck in Mund und Auge konzentrieren, und besonders hat Rinaldo eine Stellung mit seinen
langen Beinen, bei der er eigentlich, so wie sie daliegen,
nicht recht weiß, wo er mit hin soll. Das streckt sich deshalb
auch ganz bedeutungslos hin. Die Skulptur, wie wir gesehen

haben, entschlägt sich des Auges und Seelenblicks, die Malerei ergreift dagegen dies reiche Moment des Ausdrucks, aber sie muß sich nicht auf diesen Punkt konzentrieren, nicht das Feuer oder die schwimmende Mattigkeit und Sehnsüchtigkeit des Auges oder die süßliche Freundlichkeit des Mundes sich ohne alle Motive zum Hauptaugenmerk des Ausdrucks machen wollen. Von ähnlicher Art war auch der Fischer von *Hübner,* wozu der Stoff aus dem bekannten Goetheschen Gedicht genommen war, das die unbestimmte Sehnsucht nach der Ruhe, Kühlung und Reinheit des Wassers mit so wunderbarer Tiefe und Anmut der Empfindung schildert. Der Fischerknabe, der da nackt ins Wasser gezogen wird, hat, wie die männlichen Figuren in den übrigen Bildern auch, ein sehr prosaisches Gesicht, dem man es, wenn seine Physiognomie ruhig wäre, nicht ansehen würde, daß er tiefer, schöner Empfindungen fähig sein könnte. Überhaupt kann man von allen diesen männlichen und weiblichen Gestalten nicht sagen, daß sie von gesunder Schönheit wären; im Gegenteil zeigen sie nichts als die Nervengereiztheit, Schmächtigkeit und Krankhaftigkeit der Liebe und Empfindung überhaupt, die man nicht reproduziert sehen, sondern von der man, wie im Leben so auch in der Kunst, vielmehr gern verschont bleiben will. In dieselbe Kategorie gehört auch die Art und Weise, in welcher *Schadow,* der Meister dieser Schule, die Goethesche Mignon dargestellt hat. Der Charakter Mignons ist schlechthin poetisch. Was sie interessant macht, ist ihre Vergangenheit, die Härte des äußeren und inneren Schicksals, der Widerstreit italienischer, in sich heftig aufgeregter Leidenschaft in einem Gemüt, das sich darin nicht klar wird, dem jeder Zweck und Entschluß fehlt und das nun, in sich selbst ein Geheimnis, absichtlich geheimnisvoll sich nicht zu helfen weiß; dies in sich gekehrte, ganz abgebrochene Sichäußern, das nur in einzelnen, unzusammenhängenden Eruptionen merken läßt, was in ihr vorgeht, ist die Furchtbarkeit des Interesses, das wir an ihr nehmen müssen. Ein solches volles Konvolut kann nun wohl vor unserer Phantasie stehen, aber die Malerei kann es nicht, wie es Schadow gewollt hat, so ohne Bestimmtheit der Situation und der Handlung einfach durch Mignons Gestalt und Physiognomie darstellen. Im ganzen läßt sich daher behaupten, diese genannten Bilder seien ohne Phantasie für Situationen, Motive und Ausdruck gefaßt. Denn zu echten Kunstdarstellungen der Malerei gehört, daß der ganze Gegenstand mit Phantasie ergriffen und in Gestalten zur Anschauung gebracht sei, die sich äußern, ihr Inneres durch eine Folge der Empfindung, durch eine Handlung dartun, welche für die Empfindung so bezeichnend ist, daß nun alles und jedes im Kunstwerk von der Phantasie zum Ausdruck des ausgewählten Inhalts vollständig verwendet erscheint. Die älteren italienischen Maler besonders haben wohl auch, wie diese modernen, Liebesszenen dargestellt und zum Teil ihren Stoff aus Gedichten genommen, aber sie haben denselben mit Phantasie und gesunder Heiterkeit zu gestalten verstanden. Amor und Psyche, Amor mit Venus, Plutos Raub der Proserpina, der Raub der Sabinerinnen, Herkules mit dem Spinnrocken bei Omphale, welche die Löwenhaut um sich geworfen: das sind alles Gegenstände, welche die älteren Meister in lebendigen, bestimmten Situationen, in Szenen mit Motiven, und nicht bloß als einfache, in keiner Handlung begriffene Empfindung ohne Phantasie, darstellten. Auch aus dem Alten Testament haben sie Liebesszenen entlehnt. So hängt z. B. in Dresden ein Bild von Giorgione: Jakob, der weither gekommen, grüßt die Rahel, drückt ihr die Hand und küßt sie; weiter hin stehen ein paar Knechte an einem Brunnen, beschäftigt, für ihre Herde Wasser zu schöpfen, die zahlreich im Tale weidet. Ein anderes Gemälde stellt Isaak und Rebekka dar; Rebekka reicht Abrahams Knechten zu trinken, wodurch sie von ihnen erkannt wird. Ebenso sind aus Ariost Szenen hergenommen, Medor z. B., der Angelikas Namen auf die Einfassung eines Quells schreibt.

Wenn in neuerer Zeit soviel von der Poesie in der Malerei gesprochen wird, so darf dies, wie gesagt, nichts anderes

heißen, als einen Gegenstand mit Phantasie fassen, Empfindungen durch Handlung sich explizieren lassen, nicht aber
die abstrakte Empfindung festhalten und als solche ausdrük-
ken wollen. Selbst die Poesie, welche die Empfindung doch
in ihrer Innerlichkeit auszusprechen vermag, breitet sich in
Vorstellungen, Anschauungen und Betrachtungen aus; wollte
sie z. B. beim Ausdruck der Liebe nur dabei stehenbleiben
zu sagen: »Ich liebe dich«, und immer nur zu wiederholen:
»Ich liebe dich«, so möchte das zwar den Herren, die viel
von der Poesie der Poesie geredet haben, genehm sein, aber
es wäre die abstrakteste Prosa. Denn Kunst überhaupt in
betreff auf Empfindung besteht in Auffassung und Genuß
derselben durch die Phantasie, welche die Leidenschaft in der
Poesie zu Vorstellungen klärt und uns in deren Äußerung,
sei es lyrisch oder in epischen Begebenheiten und dramatischen Handlungen, befriedigt. Für das Innere als solches
genügt aber in der Malerei Mund, Auge und Stellung nicht,
sondern es muß eine totale konkrete Objektivität dasein,
welche als Existenz des Inneren gelten kann.
Die Hauptsache nun also bei einem Gemälde besteht darin,
daß es eine Situation, die Szene einer Handlung darstelle.
Hierbei ist das erste Gesetz die *Verständlichkeit.* In dieser
Rücksicht haben religiöse Gegenstände den großen Vorzug,
daß sie allgemein bekannt sind. Der Gruß des Engels, die
Anbetung der Hirten oder der Drei Könige, die Ruhe auf
der Flucht nach Ägypten, die Kreuzigung, Grablegung, Auferstehung, ebenso die Legenden der Heiligen waren dem
Publikum, für welches ein Gemälde gemalt wurde, nichts
Fremdes, wenn uns auch jetzt die Geschichten der Märtyrer
ferner liegen. Für eine Kirche z. B. ward größtenteils nur die
Geschichte des Patrons oder des Schutzheiligen der Stadt
usf. dargestellt. Die Maler selbst haben sich deshalb nicht
immer aus eigener Wahl an solche Gegenstände gehalten,
sondern das Bedürfnis forderte dieselben für Altäre, Kapellen, Klöster usf., so daß nun schon der Ort der Aufstellung
selbst zur Verständlichkeit des Bildes beiträgt. Dies ist zum

Teil notwendig, denn der Malerei fehlen die Sprache, die Worte und Namen, durch welche die Poesie sich außer ihren mannigfaltig anderen Bezeichnungsmitteln helfen kann. So werden z. B. in einem königlichen Schlosse, Rathaussaale, Parlamentshause Szenen großer Begebenheiten, wichtiger Momente aus der Geschichte dieses Staates, dieser Stadt, dieses Hauses ihre Stelle haben und an dem Orte, für welchen das Gemälde bestimmt ist, durchweg bekannt sein. Man wird z. B. für ein hiesiges königliches Schloß nicht leicht einen Gegenstand aus der englischen oder chinesischen Geschichte oder aus dem Leben des Königs Mithridates auswählen. Anders ist es in Bildergalerien, wo alles zusammengehängt wird, was man an guten Kunstwerken irgend besitzt und aufkaufen kann, wodurch denn freilich das Gemälde seine individuelle Zusammengehörigkeit mit einem bestimmten Lokal sowie seine Verständlichkeit durch den Ort verliert. Dasselbe ist in Privatzimmern der Fall; ein Privatmann nimmt, was er kriegen kann, oder sammelt im Sinne einer Galerie und hat sonst seine anderweitigen Liebhabereien und Grillen.

Den geschichtlichen Sujets stehen nun in bezug auf Verständlichkeit die sogenannten allegorischen Darstellungen, welche zu einer Zeit sehr am Brette waren, bei weitem nach und werden außerdem, da ihnen meist die innere Lebendigkeit und Partikularität der Gestalten abgehen muß, unbestimmt, frostig und kalt. Dagegen sind die landschaftlichen Naturszenen und Situationen der täglichen menschlichen Wirklichkeit ebenso klar in dem, was sie bedeuten sollen, als sie in Rücksicht auf Individualität, dramatische Mannigfaltigkeit, Bewegung und Fülle des Daseins für die Erfindung und Ausführung einen höchst günstigen Spielraum gewähren.

ββ) Daß nun aber die bestimmte Situation, soweit es die Sache des Malers sein kann, sie verständlich zu machen, erkennbar werde, dazu reicht das bloß äußere Lokal der Aufstellung und die allgemeine Bekanntschaft mit dem Gegenstande nicht hin. Denn im ganzen sind dies nur äußerliche Beziehungen, welche das Kunstwerk als solches weniger angehen. Der Hauptpunkt, um den es sich eigentlich handelt, besteht im Gegenteil darin, daß der Künstler Sinn und Geist genug habe, um die verschiedenen Motive, welche die bestimmte Situation enthält, hervorzuheben und erfindungsreich zu gestalten. Jede Handlung, in welcher das Innere in die Objektivität heraustritt, hat unmittelbare Äußerungen, sinnliche Folgen und Beziehungen, welche, insofern sie in der Tat Wirkungen des Inneren sind, die Empfindung verraten und abspiegeln und deshalb sowohl zu Motiven der Verständlichung als auch der Individualisierung aufs glücklichste verwendet werden können. Es ist z. B. ein bekannter, vielbesprochener Vorwurf, den man der Raffaelischen »Transfiguration« gemacht hat, daß sie in zwei ganz zusammenhanglose Handlungen auseinanderfalle, was in der Tat, *äußerlich* betrachtet, der Fall ist: oben auf dem Hügel sehen wir die Verklärung, unten die Szene mit dem Besessenen. Geistig aber fehlt es an dem höchsten Zusammenhange nicht. Denn einerseits ist Christi sinnliche Verklärung eben die wirkliche Erhöhung desselben über den Boden und die *Entfernung* von den Jüngern, welche deshalb auch als Trennung und Entfernung selbst sichtbar werden muß; andererseits ist die Hoheit Christi am meisten hier in einem wirklichen einzelnen Falle dadurch verklärt, daß die Jünger den Besessenen ohne Hilfe des Herrn nicht zu heilen vermögen. Hier ist also diese gedoppelte Handlung durchaus motiviert und der Zusammenhang äußerlich und innerlich dadurch hergestellt, daß ein Jünger auf Christus, den Entfernten, ausdrücklich hinzeigt und damit die wahre Bestimmung des Sohnes Gottes andeutet, zugleich auf Erden zu sein, auf daß das Wort wahr werde: »Wenn zwei versammelt sind in meinem Namen, bin ich mitten unter ihnen.« – Um noch ein anderes Beispiel anzuführen, so hatte Goethe einmal die Darstellung Achills in Weiberkleidern bei der Ankunft des Ulysses als Preisaufgabe gestellt. In einer Zeichnung nun blickt Achill auf den Helm des gewaffneten Helden, sein

Herz erglüht bei diesem Anblick, und infolge dieser inneren Bewegung zerreißt die Perlenschnur, die er am Halse trägt; ein Knabe sucht sie zusammen und nimmt sie vom Boden auf. Dies sind Motive glücklicher Art.

Ferner hat der Künstler mehr oder weniger große Räume auszufüllen, bedarf der Landschaft als Hintergrund, Beleuchtung, architektonischer Umgebungen, Nebenfiguren, Gerätschaften usf. Diesen ganzen sinnlichen Vorrat nun muß er, soviel es tunlich ist, zur Darstellung von Motiven, welche in der Situation liegen, verwenden und so das Äußerliche selbst in einen solchen Bezug auf dieselben zu bringen wissen, daß es nicht mehr für sich unbedeutend bleibt. Zwei Fürsten z. B. oder Erzväter reichen sich die Hände; soll dies ein Friedenszeichen, die Besiegelung eines Bundes sein, so werden Krieger, Waffen und dergleichen, Vorbereitungen zum Opfer für den Eidschwur die passende Umgebung ausmachen; begegnen sich dagegen dieselben Personen, treffen sie auf einer Wanderschaft zusammen und reichen sich zum Gruß und Wiedersehen die Hände, so werden ganz andere Motive nötig sein. Dergleichen in einer Weise zu erfinden, daß eine Bedeutsamkeit für den Vorgang und eine Individualisierung der ganzen Darstellung herauskommt, das vornehmlich ist es, worauf sich der geistige Sinn des Malers in dieser Rücksicht zu richten hat. Dabei sind denn viele Künstler auch bis zu symbolischen Beziehungen der Umgebung und Handlung fortgegangen. Bei der Anbetung der Heiligen Drei Könige z. B. sieht man Christus häufig unter einem baufälligen Dache in der Krippe liegen, umher altes verfallendes Gemäuer eines antiken Gebäudes, im Hintergrunde einen angefangenen Dom. Dies zerbröckelnde Gestein und der aufsteigende Dom haben einen Bezug auf den Untergang des Heidentums durch die christliche Kirche. Ebenso stehen beim Gruß des Engels neben Maria, auf Bildern der van Eyckschen Schule besonders, häufig blühende Lilien ohne Antheren und deuten dadurch die Jungfräulichkeit der Muttergottes an.

γγ) Indem nun *drittens* die Malerei durch das Prinzip der inneren und äußeren Mannigfaltigkeit, in welcher sie die Bestimmtheit von Situationen, Vorfällen, Konflikten und Handlungen auszuführen hat, zu vielfachen Unterschieden und Gegensätzen ihrer Gegenstände, seien es Naturobjekte oder menschliche Figuren, fortgehen muß und zugleich die Aufgabe erhält, dieses verschiedenartige Auseinander zu gliedern und zu einer in sich übereinstimmenden Totalität zusammenzuschließen, so wird dadurch als eines der wichtigsten Erfordernisse eine kunstgemäße Stellung und *Gruppierung* der Gestalten notwendig. Bei der großen Menge einzelner Bestimmungen und Regeln, die hier anzuwenden sind, kann jedoch das Allgemeinste, das sich darüber sagen läßt, nur ganz formeller Art bleiben, und ich will nur kurz einige Hauptpunkte angeben.

Die nächste Weise der Anordnung bleibt noch ganz architektonisch, ein gleichartiges Nebeneinanderstellen von Figuren oder regelmäßiges Entgegensetzen und symmetrisches Zusammenfügen sowohl der Gestalten selbst als auch ihrer Haltung und Bewegungen. Hierbei ist dann besonders die pyramidale Gestalt der Gruppe sehr beliebt. Bei einer Kreuzigung z. B. macht sich die Pyramide wie von selbst, indem Christus oben am Kreuz hängt und nun zu den Seiten die Jünger, Maria oder Heilige stehen. Auch bei Madonnenbildern, in denen Maria mit dem Kinde auf einem erhöhten Throne sitzt und Apostel, Märtyrer usf. als Verehrende unter sich zu ihren Seiten hat, findet der gleiche Fall statt. Selbst in der Sixtinischen Madonna ist diese Art der Gruppierung noch als durchgreifend festgehalten. Überhaupt ist sie für das Auge beruhigend, weil die Pyramide durch ihre Spitze das sonst zerstreute Nebeneinander zusammenfaßt und der Gruppe eine äußere Einheit gibt.

Innerhalb solcher im allgemeinen noch abstrakteren symmetrischen Anordnung kann sodann im besonderen und einzelnen große Lebendigkeit und Individualität der Stellung, des Ausdrucks und der Bewegung stattfinden. Der

Maler, indem er die Mittel, die in seiner Kunst liegen, sämtlich benutzt, hat mehrere Plane, wodurch er die Hauptfiguren gegen die übrigen näher herauszuheben imstande ist, und außerdem noch stehen ihm zu demselben Behufe Beleuchtung und Färbung zu Gebote. Es versteht sich hieraus von selbst, wie er in dieser Rücksicht seine Gruppe stellen wird; die Hauptfiguren nicht wohl auf die Seite und Nebendinge nicht an Stellen, welche die höchste Aufmerksamkeit auf sich ziehen; ebenso wird er das hellste Licht auf die Gegenstände werfen, die den Hauptinhalt ausmachen, und sie nicht in Schatten, Nebenfiguren aber mit den bedeutendsten Farben ins klarste Licht bringen.

Bei einer nicht so symmetrischen und dadurch lebendigeren Gruppierung muß sich der Künstler besonders davor hüten, die Figuren nicht aufeinanderzudrängen und sie, wie man zuweilen auf Gemälden sieht, zu verwirren, so daß man sich die Glieder erst zusammensuchen muß und Mühe hat, zu unterscheiden, welche Beine zu diesem Kopfe gehören oder wie die verschiedenen Arme, Hände, Enden von Kleidern, Waffen usf. zu verteilen sind. Im Gegenteil wird es bei größeren Kompositionen das beste sein, das Ganze zwar in klar übersehbaren Partien auseinanderzuhalten, diese aber nicht durchaus voneinander zu isolieren und zu zerstreuen; besonders bei Szenen und Situationen, die ihrer Natur nach schon für sich selbst ein zerstreutes Durcheinander sind, wie z. B. das Mannasammeln in der Wüste, Jahrmärkte und dergleichen mehr.

Auf diese formellen Andeutungen will ich mich hier für diesmal beschränken.

γ) Nachdem wir nun *erstens* von den allgemeinen Arten malerischer Auffassung, *zweitens* von der Komposition in betreff auf die Auswahl von Situationen, Auffinden von Motiven und Gruppierung gehandelt haben, muß ich *drittens* noch einiges über die *Charakterisierung*sweise hinzufügen, durch welche sich die Malerei von der Skulptur und deren idealer Plastik unterscheidet.

αα) Es ist schon bei früheren Gelegenheiten gesagt worden, daß in der Malerei die innere und äußere *Besonderheit* der Subjektivität freizulassen ist, welche deswegen nicht die in das Ideale selbst aufgenommene Schönheit der Individualität zu sein braucht, sondern bis zu derjenigen Partikularität fortgehen kann, durch welche das erst hervorkommt, was wir in neuerem Sinne *charakteristisch* nennen. Man hat das Charakteristische in dieser Rücksicht zum unterscheidenden Kennzeichen des Modernen im Gegensatze der Antike überhaupt gemacht, und in der Bedeutung, in welcher wir das Wort hier nehmen wollen, hat es damit allerdings seine Richtigkeit. Nach modernem Maßstabe gemessen, sind Zeus, Apollo, Diana usf. eigentlich keine Charaktere, obschon wir sie als diese ewigen hohen, plastischen, idealen Individualitäten bewundern müssen. Näher tritt schon an dem Homerischen Achill, an dem Agamemnon, der Klytämnestra des Aischylos, an dem Odysseus, der Antigone, Ismene usf., wie Sophokles sie in Wort und Tat ihr Inneres sich explizieren läßt, eine bestimmtere Besonderheit hervor, auf der diese Gestalten als auf etwas zu ihrem Wesen Gehörigen bestehen und sich darin erhalten, so daß wir in der Antike, wenn man dies Charaktere nennen will, freilich auch Charaktere dargestellt finden. Aber in Agamemnon, Ajax, Odysseus usf. bleibt die Besonderheit doch immer noch allgemeiner Art, der Charakter eines Fürsten, des tollen Mutes, der List in abstrakterer Bestimmtheit; das Individuelle schließt sich zu enger Verschlingung mit dem Allgemeinen zusammen und hebt den Charakter in die ideale Individualität hinein. Die Malerei dagegen, welche die Besonderheit nicht in jener Idealität zurückhält, entwickelt gerade die ganze Mannigfaltigkeit der auch zufälligen Partikularität, so daß wir statt jener plastischen Ideale der Götter und Menschen jetzt *besondere Personen* nach der Zufälligkeit des Besonderen vor uns sehen und deshalb die körperliche Vollkommenheit der Gestalt und die durchgängige Angemessenheit des Geistigen zu seinem gesunden freien Dasein – mit einem Worte:

das, was wir in der Skulptur die ideale Schönheit nannten
– in der Malerei weder in dem gleichen Maße fordern noch
überhaupt zur Hauptsache machen dürfen, da jetzt die
Innigkeit der Seele und deren lebendige Subjektivität den
Mittelpunkt bildet. In diese ideellere Region dringt jenes
Naturreich so tief nicht ein; die Frömmigkeit des Herzens,
die Religion des Gemütes kann, wie die moralische Gesinnung und Tätigkeit in dem Silenengesichte des Sokrates,
auch in einem der bloß äußeren Gestalt nach, für sich betrachtet häßlichen Körper wohnen. Für den Ausdruck der
geistigen Schönheit wird allerdings der Künstler das an und
für sich Häßliche der äußeren Formen vermeiden oder es
durch die Macht der hindurchbrechenden Seele zu bändigen
und zu verklären wissen, aber er kann dennoch die Häßlich-
keit nicht durchweg entbehren. Denn der oben weitläufiger
geschilderte Inhalt der Malerei schließt eine Seite in sich, für
welche gerade die Abnormität und das Mißgestaltete
menschlicher Figuren und Physiognomien das eigentlich Entsprechende sind. Es ist dies der Kreis des Schlechten und
Bösen, das im Religiösen hauptsächlich bei den Kriegsknech-
ten, die bei Christi Leidensgeschichte tätig sind, bei den
Sündern in der Hölle und den Teufeln zum Vorschein
kommt. Besonders Michelangelo verstand es, Teufel zu malen, die durch phantastische Gestaltung zwar das Maß
menschlicher Formen überschreiten, dennoch zugleich noch
menschlich bleiben.
Wie sehr nun aber auch die Individuen, welche die Malerei
aufstellt, in sich eine volle Totalität besonderer Charaktere
sein müssen, so soll damit doch nicht gesagt sein, daß in
ihnen nicht ein Analogon von dem hervortreten könne, was
im Plastischen das Ideale ausmacht. Im Religiösen ist zwar
der Grundzug der reinen Liebe die Hauptsache, besonders
bei Maria, deren ganzes Wesen in dieser Liebe liegt, ebenso
bei den Frauen, die Christus begleiten, und unter den Jüngern bei Johannes, dem Jünger der Liebe; mit diesem Ausdruck aber kann sich auch die sinnliche Schönheit der For-

men, wie dies z. B. bei Raffael der Fall ist, verschwistern, nur darf sie sich nicht als bloße Schönheit der Formen geltend machen wollen, sondern muß durch die innigste Seele des Ausdrucks geistig belebt, verklärt sein und diese geistige Innigkeit sich als der eigentliche Zweck und Inhalt erweisen lassen. Auch in den Kindergestalten Christi und Johannes des Täufers hat die Schönheit ihren Spielraum. Bei den übrigen Figuren, Aposteln, Heiligen, Jüngern, Weisen des Altertums usf., ist jener Ausdruck einer gesteigerten Innigkeit gleichsam mehr nur die Sache bestimmter momentanerer Situationen, außerhalb welcher sie als selbständigere, in der Welt vorhandene Charaktere erscheinen, ausgerüstet mit Kraft und Ausdauer des Mutes, Glaubens und Handelns, so daß hier ernste, würdige Männlichkeit bei aller Verschiedenheit der Charaktere den Grundzug ausmacht. Es sind nicht Götterideale, sondern ganz individuelle menschliche Ideale, nicht Menschen nur, wie sie sein sollten, sondern menschliche Ideale, wie sie wirklich sind und da sind, Menschen, denen es weder an der Besonderheit des Charakters noch an einem Zusammenhange dieser Partikularität mit dem Allgemeinen fehlt, das die Individuen erfüllt. Von dieser Art haben Michelangelo, Raffael und Leonardo da Vinci in seinem berühmten »Abendmahl« Gestalten geliefert, denen eine ganz andere Würde, Großartigkeit und Adel inwohnt als den Figuren anderer Maler. Dies ist der Punkt, auf welchem die Malerei, ohne den Charakter ihres Gebietes aufzugeben, mit den Alten auf demselben Boden zusammentrifft.

ββ) Indem nun die Malerei unter den bildenden Künsten am meisten der besonderen Gestalt und dem partikularen Charakter das Recht erteilt, für sich herauszutreten, so liegt ihr vornehmlich der Übergang in das eigentlich *Porträtmäßige* nahe. Man hätte deshalb sehr unrecht, die *Porträtmalerei* als dem hohen Zwecke der Kunst nicht angemessen zu verdammen. Wer würde die große Zahl vortrefflicher Porträts der großen Meister missen wollen? Wer ist nicht schon, unabhängig von dem Kunstwert solcher Werke, begierig, außer der Vorstellung berühmter Individuen, ihres Geistes, ihrer Taten, dies Bild der Vorstellung bis zur Bestimmtheit der Anschauung vervollständigt vor sich zu haben? Denn auch der größte, hochgestellteste Mensch war oder ist ein wirkliches Individuum, und diese Individualität, die Geistigkeit in ihrer wirklichsten Besonderung und Lebendigkeit wollen wir uns zur Anschauung bringen. Doch abgesehen von solchen Zwecken, die außerhalb der Kunst fallen, läßt sich in gewissem Sinne behaupten, daß die Fortschritte der Malerei, von ihren unvollkommenen Versuchen an, eben darin bestanden haben, sich zum *Porträt* hinzuarbeiten. Der fromme, andächtige Sinn war es zuerst, der die *innere* Lebendigkeit hervorbrachte, die höhere Kunst belebte diesen Sinn mit der Wahrheit des Ausdrucks und des besonderen Daseins, und mit dem vertiefteren Eingehen auf die äußere Erscheinung vertiefte sich auch die innere Lebendigkeit, um deren Ausdruck es zu tun war.

Damit jedoch das Porträt nun auch ein echtes Kunstwerk sei, muß, wie schon erinnert, in demselben die Einheit der geistigen Individualität ausgeprägt und der geistige Charakter das Überwiegende und Hervortretende sein. Hierzu tragen alle Teile des Gesichts vornehmlich bei, und der feine physiognomische Sinn des Malers bringt nun eben die Eigentümlichkeit des Individuums dadurch zur Anschauung, daß er gerade die Züge und Partien auffaßt und heraushebt, in welchen diese geistige Eigentümlichkeit sich in der klarsten und prägnantesten Lebendigkeit ausspricht. In dieser Rücksicht kann ein Porträt sehr naturtreu, von großem Fleiße der Ausführung und dennoch geistlos, eine Skizze dagegen, mit wenigen Zügen von einer Meisterhand hingeworfen, unendlich lebendiger und von schlagender Wahrheit sein. Solch eine Skizze muß dann aber in den eigentlich bedeutenden, bezeichnenden Zügen das einfache, aber ganze Grundbild des Charakters darstellen, das jene geistlose Ausführung und treue Natürlichkeit übertüncht und unscheinbar macht. Das ratsamste wird sein, in betreff hierauf wieder die glückliche Mitte zwischen solchem Skizzieren und naturtreuem Nachahmen zu halten. Von dieser Art sind z. B. die meisterhaften Porträts Tizians. Sie treten uns so individuell entgegen und geben uns einen Begriff geistiger Lebendigkeit, wie es uns eine gegenwärtige Physiognomie nicht gibt. Es verhält sich damit wie mit der Beschreibung von großen Taten und Ereignissen, die ein wahrhaft künstlerischer Geschichtsschreiber liefert, welcher uns ein viel höheres, wahreres Bild derselben entwirft, als dasjenige sein würde, das wir aus eigener Anschauung gewinnen könnten. Die Wirklichkeit ist mit dem Erscheinenden als solchem, mit Nebendingen und Zufälligkeiten überladen, so daß wir oft den Wald vor Bäumen nicht sehen und oft das Größte an uns wie ein gewöhnlicher täglicher Vorfall vorübergeht. Der ihnen innewohnende Sinn und Geist ist es, der Ereignisse erst zu großen Taten macht, und diesen gibt uns eine echt geschichtliche Darstellung, welche das bloß Äußerliche nicht aufnimmt und nur das herauskehrt, worin jener innere Geist sich lebendig expliziert. In dieser Weise muß auch der Maler den geistigen Sinn und Charakter der Gestalt durch seine Kunst vor uns hinstellen. Gelingt dies vollkommen, so kann man sagen, solch ein Porträt sei gleichsam getroffener, dem Individuum ähnlicher als das wirkliche Individuum selbst. Dergleichen Porträts hat auch Albrecht Dürer gemacht: mit wenigen Mitteln heben sich die Züge so einfach, bestimmt und großartig hervor, daß wir ganz ein geistiges Leben vor uns zu haben meinen; je länger man solch ein Bild anschaut, desto tiefer sieht man sich hinein, sieht man es heraus. Es bleibt wie eine scharfe geistvolle Zeichnung, die das Charakteristische vollendet enthält und das übrige in Farben und Formen nur für die weitere Verständlichkeit, Anschaulichkeit und Abrundung ausführt, ohne wie die Natur in das Detail der bloß bedürftigen Lebendigkeit einzugehen. So malt z. B. auch in der Landschaft die Natur die vollständigste Zeichnung und Färbung jedes Blattes, Gezweigs, Grases usf. aus, die Landschaftsmalerei aber darf ihr in dieser Ausführlichkeit nicht nachfolgen wollen, sondern nur der Stimmung gemäß, welche das Ganze ausdrückt, die Details hervorstellen, doch die Einzelheiten, wenn sie auch im wesentlichen charakteristisch und individuell bleiben muß, nicht für sich naturgetreu in allen Fäserchen, Auszackungen usf. porträtieren. – Im menschlichen Gesicht ist die Zeichnung der *Natur* das Knochengerüst in seinen harten Teilen, um die sich die weicheren anlegen und zu mannigfaltigen Zufälligkeiten auslaufen; die Charakterzeichnung des *Porträts* aber, so wichtig auch jene harten Teile sind, besteht in anderen festen Zügen, *in dem Gesicht, verarbeitet durch den Geist*. In diesem Sinne kann man vom Porträt sagen, daß es nicht nur schmeicheln könne, sondern schmeicheln müsse, weil es das fortläßt, was dem bloßen Zufalle der Natur angehört, und nur das aufnimmt, was einen Beitrag zur Charakteristik des Individuums selber in seinem eigensten, innersten Wesen liefert. Heutzutage ist es Mode, allen Gesichtern, um sie freundlich zu machen, einen Zug des Lächelns zu geben, was sehr gefährlich und schwer in der Grenze zu halten ist. Anmutig mag es sein, aber die bloße höfliche Freundlichkeit des sozialen Umgangs ist nicht ein Hauptzug jedes Charakters und wird unter den Händen vieler Maler nur allzu leicht zu der fadesten Süßlichkeit.

γγ) Wie porträtmäßig jedoch die Malerei bei allen ihren Darstellungen verfahren mag, so muß sie die individuellen Gesichtszüge, Gestalten, Stellungen, Gruppierungen und Arten des Kolorits dennoch immer der bestimmten Situation gemäß machen, in welche sie, um irgendeinen Inhalt auszudrücken, ihre Figuren und Naturgegenstände hineinversetzt. Denn dieser Inhalt in dieser Situation ist es, der sich darstellen soll.

Von dem unendlich mannigfaltigen Detail, das hier in Betracht gezogen werden könnte, will ich nur einen Hauptpunkt kurz berühren. Die Situation nämlich ist entweder ihrer Natur nach vorübergehend und die Empfindung, welche sich in derselben ausspricht, momentaner Art, so daß ein und dasselbe Subjekt noch viele ähnliche oder auch entgegengesetzte Empfindungen ausdrücken könnte; oder die Situation und Empfindung greift durch die ganze Seele eines Charakters, der deshalb seine volle innerste Natur darin kundgibt. Dies letztere sind die wahrhaften absoluten Momente für die Charakteristik. In den Situationen nämlich, in welchen ich oben schon der Madonna erwähnt habe, findet sich nichts, was nicht, wie individuell sie auch als ein in sich totales Individuum gefaßt werden mag, zur Muttergottes, zum ganzen Umfang ihrer Seele und ihres Charakters gehört. Hier nun muß sie auch so charakterisiert werden, daß sich zeigt, sie sei sonst nichts, als was sie in diesem bestimmten Zustande ausdrücken kann. So haben die göttlichen Meister die Madonna in solchen ewigen Muttersituationen, Muttermomenten gemalt. Andere Meister haben in ihren Charakter noch den Ausdruck sonstiger Weltlichkeit und einer anderweitigen Existenz gelegt. Dieser Ausdruck kann sehr schön und lebendig sein, aber dieselbe Gestalt, die gleichen Züge, der ähnliche Ausdruck wäre nun ebensosehr für andere Interessen und Verhältnisse der ehelichen Liebe usf. passend, und wir werden dadurch geneigt, solche Figur nun auch noch aus anderen Gesichtspunkten als aus dem einer Madonna anzublicken, während man in den höchsten Werken keinem anderen Gedanken als dem, welchen die Situation erwecken soll, Raum zu geben vermag. Aus diesem Grunde erscheint mir auch die Maria Magdalena von Correggio in Dresden so bewunderungswürdig und wird ewig bewundert werden. Sie ist die reuige Sünderin, aber man sieht es ihr an, daß es ihr mit der Sünde nicht Ernst ist, daß sie von Hause aus edel war und schlechter Leidenschaften und Handlungen nicht hat fähig sein können. So bleibt ihr tiefes, aber gehaltenes Insichgehen eine Rückkehr nur zu sich selbst, die keine momentane Situation, sondern ihre ganze Natur ist. In der gesamten Darstellung, der Gestalt, den Gesichtszügen, dem Anzug, der Haltung, Umgebung usf. hat deshalb der Künstler keine

Spur von Reflexion auf einen der Umstände zurückgelassen, die auf Sünde und Schuld zurückdeuten könnten; sie ist dieser Zeiten unbewußt, nur vertieft in ihren jetzigen Zustand, und dieser Glaube, dies Sinnen, Versinken scheint ihr eigentlicher, ganzer Charakter zu sein.

Solche Angemessenheit des Inneren und Äußeren, der Bestimmtheit des Charakters und der Situation haben besonders die Italiener aufs schönste erreicht. In dem schon früher angeführten Brustbilde Kügelgens vom verlorenen Sohne hingegen ist zwar die Zerknirschung seiner Reue und seines Schmerzes lebhaft ausgedrückt, doch die Einheit des ganzen Charakters, den er außerhalb dieser Situation haben würde, und des Zustandes, in welchem er uns dargestellt ist, hat der Künstler nicht erreicht. Stellt man sich diese Züge beruhigt vor, so geben sie nur die Physiognomie eines Menschen, der uns auf der Dresdner Brücke wie eben andere auch begegnen könnte. Bei echter Zusammenstimmung des Charakters mit dem Ausdruck einer konkreten Situation wird uns dergleichen niemals einfallen, wie denn auch in der echten Genremalerei, selbst bei den flüchtigsten Momenten, die Lebendigkeit zu groß ist, um der Vorstellung Raum zu geben, daß diese Figuren eine andere Stellung, andere Züge und einen veränderten Ausdruck anzunehmen jemals imstande wären.

Dies sind die Hauptpunkte in betreff auf den Inhalt und die künstlerische Behandlung in dem sinnlichen Elemente der Malerei, der Ebene und Färbung.

3. Historische Entwicklung der Malerei

Drittens nun aber können wir nicht, wie wir es bisher getan haben, bei der bloß allgemeinen Angabe und Betrachtung des Inhalts, der für die Malerei sich eignet, und der Gestaltungsweise, welche aus ihrem Prinzip hervorgeht, stehenbleiben, denn insofern diese Kunst durchweg auf der Besonderheit der Charaktere und deren Situation, der Gestalt und deren Stellung, Kolorit usw. beruht, so müssen wir die *wirkliche Realität* ihrer besonderen Werke vor uns haben und von diesen sprechen. Das Studium der Malerei ist nur vollkommen, wenn man die Gemälde selbst, in welchen sich die angegebenen Gesichtspunkte geltend gemacht haben, kennt und zu genießen und zu beurteilen versteht. Dies ist zwar bei aller Kunst der Fall, unter den bisher betrachteten Künsten jedoch bei der Malerei am meisten. Für die Architektur und Skulptur, wo der Kreis des Inhalts beschränkter, die Darstellungsmittel und Formen weniger reichhaltig und verschiedenartig, die besonderen Bestimmungen einfacher und durchgreifender sind, kann man sich eher schon mit Abbildungen, Beschreibungen, Abgüssen helfen. Die Malerei fordert die Anschauung der einzelnen Kunstwerke selbst; besonders reichen bei ihr bloße Beschreibungen, wie oft man sich auch damit begnügen muß, nicht aus. Bei der unendlichen Mannigfaltigkeit jedoch, zu welcher sie auseinanderläuft und deren Seiten sich in den besonderen Kunstwerken vereinzeln, erscheinen diese zunächst nur als eine bunte Menge, welche, indem sie sich für die Betrachtung nicht ordnet und gliedert, nun auch die Eigentümlichkeit der einzelnen Gemälde wenig sichtbar macht. So erscheinen z. B. die meisten Galerien, wenn man nicht für jedes Bild schon eine Bekanntschaft mit dem Lande, der Zeit, der Schule und dem Meister, dem es angehört, mitbringt, als ein sinnloses Durcheinander, aus welchem man sich nicht herauszufinden vermag. Das zweckmäßigste für das Studium und den sinnvollen Genuß wird deshalb eine *historische* Aufstellung sein. Solch eine Sammlung, geschichtlich geordnet, einzig und unschätzbar in ihrer Art, werden wir bald in der Bildergalerie des hier errichteten Königlichen Museums* zu bewundern Gelegenheit haben, in welcher nicht nur die äußerliche Geschichte in der Fortbildung des Technischen, sondern

---

* Diese Äußerung ist dem im Jahre 1829 am 17. Februar gehaltenen Vortrage entnommen. [Anmerkung von H. G. Hotho]

der wesentliche Fortgang der inneren Geschichte in ihrem Unterschiede der Schulen, der Gegenstände und deren Auffassung und Behandlungsweise deutlich erkennbar sein wird. Nur durch solche lebendige Anschauung selbst läßt sich eine Vorstellung von dem Beginne in traditionellen, statuarischen Typen, von dem Lebendigwerden der Kunst, dem Suchen des Ausdrucks und der individuellen Charakteristik, der Befreiung von dem untätigen, ruhigen Dastehen der Gestalten, von dem Fortgang zu dramatisch bewegter Handlung, Gruppierung und dem vollen Zauber des Kolorits sowie von der Verschiedenheit der Schulen geben, welche teils die gleichen Gegenstände eigentümlich behandeln, teils sich durch den Unterschied des Inhalts, den sie ergreifen, voneinander trennen.

Wie für das Studium, so ist nun auch für die *wissenschaftliche* Betrachtung und Darstellung die geschichtliche Entwicklung der Malerei von großer Wichtigkeit. Der Inhalt, den ich angab, die Ausbildung des Materials, die unterschiedenen Hauptmomente der Auffassung, alles erhält hier erst in sachgemäßer Folge und Verschiedenheit sein konkretes Dasein. Auf diese Entwicklung muß ich deshalb noch einen Blick werfen und das Hervorstechendste herausheben.

Im allgemeinen liegt der Fortgang darin, daß mit *religiösen* Gegenständen in einer selbst noch *typischen* Auffassung, architektonischen, einfachen Anordnung und unausgebildeten Färbung der Anfang gemacht wird. Dann kommt Gegenwart, Individualität, lebendige Schönheit der Gestalten, Tiefe der Innigkeit, Reiz und Zauber des Kolorits mehr und mehr in die religiösen Situationen herein, bis die Kunst sich der weltlichen Seite zuwendet, die Natur, das Alltägliche des gewöhnlichen Lebens oder das historisch Wichtige nationaler Begebenheiten der Vergangenheit und Gegenwart, Porträts und dergleichen bis zum Kleinsten und Unbedeutendsten hin mit gleicher Liebe, als dem religiösen idealen Gehalt gewidmet worden war, ergreift und in diesem Kreise vornehmlich nicht nur die äußerste Vollendung des Malens, sondern auch die lebendigste Auffassung und individuellste Ausführungsweise hinzugewinnt. Dieser Fortgang läßt sich am schärfsten in dem allgemeinen Verlauf der byzantinischen, italienischen, niederländischen und deutschen Malerei verfolgen, nach deren kurzer Charakteristik wir endlich den Übergang zur Musik hin machen wollen.

a. Die byzantinische Malerei

Was nun näher *erstens* die byzantinische Malerei anbetrifft, so hatte sich eine gewisse Kunstübung bei den Griechen noch immer erhalten, und dieser besseren Technik kamen außerdem für Stellung, Gewandung usf. die antiken Muster zugute. Dagegen ging dieser Kunst Natur und Lebendigkeit ganz ab, in den Formen des Gesichts blieb sie traditionell, in den Figuren und Ausdrucksweisen typisch und starr, in der Anordnung mehr oder weniger architektonisch; die Naturumgebung und der landschaftliche Hintergrund fehlten, die Modellierung durch Licht und Schatten, Hell und Dunkel und deren Verschmelzung erreichte wie die Perspektive und Kunst lebendiger Gruppierung entweder gar keine oder nur eine sehr geringfügige Ausbildung. Bei solchem Festhalten an ein und demselben früh schon fertigen Typus erhielt die selbständige künstlerische Produktion nur wenig Spielraum, die Kunst der Malerei und Musivarbeit sank häufig zum Handwerk herunter und wurde dadurch lebloser und geistloser, wenn diese Handwerker auch, wie die Arbeiter antiker Vasen, vortreffliche Vorbilder vor sich hatten, denen sie in Stellung und Faltenwurf folgen konnten. – Der ähnliche Typus der Malerei bedeckte mit einer traurigen Kunst nun auch den zerstörten Westen und breitete sich vornehmlich in Italien aus. Hier aber, wenn auch zunächst in schwachen Anfängen, zeigte sich schon früh der Trieb, nicht bei abgeschlossenen Gestalten und Arten des Ausdrucks stehenzubleiben, sondern, wenn auch zunächst roh, dennoch einer höheren Entwicklung entgegenzugehen, während man es den byzantinischen Gemälden, wie Herr von Rumohr (*Italieni-*

sche Forschungen, Bd. I, S. 279)² von griechischen Madonnen und Christusbildern sagt, »auch in den günstigsten Beispielen ansieht, daß sie sogleich als Mumie entstanden waren und künftiger Ausbildung im voraus entsagt hatten«. In ähnlicher Weise strebten die Italiener bereits vor den Zeiten ihrer selbständigen Kunstentwicklung in der Malerei den Byzantinern gegenüber nach einer geistigeren Auffassung christlicher Gegenstände. So führt z. B. der soeben genannte Forscher (Bd. I, S. 280) als einen merkwürdigen Beleg dieses Unterschiedes die Art und Weise an, in welcher Neugriechen und Italiener den Leib Christi an Kruzifixen darstellten. »Die Griechen nämlich«, sagt er, »denen der Anblick grausamer Leibesstrafen Gewohnheit war, dachten sich den Heiland am Kreuze mit der ganzen Schwere des Leibes herabhängend, den Unterleib geschwellt und die erschlafften Knie links ausgebogen, den gesenkten Kopf mit den Qualen eines grausamen Todes ringend. Ihr Gegenstand war demnach das körperliche Leiden an sich selbst ... Die Italiener hingegen, in deren älteren Denkmälern, wie nicht zu übersehen ist, die Darstellung sowohl der Jungfrau mit dem Kinde als des Gekreuzigten nur höchst selten vorkommt, pflegten die Gestalt des Heilandes am Kreuze aufzurichten, verfolgten also, wie es scheint, die Idee des Sieges des Geistigen, nicht wie jene des Erliegens des Körperlichen. Diese unleugbar edlere Auffassungsart ... tritt in mehr begünstigten Kreisen des Abendlandes früh ans Licht.«
Mit dieser Andeutung muß ich es hier genug sein lassen.

b. Die italienische Malerei

In der freieren Entfaltung nun aber der *italienischen* Malerei haben wir *zweitens* einen anderen Charakter der Kunst aufzusuchen. Außer dem religiösen Inhalt des Alten und Neuen Testaments und der Lebensgeschichten von Märtyrern und

---

2 Karl Friedrich von Rumohr, *Italienische Forschungen,* 3 Bde., Berlin und Stettin 1826–31

Heiligen entnimmt sie ihre Gegenstände größtenteils nur aus der griechischen Mythologie, selten dagegen aus den Ereignissen der Nationalgeschichte oder, Porträts ausgenommen, aus der Gegenwart und Wirklichkeit des Lebens; gleich selten, spät und vereinzelt erst, aus der landschaftlichen Natur. Was sie aber für die Auffassung und künstlerische Ausarbeitung des religiösen Kreises vornehmlich hinzubringt, ist die *lebendige Wirklichkeit* des geistigen und leiblichen Daseins, zu welcher jetzt alle Gestalten sich versinnlichen und beseelen. Für diese Lebendigkeit bildet von seiten des Geistes jene natürliche Heiterkeit, von seiten des Körpers jene entsprechende Schönheit der sinnlichen Form das Grundprinzip, welche für sich, als schöne Form schon, die Unschuld, Froheit, Jungfräulichkeit, natürliche Grazie des Gemüts, Adel, Phantasie und eine liebevolle Seele ankündigt. Kommt nun zu solch einem Naturell die Erhöhung und Vergoldung des Inneren durch die Innigkeit der Religion, durch den geistigen Zug tieferer Frömmigkeit hinzu, welcher die von Hause aus entschiedenere Sicherheit und Fertigkeit des Daseins in dieser Sphäre des Heils seelenvoll belebt, so haben wir dadurch eine ursprüngliche Harmonie der Gestalt und ihres Ausdrucks vor uns, die, wo sie zur Vollendung gelangt, in diesem Bereich des Romantischen und Christlichen an das reine Ideal der Kunst lebendig erinnert. Freilich muß auch innerhalb solch eines neuen Einklangs die Innigkeit des Herzens überwiegen; aber dies Innere ist ein glücklicherer, reinerer Himmel der Seele, zu welchem der Weg der Umkehr aus dem Sinnlichen und Endlichen und der Rückkehr zu Gott, wenn er auch durch Versenkung in den tieferen Schmerz der Buße und des Todes hindurchgeht, dennoch müheloser und weniger gewaltsam bleibt, indem sich der Schmerz auf die Region der Seele, der Vorstellung, des Glaubens konzentriert, ohne in das Feld gewaltiger Begierde, widerspenstiger Barbarei, harter Eigensucht und Sünde hinabzusteigen und sich mit diesen Feinden der Seligkeit zu schwer errungenen Siegen herumzuschlagen. Es ist ein ideal bleibender Übergang, ein Schmerz, der sich mehr nur schwärmerisch als verletzend in seinem Leiden verhält, ein abstrakteres, seelenreicheres Leiden, das in dem Inneren vorgeht und ebensowenig die leiblichen Qualen herauskehrt, als sich hier die Züge der Halsstarrigkeit, Roheit, Knorrigkeit oder die Züge trivialer, gemeiner Naturen in dem Charakter der Körperformen und Physiognomien kundgeben, so daß es erst eines hartnäckigen Kampfes bedürfte, ehe sie für den Ausdruck der Religiosität und Frömmigkeit durchgängig würden. Diese streitlosere Innigkeit der Seele und ursprünglichere Angemessenheit der Formen zu diesem Inneren macht die anmutige Klarheit und den ungetrübten Genuß aus, den uns die wahrhaft schönen Werke der italienischen Malerei gewähren müssen. Wie man von einer Instrumentalmusik sagt, daß Ton, Gesang darin sei, so schwebt hier der reine Gesang der Seele, ein melodisches Durchziehen, über der ganzen Gestalt und allen ihren Formen; und wie in der Musik der Italiener und in den Tönen ihres Gesanges, wenn die reinen Stimmen ohne Nebengekreisch erklingen, in jeder Besonderheit und Wendung des Klangs und der Melodie es nur das Genießen der Stimme selbst ist, das ertönt, so ist auch solcher Selbstgenuß der liebenden Seele der Grundton ihrer Malerei. Es ist dieselbe Innigkeit, Klarheit und Freiheit, welche wir in den großen italienischen Dichtern wiederfinden. Schon das kunstreiche Wiederklingen der Reime in den Terzinen, Kanzonen, Sonetten und Stanzen, dieser Klang, der nicht nur das Bedürfnis der Gleichheit in einmaliger Wiederholung befriedigt, sondern die Gleichheit zum dritten Male bewährt, ist ein freier Wohlklang, der seiner selbst, seines eigenen Genusses wegen hinströmt. Die gleiche Freiheit zeigt sich im geistigen Gehalt. In Petrarcas Sonetten, Sestinen, Kanzonen ist es nicht der wirkliche Besitz ihres Gegenstandes, nach welchem die Sehnsucht des Herzens ringt, es ist keine Betrachtung und Empfindung, der es um den wirklichen Inhalt und die Sache selbst zu tun ist und die sich darin aus Bedürfnis ausspricht; sondern das

Aussprechen selbst macht die Befriedigung; es ist der Selbstgenuß der Liebe, die in ihrer Trauer, ihren Klagen, Schilderungen, Erinnerungen und Einfällen ihre Glückseligkeit sucht; eine Sehnsucht, die sich als Sehnsucht befriedigt und mit dem Bilde, dem Geiste derer, die sie liebt, schon im vollen Besitze der Seele ist, mit der sie sich zu einigen sehnt. Auch Dante, geführt von seinem Meister Vergil durch Hölle und Fegefeuer, sieht das Schrecklichste, Schauderhafteste, er bangt, zerfließt oft in Tränen, aber schreitet getrost und ruhig weiter, ohne Schrecken und Angst, ohne die Verdrießlichkeit und Verbitterung: es solle nicht so sein. Ja selbst seine Verdammten in der Hölle haben noch die Seligkeit der Ewigkeit – »Io eterno duro« steht über den Pforten der Hölle –, sie sind, was sie sind, ohne Reue und Verlangen, sprechen nicht von ihren Qualen – diese gehen uns und sie gleichsam nichts an, denn sie dauern ewig –, sondern sie sind nur ihrer Gesinnung und Taten eingedenk, fest sich selber gleich in denselben Interessen, ohne Jammer und Sehnsucht.

Wenn man diesen Zug seliger Unabhängigkeit und Freiheit der Seele in der Liebe gefaßt hat, so versteht man den Charakter der italienischen größten Maler. In dieser Freiheit sind sie Meister über die Besonderheit des Ausdrucks, der Situation, auf diesem Flügel des innigen Friedens haben sie zu gebieten über Gestalt, Schönheit, Farbe; in der bestimmtesten Darstellung der Wirklichkeit und des Charakters, indem sie ganz auf der Erde bleiben und oft nur Porträts geben oder zu geben scheinen, sind es Gebilde einer anderen Sonne, eines anderen Frühlings, die sie schaffen; es sind Rosen, die zugleich im Himmel blühen. So ist es ihnen in der Schönheit selber nicht zu tun um die Schönheit der Gestalt allein, nicht um die sinnliche, in den sinnlichen Körperformen ausgegossene Einheit der Seele mit ihrem Leibe, sondern um diesen Zug der Liebe und Versöhnung in jeder Gestalt, Form und Individualität des Charakters; es ist der Schmetterling, die Psyche, die, im Sonnenglanze ihres Himmels, selbst um verkümmerte Blumen schwebt. Durch diese reiche, freie, volle Schönheit allein sind sie befähigt worden, die antiken Ideale unter den Neueren hervorzubringen.

Den Standpunkt solch einer Vollendung hat jedoch die italienische Malerei nicht sogleich von Hause aus eingenommen, sondern ist, ehe sie ihn zu erreichen vermochte, erst einen langen Weg entlanggegangen. Doch die rein unschuldige Frömmigkeit, der grandiose Sinn der ganzen Konzeption und die unbefangene Schönheit der Form, die Innigkeit der Seele sind häufig gerade bei den alten italienischen Meistern, aller Unvollkommenheit der technischen Ausbildung zum Trotz, am hervorstechendsten. Im vorigen Jahrhundert aber hat man diese älteren Meister wenig geschätzt, sondern als ungeschickt, trocken und dürftig verworfen. Erst in neuerer Zeit sind sie von Gelehrten und Künstlern wieder der Vergessenheit entzogen worden, nun aber auch mit einer übertriebenen Vorliebe bewundert und nachgebildet, welche die Fortschritte einer weiteren Ausbildung der Auffassungsweise und Darstellung ableugnen wollte und auf die entgegengesetzten Abwege führen mußte.

Was nun die näheren *historischen* Hauptmomente in der Entwicklung der italienischen Malerei bis zur Stufe ihrer Vollendung anbetrifft, so will ich kurz nur folgende Punkte herausheben, auf welche es bei der Charakterisierung der wesentlichsten Seiten der Malerei und ihrer Ausdrucksweise ankommt.

α) Nach früherer Roheit und Barbarei gingen die Italiener von dem durch die Byzantiner im ganzen handwerksmäßiger fortgepflanzten Typus wieder mit einem neuen Aufschwunge aus. Der Kreis der dargestellten Gegenstände war aber nicht groß, und die Hauptsache blieb die strenge Würde, die Feierlichkeit und religiöse Hoheit. Doch bereits Duccio, der Sieneser, und Cimabue, der Florentiner, wie es Herr von Rumohr als ein gewichtiger Kenner dieser früheren Epochen bezeugt (*Italienische Forschungen,* Bd. II, S. 4), suchten die dürftigen Überreste der antiken perspektivisch und anatomisch begründeten Zeichnungsart, welche sich durch mechanische Nachbildung christlich antiker Kunstwerke besonders in der neugriechischen Malerei erhalten hatten, in sich aufzunehmen und im eigenen Geiste möglichst zu verjüngen. Sie »empfanden den Wert dieser Bezeichnungen ... ; doch strebten sie, das Grelle ihrer Verknöcherung zu mildern, indem sie solche halbverstandenen Züge mit dem Leben verglichen, wie wir angesichts ihrer Leistungen vermuten und annehmen dürfen«. Dies sind inzwischen nur die ersten Emporstrebungen der Kunst aus dem Typischen, Starren zum Lebendigen und individuell Ausdrucksvollen hin.

β) Der weitere *zweite* Schritt nun aber besteht in der Losreißung von jenen griechischen Vorbildern, in dem Hereintreten ins Menschliche und Individuelle, der ganzen Konzeption und Ausführung nach, sowie in der fortgebildet tieferen Angemessenheit menschlicher Charaktere und Formen zu dem religiösen Gehalt, den sie ausdrücken sollen.

αα) Hier ist zuerst der großen Einwirkung zu erwähnen, welche *Giotto* und die Schüler desselben hervorbrachten. Giotto änderte ebensowohl die bisherige Zubereitungsart der Farben, als er auch die Auffassungsweise und Richtung der Darstellung umwandelte. Die Neugriechen haben sich wahrscheinlich, wie aus chemischen Untersuchungen hervorgeht, sei es als Bindemittel der Farben, sei es als Überzug, des Wachses bedient, wodurch »der gelblich-grünliche, verdunkelnde Ton« entstand, der nicht durchhin aus den Wirkungen des Lampenlichts zu erklären ist. (*Italienische Forschungen*, Bd. I, S. 312.) Dies zähere Bindungsmittel nun der griechischen Maler hat Giotto ganz aufgegeben und ist dagegen zu dem Anreiben der Farben mit geklärter Milch junger Sprossen, unreifer Feigen und mit anderen minderöligen Leimen übergegangen, welche die italienischen Maler des früheren Mittelalters, vielleicht schon ehe sie sich wieder der strengeren Nachbildung der Byzantiner zuwendeten, in Gebrauch gehabt hatten. (*Italienische Forschungen*, Bd. II, S. 43; Bd. I, S. 312.) Diese Bindungsmittel übten auf die Farben keinen verdunkelnden Einfluß aus, sondern ließen sie hell und klar. Wichtiger jedoch war die Umwandlung, welche durch Giotto in Rücksicht auf die *Wahl* der Gegenstände und deren *Darstellungsweise* in die italienische Malerei hereinkam. Schon Ghiberti rühmt von Giotto, daß er die rohe Manier der Griechen verlassen und, ohne über das Maß hinauszugehen, die Natürlichkeit und Anmut eingeführt habe (*Italienische Forschungen*, Bd. II, S. 42); und auch Boccaccio (*Decamerone*, 6. Tag, 5. Geschichte) sagt von ihm, daß die Natur nichts hervorbringe, was Giotto nicht bis zur Täuschung nachzubilden verstehe. In den byzantinischen Gemälden läßt sich von Naturanschauung kaum eine Spur entdecken; Giotto nun war es, der sich auf das Gegenwärtige und Wirkliche hin ausrichtete und die Gestalten und Affekte, die er darzustellen unternahm, mit dem Leben selbst, wie es sich um ihn her bewegte, verglich. Mit dieser Richtung tritt der Umstand zusammen, daß zu Giottos Zeit nicht nur überhaupt die Sitten freier, das Leben lustiger wurde, sondern daß auch die Verehrung vieler neuer Heiliger aufkam, welche der Zeit des Malers selbst näher lagen. Diese besonders wählte sich Giotto bei seiner Richtung auf die wirkliche Gegenwart zu Gegenständen seiner Kunst aus, so daß nun auch wieder im Inhalte selbst die Forderung lag, auf die Natürlichkeit der leiblichen Erscheinung, auf Darstellung bestimmterer Charaktere, Handlungen, Leidenschaften, Situationen, Stellungen und Bewegungen hinzuarbeiten. Was nun aber bei diesem Bestreben relativ verlorenging, ist jener großartige heilige Ernst, welcher der vorangehenden Kunststufe zugrunde gelegen hatte. Das Weltliche gewinnt Platz und Ausbreitung, wie denn auch Giotto im Sinne seiner Zeit dem Burlesken neben dem Pathetischen eine Stelle einräumte, so daß Herr von Rumohr mit Recht sagt (*Italienische Forschungen*, Bd. II, S. 73): »Unter diesen Umständen weiß ich nicht, was einige wollen, welche sich mit aller Kraft darangesetzt haben, die Richtung und Leistung des Giotto als das Erhabenste der neueren

Kunst auszupreisen«. Für die Würdigung des Giotto den richtigen Standpunkt wieder angegeben zu haben, ist ein großes Verdienst jenes gründlichen Forschers, der zugleich darauf aufmerksam macht, daß Giotto selbst in seiner Richtung auf die Vermenschlichung und Natürlichkeit doch immer noch auf einer im ganzen niedrigen Stufe stehenblieb.

ββ) In dieser durch Giotto angeregten Sinnesweise nun bildete die Malerei sich fort. Die typische Darstellung Christi, der Apostel und der bedeutenderen Ereignisse, von denen die Evangelien Bericht erstatten, ward mehr und mehr in den Hintergrund gedrängt; doch erweiterte sich dafür der Kreis der Gegenstände nach einer anderen Seite, indem (*Italienische Forschungen*, Bd. II, S. 213) »alle Hände geschäftig waren, die Übergänge im Leben moderner Heiligen zu malen: frühere Weltlichkeit, plötzliches Erwachen des Bewußtseins des Heiligen, Eintritt ins Leben der Frommen und Abgeschiedenen, Wunder im Leben wie besonders nach dem Tode, in deren Darstellung, wie es in den äußeren Bedingungen der Kunst liegt, der Ausdruck des Affektes der Lebenden die Andeutung der unsichtbaren Wunderkraft überwog«. Daneben wurden dann auch die Begebnisse der Lebens- und Leidensgeschichte Christi nicht vernachlässigt. Besonders die Geburt und Erziehung Christi, die Madonna mit dem Kinde erhoben sich zu Lieblingsgegenständen und wurden mehr in die lebendigere Familientraulichkeit, ins Zärtliche und Innige, ins Menschliche und Empfindungsreiche hineingeführt, während auch »in den Aufgaben aus der Leidensgeschichte nicht mehr das Erhabene und Siegreiche, vielmehr nur das Rührende hervorgehoben (ward) – die unmittelbare Folge jenes schwärmerischen Schwelgens im Mitgefühle der irdischen Schmerzen des Erlösers, dem der heilige Franziskus durch Beispiel und Lehre eine neue, bis dahin unerhörte Energie verliehen hatte«.

In Rücksicht auf einen weiteren Fortgang gegen die Mitte des fünfzehnten Jahrhunderts hin sind besonders zwei Namen zu nennen, *Masaccio* und *Fiesole*. Worauf es nämlich wesentlich bei der fortschreitenden Hineinlebung des religiösen Gehalts in die lebendigen Formen der menschlichen Gestalt und des seelenvollen Ausdrucks menschlicher Züge ankam, war auf der einen Seite, wie Rumohr dies angibt (*Italienische Forschungen*, Bd. II, S. 243), die Mehrung der Rundung aller Formen; auf der anderen Seite ein »tieferes Eingehen in die Austeilung, in den Zusammenhang, in die vielfältigsten Abstufungen des Reizes und der Bedeutung menschlicher Gesichtsformen«. In die nächste Lösung dieser Kunstaufgabe, deren Schwierigkeit für jene Zeit die Kräfte *eines* Künstlers übersteigen mochte, teilten sich Masaccio und Angelico da Fiesole. »Masaccio übernahm die Erforschung des Helldunkels, der Rundung und Auseinandersetzung zusammengeordneter Gestalten; Angelico da Fiesole hingegen die Ergründung des inneren Zusammenhanges, der einwohnenden Bedeutung menschlicher Gesichtszüge, deren Fundgruben er zuerst der Malerei eröffnet«; Masaccio nicht etwa in dem Streben nach Anmut, sondern mit großartiger Auffassung, Männlichkeit und im Bedürfnis nach durchgreifenderer Einheit; Fiesole mit der Inbrunst religiöser, vom Weltlichen entfernter Liebe, klösterlicher Reinheit der Gesinnung, Erhebung und Heiligung der Seele; wie denn Vasari von ihm erzählt, er habe niemals gemalt, ohne vorher mit Innigkeit zu beten, und nie die Leiden des Erlösers dargestellt, ohne dabei in Tränen auszubrechen. (*Italienische Forschungen*, Bd. II, S. 252) So war es also auf der einen Seite die erhöhtere Lebendigkeit und Natürlichkeit, um welche es in diesem Fortschritte der Malerei zu tun war, auf der anderen aber blieb die Tiefe des frommen Gemüts, die unbefangene Innigkeit der Seele im Glauben nicht aus, sondern überwog noch die Freiheit, Geschicklichkeit, Naturwahrheit und Schönheit der Komposition, Stellung, Gewandung und Färbung. Wenn die spätere Entwicklung noch einen bei weitem erhöhteren, volleren Ausdruck der geistigen Innerlichkeit zu erreichen verstand, so ist die jetzige Epoche doch in Reinheit und Unschuld der religiösen Gesinnung und ernsten Tiefe der Konzeption nicht überboten worden. Manche Gemälde dieser Zeit können zwar für uns durch ihre Farbe, Gruppierung und Zeichnung etwas Abstoßendes haben, indem die Formen der Lebendigkeit, die zur Darstellung für die Religiosität des Inneren gebraucht werden, für diesen Ausdruck noch nicht vollkommen durchgängig erscheinen; von seiten des geistigen Sinnes jedoch, aus welchem die Kunstwerke hervorgingen, darf man die naive Reinheit, die Vertrautheit mit den innersten Tiefen des wahrhaft religiösen Gehalts, die Sicherheit gläubiger Liebe, auch in Bedrängnis und Schmerz, und oft auch die Grazie der Unschuld und Seligkeit um so weniger verkennen, als die folgenden Epochen, wenn sie auch nach anderen Seiten künstlerischer Vollendung vorwärtsschritten, dennoch diese ursprünglichen Vorzüge, nachdem sie verlorengegangen waren, nicht wieder erreichten.

γγ) Ein *dritter* Punkt, der im weiteren Fortgang zu den eben erwähnten hinzukommt, betrifft die größere Ausbreitung in Rücksicht der Gegenstände, welche mit erneutem Sinn in die Darstellung aufgenommen wurden. Wie das Heilige sich in der italienischen Malerei von Hause aus der Wirklichkeit schon dadurch genähert hatte, daß Menschen, welche der Lebensepoche der Maler selbst näherstanden, für heilig erklärt wurden, so zieht jetzt die Kunst auch die anderweitige Wirklichkeit und Gegenwart in ihr Bereich hinein. Von jener Stufe reiner Innigkeit und Frömmigkeit, welche nur den Ausdruck dieser religiösen Beseelung selber bezweckte, geht nämlich die Malerei mehr und mehr dazu fort, das äußerliche Weltleben mit den religiösen Gegenständen zu vergesellschaften. Das frohe, kraftvolle Aufsichberuhen der Bürger mit ihrer Betriebsamkeit, ihrem Handel und Gewerbe, ihrer Freiheit, ihrem männlichen Mut und Patriotismus, das Wohlsein in der lebensheiteren Gegenwart, dieses wiedererwachende Wohlgefallen des Menschen an seiner Tugend und witzigen Fröhlichkeit, diese Versöhnung mit dem Wirklichen von seiten des inneren Geistes und der

Außengestalt war es, welche auch in die künstlerische Auffassung und Darstellung hereintrat und in ihr sich geltend machte. In diesem Sinne sehen wir die Liebe für landschaftliche Hintergründe, Aussichten auf Städte, Umgebung von Kirchen, Palästen lebendig werden; die wirklichen Porträts berühmter Gelehrter, Freunde, Staatsmänner, Künstler und sonstiger Personen, welche durch Witz, Heiterkeit sich die Gunst ihrer Zeit erworben hatten, gewinnen in religiösen Situationen Platz; Züge aus dem häuslichen und bürgerlichen Leben werden mit größerer oder geringerer Freiheit und Geschicklichkeit benutzt; und wenn auch das Geistige des religiösen Gehalts die Grundlage blieb, so wurde doch der Ausdruck der Frömmigkeit nicht mehr für sich isoliert, sondern ward an das vollere Leben der Wirklichkeit und weltlichen Lebensgebiete angeknüpft. (Vgl. *Italienische Forschungen*, Bd. II, S. 282.) Allerdings wird durch diese Richtung der Ausdruck religiöser Konzentration und ihrer innigen Frömmigkeit abgeschwächt, aber die Kunst bedurfte, um zu ihrem Gipfel zu gelangen, auch dieses weltlichen Elementes.

γ) Aus dieser Verschmelzung nun der lebendigen volleren Wirklichkeit mit der inneren Religiosität des Gemüts entsprang eine neue geistvolle Aufgabe, deren Lösung erst den großen Künstlern des sechzehnten Jahrhunderts vollkommen gelang. Denn es galt jetzt, die seelenvolle Innigkeit, den Ernst und die Hoheit der Religiosität mit jenem Sinn für die Lebendigkeit leiblicher und geistiger Gegenwart der Charaktere und Formen in Einklang zu setzen, damit die körperliche Gestalt in ihrer Stellung, Bewegung und Färbung nicht bloß ein äußerliches Gerüst bleibe, sondern in sich selbst seelenvoll und lebendig werde und bei durchgängigem Ausdruck aller Teile zugleich im Inneren und Äußeren als gleichmäßig schön erscheine.

Zu den vorzüglichsten Meistern, welche diesem Ziele entgegenschreiten, ist besonders *Leonardo da Vinci* zu nennen. Er nämlich war es, der nicht nur mit fast grübelnder Gründ-

lichkeit und Feinheit des Verstandes und der Empfindung
tiefer als ein anderer vor ihm auf die Formen des menschlichen Körpers und die Seele ihres Ausdrucks einging, sondern sich auch bei gleich tiefer Begründung der malerischen
Technik eine große Sicherheit in Anwendung der Mittel
erwarb, welche sein Studium ihm an die Hand gegeben
hatte. Dabei wußte er sich zugleich einen ehrfurchtsvollen
Ernst für die Konzeption seiner religiösen Aufgaben zu
bewahren, so daß seine Gestalten, wie sehr sie auch dem
Schein eines volleren und abgerundeten wirklichen Daseins
zustreben und den Ausdruck süßer, lächelnder Freudigkeit
in ihren Mienen und zierlichen Bewegungen zeigen, dennoch
der Hoheit nicht entbehren, welche die Ehrfurcht vor der
Würde und Wahrheit der Religion gebietet. (Vgl. *Italienische
Forschungen,* Bd. II, S. 308.)
Die reinste Vollendung aber in dieser Sphäre hat erst *Raffael*
erreicht. Herr von Rumohr teilt besonders den umbrischen
Malerschulen seit der Mitte des fünfzehnten Jahrhunderts
einen geheimen Reiz bei, dem jedes Herz sich öffne, und
sucht diese Anziehung aus der Tiefe und Zartheit des Gefühls sowie aus der wunderbaren Vereinigung zu erklären,
in welche jene Maler halbdeutliche Erinnerungen aus den
ältesten christlichen Kunstbestrebungen mit den milderen
Vorstellungen der neueren Gegenwart zu bringen verstanden
und in dieser Rücksicht ihre toskanischen, lombardischen und
venezianischen Zeitgenossen überragten. (*Italienische Forschungen,* Bd. II, S. 310.) Diesen Ausdruck nun »fleckenloser
Seelenreinheit und gänzlicher Hingebung in süßschmerzliche
und schwärmerische zärtliche Gefühle« wußte auch Pietro
Perugino, der Meister Raffaels, sich anzueignen und damit
die Objektivität und Lebendigkeit der äußeren Gestalten,
das Eingehen auf das Wirkliche und Einzelne zu verschmelzen, wie es vornehmlich von den Florentinern war ausgebildet worden. Von Perugino nun, an dessen Geschmack und
Stil Raffael in seinen Jugendarbeiten noch gefesselt erscheint,
geht Raffael zur vollständigsten Erfüllung jener oben ange-

deuteten Forderung fort. Bei ihm nämlich vereinigt sich die höchste kirchliche Empfindung für religiöse Kunstaufgaben sowie die volle Kenntnis und liebereiche Beachtung natürlicher Erscheinungen in der ganzen Lebendigkeit ihrer Farbe und Gestalt mit dem gleichen Sinn für die Schönheit der Antike. Diese große Bewunderung vor der idealischen Schönheit der Alten brachte ihn jedoch nicht etwa zur Nachahmung und aufnehmenden Anwendung der Formen, welche die griechische Skulptur so vollendet ausgebildet hatte, sondern er faßte nur im allgemeinen das Prinzip ihrer freien Schönheit auf, die bei ihm nun durch und durch von malerisch individueller Lebendigkeit und tieferer Seele des Ausdrucks sowie von einer bis dahin den Italienern noch nicht bekannten offenen, heiteren Klarheit und Gründlichkeit der Darstellung durchdrungen war. In der Ausbildung und gleichmäßig verschmelzenden Zusammenfassung dieser Elemente erreichte er den Gipfel seiner Vollendung. – In dem magischen Zauber des Helldunkels, in der seelenvollen Zierlichkeit und Grazie des Gemüts, der Formen, Bewegungen, Gruppierungen ist dagegen *Correggio,* in dem Reichtum der natürlichen Lebendigkeit, dem leuchtenden Schmelz, der Glut, Wärme, Kraft des Kolorits *Tizian* noch größer geworden. Es gibt nichts Lieblicheres als Correggios Naivität nicht natürlicher, sondern religiöser, geistiger Anmut; nichts Süßeres als seine lächelnde, bewußtlose Schönheit und Unschuld.

Die malerische Vollendung dieser großen Meister ist eine Höhe der Kunst, wie sie nur einmal von einem Volke in dem Verlauf geschichtlicher Entwicklung kann erstiegen werden.

c. Die niederländische und deutsche Malerei

Was nun *drittens* die deutsche Malerei angeht, so können wir die eigentlich deutsche mit der niederländischen zusammenstellen.

Der allgemeine Unterschied gegen die Italiener besteht hier

darin, daß weder die Deutschen noch die Niederländer aus sich selbst zu jenen freien idealen Formen und Ausdrucksweisen hingelangen wollen oder können, denen es ganz entspricht, in die geistige verklärte Schönheit übergegangen zu sein. Dafür bilden sie aber auf der einen Seite den Ausdruck für die Tiefe der Empfindung und die subjektive Beschlossenheit des Gemüts aus; auf der anderen Seite bringen sie zu dieser Innigkeit des Glaubens die ausgebreitetere Partikularität des individuellen Charakters hinzu, der nun nicht nur die alleinige innere Beschäftigung mit den Interessen des Glaubens und Seelenheils kundgibt, sondern auch zeigt, wie sich die dargestellten Individuen auch um die Weltlichkeit bemüht, sich mit den Sorgen des Lebens herumgeschlagen und in dieser schweren Arbeit weltliche Tugenden, Treue, Beständigkeit, Geradheit, ritterliche Festigkeit und bürgerliche Tüchtigkeit erworben haben. Bei diesem mehr in das Beschränkte versenkten Sinn finden wir zugleich im Gegensatz der von Hause aus reineren Formen und Charaktere der Italiener hier, bei den Deutschen besonders, mehr den Ausdruck einer formellen Halsstarrigkeit widerspenstiger Naturen, welche sich entweder mit der Energie des Trotzes und der brutalen Eigenwilligkeit Gott gegenüberstellen oder sich Gewalt anzutun genötigt sind, um sich mit saurer Arbeit aus ihrer Beschränktheit und Roheit herausreißen und zur religiösen Versöhnung durchkämpfen zu können, so daß nun die tiefen Wunden, die sie ihrem Inneren schlagen müssen, noch in dem Ausdruck ihrer Frömmigkeit zum Vorschein kommen.

In Rücksicht auf das Nähere will ich nur auf einige Hauptpunkte aufmerksam machen, welche in betreff der älteren niederländischen Schule im Unterschiede der oberdeutschen und der späteren holländischen Meister des siebzehnten Jahrhunderts von Wichtigkeit sind.

α) Unter den älteren *Niederländern* ragen besonders die Gebrüder *van Eyck*, Hubert und Johann, schon im Anfange des fünfzehnten Jahrhunderts hervor, deren Meisterschaft man erst in neuerer Zeit wieder hat schätzenlernen. Sie werden bekanntlich als die Erfinder oder wenigstens als die eigentlichen ersten Vollender der Ölmalerei genannt. Bei dem großen Schritte, den sie vorwärts taten, könnte man nun glauben, daß sich hier von früheren Anfängen her eine Stufenleiter der Vervollkommnung müßte nachweisen lassen. Von solch einem allmählichen Fortschreiten aber sind uns keine geschichtlichen Kunstdenkmäler aufbewahrt. Anfang und Vollendung steht bis jetzt für uns mit einem Male da. Denn vortrefflicher, als diese Brüder es taten, kann fast nicht gemalt werden. Außerdem beweisen die übriggebliebenen Werke, in welchen das Typische bereits beiseite gestellt und überwunden ist, nicht nur eine große Meisterschaft in Zeichnung, Stellung, Gruppierung, innerer und äußerer Charakteristik, Wärme, Klarheit, Harmonie und Feinheit der Färbung, Großartigkeit und Abgeschlossenheit der Komposition; sondern auch der ganze Reichtum der Malerei in betreff auf Naturumgebung, architektonisches Beiwerk, Hintergründe, Horizont, Pracht und Mannigfaltigkeit der Stoffe, Kleidung, Art der Waffen, des Schmuckes usf. ist bereits mit solcher Treue, mit so viel Empfindung für das Malerische und solch einer Virtuosität behandelt, daß selbst die späteren Jahrhunderte, wenigstens von seiten der Gründlichkeit und Wahrheit, nichts Vollendeteres aufzuzeigen haben. Dennoch werden wir durch die Meisterwerke der italienischen Malerei, wenn wir sie diesen niederländischen gegenüberstellen, mehr angezogen werden, weil die Italiener bei voller Innigkeit und Religiosität die geistreiche Freiheit und Schönheit der Phantasie voraushaben. Die niederländischen Figuren erfreuen zwar auch durch Unschuld, Naivität und Frömmigkeit, ja in Tiefe des Gemüts übertreffen sie zum Teil die besten Italiener, aber zu der gleichen Schönheit der Form und Freiheit der Seele haben sich die niederländischen Meister nicht zu erheben vermocht; und besonders sind ihre Christkinder übel gestaltet, und ihre übrigen Charaktere, Männer und Frauen, wie sehr sie auch innerhalb des religiö-

sen Ausdrucks zugleich eine durch die Tiefe des Glaubens
geheiligte Tüchtigkeit in weltlichen Interessen kundgeben,
würden doch über dies Frommsein hinaus oder vielmehr
unter demselben unbedeutend und gleichsam unfähig erscheinen, in sich frei, phantasievoll und höchst geistreich zu
sein.

β) Eine *zweite* Seite, welche Berücksichtigung verdient, ist
der Übergang aus der ruhigeren, ehrfurchtsvollen Frömmigkeit zur Darstellung von Martern, zum Unschönen der
Wirklichkeit überhaupt. Hierin zeichnen sich besonders die
oberdeutschen Meister aus, wenn sie in Szenen aus der
Passionsgeschichte die Roheit der Kriegsknechte, die Bosheit
des Spottes, die Barbarei des Hasses gegen Christus im Verlauf seines Leidens und Sterbens mit großer Energie in
Charakteristik der Häßlichkeiten und Mißgestaltungen her-
vorkehren, welche als äußere Formen der inneren Verwor-
fenheit des Herzens entsprechend sind. Die stille schöne
Wirkung ruhiger, inniger Frömmigkeit ist zurückgesetzt, und
bei der Bewegtheit, welche die genannten Situationen vor-
schreiben, wird zu scheußlichen Verzerrungen, Gebärden der
Wildheit und Zügellosigkeit der Leidenschaften fortgegangen. Bei der Fülle der durcheinandertreibenden Gestalten
und der überwiegenden Roheit der Charaktere fehlt es
solchen Gemälden auch leicht an innerer Harmonie sowohl
der Komposition als auch der Färbung, so daß man besonders beim ersten Wiederaufleben des Geschmacks an älterer
deutscher Malerei bei der im ganzen geringeren Vollendung
der Technik viele Verstöße in Rücksicht auf die Entstehungszeit solcher Werke gemacht hat. Man hielt sie für älter als
die vollendeteren Gemälde der van Eyckschen Epoche, während sie doch größtenteils in eine spätere Zeit fallen. Jedoch
sind die oberdeutschen Meister nicht etwa bei diesen Darstellungen ausschließlich stehengeblieben, sondern haben
gleichfalls die mannigfaltigsten religiösen Gegenstände behandelt und sich auch in Situationen der Passionsgeschichte,
wie Albrecht Dürer z. B., dem Extrem der bloßen Roheit

siegreich zu entwinden verstanden, indem sie sich auch für dergleichen Aufgaben einen inneren Adel und eine äußere Abgeschlossenheit und Freiheit bewahrten.

γ) Das letzte nun, wozu es die deutsche und niederländische Kunst bringt, ist das gänzliche Sicheinleben ins *Weltliche* und *Tägliche* und das damit verbundene *Auseinandertreten* der Malerei in die verschiedenartigsten Darstellungsarten, welche sich sowohl in Rücksicht des Inhalts als auch in betreff der Behandlung voneinander scheiden und einseitig ausbilden. Schon in der italienischen Malerei macht sich der Fortgang bemerkbar von der einfachen Herrlichkeit der Andacht zu immer hervortretenderer Weltlichkeit, die hier aber, wie z. B. bei Raffael, teils von Religiosität durchdrungen, teils von dem Prinzip antiker Schönheit begrenzt und zusammengehalten bleibt, während der spätere Verlauf weniger ein Auseinandergehen in die Darstellung von Gegenständen aller Art am Leitfaden des Kolorits ist als ein oberflächlicheres Zerfahren oder eklektisches Nachbilden der Formen und Malweisen. Die deutsche und niederländische Kunst dagegen hat am bestimmtesten und auffallendsten den ganzen Kreis des Inhalts und der Behandlungsarten durchlaufen: von den ganz traditionellen Kirchenbildern, einzelnen Figuren und Brustbildern an zu sinnigen, frommen, andächtigen Darstellungen hinüber bis zur Belebung und Ausdehnung derselben in größeren Kompositionen und Szenen, in welchen aber die freie Charakterisierung der Figuren, die erhöhte Lebendigkeit durch Aufzüge, Dienerschaft, zufällige Personen der Gemeinde, Schmuck der Kleider und Gefäße, der Reichtum von Porträts, Architekturwerken, Naturumgebung, Aussichten auf Kirchen, Straßen, Städte, Ströme, Waldungen, Gebirgsformen auch noch von der religiösen Grundlage zusammengefaßt und getragen wird. Dieser Mittelpunkt nun ist es, der jetzt fortbleibt, so daß der bis hierher in eins gehaltene Kreis von Gegenständen auseinanderfällt und die Besonderheiten in ihrer spezifischen Einzelheit und Zufälligkeit des Wechsels und der

Veränderung sich der vielfältigsten Art der Auffassung und malerischen Ausführung preisgeben.

Um den Wert dieser letzten Sphäre auch an dieser Stelle, wie früher bereits, vollständig zu würdigen, müssen wir uns noch einmal den nationalen Zustand näher vor Augen bringen, aus welchem sie ihren Ursprung genommen hat. In dieser Beziehung haben wir das Herübertreten aus der Kirche und den Anschauungen und Gestaltungen der Frömmigkeit zur Freude am Weltlichen als solchem, an den Gegenständen und partikularen Erscheinungen der Natur, an dem häuslichen Leben in seiner Ehrbarkeit, Wohlgemutheit und stillen Enge, wie an nationalen Feierlichkeiten, Festen und Aufzügen, Bauerntänzen, Kirmesspäßen und Ausgelassenheiten folgendermaßen zu rechtfertigen. Die *Reformation* war in Holland durchgedrungen; die Holländer hatten sich zu Protestanten gemacht und die spanische Kirchen- und Königsdespotie überwunden. Und zwar finden wir hier nach seiten des politischen Verhältnisses weder einen vornehmen Adel, der seinen Fürsten und Tyrannen verjagt oder ihm Gesetze vorschreibt, noch ein ackerbauendes Volk, gedrückte Bauern, die losschlagen wie die Schweizer; sondern bei weitem der größere Teil, ohnehin der Tapferen zu Land und der kühnsten Seehelden, bestand aus Städtebewohnern, gewerbefleißigen, wohlhabenden Bürgern, die, behaglich in ihrer Tätigkeit, nicht hoch hinauswollten, doch, als es galt, die Freiheit ihrer wohlerworbenen Rechte, der besonderen Privilegien ihrer Provinzen, Städte, Genossenschaften zu verfechten, mit kühnem Vertrauen auf Gott, ihren Mut und Verstand aufstanden, ohne Furcht vor der ungeheuren Meinung von der spanischen Oberherrschaft über die halbe Welt allen Gefahren sich aussetzten, tapfer ihr Blut vergossen und durch diese rechtliche Kühnheit und Ausdauer sich ihre religiöse und bürgerliche Selbständigkeit siegreich errangen. Wenn wir irgendeine partikulare Gemütsrichtung *deutsch* nennen können, so ist es diese treue, wohlhäbige, gemütvolle Bürgerlichkeit, die im Selbstgefühl ohne Stolz, in der Frömmigkeit nicht bloß begeistert und andächtelnd, sondern im Weltlichen konkret-fromm, in ihrem Reichtum schlicht und zufrieden, in Wohnung und Umgebung einfach, zierlich und reinlich bleibt und in durchgängiger Sorgsamkeit und Vergnüglichkeit in allen ihren Zuständen, mit ihrer Selbständigkeit und vordringenden Freiheit sich zugleich, der alten Sitte treu, die altväterliche Tüchtigkeit ungetrübt zu bewahren weiß.

Diese sinnige, kunstbegabte Völkerschaft will sich nun auch in der Malerei an diesem ebenso kräftigen als rechtlichen, genügsamen, behaglichen Wesen erfreuen, sie will in ihren Bildern noch einmal in allen möglichen Situationen die Reinlichkeit ihrer Städte, Häuser, Hausgeräte, ihren häuslichen Frieden, ihren Reichtum, den ehrbaren Putz ihrer Weiber und Kinder, den Glanz ihrer politischen Stadtfeste, die Kühnheit ihrer Seemänner, den Ruhm ihres Handels und ihrer Schiffe genießen, die durch die ganze Welt des Ozeans hinfahren. Und eben dieser Sinn für rechtliches, heiteres Dasein ist es, den die holländischen Meister auch für die Naturgegenstände mitbringen und nun in allen ihren malerischen Produktionen mit der Freiheit und Treue der Auffassung, mit der Liebe für das scheinbar Geringfügige und Augenblickliche, mit der offenen Frische des Auges und unzerstreuten Einsenkung der ganzen Seele in das Abgeschlossenste und Begrenzteste zugleich die höchste Freiheit künstlerischer Komposition, die feine Empfindung auch für das Nebensächliche und die vollendete Sorgsamkeit der Ausführung verbinden. Auf der einen Seite hat diese Malerei in Szenen aus dem Kriegs- und Soldatenleben, in Auftritten in Schenken, bei Hochzeiten und anderen bäurischen Gelagen, in Darstellung häuslicher Lebensbezüge, in Porträts und Naturgegenständen, Landschaften, Tieren, Blumen usf. die Magie und Farbenzauber des Lichts, der Beleuchtung und des Kolorits überhaupt, andererseits die durch und durch lebendige Charakteristik in größter Wahrheit der Kunst unübertrefflich ausgebildet. Und wenn sie nun aus dem Unbedeutenden und Zufälligen auch in das Bäurische, die rohe und gemeine Natur fortgeht, so erscheinen diese Szenen so ganz durchdrungen von einer unbefangenen Froheit und Lustigkeit, daß nicht das Gemeine, das nur gemein und bösartig ist, sondern diese Froheit und Unbefangenheit den eigentlichen Gegenstand und Inhalt ausmacht. Wir sehen deshalb keine gemeinen Empfindungen und Leidenschaften vor uns, sondern das Bäurische und Naturnahe in den unteren Ständen, das froh, schalkhaft, komisch ist. In dieser unbekümmerten Ausgelassenheit selber liegt hier das ideale Moment: es ist der Sonntag des Lebens, der alles gleichmacht und alle Schlechtigkeit entfernt; Menschen, die so von ganzem Herzen wohlgemut sind, können nicht durch und durch schlecht und niederträchtig sein. Es ist in dieser Rücksicht nicht dasselbe, ob das Böse nur als momentan oder als Grundzug in einem Charakter heraustritt. Bei den Niederländern hebt das Komische das Schlimme in der Situation auf, und uns wird sogleich klar: die Charaktere können auch noch etwas anderes sein als das, worin sie in diesem Augenblick vor uns stehen. Solch eine Heiterkeit und Komik gehört zum unschätzbaren Wert dieser Gemälde. Will man dagegen in heutigen Bildern der ähnlichen Art pikant sein, so stellt man gewöhnlich etwas innerlich Gemeines, Schlechtes und Böses ohne versöhnende Komik dar. Ein böses Weib z. B. zankt ihren betrunkenen Mann in der Schenke aus, und zwar recht bissig; da zeigt sich denn, wie ich schon früher einmal anführte, nichts, als daß er ein liederlicher Kerl und sie ein geifriges altes Weib ist.

Sehen wir die holländischen Meister mit diesen Augen an, so werden wir nicht mehr meinen, die Malerei hätte sich solcher Gegenstände enthalten und nur die alten Götter, Mythen und Fabeln oder Madonnenbilder, Kreuzigungen, Martern, Päpste, Heilige und Heiliginnen darstellen sollen. Das, was zu jedem Kunstwerk gehört, gehört auch zur Malerei: die Anschauung, was überhaupt am Menschen, am menschlichen Geist und Charakter, was der *Mensch* und was *dieser* Mensch ist. Diese Auffassung der inneren menschlichen Natur und ihrer äußeren lebendigen Formen und Erscheinungsweisen, diese unbefangene Lust und künstlerische Freiheit, diese Frische und Heiterkeit der Phantasie und sichere Keckheit der Ausführung macht hier den poetischen Grundzug aus, der durch die meisten holländischen Meister dieses Kreises geht. In ihren Kunstwerken kann man menschliche Natur und Menschen studieren und kennenlernen. Heutigentags aber muß man sich nur allzuoft Porträts und historische Gemälde vor Augen bringen lassen, denen man aller Ähnlichkeit mit Menschen und wirklichen Individuen zum Trotz doch auf den ersten Blick schon ansieht, daß der Künstler weder weiß, was der Mensch und menschliche Farbe, noch was die Formen sind, in denen der Mensch, *daß* er Mensch sei, ausdrückt.

Zweites Kapitel
Die Musik

Blicken wir auf den Gang zurück, den wir bisher in der Entwicklung der besonderen Künste verfolgt haben, so begannen wir mit der *Architektur*. Sie war die unvollständigste Kunst, denn wir fanden sie unfähig, in der nur schweren Materie, welche sie als ihr sinnliches Element ergriff und nach den Gesetzen der Schwere behandelte, Geistiges in angemessener Gegenwart darzustellen, und mußten sie darauf beschränken, aus dem Geiste für den Geist in seinem lebendigen, wirklichen Dasein eine kunstgemäße äußere Umgebung zu bereiten.
Die *Skulptur* dagegen *zweitens* machte sich zwar das Geistige selbst zu ihrem Gegenstande, doch weder als partikularen Charakter noch als subjektive Innerlichkeit des Gemüts, sondern als die freie Individualität, welche sich ebensowenig von dem substantiellen Gehalt als von der leiblichen Erscheinung des Geistigen abtrennt, sondern als Individuum nur

so weit in die Darstellung hineingeht, als es zur individuellen Verlebendigung eines in sich selbst wesentlichen Inhalts erforderlich ist, und als geistiges Inneres die Körperformen nur um so viel durchdringt, als es die in sich unzerschiedene Einigung des Geistes und seiner ihm entsprechenden Naturgestalt zuläßt. Diese für die Skulptur notwendige Identität des nur in seinem *leiblichen* Organismus – statt im Elemente seiner eigenen *Innerlichkeit* – für sich seienden Geistes teilt dieser Kunst die Aufgabe zu, als Material noch die schwere Materie beizubehalten, die Gestalt derselben aber nicht, wie die Architektur, als eine bloß unorganische Umgebung nach den Gesetzen des Lastens und Tragens zu formieren, sondern zu der dem Geist und seiner idealen Plastik adäquaten klassischen Schönheit umzuwandeln.

Wenn sich die Skulptur in dieser Rücksicht besonders geeignet zeigte, den Gehalt und die Ausdrucksweise der *klassischen* Kunstform in Kunstwerken lebendig werden zu lassen, während die Architektur, welchem Inhalt sie sich auch dienstbar erweisen mochte, in ihrer Darstellungsart über den Grundtypus einer nur *symbolischen* Andeutung nicht hinauskam, so treten wir *drittens* mit der Malerei in das Gebiet des *Romantischen* hinein. Denn in der Malerei ist zwar auch noch die *äußere Gestalt* das Mittel, durch welches sich das Innere offenbar macht, dies Innere aber ist die ideelle, *besondere Subjektivität*, das aus seinem leiblichen Dasein in sich gekehrte Gemüt, die subjektive Leidenschaft und Empfindung des Charakters und Herzens, die sich nicht mehr in die Außengestalt total ergießen, sondern in derselben gerade das innerliche Fürsichsein und die Beschäftigung des Geistes mit dem Bereich seiner eigenen Zustände, Zwecke und Handlungen abspiegeln. Um dieser Innerlichkeit ihres Inhalts willen kann die Malerei sich nicht mit der einerseits nur als schwer gestalteten, andererseits nur ihrer *Gestalt* nach aufzufassenden, unpartikularisierten Materie begnügen, sondern darf sich nur den Schein und *Farbenschein* derselben zum sinnlichen Ausdrucksmittel erwählen. Dennoch ist die Farbe nur da, um *räumliche* Formen und Gestalten, als in lebendiger Wirklichkeit vorhanden, selbst dann noch scheinbar zu machen, wenn die Kunst des Malens zu einer Magie des Kolorits sich fortbildet, in welcher das Objektive gleichsam schon zu verschweben beginnt und die Wirkung fast nicht mehr durch etwas Materielles geschieht. Wie sehr deshalb die Malerei sich auch zu dem ideelleren Freiwerden des Scheines entwickelt, der nicht mehr an der Gestalt als solcher haftet, sondern sich in seinem eigenen Elemente, in dem Spiel der Scheine und Widerscheine, in den Zaubereien des Helldunkels für sich selber zu ergehen die Erlaubnis hat, so ist doch diese Farbenmagie immer noch räumlicher Art, ein auseinanderseiender und daher *bestehender* Schein.

1. Soll nun aber das Innere, wie dies bereits im Prinzip der Malerei der Fall ist, in der Tat als *subjektive* Innerlichkeit sich kundgeben, so darf das wahrhaft entsprechende Material nicht von der Art sein, daß es noch für sich Bestand hat. Dadurch erhalten wir eine Äußerungsweise und Mitteilung, in deren sinnliches Element die Objektivität nicht als räumliche Gestalt, um darin standzuhalten, eingeht, und bedürfen ein Material, das in seinem Sein-für-Anderes haltlos ist und in seinem Entstehen und Dasein selbst schon wieder verschwindet. Dies Tilgen nicht nur der *einen* Raumdimension, sondern der totalen Räumlichkeit überhaupt, dies völlige Zurückziehen in die Subjektivität nach seiten des Inneren wie der Äußerung, vollbringt die zweite romantische Kunst – die *Musik*. Sie bildet in dieser Beziehung den eigentlichen Mittelpunkt derjenigen Darstellung, die sich das Subjektive als solches sowohl zum Inhalte als auch zur Form nimmt, indem sie als Kunst zwar das Innere zur Mitteilung bringt, doch in ihrer Objektivität selber *subjektiv* bleibt, d. h. nicht wie die bildende Kunst die Äußerung, zu der sie sich entschließt, für sich frei werden und zu einer in sich ruhig bestehenden Existenz kommen läßt, sondern dieselbe als Objektivität aufhebt und dem Äußeren nicht gestattet, als Äußeres sich uns gegenüber ein festes Dasein anzueignen.

Insofern jedoch das Aufheben der räumlichen Objektivität als Darstellungsmittels ein Verlassen derselben ist, das noch erst von der sinnlichen Räumlichkeit der bildenden Künste selber herkommt, so muß sich diese Negation ganz ebenso an der bisher ruhig für sich bestehenden *Materialität* betätigen, wie die Malerei in ihrem Felde die Raumdimensionen der Skulptur zur Fläche reduzierte. Die Aufhebung des Räumlichen besteht deshalb hier nur darin, daß ein bestimmtes sinnliches Material sein ruhiges Außereinander aufgibt, in Bewegung gerät, doch *so* in sich erzittert, daß jeder Teil des kohärierenden Körpers seinen Ort nicht nur verändert, sondern auch sich in den vorigen Zustand zurückzuversetzen strebt. Das Resultat dieses schwingenden Zitterns ist der *Ton,* das Material der Musik.

Mit dem Ton nun verläßt die Musik das Element der äußeren Gestalt und deren anschauliche *Sichtbarkeit* und bedarf deshalb zur Auffassung ihrer Produktionen auch eines anderen subjektiven Organs, des *Gehörs,* das wie das Gesicht nicht den praktischen, sondern den *theoretischen* Sinnen zugehört und selbst noch idealer ist als das Gesicht. Denn die ruhige, begierdelose Beschauung von Kunstwerken läßt zwar die Gegenstände, ohne sie irgend vernichten zu wollen, für sich, wie sie da sind, ruhig bestehen, aber das, was sie auffaßt, ist nicht das in sich selbst Ideellgesetzte, sondern im Gegenteil das in seiner sinnlichen Existenz Erhaltene. Das Ohr dagegen vernimmt, ohne sich selber praktisch gegen die Objekte hinauszuwenden, das Resultat jenes inneren Erzitterns des Körpers, durch welches nicht mehr die ruhige materielle Gestalt, sondern die erste ideellere Seelenhaftigkeit zum Vorschein kommt. Da nun ferner die Negativität, in die das schwingende Material hier eingeht, einerseits ein Aufheben des räumlichen Zustandes ist, das selbst wieder durch die Reaktion des Körpers aufgehoben wird, so ist die Äußerung dieser zwiefachen Negation, der Ton, eine Äußerlichkeit, welche sich in ihrem Entstehen durch ihr Dasein selbst wieder vernichtet und an sich selbst verschwindet.

Durch diese gedoppelte Negation der Äußerlichkeit, welche im Prinzipe des Tons liegt, entspricht derselbe der inneren Subjektivität, indem das Klingen, das an und für sich schon etwas Ideelleres ist als die für sich real bestehende Körperlichkeit, auch diese ideellere Existenz aufgibt und dadurch eine dem Innerlichen gemäße Äußerungsweise wird.

2. Fragen wir nun umgekehrt, welcher Art das Innere sein müsse, um sich seinerseits wiederum dem Klingen und Tönen adäquat erweisen zu können, so haben wir bereits gesehen, daß für sich, als reale Objektivität genommen, der Ton dem Material der bildenden Künste gegenüber ganz abstrakt ist. Gestein und Färbung nehmen die Formen einer breiten, vielgestaltigen Welt der Gegenstände in sich auf und stellen dieselbe ihrem wirklichen Dasein nach dar; die Töne vermögen dies nicht. Für den Musikausdruck eignet sich deshalb auch nur das ganz objektlose Innere, die abstrakte Subjektivität als solche. Diese ist unser ganz leeres Ich, das Selbst ohne weiteren Inhalt. Die Hauptaufgabe der Musik wird deshalb darin bestehen, nicht die Gegenständlichkeit selbst, sondern im Gegenteil die Art und Weise widerklingen zu lassen, in welcher das innerste Selbst seiner Subjektivität und ideellen Seele nach in sich bewegt ist.

3. Dasselbe gilt für die *Wirkung* der Musik. Was durch sie in Anspruch genommen wird, ist die letzte subjektive Innerlichkeit als solche; sie ist die Kunst des Gemüts, welche sich unmittelbar an das Gemüt selber wendet. Die Malerei z. B., wie wir sahen, vermag zwar gleichfalls das innere Leben und Treiben, die Stimmungen und Leidenschaften des Herzens, die Situationen, Konflikte und Schicksale der Seele in Physiognomien und Gestalten auszudrücken; was wir aber in Gemälden vor uns haben, sind objektive Erscheinungen, von denen das anschauende Ich als inneres Selbst noch unterschieden bleibt. Man mag sich in den Gegenstand, die Situation, den Charakter, die Formen einer Statue oder eines Gemäldes noch so sehr versenken und vertiefen, das Kunstwerk bewundern, darüber außer sich kommen, sich noch so

sehr davon erfüllen – es hilft nichts, diese Kunstwerke sind und bleiben für sich bestehende Objekte, in Rücksicht auf welche wir über das Verhältnis des Anschauens nicht hinauskommen. In der Musik aber fällt diese Unterscheidung fort. Ihr Inhalt ist das an sich selbst Subjektive, und die Äußerung bringt es gleichfalls nicht zu einer räumlich *bleibenden* Objektivität, sondern zeigt durch ihr haltungsloses freies Verschweben, daß sie eine Mitteilung ist, die, statt für sich selbst einen Bestand zu haben, nur vom Inneren und Subjektiven getragen und nur für das subjektive Innere dasein soll. So ist der Ton wohl eine Äußerung und Äußerlichkeit, aber eine Äußerung, welche gerade dadurch, daß sie Äußerlichkeit ist, sogleich sich wieder verschwinden macht. Kaum hat das Ohr sie gefaßt, so ist sie verstummt; der Eindruck, der hier stattfinden soll, verinnerlicht sich sogleich; die Töne klingen nur in der tiefsten Seele nach, die in ihrer ideellen Subjektivität ergriffen und in Bewegung gebracht wird.

Diese gegenstandslose Innerlichkeit in betreff auf den Inhalt wie auf die Ausdrucksweise macht das *Formelle* der Musik aus. Sie hat zwar auch einen Inhalt, doch weder in dem Sinne der bildenden Künste noch der Poesie; denn was ihr abgeht, ist eben das objektive Sichausgestalten, sei es zu Formen wirklicher äußerer Erscheinungen oder zur Objektivität von geistigen Anschauungen und Vorstellungen.

Was nun den Verlauf angeht, den wir unseren weiteren Betrachtungen geben wollen, so haben wir

erstens den *allgemeinen* Charakter der Musik und ihrer Wirkung im Unterschiede der übrigen Künste, sowohl von seiten des Materials als auch von seiten der Form, welche der geistige Inhalt annimmt, bestimmter herauszuheben.

Zweitens müssen wir die besonderen *Unterschiede* erörtern, zu denen sich die musikalischen Töne und deren Figurationen teils in Rücksicht auf ihre zeitliche Dauer, teils in Beziehung auf die qualitativen Unterschiede ihres realen Erklingens auseinanderbreiten und vermitteln.

Drittens endlich erhält die Musik ein Verhältnis zu dem

Inhalt, den sie ausdrückt, indem sie sich entweder den für sich schon durch das Wort ausgesprochenen Empfindungen, Vorstellungen und Betrachtungen begleitend anschließt oder sich frei in ihrem eigenen Bereich in fessosloserer Selbständigkeit ergeht.

Wollen wir nun aber jetzt, nach dieser allgemeinen Angabe des Prinzips und der Einteilung der Musik, zur Auseinandersetzung ihrer besonderen Seiten fortschreiten, so tritt der Natur der Sache nach eine eigene Schwierigkeit ein. Weil nämlich das musikalische Element des Tons und der Innerlichkeit, zu welcher der Inhalt sich forttreibt, so abstrakt und formell ist, so kann zum Besonderen nicht anders übergegangen werden, als daß wir sogleich in technische Bestimmungen verfallen, in die Maßverhältnisse der Töne, in die Unterschiede der Instrumente, der Tonarten, Akkorde usf. In diesem Gebiete aber bin ich wenig bewandert und muß mich deshalb im voraus entschuldigen, wenn ich mich nur auf allgemeinere Gesichtspunkte und einzelne Bemerkungen beschränke.

1. Allgemeiner Charakter der Musik

Die wesentlichen Gesichtspunkte, welche in Rücksicht auf die Musik im allgemeinen von Belang sind, können wir in nachstehender Reihenfolge in Betracht ziehen:

Erstens haben wir die Musik auf der einen Seite mit den bildenden Künsten, auf der anderen mit der Poesie in Vergleich zu bringen.

Zweitens wird sich uns dadurch näher die Art und Weise ergeben, in der die Musik einen Inhalt zu fassen und darzustellen vermag.

Drittens können wir uns aus dieser Behandlungsart bestimmter die eigentümliche Wirkung erklären, welche die Musik im Unterschiede der übrigen Künste auf das Gemüt ausübt.

a. Vergleich mit den bildenden Künsten
und der Poesie

In Ansehung des ersten Punktes müssen wir die Musik, wenn wir sie in ihrer spezifischen Besonderheit klar herausstellen wollen, nach *drei* Seiten mit den anderen Künsten vergleichen.

α) *Erstens* steht sie zur *Architektur,* obschon sie derselben entgegengesetzt ist, dennoch in einem verwandtschaftlichen Verhältnis.

αα) Wenn nämlich in der Baukunst der Inhalt, der sich in architektonischen Formen ausprägen soll, nicht wie in Werken der Skulptur und Malerei ganz in die Gestalt hereintritt, sondern von ihr als eine äußere Umgebung unterschieden bleibt, so ist auch in der Musik als eigentlich romantischer Kunst die klassische Identität des Inneren und seines äußerlichen Daseins in der ähnlichen, wenn auch umgekehrten Weise wieder aufgelöst, in welcher die Architektur als symbolische Darstellungsart jene Einheit zu erreichen noch nicht imstande war. Denn das geistige Innere geht aus der bloßen Konzentration des Gemüts zu Anschauungen und Vorstellungen und deren durch die Phantasie ausgebildeten Formen fort, während die Musik mehr nur das Element der Empfindung auszudrücken befähigt bleibt und nun die für sich ausgesprochenen Vorstellungen des Geistes mit den melodischen Klängen der Empfindung umzieht, wie die Architektur auf ihrem Gebiet um die Bildsäule des Gottes in freilich starrer Weise die verständigen Formen ihrer Säulen, Mauern und Gebälke umherstellt.

ββ) Dadurch wird nun der Ton und seine Figuration in einer ganz anderen Art ein erst durch die Kunst und den bloß künstlerischen Ausdruck *gemachtes* Element, als dies in der Malerei und Skulptur mit dem menschlichen Körper und dessen Stellung und Physiognomie der Fall ist. Auch in dieser Rücksicht kann die Musik näher mit der Architektur verglichen werden, welche ihre Formen nicht aus dem Vorhandenen, sondern aus der geistigen Erfindung hernimmt, um sie teils nach den Gesetzen der Schwere, teils nach den Regeln der Symmetrie und Eurhythmie zu gestalten. Dasselbe tut die Musik in ihrem Bereich, insofern sie einerseits unabhängig vom Ausdruck der Empfindung den harmonischen Gesetzen der Töne folgt, die auf quantitativen Verhältnissen beruhen, andererseits sowohl in der Wiederkehr des Taktes und Rhythmus als auch in weiteren Ausbildungen der Töne selbst vielfach den Formen der Regelmäßigkeit und Symmetrie anheimfällt. Und so herrscht denn in der Musik ebensosehr die tiefste Innigkeit und Seele als der strengste Verstand, so daß sie zwei Extreme in sich vereinigt, die sich leicht gegeneinander verselbständigen. In dieser Verselbständigung besonders erhält die Musik einen architektonischen Charakter, wenn sie sich, losgelöst von dem Ausdruck des Gemüts, für sich selber ein musikalisch gesetzmäßiges Tongebäude erfindungsreich ausführt.

γγ) Bei aller dieser Ähnlichkeit bewegt sich die Kunst der Töne jedoch ebensosehr in einem der Architektur ganz entgegengesetzten Reiche. In beiden Künsten geben zwar die quantitativen und näher die Maßverhältnisse die Grundlage ab, das Material jedoch, das diesen Verhältnissen gemäß geformt wird, steht sich direkt gegenüber. Die Architektur ergreift die schwere sinnliche Masse in deren ruhigem Nebeneinander und räumlicher äußerer Gestalt, die Musik dagegen die aus der räumlichen Materie sich freiringende Tonseele in den qualitativen Unterschieden des Klangs und in der fortströmenden zeitlichen Bewegung. Deshalb gehören auch die Werke beider Künste zwei ganz verschiedenen Sphären des Geistes an, indem die Baukunst ihre kolossalen Bildungen für die äußere Anschauung in symbolischen Formen dauernd hinsetzt, die schnell vorüberrauschende Welt der Töne aber unmittelbar durch das Ohr in das Innere des Gemüts einzieht und die Seele zu sympathischen Empfindungen stimmt.

β) Was nun *zweitens* das nähere Verhältnis der Musik zu

den beiden anderen bildenden Künsten betrifft, so ist die Ähnlichkeit und Verschiedenheit, die sich angeben läßt, zum Teil schon in dem begründet, was ich soeben angedeutet habe.

αα) Am weitesten steht die Musik von der *Skulptur* ab, sowohl in Rücksicht auf das Material und die Gestaltungsweise desselben als auch in Ansehung der vollendeten Ineinsbildung von Innerem und Äußerem, zu welcher es die Skulptur bringt. Zu der Malerei hingegen hat die Musik schon eine nähere Verwandtschaft, teils wegen der überwiegenden Innerlichkeit des Ausdrucks, teils auch in bezug auf die Behandlung des Materials, in welcher, wie wir sahen, die Malerei bis nahe an das Gebiet der Musik heranzustreifen unternehmen darf. Dennoch aber hat die Malerei in Gemeinschaft mit der Skulptur immer die Darstellung einer objektiven räumlichen Gestalt zu ihrem Ziel und ist durch die wirkliche, außerhalb der Kunst bereits vorhandene Form derselben gebunden. Zwar nimmt weder der Maler noch der Bildhauer ein menschliches Gesicht, eine Stellung des Körpers, die Linien eines Gebirgszuges, das Gezweig und Blätterwerk eines Baumes jedesmal so auf, wie er diese äußeren Erscheinungen hier oder dort in der Natur unmittelbar vor sich sieht, sondern hat die Aufgabe, dies Vorgefundene sich zurechtzulegen und es einer bestimmten Situation sowie dem Ausdruck, der aus dem Inhalt derselben notwendig folgt, gemäß zu machen. Hier ist also auf der einen Seite ein für sich fertiger Inhalt, der künstlerisch individualisiert werden soll, auf der anderen Seite stehen ebenso die vorhandenen Formen der Natur schon für sich selber da, und der Künstler hat, wenn er nun diese beiden Elemente, wie es sein Beruf ist, ineinander bilden will, in beiden Haltpunkte für die Konzeption und Ausführung. Indem er von solchen festen Bestimmungen ausgeht, hat er teils das Allgemeine der Vorstellung konkreter zu verkörpern, teils die menschliche Gestalt oder sonstige Formen der Natur, die ihm in ihrer Einzelheit zu Modellen dienen können, zu generalisieren und zu vergeistigen. Der Musiker dagegen abstrahiert zwar auch nicht von allem und jedem Inhalt, sondern findet denselben in einem Text, den er in Musik setzt, oder kleidet sich unabhängiger schon irgendeine Stimmung in die Form eines musikalischen Themas, das er dann weiter ausgestaltet; die eigentliche Region seiner Kompositionen aber bleibt die formellere Innerlichkeit, das reine Tönen, und sein Vertiefen in den Inhalt wird statt eines Bildes nach außen vielmehr ein Zurücktreten in die eigene Freiheit des Innern, ein Ergehen seiner in ihm selbst und in manchen Gebieten der Musik sogar eine Vergewisserung, daß er als Künstler frei von dem Inhalte ist. Wenn wir nun im allgemeinen schon die Tätigkeit im Bereiche des Schönen als eine Befreiung der Seele, als ein Lossagen von Bedrängnis und Beschränktheit ansehen können, indem die Kunst selbst die gewaltsamsten tragischen Schicksale durch theoretisches Gestalten mildert und sie zum Genusse werden läßt, so führt die Musik diese Freiheit zur letzten Spitze. Was nämlich die bildenden Künste durch die objektive plastische Schönheit erreichen, welche die Totalität des Menschen, die menschliche Natur als solche, das Allgemeine und Ideale, ohne die Harmonie in sich selbst zu verlieren, in der Partikularität des Einzelnen herausstellt, das muß die Musik in ganz anderer Weise ausführen. Der bildende Künstler braucht nur dasjenige, was in der Vorstellung eingehüllt, was schon von Hause aus *darin* ist, *hervor-*, d. h. *heraus*-zubringen, so daß alles einzelne in seiner wesentlichen Bestimmtheit nur eine nähere Explikation der Totalität ist, welche dem Geiste bereits durch den darzustellenden Inhalt vorschwebt. Eine Figur z. B. in einem plastischen Kunstwerke fordert in dieser oder jener Situation einen Körper, Hände, Füße, Leib, einen Kopf mit solchem Ausdrucke, solcher Stellung, solche andere Figuren, sonstige Zusammenhänge usf., und jede dieser Seiten fordert die anderen, um sich mit ihnen zu einem in sich selbst begründeten Ganzen zusammenzuschließen. Die Ausbildung des Themas ist hier nur eine genauere Analyse dessen, was dasselbe schon an sich selbst enthält, und je ausgearbeiteter das Bild wird, das dadurch vor uns steht, desto mehr konzentriert sich die Einheit und verstärkt sich der bestimmtere Zusammenhang der Teile. Der vollendeteste Ausdruck des Einzelnen muß, wenn das Kunstwerk echter Art ist, zugleich die Hervorbringung der höchsten Einheit sein. Nun darf allerdings auch einem musikalischen Werke die innere Gliederung und Abrundung zum Ganzen, in welchem ein Teil den anderen nötig macht, nicht fehlen; teils ist aber hier die Ausführung ganz anderer Art, teils haben wir die Einheit in einem beschränkteren Sinne zu nehmen.

ββ) In einem musikalischen Thema ist die Bedeutung, die es ausdrücken soll, bereits erschöpft; wird es nun wiederholt oder auch zu weiteren Gegensätzen und Vermittlungen fortgeführt, so erweisen sich diese Wiederholungen, Ausweichungen, Durchbildungen durch andere Tonarten usf. für das Verständnis leicht als überflüssig und gehören mehr nur der rein musikalischen Ausarbeitung und dem Sicheinleben in das mannigfaltige Element harmonischer Unterschiede an, die weder durch den Inhalt selbst gefordert sind, noch von ihm getragen bleiben, während in den bildenden Künsten dagegen die Ausführung des Einzelnen und ins einzelne nur eine immer genauere Heraushebung und lebendige Analyse des Inhalts selber wird. Doch läßt sich freilich nicht leugnen, daß auch in einem musikalischen Werke durch die Art und Weise, wie ein Thema sich weiterleitet, ein anderes hinzukommt und beide nun in ihrem Wechsel oder in ihrer Verschlingung sich forttreiben, verändern, hier unterzugehen, dort wieder aufzutauchen, jetzt besiegt scheinen, dann wieder siegend eintreten, sich ein Inhalt in seinen bestimmteren Beziehungen, Gegensätzen, Konflikten, Übergängen, Verwicklungen und Lösungen explizieren kann. Aber auch in diesem Falle wird durch solche Durcharbeitung die Einheit nicht wie in der Skulptur und Malerei vertiefter und konzentrierter, sondern ist eher eine Ausweitung, Verbreitung, ein Auseinandergehen, eine Entfernung und Zurückführung, für welche der Inhalt, der sich auszusprechen hat, wohl der allgemeinere Mittelpunkt bleibt, doch das Ganze nicht so fest zusammenhält, als dies in den Gestalten der bildenden Kunst, besonders wo sie sich auf den menschlichen Organismus beschränkt, möglich ist.

γγ) Nach dieser Seite hin liegt die Musik, im Unterschiede der übrigen Künste, dem Elemente jener formellen Freiheit des Inneren zu nahe, als daß sie sich nicht mehr oder weniger über das Vorhandene, den Inhalt, hinaus wenden könnte. Die Erinnerung an das angenommene Thema ist gleichsam eine Er-Innerung des Künstlers, d. h. ein Innewerden, daß *er* der Künstler ist und sich willkürlich zu ergehen und hin- und herzutreiben vermag. Doch wird das freie Phantasieren in dieser Rücksicht ausdrücklich von einem in sich geschlossenen Musikstück unterschieden, das wesentlich ein gegliedertes Ganzes ausmachen soll. In dem freien Phantasieren ist die Ungebundenheit selber Zweck, so daß nun der Künstler unter anderem auch die Freiheit zeigen kann, bekannte Melodien und Passagen in seine augenblickliche Produktion zu verweben, ihnen eine neue Seite abzugewinnen, sie in mancherlei Nuancen zu verarbeiten, zu anderen überzuleiten und von da aus ebenso auch zum Heterogensten fortzuschreiten.

Im ganzen aber schließt ein Musikstück überhaupt die Freiheit ein, es gehaltener auszuführen und eine sozusagen plastischere Einheit zu beobachten oder in subjektiver Lebendigkeit von jedem Punkte aus mit Willkür in größeren oder geringeren Abschweifungen sich zu ergehen, auf dieselbe Weise hin und her zu wiegen, kapriziös einzuhalten, dies oder das hereinbrechen und dann wieder in einem flutenden Strome sich fortrauschen zu lassen. Wenn man daher dem Maler, dem Bildhauer empfehlen muß, die Naturformen zu studieren, so besitzt die Musik nicht einen solchen Kreis schon außerhalb ihrer vorhandener Formen, an welche sie sich zu halten genötigt wäre. Der Umkreis ihrer Gesetzmäßigkeit und Notwendigkeit von Formen fällt vornehmlich in das Bereich der Töne selbst, welche in einen so engen Zusammenhang mit der Bestimmtheit des Inhalts, der sich in sie hineinlegt, nicht eingehen und in Rücksicht auf ihre Anwendung außerdem für die subjektive Freiheit der Ausführung meist einen weiten Spielraum übriglassen.

Dies ist der Hauptgesichtspunkt, nach welchem man die Musik den objektiver gestaltenden Künsten gegenüberstellen kann.

γ) Nach der anderen Seite *drittens* hat die Musik die meiste Verwandtschaft mit der *Poesie,* indem beide sich desselben sinnlichen Materials, des Tons, bedienen. Doch findet auch zwischen diesen Künsten, sowohl was die Behandlungsart der Töne, als auch was die Ausdrucksweise angeht, die größte Verschiedenheit statt.

αα) In der Poesie, wie wir schon bei der allgemeinen Einteilung der Künste sahen, wird nicht der Ton als solcher mannigfaltigen, durch die Kunst erfundenen Instrumenten entlockt und kunstreich gestaltet, sondern der artikulierte Laut des menschlichen Sprechorgans wird zum bloßen Redezeichen herabgesetzt und behält deshalb nur den Wert, eine für sich bedeutungslose Bezeichnung von Vorstellungen zu sein. Dadurch bleibt der Ton überhaupt ein selbständiges sinnliches Dasein, das, als bloßes Zeichen der Empfindungen, Vorstellungen und Gedanken, seine ihm selbst *immanente Äußerlichkeit* und Objektivität eben darin hat, daß es nur dies *Zeichen* ist. Denn die eigentliche Objektivität des Inneren als Inneren besteht nicht in den Lauten und Wörtern, sondern darin, daß ich mir eines Gedankens, einer Empfindung usf. *bewußt* bin, sie mir zum Gegenstande mache und so in der Vorstellung vor mir habe oder mir sodann, was in einem Gedanken, einer Vorstellung liegt, entwickle, die äußeren und inneren Verhältnisse des Inhalts meiner Gedanken auseinanderlege, die besonderen Bestimmungen aufeinander beziehe usf. Wir denken zwar stets in *Worten,* ohne dabei jedoch des wirklichen Sprechens zu bedürfen. Durch diese Gleichgültigkeit der Sprachlaute als sinnlicher gegen den geistigen Inhalt der Vorstellungen usf., zu deren Mitteilung sie gebraucht werden, erhält der Ton hier wieder Selbständigkeit. In der Malerei ist zwar die Farbe und deren Zusammenstellung, als bloße Farbe genommen, gleichfalls für sich bedeutungslos und ein gegen das Geistige selbständiges sinnliches Element; aber Farbe als solche macht auch noch keine Malerei, sondern Gestalt und deren Ausdruck müssen hinzukommen. Mit diesen geistig beseelten Formen tritt dann die Färbung in einen bei weitem engeren Zusammenhang, als ihn die Sprachlaute und deren Zusammensetzung zu Wörtern mit den Vorstellungen haben. – Sehen wir nun auf den Unterschied in dem poetischen und musikalischen *Gebrauch* des Tons, so drückt die Musik das Tönen nicht zum Sprachlaut herunter, sondern macht den Ton selbst für sich zu ihrem Elemente, so daß er, insoweit er *Ton* ist, als Zweck behandelt wird. Dadurch kann das Tonreich, da es nicht zur bloßen Bezeichnung dienen soll, in diesem Freiwerden zu einer Gestaltungsweise kommen, welche ihre eigene Form als kunstreiches Tongebilde zu ihrem wesentlichen Zweck werden läßt. In neuerer Zeit besonders ist die Musik in der Losgerissenheit von einem für sich schon klaren Gehalt so in ihr eigenes Element zurückgegangen, doch hat dafür auch desto mehr an Macht über das ganze Innere verloren, indem der Genuß, den sie bieten kann, sich nur der einen Seite der Kunst zuwendet, dem bloßen Interesse nämlich für das rein Musikalische der Komposition und deren Geschicklichkeit, eine Seite, welche nur Sache der Kenner ist und das allgemeinmenschliche Kunstinteresse weniger angeht.

ββ) Was nun aber die Poesie an äußerer Objektivität verliert, indem sie ihr sinnliches Element, soweit es nur irgend der Kunst vergönnt werden darf, zu beseitigen weiß, das gewinnt sie an innerer Objektivität der Anschauungen und Vorstellungen, welche die poetische Sprache vor das geistige Bewußtsein hinstellt. Denn diese Anschauungen, Empfindungen, Gedanken hat die Phantasie zu einer in sich selbst fertigen Welt von Begebenheiten, Handlungen, Gemütsstimmungen und Ausbrüchen der Leidenschaft zu gestalten und bildet in dieser Weise Werke aus, in welchen die ganze Wirklichkeit sowohl der äußeren Erscheinung als dem inneren Gehalt nach für unsere geistige Empfindung Anschauung und Vorstellung wird. Dieser Art der Objektivität muß die Musik, insofern sie sich in ihrem eigenen Felde selbständig halten will, entsagen. Das Tonreich nämlich hat, wie ich bereits angab, wohl ein Verhältnis zum Gemüt und ein Zusammenstimmen mit den geistigen Bewegungen desselben; weiter aber als zu einem immer unbestimmteren Sympathisieren kommt es nicht, obschon nach dieser Seite hin ein musikalisches Werk, wenn es aus dem Gemüte selbst entsprungen und von reicher Seele und Empfindung durchzogen ist, ebenso reichhaltig wieder zurückwirken kann. – Unsere Empfindungen gehen ferner auch sonst schon aus ihrem Elemente der unbestimmten Innigkeit in einem Gehalt und der subjektiven Verwebung mit demselben zur konkreteren Anschauung und allgemeineren Vorstellung dieses Inhalts hinüber. Dies kann nun auch bei einem musikalischen Werke geschehen, sobald die Empfindungen, die es in uns seiner eigenen Natur und künstlerischen Beseelung nach erregt, sich in uns zu näheren Anschauungen und Vorstellungen ausbilden und somit auch die Bestimmtheit der Gemütseindrücke in festeren Anschauungen und allgemeineren Vorstellungen zum Bewußtsein bringen. Dies ist dann aber *unsere* Vorstellung und Anschauung, zu der wohl das Musikwerk den Anstoß gegeben, die es jedoch nicht selber durch seine musikalische Behandlung der Töne unmittelbar hervorgebracht hat. Die Poesie hingegen spricht die Empfindungen, Anschauungen und Vorstellungen selber aus und vermag uns auch ein Bild äußerer Gegenstände zu entwerfen, obgleich sie ihrerseits weder die deutliche Plastik der Skulptur und Malerei noch die Seeleninnigkeit der Musik erreichen kann und deshalb unsere sonstige sinnliche Anschauung und sprachlose Gemütsauffassung zur Ergänzung heranrufen muß.

γγ) *Drittens* aber bleibt die Musik nicht in dieser Selbständigkeit gegen die Dichtkunst und den geistigen Gehalt des Bewußtseins stehen, sondern verschwistert sich mit einem durch die Poesie schon fertig ausgebildeten und als Verlauf von Empfindungen, Betrachtungen, Begebnissen und Handlungen klar ausgesprochenen Inhalt. Soll jedoch die musikalische Seite eines solchen Kunstwerkes das Wesentliche und Hervorstechende desselben bleiben, so darf die Poesie als Gedicht, Drama usf. nicht für sich mit dem Anspruch auf eigentümliche Gültigkeit heraustreten. Überhaupt ist innerhalb dieser Verbindung von Musik und Poesie das Übergewicht der einen Kunst nachteilig für die andere. Wenn daher der Text als poetisches Kunstwerk für sich von durchaus selbständigem Wert ist, so darf derselbe von der Musik nur eine geringe Unterstützung erwarten; wie z. B. die Musik in den dramatischen Chören der Alten eine bloß untergeordnete Begleitung war. Erhält aber umgekehrt die Musik die Stellung einer für sich unabhängigeren Eigentümlichkeit, so kann wiederum der Text seiner poetischen Ausführung nach nur oberflächlicher sein und muß für sich bei allgemeinen Empfindungen und allgemein gehaltenen Vorstellungen stehenbleiben. Poetische Ausarbeitungen tiefer Gedanken geben ebensowenig einen guten musikalischen Text ab als Schilderungen äußerer Naturgegenstände oder beschreibende Poesie überhaupt. Lieder, Opernarien, Texte von Oratorien usf. können daher, was die *nähere* poetische Ausführung angeht, mager und von einer gewissen Mittelmäßigkeit sein; der Dichter muß sich, wenn der Musiker *freien* Spielraum behalten soll, nicht als Dichter bewundern lassen wollen. Nach dieser Seite hin sind besonders die Italiener, wie z. B. Metastasio und andere, von großer Geschicklichkeit gewesen, während Schillers Gedichte, die auch zu solchem Zweck in keiner Weise gemacht sind, sich zur musikalischen Komposition als sehr schwerfällig und unbrauchbar erweisen. Wo die Musik zu einer kunstmäßigeren Ausbildung kommt, versteht man vom Text ohnehin wenig oder nichts, besonders bei unserer deutschen Sprache und Aussprache. Daher ist es denn auch eine unmusikalische Richtung, das Hauptgewicht des Interesses auf den Text zu legen. Ein italienisches Publikum z. B. schwatzt während der unbedeutenderen Szenen einer Oper, ißt, spielt Karten usf.; beginnt aber irgendeine hervorstechende Arie oder sonst ein wichtiges Musikstück, so ist jeder von höchster Aufmerksamkeit. Wir Deutschen dagegen nehmen das größte Interesse an dem Schicksal und den Reden der Opernprinzen und -prinzessinnen mit ihren Bedienten, Schildknappen, Vertrauten und Zofen, und es gibt vielleicht auch jetzt noch ihrer viele, welche, sobald der Gesang anfängt, bedauern, daß das Interesse unterbrochen wird, und sich dann mit Schwatzen aushelfen. – Auch in geistlichen Musiken ist der Text meistenteils entweder ein bekanntes Credo oder sonst aus einzelnen Psalmenstellen zusammengebracht, so daß die Worte nur als Veranlassung zu einem musikalischen Kommentar anzusehen sind, der für sich eine eigene Ausführung wird und nicht etwa nur den Text heben soll, sondern von demselben mehr nur das Allgemeine des Inhalts in der ähnlichen Art hernimmt, in welcher sich etwa die Malerei ihre Stoffe aus der heiligen Geschichte auswählt.

b. Musikalische Auffassung des Inhalts

Fragen wir nun *zweitens* nach der von den übrigen Künsten unterschiedenen *Auffassungsweise*, in deren Form die Musik, sei sie begleitend oder von einem bestimmten Text unabhängig, einen besonderen Inhalt ergreifen und ausdrücken kann, so sagte ich bereits früher, daß die Musik unter allen Künsten die meiste Möglichkeit in sich schließe, sich nicht nur von jedem wirklichen Text, sondern auch von dem Ausdruck irgendeines bestimmten Inhalts zu befreien, um sich bloß in einem in sich abgeschlossenen Verlauf von Zusammenstellungen, Veränderungen, Gegensätzen und Vermittlungen zu befriedigen, welche innerhalb des rein musikalischen Bereichs der Töne fallen. Dann bleibt aber die Musik leer, bedeutungslos und ist, da ihr die eine Hauptseite aller Kunst, der geistige Inhalt und Ausdruck abgeht, noch nicht eigentlich zur Kunst zu rechnen. Erst wenn sich in dem sinnlichen Element der Töne und ihrer mannigfaltigen Figuration Geistiges in angemessener Weise ausdrückt, erhebt sich auch die Musik zur wahren Kunst, gleichgültig, ob dieser Inhalt für sich seine nähere Bezeichnung ausdrücklich durch Worte erhalte oder unbestimmter aus den Tönen und deren harmonischen Verhältnissen und melodischer Beseelung müsse empfunden werden.

α) In dieser Rücksicht besteht die eigentümliche Aufgabe der Musik darin, daß sie jedweden Inhalt nicht *so* für den Geist macht, wie dieser Inhalt als allgemeine *Vorstellung* im Bewußtsein liegt oder als bestimmte äußere *Gestalt* für die Anschauung sonst schon vorhanden ist oder durch die Kunst seine gemäßere Erscheinung erhält, sondern in der Weise, in welcher er in der Sphäre der *subjektiven Innerlichkeit* lebendig wird. Dieses in sich eingehüllte Leben und Weben für sich in Tönen widerklingen zu lassen oder den ausgesprochenen Worten und Vorstellungen hinzuzufügen und die Vorstellungen in dieses Element zu versenken, um sie für die Empfindung und Mitempfindung neu hervorzubringen, ist das der Musik zuzuteilende schwierige Geschäft.

αα) Die Innerlichkeit als solche ist daher die Form, in welcher sie ihren Inhalt zu fassen vermag und dadurch befähigt ist, alles in sich aufzunehmen, was überhaupt in das Innere eingehen und sich vornehmlich in die Form der Empfindung kleiden kann. Hierin liegt dann aber zugleich die Bestimmung, daß die Musik nicht darf für die Anschauung arbeiten wollen, sondern sich darauf beschränken muß, die Innerlichkeit dem Inneren faßbar zu machen, sei es nun, daß sie die substantielle innere Tiefe eines Inhalts als solchen will in die Tiefen des Gemüts eindringen lassen oder daß sie es vorzieht, das Leben und Weben eines Gehalts in einem einzelnen *subjektiven* Innern darzustellen, so daß ihr diese subjektive Innigkeit selbst zu ihrem eigentlichen Gegenstande wird.

ββ) Die abstrakte Innerlichkeit nun hat zu ihrer nächsten Besonderung, mit welcher die Musik in Zusammenhang kommt, die *Empfindung*, die sich erweiternde Subjektivität des Ich, die zwar zu einem Inhalt fortgeht, denselben aber noch in dieser unmittelbaren Beschlossenheit im Ich und äußerlichkeitslosen Beziehung auf das Ich läßt. Dadurch bleibt die Empfindung immer nur das Umkleidende des Inhalts, und diese Sphäre ist es, welche von der Musik in Anspruch genommen wird.

γγ) Hier breitet sie sich dann zum Ausdruck aller *besonderen* Empfindungen auseinander, und alle Nuancen der Fröhlichkeit, Heiterkeit, des Scherzes, der Laune, des Jauchzens und Jubelns der Seele, ebenso die Gradationen der Angst, Bekümmernis, Traurigkeit, Klage, des Kummers, des Schmerzes, der Sehnsucht usf. und endlich der Ehrfurcht, Anbetung, Liebe usf. werden zu der eigentümlichen Sphäre des musikalischen Ausdrucks.

β) Schon außerhalb der Kunst ist der Ton als Interjektion, als Schrei des Schmerzes, als Seufzen, Lachen die unmittelbare lebendigste Äußerung von Seelenzuständen und Empfindungen, das Ach und Oh des Gemüts. Es liegt eine Selbstproduktion und Objektivität der Seele als Seele darin, ein Ausdruck, der in der Mitte steht zwischen der bewußtlosen Versenkung und der Rückkehr in sich zu innerlichen bestimmten Gedanken, und ein Hervorbringen, das nicht praktisch, sondern theoretisch ist, wie auch der Vogel in seinem Gesang diesen Genuß und diese Produktion seiner selbst hat.

Der bloß natürliche Ausdruck jedoch der Interjektionen ist noch keine Musik, denn diese Ausrufungen sind zwar keine artikulierten willkürlichen Zeichen von Vorstellungen wie die Sprachlaute und sagen deshalb auch nicht einen vorgestellten Inhalt in seiner Allgemeinheit als Vorstellung aus, sondern geben am Tone und im Tone selber eine Stimmung und Empfindung kund, die sich unmittelbar in dergleichen Töne hineinlegt und dem Herzen durch das Herausstoßen derselben Luft macht; dennoch aber ist diese Befreiung noch keine Befreiung durch die Kunst. Die Musik muß im Gegenteil die Empfindungen in bestimmte Tonverhältnisse bringen und den Naturausdruck seiner Wildheit, seinem rohen Ergehen entnehmen und ihn mäßigen.

γ) So machen die Interjektionen wohl den Ausgangspunkt der Musik, doch sie selbst ist erst Kunst als die kadenzierte Interjektion und hat sich in dieser Rücksicht ihr sinnliches Material in höherem Grade als die Malerei und Poesie künstlerisch zuzubereiten, ehe dasselbe befähigt wird, in kunstgemäßer Weise den Inhalt des Geistes auszudrücken. Die nähere Art und Weise, in welcher das Tonbereich zu solcher Angemessenheit verarbeitet wird, haben wir erst später zu betrachten; für jetzt will ich nur die Bemerkung wiederholen, daß die Töne in sich selbst eine Totalität von Unterschieden sind, die zu den mannigfaltigsten Arten unmittelbarer Zusammenstimmungen, wesentlicher Gegensätze, Widersprüche und Vermittlungen sich entzweien und verbinden können. Diesen Gegensätzen und Einigungen sowie der Verschiedenheit ihrer Bewegungen und Übergänge, ihres Eintretens, Fortschreitens, Kämpfens, Sichauflösens und Verschwindens entspricht in näherer oder entfernterer Beziehung die innere Natur sowohl dieses oder jenes Inhalts als auch der Empfindungen, in deren Form sich Herz und Gemüt solch eines Inhalts bemächtigen, so daß nun dergleichen Tonverhältnisse, in dieser Gemäßheit aufgefaßt und gestaltet, den beseelten Ausdruck dessen geben, was als bestimmter Inhalt im Geist vorhanden ist.

Der *inneren* einfachen Wesenheit aber eines Inhalts erweist sich das Element des Tones darum verwandter als das bisherige sinnliche Material, weil der Ton, statt sich zu räumlichen Gestalten zu befestigen und als die Mannigfaltigkeit des Neben- und Außereinanders Bestand zu erhalten, vielmehr dem ideellen Bereich der *Zeit* anheimfällt und deshalb nicht zu dem Unterschiede des einfachen Inneren und der konkreten leiblichen Gestalt und Erscheinung fortgeht. Dasselbe gilt für die Form der *Empfindung* eines Inhalts, deren Ausdruck der Musik hauptsächlich zukommt. In der Anschauung und Vorstellung nämlich tritt, wie beim selbstbewußten Denken, bereits die notwendige Unterscheidung des anschauenden, vorstellenden, denkenden Ich und des angeschauten, vorgestellten oder gedachten Gegenstandes ein; in der Empfindung aber ist dieser Unterschied ausgelöscht oder vielmehr noch gar nicht herausgestellt, sondern der Inhalt trennungslos mit dem Innern als solchem verwoben. Wenn sich daher die Musik auch als begleitende Kunst mit der Poesie oder umgekehrt die Poesie sich als verdeutlichende Dolmetscherin mit der Musik verbindet, so kann doch die Musik nicht äußerlich veranschaulichen oder Vorstellungen und Gedanken, wie sie als Vorstellungen und Gedanken vom Selbstbewußtsein gefaßt werden, wiedergeben wollen, sondern sie muß, wie gesagt, entweder die einfache Natur eines Inhalts in solchen Tonverhältnissen an die Empfindung bringen, wie sie dem inneren Verhältnis dieses Inhalts verwandt sind, oder näher diejenige Empfindung selber, welche der Inhalt von Anschauungen und Vorstellungen in dem ebenso mit*empfindenden* als vorstellenden Geiste erregen kann, durch ihre die Poesie begleitenden und verinnigenden Töne auszudrücken suchen.

c. Wirkung der Musik

Aus dieser Richtung läßt sich nun auch *drittens* die Macht herleiten, mit welcher die Musik hauptsächlich auf das Gemüt als solches einwirkt, das weder zu verständigen Betrachtungen fortgeht, noch das Selbstbewußtsein zu vereinzelten Anschauungen zerstreut, sondern in der Innigkeit und unaufgeschlossenen Tiefe der Empfindung zu leben gewohnt ist. Denn gerade diese Sphäre, der innere Sinn, das abstrakte Sichselbstvernehmen ist es, was die Musik erfaßt und dadurch auch den Sitz der inneren Veränderungen, das Herz und Gemüt, als diesen einfachen konzentrierten Mittelpunkt des ganzen Menschen, in Bewegung bringt.

α) Die Skulptur besonders gibt ihren Kunstwerken ein ganz für sich bestehendes Dasein, eine sowohl dem Inhalt als auch der äußeren Kunsterscheinung nach in sich beschlossene Objektivität. Ihr Gehalt ist die zwar individuell belebte, doch selbständig auf sich beruhende Substantialität des Geistigen, ihre Form die räumlich totale Gestalt. Deshalb behält auch ein Skulpturwerk als Objekt der Anschauung die meiste Selbständigkeit. Mehr schon, wie wir bereits bei der Betrachtung der Malerei (Bd. III, S. 28) sahen, tritt das Gemälde mit dem Beschauer in einen näheren Zusammenhang, teils des in sich subjektiveren Inhalts wegen, den es darstellt, teils in betreff auf den bloßen *Schein* der Realität, welchen es gibt und dadurch beweist, daß es nichts für sich Selbständiges, sondern im Gegenteil wesentlich nur für Anderes, für das beschauende und empfindende Subjekt sein wolle. Doch auch vor einem Gemälde noch bleibt uns eine selbständigere Freiheit übrig, indem wir es immer nur mit einem außerhalb vorhandenen Objekt zu tun haben, das durch die Anschauung allein an uns kommt und dadurch erst auf die Empfindung und Vorstellung wirkt. Der Beschauer kann deshalb an dem Kunstwerke selbst hin und her gehen, dies oder das daran bemerken, sich das Ganze, da es ihm standhält, analysieren, vielfache Reflexionen darüber anstellen und sich somit die volle Freiheit für seine unabhängige Betrachtung bewahren.

αα) Das musikalische Kunstwerk dagegen geht zwar als Kunstwerk überhaupt gleichfalls zu dem Beginn einer Unterscheidung von genießendem Subjekt und objektivem Werke fort, indem es in seinen wirklich erklingenden Tönen ein vom Inneren verschiedenes sinnliches Dasein erhält; teils aber steigert sich dieser Gegensatz nicht wie in der bildenden Kunst zu einem dauernden äußerlichen Bestehen im Raume und zur Anschaubarkeit einer fürsichseienden Objektivität, sondern verflüchtigt umgekehrt seine reale Existenz zu einem unmittelbaren zeitlichen Vergehen derselben, – teils macht die Musik nicht die Trennung des äußerlichen Materials von dem geistigen Inhalt wie die Poesie, in welcher die Seite der Vorstellung sich, von dem Ton der Sprache unabhängiger und von dieser Äußerlichkeit unter allen Künsten am meisten abgesondert, in einem eigentümlichen Gange geistiger Phantasiegestalten als solcher ausbildet. Freilich könnte hier bemerkt werden, daß die Musik nach dem, was ich vorhin anführte, umgekehrt wieder die Töne von ihrem Inhalte loslösen und sie dadurch verselbständigen könne; diese Befreiung aber ist nicht das eigentlich Kunstgemäße, das im Gegenteil darin besteht, die harmonische und melodische Bewegung ganz zum Ausdruck des einmal erwählten Inhalts und der Empfindungen zu verwenden, welche derselbe zu erwecken imstande ist. Indem nun der musikalische Ausdruck das Innere selbst, den inneren Sinn der Sache und Empfindung zu seinem Gehalt und den in der Kunst wenigstens nicht zu Raumfiguren fortschreitenden, in seinem sinnlichen Dasein schlechthin vergänglichen Ton hat, so dringt sie mit ihren Bewegungen unmittelbar in den inneren Sitz aller Bewegungen der Seele ein. Sie befängt daher das Bewußtsein, das keinem Objekt mehr gegenübersteht und im Verlust dieser Freiheit von dem fortflutenden Strom der Töne selber mit fortgerissen wird. Doch ist auch hier, bei den verschiedenartigen Richtungen, zu denen die Musik auseinandertreten kann, eine verschiedenartige Wirkung möglich. Wenn nämlich der Musik ein tieferer Inhalt oder überhaupt ein seelenvollerer Ausdruck abgeht, so kann es geschehen, daß wir uns einerseits ohne weitere innere Bewegung an dem bloß sinnlichen Klang und Wohllaut erfreuen oder auf der anderen Seite mit den Betrachtungen des Verstandes den harmonischen und melodischen Verlauf verfolgen, von welchem das innere Gemüt nicht weiter berührt und fortgeführt wird. Ja es gibt bei der Musik vornehmlich eine solche bloße Verstandesanalyse, für welche im Kunstwerke nichts anderes vorhanden ist als die Geschicklichkeit eines virtuosen Machwerks. Abstrahieren wir aber von dieser Verständigkeit und lassen uns unbefangen gehen, so zieht uns das musikalische Kunstwerk ganz in sich hinein und trägt uns mit sich fort, abgesehen von der Macht, welche die Kunst als Kunst im allgemeinen über uns ausübt. Die eigentümliche Gewalt der Musik ist eine *elementarische* Macht, d. h. sie liegt in dem Elemente des *Tones,* in welchem sich hier die Kunst bewegt.

ββ) Von diesem Elemente wird das Subjekt nicht nur dieser oder jener Besonderheit nach ergriffen oder bloß durch einen bestimmten Inhalt gefaßt, sondern seinem einfachen Selbst, dem Zentrum seines geistigen Daseins nach in das Werk hineingehoben und selber in Tätigkeit gesetzt. So haben wir z. B. bei hervorstechenden, leicht fortrauschenden Rhythmen sogleich Lust, den Takt mitzuschlagen, die Melodie mitzusingen, und bei Tanzmusik kommt es einem gar in die Beine: überhaupt das Subjekt ist als *diese* Person mit in Anspruch genommen. Bei einem bloß regelmäßigen Tun umgekehrt, das, insoweit es in die Zeit fällt, durch diese Gleichförmigkeit taktmäßig wird und keinen sonstigen weiteren Inhalt hat, fordern wir einerseits eine Äußerung dieser Regelmäßigkeit als solcher, damit dies Tun in einer selbst subjektiven Weise für das Subjekt werde, andererseits verlangen wir eine nähere Erfüllung dieser Gleichheit. Beides bietet die musikalische Begleitung dar. In solcher Weise wird dem Marsch der Soldaten Musik hinzugefügt, welche das Innere zu der Regel des Marsches anregt, das Subjekt in dies Geschäft versenkt und es harmonisch mit dem, was zu tun ist, erfüllt. In der ähnlichen Art ist ebenso die regellose Unruhe an einer *table d'hôte* unter vielen Menschen und die unbefriedigende Anregung durch sie lästig; dieses Hinundherlaufen, Klappern, Schwätzen soll geregelt und, da man es nächst dem Essen und Trinken mit der leeren Zeit zu tun hat, die Leerheit ausgefüllt werden. Auch bei dieser Gelegenheit wie bei so vielen anderen tritt die Musik hilfreich ein und wehrt außerdem andere Gedanken, Zerstreuungen und Einfälle ab.

γγ) Hierin zeigt sich zugleich der Zusammenhang des sub-

jektiven Inneren mit der *Zeit* als solcher, welche das allgemeine Element der Musik ausmacht. Die Innerlichkeit nämlich als subjektive Einheit ist die tätige Negation des
gleichgültigen Nebeneinanderbestehens im Raum und damit
negative Einheit. Zunächst aber bleibt diese Identität mit
sich ganz *abstrakt* und leer und besteht nur darin, sich selbst
zum Objekt zu machen, doch diese Objektivität, die selbst
nur ideeller Art und dasselbe was das Subjekt ist, aufzuheben, um dadurch *sich* als die subjektive Einheit hervorzubringen. Die gleich ideelle negative Tätigkeit ist in ihrem
Bereiche der *Äußerlichkeit* die Zeit. Denn *erstens* tilgt sie
das gleichgültige *Neben*einander des Räumlichen und zieht
die Kontinuität desselben zum Zeit*punkt,* zum Jetzt zusammen. Der Zeitpunkt aber erweist sich *zweitens* sogleich
als *Negation* seiner, indem *dieses* Jetzt, sobald es ist, zu
einem anderen Jetzt sich aufhebt und dadurch seine negative
Tätigkeit hervorkehrt. *Drittens* kommt es zwar, der Äußerlichkeit wegen, in deren Elemente die Zeit sich bewegt, nicht
zur wahrhaft *subjektiven* Einheit des ersten Zeitpunkts mit
dem anderen, zu dem sich das Jetzt aufhebt, aber das Jetzt
bleibt dennoch in seiner Veränderung immer *dasselbe*; denn
jeder Zeitpunkt ist ein Jetzt und von dem anderen, als
bloßer Zeitpunkt genommen, ebenso ununterschieden als das
abstrakte Ich von dem Objekt, zu dem es sich aufhebt und in
demselben, da dies Objekt nur das leere Ich selber ist, mit
sich zusammengeht.

Näher nun gehört das wirkliche Ich selber der Zeit an, mit
der es, wenn wir von dem konkreten Inhalt des Bewußtseins
und Selbstbewußtseins abstrahieren, zusammenfällt, insofern
es nichts ist als diese leere Bewegung, sich als ein Anderes zu
setzen und diese Veränderung aufzuheben, d. h. sich selbst,
das Ich und nur das Ich als solches darin zu erhalten. Ich ist
in der Zeit, und die Zeit ist das Sein des Subjekts selber.
Da nun die Zeit und nicht die Räumlichkeit als solche das
wesentliche Element abgibt, in welchem der Ton in Rücksicht
auf seine musikalische Geltung Existenz gewinnt und die

Zeit des Tons zugleich die des Subjekts ist, so dringt der Ton schon dieser Grundlage nach in das Selbst ein, faßt dasselbe seinem einfachsten Dasein nach und setzt das Ich durch die zeitliche Bewegung und deren Rhythmus in Bewegung, während die anderweitige Figuration der Töne, als Ausdruck von Empfindungen, noch außerdem eine bestimmtere Erfüllung für das Subjekt, von welcher es gleichfalls berührt und fortgezogen wird, hinzubringt.

Dies ist es, was sich als wesentlicher Grund für die elementarische Macht der Musik angeben läßt.

β) Daß nun aber die Musik ihre volle Wirkung ausübe, dazu gehört noch mehr als das bloß abstrakte Tönen in seiner zeitlichen Bewegung. Die *zweite* Seite, die hinzukommen muß, ist ein *Inhalt*, eine geistvolle Empfindung für das Gemüt, und der Ausdruck, die Seele dieses Inhalts in den Tönen.

Wir dürfen deshalb keine abgeschmackte Meinung von der Allgewalt der Musik als solcher hegen, von der uns die alten Skribenten, heilige und profane, so mancherlei fabelhafte Geschichten erzählen. Schon bei den Zivilisationswundern des Orpheus reichten die Töne und deren Bewegung wohl für die wilden Bestien, die sich zahm um ihn herumlagerten, nicht aber für die Menschen aus, welche den Inhalt einer höheren Lehre forderten. Wie denn auch die Hymnen, welche unter Orpheus Namen, wenn auch nicht in ihrer ursprünglichen Gestalt, auf uns gekommen sind, mythologische und sonstige Vorstellungen enthalten. In der ähnlichen Weise sind auch die Kriegslieder des Tyrtaios berühmt, durch welche, wie erzählt wird, die Lakedämonier, nach so langen vergeblichen Kämpfen zu einer unwiderstehlichen Begeisterung angefeuert, endlich den Sieg gegen die Messenier durchsetzten. Auch hier war der Inhalt der Vorstellungen, zu welchen diese Elegien anregten, die Hauptsache, obschon auch der musikalischen Seite, bei barbarischen Völkern und in Zeiten tief aufgewühlter Leidenschaften vornehmlich, ihr Wert und ihre Wirkung nicht abzusprechen ist. Die Pfeifen der Hochländer trugen wesentlich zur Anfeuerung des Mutes bei, und die Gewalt der Marseillaise, des *Ça ira* usf. in der Französischen Revolution ist nicht zu leugnen. Die eigentliche Begeisterung aber findet ihren Grund in der bestimmten Idee, in dem wahrhaften Interesse des Geistes, von welchem eine Nation erfüllt ist und das nun durch die Musik zur augenblicklich lebendigeren Empfindung gehoben werden kann, indem die Töne, der Rhythmus, die Melodie das sich dahingebende Subjekt mit sich fortreißen. In jetziger Zeit aber werden wir die Musik nicht für fähig halten, durch sich selbst schon solche Stimmung des Mutes und der Todesverachtung hervorzubringen. Man hat z. B. heutigentags fast bei allen Armeen recht gute Regimentsmusik, die beschäftigt, abzieht, zum Marsch antreibt, zum Angriff anfeuert. Aber damit meint man nicht den Feind zu schlagen; durch bloßes Vorblasen und Trommeln kommt der Mut noch nicht, und man müßte viel Posaunen zusammenbringen, ehe eine Festung vor ihrem Schalle zusammenstürzte wie die Mauern von Jericho. Gedankenbegeisterung, Kanonen, Genie des Feldherrn machen's jetzt und nicht die Musik, die nur noch als Stütze für die Mächte gelten kann, welche sonst schon das Gemüt erfüllt und befangen haben.

γ) Eine letzte Seite in Rücksicht auf die subjektive Wirkung der Töne liegt in der Art und Weise, in welcher das musikalische Kunstwerk im Unterschiede von anderen Kunstwerken an uns kommt. Indem nämlich die Töne nicht wie Bauwerke, Statuen, Gemälde für sich einen dauernden objektiven Bestand haben, sondern mit ihrem flüchtigen Vorüberrauschen schon wieder verschwinden, so bedarf das musikalische Kunstwerk einerseits schon dieser bloß momentanen Existenz wegen einer stets wiederholten *Reproduktion.* Doch hat die Notwendigkeit solch einer erneuten Verlebendigung noch einen anderen tieferen Sinn. Denn insofern es das subjektive Innere selbst ist, das die Musik sich mit *dem* Zwecke zum Inhalt nimmt, sich nicht als äußere Gestalt und objektiv dastehendes Werk, sondern als subjektive Innerlichkeit zur Erscheinung zu bringen, so muß die Äußerung sich auch unmittelbar als Mitteilung eines *lebendigen Subjekts* ergeben, in welche dasselbe seine ganze eigene Innerlichkeit hineinlegt. Am meisten ist dies im Gesang der menschlichen Stimme, relativ jedoch auch schon in der Instrumentalmusik der Fall, die nur durch ausübende Künstler und deren lebendige, ebenso geistige als technische Geschicklichkeit zur Ausführung zu gelangen vermag.

Durch diese Subjektivität in Rücksicht auf die Verwirklichung des musikalischen Kunstwerks vervollständigt sich erst die Bedeutung des Subjektiven in der Musik, das nun aber nach dieser Richtung hin sich auch zu dem einseitigen Extrem isolieren kann, daß die subjektive Virtuosität der Reproduktion als solcher zum alleinigen Mittelpunkte und Inhalte des Genusses gemacht wird.

Mit diesen Bemerkungen will ich es in betreff auf den allgemeinen Charakter der Musik genug sein lassen.

2. Besondere Bestimmtheit
der musikalischen Ausdrucksmittel

Nachdem wir bisher die Musik nur nach *der* Seite hin betrachtet haben, daß sie den Ton zum Tönen der subjektiven Innerlichkeit gestalten und beseelen müsse, fragt es sich jetzt weiter, wodurch es möglich und notwendig werde, daß die Töne kein bloßer Naturschrei der Empfindung, sondern der ausgebildete Kunstausdruck derselben seien. Denn die Empfindung als solche hat einen Inhalt, der Ton als bloßer Ton aber ist inhaltlos; er muß deshalb erst durch eine künstlerische Behandlung fähig werden, den Ausdruck eines inneren Lebens in sich aufzunehmen. Im allgemeinsten läßt sich über diesen Punkt folgendes feststellen.

Jeder Ton ist eine selbständige, in sich fertige Existenz, die sich jedoch weder zur lebendigen Einheit wie die tierische oder menschliche Gestalt gliedert und subjektiv zusammenfaßt, noch auf der anderen Seite wie ein besonderes Glied des leiblichen Organismus oder irgendein einzelner Zug des geistig oder animalisch belebten Körpers an ihm selber zeigt, daß diese Besonderheit nur erst in der beseelten Verbindung mit den übrigen Gliedern und Zügen überhaupt existieren und Sinn, Bedeutung und Ausdruck gewinnen könne. Dem äußerlichen Material nach besteht zwar ein Gemälde aus einzelnen Strichen und Farben, die auch für sich schon dasein können; die eigentliche Materie dagegen, die solche Striche und Farben erst zum Kunstwerk macht, die Linien, Flächen usf. der Gestalt haben nur erst als konkretes Ganzes einen Sinn. Der *einzelne* Ton dagegen ist für sich *selbständiger* und kann auch bis auf einen gewissen Grad durch Empfindung beseelt werden und einen bestimmten Ausdruck erhalten.

Umgekehrt aber, indem der Ton kein bloß unbestimmtes Rauschen und Klingen ist, sondern erst durch seine *Bestimmt*heit und Reinheit in derselben überhaupt musikalische Geltung hat, steht er unmittelbar durch diese Bestimmtheit sowohl seinem realen Klingen als auch seiner zeitlichen Dauer nach in Beziehung auf *andere* Töne, ja dieses *Verhältnis* teilt ihm erst seine eigentliche wirkliche Bestimmtheit und mit ihr den Unterschied, Gegensatz gegen andere oder die Einheit mit anderen zu.

Bei der relativeren Selbständigkeit bleibt den Tönen diese Beziehung jedoch etwas *Äußerliches*, so daß die Verhältnisse, in welche sie gebracht werden, nicht den einzelnen Tönen selbst in der Weise *ihrem Begriff* nach angehört wie den Gliedern des animalischen und menschlichen Organismus oder auch den Formen der landschaftlichen Natur. Die Zusammenstellung verschiedener Töne zu bestimmten Verhältnissen ist daher etwas, wenn auch nicht dem Wesen des Tons Widerstrebendes, doch aber erst *Gemachtes* und nicht sonst schon in der Natur Vorhandenes. Solche Beziehung geht insofern von einem *Dritten* aus und ist nur für *einen Dritten,* für den nämlich, welcher dieselbe auffaßt.

Dieser Äußerlichkeit des Verhältnisses wegen beruht die

Bestimmtheit der Töne und ihrer Zusammenstellung in dem *Quantum,* in Zahlenverhältnissen, welche allerdings in der Natur des Tons selbst begründet sind, doch von der Musik in einer Weise gebraucht werden, die erst durch die Kunst selbst gefunden und aufs mannigfaltigste nuanciert ist.

Nach dieser Seite hin macht nicht die Lebendigkeit an und für sich als organische Einheit die Grundlage der Musik aus, sondern die Gleichheit, Ungleichheit usf., überhaupt die Verstandesform, wie sie im Quantitativen herrschend ist. Soll daher bestimmt von den musikalischen Tönen gesprochen werden, so sind die Angaben nur nach Zahlenverhältnissen sowie nach den willkürlichen Buchstaben zu machen, durch welche man die Töne bei uns nach diesen Verhältnissen zu bezeichnen gewohnt ist.

In solcher Zurückführbarkeit auf bloße Quanta und deren verständige, äußerliche Bestimmtheit hat die Musik ihre vornehmlichste Verwandtschaft mit der Architektur, indem sie, wie diese, sich ihre Erfindungen auf der festen Basis und dem Gerüste von Proportionen auferbaut, die sich nicht an und für sich zu einer organischen freien Gliederung, in welcher mit der einen Bestimmtheit sogleich die übrigen gegeben sind, auseinanderbreitet und zu lebendiger Einheit zusammenschließt, sondern erst in den weiteren Herausbildungen, welche sie aus jenen Verhältnissen hervorgehen läßt, anfängt, zur freien Kunst zu werden. Bringt es nun die Architektur in dieser Befreiung nicht weiter als zu einer Harmonie der Formen und zu der charakteristischen Beseelung einer geheimen Eurhythmie, so schlägt sich dagegen die Musik, da sie das innerste subjektive freie Leben und Weben der Seele zu ihrem Inhalt hat, zu dem tiefsten Gegensatz dieser freien Innerlichkeit und jener quantitativen Grundverhältnisse auseinander. In diesem Gegensatze darf sie jedoch nicht stehenbleiben, sondern erhält die schwierige Aufgabe, ihn ebenso in sich aufzunehmen als zu überwinden, indem sie den freien Bewegungen des Gemütes, die sie ausdrückt, durch jene notwendigen Proportionen einen sicheren

Grund und Boden gibt, auf dem sich dann aber das innere Leben in der durch solche Notwendigkeit erst gehaltvollen Freiheit hinbewegt und entwickelt.

In dieser Rücksicht sind zunächst *zwei* Seiten am Ton zu unterscheiden, nach welchen er kunstgemäß zu gebrauchen ist: einmal die abstrakte Grundlage, das allgemeine, noch nicht *physikalisch* spezifizierte Element, die *Zeit,* in deren Bereich der Ton fällt; sodann das Klingen selbst, der *reale* Unterschied der Töne, sowohl nach seiten der Verschiedenheit des sinnlichen Materials, welches tönt, als auch in Ansehung der Töne selbst in ihrem Verhältnis zueinander als einzelne und als Totalität. Hierzu kommt dann drittens die *Seele,* welche die Töne belebt, sie zu einem freien Ganzen rundet und ihnen in ihrer zeitlichen Bewegung und ihrem realen Klingen einen geistigen Ausdruck gibt. Durch diese Seiten erhalten wir für die bestimmtere Gliederung nachstehende Stufenfolge.

Erstens haben wir uns mit der bloß zeitlichen Dauer und Bewegung zu beschäftigen, welche die Kunst nicht zufällig belassen darf, sondern nach festen Maßen zu bestimmen, durch Unterschiede zu vermannigfaltigen hat und in diesen Unterschieden die Einheit wiederherstellen muß. Dies gibt die Notwendigkeit für *Zeitmaß, Takt* und *Rhythmus.*

Zweitens aber hat es die Musik nicht nur mit der abstrakten Zeit und den Verhältnissen längerer oder kürzerer Dauer, Einschnitte, Heraushebungen usf., sondern mit der konkreten Zeit der ihrem *Klang* nach bestimmten Töne zu tun, welche deshalb nicht nur ihrer Dauer nach voneinander unterschieden sind. Dieser Unterschied beruht einerseits auf der spezifischen Qualität des sinnlichen Materials, durch dessen Schwingungen der Ton hervorkommt, andererseits auf der verschiedenen Anzahl von Schwingungen, in welchen die klingenden Körper in der gleichen Zeitdauer erzittern. Drittens erweisen sich diese Unterschiede als die wesentlichen Seiten für das Verhältnis der Töne in ihrem Zusammenstimmen, ihrer Entgegensetzung und Vermittlung. Wir können diesen Teil mit einer allgemeinen Benennung als die Lehre von der *Harmonie* bezeichnen.

Drittens endlich ist es die *Melodie,* durch welche sich auf diesen Grundlagen des rhythmisch beseelten Taktes und der harmonischen Unterschiede und Bewegungen das Reich der Töne zu einem geistig freien Ausdruck zusammenschließt und uns dadurch zu dem folgenden letzten Hauptabschnitte herüberleitet, welcher die Musik in ihrer konkreten Einigung mit dem geistigen Inhalte, der sich in Takt, Harmonie und Melodie ausdrücken soll, zu betrachten hat.

a. Zeitmaß, Takt, Rhythmus

Was nun *zunächst* die rein *zeitliche* Seite des musikalischen Tönens betrifft, so haben wir *erstens* von der Notwendigkeit zu sprechen, daß in der Musik die Zeit überhaupt das Herrschende sei; *zweitens* vom Takt als dem bloß verständig geregelten Zeitmaß; *drittens* vom Rhythmus, welcher diese abstrakte Regel zu beleben anfängt, indem er bestimmte Taktteile hervorhebt, andere dagegen zurücktreten läßt.

α) Die Gestalten der Skulptur und Malerei sind im Raum nebeneinander und stellen diese reale Ausbreitung in wirklicher oder scheinbarer Totalität dar. Die Musik aber kann Töne nur hervorbringen, insofern sie einen im Raum befindlichen Körper in sich erzittern macht und ihn in schwingende Bewegung versetzt. Diese Schwingungen gehören der Kunst nur nach *der* Seite an, daß sie nacheinander erfolgen, und so tritt das sinnliche Material überhaupt in die Musik, statt mit seiner räumlichen Form, nur mit der *zeitlichen* Dauer seiner Bewegung ein. Nun ist zwar jede Bewegung eines Körpers immer auch im Raume vorhanden, so daß die Malerei und Skulptur, obschon ihre Gestalten der Wirklichkeit nach in Ruhe sind, dennoch den Schein der Bewegung darzustellen das Recht erhalten; in betreff auf diese Räumlichkeit jedoch nimmt die Musik die Bewegung nicht auf, und ihr bleibt deshalb zur Gestaltung nur die Zeit übrig, in welche das Schwingen des Körpers fällt.

αα) Die Zeit aber, demzufolge, was wir oben bereits gesehen haben, ist nicht wie der Raum das positive Nebeneinanderbestehen, sondern im Gegenteil die *negative* Äußerlichkeit: als aufgehobenes Außereinander das Punktuelle und als negative Tätigkeit das Aufheben *dieses* Zeitpunktes zu einem anderen, der sich gleichfalls aufhebt, zu einem anderen wird usf. In der Aufeinanderfolge dieser Zeitpunkte läßt sich jeder einzelne Ton teils für sich als ein Eins fixieren, teils mit anderen in quantitativen Zusammenhang bringen, wodurch die Zeit *zählbar* wird. Umgekehrt aber, da die Zeit das ununterbrochene Entstehen und Vergehen solcher Zeitpunkte ist, welche, als bloße Zeitpunkte genommen, in dieser unpartikularisierten Abstraktion keinen Unterschied gegeneinander haben, so erweist sich die Zeit ebensosehr als das gleichmäßige Hinströmen und die in sich ununterschiedene Dauer.

ββ) In dieser Unbestimmtheit jedoch kann die Musik die Zeit nicht belassen, sondern muß sie im Gegenteil näher bestimmen, ihr ein Maß geben und ihr Fortfließen nach der Regel solch eines Maßes ordnen. Durch diese regelvolle Handhabung kommt das *Zeitmaß* der Töne herein. Da entsteht sogleich die Frage, weshalb denn überhaupt die Musik solcher Maße bedürfe. Die Notwendigkeit bestimmter Zeitgrößen läßt sich daraus entwickeln, daß die Zeit mit dem einfachen Selbst, welches in den Tönen sein Inneres vernimmt und vernehmen soll, in dem engsten Zusammenhange steht, indem die Zeit als Äußerlichkeit dasselbe Prinzip in sich hat, welches sich im Ich als der abstrakten Grundlage alles Innerlichen und Geistigen betätigt. Ist es nun das einfache Selbst, das sich in der Musik als Inneres objektiv werden soll, so muß auch schon das allgemeine Element dieser Objektivität dem Prinzip jener Innerlichkeit gemäß behandelt sein. Das Ich jedoch ist nicht das unbestimmte Fortbestehen und die haltungslose Dauer, sondern wird erst zum Selbst als Sammlung und Rückkehr in sich. Es beugt das Aufheben seiner, wodurch es sich zum Objekte wird, zum Fürsichsein um und ist nun durch diese Beziehung auf sich erst Selbstgefühl, Selbstbewußtsein usf. In dieser Sammlung liegt aber wesentlich ein *Abbrechen* der bloß unbestimmten Veränderung, als welche wir die Zeit zunächst vor uns hatten, indem das Entstehen und Untergehen, Verschwinden und Erneuen der Zeitpunkte nichts als ein ganz formelles Hinausgehen über jedes Jetzt zu einem anderen gleichartigen Jetzt und dadurch nur ein ununterbrochenes Weiterbewegen war. Gegen dies leere *Fort*schreiten ist das Selbst das *Beisichselbst*seiende, dessen Sammlung in sich die bestimmtheitslose Reihenfolge der Zeitpunkte unterbricht, in die abstrakte Kontinuität Einschnitte macht und das Ich, welches in dieser Diskretion seiner selbst sich erinnert und sich darin wiederfindet, von dem bloßen Außersichkommen und Verändern befreit.

γγ) Die Dauer eines Tones geht diesem Prinzip gemäß nicht ins Unbestimmte fort, sondern hebt mit seinem Anfang und Ende, das dadurch ein bestimmtes Anfangen und Aufhören wird, die für sich nicht unterschiedene Reihe der Zeitmomente auf. Wenn nun aber viele Töne aufeinanderfolgen und jeder für sich eine von dem anderen verschiedene Dauer erhält, so ist an die Stelle jener ersten *leeren* Unbestimmtheit umgekehrt auch nur wieder die willkürliche und damit ebenso unbestimmte *Mannigfaltigkeit* von besonderen Quantitäten gesetzt. Dieses regellose Umherschweifen widerspricht der Einheit des Ich ebensosehr als das abstrakte Sichfortbewegen, und es vermag sich in jener verschiedenartigen Bestimmtheit der Zeitdauer nur insofern wiederzufinden und zu befriedigen, als einzelne Quanta in *eine* Einheit gebracht werden, welche, da sie *Besonderheiten* unter sich subsumiert, selber eine *bestimmte Einheit* sein muß, doch als bloße Identität am Äußerlichen zunächst nur äußerlicher Art bleiben kann.

β) Dies führt uns zu der weiteren Regulierung, welche durch den *Takt* hervorkommt.

αα) Das erste, was hier in Betracht zu ziehen ist, besteht

darin, daß, wie gesagt, verschiedene Zeitteile zu einer Einheit verbunden werden, in der das Ich seine Identität mit sich für sich macht. Da nun das Ich hier vorerst nur als *abstraktes* Selbst die Grundlage abgibt, so kann sich diese Gleichheit mit sich in Rücksicht auf das Fort- und Fortschreiten der Zeit und ihrer Töne auch nur als eine selbst abstrakte Gleichheit, d. h. als die *gleichförmige Wiederholung* derselben Zeiteinheit wirksam erweisen. Diesem Prinzip zufolge besteht der Takt seiner einfachen Bestimmung nach nur darin, eine bestimmte Zeiteinheit als Maß und Regel sowohl für die markierte Unterbrechung der vorher ununterschiedenen Zeitfolge als auch für die ebenso willkürliche Dauer einzelner Töne, welche jetzt zu einer bestimmten Einheit zusammengefaßt werden, festzustellen und dieses Zeitmaß an abstrakter Gleichförmigkeit sich stets wieder erneuern zu lassen. Der Takt hat in dieser Rücksicht dasselbe Geschäft wie die Regelmäßigkeit in der Architektur, wenn diese z. B. Säulen von gleicher Höhe und Dicke in denselben Abständen nebeneinanderstellt oder eine Reihe von Fenstern, die eine bestimmte Größe haben, nach dem Prinzipe der Gleichheit regelt. Auch hier ist eine feste Bestimmtheit und die ganz gleichartige Wiederholung derselben vorhanden. In dieser Einförmigkeit findet das Selbstbewußtsein sich selber als Einheit wieder, insofern es teils seine eigene Gleichheit als Ordnung der willkürlichen Mannigfaltigkeit erkennt, teils bei der Wiederkehr derselben Einheit sich erinnert, daß sie bereits dagewesen sei und gerade durch ihr Wiederkehren sich als herrschende Regel zeige. Die Befriedigung aber, welche das Ich durch den Takt in diesem Wiederfinden seiner selbst erhält, ist um so vollständiger, als die Einheit und Gleichförmigkeit weder der Zeit noch den Tönen als solchen zukommt, sondern etwas ist, das nur dem Ich angehört und von demselben zu seiner Selbstbefriedigung in die Zeit hineingesetzt ist. Denn im Natürlichen findet sich diese abstrakte Identität nicht. Selbst die himmlischen Körper halten in ihrer Bewegung keinen gleichförmigen Takt, sondern beschleunigen oder retardieren ihren Lauf, so daß sie in gleicher Zeit nicht auch gleiche Räume zurücklegen. Ähnlich geht es mit fallenden Körpern, mit der Bewegung des Wurfs usf., und das Tier reduziert sein Laufen, Springen, Zugreifen usw. noch weniger auf die genaue Wiederkehr eines bestimmten Zeitmaßes. Der Takt geht in betreff hierauf weit mehr vom Geiste allein aus als die regelmäßigen Größenbestimmtheiten der Architektur, für welche sich eher noch in der Natur Analogien auffinden lassen.

ββ) Soll nun aber das Ich in der Vielheit der Töne und deren Zeitdauer, indem es immer die gleiche Identität, die es selbst ist und die von ihm herrührt, vernimmt, durch den Takt zu sich zurückkehren, so gehört hierzu, damit die bestimmte Einheit als Regel gefühlt werde, ebensosehr das Vorhandensein von *Regellosem* und *Ungleichförmigem*. Denn erst dadurch, daß die Bestimmtheit des Maßes das willkürlich Ungleiche besiegt und ordnet, erweist sie sich als Einheit und Regel der zufälligen Mannigfaltigkeit. Sie muß dieselbe deshalb in sich selbst hineinnehmen und die Gleichförmigkeit im *Ungleichförmigen* erscheinen lassen. Dies ist es, was dem Takt erst seine eigene Bestimmtheit in sich selbst und hiermit auch gegen andere Zeitmaße, die taktmäßig können wiederholt werden, gibt.

γγ) Hiernach nun hat die Vielheit, welche zu einem Takt zusammengeschlossen ist, ihre bestimmte *Norm*, nach welcher sie sich einteilt und ordnet, woraus denn *drittens* die verschiedenen *Taktarten* entstehen. Das nächste, was sich in dieser Rücksicht angeben läßt, ist die Einteilung des Taktes in sich selbst nach der entweder *geraden* oder *ungeraden* Anzahl der wiederholten gleichen Teile. Von der ersten Art sind z. B. der Zweiviertel- und der Viervierteltakt. Hier zeigt sich die gerade Anzahl als durchgreifend. Anderer Art dagegen ist der Dreivierteltakt, in welchem die untereinander allerdings gleichen Teile dennoch in ungerader Anzahl eine Einheit bilden. Beide Bestimmungen finden sich z. B. im Sechsachteltakt vereinigt, der numerisch zwar dem Dreivierteltakt gleich zu sein scheint, in der Tat jedoch nicht in drei, sondern in zwei Teile zerfällt, von denen sich aber der eine wie der andere in betreff auf seine nähere Einteilung die Drei als die ungerade Anzahl zum Prinzipe nimmt.

Solche Spezifikation macht die sich stets wiederholende Regel jeder besonderen Taktart aus. Wie sehr nun aber auch der bestimmte Takt die *Mannigfaltigkeit* der Zeitdauer und deren längere oder kürzere Abschnitte zu regieren hat, so ist doch seine Herrschaft nicht so weit auszudehnen, daß er dies Mannigfaltige sich ganz abstrakt unterwirft, daß also im Viervierteltakt z. B. nur vier ganz gleiche Viertelnoten vorkommen können, im Dreivierteltakt nur drei, im Sechsachtel sechs usf., sondern die Regelmäßigkeit beschränkt sich darauf, daß im Viervierteltakt z. B. die Summe der einzelnen Noten nur vier gleiche Viertel enthält, die sich im übrigen jedoch nicht nur zu Achteln und Sechzehntel zerstückeln, sondern umgekehrt ebensosehr wieder zusammenziehen dürfen und auch sonst noch großer Verschiedenheiten fähig sind.

γ) Je weiter jedoch diese reichhaltige Veränderung geht, um desto notwendiger ist es, daß die wesentlichen Abschnitte des Taktes sich in derselben geltend machen und als die vornehmlich herauszuhebende Regel auch wirklich ausgezeichnet werden. Dies geschieht durch den *Rhythmus,* welcher zum Zeitmaß und Takt erst die eigentliche Belebung herzubringt. – Auch in betreff auf diese Verlebendigung lassen sich verschiedene Seiten unterscheiden.

αα) Das erste ist der *Akzent,* der mehr oder weniger hörbar auf bestimmte Teile des Taktes gelegt wird, während andere dagegen akzentlos fortfließen. Durch solche nun selbst wieder verschiedene Hebung und Senkung erhält jede einzelne Taktart ihren besonderen Rhythmus, der mit der bestimmten Einteilungsweise dieser Art in genauem Zusammenhange steht. Der Viervierteltakt z. B., in welchem die gerade Anzahl das Durchgreifende ist, hat eine gedoppelte Arsis: einmal auf dem ersten Viertel und sodann, schwächer jedoch, auf dem dritten. Man nennt diese Teile ihrer stärkeren Akzentuierung wegen die *guten,* die anderen dagegen die *schlechten* Taktteile. Im Dreivierteltakt ruht der Akzent allein auf dem ersten Viertel, im Sechsachteltakt dagegen wieder auf dem ersten und vierten Achtel, so daß hier der doppelte Akzent die gerade Teilung in zwei Hälften heraushebt.

ββ) Insofern nun die Musik begleitend wird, tritt ihr Rhythmus mit dem der *Poesie* in ein wesentliches Verhältnis. Im allgemeinsten will ich hierüber nur die Bemerkung machen, daß die Akzente des Taktes nicht denen des Metrums direkt widerstreben müssen. Wenn daher z. B. eine dem Versrhythmus nach nicht akzentuierte Silbe in einem guten Taktteile, die Arsis oder gar die Zäsur aber in einem schlechten Taktteile steht, so kommt dadurch ein falscher Widerspruch des Rhythmus der Poesie und Musik hervor, der besser vermieden wird. Dasselbe gilt für die langen und kurzen Silben; auch sie müssen im allgemeinen mit der Zeitdauer der Töne so zusammenstimmen, daß längere Silben auf längere Noten, kürzere auf kürzere fallen, wenn auch diese Übereinstimmung nicht bis zur letzten Genauigkeit durchzuführen ist, indem der Musik häufig ein größerer Spielraum für die Dauer der Längen sowie für die reichhaltigere Zerteilung derselben darf gestattet werden.

γγ) Von der Abstraktion und regelmäßigen strengen Wiederkehr des Taktrhythmus ist nun *drittens,* um dies sogleich vorweg zu bemerken, der beseeltere *Rhythmus der Melodie* unterschieden. Die Musik hat hierin eine ähnliche und selbst noch größere Freiheit als die Poesie. In der Poesie braucht bekanntlich der Anfang und das Ende der *Wörter* nicht mit dem Anfang und Ende der Versfüße zusammenzufallen, sondern dies durchgängige Aufeinandertreffen gibt einen lahmen, zäsurlosen Vers. Ebenso muß auch der Beginn und das Aufhören der Sätze oder Perioden nicht durchweg der Beginn und Schluß eines Verses sein; im Gegenteil, eine Periode endigt sich besser am Anfang oder auch in der

Mitte und gegen die letzteren Versfüße, und es beginnt dann eine neue, welche den ersten Vers in den folgenden hinüberführt. Ähnlich verhält es sich mit der Musik in betreff auf Takt und Rhythmus. Die Melodie und deren verschiedene Perioden brauchen nicht streng mit dem Anheben eines Taktes zu beginnen und mit dem Ende eines anderen zu schließen und können sich überhaupt insoweit emanzipieren, daß die Hauptarsis der Melodie in *den* Teil eines Taktes fällt, welchem in betreff auf seinen gewöhnlichen Rhythmus keine solche Hebung zukommt, während umgekehrt ein Ton, der im natürlichen Gange der Melodie keine markierte Heraushebung erhalten müßte, in dem guten Taktteil zu stehen vermag, der eine Arsis fordert, so daß also solch ein Ton in bezug auf den Taktrhythmus verschieden von der Geltung wirkt, auf welche dieser Ton für sich in der Melodie Anspruch machen darf. Am schärfsten aber tritt der Gegenstoß im Rhythmus des Taktes und der Melodie in den sogenannten Synkopen heraus.

Hält sich die Melodie auf der anderen Seite in ihren Rhythmen und Teilen genau an den Taktrhythmus, so klingt sie leicht abgeleiert, kahl und erfindungslos. Was in dieser Rücksicht darf gefordert werden, ist, um es kurz zu sagen, die Freiheit von der Pedanterie des Metrums und von der Barbarei eines einförmigen Rhythmus. Denn der Mangel an freierer Bewegung, die Trägheit und Lässigkeit bringt leicht zum Trübseligen und Schwermütigen, und so haben auch gar manche unserer Volksmelodien etwas Lugubres, Ziehendes, Schleppendes, insofern die Seele nur einen monotoneren Fortgang zum Element ihres Ausdrucks vor sich hat und durch ihr Mittel dazu geführt wird, nun auch die klagenden Empfindungen eines geknickten Herzens darin niederzulegen. – Die südlichen Sprachen hingegen, besonders das Italienische, lassen für einen mannigfaltig bewegteren Rhythmus und Erguß der Melodie ein reichhaltiges Feld offen. Schon hierin liegt ein wesentlicher Unterschied der deutschen und italienischen Musik. Das einförmige, kahle jambische

Skandieren, das in so vielen deutschen Liedern wiederkehrt, tötet das freie, lustige Sich-Ergehen der Melodie und hält einen weiteren Emporschwung und Umschwung ab. In neueren Zeiten scheinen mir Reichardt und andere in die Liederkomposition eben dadurch, daß sie dies jambische Geleier verlassen, obschon es in einigen ihrer Lieder gleichfalls noch vorherrscht, ein neues rhythmisches Leben gebracht zu haben. Doch findet sich der Einfluß des jambischen Rhythmus nicht nur in Liedern, sondern auch in vielen unserer größten Musikstücke. Selbst in Händels »Messias« folgt in vielen Arien und Chören die Komposition nicht nur mit deklamatorischer Wahrheit dem Sinn der Worte, sondern auch dem Fall des jambischen Rhythmus, teils in dem bloßen Unterschiede der Länge und Kürze, teils darin, daß die jambische Länge einen höheren Ton erhält als die im Metrum kurze Silbe. Dieser Charakter ist wohl eins der Momente, durch welches wir Deutsche in der Händelschen Musik, bei den sonstigen Vortrefflichkeiten, bei ihrem majestätischen Schwung, ihrer fortstürmenden Bewegung, ihrer Fülle ebenso religiös tiefer als idyllisch einfacher Empfindungen, so ganz zu Hause sind. Dies rhythmische Ingrediens der Melodie liegt unserem Ohre viel näher als den Italienern, welche darin etwas Unfreies, Fremdes und ihrem Ohr Heterogenes finden mögen.

b. Die Harmonie

Die andere Seite nun, durch welche die abstrakte Grundlage des Taktes und Rhythmus erst ihre Erfüllung und dadurch die Möglichkeit erhält, zur eigentlich konkreten Musik zu werden, ist das Reich der Töne als *Töne.* Dies wesentlichere Gebiet der Musik befaßt die Gesetze der *Harmonie.* Hier tut sich ein neues Element hervor, indem ein Körper durch sein Schwingen nicht nur für die Kunst aus der Darstellbarkeit seiner *räumlichen* Form heraustritt und sich zur Ausbildung seiner gleichsam *zeitlichen* Gestalt herüberbewegt, sondern nun auch seiner besonderen physikalischen Beschaffenheit sowie seiner verschiedenen Länge und Kürze und Anzahl der Schwingungen nach, zu denen er es während einer bestimmten Zeit bringt, verschiedenartig *ertönt* und deshalb in dieser Rücksicht von der Kunst ergriffen und kunstgemäß gestaltet werden muß.

In Ansehung dieses zweiten Elements haben wir drei Hauptpunkte bestimmter herauszuheben.

Das *erste* nämlich, was sich unserer Betrachtung darbietet, ist der Unterschied der besonderen *Instrumente,* deren Erfindung und Zurichtung der Musik notwendig gewesen ist, um eine Totalität hervorzubringen, welche schon in betreff auf den sinnlichen Klang, unabhängig von aller Verschiedenheit in dem wechselseitigen Verhältnis der Höhe und Tiefe, einen Umkreis unterschiedener Töne ausmacht.

Zweitens jedoch ist das musikalische Tönen, abgesehen von der Verschiedenartigkeit der Instrumente und der menschlichen Stimme, in sich selbst eine gegliederte Totalität unterschiedener Töne, Tonreihen und Tonarten, die zunächst auf quantitativen Verhältnissen beruhen und in der Bestimmtheit dieser Verhältnisse die Töne sind, welche jedes Instrument und die menschliche Stimme ihrem spezifischen Klange nach in geringerer oder größerer Vollständigkeit hervorzurufen die Aufgabe erhält.

Drittens besteht die Musik weder in einzelnen Intervallen noch in bloßen abstrakten Reihen und auseinanderfallenden Tonarten, sondern ist ein konkretes Zusammenklingen, Entgegensetzen und Vermitteln von Tönen, welche dadurch eine Fortbewegung und einen Übergang ineinander nötig machen. Diese Zusammenstellung und Veränderung beruht nicht auf bloßer Zufälligkeit und Willkür, sondern ist bestimmten Gesetzen unterworfen, an denen alles wahrhaft Musikalische seine notwendige Grundlage hat.

Gehen wir nun aber zur bestimmteren Betrachtung dieser Gesichtspunkte über, so muß ich mich, wie ich schon früher anführte, hier besonders auf die allgemeinsten Bemerkungen einschränken.

α) Die Skulptur und Malerei finden mehr oder weniger ihr sinnliches Material, Holz, Stein, Metalle usf., Farben usw., vor oder haben dasselbe nur in geringerem Grade zu verarbeiten nötig, um es für den Kunstgebrauch geschickt werden zu lassen.

αα) Die Musik aber, welche sich überhaupt in einem erst durch die Kunst und für dieselbe gemachten Elemente bewegt, muß eine bedeutend schwierigere Vorbereitung durchgehen, ehe sie zur Hervorbringung der Töne gelangt. Außer der Mischung der Metalle zum Guß, dem Anreiben der Farben mit Pflanzensäften, Ölen und dergleichen mehr, der Mischung zu neuen Nuancen usf. bedürfen Skulptur und Malerei keiner reichhaltigeren Erfindungen. Die menschliche Stimme ausgenommen, welche unmittelbar die Natur gibt, muß sich die Musik hingegen ihre üblichen Mittel zum wirklichen Tönen erst durchgängig selber herbeischaffen, bevor sie überhaupt nur existieren kann.

ββ) Was nun diese Mittel als solche betrifft, so haben wir den Klang bereits oben in *der* Weise gefaßt, daß er ein Erzittern des räumlichen Bestehens sei, die erste innere Beseelung, welche sich gegen das bloße sinnliche Außereinander geltend macht und durch Negation der realen Räumlichkeit als ideelle Einheit aller physikalischen Eigenschaften der spezifischen Schwere, Art der Kohärenz eines Körpers heraustritt. Fragen wir weiter nach der qualitativen Beschaffenheit desjenigen Materials, das hier zum Klingen gebracht wird, so ist es sowohl seiner physikalischen Natur nach als auch in seiner künstlichen Konstruktion höchst mannigfaltig: bald eine geradlinige oder geschwungene Luftsäule, die durch einen festen Kanal von Holz oder Metall begrenzt wird, bald eine geradlinige gespannte Darm- oder Metallsaite, bald eine gespannte Fläche aus Pergament oder eine Glas- und Metallglocke. – Es lassen sich in dieser Rücksicht folgende Hauptunterschiede annehmen.

Erstens ist es die *lineare* Richtung, welche das Herrschende ausmacht und die recht eigentlich musikalisch brauchbaren Instrumente hervorbringt, sei es nun, daß eine kohäsionslosere Luftsäule, wie bei den Blasinstrumenten, das Hauptprinzip liefert oder eine materielle Säule, die straff gezogen werden, doch Elastizität genug behalten muß, um noch schwingen zu können, wie bei den Saiteninstrumenten.

Das *zweite* hingegen ist das Flächenhafte, das jedoch nur untergeordnete Instrumente gibt, wie die Pauke, Glocke, Harmonika. Denn es findet zwischen der sich vernehmenden Innerlichkeit und jenem linearen Tönen eine geheime Sympathie statt, der zufolge die in sich einfache Subjektivität das klingende Erzittern der einfachen Länge anstatt breiter oder runder Flächen fordert. Das Innerliche nämlich ist als Subjekt dieser geistige Punkt, der im Tönen als seiner *Entäußerung* sich vernimmt. Das nächste Sichaufheben und Entäußern des Punktes aber ist nicht die Fläche, sondern die einfache lineare Richtung. In dieser Rücksicht sind breite oder runde Flächen dem Bedürfnis und der Kraft des Vernehmens nicht angemessen.

Bei der *Pauke* ist es das über einen Kessel gespannte Fell, welches, auf *einem* Punkte geschlagen, die ganze Fläche nur zu einem dumpfen Schall erzittern macht, der zwar zu stimmen, doch in sich selbst, wie das ganze Instrument, weder zur schärferen Bestimmtheit noch zu einer großen Vielseitigkeit zu bringen ist. Das Entgegengesetzte finden wir bei der *Harmonika* und deren angeriebenen Glasglöckchen. Hier ist es die konzentrierte, nicht hinausgehende Intensivität, die so angreifender Art ist, daß viele Menschen beim Anhören bald einen Nervenkopfschmerz empfinden. Dies Instrument hat sich außerdem trotz seiner spezifischen Wirksamkeit ein dauerndes Wohlgefallen nicht erwerben können und läßt sich auch mit anderen Instrumenten, insofern es sich ihnen zuwenig anfügt, schwer in Verbindung setzen. – Bei der *Glocke* findet derselbe Mangel an unterschiedenen Tönen und das ähnliche punktuelle Anschlagen wie bei der Pauke statt, doch ist die Glocke nicht so dumpf als diese, sondern tönt frei aus, obschon ihr dröhnendes Forthallen mehr nur gleichsam ein Nachklang des einen punktuellen Schlags ist.

Als das freiste und seinem Klang nach vollständigste Instrument können wir *drittens* die menschliche Stimme bezeichnen, welche in sich den Charakter der Blas- und Saiteninstrumente vereinigt, indem es hier teils eine Luftsäule ist, welche erzittert, teils auch durch die Muskeln das Prinzip einer straff gezogenen Saite hinzukommt. Wie wir schon bei der menschlichen Hautfarbe sahen, daß sie als ideelle Einheit die übrigen Farben enthalte und dadurch die in sich vollkommenste Farbe sei, so enthält auch die menschliche Stimme die ideelle Totalität des Klingens, das sich in den übrigen Instrumenten nur in seine besonderen Unterschiede auseinanderlegt. Dadurch ist sie das vollkommene Tönen und verschmelzt sich deshalb auch mit den sonstigen Instrumenten am gefügigsten und schönsten. Zugleich läßt die menschliche Stimme sich als das Tönen der Seele selbst vernehmen, als der Klang, den das Innere seiner Natur nach zum Ausdruck des Innern hat und diese Äußerung unmittelbar regiert. Bei den übrigen Instrumenten wird dagegen ein der Seele und ihrer Empfindung gleichgültiger und seiner Beschaffenheit nach fernabliegender Körper in Schwingung versetzt, im Gesang aber ist es ihr eigener Leib, aus welchem die Seele herausklingt. So entfaltet sich nun auch, wie das subjektive Gemüt und die Empfindung selbst, die menschliche Stimme zu einer großen Mannigfaltigkeit der Partikularität, die dann in betreff der allgemeineren Unterschiede nationale und sonstige Naturverhältnisse zur Grundlage hat. So sind z. B. die Italiener ein Volk des Gesanges, unter welchem die schönsten Stimmen am häufigsten vorkommen. Eine Hauptseite bei dieser Schönheit wird erstlich das Materielle des Klangs als Klangs, das reine Metall, das sich weder zur bloßen Schärfe und glasartigen Dünne zuspitzen noch dumpf oder hohl bleiben darf, zugleich aber, ohne zum Beben des Tons fortzugehen, in diesem sich gleichsam kompakt zusammenhaltenden Klang doch noch ein inneres Leben und Erzittern des Klingens bewahrt. Dabei muß denn vor allem die Stimme rein sein, d. h. neben dem in sich fertigen Ton muß sich kein anderweitiges Geräusch geltend machen.

γγ) Diese Totalität nun von Instrumenten kann die Musik entweder einzeln oder in vollem Zusammenstimmen gebrauchen. Besonders in dieser letzteren Beziehung hat sich die Kunst erst in neuerer Zeit ausgebildet. Die Schwierigkeit solcher kunstgemäßen Zusammenstellung ist groß, denn jedes Instrument hat seinen eigentümlichen Charakter, der sich nicht unmittelbar der Besonderheit eines anderen Instruments anfügt, so daß nun sowohl in Rücksicht auf das Zusammenklingen vieler Instrumente der verschiedenen Gattungen als auch für das wirksame Hervortreten irgendeiner besonderen Art, der Blas- oder Saiteninstrumente z. B., oder für das plötzliche Herausblitzen von Trompetenstößen und für die wechselnde Aufeinanderfolge der aus dem Gesamtchor hervorgehobenen Klänge große Kenntnis, Umsicht, Erfahrung und Erfindungsgabe nötig ist, damit in solchen Unterschieden, Veränderungen, Gegensätzen, Fortgängen und Vermittlungen auch ein innerer Sinn, eine Seele und Empfindung nicht zu vermissen sei. So ist mir z. B. in den Symphonien Mozarts, welcher auch in der Instrumentierung und deren sinnvoller, ebenso lebendiger als klarer Mannigfaltigkeit ein großer Meister war, der Wechsel der besonderen Instrumente oft wie ein dramatisches Konzertieren, wie eine Art von Dialog vorgekommen, in welchem teils der Charakter der einen Art von Instrumenten sich bis zu dem Punkte fortführt, wo der Charakter der anderen indiziert und vorbereitet ist, teils eins dem anderen eine Erwiderung gibt oder das hinzubringt, was gemäß auszusprechen dem Klange des Vorhergehenden nicht vergönnt ist, so daß hierdurch in der anmutigsten Weise ein Zwiegespräch des Klingens und Widerklingens, des Beginnens, Fortführens und Ergänzens entsteht.

β) Das *zweite* Element, dessen noch Erwähnung zu tun ist, betrifft nicht mehr die physikalische Qualität des Klangs, sondern die Bestimmtheit des Tones in sich selbst und die Relation zu anderen Tönen. Dies objektive Verhältnis, wodurch sich das Tönen erst zu einem Kreise ebensosehr in sich, als einzelner, fest bestimmter als auch in wesentlicher Beziehung aufeinander bleibender Töne ausbreitet, macht das eigentlich *harmonische* Element der Musik aus und beruht seiner zunächst selbst wieder physikalischen Seite nach auf *quantitativen Unterschieden* und Zahlenproportionen. Näher nun sind in Ansehung dieses harmonischen Systems auf der jetzigen Stufe folgende Punkte von Wichtigkeit:
Erstens die *einzelnen* Töne in ihrem bestimmten Maßverhältnis und in der Beziehung desselben auf andere Töne: die Lehre von den einzelnen *Intervallen*;
zweitens die zusammengestellte Reihe der Töne in ihrer einfachsten Aufeinanderfolge, in welcher ein Ton unmittelbar auf einen anderen hinweist: die *Tonleiter*;
drittens die Verschiedenheit dieser Tonleitern, welche, insofern jede von einem anderen Tone als ihrem Grundtone den Anfang nimmt, zu besonderen, von den übrigen unterschiedenen *Tonarten* sowie zur Totalität dieser Arten werden.
αα) Die einzelnen Töne erhalten nicht nur ihren Klang, sondern auch die näher abgeschlossene Bestimmtheit desselben durch einen schwingenden Körper. Um zu dieser Bestimmtheit gelangen zu können, muß nun die Art des Schwingens selbst nicht zufällig und willkürlich, sondern fest in sich bestimmt sein. Die Luftsäule nämlich oder gespannte Saite, Fläche usf., welche erklingt, hat eine Länge und Ausdehnung überhaupt; nimmt man nun z. B. eine Saite und befestigt sie auf zwei Punkten und bringt den dazwischenliegenden gespannten Teil in Schwingung, so ist das nächste, worauf es ankommt, die Dicke und Spannung. Ist diese in zwei Saiten ganz gleich, so handelt es sich, nach einer Beobachtung, welche Pythagoras zuerst machte, vornehmlich um die Länge, indem dieselben Saiten bei verschiedener Länge

während der gleichen Zeitdauer eine verschiedene Anzahl von Schwingungen geben. Der Unterschied nun dieser Anzahl von einer anderen und das Verhältnis zu einer anderen Anzahl macht die Basis für den Unterschied und das Verhältnis der besonderen Töne in betreff auf ihre Höhe und Tiefe aus.

Hören wir nun aber dergleichen Töne, so ist die Empfindung dieses Vernehmens etwas von so trockenen Zahlenverhältnissen ganz Verschiedenes; wir brauchen von Zahlen und arithmetischen Proportionen nichts zu wissen, ja wenn wir auch die Saite schwingen sehen, so verschwindet doch teils dies Erzittern, ohne daß wir es in Zahlen festhalten können, teils bedürfen wir eines Hinblicks auf den klingenden Körper gar nicht, um den Eindruck seines Tönens zu erhalten. Der Zusammenhang des Tons mit diesen Zahlenverhältnissen kann deshalb zunächst nicht nur als unglaublich auffallen, sondern es kann sogar den Anschein gewinnen, als werde das Hören und innere Verstehen der Harmonien sogar durch die Zurückführung auf das bloß Quantitative herabgewürdigt. Dennoch ist und bleibt das numerische Verhältnis der Schwingungen in derselben Zeitdauer die Grundlage für die Bestimmtheit der Töne. Denn daß unsere Empfindung des Hörens in sich einfach ist, liefert keinen Grund zu einem triftigen Einwande. Auch das, was einen einfachen Eindruck gibt, kann an sich, seinem Begriff wie seiner Existenz nach, etwas in sich Mannigfaltiges und mit anderem in wesentlicher Beziehung Stehendes sein. Sehen wir z. B. Blau oder Gelb, Grün oder Rot in der spezifischen Reinheit dieser Farben, so haben sie gleichfalls den Anschein einer durchaus einfachen Bestimmtheit, wogegen sich Violett leicht als eine Mischung ergibt von Blau und Rot. Dessenungeachtet ist auch das reine Blau nichts Einfaches, sondern ein bestimmtes Verhältnis des Ineinander von Hell und Dunkel. Religiöse Empfindungen, das Gefühl des Rechtes in diesem oder jenem Falle erscheinen als ebenso einfach, und doch enthält alles Religiöse, jedes Rechtsverhältnis eine Mannigfaltigkeit von besonderen Bestimmungen, deren Einheit diese einfache Empfindung gibt. In der gleichen Weise nun beruht auch der Ton, wie sehr wir ihn als etwas in sich schlechthin Einfaches hören und empfinden, auf einer Mannigfaltigkeit, die, weil der Ton durch das Erzittern des Körpers entsteht und dadurch mit seinen Schwingungen in die *Zeit* fällt, aus der Bestimmtheit dieses zeitlichen Erzitterns, d. h. aus der *bestimmten Anzahl* von Schwingungen in einer bestimmten Zeit, herzuleiten ist. Für das Nähere solcher Herleitung will ich nur auf folgendes aufmerksam machen.

Die unmittelbar *zusammenstimmenden* Töne, bei deren Erklingen die Verschiedenheit nicht als Gegensatz vernehmbar wird, sind diejenigen, bei welchen das Zahlenverhältnis ihrer Schwingungen von *einfachster* Art bleibt, wogegen die nicht von Hause aus zusammenstimmenden *verwickeltere* Proportionen in sich haben. Von ersterer Art z. B. sind die Oktaven. Stimmt man nämlich eine Saite, deren bestimmte Schwingungen den Grundton geben, und teilt dieselbe, so macht diese zweite Hälfte in der gleichen Zeit, mit der ersten verglichen, noch einmal soviel Schwingungen. Ebenso gehen bei der *Quinte drei* Schwingungen auf *zwei* des Grundtons; *fünf* auf *vier* des Grundtons bei der *Terz*. Anders dagegen verhält es sich mit der Sekunde und Septime, wo *acht* Schwingungen des Grundtons auf *neun* und auf *fünfzehn* fallen.

ββ) Indem nun, wie wir bereits sahen, diese Verhältnisse nicht zufällig gewählt sein dürfen, sondern eine innere Notwendigkeit für ihre besonderen Seiten wie für deren Totalität enthalten müssen, so können die einzelnen Intervalle, welche sich nach solchen Zahlenverhältnissen bestimmen lassen, nicht in ihrer Gleichgültigkeit gegeneinander stehenbleiben, sondern haben sich als eine Totalität zusammenzuschließen. Das erste Tonganze, das hieraus entsteht, ist nun aber noch kein *konkreter* Zusammenklang unterschiedener Töne, sondern ein ganz abstraktes Aufeinanderfolgen eines Systems, eine Aufeinanderfolge der Töne nach ihrem ein-

fachsten Verhältnisse zueinander und zu der Stellung innerhalb ihrer Totalität. Dies gibt die einfache Reihe der Töne,
die *Tonleiter*. Die Grundbestimmung derselben ist die To-
nika, die sich in ihrer Oktav wiederholt und nun die übrigen
sechs Töne innerhalb dieser doppelten Grenze ausbreitet,
welche dadurch, daß der Grundton in seiner Oktav unmittelbar mit sich zusammenstimmt, zu sich selbst zurückkehrt.
Die anderen Töne der Skala stimmen zum Grundton teils
selbst wieder unmittelbar, wie Terz und Quinte, oder haben
gegen denselben eine wesentlichere Unterschiedenheit des
Klangs, wie die Sekunde und Septime, und ordnen sich nun
zu einer spezifischen Aufeinanderfolge, deren Bestimmtheit
ich jedoch hier nicht weitläufiger erörtern will.

γγ) Aus dieser Tonleiter *drittens* gehen die *Tonarten* hervor.
Jeder Ton der Skala nämlich kann selbst wieder zum Grundton einer neuen, besonderen Tonreihe gemacht werden, welche sich nach demselben Gesetz wie die erste ordnet. Mit der
Entwicklung der Skala zu einem größeren Reichtum von
Tönen hat sich deshalb auch die Anzahl der Tonarten vermehrt; wie z. B. die moderne Musik sich in mannigfaltigeren
Tonarten bewegt als die Musik der Alten. Da nun ferner die
verschiedenen Töne der Tonleiter überhaupt, wie wir sahen,
im Verhältnis eines unmittelbareren Zueinanderstimmens
oder eines wesentlicheren Abweichens und Unterschiedes
voneinander stehen, so werden auch die Reihen, welche aus
diesen Tönen als Grundtönen entspringen, entweder ein
näheres Verhältnis der Verwandtschaft zeigen und deshalb
unmittelbar ein Übergehen von der einen in die andere
gestatten oder solch einen unvermittelten Fortgang ihrer
Fremdheit wegen verweigern. Außerdem aber treten die
Tonarten zu dem Unterschiede der Härte und Weiche, der
Dur- und Molltonart, auseinander und haben endlich durch
den Grundton, aus dem sie hervorgehen, einen bestimmten
Charakter, welcher seinerseits wieder einer besonderen Weise
der Empfindung, der Klage, Freude, Trauer, ermutigenden
Aufregung usf. entspricht. In diesem Sinne haben die Alten

bereits viel von dem Unterschiede der Tonarten abgehandelt und denselben zu einem mannigfachen Gebrauche ausgebildet.

γ) Der *dritte* Hauptpunkt, mit dessen Betrachtung wir unsere kurzen Andeutungen über die Lehre von der Harmonie schließen können, betrifft das Zusammenklingen der Töne selbst, das *System der Akkorde.*

αα) Wir haben bisher zwar gesehen, daß die Intervalle ein Ganzes bilden; diese Totalität jedoch breitete sich zunächst in den Skalen und Tonarten nur zu bloßen Reihen auseinander, in deren Aufeinanderfolge jeder Ton für sich einzeln hervortrat. Dadurch blieb das Tönen noch abstrakt, da sich nur immer *eine* besondere Bestimmtheit hervortat. Insofern aber die Töne nur durch ihr Verhältnis zueinander in der Tat sind, was sie sind, so wird das Tönen auch als dieses konkrete Tönen selbst Existenz gewinnen müssen, d. h. verschiedene Töne haben sich zu ein und demselben Tönen zusammenzuschließen. Dieses Miteinanderklingen, bei welchem es jedoch auf die Anzahl der sich einigenden Töne nicht wesentlich ankommt, so daß schon zwei eine solche Einheit bilden können, macht den Begriff des *Akkordes* aus. Wenn nun bereits die einzelnen Töne in ihrer Bestimmtheit nicht dürfen dem Zufall und der Willkür überlassen bleiben, sondern durch eine innere Gesetzmäßigkeit geregelt und in ihrer Aufeinanderfolge geordnet sein müssen, so wird die gleiche Gesetzmäßigkeit auch für die Akkorde einzutreten haben, um zu bestimmen, welche Art von Zusammenstellungen dem musikalischen Gebrauche zuzugestehen, welche hingegen von demselben auszuschließen ist. Diese Gesetze erst geben die Lehre von der Harmonie im eigentlichen Sinne, nach welcher sich auch die Akkorde wieder zu einem in sich selbst notwendigen System auseinanderlegen.

ββ) In diesem Systeme nun gehen die Akkorde zur *Besonderheit* und Unterschiedenheit voneinander fort, da es immer *bestimmte* Töne sind, die zusammenklingen. Wir haben es deshalb sogleich mit einer Totalität *besonderer* Akkorde zu tun. Was die allgemeinste Einteilung derselben betrifft, so machen sich hier die näheren Bestimmungen von neuem geltend, die ich schon bei den Intervallen, den Tonleitern und Tonarten flüchtig berührt habe.

Eine *erste* Art nämlich von Akkorden sind diejenigen, zu denen Töne zusammentreten, welche unmittelbar zueinander stimmen. In diesem Tönen tut sich daher kein Gegensatz, kein Widerspruch auf, und die vollständige Konsonanz bleibt ungestört. Dies ist bei den sogenannten *konsonierenden* Akkorden der Fall, deren Grundlage der *Dreiklang* abgibt. Bekanntlich besteht derselbe aus dem Grundton, der Terz oder Mediante und der Quinte oder Dominante. Hierin ist der Begriff der Harmonie in ihrer einfachsten Form, ja die Natur des Begriffs überhaupt ausgedrückt. Denn wir haben eine Totalität unterschiedener Töne vor uns, welche diesen Unterschied ebensosehr als ungetrübte Einheit zeigen; es ist eine unmittelbare Identität, der es aber nicht an Besonderung und Vermittlung fehlt, während die Vermittlung zugleich nicht bei der Selbständigkeit der unterschiedenen Töne stehenbleibt und sich mit dem bloßen Herüber und Hinüber eines relativen Verhältnisses begnügen darf, sondern die Einigung wirklich zustande bringt und dadurch zur Unmittelbarkeit in sich zurückkehrt.

Was aber *zweitens* den verschiedenen Arten von Dreiklängen, welche ich hier nicht näher erörtern kann, noch abgeht, ist das wirkliche Hervortreten einer tieferen Entgegensetzung. Nun haben wir aber bereits früher gesehen, daß die Tonleiter außer jenen gegensatzlos zueinanderstimmenden Tönen auch noch andere enthält, die dieses Zusammenstimmen aufheben. Ein solcher Ton ist die kleine und große Septime. Da diese gleichfalls zur Totalität der Töne gehören, so werden sie sich auch in den Dreiklang Eingang verschaffen müssen. Geschieht dies aber, so ist jene unmittelbare Einheit und Konsonanz zerstört, insofern ein wesentlich anders klingender Ton hinzukommt, durch welchen nun erst wahrhaft ein *bestimmter Unterschied,* und zwar als Gegensatz, hervortritt. Dies macht die eigentliche Tiefe des Tönens aus, daß es auch zu wesentlichen Gegensätzen fortgeht und die Schärfe und Zerrissenheit derselben nicht scheut. Denn der wahre Begriff ist zwar Einheit in sich; aber nicht nur unmittelbare, sondern wesentlich in sich zerschiedene, zu Gegensätzen zerfallene Einheit. So habe ich z. B. in meiner Logik den Begriff zwar als Subjektivität entwickelt, aber diese Subjektivität als ideelle durchsichtige Einheit hebt sich zu dem ihr Entgegengesetzten, zur Objektivität auf; ja, sie ist als das bloß Ideelle selbst nur eine Einseitigkeit und Besonderheit, die sich ein Anderes, Entgegengesetztes, die Objektivität gegenüber behält und nur wahrhafte Subjektivität ist, wenn sie in diesen Gegensatz eingeht und ihn überwindet und auflöst. So sind es auch in der wirklichen Welt die höheren Naturen, welchen den Schmerz des Gegensatzes in sich zu ertragen und zu besiegen die Macht gegeben ist. Soll nun die Musik sowohl die innere Bedeutung als auch die subjektive Empfindung des tiefsten Gehaltes, des religiösen z. B., und zwar des christlich-religiösen, in welchem die Abgründe des Schmerzes eine Hauptseite bilden, kunstgemäß ausdrücken, so muß sie in ihrem Tonbereich Mittel besitzen, welche den Kampf von Gegensätzen zu schildern befähigt sind. Dies Mittel erhält sie in den dissonierenden sogenannten Septimen- und Nonenakkorden, auf deren bestimmtere Angabe ich mich jedoch nicht näher einlassen kann.

Sehen wir dagegen *drittens* auf die allgemeine Natur dieser Akkorde, so ist der weitere wichtige Punkt der, daß sie Entgegengesetztes in dieser Form des Gegensatzes selbst in ein und derselben Einheit halten. Daß aber Entgegengesetztes als Entgegengesetztes in Einheit sei, ist schlechthin widersprechend und bestandlos. Gegensätze überhaupt haben ihrem inneren Begriffe nach keinen festen Halt, weder in sich selber noch an ihrer Entgegensetzung. Im Gegenteil, sie gehen an ihrer Entgegensetzung selber zugrunde. Die Harmonie kann deshalb bei dergleichen Akkorden nicht stehenbleiben, die für das Ohr nur einen Widerspruch geben, welcher seine Lösung fordert, um für Ohr und Gemüt eine Befriedigung herbeizuführen. Mit dem Gegensatze insofern ist unmittelbar die Notwendigkeit einer *Auflösung* von Dissonanzen und ein Rückgang zu Dreiklängen gegeben. Diese Bewegung erst als Rückkehr der Identität zu sich ist überhaupt das Wahrhafte. In der Musik aber ist diese volle Identität selbst nur möglich als ein zeitliches Auseinanderlegen ihrer Momente, welche deshalb zu einem Nacheinander werden, ihre Zusammengehörigkeit jedoch dadurch erweisen, daß sie sich als die notwendige Bewegung eines in sich selbst begründeten Fortgangs zueinander und als ein wesentlicher Verlauf der Veränderung dartun.

γγ) Damit sind wir zu einem *dritten* Punkte hingelangt, dem wir noch Aufmerksamkeit zu schenken haben. Wenn nämlich schon die Skala eine in sich feste, obgleich zunächst noch abstrakte Reihenfolge von Tönen war, so bleiben nun auch die Akkorde nicht vereinzelt und selbständig, sondern erhalten einen innerlichen Bezug aufeinander und das Bedürfnis der Veränderung und des Fortschritts. In diesen Fortschritt, obschon derselbe eine bedeutendere Breite des Wechsels, als in der Tonleiter möglich ist, erhalten kann, darf sich jedoch wiederum nicht die bloße Willkür einmischen, sondern die Bewegung von Akkord zu Akkord muß teils in der Natur der Akkorde selbst, teils der Tonarten, zu welchen dieselben überführen, beruhen. In dieser Rücksicht hat die Theorie der Musik vielfache Verbote aufgestellt, deren Auseinandersetzung und Begründung uns jedoch in allzu schwierige und weitläufige Erörterungen verwickeln möchte. Ich will es deshalb mit den wenigen allgemeinsten Bemerkungen genug sein lassen.

c. Die Melodie

Blicken wir auf das zurück, was uns zunächst in Ansehung der besonderen musikalischen Ausdrucksmittel beschäftigt hat, so betrachteten wir *erstens* die Gestaltungsweise der *zeitlichen* Dauer der Töne in Rücksicht auf Zeitmaß, Takt und Rhythmus. Von hier aus gingen wir zu dem *wirklichen* Tönen fort, und zwar *erstens* zum Klang der Instrumente und menschlichen Stimme, *zweitens* zur festen Maßbestimmung der Intervalle und zu deren abstrakter Reihenfolge in der Skala und den verschiedenen Tonarten; *drittens* zu den Gesetzen der besonderen Akkorde und ihrer Fortbewegung zueinander. Das *letzte* Gebiet nun, in welchem die früheren sich in eins bilden und in dieser Identität die Grundlage für die erst wahrhaft freie Entfaltung und Einigung der Töne abgeben, ist die *Melodie*.

Die Harmonie nämlich befaßt nur die wesentlichen Verhältnisse, welche das Gesetz der Notwendigkeit für die Tonwelt ausmachen, doch nicht selber schon, ebensowenig wie Takt und Rhythmus, eigentliche Musik, sondern nur die substantielle Basis, der gesetzmäßige Grund und Boden sind, auf dem die freie Seele sich ergeht. Das Poetische der Musik, die Seelensprache, welche die innere Lust und den Schmerz des Gemüts in Töne ergießt und in diesem Erguß sich über die Naturgewalt der Empfindung mildernd erhebt, indem sie das präsente Ergriffensein des Inneren zu einem Vernehmen seiner, zu einem freien Verweilen bei sich selbst macht und dem Herzen eben dadurch die Befreiung von dem Druck der Freuden und Leiden gibt – das freie Tönen der Seele im Felde der Musik ist erst die Melodie. Dies letzte Gebiet, insofern es die höhere poetische Seite der Musik, das Bereich ihrer eigentlich künstlerischen Erfindungen im Gebrauch der bisher betrachteten Elemente ausmacht, ist nun vornehmlich dasjenige, von welchem zu sprechen wäre. Dennoch aber treten uns hier gerade die schon oben erwähnten Schwierigkeiten in den Weg. Einerseits nämlich gehörte zu einer weitläufigen und begründenden Abhandlung des Gegenstandes eine genauere Kenntnis der Regeln der Komposition und eine ganz andere Kennerschaft der vollendetesten musikalischen Kunstwerke, als ich sie besitze und mir zu verschaffen gewußt habe, da man von den eigentlichen

Kennern und ausübenden Musikern – von den letzteren, die häufig die geistlosesten sind, am allerwenigsten – hierüber selten etwas Bestimmtes und Ausführliches hört. Auf der anderen Seite liegt es in der Natur der Musik selbst, daß sich in ihr weniger als in den übrigen Künsten Bestimmtes und Besonderes in allgemeinerer Weise festhalten und herausheben läßt und lassen soll. Denn wie sehr die Musik auch einen geistigen Inhalt in sich aufnimmt und das Innere dieses Gegenstandes oder die inneren Bewegungen der Empfindung zum Gegenstande ihres Ausdruckes macht, so bleibt dieser Inhalt, eben weil er seiner Innerlichkeit nach gefaßt wird oder als subjektive Empfindung widerklingt, unbestimmter und vager, und die musikalischen Veränderungen sind nicht jedesmal zugleich auch die Veränderung einer Empfindung oder Vorstellung, eines Gedankens oder einer individuellen Gestalt, sondern eine bloß musikalische Fortbewegung, die mit sich selber spielt und dahinein Methode bringt. Ich will mich deshalb nur auf folgende allgemeine Bemerkungen, die mir interessant scheinen und aufgefallen sind, beschränken.

α) Die Melodie in ihrer freien Entfaltung der Töne schwebt zwar einerseits unabhängig über Takt, Rhythmus und Harmonie, doch hat sie andererseits keine anderen Mittel zu ihrer Verwirklichung als eben die rhythmisch-taktmäßigen Bewegungen der Töne in deren wesentlichen und in sich selbst notwendigen Verhältnissen. Die Bewegung der Melodie ist daher in diese Mittel ihres Daseins eingeschlossen und darf nicht gegen die der Sache nach notwendige Gesetzmäßigkeit derselben in ihnen Existenz gewinnen wollen. In dieser engen Verknüpfung mit der Harmonie als solcher büßt aber die Melodie nicht etwa ihre Freiheit ein, sondern befreit sich nur von der Subjektivität zufälliger Willkür in launenhaftem Fortschreiten und bizarren Veränderungen und erhält gerade hierdurch erst ihre wahre Selbständigkeit. Denn die echte Freiheit steht nicht dem Notwendigen als einer fremden und deshalb drückenden und unterdrückenden

Macht gegenüber, sondern hat dies Substantielle als das ihr selbst einwohnende, mit ihr identische Wesen, in dessen Forderungen sie deshalb *so* sehr nur ihren eigenen Gesetzen folgt und ihrer eigenen Natur Genüge tut, daß sie sich erst in dem Abgehen von diesen Vorschriften von sich abwenden und sich selber ungetreu werden würde. Umgekehrt aber zeigt es sich nun auch, daß Takt, Rhythmus und Harmonie für sich genommen nur Abstraktionen sind, die in ihrer Isolierung keine musikalische Gültigkeit haben, sondern nur durch die Melodie und innerhalb derselben, als Momente und Seiten der Melodie selber, zu einer wahrhaft musikalischen Existenz gelangen können. In dem auf solche Weise in Einklang gebrachten Unterschied von Harmonie und Melodie liegt das Hauptgeheimnis der großen Kompositionen.

β) Was nun in dieser Rücksicht *zweitens* den *besonderen* Charakter der Melodie angeht, so scheinen mir folgende Unterschiede von Wichtigkeit zu sein.

αα) Die Melodie kann sich *erstens* in Ansehung ihres harmonischen Verlaufes auf einen ganz einfachen Kreis von Akkorden und Tonarten beschränken, indem sie sich nur innerhalb jener gegensatzlos zueinanderstimmenden Tonverhältnisse ausbreitet, welche sie dann bloß als Basis behandelt, um in deren Boden nur die allgemeineren Haltpunkte für ihre nähere Figuration und Bewegung zu finden. Liedermelodien z. B., die darum nicht etwa oberflächlich werden, sondern von tiefer Seele des Ausdrucks sein können, lassen sich gewöhnlich so in den einfachsten Verhältnissen der Harmonie hin und her gehen. Sie setzen die schwierigeren Verwicklungen der Akkorde und Tonarten gleichsam nicht ins Problem, insofern sie sich mit solchen Gängen und Modulierungen begnügen, welche, um ein Zueinanderstimmen zu bewirken, sich nicht zu scharfen Gegensätzen weitertreiben und keine vielfachen Vermittlungen erfordern, ehe die befriedigende Einheit herzustellen ist. Diese Behandlungsart kann allerdings auch zur Seichtigkeit führen, wie in vielen modernen italienischen und französischen Melodien, deren Harmonienfolge ganz oberflächlicher Art ist, während der Komponist, was ihm von dieser Seite her abgeht, nur durch einen pikanten Reiz des Rhythmus oder durch sonstige Würzen zu ersetzen sucht. Im allgemeinen aber ist die Leerheit der Melodie nicht eine notwendige Wirkung der Einfachheit ihrer harmonischen Basis.

ββ) Ein weiterer Unterschied besteht nun *zweitens* darin, daß die Melodie sich nicht mehr wie in dem ersten Falle bloß in einer Entfaltung von einzelnen Tönen auf einer relativ für sich als bloßer Grundlage sich fortbewegenden Harmonienfolge entwickelt, sondern daß sich jeder einzelne Ton der Melodie als ein konkretes Ganzes zu einem Akkord ausfüllt und dadurch teils einen Reichtum an Tönen erhält, teils sich mit dem Gange der Harmonie so eng verwebt, daß keine solche bestimmtere Unterscheidung einer sich für sich auslegenden Melodie und einer nur die begleitenden Haltpunkte und den festeren Grund und Boden abgebenden Harmonie mehr zu machen ist. Harmonie und Melodie bleiben dann ein und dasselbe kompakte Ganze, und eine Veränderung in der einen ist zugleich eine notwendige Veränderung in der anderen Seite. Dies findet z. B. besonders in vierstimmig gesetzten Chorälen statt. Ebenso kann sich auch ein und dieselbe Melodie mehrstimmig so verweben, daß diese Verschlingung einen Harmoniengang bildet, oder es können auch selbst verschiedene Melodien in der ähnlichen Weise harmonisch ineinandergearbeitet werden, so daß immer das Zusammentreffen bestimmter Töne dieser Melodien eine Harmonie abgibt, wie dies z. B. häufig in Kompositionen von Sebastian Bach vorkommt. Der Fortgang zerlegt sich dann in mannigfach voneinander abweichende Gänge, die selbständig neben- und durcheinander hinzuziehen scheinen, doch eine wesentlich harmonische Beziehung aufeinander behalten, die dadurch wieder ein notwendiges Zusammengehören hereinbringt.

γγ) In solcher Behandlungsweise nun *darf* nicht nur die

tiefere Musik ihre Bewegungen bis an die Grenzen unmittelbarer Konsonanz herantreiben, ja dieselbe, um zu ihr zurückzukehren, vorher sogar verletzen, sondern sie *muß* im Gegenteil das einfache erste Zusammenstimmen zu Dissonanzen auseinanderreißen. Denn erst in dergleichen Gegensätzen sind die tieferen Verhältnisse und Geheimnisse der Harmonie, in denen eine Notwendigkeit für sich liegt, begründet, und so können die tief eindringenden Bewegungen der Melodie auch nur in diesen tieferen harmonischen Verhältnissen ihre Grundlage finden. Die Kühnheit der musikalischen Komposition verläßt deshalb den bloß konsonierenden Fortgang, schreitet zu Gegensätzen weiter, ruft alle stärksten Widersprüche und Dissonanzen auf und erweist ihre eigene Macht in dem Aufwühlen aller Mächte der Harmonie, deren Kämpfe sie ebensosehr beschwichtigen zu können und damit den befriedigenden Sieg melodischer Beruhigung zu feiern die Gewißheit hat. Es ist dies ein Kampf der Freiheit und Notwendigkeit: ein Kampf der Freiheit der Phantasie, sich ihren Schwingen zu überlassen, mit der Notwendigkeit jener harmonischen Verhältnisse, deren sie zu ihrer Äußerung bedarf und in welchen ihre eigene Bedeutung liegt. Ist nun aber die Harmonie, der Gebrauch aller ihrer Mittel, die Kühnheit des Kampfes in diesem Gebrauch und gegen diese Mittel die Hauptsache, so wird die Komposition leicht schwerfällig und gelehrt, insofern ihr entweder die Freiheit der Bewegung wirklich abgeht oder sie wenigstens den vollständigen Triumph derselben nicht heraustreten läßt.

γ) In jeder Melodie nämlich *drittens* muß sich das eigentlich Melodische, Sangbare, in welcher Art von Musik es sei, als das Vorherrschende, Unabhängige zeigen, das in dem Reichtume seines Ausdrucks sich nicht vergißt und verliert. Nach dieser Seite hin ist die Melodie zwar die unendliche Bestimmbarkeit und Möglichkeit in Fortbewegung von Tönen, die aber so gehalten sein muß, daß immer ein in sich totales und abgeschlossenes Ganzes vor unserem Sinne bleibt. Dies Ganze enthält zwar eine Mannigfaltigkeit und hat in sich einen Fortschritt, aber als Totalität muß es fest in sich abgerundet sein und bedarf insofern eines bestimmten Anfangs und Abschlusses, so daß die Mitte nur die Vermittlung jenes Anfangs und dieses Endes ist. Nur als diese Bewegung, die nicht ins Unbestimmte hinausläuft, sondern in sich selbst gegliedert ist und zu sich zurückkehrt, entspricht die Melodie dem freien Beisichsein der Subjektivität, deren Ausdruck sie sein soll, und so allein übt die Musik in ihrem eigentümlichen Elemente der Innerlichkeit, die unmittelbar Äußerung, und der Äußerung, die unmittelbar innerlich wird, die Idealität und Befreiung aus, welche, indem sie zugleich der harmonischen Notwendigkeit gehorcht, die Seele in das Vernehmen einer höheren Sphäre versetzt.

3. Verhältnis der musikalischen Ausdrucksmittel zu deren Inhalt

Nach Angabe des allgemeinen Charakters der Musik haben wir die besonderen Seiten betrachtet, nach welchen sich die Töne und deren zeitliche Dauer gestalten müssen. Indem wir nun aber mit der Melodie in das Bereich der freien künstlerischen Erfindung und des wirklichen musikalischen Schaffens hereingetreten sind, handelt es sich sogleich um einen *Inhalt,* der in Rhythmus, Harmonie und Melodie einen kunstgemäßen Ausdruck erhalten soll. Die Feststellung der allgemeinen Arten dieses Ausdrucks gibt nun den letzten Gesichtspunkt, von welchem aus wir jetzt noch auf die verschiedenen Gebiete der Musik einen Blick zu werfen haben. – In dieser Rücksicht ist zunächst folgender Unterschied herauszuheben.

Das eine Mal kann, wie wir schon früher sahen, die Musik *begleitend* sein, wenn nämlich ihr geistiger Inhalt nicht nur in der abstrakten Innerlichkeit seiner Bedeutung oder als subjektive Empfindung ergriffen wird, sondern so in die musikalische Bewegung eingeht, wie er von der Vorstellung bereits ausgebildet und in Worte gefaßt worden ist. Das andere Mal dagegen reißt die Musik sich von solch einem für sich schon fertigen Inhalte los und *verselbständigt* sich in ihrem eigenen Felde, so daß sie entweder, wenn sie sich's mit irgendeinem bestimmten Gehalt überhaupt noch zu tun macht, denselben unmittelbar in Melodien und deren harmonische Durcharbeitung einsenkt oder sich auch durch das ganz unabhängige Klingen und Tönen als solches und die harmonische und melodische Figuration desselben zufriedenzustellen weiß. Obschon in einem ganz anderen Felde, kehrt dadurch ein ähnlicher Unterschied zurück, wie wir ihn innerhalb der Architektur als die selbständige und dienende Baukunst gesehen haben. Doch ist die begleitende Musik wesentlich freier und geht mit ihrem Inhalt in eine viel engere Einigung ein, als dies in der Architektur jemals der Fall sein kann.

Dieser Unterschied tut sich nun in der realen Kunst als die Verschiedenartigkeit der *Vokal-* und *Instrumental*musik hervor. Wir dürfen denselben jedoch nicht in der bloß äußerlichen Weise nehmen, als wenn in der Vokalmusik nur der *Klang* der menschlichen Stimme, in der Instrumentalmusik dagegen das mannigfaltigere Klingen der übrigen Instrumente verwendet würde; sondern die Stimme spricht singend zugleich Worte aus, welche die Vorstellung eines bestimmten Inhaltes angeben, so daß nun die Musik als *gesungenes* Wort, wenn beide Seiten – Ton und Wort – nicht gleichgültig und beziehungslos auseinanderfallen sollen, nur die Aufgabe haben kann, den musikalischen Ausdruck diesem Inhalt – der als *Inhalt* seiner näheren Bestimmtheit nach vor die Vorstellung gebracht ist und nicht mehr der unbestimmteren Empfindung angehörig bleibt –, soweit die Musik es vermag, gemäß zu machen. Insofern aber, dieser Einigung unerachtet, der vorgestellte Inhalt als Text für sich vernehmbar und lesbar ist und sich deshalb auch für die Vorstellung selbst von dem musikalischen Ausdruck unterscheidet, so wird die zu einem Text hinzukommende Musik dadurch begleitend, während in der Skulptur und Malerei der dargestellte Inhalt nicht schon für sich außerhalb seiner künstlerischen Gestalt an die Vorstellung gelangt. Doch müssen wir den Begriff solcher *Begleitung* auf der anderen Seite ebensowenig im Sinne bloß dienstbarer Zweckmäßigkeit auffassen, denn die Sache verhält sich gerade umgekehrt: der Text steht im Dienste der Musik und hat keine weitere Gültigkeit, als dem Bewußtsein eine nähere Vorstellung von dem zu verschaffen, was sich der Künstler zum bestimmten Gegenstande seines Werks auserwählt hat. Diese Freiheit bewährt die Musik dann vornehmlich dadurch, daß sie den Inhalt nicht etwa in der Weise auffaßt, in welcher der Text denselben vorstellig macht, sondern sich eines Elementes bemächtigt, welches der Anschauung und Vorstellung nicht angehört. In dieser Rücksicht habe ich schon bei der allgemeinen Charakteristik der Musik angedeutet, daß die Musik die Innerlichkeit als solche ausdrücken müsse. Die Innerlichkeit aber kann *gedoppelter* Art sein. Einen Gegenstand in seiner Innerlichkeit nehmen kann nämlich einerseits heißen, ihn nicht in seiner äußeren Realität der Erscheinung, sondern seiner *ideellen Bedeutung* nach ergreifen; auf der anderen Seite aber kann damit gemeint sein, einen Inhalt so ausdrücken, wie er in der Subjektivität der *Empfindung* lebendig ist. Beide Auffassungsweisen sind der Musik möglich. Ich will dies näher vorstellig zu machen versuchen.

In alten Kirchenmusiken, bei einem Crucifixus z. B., sind die tiefen Bestimmungen, welche in dem Begriffe der Passion Christi als dieses göttlichen Leidens, Sterbens und Begrabenwerdens liegen, mehrfach so gefaßt worden, daß sich nicht eine *subjektive* Empfindung der Rührung, des Mitleidens oder menschlichen einzelnen Schmerzes über dies Begebnis ausspricht, sondern gleichsam die Sache selbst, d. h. die Tiefe ihrer Bedeutung durch die Harmonien und deren melodischen Verlauf hinbewegt. Zwar wird auch in diesem Falle in betreff auf den Hörer für die Empfindung gearbeitet: er soll den Schmerz der Kreuzigung, die Grablegung nicht *anschauen,* sich nicht nur eine allgemeine *Vorstellung* davon ausbilden, sondern in seinem innersten Selbst soll er das Innerste dieses Todes und dieser göttlichen Schmerzen durchleben, sich mit dem ganzen Gemüte darein versenken, so daß nun die Sache etwas in ihm Vernommenes wird, das alles übrige auslöscht und das Subjekt nur mit diesem einen erfüllt. Ebenso muß auch das Gemüt des Komponisten, damit das Kunstwerk solch einen Eindruck hervorzubringen die Macht erhalte, sich ganz in die Sache und nur in sie und nicht bloß in das subjektive Empfinden derselben eingelebt haben und nur sie allein in den Tönen für den inneren Sinn lebendig machen wollen.

Umgekehrt kann ich z. B. ein Buch, einen Text, der ein Begebnis erzählt, eine Handlung vorführt, Empfindungen zu Worten ausprägt, lesen und dadurch in meiner eigensten Empfindung höchst aufgeregt werden, Tränen vergießen usf. Dies *subjektive* Moment der Empfindung, das alles menschliche Tun und Handeln, jeden Ausdruck des inneren Lebens begleiten und nun auch im Vernehmen jeder Begebenheit und Mitanschauen jeder Handlung erweckt werden kann, ist die Musik ganz ebenso zu organisieren imstande und besänftigt, beruhigt, idealisiert dann auch durch ihren Eindruck im Hörer die Mitempfindung, zu der er sich gestimmt fühlt. In beiden Fällen erklingt also der Inhalt für das innere Selbst, welchem die Musik, eben weil sie sich des Subjekts seiner einfachen Konzentration nach bemächtigt, nun ebenso auch die umherschweifende Freiheit des Denkens, Vorstellens, Anschauens und das Hinaussein über einen bestimmten Gehalt zu begrenzen weiß, indem sie das Gemüt in einem besonderen Inhalte festhält, es in demselben beschäftigt und in diesem Kreise die Empfindung bewegt und ausfüllt.

Dies ist der Sinn, in welchem wir hier von begleitender Musik zu sprechen haben, insoweit sie in der angegebenen Weise von dem durch den Text für die Vorstellung bereits hingestellten Inhalt jene Seite der Innerlichkeit ausbildet. Da nun aber die Musik dieser Aufgabe besonders in der Vokalmusik nachzukommen vermag und die menschliche Stimme dann außerdem noch mit Instrumenten verbindet, so ist man gewohnt, gerade die Instrumentalmusik vorzugsweise begleitend zu nennen. Allerdings begleitet dieselbe die Stimme und darf sich dann nicht absolut verselbständigen und die Hauptsache ausmachen wollen; in dieser Verbindung jedoch steht die Vokalmusik direkter noch unter der oben angedeuteten Kategorie eines begleitenden Tönens, indem die Stimme artikulierte Worte für die Vorstellung spricht und der Gesang nur eine neue weitere Modifikation des Inhalts dieser Worte, nämlich eine Ausführung derselben für die innere Gemütsempfindung ist, während bei der Instrumentalmusik als solcher das Aussprechen für die Vorstellung fortfällt und die Musik sich auf die eigenen Mittel ihrer rein musikalischen Ausdrucksweise beschränken muß.

Zu diesen Unterschieden tritt nun endlich noch eine *dritte* Seite, welche nicht darf übersehen werden. Ich habe nämlich früher bereits darauf hingewiesen, daß die lebendige Wirklichkeit eines musikalischen Werkes immer erst von neuem wieder produziert werden müsse. In den bildenden Künsten stehen die Skulptur und die Malerei in dieser Rücksicht im Vorteil. Der Bildhauer, der Maler konzipiert sein Werk und führt es auch vollständig aus; die ganze Kunsttätigkeit konzentriert sich auf ein und dasselbe Individuum, wodurch das innige Sichentsprechen von Erfindung und wirklicher Ausführung sehr gewinnt. Schlimmer dagegen hat es der Architekt, welcher der Vielgeschäftigkeit eines mannigfach verzweigten Handwerks bedarf, das er anderen Händen anvertrauen muß. Der Komponist nun hat sein Werk gleichfalls fremden Händen und Kehlen zu übergeben, doch mit dem Unterschiede, daß hier die Exekution, von seiten sowohl des Technischen als auch des inneren belebenden Geistes, selbst wieder eine künstlerische und nicht nur handwerksmäßige Tätigkeit fordert. Besonders in dieser Beziehung haben sich gegenwärtig wieder, so wie bereits zur Zeit der älteren italienischen Oper, während in den anderen

Künsten keine neuen Entdeckungen gemacht worden sind, in der Musik zwei Wunder aufgetan: eines der Konzeption, das andere der virtuosen Genialität in der Exekution, rücksichtlich welcher sich auch für die größeren Kenner der Begriff dessen, was Musik ist und was sie zu leisten vermag, mehr und mehr erweitert hat.

Hiernach erhalten wir für die *Einteilung* dieser letzten Betrachtungen folgende Haltpunkte:

Erstens haben wir uns mit der *begleitenden* Musik zu beschäftigen und zu fragen, zu welchen Ausdrucksweisen eines Inhalts dieselbe im allgemeinen befähigt ist.

Zweitens müssen wir dieselbe Frage nach dem näheren Charakter der für sich *selbständigen* Musik aufwerfen und *drittens* mit einigen Bemerkungen über die künstlerische *Exekution* schließen.

a. Die begleitende Musik

Aus dem, was ich bereits oben über die Stellung von Text und Musik zueinander gesagt habe, geht unmittelbar die Forderung hervor, daß in diesem ersten Gebiete sich der musikalische Ausdruck weit strenger einem bestimmten Inhalte anzuschließen habe als da, wo die Musik sich selbständig ihren eigenen Bewegungen und Eingebungen überlassen darf. Denn der Text gibt von Hause aus bestimmte Vorstellungen und entreißt dadurch das Bewußtsein jenem mehr träumerischen Elemente vorstellungsloser Empfindung, in welchem wir uns, ohne gestört zu sein, hier- und dorthin führen lassen und die Freiheit, aus einer Musik dies und das herauszuempfinden, uns von ihr so oder so bewegt zu fühlen, nicht aufzugeben brauchen. In dieser Verwebung nun aber muß sich die Musik nicht zu solcher Dienstbarkeit herunterbringen, daß sie, um in recht vollständiger Charakteristik die Worte des Textes wiederzugeben, das freie Hinströmen ihrer Bewegungen verliert und dadurch, statt ein auf sich selbst beruhendes Kunstwerk zu erschaffen, nur die verständige Künstlichkeit ausübt, die musikalischen

Ausdrucksmittel zur möglichst getreuen Bezeichnung eines außerhalb ihrer und ohne sie bereits fertigen Inhaltes zu verwenden. Jeder merkbare Zwang, jede Hemmung der freien Produktion tut in dieser Rücksicht dem Eindrucke Abbruch. Auf der anderen Seite muß sich jedoch die Musik auch nicht, wie es jetzt bei den meisten neueren italienischen Komponisten Mode geworden ist, fast gänzlich von dem Inhalt des Textes, dessen Bestimmtheit dann als eine Fessel erscheint, emanzipieren und sich dem Charakter der selbständigen Musik durchaus nähern wollen. Die Kunst besteht im Gegenteil darin, sich mit dem Sinn der ausgesprochenen Worte, der Situation, Handlung usf. zu erfüllen und aus dieser inneren Beseelung heraus sodann einen seelenvollen Ausdruck zu finden und musikalisch auszubilden. So haben es alle großen Komponisten gemacht. Sie geben nichts den Worten Fremdes, aber sie lassen ebensowenig den freien Erguß der Töne, den ungestörten Gang und Verlauf der Komposition, die dadurch ihrer selbst und nicht bloß der Worte wegen da ist, vermissen.

Innerhalb dieser echten Freiheit lassen sich näher *drei* verschiedene Arten des Ausdrucks unterscheiden.

α) Den Beginn will ich mit dem machen, was man als das eigentlich *Melodische* im Ausdruck bezeichnen kann. Hier ist es die Empfindung, die tönende Seele, die für sich selbst werden und in ihrer Äußerung sich genießen soll.

αα) Die menschliche Brust, die Stimmung des Gemüts macht überhaupt die Sphäre aus, in welcher sich der Komponist zu bewegen hat, und die Melodie, dies reine Ertönen des Inneren, ist die eigenste Seele der Musik. Denn wahrhaft seelenvollen Ausdruck erhält der Ton erst dadurch, daß eine Empfindung in ihn hineingelegt wird und aus ihm herausklingt. In dieser Rücksicht ist schon der Naturschrei des Gefühls, der Schrei des Entsetzens z. B., das Schluchzen des Schmerzes, das Aufjauchzen und Trillern übermütiger Lust und Fröhlichkeit usf. höchst ausdrucksvoll, und ich habe deshalb auch oben schon diese Äußerungsweise als den Ausgangspunkt für die Musik bezeichnet, zugleich aber hinzugefügt, daß sie bei der Natürlichkeit als solcher nicht dürfe stehenbleiben. Hierin besonders unterscheiden sich wieder Musik und Malerei. Die Malerei kann oft die schönste und kunstgemäße Wirkung hervorbringen, wenn sie sich ganz in die wirkliche Gestalt, die Färbung und den Seelenausdruck eines vorhandenen Menschen in einer bestimmten Situation und Umgebung hineinlebt und, was sie so ganz durchdrungen und in sich aufgenommen hat, nun auch ganz in dieser Lebendigkeit wiedergibt. Hier ist die Naturtreue, wenn sie mit der Kunstwahrheit zusammentrifft, vollständig an ihrer Stelle. Die Musik dagegen muß den Ausdruck der Empfindungen nicht als Naturausbruch der Leidenschaft wiederholen, sondern das zu bestimmten Tonverhältnissen ausgebildete Klingen empfindungsreich beseelen und insofern den Ausdruck in ein erst durch die Kunst und für sie allein gemachtes Element hineinheben, in welchem der einfache Schrei sich zu einer Folge von Tönen, zu einer Bewegung auseinanderlegt, deren Wechsel und Lauf durch Harmonie gehalten und melodisch abgerundet wird.

ββ) Dies Melodische nun erhält eine nähere Bedeutung und Bestimmung in bezug auf das Ganze des menschlichen Geistes. Die schöne Kunst der Skulptur und Malerei bringt das geistige Innere hinaus zur äußeren Objektivität und befreit den Geist wieder aus dieser Äußerlichkeit des Anschauens dadurch, daß er einerseits sich selbst, Inneres, geistige Produktion darin wiederfindet, während andererseits der subjektiven Besonderheit, dem willkürlichen Vorstellen, Meinen und Reflektieren nichts gelassen wird, indem der Inhalt in seiner ganz bestimmten Individualität hinausgestellt ist. Die Musik hingegen hat, wie wir mehrfach sahen, für solche Objektivität nur das Element des Subjektiven selber, durch welches das Innere deshalb nur mit *sich* zusammengeht und in seiner Äußerung, in der die Empfindung sich aussingt, zu sich zurückkehrt. Musik ist Geist, Seele, die unmittelbar für sich selbst erklingt und sich in ihrem Sichvernehmen befriedigt fühlt. Als schöne Kunst nun aber erhält sie von seiten des Geistes her sogleich die Aufforderung, wie die Affekte selbst so auch deren Ausdruck zu zügeln, um nicht zum bacchantischen Toben und wirbelnden Tumult der Leidenschaften fortgerissen zu werden oder im Zwiespalt der Verzweiflung stehenzubleiben, sondern im Jubel der Lust wie im höchsten Schmerz noch frei und in ihrem Ergusse selig zu sein. Von dieser Art ist die wahrhaft idealische Musik, der melodische Ausdruck in Palestrina, Durante, Lotti, Pergolesi, Gluck, Haydn, Mozart. Die Ruhe der Seele bleibt in den Kompositionen dieser Meister unverloren; der Schmerz drückt sich zwar gleichfalls aus, doch er wird immer gelöst, das klare Ebenmaß verläuft sich zu keinem Extrem, alles bleibt in gebändigter Form fest zusammen, so daß der Jubel nie in wüstes Toben ausartet und selbst die Klage die seligste Beruhigung gibt. Ich habe schon bei der italienischen Malerei davon gesprochen, daß auch in dem tiefsten Schmerze und der äußersten Zerrissenheit des Gemüts die Versöhnung mit sich nicht fehlen dürfe, die in Tränen und Leiden selbst noch den Zug der Ruhe und glücklichen Gewißheit bewahrt. Der Schmerz bleibt schön in einer tiefen Seele, wie auch im Harlekin noch Zierlichkeit und Grazie herrscht. In derselben Weise hat die Natur den Italienern vornehmlich auch die Gabe des melodischen Ausdrucks zugeteilt, und wir finden in ihren älteren Kirchenmusiken bei der höchsten Andacht der Religion zugleich das reine Gefühl der Versöhnung und, wenn auch der Schmerz die Seele aufs tiefste ergreift, dennoch die Schönheit und Seligkeit, die einfache Größe und Gestaltung der Phantasie in dem zur Mannigfaltigkeit hinausgehenden Genuß ihrer selbst. Es ist eine Schönheit, die wie Sinnlichkeit aussieht, so daß man auch diese melodische Befriedigung häufig auf einen bloß sinnlichen Genuß bezieht, aber die Kunst hat sich gerade im Elemente des Sinnlichen zu bewegen und den Geist in eine Sphäre hinüberzuführen, in welcher, wie im Natürlichen, das in sich und mit sich Befriedigtsein der Grundklang bleibt.

γγ) Wenn daher die *Besonderheit* der Empfindung dem Melodischen nicht fehlen darf, so soll die Musik dennoch, indem sie Leidenschaft und Phantasie in Tönen hinströmen läßt, die Seele, die in diese Empfindung sich versenkt, zugleich darüber erheben, sie über ihrem Inhalte schweben machen und so eine Region ihr bilden, wo die Zurücknahme aus ihrem Versenktsein, das reine Empfinden ihrer selbst ungehindert statthaben kann. Dies eigentlich macht das recht Sangbare, den Gesang einer Musik aus. Es ist dann nicht nur der Gang der *bestimmten* Empfindung als solcher, der Liebe, Sehnsucht, Fröhlichkeit usf., was zur Hauptsache wird, sondern das Innere, das darüber steht, in seinem Leiden wie in seiner Freude sich ausbreitet und seiner selbst genießt. Wie der Vogel in den Zweigen, die Lerche in der Luft heiter, rührend singt, um zu singen, als reine Naturproduktion, ohne weiteren Zweck und bestimmten Inhalt, so ist es mit dem menschlichen Gesang und dem Melodischen des Ausdrucks. Daher geht auch die italienische Musik, in welcher dies Prinzip insbesondere vorwaltet, wie die Poesie häufig in das melodische Klingen als solches über und kann leicht die Empfindung und deren bestimmten Ausdruck zu verlassen scheinen oder wirklich verlassen, weil sie eben auf den Genuß der Kunst als Kunst, auf den Wohllaut der Seele in ihrer Selbstbefriedigung geht. Mehr oder weniger ist dies aber der Charakter des recht eigentlich Melodischen überhaupt. Die bloße Bestimmtheit des Ausdrucks, obschon sie auch da ist, hebt sich zugleich auf, indem das Herz nicht in anderes, Bestimmtes, sondern in das Vernehmen seiner selbst versunken ist und so allein, wie das Sichselbstanschauen des reinen Lichtes, die höchste Vorstellung von seliger Innigkeit und Versöhnung gibt.

β) Wie nun in der Skulptur die idealische Schönheit, das Beruhen-auf-sich vorherrschen muß, die Malerei aber bereits weiter zur besonderen Charakteristik herausgeht und in der Energie des bestimmten Ausdrucks eine Hauptaufgabe erfüllt, so kann sich auch die Musik nicht mit dem Melodischen in der oben geschilderten Weise begnügen. Das bloße Sich-selbstempfinden der Seele und das tönende Spiel des Sich-vernehmens ist zuletzt als bloße Stimmung zu allgemein und abstrakt und läuft Gefahr, sich nicht nur von der näheren Bezeichnung des im Text ausgesprochenen Inhalts zu ent-fernen, sondern auch überhaupt leer und trivial zu werden. Sollen nun Schmerz, Freude, Sehnsucht usf. in der Melodie widerklingen, so hat die wirkliche, konkrete Seele in der ernsten Wirklichkeit dergleichen Stimmungen nur innerhalb eines wirklichen Inhalts, unter bestimmten Umständen, in besonderen Situationen, Begebnissen, Handlungen usf. Wenn uns der Gesang die Empfindung z. B. der Trauer, der Klage über einen Verlust erweckt, so fragt es sich deshalb sogleich: was ist verlorengegangen? Ist es das Leben mit dem Reich-tum seiner Interessen, ist es Jugend, Glück, Gattin, Geliebte, sind es Kinder, Eltern, Freunde usf.? Dadurch erhält die Musik die fernere Aufgabe, in betreff auf den bestimmten Inhalt und die *besonderen* Verhältnisse und Situationen, in welche das Gemüt sich eingelebt hat und in denen es nun sein inneres Leben zu Tönen erklingen macht, dem Ausdruck selber die *gleiche Besonderung* zu geben. Denn die Musik hat es nicht mit dem Inneren als solchem, sondern mit dem erfüllten Inneren zu tun, dessen bestimmter Inhalt mit der Bestimmtheit der Empfindung aufs engste verbunden ist, so daß nun nach Maßgabe des verschiedenen Gehalts auch wesentlich eine Unterschiedenheit des Ausdrucks wird her-vortreten müssen. Ebenso geht das Gemüt, je mehr es sich mit seiner ganzen Macht auf irgendeine Besonderheit wirft, um so mehr zur steigenden Bewegung der Affekte und, jenem seligen Genuß der Seele in sich selbst gegenüber, zu Kämpfen und Zerrissenheit, zu Konflikten der Leidenschaf-ten gegeneinander und überhaupt zu einer Tiefe der Beson-derung heraus, für welche der bisher betrachtete Ausdruck nicht mehr entsprechend ist. Das Nähere des Inhalts ist nun eben das, was der *Text* angibt. Bei dem eigentlich Melodi-schen, das sich auf dies Bestimmte weniger einläßt, bleiben die spezielleren Bezüge des Textes mehr nur nebensächlich. Ein Lied z. B., obschon es als Gedicht und Text in sich selbst ein Ganzes von mannigfach nuancierten Stimmungen, Anschauungen und Vorstellungen enthalten kann, hat dennoch meist den Grundklang ein und derselben, sich durch alles fortziehenden Empfindung und schlägt dadurch vornehmlich *einen* Gemütston an. Diesen zu fassen und in Tönen wiederzugeben macht die Hauptwirksamkeit solcher Liedermelodie aus. Sie kann deshalb auch das ganze Gedicht hindurch für alle Verse, wenn diese auch in ihrem Inhalt vielfach modifiziert sind, dieselbe bleiben und durch diese Wiederkehr gerade, statt dem Eindruck Schaden zu tun, die Eindringlichkeit erhöhen. Es geht damit wie in einer Landschaft, wo auch die verschiedenartigsten Gegenstände uns vor Augen gestellt sind und doch nur ein und dieselbe Grundstimmung und Situation der Natur das Ganze belebt. Solch ein Ton, mag er auch nur für ein paar Verse passen und für andere nicht, muß auch im Liede herrschen, weil hier der bestimmte Sinn der Worte nicht das Überwiegende sein darf, sondern die Melodie einfach für sich über der Verschiedenartigkeit schwebt. Bei vielen Kompositionen dagegen, welche bei jedem neuen Verse mit einer neuen Melodie anheben, die oft in Takt, Rhythmus und selbst in Tonart von der vorhergehenden verschieden ist, sieht man gar nicht ein, warum, wären solche wesentliche Abänderungen wirklich notwendig, nicht auch das Gedicht selbst in Metrum, Rhythmus, Reimverschlingung usf. bei jedem Verse wechseln müßte.

αα) Was sich nun aber für das Lied, das ein echt melodischer Gesang der Seele ist, als passend erweist, reicht nicht für jede Art des musikalischen Ausdruckes hin. Wir haben deshalb dem Melodischen als solchem gegenüber noch eine *zweite* Seite herauszuheben, die von gleicher Wichtigkeit ist und den Gesang erst eigentlich zur begleitenden Musik macht. Dies findet in derjenigen Ausdrucksweise statt, welche im *Rezitativ* vorherrscht. Hier nämlich ist es keine in sich abgeschlossene Melodie, welche gleichsam nur den Grundton eines

Inhalts auffaßt, in dessen Ausbildung die Seele als mit sich einige Subjektivität sich selber vernimmt, sondern der Inhalt der Worte prägt sich seiner ganzen Besonderheit nach den Tönen ein und bestimmt den Verlauf sowie den Wert derselben in Rücksicht auf bezeichnende Höhe oder Tiefe, Heraushebung oder Senkung. Hierdurch wird die Musik im Unterschiede des melodischen Ausdrucks zu einer tönenden *Deklamation,* welche sich dem Gange der Worte sowohl in Ansehung des Sinns als auch der syntaktischen Zusammenstellung genau anschließt und, insofern sie nur die Seite der erhöhteren Empfindung als neues Element hinzubringt, zwischen dem Melodischen als solchem und der poetischen Rede steht. Dieser Stellung gemäß tritt deshalb eine freiere Akzentuierung ein, welche sich streng an den bestimmten Sinn der einzelnen Wörter hält; der Text selbst bedarf keines fest bestimmten Metrums, und der musikalische Vortrag braucht sich nicht wie das Melodische in gleichartiger Folge eng an Takt und Rhythmus zu binden, sondern kann diese Seite in betreff auf Forteilen und Zurückhalten, Verweilen bei bestimmten Tönen und schnelles Überfliegen anderer der ganz vom Inhalt der Worte ergriffenen Empfindung frei anheimstellen. Ebenso ist die Modulation nicht so abgeschlossen als im Melodischen; Beginn, Fortschreiten, Einhalten, Abbrechen, Wiederanfangen, Aufhören, alles dies ist nach Bedürfnis des auszudrückenden Textes einer unbeschränkteren Freiheit übergeben; unvermutete Akzente, weniger vermittelte Übergänge, plötzlicher Wechsel und Abschlüsse sind erlaubt, und im Unterschiede hinströmender Melodien stört auch die fragmentarisch abgebrochene, leidenschaftlich zerrissene Äußerungsweise, wenn es der Inhalt erfordert, nicht.

ββ) In dieser Beziehung zeigt sich der rezitativisch-deklamatorische Ausdruck gleich geschickt für die stille Betrachtung und den ruhigen Bericht von Ereignissen als auch für die empfindungsreiche Gemütsschilderung, welche das Innere mitten in eine Situation hineingerissen zeigt und das Herz für alles, was sich in derselben bewegt, in lebendigen Seelentönen zur Mitempfindung weckt. Seine hauptsächliche Anwendung erhält das Rezitativ deshalb einerseits im Oratorium, teils als erzählendes Rezitieren, teils als lebendigeres Hineinführen in ein augenblickliches Geschehen, andererseits im dramatischen Gesang, wo demselben alle Nuancen einer flüchtigen Mitteilung sowie jede Art der Leidenschaft zusteht, mag sie sich in scharfem Wechsel, kurz, zerstückt, in aphoristischem Ungestüm äußern, mit raschen Blitzen und Gegenblitzen des Ausdrucks dialogisch einschlagen oder auch zusammenhängender hinfluten. Außerdem kann in beiden Gebieten, dem epischen und dramatischen, auch noch die Instrumentalmusik hinzukommen, um entweder ganz einfach die Haltpunkte für die Harmonien anzugeben oder den Gesang auch mit Zwischensätzen zu unterbrechen, die in ähnlicher Charakteristik andere Seiten und Fortbewegungen der Situation musikalisch ausmalen.

γγ) Was jedoch dieser rezitativischen Art der Deklamation abgeht, ist eben der Vorzug, den das Melodische als solches hat, die bestimmte Gliederung und Abrundung, der Ausdruck jener Seeleninnigkeit und Einheit, welche sich zwar in einen besonderen Inhalt hineinlegt, doch in ihm gerade die Einigkeit mit sich kundgibt, indem sie sich nicht durch die einzelnen Seiten zerstreuen, hin und her reißen und zersplittern läßt, sondern auch in ihnen noch die subjektive Zusammenfassung geltend macht. Die Musik kann sich daher auch in betreff solcher bestimmteren Charakteristik ihres durch den Text gegebenen Inhalts weder mit der rezitativischen Deklamation begnügen, noch überhaupt bei dem bloßen *Unterschiede* des Melodischen, das relativ über den Besonderheiten und Einzelheiten der Worte schwebt, und des Rezitativischen, das sich denselben aufs engste anzuschließen bemüht ist, stehenbleiben. Im Gegenteil muß sie eine *Vermittlung* dieser Elemente zu erlangen suchen. Wir können diese neue Einigung mit dem vergleichen, was wir früher bereits in bezug auf den Unterschied der Harmonie und

Melodie eintreten sahen. Die Melodie nahm das Harmonische als ihre nicht nur allgemeine, sondern ebenso in sich bestimmte und besonderte Grundlage in sich hinein, und statt dadurch die Freiheit ihrer Bewegung zu verlieren, gewann sie für dieselbe erst die ähnliche Kraft und Bestimmtheit, welche der menschliche Organismus durch die feste Knochenstruktur erhält, die nur unangemessene Stellungen und Bewegungen verhindert, den gemäßen dagegen Halt und Sicherheit gibt. Dies führt uns auf einen letzten Gesichtspunkt für die Betrachtung der begleitenden Musik.

γ) Die *dritte* Ausdrucksweise nämlich besteht darin, daß der melodische Gesang, der einen Text begleitet, sich auch gegen die besondere Charakteristik hinwendet und daher das im Rezitativ vorwaltende Prinzip nicht bloß gleichgültig sich gegenüber bestehen läßt, sondern es zu dem seinigen macht, um sich selber die fehlende Bestimmtheit, der charakterisierenden Deklamation aber die organische Gliederung und einheitsvolle Abgeschlossenheit angedeihen zu lassen. Denn schon das Melodische, wie wir es oben betrachtet haben, konnte nicht schlechthin leer und unbestimmt bleiben. Wenn ich daher hauptsächlich nur *den* Punkt davon heraushob, daß es hier in allem und jedem Gehalt die mit sich und ihrer Innigkeit beschäftigte und in dieser Einheit mit sich beseligte Gemütsstimmung sei, welche sich ausdrücke und dem Melodischen als solchem entspreche, indem dasselbe, musikalisch genommen, die gleiche Einheit und abgerundete Rückkehr in sich sei, so geschah dies nur, weil dieser Punkt den spezifischen Charakter des rein Melodischen im Unterschiede der rezitativischen Deklamation betrifft. Die weitere Aufgabe nun aber des Melodischen ist dahin festzustellen, daß die Melodie, was zunächst außerhalb ihrer sich bewegen zu müssen scheint, auch zu ihrem Eigentum werden läßt und durch diese Erfüllung, insofern sie nun ebenso deklamatorisch als melodisch ist, erst zu einem wahrhaft konkreten Ausdrucke gelangt. Auf der anderen Seite steht dadurch auch das Deklamatorische nicht mehr für sich vereinzelt da, sondern ergänzt durch das Hineingenommensein in den melodischen Ausdruck ebensosehr seine eigene Einseitigkeit. Dies macht die Notwendigkeit für diese konkrete Einheit aus.

Um jetzt an das Nähere heranzugehen, haben wir hier folgende Seiten zu sondern:

Erstens müssen wir auf die Beschaffenheit des *Textes*, der sich zur Komposition eignet, einen Blick werfen, da sich der bestimmte Inhalt der Worte jetzt für die Musik und deren Ausdruck als von wesentlicher Wichtigkeit erwiesen hat.

Zweitens ist in Rücksicht auf die *Komposition* selbst ein neues Element, die charakterisierende Deklamation, herzugetreten, welches wir deshalb in seinem Verhältnis zu dem Prinzipe betrachten müssen, das wir zunächst im Melodischen fanden.

Drittens wollen wir uns nach den *Gattungen* umsehen, innerhalb welcher diese Art musikalischer Ausdrucksweise ihre vornehmlichste Stelle findet.

αα) Die Musik begleitet auf der Stufe, die uns gegenwärtig beschäftigt, den Inhalt nicht nur im allgemeinen, sondern hat, wie wir sahen, auch auf eine nähere Charakteristik desselben einzugehen. Es ist deshalb ein schädliches Vorurteil, zu meinen, die Beschaffenheit des Textes sei für die Komposition eine gleichgültige Sache. Den großartigen Musikwerken liegt im Gegenteil ein vortrefflicher Text zugrunde, den sich die Komponisten mit wahrhaftem Ernst ausgewählt oder selber gebildet haben. Denn keinem Künstler darf der Stoff, den er behandelt, gleichgültig bleiben und dem Musiker um so weniger, je mehr ihm die Poesie die nähere epische, lyrische, dramatische Form des Inhalts schon im voraus bearbeitet und feststellt.

Die Hauptforderung nun, welche in bezug auf einen guten Text zu machen ist, besteht darin, daß der Inhalt in sich selbst wahrhafte *Gediegenheit* habe. Mit in sich selbst Plattem, Trivialem, Kahlem und Absurdem läßt sich nichts musikalisch Tüchtiges und Tiefes herauskünsteln; der Komponist mag noch so würzen und spicken, aus einer gebratenen Katze wird doch keine Hasenpastete. Bei bloß melodischen Musikstücken freilich ist der Text im ganzen weniger entscheidend; dennoch aber erheischen auch sie einen in sich wahren Gehalt der Worte. Auf der anderen Seite darf jedoch dieser Inhalt auch wieder nicht allzu gedankenschwer und von philosophischer Tiefe sein, wie z. B. die Schillersche Lyrik, deren großartige Weite des Pathos den musikalischen Ausdruck lyrischer Empfindungen überfliegt. Ähnlich geht es auch mit den Chören des Aischylos und Sophokles, welche bei ihrer Tiefe der Anschauungen zugleich so phantasiereich, sinnvoll und gründlich ins einzelne hinein ausgearbeitet und so poetisch für sich bereits fertig sind, daß der Musik nichts hinzuzutun übrigbleibt, indem gleichsam kein Raum mehr für das Innere da ist, mit diesem Inhalt zu spielen und ihn sich in neuen Bewegungen ergehen zu lassen. Von entgegengesetzter Art erweisen sich die neueren Stoffe und Behandlungsweisen der sogenannten romantischen Poesie. Sie sollen größtenteils naiv und volkstümlich sein, doch ist dies nur allzuoft eine preziöse, gemachte, heraufgeschraubte Naivität, die statt reiner, wahrer Empfindung nur zu erzwungenen, durch Reflexion erarbeiteten Gefühlen, schlechter Sehnsüchtigkeit und Schöntuerei mit sich selber kommt und sich ebensosehr auf Plattheit, Albernheit und Gemeinheit viel zugute tut, als sie sich auf der anderen Seite in die schlechthin gehaltlosen Leidenschaften, Neid, Liederlichkeit, teuflische Bosheit und dergleichen mehr, verliert und an jener eigenen Vortrefflichkeit wie an diesen Zerrissenheiten und Schnödigkeiten eine selbstgefällige Freude hat. Die ursprüngliche, einfache, gründliche, durchdringende Empfindung fehlt hier ganz, und nichts bringt der Musik, wenn sie in ihrem Gebiete dasselbe tut, größeren Schaden. Weder die Gedankentiefe also noch die Selbstgefälligkeit oder Nichtswürdigkeit der Empfindung gibt einen echten Inhalt ab. Am passendsten dagegen für die Musik ist eine gewisse mittlere Art von Poesie, welche wir Deutschen kaum mehr als Poesie gelten lassen, für die aber die Italiener und Franzosen viel

Sinn und Geschicklichkeit besessen haben: eine Poesie, im Lyrischen wahr, höchst einfach, mit wenigen Worten die Situation und Empfindung andeutend; im Dramatischen ohne allzu verzweigte Verwicklung klar und lebendig, das Einzelne nicht ausarbeitend, überhaupt mehr bemüht, Umrisse zu geben als dichterisch vollständig ausgeprägte Werke. Hier wird dem Komponisten, wie es nötig ist, nur die allgemeine Grundlage geliefert, auf der er sein Gebäude nach eigener Erfindung und Ausschöpfung aller Motive aufrichten und sich nach vielen Seiten lebendig bewegen kann. Denn da die Musik sich den Worten anschließen soll, müssen diese den Inhalt nicht sehr ins einzelne hin ausmalen, weil sonst die musikalische Deklamation kleinlich, zerstreut und zu sehr nach verschiedenen Seiten hingezogen wird, so daß sich die Einheit verliert und der Totaleffekt schwächt. In dieser Rücksicht befindet man sich beim Urteil über die Vortrefflichkeit oder Unzulässigkeit eines Textes nur allzuoft im Irrtum. Wie oft kann man nicht z. B. das Gerede hören, der Text der »Zauberflöte« sei gar zu jämmerlich, und doch gehört dieses Machwerk zu den lobenswerten Opernbüchern. Schikaneder hat hier nach mancher tollen, phantastischen und platten Produktion den rechten Punkt getroffen. Das Reich der Nacht, die Königin, das Sonnenreich, die Mysterien, Einweihungen, die Weisheit, Liebe, die Prüfungen und dabei die Art einer mittelmäßigen Moral, die in ihrer Allgemeinheit vortrefflich ist, – das alles, bei der Tiefe, der bezaubernden Lieblichkeit und Seele der Musik, weitet und erfüllt die Phantasie und erwärmt das Herz.

Um noch andere Beispiele anzuführen, so sind für religiöse Musik die alten lateinischen Texte der großen Messe usf. unübertroffen, indem sie teils den allgemeinsten Glaubensinhalt, teils die entsprechenden substantiellen Stadien in der Empfindung und dem Bewußtsein der gläubigen Gemeinde in größter Einfachheit und Kürze hinstellen und dem Musiker die größte Breite der Ausarbeitung gönnen. Auch das große Requiem, Zusammenstellungen aus Psalmen usf. sind von gleicher Brauchbarkeit. In ähnlicher Weise hat sich Händel seine Texte zum Teil selber aus religiösen Dogmen und vor allem aus Bibelstellen, Situationen, die einen symbolischen Bezug gestatten usf., zu einem geschlossenen Ganzen zusammengestellt. – Was die Lyrik angeht, so sind gefühlvolle kleinere Gedichte, besonders die einfachen, wortarmen, empfindungstiefen, die irgendeine Stimmung und Herzenssituation gedrungen und seelenvoll aussprechen, oder auch leichtere, lustige, besonders zur Komposition geeignet. Solche Gedichte fehlen fast keiner Nation. Für das dramatische Feld will ich nur Metastasio nennen, ferner Marmontel, diesen empfindungsreichen, feingebildeten, liebenswürdigen Franzosen, der dem Piccini Unterricht im Französischen gab und im Dramatischen mit der Geschicklichkeit für die Entwicklung und das Interessante der Handlung Anmut und Heiterkeit zu verbinden verstand. Vor allem aber sind die Texte der berühmteren Gluckschen Opern hervorzuheben, welche sich in einfachen Motiven bewegen und im Kreise des gediegensten Inhalts für die Empfindung halten, die Liebe der Mutter, Gattin, des Bruders, der Schwester, Freundschaft, Ehre usf. schildern und diese einfachen Motive und substantiellen Kollisionen sich ruhig entwickeln lassen. Dadurch bleibt die Leidenschaft durchaus rein, groß, edel und von plastischer Einfachheit.

ββ) Solch einem Inhalt nun hat sich die ebenso in ihrem Ausdruck charakteristische als melodische Musik gemäß zu machen. Damit dies möglich werde, muß nicht nur der Text den Ernst des Herzens, die Komik und tragische Größe der Leidenschaften, die Tiefen der religiösen Vorstellung und Empfindung, die Mächte und Schicksale der menschlichen Brust enthalten, sondern auch der Komponist muß seinerseits mit ganzem Gemüte dabeisein und diesen Gehalt mit vollem Herzen durchempfunden und durchgelebt haben.

Ebenso wichtig ist ferner das Verhältnis, in welches hier das Charakteristische auf der einen und das Melodische auf der anderen Seite treten müssen. Die Hauptforderung scheint mir in dieser Beziehung die zu sein, daß dem Melodischen, als der zusammenfassenden Einheit, immer der Sieg zugeteilt werde und nicht der Zerspaltung in einzeln auseinandergestreute charakteristische Züge. So sucht z. B. die heutige dramatische Musik oft ihren Effekt in gewaltsamen Kontrasten, indem sie entgegengesetzte Leidenschaften kunstvollerweise kämpfend in ein und denselben Gang der Musik zusammenzwingt. Sie drückt so z. B. Fröhlichkeit, Hochzeit, Festgepränge aus und preßt dahinein ebenso Haß, Rache, Feindschaft, so daß zwischen Lust, Freude, Tanzmusik zugleich heftiger Zank und die widrigste Entzweiung tobt. Solche Kontraste der Zerrissenheit, die uns einheitslos von einer Seite zur anderen herüberstoßen, sind um so mehr gegen die Harmonie der Schönheit, in je schärferer Charakteristik sie unmittelbar Entgegengesetztes verbinden, wo dann von Genuß und Rückkehr des Innern zu sich in der Melodie nicht mehr die Rede sein kann. Überhaupt führt die Einigung des Melodischen und Charakteristischen die Gefahr mit sich, nach der Seite der bestimmteren Schilderung leicht über die zart gezogenen Grenzen des musikalisch Schönen herauszuschreiten, besonders wenn es darauf ankommt, Gewalt, Selbstsucht, Bosheit, Heftigkeit und sonstige Extreme einseitiger Leidenschaften auszudrücken. Sobald sich hier die Musik auf die Abstraktion charakteristischer Bestimmtheit einläßt, wird sie unvermeidlich fast zu dem Abwege geführt, ins Scharfe, Harte, durchaus Unmelodische und Unmusikalische zu geraten und selbst das Disharmonische zu mißbrauchen.

Das Ähnliche findet in Ansehung der *besonderen* charakterisierenden Züge statt. Werden diese nämlich für sich festgehalten und stark prononciert, so lösen sie sich leicht ab voneinander und werden nun gleichsam ruhend und selbständig, während in dem musikalischen Entfalten, das wesentlich Fortbewegung und in diesem Fortgang ein steter Bezug sein muß, die Isolierung sogleich in schädlicher Weise den Fluß und die Einheit stört.

Die wahrhaft musikalische Schönheit liegt nach diesen Seiten darin, daß zwar vom bloß Melodischen zum Charaktervollen fortgegangen wird, innerhalb dieser Besonderung aber das Melodische als die tragende, einende Seele bewahrt bleibt, wie z. B. im Charakteristischen der Raffaelischen Malerei sich der Ton der Schönheit immer noch erhält. Dann ist das Melodische bedeutungsvoll, aber in aller Bestimmtheit die hindurchdringende, zusammenhaltende Beseelung, und das charakteristisch Besondere erscheint nur als ein Heraussein bestimmter Seiten, die von innen her immer auf diese Einheit und Beseelung zurückgeführt werden. Hierin jedoch das rechte Maß zu treffen ist besonders in der Musik von größerer Schwierigkeit als in anderen Künsten, weil die Musik sich leichter zu diesen entgegengesetzten Ausdrucksweisen auseinanderwirft. So ist denn auch das Urteil über musikalische Werke fast zu jeder Zeit geteilt. Die einen geben dem überwiegend nur Melodischen, die anderen dem mehr Charakteristischen den Vorzug. Händel z. B., der auch in seinen Opern für einzelne lyrische Momente oft eine Strenge des Ausdrucks forderte, hatte schon zu seiner Zeit Kämpfe genug mit seinen italienischen Sängern zu bestehen und wendete sich zuletzt, als auch das Publikum auf die Seite der Italiener getreten war, ganz zur Komposition von Oratorien herüber, in welchen seine Produktionsgabe ihr reichstes Gebiet fand. Auch zu Glucks Zeit ist der lange und lebhaft geführte Streit der Gluckisten und Piccinisten berühmt geworden; Rousseau hat seinerseits wieder, der Melodielosigkeit der älteren Franzosen gegenüber, die melodiereiche Musik der Italiener vorgezogen; jetzt endlich streitet man in der ähnlichen Weise für oder wider Rossini und die neuere italienische Schule. Die Gegner verschreien namentlich Rossinis Musik als einen leeren Ohrenkitzel; lebt man sich aber näher in ihre Melodien hinein, so ist diese Musik im Gegenteil höchst gefühlvoll, geistreich und eindringend für Gemüt und Herz, wenn sie sich auch nicht auf die Art der Charakteristik einläßt, wie sie besonders dem strengen deutschen musikalischen Verstande beliebt. Denn nur allzuhäufig freilich wird Rossini dem Text ungetreu und geht mit seinen freien Melodien über alle Berge, so daß man dann nur die Wahl hat, ob man bei dem Gegenstande bleiben und über die nicht mehr damit zusammenstimmende Musik unzufrieden sein oder den Inhalt aufgeben und sich ungehindert an den freien Eingebungen des Komponisten ergötzen und die Seele, die sie enthalten, seelenvoll genießen will.

γγ) Was nun zum Schluß noch die vornehmlichsten *Arten* der begleitenden Musik angeht, so will ich hierüber kurz sein.

Als *erste* Hauptart können wir die *kirchliche* Musik bezeichnen, welche, insoweit sie es nicht mit der subjektiv-einzelnen Empfindung, sondern mit dem substantiellen Gehalt alles Empfindens oder mit der allgemeinen Empfindung der Gemeinde als Gesamtheit zu tun hat, größtenteils von *epischer* Gediegenheit bleibt, wenn sie auch keine Begebnisse als Begebnisse berichtet. Wie aber eine künstlerische Auffassung, ohne Begebenheiten zu erzählen, dennoch episch sein könne, werden wir später noch bei der näheren Betrachtung der epischen Poesie auseinanderzusetzen haben. Diese gründliche religiöse Musik gehört zum Tiefsten und Wirkungsreichsten, was die Kunst überhaupt hervorbringen kann. Ihre eigentliche Stellung, insoweit sie sich auf die priesterliche Fürbitte für die Gemeinde bezieht, hat sie innerhalb des *katholischen* Kultus gefunden, als Messe, überhaupt als musikalische Erhebung bei den verschiedenartigsten kirchlichen Handlungen und Festen. Auch die Protestanten haben dergleichen Musiken von größter Tiefe sowohl des religiösen Sinnes als der musikalischen Gediegenheit und Reichhaltigkeit der Erfindung und Ausführung geliefert, wie z. B. vor allen Sebastian Bach, ein Meister, dessen großartige, echt protestantische, kernige und doch gleichsam gelehrte Genialität man erst neuerdings wieder vollständig hat schätzen lernen. Vorzüglich aber entwickelt sich hier im Unterschiede zu der katholischen Richtung zunächst aus den Passionsfeiern die erst im Protestantismus vollendete Form des Oratoriums. In unseren Tagen freilich schließt im Protestantismus die Musik sich nicht mehr so eng an den wirklichen Kultus an, greift nicht mehr in den Gottesdienst selber ein und ist gar oft mehr eine Sache gelehrter Übung als lebendiger Produktion geworden.

Die *lyrische* Musik *zweitens* drückt die einzelne Seelenstimmung melodisch aus und muß sich am meisten von dem nur Charakteristischen und Deklamatorischen freihalten, obschon auch sie dazu fortgehen kann, den besonderen Inhalt der Worte mit in den Ausdruck aufzunehmen, mag nun derselbe religiöser oder sonstiger Art sein. Stürmische Leidenschaften jedoch ohne Beruhigung und Abschluß, der unaufgelöste Zwiespalt des Herzens, die bloße innere Zerrissenheit eignen sich weniger für die selbständige Lyrik, sondern finden ihre bessere Stellung als integrierende besondere Teile der *dramatischen* Musik.

Zum *Dramatischen* nämlich bildet sich die Musik *drittens* gleichfalls aus. Schon die alte Tragödie war musikalisch, doch erhielt in ihr die Musik noch kein Übergewicht, da in eigentlich poetischen Werken dem sprachlichen Ausdrucke und der dichterischen Ausführung der Vorstellungen und Empfindungen der Vorrang bleiben muß und die Musik, deren harmonische und melodische Entwicklung bei den Alten noch den Grad der späteren christlichen Zeit nicht erreicht hatte, hauptsächlich nur dazu dienen konnte, von der rhythmischen Seite her das musikalische Klingen der poetischen Worte lebendig zu erhöhen und für die Empfindung eindringlicher zu machen. Einen selbständigen Standpunkt hat dagegen die dramatische Musik, nachdem sie sich im Felde der Kirchenmusik bereits in sich vollendet und auch im lyrischen Ausdruck eine große Vollkommenheit erlangt hatte, in der modernen Oper, Operette usf. gewonnen. Doch ist die *Operette* nach seiten des Gesangs eine geringere Mittelart, welche Sprechen und Singen, Musikalisches und Unmusikalisches, prosaische Rede und melodischen Gesang nur äußerlich vermischt. Gemeinhin pflegt man zwar zu sagen, das Singen in Dramen sei überhaupt unnatürlich, doch dieser Vorwurf reicht nicht aus und müßte noch mehr gegen die Oper gekehrt werden können, in welcher von Anfang bis zu Ende jede Vorstellung, Empfindung, Leidenschaft und Entschließung von Gesang begleitet und durch ihn ausgedrückt wird. Im Gegenteil ist deshalb die Operette noch zu rechtfertigen, wenn sie Musik da eintreten läßt, wo die Empfindungen und Leidenschaften sich lebendiger regen oder überhaupt sich der musikalischen Schilderung zugänglich erweisen; das Nebeneinander aber von prosaischem Gewäsch des Dialogs und der künstlerisch behandelten Gesangstücke bleibt immer ein Mißstand. Die Befreiung durch die Kunst nämlich ist dann nicht vollständig. In der eigentlichen *Oper* hingegen, die eine ganze Handlung durchweg musikalisch ausführt, werden wir ein für allemal aus der Prosa in eine höhere Kunstwelt hinüberversetzt, in deren Charakter sich nun auch das ganze Werk erhält, wenn die Musik die innere Seite der Empfindung, die einzelnen und allgemeinen Stimmungen in den verschiedenen Situationen, die Konflikte und Kämpfe der Leidenschaften zu ihrem Hauptinhalt nimmt, um dieselben durch den vollständigsten Ausdruck der Affekte nun erst vollständig herauszuheben. Im *Vaudeville* umgekehrt, wo bei einzelnen, frappanteren gereimten Pointen sonst schon bekannte und beliebte Melodien abgesungen werden, ist das Singen gleichsam nur eine Ironie über sich selber. Daß gesungen wird, soll einen heiteren parodierenden Anstrich haben, das Verständnis des Textes und seiner Scherzworte ist die Hauptsache, und wenn das Singen aufhört, kommt uns ein Lächeln darüber an, daß überhaupt sei gesungen worden.

b. Die selbständige Musik

Das Melodische konnten wir als fertig in sich abgeschlossen und in sich selbst beruhend der plastischen Skulptur vergleichen, während wir in der musikalischen Deklamation den

Typus der näher ins Besondere hinein ausführenden Malerei wiedererkannten. Da sich nun in solcher bestimmteren Charakteristik eine Fülle von Zügen auseinanderlegt, welche der immer einfachere Gang der menschlichen Stimme nicht in ganzer Reichhaltigkeit entfalten kann, so tritt hier auch, je mehr die Musik sich zu vielseitiger Lebendigkeit herausbewegt, noch die Instrumentalbegleitung hinzu.

Als die andere Seite *zweitens* zur Melodie, welche einen Text begleitet, und zu dem charakterisierenden Ausdruck der Worte haben wir das Freiwerden von einem für sich schon, außer den musikalischen Tönen, in Form von bestimmten Vorstellungen mitgeteilten Inhalte hinzustellen. Das Prinzip der Musik macht die subjektive Innerlichkeit aus. Das Innerste aber des konkreten Selbsts ist die Subjektivität als solche, durch keinen festen Gehalt bestimmt und deshalb nicht genötigt, sich hierhin oder dorthin zu bewegen, sondern in ungefesselter Freiheit nur auf sich selbst beruhend. Soll diese Subjektivität nun gleichfalls in der Musik zu ihrem vollen Recht kommen, so muß sie sich von einem gegebenen Text losmachen und sich ihren Inhalt, den Gang und die Art des Ausdrucks, die Einheit und Entfaltung ihres Werkes, die Durchführung eines Hauptgedankens und episodische Einschaltung und Verzweigung anderer usf. rein aus sich selbst entnehmen und sich dabei, insofern hier die Bedeutung des Ganzen nicht durch Worte ausgesprochen wird, auf die rein musikalischen Mittel einschränken. Dies ist der Fall in der Sphäre, welche ich früher bereits als die *selbständige* Musik bezeichnet habe. Die begleitende Musik hat das, was sie ausdrücken soll, außerhalb ihrer und bezieht sich insofern in ihrem Ausdruck auf etwas, was nicht ihr als Musik, sondern einer fremden Kunst, der Poesie, angehört. Will die Musik aber rein musikalisch sein, so muß sie dieses ihr nicht eigentümliche Element aus sich entfernen und sich in ihrer nun erst vollständigen Freiheit von der Bestimmtheit des Wortes durchgängig lossagen. Dies ist der Punkt, den wir jetzt näher zu besprechen haben.

Schon innerhalb der begleitenden Musik selbst sahen wir den Akt solcher Befreiung beginnen. Denn teils zwar drängte das poetische Wort die Musik zurück und machte sie dienend, teils aber schwebte die Musik in seliger Ruhe über der *besonderen* Bestimmtheit der Worte oder riß sich überhaupt von der Bedeutung der ausgesprochenen Vorstellungen los, um sich nach eigenem Belieben heiter oder klagend hinzuwiegen. Die ähnliche Erscheinung finden wir nun auch bei den Zuhörern, dem Publikum, hauptsächlich in Rücksicht auf dramatische Musik wieder. Die Oper nämlich hat mehrfache Ingredienzen: landschaftliches oder sonstiges Lokal, Gang der Handlung, Vorfälle, Aufzüge, Kostüme usf.; auf der anderen Seite steht die Leidenschaft und deren Ausdruck. So ist hier der Inhalt gedoppelt, die äußere Handlung und das innere Empfinden. Was nun die Handlung als solche anbetrifft, so ist sie, obschon sie das Zusammenhaltende aller einzelnen Teile ausmacht, doch als Gang der Handlung weniger musikalisch und wird zum großen Teil rezitativisch bearbeitet. Der Zuhörer nun befreit sich leicht von diesem Inhalt, er schenkt besonders dem rezitativischen Hin- und Widerreden keine Aufmerksamkeit und hält sich bloß an das eigentlich Musikalische und Melodische. Dies ist hauptsächlich, wie ich schon früher sagte, bei den Italienern der Fall, deren meiste neuere Opern denn auch von Hause aus den Zuschnitt haben, daß man, statt das musikalische Geschwätz oder die anderweitigen Trivialitäten mit anzuhören, lieber selber spricht oder sich sonst vergnügt und nur bei den eigentlichen Musikstücken, welche dann rein musikalisch genossen werden, wieder mit voller Lust aufmerkt. Hier sind also Komponist und Publikum auf dem Sprunge, sich vom Inhalte der Worte ganz loszulösen und die Musik für sich als selbständige Kunst zu behandeln und zu genießen.

α) Die eigentliche Sphäre dieser Unabhängigkeit kann aber nicht die begleitende Vokalmusik sein, die an einen Text gebunden bleibt, sondern die *Instrumental*musik. Denn die Stimme ist, wie ich schon anführte, das eigene Ertönen der totalen Subjektivität, die auch zu Vorstellungen und Worten kommt und nun in ihrer eigenen Stimme und dem Gesang das gemäße Organ findet, wenn sie die innere Welt ihrer Vorstellungen, als von der innerlichen Konzentration der Empfindung durchdrungen, äußern und vernehmen will. Für die Instrumente aber fällt dieser Grund eines begleitenden Textes fort, so daß hier die Herrschaft der sich auf ihren eigensten Kreis beschränkenden Musik anfangen darf.

β) Solche Musik einzelner Instrumente oder des ganzen Orchesters geht in Quartetten, Quintetten, Sextetten, Symphonien und dergleichen mehr, ohne Text und Menschenstimmen, nicht einem für sich klaren Verlauf von Vorstellungen nach und ist eben deswegen an das abstraktere Empfinden überhaupt gewiesen, das sich nur in allgemeiner Weise darin ausgedrückt finden kann. Die Hauptsache bleibt aber das rein musikalische Hin und Her, Auf und Ab der harmonischen und melodischen Bewegungen, das gehindertere, schwerere, tief eingreifende, einschneidende oder leichte, fließende Fortgehen, die Durcharbeitung einer Melodie nach allen Seiten der musikalischen Mittel, das kunstgemäße Zusammenstimmen der Instrumente in ihrem Zusammenklingen, ihrer Folge, ihrer Abwechslung, ihrem Sichsuchen, -finden usf. Deshalb ist es auf diesem Gebiete hauptsächlich, daß *Dilettant* und *Kenner* sich wesentlich zu unterscheiden anfangen. Der *Laie* liebt in der Musik vornehmlich den verständlichen Ausdruck von Empfindungen und Vorstellungen, das Stoffartige, den Inhalt, und wendet sich daher vorzugsweise der begleitenden Musik zu; der *Kenner* dagegen, dem die inneren musikalischen Verhältnisse der Töne und Instrumente zugänglich sind, liebt die Instrumentalmusik in ihrem kunstgemäßen Gebrauch der Harmonien und melodischen Verschlingungen und wechselnden Formen; er wird durch die Musik selbst ganz ausgefüllt und hat das nähere Interesse, das Gehörte mit den Regeln und Gesetzen, die ihm geläufig sind, zu vergleichen, um vollständig das Geleistete zu beurteilen und zu genießen, obschon hier die neu erfindende Genialität des Künstlers auch den Kenner, der gerade diese oder jene Fortschreitungen, Übergänge usf. nicht gewohnt ist, häufig kann in Verlegenheit setzen. Solche vollständige Ausfüllung kommt dem bloßen Liebhaber selten zugute, und ihn wandelt nun sogleich die Begierde an, sich dieses scheinbar wesenlose Ergehen in Tönen auszufüllen, geistige Haltpunkte für den Fortgang, überhaupt für das, was ihm in die Seele hineinklingt, bestimmtere Vorstellungen und einen näheren Inhalt zu finden. In dieser Beziehung wird ihm die Musik symbolisch, doch er steht mit dem Versuch, die Bedeutung zu erhaschen, vor schnell vorüberrauschenden rätselhaften Aufgaben, die sich einer Entzifferung nicht jedesmal fügen und überhaupt der verschiedenartigsten Deutung fähig sind.

Der *Komponist* seinerseits kann nun zwar selber in sein Werk eine bestimmte Bedeutung, einen Inhalt von Vorstellungen und Empfindungen und deren gegliederten geschlossenen Verlauf hineinlegen, umgekehrt aber kann es ihm auch, unbekümmert um solchen Gehalt, auf die rein musikalische Struktur seiner Arbeit und auf das Geistreiche solcher Architektonik ankommen. Nach dieser Seite hin kann dann aber die musikalische Produktion leicht etwas sehr Gedanken- und Empfindungsloses werden, das keines auch sonst schon tiefen Bewußtseins der Bildung und des Gemütes bedarf. Wir sehen dieser Stoffleerheit wegen die Gabe der Komposition sich nicht nur häufig bereits im zartesten Alter entwickeln, sondern talentreiche Komponisten bleiben oft auch ihr ganzes Leben lang die unbewußtesten, stoffärmsten Menschen. Das Tiefere ist daher darein zu setzen, daß der Komponist beiden Seiten, dem Ausdruck eines freilich unbestimmteren Inhalts und der musikalischen Struktur, auch in der Instrumentalmusik die gleiche Aufmerksamkeit widmet, wobei es ihm dann wieder freisteht, bald dem Melodischen, bald der harmonischen Tiefe und Schwierigkeit, bald dem Charakteristischen den Vorzug zu geben oder auch diese Elemente miteinander zu vermitteln.

γ) Als das allgemeine Prinzip dieser Stufe jedoch haben wir von Anfang an die Subjektivität in ihrem ungebundenen musikalischen Schaffen hingestellt. Diese Unabhängigkeit von einem für sich schon festgemachten Inhalt wird deshalb mehr oder weniger immer auch gegen die Willkür hinspielen und derselben einen nicht streng abgrenzbaren Spielraum gestatten müssen. Denn obschon auch diese Kompositionsweise ihre bestimmten Regeln und Formen hat, denen sich die bloße Laune zu unterwerfen genötigt wird, so betreffen dergleichen Gesetze doch nur die allgemeineren Seiten, und für das Nähere ist ein unendlicher Kreis offen, in welchem die Subjektivität, wenn sie sich nur innerhalb der Grenzen hält, die in der Natur der Tonverhältnisse selbst liegen, im übrigen nach Belieben schalten und walten mag. Ja, im Verfolg der Ausbildung auch dieser Gattungen macht sich zuletzt die subjektive Willkür mit ihren Einfällen, Kapricen, Unterbrechungen, geistreichen Neckereien, täuschenden Spannungen, überraschenden Wendungen, Sprüngen und Blitzen, Wunderlichkeiten und ungehörten Effekten, dem festen Gang des melodischen Ausdrucks und dem Textinhalt der begleitenden Musik gegenüber, zum fessellosen Meister.

c. Die künstlerische Exekution

In der Skulptur und Malerei haben wir das Kunstwerk als das objektiv für sich dastehende *Resultat* künstlerischer Tätigkeit vor uns, nicht aber diese Tätigkeit selbst als wirkliche lebendige Produktion. Zur Gegenwärtigkeit des musikalischen Kunstwerks hingegen gehört, wie wir sahen, der ausübende Künstler als handelnd, wie in der dramatischen Poesie der ganze Mensch in voller Lebendigkeit darstellend auftritt und sich selbst zum beseelten Kunstwerke macht.

Wie wir nun die Musik sich nach zweien Seiten hinwenden sahen, insofern sie entweder einem bestimmten Inhalte adäquat zu werden unternahm oder sich in freier Selbständigkeit ihre eigene Bahn vorzeichnete, so können wir jetzt auch *zwei* verschiedene Hauptarten der ausübenden musikalischen Kunst unterscheiden. Die eine versenkt sich ganz in das gegebene Kunstwerk und will nichts weiteres wiedergeben, als was das bereits vorhandene Werk enthält; die andere dagegen ist nicht nur reproduktiv, sondern schöpft Ausdruck, Vortrag, genug, die eigentliche Beseelung nicht nur aus der vorliegenden Komposition, sondern vornehmlich aus eigenen Mitteln.

α) Das Epos, in welchem der Dichter eine objektive Welt von Ereignissen und Handlungsweisen vor uns entfalten will, läßt dem vortragenden Rhapsoden nichts übrig, als mit seiner individuellen Subjektivität ganz gegen die Taten und Begebenheiten, von denen er Bericht erstattet, zurückzutreten. Je weniger er sich vordrängt, desto besser; ja, er kann ohne Schaden selbst eintönig und seelenlos sein. Die Sache soll wirken, die dichterische Ausführung, die Erzählung, nicht das wirkliche Tönen, Sprechen und Erzählen. Hieraus können wir uns auch für die *erste* Art des musikalischen Vortrags eine Regel abstrahieren. Ist nämlich die Komposition von gleichsam objektiver Gediegenheit, so daß der Komponist selbst nur die Sache oder die von ihr ganz ausgefüllte Empfindung in Töne gesetzt hat, so wird auch die Reproduktion von so sachlicher Art sein müssen. Der ausübende Künstler braucht nicht nur nichts von dem Seinigen hinzuzutun, sondern er darf es sogar nicht, wenn nicht der Wirkung soll Abbruch geschehen. Er muß sich ganz dem Charakter des Werks unterwerfen und nur ein gehorchendes Organ sein wollen. In diesem Gehorsam jedoch muß er auf der anderen Seite, wie dies häufig genug geschieht, nicht zum bloßen Handwerker heruntersinken, was nur den Drehorgelspielern erlaubt ist. Soll im Gegenteil noch von Kunst die Rede sein, so hat der Künstler die Pflicht, statt den Eindruck eines musikalischen Automaten zu geben, der eine bloße Lektion hersagt und Vorgeschriebenes mechanisch wiederholt, das Werk im Sinne und Geist des Komponisten seelenvoll zu beleben. Die *Virtuosität* solcher Beseelung beschränkt sich jedoch darauf, die schweren Aufgaben der Komposition nach der technischen Seite hin richtig zu lösen und dabei nicht nur jeden Anschein des Ringens mit einer mühsam überwundenen Schwierigkeit zu vermeiden, sondern sich in diesem Elemente mit vollständiger Freiheit zu bewegen, so wie in geistiger Rücksicht die *Genialität* nur darin bestehen kann, die geistige Höhe des Komponisten wirklich in der Reproduktion zu erreichen und ins Leben treten zu lassen.

β) Anders nun verhält es sich bei Kunstwerken, in welchen die subjektive Freiheit und Willkür schon von seiten des Komponisten her überwiegt und überhaupt eine durchgängige Gediegenheit in Ausdruck und sonstiger Behandlung des Melodischen, Harmonischen, Charakteristischen usf. weniger zu suchen ist. Hier wird teils die virtuoseste Bravour an ihrer rechten Stelle sein, teils begrenzt sich die Genialität nicht auf eine bloße Exekution des Gegebenen, sondern erweitert sich dazu, daß der *Künstler* selbst im Vortrage komponiert, Fehlendes ergänzt, Flacheres vertieft, das Seelenlose beseelt und in dieser Weise schlechthin selbständig und produzierend erscheint. So ist z. B. in der italienischen Oper dem Sänger immer vieles überlassen worden; besonders in Ausschmückungen hat er einen freieren Spielraum; und insofern die Deklamation sich hier mehr von dem strengen Anschließen an den besonderen Inhalt der Worte entfernt, wird auch dieses unabhängigere Exekutieren ein freier melodischer Strom der Seele, die sich für sich selber zu erklingen und auf ihren eigenen Schwingen zu erheben freut. Wenn man daher sagt, Rossini z. B. habe es den Sängern leicht gemacht, so ist dies nur zum Teil richtig. Er macht es ihnen ebenso schwer, da er sie vielfach an die Tätigkeit ihres selbständigen musikalischen Genius verweist. Ist dieser nun aber wirklich genialischer Art, so erhält das daraus entstehende Kunstwerk einen ganz eigentümlichen Reiz. Man hat nämlich nicht nur ein *Kunstwerk,* sondern das wirkliche künstlerische *Produzieren* selber gegenwärtig vor sich. In dieser vollständig lebendigen Gegenwart vergißt sich alles äußerlich Bedingende, Ort, Gelegenheit, die bestimmte Stelle in der gottesdienstlichen Handlung, der Inhalt und Sinn der dramatischen Situation, man braucht, man will keinen Text mehr, es bleibt nichts als der allgemeine Ton der Empfindung überhaupt übrig, in deren Elemente nun die auf sich beruhende Seele des Künstlers sich ihrem Ergusse hingibt, ihre Genialität der Erfindung, ihre Innigkeit des Gemüts, ihre Meisterschaft der Ausübung beweist und sogar, wenn es nur mit Geist, Geschick und Liebenswürdigkeit geschieht, die Melodie selbst durch Scherz, Kaprize und Künstlichkeit unterbrechen und sich den Launen und Einflüsterungen des Augenblicks überlassen darf.

γ) Wunderbarer noch wird *drittens* solche Lebendigkeit, wenn das Organ nicht die menschliche Stimme, sondern irgendeines der *anderen Instrumente* ist. Diese nämlich liegen mit ihrem Klang dem Ausdruck der Seele ferner und bleiben überhaupt eine äußerliche Sache, ein totes Ding, während die Musik innerliche Bewegung und Tätigkeit ist. Verschwindet nun die Äußerlichkeit des Instrumentes durchaus, dringt die innere Musik ganz durch die äußere Realität hindurch, so erscheint in dieser Virtuosität das fremde Instrument als ein vollendet durchgebildetes eigenstes Organ der künstlerischen Seele. Noch aus meiner Jugend her entsinne ich mich z. B. eines Virtuosen auf der Gitarre, der sich für dieses geringe Instrument geschmackloserweise große Schlachtmusiken komponiert hatte. Er war, glaub ich, seines Handwerks ein Leineweber und, wenn man mit ihm sprach, ein stiller, bewußtloser Mensch. Geriet er aber ins Spielen, so vergaß man das Geschmacklose der Komposition, wie er sich selbst vergaß und wundersame Wirkungen hervorbrachte, weil er in sein Instrument seine ganze Seele hineinlegte, die gleichsam keine höhere Exekution kannte als die, in diesen Tönen sich erklingen zu lassen.

Solche Virtuosität beweist, wo sie zu ihrem Gipfelpunkt gelangt, nicht nur die erstaunenswürdige Herrschaft über das

Äußere, sondern kehrt nun auch die innere ungebundene Freiheit heraus, indem sie sich in scheinbar unausführbaren Schwierigkeiten spielend überbietet, zu Künstlichkeiten ausschweift, mit Unterbrechungen, Einfällen in witziger Laune überraschend scherzt und in originellen Erfindungen selbst das Barocke genießbar macht. Denn ein dürftiger Kopf kann keine originellen Kunststücke hervorbringen, bei genialen Künstlern aber beweisen dieselben die unglaubliche Meisterschaft in ihrem und über ihr Instrument, dessen Beschränktheit die Virtuosität zu überwinden weiß und hin und wieder zu dem verwegenen Beleg dieses Siegs ganz andere Klangarten fremder Instrumente durchlaufen kann. In dieser Art der Ausübung genießen wir die höchste Spitze musikalischer Lebendigkeit, das wundervolle Geheimnis, daß ein äußeres Werkzeug zum vollkommen beseelten Organ wird, und haben zugleich das innerliche Konzipieren wie die Ausführung der genialen Phantasie in augenblicklichster Durchdringung und verschwindendstem Leben blitzähnlich vor uns.

Dies sind die wesentlichsten Seiten, die ich aus der Musik herausgehört und empfunden, und die allgemeinen Gesichtspunkte, die ich mir abstrahiert und zu unserer gegenwärtigen Betrachtung zusammengestellt habe.

Drittes Kapitel
Die Poesie

1. Der Tempel der klassischen *Architektur* fordert einen Gott, der ihm inwohnt; die *Skulptur* stellt denselben in plastischer Schönheit hin und gibt dem Material, das sie dazu verwendet, Formen, die nicht ihrer Natur nach dem Geistigen äußerlich bleiben, sondern die dem bestimmten Inhalte selbst immanente Gestalt sind. Die Leiblichkeit aber und Sinnlichkeit sowie die ideale Allgemeinheit der Skulpturgestalt hat sich gegenüber teils das subjektiv Innerliche, teils die Partikularität des Besonderen, in deren Elemente

sowohl der Gehalt des religiösen als auch des weltlichen Lebens durch eine neue Kunst Wirklichkeit gewinnen muß. Diese ebenso subjektive als partikulär-charakteristische Ausdrucksweise bringt im Prinzipe der bildenden Künste selbst die *Malerei* hinzu, indem sie die reale Äußerlichkeit der Gestalt zur ideelleren Farbenerscheinung herabsetzt und den Ausdruck der inneren Seele zum Mittelpunkt der Darstellung macht. Die allgemeine Sphäre jedoch, in welcher sich diese Künste, die eine im symbolischen, die andere im plastisch-idealen, die dritte im romantischen Typus, bewegen, ist die sinnliche *Außengestalt* des Geistes und der Naturdinge.

Nun hat aber der geistige Inhalt, als wesentlich dem Innern des Bewußtseins angehörig, an dem bloßen Elemente der äußeren Erscheinung und dem Anschauen, welchem die Außengestalt sich darbietet, ein für das Innere zugleich fremdes Dasein, aus dem die Kunst ihre Konzeptionen deshalb wieder herausziehen muß, um sie in ein Bereich hineinzuverlegen, das sowohl dem Material als der Ausdrucksart nach für sich selbst innerlicher und ideeller Art ist. Dies war der Schritt, welchen wir die *Musik* vorwärts tun sahen, insofern sie das Innerliche als solches und die subjektive Empfindung statt in anschaubaren Gestalten in den Figurationen des in sich erzitternden Klingens für das Innere machte. Doch trat auch sie dadurch in ein anderes Extrem, in die unexplizierte subjektive Konzentration herüber, deren Inhalt in den Tönen eine nur selbst wieder symbolische Äußerung fand. Denn der Ton für sich genommen ist inhaltslos und hat seine Bestimmtheit in Zahlenverhältnissen, so daß nun das Qualitative des geistigen Gehalts diesen quantitativen Verhältnissen, welche sich zu wesentlichen Unterschieden, Gegensätzen und Vermittlung auftun, wohl im allgemeinen entspricht, in seiner qualitativen Bestimmtheit aber nicht durch den Ton vollständig kann ausgeprägt werden. Soll daher diese Seite nicht durchaus fehlen, so muß sich die Musik ihrer Einseitigkeit wegen die genauere Bezeichnung des Wortes zu Hilfe rufen und fordert zum festeren Anschluß an die Besonderheit und den charakteristischen Ausdruck des Inhalts einen Text, der für das Subjektive, das sich durch die Töne hin ergießt, erst die nähere Erfüllung gibt. Durch dieses Aussprechen von Vorstellungen und Empfindungen stellt sich nun zwar die abstrakte Innerlichkeit der Musik zu einer klareren und festeren Explikation heraus; was aber von ihr ausgebildet wird, ist teils nicht die Seite der Vorstellung und deren kunstgemäße Form, sondern nur die begleitende Innerlichkeit als solche, teils entschlägt die Musik sich überhaupt der Verbindung mit dem Wort, um sich in ihrem eigenen Kreise des Tönens hemmungslos umherzubewegen. Dadurch trennt sich das Bereich der Vorstellung, die nicht bei der abstrakteren Innerlichkeit als solcher stehenbleibt, sondern ihre Welt sich als eine konkrete Wirklichkeit ausgestaltet, auch ihrerseits gleichfalls von der Musik los und gibt sich in der Dichtkunst für sich eine kunstgemäße Existenz.

Die *Poesie* nun, die redende Kunst, ist das dritte, die *Totalität*, welche die Extreme der *bildenden* Künste und der *Musik* auf einer höheren Stufe, in dem Gebiete der geistigen Innerlichkeit selber, in sich vereinigt. Denn einerseits enthält die Dichtkunst wie die Musik das Prinzip des Sichvernehmens des Inneren als Inneren, das der Baukunst, Skulptur und Malerei abgeht; andererseits breitet sie sich im Felde des inneren Vorstellens, Anschauens und Empfindens selber zu einer objektiven Welt aus, welche die Bestimmtheit der Skulptur und Malerei nicht durchaus verliert und die Totalität einer Begebenheit, eine Reihenfolge, einen Wechsel von Gemütsbewegungen, Leidenschaften, Vorstellungen und den abgeschlossenen Verlauf einer Handlung vollständiger als irgendeine andere Kunst zu entfalten befähigt ist.

2. Näher aber macht die Poesie die dritte Seite zur *Malerei* und *Musik* als den *romantischen* Künsten aus.

a) Teils nämlich ist ihr Prinzip überhaupt das der *Geistigkeit,* die sich nicht mehr zur schweren Materie als solcher herauswendet, um dieselbe wie die Architektur zur analogen

Umgebung des Inneren symbolisch zu formen oder wie die Skulptur die dem Geist zugehörige Naturgestalt als räumliche Äußerlichkeit in die reale Materie hineinzubilden, sondern den Geist mit allen seinen Konzeptionen der Phantasie und Kunst, ohne dieselben für die äußere Anschauung sichtbar und leiblich herauszustellen, unmittelbar für den Geist ausspricht. Teils vermag die Poesie nicht nur das subjektive Innere, sondern auch das Besondere und Partikuläre des äußeren Daseins in einem noch reichhaltigeren Grade als Musik und Malerei sowohl in Form der Innerlichkeit zusammenzufassen als auch in der Breite einzelner Züge und zufälliger Eigentümlichkeiten auseinanderzulegen.

b) Als Totalität jedoch ist die Poesie nach der anderen Seite von den bestimmten Künsten, deren Charakter sie in sich verbindet, auch wieder wesentlich zu unterscheiden.

α) Was in dieser Rücksicht die *Malerei* angeht, so bleibt sie überall da im Vorteil, wo es darauf ankommt, einen Inhalt auch seiner äußeren Erscheinung nach vor die Anschauung zu bringen. Denn die Poesie vermag zwar gleichfalls durch mannigfache Mittel ganz ebenso zu veranschaulichen, wie in der Phantasie überhaupt das Prinzip des Herausstellens für die Anschauung liegt; insofern aber die Vorstellung, in deren Elemente die Poesie sich vornehmlich bewegt, geistiger Natur ist und ihr deshalb die Allgemeinheit des Denkens zugute kommt, ist sie die Bestimmtheit der sinnlichen Anschauung zu erreichen unfähig. Auf der anderen Seite fallen in der Poesie die verschiedenen Züge, welche sie, um uns die konkrete Gestalt eines Inhalts anschaubar zu machen, herbeiführt, nicht wie in der Malerei als ein und dieselbe Totalität zusammen, die vollständig als ein Zugleich aller ihrer Einzelheiten vor uns dasteht, sondern gehen auseinander, da die Vorstellung das Vielfache, das sie enthält, nur als Sukzession geben kann. Doch ist dies nur ein Mangel nach der sinnlichen Seite hin, den der Geist wieder zu ersetzen imstande bleibt. Indem nämlich die Rede auch da, wo sie eine konkrete Anschauung hervorzurufen bemüht ist, sich nicht an das sinnliche Aufnehmen einer vorhandenen Äußerlichkeit, sondern immer an das Innere, an die geistige Anschauung wendet, so sind die einzelnen Züge, wenn sie auch nur aufeinanderfolgen, doch in das Element des in sich einigen Geistes versetzt, der das Nacheinander zu tilgen, die bunte Reihe zu *einem* Bilde zusammenzuziehen und dies Bild in der Vorstellung festzuhalten und zu genießen weiß. Außerdem kehrt sich dieser Mangel an sinnlicher Realität und äußerlicher Bestimmtheit für die Poesie der Malerei gegenüber sogleich zu einem unberechenbaren Überfluß um. Denn indem sich die Dichtkunst der malerischen Beschränkung auf einen bestimmten Raum und mehr noch auf einen bestimmten Moment einer Situation oder Handlung entreißt, so wird ihr dadurch die Möglichkeit geboten, einen Gegenstand in seiner ganzen innerlichen Tiefe wie in der Breite seiner zeitlichen Entfaltung darzustellen. Das Wahrhaftige ist schlechthin konkret in dem Sinne, daß es eine Einheit wesentlicher Bestimmungen in sich faßt. Als erscheinend aber entwickeln sich dieselben nicht nur im Nebeneinander des Raums, sondern in einer zeitlichen Folge als eine Geschichte, deren Verlauf die Malerei nur in ungehöriger Weise zu vergegenwärtigen vermag. Schon jeder Halm, jeder Baum hat in diesem Sinne seine Geschichte, eine Veränderung, Folge und abgeschlossene Totalität unterschiedener Zustände. Mehr noch ist dies im Gebiete des Geistes der Fall, der als wirklicher, erscheinender Geist erschöpfend nur kann dargestellt werden, wenn er uns als solch ein Verlauf vor die Vorstellung kommt.

β) Mit der *Musik* hat, wie wir sahen, die Poesie als äußerliches Material das Tönen gemeinschaftlich. Die ganz äußerliche, im schlechten Sinne des Wortes objektive Materie verfliegt in der Stufenfolge der besonderen Künste zuletzt in dem subjektiven Elemente des Klangs, der sich der Sichtbarkeit entzieht und das Innere nur dem Inneren vernehmbar macht. Für die Musik aber ist die Gestaltung dieses Tönens als *Tönens* der wesentliche Zweck. Denn obschon die Seele in dem Gang und Lauf der Melodie und ihrer harmonischen Grundverhältnisse das Innere der Gegenstände oder ihr eigenes Inneres sich zur Empfindung bringt, so ist es doch nicht das Innere als solches, sondern die mit ihrem *Tönen* aufs innigste verwebte Seele, die Gestaltung dieses *musikalischen* Ausdrucks, was der Musik ihren eigentlichen Charakter gibt. Dies ist so sehr der Fall, daß die Musik, je mehr in ihr die Einlebung des Inneren in das Bereich der Töne statt des Geistigen als solchen überwiegt, um so mehr zur Musik und selbständigen Kunst wird. Deshalb aber ist sie auch nur in relativer Weise befähigt, die Mannigfaltigkeit geistiger Vorstellungen und Anschauungen, die weite Ausbreitung des in sich erfüllten Bewußtseins in sich aufzunehmen, und bleibt in ihrem Ausdruck bei der abstrakteren Allgemeinheit dessen, was sie als Inhalt ergreift, und der unbestimmteren Innigkeit des Gemüts stehen. In demselben Grade nun, in welchem der Geist sich die abstraktere Allgemeinheit zu einer konkreten Totalität der Vorstellungen, Zwecke, Handlungen, Ereignisse ausbildet und zu deren Gestaltung sich auch die vereinzelnde Anschauung beigibt, verläßt er nicht nur die bloß empfindende Innerlichkeit und arbeitet dieselbe zu einer gleichfalls im Innern der Phantasie selber entfalteten Welt objektiver Wirklichkeit heraus, sondern muß es nun eben dieser Ausgestaltung wegen aufgeben, den dadurch neu gewonnenen Reichtum des Geistes auch ganz und ausschließlich durch Tonverhältnisse ausdrücken zu wollen. Wie das Material der Skulptur zu arm ist, um die volleren Erscheinungen, welche die Malerei ins Leben zu rufen die Aufgabe hat, in sich darstellen zu können, so sind jetzt auch die Tonverhältnisse und der melodische Ausdruck nicht mehr imstande, die dichterischen Phantasiegebilde vollständig zu realisieren. Denn diese haben teils die genauere bewußte Bestimmtheit von Vorstellungen, teils die für die innere Anschauung ausgeprägte Gestalt äußerlicher Erscheinung. Der Geist zieht deshalb seinen Inhalt aus dem Tone als solchem heraus und gibt sich durch Worte kund, die zwar das

Element des Klanges nicht ganz verlassen, aber zum bloß äußeren Zeichen der Mitteilung herabsinken. Durch diese Erfüllung nämlich mit geistigen Vorstellungen wird der Ton zum Wortlaut und das Wort wiederum aus einem Selbstzwecke zu einem für sich selbständigkeitslosen Mittel geistiger Äußerung. Dies bringt nach dem, was wir schon früher feststellten, den wesentlichen Unterschied von Musik und Poesie hervor. Der Inhalt der redenden Kunst ist die gesamte Welt der phantasiereich ausgebildeten Vorstellungen, das bei sich selbst seiende Geistige, das in diesem geistigen Elemente bleibt und, wenn es zu einer Äußerlichkeit sich hinausbewegt, dieselbe nur noch als ein von dem Inhalte selber verschiedenes Zeichen benutzt. Mit der Musik gibt die Kunst die Einsenkung des Geistigen in eine auch sinnlich sichtbare, gegenwärtige *Gestalt* auf; in der Poesie verläßt sie auch das entgegengesetzte Element des *Tönens* und Vernehmens wenigstens insoweit, als dieses Tönen nicht mehr zur gemäßen Äußerlichkeit und dem alleinigen Ausdruck des Inhalts umgestaltet wird. Das Innere äußert sich daher wohl, aber es will in der wenn auch ideelleren Sinnlichkeit des Tons nicht sein wirkliches Dasein finden, das es allein in sich selber sucht, um den Gehalt des Geistes, wie er im Innern der Phantasie als Phantasie ist, auszusprechen.

c) Sehen wir uns *drittens* endlich nach dem eigentümlichen Charakter der Poesie in diesem Unterschiede von Musik und Malerei sowie den übrigen bildenden Künsten um, so liegt derselbe einfach in der eben angedeuteten Herabsetzung der sinnlichen Erscheinungsweise und Ausgestaltung alles poetischen Inhalts. Wenn nämlich der Ton nicht mehr wie in der Musik oder wie die Farbe in der Malerei den ganzen Inhalt in sich aufnimmt und darstellt, so fällt hier notwendig die musikalische Behandlung desselben nach seiten des Taktes sowie der Harmonie und Melodie fort und läßt nur noch im allgemeinen die Figuration des Zeitmaßes der Silben und Wörter sowie den Rhythmus, Wohlklang usf. übrig, und zwar nicht als das eigentliche Element für den Inhalt, sondern als eine akzidentellere Äußerlichkeit, welche eine Kunstform nur noch annimmt, weil die Kunst keine Außenseite sich schlechthin zufällig nach eigenem Belieben ergehen lassen darf.

α) Bei dieser Zurückziehung des geistigen Inhalts aus dem sinnlichen Material fragt es sich nun sogleich, was denn jetzt in der Poesie, wenn es der Ton nicht sein soll, die eigentliche Äußerlichkeit und Objektivität ausmachen werde. Wir können einfach antworten: das *innere Vorstellen* und *Anschauen* selbst. Die *geistigen* Formen sind es, die sich an die Stelle des Sinnlichen setzen und das zu gestaltende Material, wie früher Marmor, Erz, Farbe und die musikalischen Töne, abgeben. Denn wir müssen uns hier nicht dadurch irreführen lassen, daß man sagen kann, Vorstellungen und Anschauungen seien ja der *Inhalt* der Poesie. Dies ist allerdings, wie sich später noch ausführlicher zeigen wird, richtig; ebenso wesentlich steht aber auch zu behaupten, daß die Vorstellung, die Anschauung, Empfindung usf. die spezifischen Formen seien, in denen von der Poesie jeder Inhalt gefaßt und zur Darstellung gebracht wird, so daß diese Formen, da die sinnliche Seite der Mitteilung das nur Beiherspielende bleibt, das eigentliche Material liefern, welches der Dichter künstlerisch zu behandeln hat. Die Sache, der Inhalt soll zwar auch in der Poesie zur Gegenständlichkeit für den Geist gelangen; die Objektivität jedoch vertauscht ihre bisherige äußere Realität mit der inneren und erhält ein Dasein nur im Bewußtsein selbst, als etwas bloß geistig Vorgestelltes und Angeschautes. Der Geist wird so auf seinem eigenen Boden sich gegenständlich und hat das sprachliche Element nur als Mittel, teils der Mitteilung, teils der unmittelbaren Äußerlichkeit, aus welcher er als aus einem bloßen Zeichen von Hause aus in sich zurückgegangen ist. Deshalb bleibt es auch für das eigentlich Poetische gleichgültig, ob ein Dichtwerk gelesen oder angehört wird, und es kann auch ohne wesentliche Verkümmerung seines Wertes in andere Sprachen übersetzt, aus gebundener in ungebundene Rede übertragen und somit in ganz andere Verhältnisse des Tönens gebracht werden.

β) Weiter nun *zweitens* fragt es sich, *für was* denn das innere Vorstellen als Material und Form in der Poesie anzuwenden sei. Für das an und für sich Wahrhafte der geistigen Interessen überhaupt, doch nicht nur für das Substantielle derselben in ihrer Allgemeinheit symbolischer Andeutung oder klassischen Besonderung, sondern ebenso für alles Spezielle auch und Partikuläre, was in diesem Substantiellen liegt, und damit für alles fast, was den Geist auf irgendeine Weise interessiert und beschäftigt. Die redende Kunst hat deswegen in Ansehung ihres Inhalts sowohl als auch der Weise, denselben zu exponieren, ein unermeßliches und weiteres Feld als die übrigen Künste. Jeder Inhalt, alle geistigen und natürlichen Dinge, Begebenheiten, Geschichten, Taten, Handlungen, innere und äußere Zustände lassen sich in die Poesie hineinziehen und von ihr gestalten.

γ) Dieser verschiedenartigste Stoff nun aber wird nicht schon dadurch, daß er überhaupt in die Vorstellung aufgenommen ist, poetisch, denn auch das gewöhnliche Bewußtsein kann sich ganz denselben Gehalt zu Vorstellungen ausbilden und zu Anschauungen vereinzeln, ohne daß etwas Poetisches zustande kommt. In dieser Rücksicht nannten wir die Vorstellung vorhin nur das *Material* und Element, das erst, insofern es durch die Kunst eine neue Gestalt annimmt, zu einer der Poesie gemäßen Form wird, wie auch Farbe und Ton nicht unmittelbar als Farbe und Ton bereits malerisch und musikalisch sind. Wir können diesen Unterschied allgemein so fassen, daß es nicht die *Vorstellung als solche,* sondern die künstlerische *Phantasie* sei, welche einen Inhalt poetisch mache, wenn nämlich die Phantasie denselben so ergreift, daß er sich, statt als architektonische, skulpturmäßig-plastische und malerische Gestalt dazustehen oder als musikalische Töne zu verklingen, in der Rede, in Worten und deren sprachlich schöner Zusammenfügung mitteilen läßt.

Die nächste Forderung, welche hierdurch notwendig wird,

beschränkt sich einerseits darauf, daß der Inhalt weder in den Verhältnissen des verständigen oder spekulativen *Denkens* noch in der Form wortloser *Empfindung* oder bloß äußerlich sinnlicher *Deutlichkeit* und Genauigkeit aufgefaßt sei, andererseits, daß er nicht in der Zufälligkeit, Zersplitterung und Relativität der *endlichen* Wirklichkeit überhaupt in die Vorstellung eingehe. Die poetische Phantasie hat in dieser Rücksicht einmal die Mitte zu halten zwischen der abstrakten Allgemeinheit des Denkens und der sinnlich-konkreten Leiblichkeit, soweit wir letztere in den Darstellungen der bildenden Künste haben kennenlernen; das andere Mal muß sie überhaupt den Forderungen Genüge tun, welche wir im ersten Teile bereits für jedes Kunstgebilde aufstellten, d. h. sie muß in ihrem Inhalte Zweck für sich selbst sein und alles, was sie ergreifen mag, in rein theoretischem Interesse als eine in sich selbständige, in sich geschlossene Welt ausbilden. Denn nur in diesem Falle ist, wie die Kunst es verlangt, der Inhalt durch die Art seiner Darstellung ein organisches Ganzes, das in seinen Teilen den Anschein eines engen Zusammenhangs und Zusammenhalts gibt und der Welt relativer Abhängigkeiten gegenüber frei für sich nur um seiner selbst willen dasteht.

3. Der letzte Punkt, den wir noch schließlich in Rücksicht auf den Unterschied der Poesie von den übrigen Künsten zu besprechen haben, betrifft gleichfalls das veränderte Verhältnis, in welches die dichterische Phantasie ihre Gebilde zu dem äußeren Material der Darstellung bringt.

Die bisher betrachteten Künste machten vollständig Ernst mit dem sinnlichen Element, in welchem sie sich bewegten, insofern sie dem Inhalt nur eine Gestalt gaben, welche durchweg konnte von den aufgetürmten schweren Massen, dem Erz, Marmor, Holz, den Farben und Tönen aufgenommen und ausgeprägt werden. Nun hat in gewissem Sinne freilich auch die Poesie eine ähnliche Pflicht zu erfüllen. Denn sie muß dichtend stets darauf bedacht sein, daß ihre Gestaltungen nur durch die sprachliche Mitteilung dem Geiste kundwerden sollen. Dennoch verändert sich hier das ganze Verhältnis.

a) Bei der Wichtigkeit nämlich, welche die sinnliche Seite in den bildenden Künsten und der Musik erhält, entspricht nun, der spezifischen *Bestimmtheit* dieses Materials wegen, auch nur ein *begrenzter* Kreis von Darstellungen vollständig dem besonderen, realen Dasein in Stein, Farbe oder Ton, so daß dadurch der Inhalt und die künstlerische Auffassungsweise der bisher betrachteten Künste in gewisse Schranken eingehegt wird. Dies war der Grund, weshalb wir jede der bestimmten Künste nur mit irgendeiner der *besonderen* Kunstformen, zu deren gemäßer Ausdrückung diese und nicht auch die andere Kunst am fähigsten erschien, in engen Zusammenhang brachten: die Architektur mit dem Symbolischen, die Skulptur mit dem Klassischen, Malerei und Musik mit der romantischen Form. Zwar griffen die besonderen Künste diesseits und jenseits ihres eigentlichen Bereichs auch in die anderen Kunstformen hinüber, weshalb wir ebenso von klassischer und romantischer Baukunst, von symbolischer und christlicher Skulptur sprechen konnten und auch der klassischen Malerei und Musik Erwähnung tun mußten; diese Abzweigungen aber waren, statt den eigentlichen Gipfel zu erreichen, teils nur vorbereitende Versuche untergeordneter Anfänge, oder sie zeigten ein beginnendes Überschreiten einer Kunst, in welchem dieselbe einen Inhalt und eine Behandlungsweise des Materials ergriff, deren Typus vollständig auszubilden erst einer weiteren Kunst erlaubt war. – Am ärmsten in dem Ausdrucke ihres Inhalts überhaupt ist die Architektur, reichhaltiger schon die Skulptur, während sich der Umfang der Malerei und Musik am weitesten auszudehnen vermag. Denn mit der steigenden Idealität und vielseitigeren Partikularisierung des äußeren Materials vermehrt sich die Mannigfaltigkeit sowohl des Inhalts als auch der Formen, die derselbe annimmt. Die Poesie nun streift sich von solcher Wichtigkeit des Materials überhaupt in *der* Weise los, daß die Bestimmtheit ihrer sinnlichen Äußerungsart keinen Grund mehr für die Beschränkung auf einen spezifischen Inhalt und abgegrenzten Kreis der Auffassung und Darstellung abgeben kann. Sie ist deshalb auch an keine bestimmte Kunstform ausschließlicher gebunden, sondern wird die *allgemeine* Kunst, welche jeden Inhalt, der nur überhaupt in die Phantasie einzugehen imstande ist, in jeder Form gestalten und aussprechen kann, da ihr eigentliches Material die Phantasie selber bleibt, diese allgemeine Grundlage aller besonderen Kunstformen und einzelnen Künste.

Das Ähnliche haben wir bereits in einem anderen Gebiet beim Schlusse der besonderen Kunstformen gesehen, deren letzten Standpunkt wir darin suchten, daß die Kunst sich von der speziellen Darstellungsweise in *einer* ihrer Formen unabhängig machte und über dem Kreise dieser Totalität von Besonderheiten stand. Die Möglichkeit solch einer allseitigen Ausbildung liegt unter den bestimmten Künsten von Hause aus allein im Wesen der Poesie und betätigt sich deshalb im Verlauf der dichterischen Produktion teils durch die wirkliche Ausgestaltung jeder besonderen Form, teils durch die Befreiung aus der Befangenheit in dem für sich abgeschlossenen Typus des entweder symbolischen oder klassischen und romantischen Charakters der Auffassung und des Inhalts.

b) Hieraus läßt sich nun auch zugleich die Stellung rechtfertigen, welche wir der Dichtkunst in der wissenschaftlichen Entwicklung gegeben haben. Denn da die Poesie sich mehr, als dies in irgendeiner der anderen Produktionsweisen von Kunstwerken der Fall sein kann, mit dem Allgemeinen der Kunst als solcher zu tun macht, so könnte es scheinen, daß die wissenschaftliche Erörterung mit ihr zu beginnen habe, um dann erst in die Besonderung einzugehen, zu welcher das spezifische sinnliche Material die übrigen Künste auseinandertreten läßt. Nach dem jedoch, was wir bereits bei den besonderen Kunstformen gesehen haben, besteht der philosophische Entfaltungsgang einerseits in einer Vertiefung des geistigen Gehalts, andererseits in dem Erweis, daß die Kunst ihren gemäßen Inhalt zunächst nur suche, sodann ihn finde und endlich überschreite. Dieser Begriff des Schönen und der *Kunst* muß sich nun ebenso auch in den *Künsten* selbst geltend machen. Wir begannen deshalb mit der Architektur, welche der vollständigen Darstellung des Geistigen in einem sinnlichen Element nur zustrebt, so daß die Kunst bei der echten Ineinsbildung erst durch die Skulptur anlangt und mit der Malerei und Musik um der Innerlichkeit und Subjektivität ihres Gehalts willen die vollbrachte Einigung sowohl nach seiten der Konzeption als der sinnlichen Ausführung wieder aufzulösen beginnt. Diesen letzteren Charakter nun stellt die Poesie am schärfsten heraus, insofern sie in ihrer Kunstverkörperung wesentlich als ein Herausgehen aus der realen Sinnlichkeit und Herabsetzen derselben, nicht aber als ein Produzieren zu fassen ist, das in die Verleiblichung und Bewegung im Äußerlichen noch nicht einzugehen wagt. Um diese Befreiung wissenschaftlich explizieren zu können, muß aber das vorher schon erörtert sein, wovon die Kunst sich loszumachen unternimmt. In der gleichen Weise verhält es sich mit dem Umstande, daß die Poesie die Totalität des Inhalts und der Kunstformen in sich aufzunehmen imstande ist. Auch dies haben wir als das Erringen einer Totalität anzusehen, das wissenschaftlich nur als Aufheben der Beschränktheit im Besonderen kann dargetan werden, wozu wiederum die vorausgegangene Betrachtung der Einseitigkeiten gehört, deren alleinige Gültigkeit durch die Totalität negiert wird.

Nur durch diesen Gang der Betrachtung ergibt sich dann auch die Poesie als diejenige besondere Kunst, an welcher zugleich die Kunst selbst sich aufzulösen beginnt und für das philosophische Erkennen ihren Übergangspunkt zur religiösen Vorstellung als solcher sowie zur Prosa des wissenschaftlichen Denkens erhält. Die Grenzgebiete der Welt des Schönen sind, wie wir früher sahen, auf der einen Seite die Prosa der Endlichkeit und des gewöhnlichen Bewußtseins, aus der die Kunst sich zur Wahrheit herausringt, auf der anderen Seite die höheren Sphären der Religion und Wissenschaft, in welche sie zu einem sinnlichkeitsloseren Erfassen des Absoluten übergeht.

c) Wie vollständig deshalb auch die Poesie die ganze Totalität des Schönen noch einmal in geistigster Weise produziert, so macht dennoch die Geistigkeit gerade zugleich den Mangel dieses letzten Kunstgebiets aus. Wir können innerhalb des Systems der Künste die Dichtkunst in dieser Rücksicht der Architektur direkt entgegenstellen. Die Baukunst nämlich vermag das objektive Material dem geistigen Gehalt noch nicht so zu unterwerfen, daß sie dasselbe zur adäquaten Gestalt des Geistes zu formieren imstande wäre; die Poesie umgekehrt geht in der negativen Behandlung ihres sinnlichen Elementes so weit, daß sie das Entgegengesetzte der schweren räumlichen Materie, den Ton, statt ihn, wie es die Baukunst mit ihrem Material tut, zu einem andeutenden Symbol zu gestalten, vielmehr zu einem bedeutungslosen Zeichen herabbringt. Dadurch löst sie aber die Verschmelzung der geistigen Innerlichkeit und des äußeren Daseins in einem Grade auf, welcher dem ursprünglichen Begriffe der Kunst nicht mehr zu entsprechen anfängt, so daß nun die Poesie Gefahr läuft, sich überhaupt aus der Region des Sinnlichen ganz in das Geistige hineinzuverlieren. Die schöne Mitte zwischen diesen Extremen der Baukunst und Poesie halten die Skulptur, Malerei und Musik, indem jede dieser Künste den geistigen Gehalt noch ganz in ein natürliches Element hineinarbeitet und gleichmäßig den Sinnen wie dem Geiste erfaßbar macht. Denn obschon Malerei und Musik als die romantischen Künste ein bereits ideelleres Material ergreifen, so ersetzen sie dennoch die Unmittelbarkeit des Daseins, die sich in dieser gesteigerten Idealität zu verflüchtigen beginnt, auf der anderen Seite wiederum durch die Fülle der Partikularität und die mannigfaltigere Gestaltbarkeit, deren die Farbe und der Ton sich in reicherer Weise, als es für das Material der Skulptur erforderlich ist, fähig erweisen.

Die Poesie sucht nun zwar ihrerseits gleichfalls nach einem Ersatz, insofern sie die objektive Welt in einer Breite und Vielseitigkeit vor Augen bringt, welche selbst die Malerei, wenigstens in ein und demselben Werke, nicht zu erreichen weiß; doch dies bleibt immer nur eine Realität des *inneren* Bewußtseins, und wenn die Poesie auch im Bedürfnis der Kunstverkörperung auf einen verstärkten sinnlichen Eindruck losgeht, so vermag sie doch denselben teils nur durch die von der Musik und Malerei erborgten, ihr selbst aber fremden Mittel zustande zu bringen, teils muß sie, um sich selbst als echte Poesie zu erhalten, diese Schwesterkünste nur immer als dienend hinzutreten lassen und die geistige Vorstellung dagegen, die Phantasie, die zur inneren Phantasie spricht, als eigentliche Hauptsache, um welche es zu tun ist, herausheben.

Soviel im allgemeinen von dem begriffsmäßigen Verhältnis der Poesie zu den übrigen Künsten. Was nun die nähere Betrachtung der Dichtkunst selber angeht, so müssen wir dieselbe nach folgenden Gesichtspunkten ordnen.

Wir haben gesehen, daß in der Poesie das innere Vorstellen selbst sowohl den Inhalt als auch das Material abgibt. Indem das Vorstellen jedoch auch außerhalb der Kunst bereits die geläufigste Weise des Bewußtseins ist, so müssen wir uns zunächst der Aufgabe unterziehen, die *poetische* Vorstellung von der *prosaischen* abzuscheiden. Bei diesem inneren poetischen Vorstellen allein darf aber die Dichtkunst nicht stehenbleiben, sondern muß ihre Gestaltungen dem *sprachlichen* Ausdruck anvertrauen. Hiernach hat sie wiederum eine doppelte Pflicht zu übernehmen. Einerseits nämlich muß sie bereits ihr inneres Bilden so einrichten, daß es sich der sprachlichen Mitteilung vollständig fügen kann; andererseits darf sie dies sprachliche Element selbst nicht so belassen, wie es von dem gewöhnlichen Bewußtsein gebraucht wird, sondern muß es poetisch behandeln, um sich sowohl in der Wahl und Stellung als auch im Klang der Wörter von der prosaischen Ausdrucksweise zu unterscheiden.

Da sie nun aber, ihrer sprachlichen Äußerung unerachtet, am meisten von den Bedingungen und Schranken frei ist, welche die Besonderheit des Materials den übrigen Künsten auferlegt, so behält die Poesie die ausgedehnteste Möglichkeit, vollständig alle die verschiedenen Gattungen auszubilden, welche das Kunstwerk unabhängig von der Einseitigkeit einer besonderen Kunst annehmen kann, und zeigt deshalb die vollendeteste Gliederung unterschiedener *Gattungen* der Poesie.

Hiernach haben wir im weiteren Verlauf

erstens vom *Poetischen* überhaupt und dem poetischen *Kunstwerk* zu sprechen;

zweitens von dem poetischen *Ausdruck*;

drittens von der Einteilung der Dichtkunst in *epische, lyrische* und *dramatische* Poesie.

A. DAS POETISCHE KUNSTWERK IM UNTERSCHIEDE
DES PROSAISCHEN

Das Poetische als solches zu definieren oder eine Beschreibung von dem, was dichterisch sei, zu geben, abhorreszieren fast alle, welche über Poesie geschrieben haben. Und in der Tat, wenn man von der Poesie als Dichtkunst zu sprechen anfängt und nicht vorher bereits abgehandelt hat, was Inhalt und Vorstellungsweise der Kunst überhaupt sei, wird es höchst schwierig, festzustellen, worin man das eigentliche Wesen des Poetischen zu suchen habe. Hauptsächlich aber wächst die Mißlichkeit der Aufgabe, wenn man von der individuellen Beschaffenheit einzelner Produkte ausgeht und nun aus dieser Bekanntschaft heraus etwas Allgemeines, das für die verschiedensten Gattungen und Arten Gültigkeit behalten soll, aussagen will. So gelten z. B. die heterogensten Werke für Gedichte. Setzt man nun solche Annahme voraus und fragt dann, nach welchem Rechte dergleichen Produktionen als Gedichte dürften anerkannt werden, so tritt sogleich die eben angedeutete Schwierigkeit ein. Glücklicherweise können wir derselben an dieser Stelle ausweichen. Einerseits nämlich sind wir überhaupt nicht von den einzelnen Erscheinungen her bei dem allgemeinen Begriff der Sache angelangt, sondern haben umgekehrt aus dem Begriffe die Realität desselben zu entwickeln gesucht; wobei es denn nicht zu fordern ist, daß sich in unserem jetzigen Gebiete z. B. alles, was man so gemeinhin ein Gedicht nennt, unter diesen Begriff subsumieren lasse, insofern die Entscheidung, ob etwas wirklich ein poetisches Produkt sei oder nicht, erst aus dem Begriff selbst zu entnehmen ist. Andererseits brauchen wir der Forderung, den Begriff des Poetischen anzugeben, hier nicht mehr Genüge zu tun, weil wir, um diese Aufgabe zu erfüllen, nur alles das würden wiederholen müssen, was wir im ersten Teile bereits vom Schönen und dem Ideal überhaupt entwickelt haben. Denn die Natur des Poetischen fällt im allgemeinen mit dem Begriff des Kunstschönen und Kunstwerks überhaupt zusammen, indem die dichterische Phantasie nicht wie in den bildenden Künsten und der Musik durch die Art des Materials, in welchem sie darzustellen gedenkt, in ihrem Schaffen nach vielen Seiten hin eingeengt und zu einseitigen Richtungen auseinandergetrieben wird, sondern sich nur den wesentlichen Forderungen einer idealen und kunstgemäßen Darstellung überhaupt zu unterwerfen hat. Ich will deshalb aus den vielfachen Gesichtspunkten, die sich hier in Anwendung bringen lassen, nur das Wichtigste herausheben, und zwar

erstens in bezug auf den Unterschied der poetischen und prosaischen *Auffassungsweise* und

zweitens in Ansehung des poetischen und prosaischen *Kunstwerks;*

woran wir dann *drittens* noch einige Bemerkungen über die schaffende Subjektivität, den *Dichter,* anschließen wollen.

a. Inhalt beider Auffassungen

Was zunächst den *Inhalt* angeht, der sich für die poetische Konzeption eignet, so können wir, relativ wenigstens, sogleich das Äußerliche als solches, die Naturdinge, ausschließen; die Poesie hat nicht Sonne, Berge, Wald, Landschaften oder die äußere Menschengestalt, Blut, Nerven, Muskeln usf., sondern geistige Interessen zu ihrem eigentlichen Gegenstande. Denn wie sehr sie auch das Element der Anschauung und Veranschaulichung in sich trägt, so bleibt sie doch auch in dieser Rücksicht geistige Tätigkeit und arbeitet nur für die innere Anschauung, der das Geistige nähersteht und gemäßer ist als die Außendinge in ihrer konkreten sinnlichen Erscheinung. Dieser gesamte Kreis tritt deshalb in die Poesie nur ein, insofern der Geist in ihm eine Anregung oder ein Material seiner Tätigkeit findet, als Umgebung des Menschen also, als seine Außenwelt, welche nur in Beziehung auf das Innere des Bewußtseins einen wesentlichen Wert hat, nicht aber auf die Würde Anspruch machen darf, für sich selbst der ausschließliche Gegenstand der Poesie zu werden. Ihr entsprechendes Objekt dagegen ist das unendliche Reich des Geistes. Denn das Wort, dies bildsamste Material, das dem Geiste unmittelbar angehört und das allerfähigste ist, die Interessen und Bewegungen desselben in ihrer inneren Lebendigkeit zu fassen, muß, wie es in den übrigen Künsten mit Stein, Farbe, Ton geschieht, auch vorzüglich zu *dem* Ausdrucke angewendet werden, welchem es sich am meisten gemäß erweist. Nach dieser Seite wird es die Hauptaufgabe der Poesie, die Mächte des geistigen Lebens, und was überhaupt in der menschlichen Leidenschaft und Empfindung auf und nieder wogt oder vor der Betrachtung ruhig vorüberzieht, das alles umfassende Reich menschlicher Vorstellung, Taten, Handlungen, Schicksale, das Getriebe dieser Welt und die göttliche Weltregierung zum Bewußtsein zu bringen. So ist sie die allgemeinste und ausgebreiteteste Lehrerin des Menschengeschlechts gewesen und ist es noch. Denn Lehren und Lernen ist Wissen und Erfahren dessen, was *ist*. Sterne, Tiere, Pflanzen wissen und erfahren ihr Gesetz nicht; der Mensch aber existiert erst dem Gesetze seines Daseins gemäß, wenn er weiß, was er selbst und was um ihn her ist; er muß die Mächte kennen, die ihn treiben und lenken, und solch ein Wissen ist es, welches die Poesie in ihrer ersten substantiellen Form gibt.

b. Unterschied der poetischen und prosaischen Vorstellung

Denselbigen Inhalt aber faßt auch das *prosaische* Bewußtsein auf und lehrt sowohl die allgemeinen Gesetze, als sie auch die bunte Welt der einzelnen Erscheinungen zu unterscheiden, zu ordnen und zu deuten versteht; es fragt sich deshalb, wie schon gesagt, bei solcher möglichen Gleichheit des Inhalts nach dem allgemeinen Unterschiede der prosaischen von der poetischen Vorstellungsweise.

α) Die *Poesie* ist älter als das kunstreich ausgebildete prosaische Sprechen. Sie ist das ursprüngliche Vorstellen des Wahren, ein Wissen, welches das Allgemeine noch nicht von seiner lebendigen Existenz im einzelnen trennt, Gesetz und Erscheinung, Zweck und Mittel einander noch nicht gegenüberstellt und aufeinander dann wieder räsonierend bezieht, sondern das eine nur im anderen und durch das andere faßt. Deshalb spricht sie nicht etwa einen für sich in seiner Allgemeinheit bereits erkannten Gehalt nur bildlich aus; im Gegenteil, sie verweilt ihrem unmittelbaren Begriff gemäß in der substantiellen Einheit, die solche Trennung und bloße Beziehung noch nicht gemacht hat.

αα) In dieser Anschauungsweise stellt sie nun alles, was sie ergreift, als eine in sich zusammengeschlossene und dadurch selbständige Totalität hin, welche zwar reichhaltig sein und eine weite Ausbreitung von Verhältnissen, Individuen, Handlungen, Begebnissen, Empfindungen und Vorstellungsarten haben kann, doch diesen breiten Komplex als in sich beschlossen, als hervorgebracht, bewegt von dem Einen zeigen muß, dessen besondere Äußerung diese oder jene Einzelheit ist. So wird das Allgemeine, Vernünftige in der Poesie nicht in abstrakter Allgemeinheit und philosophisch erwiesenem Zusammenhange oder verständiger Beziehung seiner Seiten, sondern als belebt, erscheinend, beseelt, alles bestimmend und doch zugleich in einer Weise ausgesprochen, welche die alles befassende Einheit, die eigentliche Seele der Belebung, nur geheim von innen heraus wirken läßt.

ββ) Dieses Auffassen, Gestalten und Aussprechen bleibt in der Poesie rein *theoretisch*. Nicht die Sache und deren praktische Existenz, sondern das Bilden und Reden ist der Zweck der Poesie. Sie hat begonnen, als der Mensch es unternahm, *sich* auszusprechen; das Gesprochene ist ihr nur deswegen da, um ausgesprochen zu sein. Wenn der Mensch selbst mitten innerhalb der praktischen Tätigkeit und Not einmal zur theoretischen Sammlung übergeht und sich mitteilt, so tritt sogleich ein gebildeter Ausdruck, ein Anklang an das Poetische ein. Hiervon liefert, um nur eins zu erwähnen, das durch Herodot uns erhaltene Distichon ein Beispiel, welches den Tod der zu Thermopylä gefallenen Griechen berichtet. Der Inhalt ist ganz einfach gelassen: die trockene Nachricht, mit dreihundert Myriaden hätten hier die Schlacht viertausend Peloponnesier gekämpft; das Interesse ist aber, eine Inschrift zu fertigen, die Tat für die Mitwelt und Nachwelt, rein dieses Sagens wegen, auszusprechen, und so wird der Ausdruck poetisch, d. h. er will sich als ein ποιεῖν erweisen, das den Inhalt in seiner Einfachheit läßt, das Aussprechen jedoch absichtlich bildet. Das Wort, das die Vorstellungen faßt, ist sich von so hoher Würde, daß es sich von sonstiger Redeweise zu unterscheiden sucht und zu einem Distichon macht.

γγ) Dadurch bestimmt sich nun auch nach der sprachlichen Seite hin die Poesie als ein eigenes Gebiet, und um sich von dem gewöhnlichen Sprechen abzutrennen, wird die Bildung des Ausdrucks von einem höheren Wert als das bloße Aussprechen. Doch müssen wir in dieser Beziehung, wie in Rücksicht auf die allgemeine Anschauungsweise, wesentlich zwischen einer ursprünglichen Poesie unterscheiden, welche *vor* der Ausbildung der gewöhnlichen und kunstreichen Prosa liegt, und der dichterischen Auffassung und Sprache, die sich inmitten eines schon vollständig fertigen prosaischen Lebenszustandes und Ausdrucks entwickelt. Die erstere ist absichtslos poetisch im Vorstellen und Sprechen; die letztere dagegen weiß von dem Gebiet, von welchem sie sich loslösen muß, um sich auf den freien Boden der Kunst zu stellen, und bildet sich deshalb im bewußten Unterschiede dem Prosaischen gegenüber aus.

β) Das *prosaische* Bewußtsein *zweitens,* das die Poesie von sich aussondern muß, bedarf einer ganz anderen Art des Vorstellens und Redens.

αα) Auf der einen Seite nämlich betrachtet dasselbe den breiten Stoff der Wirklichkeit nach dem *verständigen* Zusammenhang von Ursache und Wirkung, Zweck und Mittel und sonstigen Kategorien des beschränkten Denkens, überhaupt nach den Verhältnissen der Äußerlichkeit und Endlichkeit. Dadurch tritt jedes Besondere einmal in falscher Weise als selbständig auf, das andere Mal wird es in bloße *Beziehung* auf anderes gebracht und damit nur in seiner Relativität und Abhängigkeit gefaßt, ohne daß jene freie Einheit zustande kommt, die in sich selbst in allen ihren Verzweigungen und Auseinanderlegungen dennoch ein totales und freies Ganzes bleibt, indem die besonderen Seiten nur die eigene Explikation und Erscheinung des *einen* Inhaltes sind, welcher den Mittelpunkt und die zusammenhaltende Seele ausmacht und sich als diese durchdringende Belebung auch wirklich betätigt. Diese Art des verständigen Vorstellens bringt es deshalb nur zu besonderen Gesetzen der Erscheinungen und verharrt nun ebenso in der Trennung und bloßen Beziehung der partikulären Existenz und des allgemeinen Gesetzes, als ihr auch die Gesetze selbst zu festen Besonderheiten auseinanderfallen, deren Verhältnis

gleichfalls nur unter der Form der Äußerlichkeit und Endlichkeit vorgestellt wird.

ββ) Andererseits läßt das *gewöhnliche* Bewußtsein sich auf
den inneren Zusammenhang, auf das Wesentliche der Dinge,
auf Gründe, Ursachen, Zwecke usf. gar nicht ein, sondern
begnügt sich damit, das, was ist und geschieht, als bloß Einzelnes, d. h. seiner bedeutungslosen Zufälligkeit nach, aufzunehmen. In diesem Falle wird zwar durch keine verständige
Scheidung die lebendige Einheit aufgehoben, in welcher die
poetische Anschauung die innere Vernunft der Sache und
deren Äußerung und Dasein zusammenhält; was aber fehlt,
ist eben der Blick in diese Vernünftigkeit und Bedeutung der
Dinge, die für das Bewußtsein damit wesenlos werden und
auf das Interesse der Vernunft keinen weiteren Anspruch
machen dürfen. Das Verstehen einer verständig zusammen-
hängenden Welt und deren Relationen ist dann nur mit dem
Blick in ein Neben- und Durcheinander von Gleichgültigem
vertauscht, das wohl eine große Breite äußerlicher Lebendigkeit haben kann, aber das tiefere Bedürfnis schlechthin unbefriedigt von sich läßt. Denn die echte Anschauung und das
gediegene Gemüt findet nur da eine Befriedigung, wo es in
den Erscheinungen die entsprechende Realität des Wesentlichen und Wahrhaften selber erblickt und empfindet. Das
äußerlich Lebendige bleibt dem tieferen Sinne tot, wenn
nichts Inneres und in sich selbst Bedeutungsreiches als die
eigentliche Seele hindurchscheint.

γγ) Diese Mängel des verständigen Vorstellens und gewöhnlichen Anschauens tilgt nun drittens das *spekulative* Denken
und steht dadurch von der einen Seite her mit der poetischen
Phantasie in Verwandtschaft. Das vernünftige Erkennen
nämlich macht es sich weder mit der zufälligen Einzelheit zu
tun oder übersieht in dem Erscheinenden das Wesen desselben, noch begnügt es sich mit jenen Trennungen und bloßen Beziehungen der verständigen Vorstellung und Reflexion, sondern verknüpft das zur freien Totalität, was für
die endliche Betrachtung teils als selbständig auseinander-

fällt, teils in einheitslose Relation gesetzt wird. Das Denken aber hat nur Gedanken zu seinem Resultat; es verflüchtigt die Form der Realität zur Form des reinen Begriffs, und wenn es auch die wirklichen Dinge in ihrer wesentlichen Besonderheit und ihrem wirklichen Dasein faßt und erkennt, so erhebt es dennoch auch dies Besondere in das allgemeine ideelle Element, in welchem allein das Denken bei sich selber ist. Dadurch entsteht der erscheinenden Welt gegenüber ein neues Reich, das wohl die Wahrheit des Wirklichen, aber eine Wahrheit ist, die nicht wieder im *Wirklichen* selbst als gestaltende Macht und eigene Seele desselben offenbar wird. Das Denken ist nur eine Versöhnung des Wahren und der Realität im *Denken,* das poetische Schaffen und Bilden aber eine Versöhnung in der wenn auch nur geistig vorgestellten Form *realer Erscheinung* selber.

γ) Dadurch erhalten wir zwei unterschiedene Sphären des Bewußtseins: Poesie und Prosa. In frühen Zeiten, in welchen sich eine bestimmte Weltanschauung, ihrem religiösen Glauben und sonstigen Wissen nach, weder zum verständig geordneten Vorstellen und Erkennen fortgebildet noch die Wirklichkeit der menschlichen Zustände sich einem solchen Wissen gemäß geregelt hat, behält die Poesie leichteres Spiel. Ihr steht dann die Prosa nicht als ein für sich selbständiges Feld des inneren und äußeren Daseins gegenüber, das sie erst überwinden muß, sondern ihre Aufgabe beschränkt sich mehr nur auf ein Vertiefen der Bedeutungen und Klären der Gestalten des sonstigen Bewußtseins. Hat dagegen die Prosa den gesamten Inhalt des Geistes schon in ihre Auffassungsweise hineingezogen und allem und jedem den Stempel derselben eingedrückt, so muß die Poesie das Geschäft einer durchgängigen Umschmelzung und Umprägung übernehmen und sieht sich bei der Sprödigkeit des Prosaischen nach allen Seiten hin in vielfache Schwierigkeiten verwickelt. Denn sie hat sich nicht nur dem Festhalten der gewöhnlichen Anschauung im Gleichgültigen und Zufälligen zu entreißen und die Betrachtung des verständigen Zusammenhanges der

Dinge zur Vernünftigkeit zu erheben oder das spekulative Denken zur Phantasie gleichsam im Geiste selber wieder zu verleiblichen, sondern muß ebenso auch in dieser mehrfachen Rücksicht die gewohnte *Ausdrucksweise* des prosaischen Bewußtseins zur poetischen umwandeln und bei aller Absichtlichkeit, welche solch ein Gegensatz notwendig hervorruft, dennoch den Schein der Absichtslosigkeit und ursprünglichen Freiheit, deren die Kunst bedarf, vollständig bewahren.

c. Partikularisation der poetischen Anschauung

So hätten wir denn jetzt im allgemeinsten sowohl den Inhalt des Poetischen angegeben als auch die poetische Form von der prosaischen abgeschieden. Der *dritte* Punkt endlich, dessen wir noch erwähnen müssen, betrifft die Partikularisation, zu welcher die Poesie mehr noch als die übrigen Künste fortgeht, die eine weniger reichhaltige Entwicklung haben. Die Architektur sehen wir zwar gleichfalls bei den verschiedensten Völkern und in dem ganzen Verlauf der Jahrhunderte erstehen, doch schon die Skulptur erreicht ihren höchsten Gipfelpunkt in der alten Welt durch die Griechen und Römer, wie die Malerei und Musik in der neueren Zeit durch die christlichen Völker. Die Poesie aber feiert bei allen Nationen und in allen Zeiten fast, welche überhaupt in der Kunst produktiv sind, Epochen des Glanzes und der Blüte. Denn sie umfaßt den gesamten Menschengeist, und die Menschheit ist vielfach partikularisiert.

α) Da nun die Poesie nicht das Allgemeine in wissenschaftlicher Abstraktion zu ihrem Gegenstande hat, sondern das individualisierte Vernünftige zur Darstellung bringt, so bedarf sie durchweg der Bestimmtheit des Nationalcharakters, aus dem sie hervorgeht und dessen Gehalt und Weise der Anschauung auch ihren Inhalt und ihre Darstellungsart ausmacht, und geht deshalb zu einer Fülle der Besonderung und Eigentümlichkeit fort. Morgenländische, italienische, spanische, englische, römische, griechische, deutsche Poesie, alle sind durchaus in Geist, Empfindung, Weltanschauung, Ausdruck usf. verschieden.

Die gleich mannigfaltige Unterschiedenheit macht sich nun auch rücksichtlich der Zeitepochen, in welchen gedichtet wird, geltend. Was z. B. die deutsche Poesie jetzt ist, hat sie im Mittelalter oder zur Zeit des Dreißigjährigen Krieges nicht sein können. Die Bestimmungen, die jetzt unser höchstes Interesse erregen, gehören der ganzen gegenwärtigen Zeitentwicklung an, und so hat jede Zeit ihre weitere oder beschränktere, höhere und freiere oder herabgestimmtere Empfindungsweise, überhaupt ihre besondere Weltanschauung, welche sich gerade durch die Poesie, insofern das Wort den ganzen Menschengeist auszusprechen imstande ist, am klarsten und vollständigsten zum kunstgemäßen Bewußtsein bringt.

β) Unter diesen Nationalcharakteren, Zeitgesinnungen und Weltanschauungen sind dann wieder die einen poetischer als die anderen. So ist z. B. die morgenländische Form des Bewußtseins im ganzen poetischer als die abendländische, Griechenland ausgenommen. Das Unzersplitterte, Feste, Eine, Substantielle bleibt im Orient immer die Hauptsache, und solch eine Anschauung ist die von Hause aus gediegenste, wenn sie auch nicht bis zur Freiheit des Ideals hindurchdringt. Das Abendland dagegen, besonders die neuere Zeit, geht von der unendlichen Zerstreuung und Partikularisation des Unendlichen aus, wodurch bei der Punktualisierung aller Dinge auch das Endliche für die Vorstellung Selbständigkeit erhält und doch wieder zur Relativität muß umgebeugt werden, während für die Orientalen nichts eigentlich selbständig bleibt, sondern alles nur als das Akzidentelle erscheint, das in dem Einen und Absoluten, zu welchem es zurückgeführt ist, seine stete Konzentration und letzte Erledigung findet.

γ) Durch diese Mannigfaltigkeit der Volksunterschiede und den Entwicklungsgang im Verlauf der Jahrunderte zieht sich nun aber als das Gemeinsame und deshalb auch anderen

Nationen und Zeitgesinnungen Verständliche und Genießbare einerseits das Allgemeinmenschliche hindurch, andererseits das Künstlerische. In dieser doppelten Beziehung besonders ist die griechische Poesie immer von neuem wieder von den verschiedensten Nationen bewundert und nachgebildet worden, da in ihr das rein Menschliche dem Inhalte wie der künstlerischen Form nach zur schönsten Entfaltung gekommen ist. Doch selbst das Indische z. B., allem Abstande der Weltanschauung und Darstellungsweise zum Trotz, ist uns nicht gänzlich fremd, und wir können es als einen Hauptvorzug der jetzigen Zeit rühmen, daß in ihr sich der Sinn für die ganze Reichhaltigkeit der Kunst und des menschlichen Geistes überhaupt mehr und mehr aufzuschließen begonnen hat.

Sollen wir nun bei diesem Triebe zur Individualisierung, welchem die Poesie den angegebenen Seiten nach durchgängig folgt, hier von der Dichtkunst im *allgemeinen* handeln, so bleibt dies Allgemeine, das als solches könnte festgestellt werden, sehr abstrakt und schal, und wir müssen deshalb, wenn wir von eigentlicher Poesie sprechen wollen, die Gestaltungen des vorstellenden Geistes immer in nationaler und temporärer Eigentümlichkeit fassen und selbst die dichtende subjektive Individualität nicht außer acht lassen. – Dies sind die Gesichtspunkte, welche ich in betreff der poetischen Auffassung überhaupt vorausschicken wollte.

2. Das poetische und prosaische Kunstwerk

Bei dem inneren Vorstellen als solchem aber kann die Poesie nicht stehenbleiben, sondern muß sich zum poetischen *Kunstwerke* gliedern und abrunden.

Die vielseitigen Betrachtungen, zu welchen dieser neue Gegenstand auffordert, können wir so zusammenfassen und ordnen, daß wir

erstens das Wichtigste hervorheben, was das *poetische Kunstwerk überhaupt* angeht, und dieses sodann *zweitens* von den Hauptgattungen der *prosaischen Darstellung* abscheiden, insofern dieselbe einer künstlerischen Behandlung noch fähig bleibt. Hieraus erst wird sich uns *drittens* der Begriff des *freien* Kunstwerkes vollständig ergeben.

a. Das poetische Kunstwerk überhaupt

In Rücksicht auf das *poetische Kunstwerk im allgemeinen* brauchen wir nur die Forderung zu wiederholen, daß es, wie jedes andere Produkt der freien Phantasie, zu einer organischen Totalität müsse ausgestaltet und abgeschlossen werden. Diesem Anspruch kann nur in folgender Weise Genüge geschehen.

α) *Erstens* muß dasjenige, was den durchgreifenden Inhalt ausmacht, sei es ein bestimmter Zweck des Handelns und Begebens oder eine bestimmte Empfindung und Leidenschaft, vor allem Einheit in sich selbst haben.

αα) Auf dieses Eine muß sich dann alles übrige beziehen und damit in konkretem freiem Zusammenhange stehen. Dies ist nur dadurch möglich, daß der gewählte Inhalt nicht als abstraktes *Allgemeines* gefaßt wird, sondern als menschliches Handeln und Empfinden, als Zweck und Leidenschaft, welche dem Geist, dem Gemüt, dem Wollen bestimmter *Individuen* angehören und aus dem eigenen Boden dieser individuellen Natur selbst entspringen.

ββ) Das Allgemeine, das zur Darstellung gelangen soll, und die Individuen, in deren Charakter, Begebnissen und Handlungen es zur poetischen Erscheinung heraustritt, dürfen deshalb nicht auseinanderfallen oder so bezogen sein, daß die Individuen nur abstrakten Allgemeinheiten dienstbar werden, sondern beide Seiten müssen lebendig ineinander verwebt bleiben. So ist in der Ilias z. B. der Kampf der Griechen und Troer und der Sieg der Hellenen an den Zorn des Achilles geknüpft, welcher dadurch den zusammenhaltenden Mittelpunkt des Ganzen abgibt. Allerdings finden sich auch poetische Werke, in welchen der Grundinhalt teils überhaupt allgemeinerer Art ist, teils auch für sich in bedeutenderer Allgemeinheit ausgeführt wird, wie z. B. in Dantes großem epischen Gedichte, das die ganze göttliche Welt durchschreitet und nun die verschiedenartigsten Individuen im Verhältnis zu den Höllenstrafen, dem Fegefeuer und den Segnungen des Paradieses darstellt. Aber auch hier ist kein abstraktes Auseinanderfallen dieser Seiten und keine bloße Dienstbarkeit der einzelnen Subjekte vorhanden. Denn in der christlichen Welt ist das Subjekt nicht als bloße Akzidenz der Gottheit zu fassen, sondern als unendlicher Zweck in sich selbst, so daß hier der allgemeine Zweck, die göttliche Gerechtigkeit im Verdammen und Seligsprechen, zugleich als die immanente Sache, das ewige Interesse und Sein des Einzelnen selber erscheinen kann. Es ist in dieser göttlichen Welt schlechthin um das Individuum zu tun: im Staate kann es wohl aufgeopfert werden, um das Allgemeine, den Staat zu retten; in bezug auf Gott aber und in dem Reiche Gottes ist es an und für sich Selbstzweck.

γγ) *Drittens* jedoch muß nun auch das Allgemeine, das den Inhalt für die menschliche Empfindung und Handlung liefert, als selbständig, in sich fertig und vollendet dastehen und eine abgeschlossene Welt für sich ausmachen. Hören wir z. B. in unseren Tagen von einem Offizier, General, Beamten, Professor usw. und stellen wir uns vor, was dergleichen Figuren und Charaktere in ihren Zuständen und Umgebungen zu wollen und zu vollbringen imstande sind, so haben wir nur einen Inhalt des Interesses und der Tätigkeit vor uns, der teils nichts für sich Abgerundetes und Selbständiges ist, sondern in unendlich mannigfaltigen äußeren Zusammenhängen, Verhältnissen und Abhängigkeiten steht, teils wieder als abstraktes Ganzes genommen die Form eines von der Individualität des sonstigen totalen Charakters losgerissenen Allgemeinen, der Pflicht z. B., annehmen kann. – Umgekehrt gibt es wohl einen Inhalt gediegener Art, der ein in sich geschlossenes Ganzes bildet, doch ohne weitere Entwicklung und Bewegung schon in *einem* Satze vollendet und fertig ist. Von solchem Gehalt läßt sich eigentlich nicht sagen, ob er zur Poesie oder Prosa zu rechnen sei. Das große Wort des Alten Testaments z. B.: »Gott sprach, es werde Licht, und es ward Licht«, ist in seiner Gediegenheit und schlagenden Fassung für sich die höchste Poesie so gut als Prosa. Ebenso die Gebote: »Ich bin der Herr, der Gott, du sollst keine anderen Götter haben neben mir«; oder: »Du sollst Vater und Mutter ehren.« Auch die goldenen Sprüche des Pythagoras, die Sprüche und Weisheit Salomonis usf. gehören hierher. Es sind dies gehaltvolle Sätze, die gleichsam noch vor dem Unterschiede des Prosaischen und Poetischen liegen. Ein poetisches Kunstwerk aber ist dergleichen selbst in größeren Zusammenstellungen kaum zu nennen, denn die Abgeschlossenheit und Rundung haben wir in der Poesie zugleich als *Entwicklung,* Gliederung und deshalb als eine Einheit zu nehmen, welche wesentlich aus sich zu einer wirklichen Besonderung ihrer unterschiedenen Seiten und Teile herausgeht. Diese Forderung, welche sich in der bildenden Kunst, nach seiten der Gestalt wenigstens, von selber versteht, ist auch für das poetische Kunstwerk von höchster Wichtigkeit.

β) Wir sind dadurch auf einen *zweiten* zur organischen Gliederung gehörigen Punkt geführt, auf die Besonderung nämlich des Kunstwerks in sich zu einzelnen Teilen, welche, um in eine organische Einheit treten zu können, als für sich selber ausgebildet erscheinen müssen.

αα) Die nächste Bestimmung, die hier sich auftut, findet darin ihren Grund, daß die Kunst überhaupt beim Besonderen zu verweilen liebt. Der Verstand eilt, indem er das Mannigfaltige sogleich entweder theoretisch aus allgemeinen Gesichtspunkten her zusammenfaßt und es zu Reflexionen und Kategorien verflüchtigt oder es praktisch bestimmten Zwekken unterwirft, so daß das Besondere und Einzelne nicht zu seinem vollständigen Rechte kommt. Sich bei dem aufzuhalten, was dieser Stellung gemäß nur einen relativen Wert bewahren kann, erscheint dem Verstande deshalb als unnütz und langweilig. Der poetischen Auffassung und Ausgestaltung aber muß jeder Teil, jedes Moment für sich interessant, für sich lebendig sein, und sie verweilt daher mit Lust beim Einzelnen, malt es mit Liebe aus und behandelt es als eine Totalität für sich. Wie groß also das Interesse, der Gehalt auch sein mag, den die Poesie zum Mittelpunkte eines Kunstwerks macht, so organisiert sie doch ebensosehr auch im Kleinen, – wie schon im menschlichen Organismus jedes Glied, jeder Finger aufs zierlichste zu einem Ganzen abgerundet ist und überhaupt in der Wirklichkeit sich jede besondere Existenz zu einer Welt in sich abschließt. Das Fortschreiten der Poesie ist deshalb langsamer als die Urteile und Schlüsse des Verstandes, dem es sowohl bei seinen theoretischen Betrachtungen als auch bei seinen praktischen Zwecken und Absichten vornehmlich auf das Endresultat, weniger dagegen auf den Weg, den er entlanggeht, ankommt. – Was aber den Grad anbetrifft, in welchem hier die Poesie ihrem Hange zu jenem verweilenden Ausmalen nachgeben darf, so sahen wir schon, daß es nicht ihr Beruf sei, das Äußerliche als solches in der Form seiner sinnlichen Erscheinung weitläufig zu beschreiben. Macht sie sich deshalb dergleichen breite Schilderungen zu ihrer Hauptaufgabe, ohne geistige Bezüge und Interessen darin widerscheinen zu lassen, so wird sie schwerfällig und langweilig. Besonders muß sie sich hüten, in betreff auf genaues Detaillieren mit der partikulären Vollständigkeit des realen Daseins wetteifern zu wollen. Schon die Malerei muß in dieser Rücksicht vorsichtig sein und sich zu beschränken wissen. Bei der Poesie nun kommt hierbei noch der doppelte Gesichtspunkt in Betracht, daß sie einerseits nur auf die innere Anschauung wirken kann und andererseits das, was in der Wirklichkeit mit einem Blicke zu überschauen und zu fassen ist, nur in vereinzelten Zügen nacheinander vor die Vorstellung zu bringen vermag und daher in Ausführung des Einzelnen sich nicht so weit verbreiten darf, daß darüber notwendig die Totalanschauung sich trübt, verwirrt oder verlorengeht.

Besondere Schwierigkeiten hat sie vornehmlich dann zu besiegen, wenn sie uns ein verschiedenartiges Handeln oder Geschehen vor Augen stellen soll, das sich der Wirklichkeit nach zur selbigen Zeit vollbringt und wesentlich in engem Zusammenhange dieser Gleichzeitigkeit steht, während sie es doch immer nur als ein Nacheinander vorzuführen imstande bleibt. – In Ansehung dieses Punktes sowie der Art des Verweilens, Fortschreitens usf. ergeben sich übrigens aus dem Unterschiede der besonderen Gattungen der Poesie sehr verschiedenartige Forderungen. Es muß z. B. die epische Poesie in ganz anderem Grade beim Einzelnen und Äußeren standhalten als die dramatische, die sich im rascheren Laufe vorwärtstreibt, oder die lyrische, die es sich nur mit dem Innerlichen zu tun macht.

ββ) Durch eine solche Ausbildung nun *verselbständigen* sich *zweitens* die besonderen Teile des Kunstwerks. Dies scheint zwar der Einheit, die wir als erste Bedingung aufstellten, schlechthin zu widersprechen, in der Tat aber ist dieser Widerspruch nur ein falscher Schein. Denn die Selbständigkeit darf sich nicht in *der* Weise befestigen, daß jeder besondere Teil sich absolut von dem anderen abtrennt, sondern muß sich nur insoweit geltend machen, als dadurch die verschiedenen Seiten und Glieder zeigen, ihrer selbst wegen in eigentümlicher Lebendigkeit zur Darstellung gekommen zu sein und auf eigenen freien Füßen zu stehen. Fehlt dagegen den einzelnen Teilen die individuelle Lebendigkeit, so wird das Kunstwerk, das wie die Kunst überhaupt dem Allgemeinen nur in Form wirklicher Besonderheit ein Dasein geben kann, kahl und tot.

γγ) Dieser Selbständigkeit zum Trotz müssen jedoch dieselben einzelnen Teile ebensosehr in Zusammenhang bleiben, insofern die *eine* Grundbestimmung, welche sich in ihnen expliziert und darstellt, sich als die durchgreifende und die Totalität des Besonderen zusammenhaltende und in sich zurücknehmende Einheit kundzugeben hat. An dieser Forderung vornehmlich kann die Poesie, wenn sie nicht auf ihrer Höhe steht, leicht scheitern und das Kunstwerk aus dem Elemente der freien Phantasie in das Bereich der Prosa zurückversetzen. Der Zusammenhang nämlich, in welchen die Teile gebracht werden, darf keine bloße *Zweckmäßigkeit* sein. Denn in dem teleologischen Verhältnisse ist der Zweck die für sich vorgestellte und gewollte Allgemeinheit, die sich zwar die besonderen Seiten, durch welche und in denen sie Existenz gewinnt, gemäß zu machen versteht, dieselben jedoch nur als Mittel verwendet und ihnen insofern alles freie Bestehen für sich und dadurch jede Art der Lebendigkeit raubt. Die Teile kommen dann nur in absichtliche Beziehung auf den *einen* Zweck, der allein als gültig hervorstechen soll und das übrige abstrakt in seinen Dienst nimmt und sich unterwirft. Diesem unfreien verständigen Verhältnisse widerstrebt die freie Schönheit der Kunst.

γ) Deshalb muß die Einheit, welche sich in den besonderen Teilen des Kunstwerks wiederherzustellen hat, anderer Art sein. Wir können die zwiefache Bestimmung, die in ihr liegt, so fassen:

αα) *Erstens* ist jedem Teile die oben geforderte eigentümliche Lebendigkeit zu bewahren. Sehen wir nun aber auf das Recht, nach welchem das Besondere überhaupt in das Kunstwerk eingeführt werden kann, so gingen wir davon aus, daß es *eine* Grundidee sei, zu deren Darstellung das Kunstwerk überhaupt unternommen wird. Von ihr aus muß daher auch alles Bestimmte und Einzelne seinen eigentlichen Ursprung herschreiben. Der Inhalt nämlich eines poetischen Werks darf nicht an sich selbst abstrakter, sondern muß konkreter Natur sein und somit durch sich selber auf eine reichhaltige Entfaltung unterschiedener Seiten hinleiten. Wenn nun diese Unterschiedenheit, mag sie auch in ihrer Verwirklichung scheinbar zu direkten Gegensätzen auseinanderfallen, in jenem in sich einheitsvollen Gehalt der Sache nach begründet ist, so kann dies nicht anders der Fall sein, als wenn der Inhalt selbst seinem Begriffe und Wesen gemäß eine in sich abgeschlossene und übereinstimmende Totalität von Besonderheiten enthält, welche die seinigen sind und in deren Auseinanderlegung sich erst, was er selber seiner eigentlichen Bedeutung zufolge ist, wahrhaft expliziert. Nur *diese* besonderen Teile, welche dem Inhalte ursprünglich angehören, dürfen sich deshalb im Kunstwerke in der Form wirklicher, für sich gültiger und lebendiger Existenz ausbreiten und haben in dieser Rücksicht, wie sehr sie auch in der Realisation ihrer *besonderen* Eigentümlichkeit einander gegenüberzutreten scheinen mögen, von Hause aus ein geheimes Zusammenstimmen, das in ihrer eigenen Natur seinen Grund findet.

ββ) Da nun *zweitens* das Kunstwerk in Form *realer* Erscheinung darstellt, so muß die Einheit, um nicht den lebendigen Widerschein des Wirklichen zu gefährden, selbst nur das *innere* Band sein, das die Teile scheinbar unabsichtlich zusammenhält und sie zu einer organischen Totalität abschließt. Diese seelenvolle Einheit des Organischen ist es, die allein das eigentlich Poetische, der prosaischen Zweckmäßigkeit gegenüber, hervorzubringen vermag. Wo nämlich das Besondere nur als Mittel für einen bestimmten Zweck erscheint, hat es und soll es an sich selbst kein eigentümliches Gelten und Leben haben, sondern im Gegenteil in seiner ganzen Existenz dartun, daß es nur um eines anderen, d. h. des bestimmten Zweckes willen, da sei. Die Zweckmäßigkeit gibt ihre Herrschaft über die Objektivität, in welcher der Zweck sich realisiert, offenbar kund. Das Kunstwerk aber kann den Besonderheiten, in deren Entfaltung es den zum Mittelpunkt erwählten Grundinhalt auseinanderlegt, den Schein selbständiger Freiheit zuteilen und muß es tun, weil dies Besondere nichts anderes ist als eben jener Inhalt selber in Form seiner wirklichen, ihm entsprechenden Realität. Wir können dadurch an das Geschäft des spekulativen Denkens erinnert werden, das gleichfalls einerseits das Besondere aus der zunächst unbestimmten Allgemeinheit zur Selbständigkeit entwickeln muß, andererseits aber zu zeigen hat, wie innerhalb dieser Totalität des Besonderen, in welcher nur das sich expliziert, was an sich in dem Allgemeinen liegt, sich eben deswegen die Einheit wiederhergestellt hat und nun erst wirklich konkrete, durch ihre eigenen Unterschiede und deren Vermittlung erwiesene Einheit ist. Die spekulative Philosophie bringt durch diese Betrachtungsweise gleichfalls Werke zustande, welche, hierin den poetischen ähnlich, eine durch den Inhalt selbst in sich abgeschlossene Identität und gegliederte Entfaltung haben; bei der Vergleichung beider Tätigkeiten aber müssen wir außer dem Unterschiede der reinen Gedankenentwicklung und der darstellenden Kunst eine andere wesentliche Verschiedenheit herausheben. Die philosophische Deduktion nämlich tut wohl die Notwendigkeit und Realität des Besonderen dar, durch das dialektische Aufheben desselben beweist sie jedoch ausdrücklich wieder an jedem Besonderen selbst, daß es nur in der konkreten Einheit erst seine Wahrheit und seinen Bestand finde. Die Poesie dagegen schreitet zu solch einem absichtlichen Aufzeigen nicht fort; die zusammenstimmende Einheit muß zwar vollständig in jedem ihrer Werke vorhanden und als das Beseelende des Ganzen auch in allem Einzelnen tätig sein, aber diese Gegenwärtigkeit bleibt das durch die Kunst nicht ausdrücklich hervorgehobene, sondern innerliche Ansich, wie die Seele unmittelbar in allen Gliedern lebendig ist, ohne denselben den Schein eines selbständigen Daseins zu nehmen. Es geht damit wie mit Tönen und Farben. Gelb, Blau, Grün, Rot sind verschiedene Farben, die sich bis zu vollständigen Gegensätzen forttreiben und doch, da sie als Totalität im Wesen der Farbe selbst liegen, in Harmonie bleiben können, ohne daß ihre Einheit als solche ausdrücklich an ihnen herausgekehrt ist. Ebenso bleiben der Grundton, die Terz und Quinte besondere Töne und geben doch die Zusammenstimmung des Dreiklangs; ja sie bilden diese Harmonie nur, wenn jedem Tone für sich sein freier eigentümlicher Klang gelassen wird.

γγ) In Ansehung der organischen Einheit und Gliederung des Kunstwerks nun aber bringt ebensowohl die *besondere Kunstform*, aus welcher das Kunstwerk seinen Ursprung hat, als auch die bestimmte *Gattung der Poesie*, in deren speziellem Charakter es sich ausgestaltet, wesentliche Unterschiede herein. Die Poesie z. B. der symbolischen Kunst kann bei abstrakteren, unbestimmteren Bedeutungen, die den Grundinhalt abgeben, die echte organische Durchbildung nicht in dem Grade der Reinheit erreichen, als dies bei Werken der klassischen Kunstform möglich ist. Im Symbolischen ist überhaupt, wie wir im ersten Teile sahen, der Zusammenhang der allgemeinen Bedeutung und des wirklichen Erscheinens, zu der die Kunst den Inhalt verkörpert, lockerer Art, so daß hier die Besonderheiten bald eine größere Selbständigkeit behalten, bald wieder, wie in der Erhabenheit, sich *nur* aufheben, um in dieser Negation die *eine* alleinige Macht und Substanz faßbar zu machen, oder es nur zu einer rätselhaften Verknüpfung besonderer, an sich selbst ebenso heterogener als verwandter Züge und Seiten des natürlichen und geistigen Daseins bringen. Umgekehrt gibt die romantische Kunstform, in welcher das Innere sich als *in sich* zurückgezogen nur dem Gemüte offenbart, der besonderen äußeren Realität einen gleichfalls weiteren Spielraum selbständiger Entfaltung, so daß auch hier der Zusammenhang und die Einheit aller Teile zwar vorhanden sein muß, doch so klar und fest nicht kann ausgebildet werden als in den Produkten der klassischen Kunstform.

In der ähnlichen Art gestattet das Epos ein breiteres Ausmalen des Äußerlichen sowie ein Verweilen bei episodischen Begebenheiten und Taten, wodurch die Einheit des Ganzen bei der vermehrten Selbständigkeit der Teile als weniger durchgreifend erscheint. Das Drama hingegen erheischt eine strengere Zusammengezogenheit, obschon die romantische Poesie auch im Dramatischen sich eine episodenreiche Mannigfaltigkeit und eine ausführende Partikularität in der Charakteristik sowohl des Inneren als auch des Äußeren erlaubt. Die Lyrik, nach Maßgabe ihrer verschiedenen Arten, nimmt gleichfalls die vielseitigste Darstellungsweise auf, indem sie bald erzählt, bald nur Empfindungen und Betrachtungen ausspricht, bald bei einem ruhigeren Fortgang eine enger verknüpfende Einheit beobachtet, bald in fesselloser Leidenschaft scheinbar in Vorstellungen und Empfindungen einheitslos umherschweifen kann. – Soviel vom poetischen Kunstwerk im allgemeinen.

b. Unterschied gegen die Geschichtsschreibung und Redekunst

Um nun *zweitens* den Unterschied des in dieser Weise organisierten Gedichts von der *prosaischen* Darstellung bestimmter herauszuheben, wollen wir uns an diejenigen Gattungen der Prosa wenden, welche innerhalb ihrer Grenzen noch am meisten imstande sind, der Kunst teilhaftig zu werden. Dies ist vornehmlich bei der Kunst der Geschichtsschreibung und Beredsamkeit der Fall.

α) Was in dieser Rücksicht die *Geschichtsschreibung* angeht, so läßt sie allerdings für *eine* Seite der künstlerischen Tätigkeit Raum genug übrig.

αα) Die Entwicklung des menschlichen Daseins in Religion und Staat, die Begebenheiten und Schicksale der hervorragendsten Individuen und Völker, welche in diesen Gebieten von lebendiger Tätigkeit sind, große Zwecke ins Werk setzen oder ihr Unternehmen zugrunde gehen sehen, – dieser Gegenstand und Inhalt der Geschichterzählung kann für sich wichtig, gediegen und interessant sein, und wie sehr der Historiker auch bemüht sein muß, das wirklich Geschehene wiederzugeben, so hat er doch diesen bunten Inhalt der Begebnisse und Charaktere in die Vorstellung aufzunehmen und aus dem Geiste her für die Vorstellung wiederzuschaffen und darzustellen. Bei solcher Reproduktion darf er sich ferner nicht mit der bloßen Richtigkeit des einzelnen begnügen, sondern muß zugleich das Aufgefaßte ordnen, bilden und die einzelnen Züge, Vorfälle, Taten so zusammenfassen und gruppieren, daß uns aus ihnen einerseits ein deutliches Bild der Nation, der Zeit, der äußeren Umstände und inneren Größe oder Schwäche der handelnden Individuen in charaktervoller Lebendigkeit entgegenspringt, andererseits aus allen Teilen ihr Zusammenhang hervorgeht, in welchem sie zu der inneren geschichtlichen Bedeutung eines Volks, einer Begebenheit usf. stehen. In diesem Sinne sprechen wir noch jetzt von der Kunst des Herodot, Thukydides, Xenophon, Tacitus und weniger anderer und werden ihre Erzählungen immer als klassische Werke der redenden Kunst bewundern.

ββ) Dennoch gehören auch diese schönsten Produkte der Geschichtsschreibung nicht der freien Kunst an, ja selbst wenn wir auch noch die äußerlich poetische Behandlung der Diktion, Versmaße usf. hinzutun wollten, würde doch keine Poesie daraus entstehen. Denn nicht nur die Art und Weise, in der die Geschichte *geschrieben* wird, sondern die Natur ihres *Inhaltes* ist es, welche sie prosaisch macht. Wir wollen hierauf einen näheren Blick werfen.

Das eigentlich dem Gegenstand und der Sache nach Historische nimmt erst da seinen Anfang, wo die Zeit des Heroentums, das ursprünglich der Poesie und Kunst zu vindizieren ist, aufhört: da also, wo die Bestimmtheit und Prosa des Lebens sowohl in den wirklichen Zuständen als auch in der Auffassung und Darstellung derselben vorhanden ist. So beschreibt Herodot z. B. nicht den Zug der Griechen gen Troja, sondern die Perserkriege und hat sich vielfach mit mühsamer Forschung und besonnener Beobachtung um die genaue Kenntnis dessen bemüht, was er zu erzählen gedenkt. Die Inder dagegen, ja die Orientalen überhaupt, fast nur mit Ausnahme der Chinesen, haben nicht prosaischen Sinn genug, um eine wirkliche Geschichtsschreibung zu liefern, indem sie entweder zu rein religiösen oder zu phantastischen Ausdeutungen und Umgestaltungen des Vorhandenen abschweifen. – Das Prosaische nun der historischen Zeit eines Volkes liegt kurz in folgendem.

Zur Geschichte gehört *erstens* ein Gemeinwesen, sei es nach der religiösen oder nach der weltlichen Seite des Staates hin – mit Gesetzen, Einrichtungen usf., die für sich festgesetzt sind und als allgemeine Gesetze bereits gelten oder geltend gemacht werden sollen.

Aus solchem Gemeinwesen nun *zweitens* gehen bestimmte Handlungen für die Erhaltung und Veränderung desselben hervor, die allgemeiner Natur sein können und die Hauptsache ausmachen, um welche es sich handelt und zu deren Beschließung und Ausführung es notwendig entsprechender Individuen bedarf. Diese sind groß und hervorragend, wenn sie sich mit ihrer Individualiät dem gemeinsamen Zwecke, der im inneren Begriff der vorhandenen Zustände liegt, gemäß erweisen; klein, wenn sie der Durchführung nicht gewachsen sind; schlecht, wenn sie, statt die Sache der Zeit zu verfechten, nur ihre davon abgetrennte und somit zufällige Individualität walten lassen. Mag nun der eine oder der andere dieser oder sonstiger Fälle eintreten, so ist doch nie das vorhanden, was wir von dem echt poetischen Inhalte und Weltzustande bereits im ersten Teil gefordert haben. Auch bei den großen Individuen nämlich ist der substantielle Zweck, dem sie sich widmen, mehr oder weniger gegeben, vorgeschrieben, abgenötigt, und es kommt insofern nicht die individuelle Einheit zustande, in welcher das Allgemeine und die ganze Individualität schlechthin identisch, ein Selbstzweck für sich, ein geschlossenes Ganzes sein soll. Denn mögen sich auch die Individuen ihr Ziel aus sich selber gesteckt haben, so macht doch nicht die Freiheit oder Unfreiheit ihres Geistes und Gemütes, diese individuelle lebendige Gestaltung selbst, sondern der durchgeführte Zweck seine Wirkung auf die vorgefundene, für sich von dem Individuum unabhängige Wirklichkeit den Gegenstand der Geschichte aus. – Auf der anderen Seite kehrt sich in geschichtlichen Zuständen das Spiel der Zufälligkeit heraus, der Bruch zwischen dem in sich Substantiellen und der Relativität der einzelnen Ereignisse und Vorfälle sowie der besonderen Subjektivität der Charaktere in ihren eigentümlichen Leidenschaften, Absichten, Schicksalen, welche in dieser Prosa weit mehr Sonderbares und Abweichendes haben als die Wunder der Poesie, die sich immer noch an das allgemein Gültige halten müssen.

Was *drittens* endlich die *Ausführung* der historischen Handlungen angeht, so schiebt sich auch hier wieder, im Unterschiede des eigentlich Poetischen, teils der Zwiespalt der subjektiven Eigentümlichkeit und des für die allgemeine Sache nötigen Bewußtseins von Gesetzen, Grundsätzen, Maximen usf. als prosaisch ein, teils bedarf die Realisation der vorgesetzten Zwecke selbst vieler Veranstaltungen und Zurüstungen, deren äußerliche Mittel eine große Breite, Abhängigkeit und Beziehung haben und von seiten des intendierten Unternehmens her nun auch mit Verstand, Klugheit und prosaischer Übersicht zweckmäßig zugerichtet und angewendet werden müssen. Es wird nicht unmittelbar Hand ans Werk gelegt, sondern größtenteils nach weitläufigen Vorbereitungen, so daß die einzelnen Ausführungen, welche für den *einen* Zweck geschehen, entweder ihrem Inhalte nach häufig ganz zufällig und ohne innere Einheit bleiben oder in Form praktischer Nützlichkeit aus dem nach Zwecken beziehenden Verstande, nicht aber aus selbständiger unmittelbar freier Lebendigkeit hervorgehen.

γγ) Der Geschichtsschreiber nun hat nicht das Recht, diese *prosaischen* Charakterzüge seines Inhalts auszulöschen oder in andere, *poetische* zu verwandeln; er muß erzählen, *was* vorliegt und *wie* es vorliegt, ohne umzudeuten und poetisch auszubilden. Wie sehr er deshalb auch bemüht sein kann, den inneren Sinn und Geist der Epoche, des Volks, der bestimmten Begebenheit, welche er schildert, zum inneren Mittelpunkte und das Einzelne zusammenhaltenden Bande seiner Erzählung zu machen, so hat er doch nicht die Freiheit, die vorgefundenen Umstände, Charaktere und Begebnisse sich zu diesem Behuf, wenn er auch das in sich selbst ganz Zufällige und Bedeutungslose beiseite schiebt, zu unterwerfen, sondern er muß sie nach ihrer äußerlichen Zufälligkeit, Abhängigkeit und ratlosen Willkür gewähren lassen. In der Biographie zwar scheint eine individuelle Lebendigkeit und selbständige Einheit möglich, da hier das Individuum sowie das, was von demselben ausgeht und auf diese eine Gestalt zurückwirkt, das Zentrum der Darstellung bleibt, aber ein geschichtlicher Charakter ist auch nur eines von zwei verschiedenen Extremen. Denn obschon derselbe eine subjektive Einheit abgibt, so tun sich dennoch auf der anderen Seite mannigfaltige Begebenheiten, Ereignisse usf. hervor, die teils für sich ohne inneren Zusammenhang sind, teils das Individuum ohne freies Zutun desselben berühren und es in diese Äußerlichkeit hineinziehen. So ist z. B. Alexander allerdings das eine Individuum, das an der Spitze seiner Zeit steht und sich auch aus eigener Individualität, die mit den Außenverhältnissen zusammenstimmt, zu dem Zuge gegen die persische Monarchie entschließt; Asien aber, das er besiegt, ist in der vielfachen Willkür seiner einzelnen Völkerschaften nur ein zufälliges Ganzes, und was geschieht, geht nach der Weise der unmittelbaren äußerlichen Erscheinung vor sich. – Steigt nun endlich der Historiker auch seiner subjektiven Erkenntnis nach in die absoluten Gründe für das Geschehen und in das göttliche Wesen hinunter, vor welchem die Zufälligkeiten verschwinden und sich die höhere Notwendigkeit enthüllt, so darf er sich dennoch in Rücksicht auf die reale Gestalt der Begebnisse nicht das Vorrecht der Dichtkunst erlauben, für welche dies Substantielle die Hauptsache sein muß, indem der Poesie allein die Freiheit zukommt, über den vorhandenen Stoff, damit er der inneren Wahrheit auch äußerlich gemäß sei, ungehindert zu schalten.

β) Die *Beredsamkeit zweitens* scheint der freien Kunst schon näherzustehen.

αα) Denn obschon der Redner sich gleichfalls aus der vorhandenen Wirklichkeit heraus, aus bestimmten realen Umständen und Absichten die Gelegenheit und den Inhalt für sein Kunstwerk nimmt, so bleibt dennoch *erstens,* was er ausspricht, sein freies Urteil, seine eigene Gesinnung, sein subjektiver, immanenter Zweck, bei welchem er mit seinem ganzen Selbst lebendig dabeisein kann. Ebenso *zweitens* ist ihm die Entwicklung dieses Inhalts, die Behandlungsweise überhaupt vollständig freigegeben, so daß es den Anschein gewinnt, als wenn wir in der Rede ein durchaus selbständiges Produkt des Geistes vor uns hätten. *Drittens* endlich soll er sich nicht nur an unser wissenschaftliches oder sonstiges verständiges Denken wenden, sondern er soll uns zu irgendeiner Überzeugung bewegen und darf, um dies Ziel zu erreichen, auf den ganzen Menschen, die Empfindung, Anschauung usf. einwirken. Sein Inhalt nämlich ist nicht nur die abstrakte Seite des bloßen Begriffs der Sache, für die er uns zu interessieren, des Zwecks, zu dessen Durchführung er uns aufzufordern gedenkt, sondern zum größten Teile auch eine bestimmte Realität und Wirklichkeit, so daß die Darstellung des Redners einerseits zwar das Substantielle in sich fassen, dies Allgemeine aber ebensosehr in Form der Erscheinung ergreifen und an unser konkretes Bewußtsein bringen muß. Er hat deshalb nicht nur den Verstand durch die Strenge der Folgerungen und Schlüsse zu befriedigen, sondern kann sich ebenso gegen unser Gemüt richten, die Leidenschaft aufregen und mit sich fortreißen, die Anschauung ausfüllen und so den Zuhörer nach allen Formen des Geistes erschüttern und überzeugen.

ββ) Im rechten Lichte gesehen, steht jedoch gerade in der Redekunst diese scheinbare Freiheit am meisten unter dem Gesetze praktischer *Zweckmäßigkeit*.

Was nämlich *erstens* der Rede ihre eigentliche bewegende Kraft verleiht, liegt nicht in dem besonderen Zwecke, für welchen gesprochen wird, sondern in dem Allgemeinen, den Gesetzen, Regeln, Grundsätzen, auf die sich der vereinzelte Fall zurückführen läßt und welche für sich bereits in dieser Form der Allgemeinheit, teils als wirkliche Staatsgesetze, teils als moralische, rechtliche, religiöse Maximen, Gefühle, Dogmen usf., vorhanden sind. Der bestimmte Umstand und Zweck, der hier den Ausgangspunkt abgibt, und dies Allgemeine sind deshalb von Hause aus getrennt, und diese Scheidung wird als das bleibende Verhältnis beibehalten. Der

Redner hat freilich die *Absicht,* beide Seiten in eins zu setzen; was sich aber im Poetischen, insofern es überhaupt poetisch ist, schon als ursprünglich vollbracht zeigt, steht in der Redekunst nur als das subjektive Ziel des Redners da, dessen Erreichung außerhalb der Rede selbst liegt. Es bleibt insofern hier nichts anderes übrig, als *subsumierend* zu verfahren, so daß sich also die bestimmte reale Erscheinung, hier der konkrete Fall oder Zweck, nicht in unmittelbarer Einheit mit dem Allgemeinen frei aus sich selbst entwickelt, sondern nur durch die Unterstellung von Grundsätzen und durch die Beziehung auf Gesetzlichkeiten, Sitten, Gebräuche usf., die ihrerseits gleichfalls für sich bestehen, geltend gemacht wird. Es ist nicht das freie Leben der Sache in ihrer konkreten Erscheinung, sondern die prosaische Trennung von Begriff und Realiät, die bloße Relation beider und Forderung ihrer Einheit, was den Grundtypus abgibt. – In dieser Weise muß z. B. der geistliche Redner häufig zu Werke gehen; denn für ihn sind die allgemeinen religiösen Lehren und die daraus folgenden moralischen, politischen und sonstigen Grundsätze und Verhaltungsregeln das, worauf er die verschiedenartigsten Fälle zurückzuführen hat, da diese Lehren im religiösen Bewußtsein wesentlich auch für sich, als die Substanz von allem Einzelnen, sollen erfahren, geglaubt und erkannt werden. Der Prediger kann dabei allerdings an unser Herz appellieren, die göttlichen Gesetze sich aus dem Quell des Gemüts entwickeln lassen und sie zu diesem Quell auch beim Zuhörer hinleiten; aber es ist nicht in schlechthin individueller Gestalt, daß sie sollen dargestellt und hervorgehoben werden, sondern ihre durchgreifende Allgemeinheit gerade soll als Gebote, Vorschriften, Glaubensregeln usf. zum Bewußtsein kommen. – Mehr noch ist dies in der gerichtlichen Beredsamkeit der Fall. In ihr tritt dann außerdem das Gedoppelte ein, daß es einerseits vornehmlich ein bestimmter Fall ist, auf den es ankommt, umgekehrt die Subsumtion desselben unter allgemeine Gesichtspunkte und Gesetze. Was den *ersten* Punkt betrifft, so liegt das Prosaische schon in der notwendigen Ausmittlung des wirklich Geschehenen und dem Zusammenlesen und geschickten Kombinieren aller einzelnen Umstände und Zufälligkeiten, woraus denn der freischaffenden Poesie gegenüber sogleich die Bedürftigkeit in Ansehung der Kenntnis des wirklichen Falls und die Mühseligkeit, dieselbe zu erlangen und mitzuteilen, hervorgeht. Weiter dann muß das konkrete Faktum analysiert und nicht nur seinen einzelnen Seiten nach auseinandergelegt werden, sondern jede dieser Seiten bedarf ebenso wie der ganze Fall einer Zurückführung auf für sich schon im voraus feststehende Gesetze. – Doch auch bei diesem Geschäft bleibt für Rührung des Herzens und Aufregung der Empfindung noch ein Spielraum übrig. Denn das Recht oder Unrecht des erörterten Falls ist so vorstellig zu machen, daß es nicht mehr bei der bloßen Einsicht und allgemeinen Überzeugung sein Bewenden hat; im Gegenteil, das Ganze kann durch die Art der Darstellung jedem der Zuhörer so eigentümlich und subjektiv werden sollen, daß sich gleichsam keiner mehr soll halten können, sondern alle ihr eigenes Interesse, ihre eigene Sache darin finden.

Zweitens ist in der Redekunst überhaupt die künstlerische Darstellung und Vollendung nicht dasjenige, was das letzte und höchste Interesse des Redners ausmacht, sondern er hat über die Kunst hinaus noch so sehr einen anderweitigen Zweck, daß die ganze Form und Ausbildung der Rede vielmehr nur als das wirksamste Mittel gebraucht wird, ein außerhalb der Kunst liegendes Interesse durchzuführen. Nach dieser Seite hin sollen auch die Zuhörer nicht für sich selber bewegt werden, sondern ihre Bewegung und Überzeugung wird gleichfalls nur als ein Mittel zur Erreichung der Absicht verwendet, deren Durchführung der Redner sich vorgesetzt hat, so daß also auch für den Hörer die Darstellung nicht als Selbstzweck dasteht, sondern sich nur als ein Mittel erweist, ihn zu dieser oder jener Überzeugung zu bringen oder zu bestimmten Entschlüssen, Tätigkeiten usf. zu veranlassen.

Dadurch verliert die Redekunst auch nach dieser Seite hin ihre freie Gestalt und wird zu einer Absichtlichkeit, zu einem Sollen, das auch *drittens* in betreff auf den *Erfolg* in der Rede selbst und deren künstlerischen Behandlung seine Erledigung nicht findet. Das poetische Kunstwerk bezweckt nichts anderes als das Hervorbringen und den Genuß des Schönen; Zweck und Vollbringung liegt hier unmittelbar in dem dadurch selbständig in sich fertigen Werke, und die künstlerische Tätigkeit ist nicht ein Mittel für ein außerhalb ihrer fallendes Resultat, sondern ein Zweck, der sich in seiner Ausführung unmittelbar mit sich selber zusammenschließt. In der Beredsamkeit aber erhält die Kunst nur die Stellung eines zur Hilfe herangerufenen Beiwerks; der eigentliche Zweck dagegen geht die Kunst als solche nichts an, sondern ist praktischer Art, Belehrung, Erbauung, Entscheidung von Rechtsangelegenheiten, Staatsverhältnissen usf., und damit eine Absicht für eine Sache, die erst geschehen, für eine Entscheidung, die erst erreicht werden soll, durch jenen Effekt der Redekunst aber noch nichts Geendigtes und Vollbrachtes ist, sondern erst vielfach anderen Tätigkeiten muß anheimgestellt werden. Denn eine Rede kann häufig mit einer Dissonanz schließen, welche erst der Zuhörer als Richter zu lösen und dieser Lösung gemäß sodann zu handeln hat; wie die geistliche Beredsamkeit z. B. oft von dem unversöhnten Gemüt anhebt und den Hörer zuletzt zu einem Richter über sich selbst und die Beschaffenheit seines Innern macht. Hier ist nun die religiöse Besserung der Zweck des Redners; ob aber bei aller Erbaulichkeit und Trefflichkeit seiner beredten Ermahnungen die Besserung erfolgt und so der rednerische Zweck erreicht wird, ist eine Seite, die nicht mehr in die Rede selbst fällt und anderen Umständen muß überlassen bleiben.

γγ) Nach allen diesen Richtungen nun hat die Beredsamkeit ihren Begriff statt in der freien poetischen Organisation des Kunstwerks vielmehr in der bloßen Zweckmäßigkeit zu suchen. Der Redner nämlich muß es sich zum Hauptaugenmerk machen, der subjektiven Absicht, aus der sein Werk hervorgeht, sowohl das Ganze als auch die einzelnen Teile zu unterwerfen, wodurch die selbständige Freiheit der Darstellung aufgehoben und dafür die Dienstlichkeit zu einem bestimmten, nicht mehr künstlerischen Zweck an die Stelle gesetzt wird. Vornehmlich aber, da es auf lebendige, praktische Wirkung abgesehen ist, hat er den Ort, an welchem er spricht, den Grad der Bildung, die Fassungsgabe, den Charakter der Zuhörerschaft durchweg zu berücksichtigen, um nicht mit dem Verfehlen des gerade für diese Stunde, Personen und Lokalität gehörigen Tones den erwünschten praktischen Erfolg einzubüßen. Bei dieser Gebundenheit an äußere Verhältnisse und Bedingungen darf weder das Ganze, noch können die einzelnen Teile mehr aus künstlerisch freiem Gemüt entspringen, sondern es wird sich in allem und jedem ein bloß zweckmäßiger Zusammenhang hervortun, der unter der Herrschaft von Ursache und Wirkung, Grund und Folge und anderen Verstandeskategorien bleibt.

c. Das freie poetische Kunstwerk

Aus diesem Unterschiede des eigentlich Poetischen von den Produkten der Geschichtsschreibung und Redekunst können wir uns *drittens* für das poetische Kunstwerk als solches noch folgende Gesichtspunkte festsetzen.

α) In der Geschichtsschreibung lag das Prosaische vornehmlich darin, daß, wenn auch ihr Gehalt innerlich substantiell und von gediegener Wirksamkeit sein konnte, die wirkliche Gestalt desselben dennoch vielfach von relativen Umständen begleitet, von Zufälligkeiten umhäuft und durch Willkürlichkeiten verunreinigt erscheinen mußte, ohne daß der Geschichtsschreiber das Recht hatte, diese der unmittelbaren Wirklichkeit schlechthin zugehörige Form der Realität zu verwandeln.

αα) Das Geschäft dieser Umwandlung nun ist ein Hauptberuf der Dichtkunst, wenn sie ihrem Stoffe nach den Boden der Geschichtsschreibung betritt. Sie hat in diesem Falle den innersten Kern und Sinn einer Begebenheit, Handlung,

eines nationalen Charakters, einer hervorragenden historischen Individualität herauszufinden, die umherspielenden
Zufälligkeiten aber und gleichgültigen Beiwerke des Geschehens, die nur relativen Umstände und Charakterzüge
abzustreifen und dafür solche an die Stelle zu setzen, durch
welche die innere Substanz der Sache klar herausscheinen
kann, so daß dieselbe in dieser umgewandelten Außengestalt so sehr ihr gemäßes Dasein findet, daß sich nun erst
das an und für sich Vernünftige in seiner ihm an und für sich
entsprechenden Wirklichkeit entwickelt und offenbar macht.
Dadurch allein vermag die Poesie zugleich für das bestimmte
Werk sich ihren Inhalt zu einem festeren Mittelpunkte in
sich abzugrenzen, der sich dann ebenso zu einer gerundeten
Totalität entfalten kann, da er die besonderen Teile einerseits strenger zusammenhält, andererseits, ohne die Einheit
des Ganzen zu gefährden, auch jeder Einzelheit ihr gehöriges
Recht zu selbständiger Ausprägung vergönnen darf.

ββ) Weiter noch kann sie in dieser Rücksicht gehen, wenn
sie nicht den Gehalt und die Bedeutung des wirklich historisch Geschehenen, sondern irgendeinen damit näher oder
entfernter verwandten Grundgedanken, eine menschliche
Kollision überhaupt, zu ihrem Hauptinhalt macht und die
historischen Fakta und Charaktere, das Lokal usf. nur mehr
als individualisierende Einkleidung benutzt. Hier tritt dann
aber die doppelte Schwierigkeit ein, daß entweder die geschichtlich bekannten Data, wenn sie mit in die Darstellung
aufgenommen werden, jenem Grundgedanken nicht durchweg anpassend sein können oder daß umgekehrt, wenn der
Dichter dies Bekannte teils beibehält, teils aber zu seinen
Zwecken in wichtigen Punkten umändert, dadurch ein Widerspruch des sonst schon in unserer Vorstellung Festen und
des durch die Poesie neu Hervorgebrachten entsteht. Diesen
Zwiespalt und Widerspruch zu lösen und den rechten stö-
rungslosen Einklang zustande zu bringen, ist schwer, doch
notwendig, denn auch die Wirklichkeit hat in ihren wesentlichen Erscheinungen ein unbestreitbares Recht.

γγ) Die ähnliche Forderung nun ist für die Poesie noch in einem ausgebreiteteren Kreise geltend zu machen. Was nämlich die Dichtkunst an äußerem Lokal, Charakteren, Leidenschaften, Situationen, Konflikten, Begebnissen, Handlungen, Schicksalen darstellt, das alles findet sich auch sonst schon, mehr als man gewöhnlich glauben mag, in der Wirklichkeit des Lebens vor. Auch hier also betritt die Poesie gleichsam einen historischen Boden, und ihre Abweichungen und Änderungen müssen in diesem Felde ebenfalls aus der Vernunft der Sache und dem Bedürfnis, für dies Innere die adäquateste lebendige Erscheinung zu finden, nicht aber aus dem Mangel an gründlicher Kenntnis und Durchlebung des Wirklichen oder aus Laune, Willkür und Sucht nach barocken Eigentümlichkeiten einer querköpfigen Originalität hervorgehen.

β) Die Redekunst *zweitens* gehört der Prosa des praktischen Endzwecks wegen an, der in ihrer Absicht liegt und zu dessen praktischer Durchführung sie die Pflicht hat, der Zweckmäßigkeit durchgängig Folge zu leisten.

αα) In dieser Rücksicht muß die Poesie, um nicht gleichfalls in das Prosaische zu fallen, sich vor jedem außerhalb der Kunst und des reinen Kunstgenusses liegenden Zweck bewahren. Denn kommt es ihr wesentlich auf dergleichen Absichten an, welche in diesem Falle aus der ganzen Fassung und Darstellungsart herausscheinen, so ist sogleich das poetische Werk aus der freien Höhe, in deren Region es nur seiner selbst wegen dazusein [sich] zeigt, in das Gebiet des Relativen heruntergezogen, und es entsteht entweder ein Bruch zwischen dem, was die Kunst verlangt, und demjenigen, was die anderweitigen Intentionen fordern, oder die Kunst wird, ihrem Begriffe zuwider, nur als ein Mittel verbraucht und damit zur Zweckdienlichkeit herabgesetzt. Von dieser Art z. B. ist die Erbaulichkeit vieler Kirchenlieder, in denen bestimmte Vorstellungen nur der religiösen Wirkung wegen Platz gewinnen und eine Art der Anschaulichkeit erhalten, welche der poetischen Schönheit entgegen ist. Überhaupt muß die Poesie als Poesie nicht religiös und *nur religiös* erbauen und uns dadurch in ein Gebiet hinüberführen wollen, das wohl mit der Poesie und Kunst Verwandtschaft hat, doch ebenso von ihr verschieden ist. Dasselbe gilt für das Lehren, moralische Bessern, politische Aufregen oder bloß oberflächliche Zeitvertreiben und Vergnügen. Denn dies alles sind Zwecke, zu deren Erreichung die Poesie allerdings unter allen Künsten am meisten behilflich sein kann, doch diese Hilfe, soll sie sich frei nur in ihrem eigenen Kreise bewegen, nicht zu leisten unternehmen darf, insofern in der Dichtkraft nur das Poetische, nicht aber das, was außerhalb der Poesie liegt, als bestimmender und durchgeführter Zweck regieren muß und jene anderweitigen Zwecke in der Tat durch andere Mittel noch vollständiger zum Ziele geführt werden können.

ββ) Dennoch aber soll die Dichtkunst umgekehrt in der konkreten Wirklichkeit keine absolut isolierte Stellung behaupten wollen, sondern muß, selber lebendig, mitten ins Leben hineintreten. Schon im ersten Teile sahen wir, in wie vielen Zusammenhängen die Kunst mit dem sonstigen Dasein stehe, dessen Gehalt und Erscheinungsweise auch sie zu ihrem Inhalt und ihrer Form macht. In der Poesie nun zeigt sich die lebendige Beziehung zu dem vorhandenen Dasein und dessen einzelnen Vorfällen, privaten und öffentlichen Angelegenheiten am reichhaltigsten in den sogenannten *Gelegenheitsgedichten*. In einem weiteren Sinne des Worts könnte man die meisten poetischen Werke mit diesem Namen bezeichnen, in der engeren, eigentlichen Bedeutung jedoch müssen wir denselben auf solche Produktionen beschränken, welche ihren Ursprung in der Gegenwart selbst irgendeinem Ereignisse verdanken, dessen Erhebung, Ausschmückung, Gedächtnisfeier usf. sie nun auch ausdrücklich gewidmet sind. Durch solch lebendige Verflechtung aber scheint die Poesie wiederum in Abhängigkeit zu geraten, und man hat deshalb auch häufig diesem ganzen Kreise nur einen untergeordneten Wert zuschreiben wollen, obschon zum Teil, besonders in der Lyrik, die berühmtesten Werke hierher gehören.

γγ) Es fragt sich daher, wodurch die Poesie auch in diesem Konflikte noch ihre Selbständigkeit zu bewahren imstande sei. Ganz einfach dadurch, daß sie die äußere vorgefundene Gelegenheit nicht als den wesentlichen Zweck und *sich* dagegen nur als ein Mittel betrachtet und hinstellt, sondern umgekehrt den Stoff jener Wirklichkeit in sich hineinzieht und mit dem Recht und der Freiheit der Phantasie gestaltet und ausbildet. Dann nämlich ist nicht die Poesie das Gelegentliche und Beiherlaufende, sondern jener Stoff ist die äußere Gelegenheit, auf deren Anstoß der Dichter sich seinem tieferen Eindringen und reineren Ausgestalten überläßt und dadurch das erst aus *sich* erschafft, was ohne ihn in dem unmittelbar wirklichen Falle nicht in dieser freien Weise zum Bewußtsein gekommen wäre.

γ) So ist denn jedes wahrhaft poetische Kunstwerk ein in sich unendlicher Organismus: gehaltreich und diesen Inhalt in entsprechender Erscheinung entfaltend; einheitsvoll, doch nicht in Form und Zweckmäßigkeit, die das Besondere abstrakt unterwirft, sondern im Einzelnen von derselben lebendigen Selbständigkeit, in welcher sich das Ganze ohne scheinbare Absicht zu vollendeter Rundung in sich zusammenschließt; mit dem Stoffe der Wirklichkeit erfüllt, doch weder zu diesem Inhalte und dessen Dasein noch zu irgendeinem Lebensgebiete im Verhältnis der Abhängigkeit, sondern frei aus sich schaffend, um den Begriff der Dinge zu seiner echten Erscheinung herauszugestalten und das äußerlich Existierende mit seinem innersten Wesen in versöhnenden Einklang zu bringen.

3. Die dichtende Subjektivität

Von dem künstlerischen Talent und Genius, von der Begeisterung und Originalität usf. habe ich schon im ersten Teile weitläufiger gesprochen und will deshalb hier in bezug auf Poesie nur noch einiges andeuten, was, der subjektiven Tätigkeit im Kreise der bildenden Künste und Musik gegenüber, von Wichtigkeit ist.

a) Der Architekt, Bildhauer, Maler, Musiker ist auf ein ganz konkretes, sinnliches Material angewiesen, in welches er seinen Inhalt vollständig hineinarbeiten soll. Die Beschränktheit dieses Materials nun bedingt die bestimmte Form für die ganze Konzeptionsweise und künstlerische Behandlung. Je spezifischer deshalb die Bestimmtheit ist, zu welcher der Künstler sich konzentrieren muß, desto spezieller wird auch das gerade zu dieser und keiner anderen Darstellungsart erforderliche Talent und die hiermit parallellaufende Geschicklichkeit des technischen Ausführens. Das Talent zur Dichtkunst, insofern dieselbe sich der gänzlichen Verkörperung ihrer Gebilde in einem besonderen Material enthebt, ist solchen bestimmten Bedingungen weniger unterworfen und dadurch allgemeiner und unabhängiger. Es bedarf nur der Gabe phantasiereicher Gestaltung überhaupt und ist nur dadurch begrenzt, daß die Poesie, da sie in Worten sich äußert, weder auf der einen Seite die sinnliche Vollständigkeit darf erreichen wollen, in welcher der bildende Künstler seinen Inhalt als äußere Gestalt zu fassen hat, noch auf der anderen Seite bei der wortlosen Innigkeit stehenbleiben kann, deren Seelentöne das Bereich der Musik ausmachen. In dieser Rücksicht läßt sich die Aufgabe des Dichters, im Vergleich zu den übrigen Künstlern, als *leichter* und als *schwerer* ansehen. Als leichter, weil der Dichter, obschon die poetische Behandlung der Sprache einer ausgebildeten Geschicklichkeit bedarf, doch der relativ vielfacheren Besiegung technischer Schwierigkeiten überhoben ist; als schwerer, weil die Poesie, je weniger sie es zu einer äußeren Verkörperung zu bringen vermag, um desto mehr den Ersatz für diesen sinnlichen Mangel in dem inneren eigentlichen Kern der Kunst, in der Tiefe der Phantasie und der echt künstlerischen Auffassung als solcher zu suchen hat.

b) Dadurch wird der Dichter *zweitens* befähigt, in alle Tiefen des geistigen Gehalts einzudringen und, was in ihnen verborgen liegt, an das Licht des Bewußtseins hervorzuführen. Denn wie sehr in anderen Künsten auch das Innere aus seiner leiblichen Form herausscheinen muß und wirklich herausscheint, so ist doch das Wort das verständlichste und dem Geiste gemäßeste Mitteilungsmittel, das alles zu fassen und kundzugeben vermag, was sich irgend durch die Höhen und Tiefen des Bewußtseins hindurchbewegt und innerlich präsent wird. Hierdurch sieht sich der Dichter jedoch in Schwierigkeiten verwickelt, und es werden ihm Aufgaben gestellt, welche zu überwinden und denen zu genügen die übrigen Künste in geringerem Grade genötigt sind. Indem sich nämlich die Poesie rein im Bereiche des innerlichen Vorstellens aufhält und nicht darauf bedacht sein darf, ihren Gebilden eine von dieser Innerlichkeit unabhängige äußerliche Existenz zu verschaffen, so bleibt sie dadurch in einem Elemente, in welchem auch das religiöse, wissenschaftliche und sonstige prosaische Bewußtsein tätig sind, und muß sich deshalb hüten, an jene Gebiete und deren Auffassungsweise heranzustreifen oder sich mit ihnen zu vermischen. Das ähnliche Beisammensein findet zwar in Rücksicht auf jede Kunst statt, da alle künstlerische Produktion aus dem *einen* Geiste hervorgeht, der alle Sphären des selbstbewußten Lebens in sich faßt; in den übrigen Künsten aber unterscheidet sich die ganze Art der Konzeption, weil sie bei ihrem inneren Schaffen schon in steter Beziehung auf die Ausführung ihrer Gebilde in einem bestimmten sinnlichen Material bleibt, von Hause aus sowohl von den Formen der religiösen Vorstellung als auch des wissenschaftlichen Denkens und des prosaischen Verstandes. Die Poesie dagegen bedient sich auch in betreff auf äußere Mitteilung desselben Mittels als diese übrigen Gebiete, der Sprache nämlich, mit der sie sich deshalb nicht, wie die bildenden Künste und die Musik, auf einem anderen Boden des Vorstellens und der Äußerung befindet.

c) *Drittens* endlich darf von dem Dichter, weil die Poesie

am tiefsten die ganze Fülle des geistigen Gehalts auszuschöpfen imstande ist, auch die tiefste und reichhaltigste
innere Durchlebung des Stoffes gefordert werden, den er
zur Darstellung bringt. Der bildende Künstler hat sich
gleichsam auf die Durchlebung des geistigen Ausdrucks in
der *Außengestalt* der architektonischen, plastischen und
malerischen Formen vornehmlich hinzuwenden, der Musiker
auf die *innere* Seele der konzentrierten Empfindung und
Leidenschaft und deren Erguß in Melodien, obschon die
einen wie die anderen gleichfalls von dem innersten Sinn
und der Substanz ihres Inhalts erfüllt sein müssen. Der Kreis
dessen, was der Dichter in sich durchzumachen hat, reicht
weiter, weil er sich nicht nur eine innere Welt des Gemüts
und der selbstbewußten Vorstellung auszubilden, sondern
für dies Innere sich auch eine entsprechende äußere Erscheinung zu finden hat, durch welche jene ideelle Totalität
in erschöpfenderer Vollständigkeit als in den übrigen Kunst-
gestaltungen hindurchblickt. Nach innen und außen muß er
das menschliche Dasein kennen und die Breite der Welt und
ihrer Erscheinungen in sein Inneres hineingenommen und
dort durchfühlt, durchdrungen, vertieft und verklärt haben.
– Um nun aus seiner Subjektivität heraus, selbst bei der Beschränkung auf einen ganz engen und besonderen Kreis, ein
freies Ganzes, das nicht von außen her determiniert erscheint, schaffen zu können, muß er sich aus der *praktischen*
oder sonstigen Befangenheit in solchem Stoffe losgerungen
haben und mit freiem, das innere und äußere Dasein über-
schauendem Blicke darüberstehen. Von seiten des *Naturells*
können wir in dieser Beziehung besonders die morgenländi-
schen, mohammedanischen Dichter rühmen. Sie treten von
Hause aus in diese Freiheit ein, welche in der Leidenschaft
selbst von der Leidenschaft unabhängig bleibt und in aller
Mannigfaltigkeit der Interessen als eigentlichen Kern doch
nur immer die *eine* Substanz festhält, gegen welche dann das
übrige klein und vergänglich erscheint und der Leidenschaft
und Begierde nichts Letztes bleibt. Dies ist eine theoretische

Weltanschauung, ein Verhältnis des Geistes zu den Dingen dieser Welt, das dem Alter näherliegt als der Jugend. Denn im Alter sind zwar die Lebensinteressen noch vorhanden, aber nicht in der drängenden Jugendgewalt der Leidenschaft, sondern mehr in der Form von Schatten, so daß sie sich leichter den theoretischen Bezügen gemäß ausbilden, welche die Kunst verlangt. Gegen die gewöhnliche Meinung, daß die Jugend in ihrer Wärme und Glut das schönste Alter für die dichterische Produktion sei, läßt sich deshalb nach dieser Seite hin gerade das Entgegengesetzte behaupten und das Greisenalter, wenn es sich nur die Energie der Anschauung und Empfindung noch zu bewahren weiß, als die reifste Epoche hinstellen. Erst dem blinden *Greise* Homer werden die wunderbaren Gedichte zugeschrieben, die unter seinem Namen auf uns gekommen sind, und auch von Goethe kann man sagen, daß er im Alter erst, nachdem es ihm gelungen war, sich von allen beschränkenden Partikularitäten frei zu machen, das Höchste geleistet hat.

B. Der poetische Ausdruck

Der erste Kreis, bei dessen unendlichem Umfang wir uns mit wenigen allgemeinen Bestimmungen haben begnügen müssen, betraf das Dichterische überhaupt, den Inhalt sowie die Auffassung und Organisation desselben zum poetischen Kunstwerke. Hiergegen nun bildet die *zweite* Seite der poetische *Ausdruck,* die Vorstellung in ihrer selbst innerlichen Objektivität des Worts als Zeichens der Vorstellung und die Musik des Wortes.

Welches Verhältnis nun der poetische Ausdruck im allgemeinen zu der Darstellungsart der übrigen Künste habe, können wir aus dem oben bereits in betreff auf das Poetische überhaupt Ausgeführten abstrahieren. Das Wort und die Wortklänge sind weder ein Symbol von geistigen Vorstellungen, noch eine adäquate räumliche Äußerlichkeit des Innern wie die Körperformen der Skulptur und Malerei noch, ein musikalisches Tönen der ganzen Seele, sondern ein bloßes *Zeichen*. Als Mitteilung des *poetischen* Vorstellens aber muß auch diese Seite im Unterschiede der prosaischen Ausdrucksweise theoretisch zum Zweck gemacht werden und gebildet erscheinen.

In dieser Rücksicht lassen sich drei Hauptpunkte bestimmter unterscheiden. *Erstens* nämlich scheint zwar der poetische Ausdruck durchaus nur in den Worten zu liegen und sich deshalb rein auf das Sprachliche zu beziehen; insofern aber die Worte selbst nur die Zeichen für *Vorstellungen* sind, so liegt der eigentliche Ursprung der poetischen Sprache weder in der Wahl der einzelnen Wörter und in der Art ihrer Zusammenstellung zu Sätzen und ausgebildeten Perioden noch in dem Wohlklang, Rhythmus, Reim usf., sondern in der Art und Weise der *Vorstellung*. Den Ausgangspunkt für den gebildeten Ausdruck haben wir demnach in der gebildeten *Vorstellung* zu suchen und unsere erste Frage auf die Form zu richten, welche das Vorstellen, um zu einem poetischen Ausdruck zu kommen, annehmen muß.

Zweitens aber wird die in sich selbst dichterische Vorstellung nur in *Worten* objektiv, und wir haben deshalb ebensosehr den *sprachlichen* Ausdruck nach seiner rein sprachlichen Seite zu betrachten, nach welcher sich poetische Wörter von prosaischen, poetische Wendungen von denen des gewöhnlichen Lebens und des prosaischen Denkens unterscheiden, wenn wir auch zunächst von der Hörbarkeit derselben abstrahieren.

Drittens endlich ist die Poesie wirkliches *Sprechen,* das klingende Wort, das sowohl seiner zeitlichen Dauer als auch seinem realen Klange nach gestaltet sein muß und Zeitmaß, Rhythmus, Wohlklang, Reim usf. erforderlich macht.

1. Die poetische Vorstellung

Was in den bildenden Künsten die durch Stein und Farbe ausgedrückte sinnlich sichtbare *Gestalt,* in der Musik die beseelte Harmonie und Melodie ist, die äußerliche Weise nämlich, in welcher ein Inhalt kunstgemäß *erscheint,* das kann, wir müssen immer wieder darauf zurückkommen, für den poetischen Ausdruck nur die Vorstellung selber sein. Die Kraft des dichterischen Bildens besteht deshalb darin, daß die Poesie sich einen Inhalt innerlich, ohne zu wirklichen Außengestalten und Melodiegängen herauszugehen, gestaltet und damit die äußerliche Objektivität der übrigen Künste zu einer inneren macht, die der Geist, wie sie im Geiste ist und bleiben soll, für das Vorstellen selber äußert.

Wenn wir nun beim Dichterischen bereits einen Unterschied zwischen dem ursprünglich Poetischen und einer späteren Rekonstruktion der Poesie aus dem Prosaischen her festzustellen hatten, so tritt uns der gleiche Unterschied auch hier wieder entgegen.

a. Die ursprünglich poetische Vorstellung

Die *ursprüngliche* Poesie des Vorstellens zerscheidet sich noch nicht in die Extreme des gewöhnlichen Bewußtseins, das einerseits alles in Form unmittelbarer und damit zufälliger Einzelheit vor sich bringt, ohne das innerlich Wesentliche daran und das Erscheinen desselben aufzufassen, andererseits das konkrete Dasein teils in seine Unterschiede zerlegt und in die Form abstrakter Allgemeinheit erhebt, teils zu verständigen Beziehungen und Synthesen dieser Abstrakta fortgeht; sondern poetisch ist die Vorstellung nur dadurch, daß sie diese Extreme noch in unzerschiedener Vermittlung hält und dadurch in der gediegenen Mitte zwischen der gewöhnlichen Anschauung und dem Denken stehenzubleiben vermag.

Im allgemeinen können wir das dichterische Vorstellen als *bildlich* bezeichnen, insofern es statt des abstrakten Wesens die konkrete Wirklichkeit desselben, statt der zufälligen Existenz eine solche Erscheinung vor Augen führt, in welcher wir unmittelbar durch das Äußere selbst und dessen Individualität ungetrennt davon das Substantielle erkennen und somit den Begriff der Sache wie deren Dasein als ein und dieselbe Totalität im Innern der Vorstellung vor uns haben. In dieser Rücksicht findet ein großer Unterschied zwischen dem statt, was uns die bildliche Vorstellung gibt und was uns sonst durch andere Ausdrucksweisen klar wird. Es geht damit ähnlich wie mit dem Lesen. Sehen wir die Buchstaben, welche Zeichen für Sprachlaute sind, so verstehen wir bei ihrer Betrachtung, ohne daß wir die Töne zu hören nötig hätten, sogleich das Gelesene; und nur ungeläufige Leser müssen sich erst die einzelnen Laute aussprechen, um die Wörter verstehen zu können. Was hier eine Ungeübtheit ist, wird aber in der Poesie das Schöne und Vortreffliche, indem sie sich nicht mit dem abstrakten Verstehen begnügt und die Gegenstände nur so in uns hervorruft, wie sie in Form des Denkens und der bildlosen Allgemeinheit überhaupt in unserem Gedächtnisse sind, sondern den Begriff in seinem Dasein, die Gattung in bestimmter Individualität an uns kommen läßt. Dem gewöhnlichen, verständigen Bewußtsein nach verstehe ich beim Hören und Lesen mit dem Wort unmittelbar die Bedeutung, ohne sie, d. h. ohne ihr Bild vor der Vorstellung zu haben. Sagen wir z. B. »die Sonne« oder »morgens«, so ist uns klar, was damit gemeint sei, die Frühe und die Sonne selbst aber wird uns nicht veranschaulicht. Wenn es dagegen im Dichter heißt: »Als nun die dämmernde Eos mit Rosenfingern emporstieg«, so ist hier zwar der Sache nach dasselbe ausgesprochen; der poetische Ausdruck gibt uns aber *mehr*, da er dem Verstehen auch noch eine Anschauung von dem verstandenen Objekte hinzufügt oder vielmehr das bloße abstrakte Verstehen entfernt und die reale Bestimmtheit an die Stelle setzt. Ebenso, wenn gesagt wird: »Alexander hat das persische Reich besiegt«, so ist dies allerdings dem Inhalte nach eine konkrete Vorstellung, die mannigfaltige Bestimmtheit derselben aber, als »Sieg« ausgedrückt, wird in eine einfache Abstraktion bildlos zusammengezogen, welche uns von der Erscheinung und Realität dessen, was Alexander Großes vollbracht hat, nichts vor die Anschauung führt. Und so geht es mit allem, was in der ähnlichen Weise ausgedrückt wird; wir verstehen es, doch es bleibt fahl, grau und nach seiten des individuellen Daseins unbestimmt und abstrakt. Die poetische Vorstellung nimmt deshalb die Fülle der realen Erscheinung in sich hinein und weiß dieselbe mit dem Inneren und Wesentlichen der Sache unmittelbar zu einem ursprünglichen Ganzen in eins zu arbeiten.

Das nächste, was hieraus folgt, ist das Interesse der poetischen Vorstellung, beim Äußeren, insofern es die Sache in ihrer Wirklichkeit ausdrückt, zu *verweilen,* es für sich der Betrachtung wert zu achten und ein Gewicht darauf zu legen. Die Poesie ist deshalb überhaupt in ihrem Ausdrucke *umschreibend*: doch Umschreibung ist nicht das rechte Wort; denn wir sind, in Vergleich mit den abstrakten Bestimmungen, in welchen ein Inhalt sonst unserem Verstande geläufig ist, vieles als Umschreibung zu nehmen gewohnt, was der Dichter nicht so gemeint hat, so daß von dem prosaischen Standpunkte aus die poetische Vorstellung kann als ein Umweg und nutzloser Überfluß angesehen werden. Dem Dichter aber muß es darum zu tun sein, mit seinem Vorstellen sich bei der Ausbreitung des realen Erscheinens, in dessen Schilderung er sich ergeht, mit Vorliebe aufzuhalten. In diesem Sinne teilt z. B. Homer jedem Helden ein Epitheton zu und sagt: »der fußschnelle Achilles; die hellumschienten Achäer; der helmumflatterte Hektor; Agamemnon, der Fürst der Völker« usf. Der Name bezeichnet zwar ein Individuum, bringt aber als bloßer Name noch gar keinen weiteren Inhalt vor die Vorstellung, so daß es noch weiterer Angaben zur bestimmten Veranschaulichung bedarf. Auch bei anderen Gegenständen, welche an und für sich schon der Anschauung angehören, wie Meer, Schiffe, Schwert usf., gibt ein ähnliches Epitheton, das irgendeine wesentliche Qualität des bestimmten Objekts auffaßt und darlegt, ein bestimmteres Bild und nötigt uns dadurch, die Sache in konkreter Erscheinung uns hinzustellen.

Von solcher *eigentlichen* Verbildlichung unterscheidet sich dann *zweitens* die *uneigentliche,* die schon eine weitere Differenz hervorbringt. Denn das eigentliche Bild stellt nur die Sache in der ihr zugehörigen Realität dar; der uneigentliche Ausdruck dagegen verweilt nicht unmittelbar bei dem Gegenstande selbst, sondern geht zur Schilderung eines anderen, zweiten über, durch welchen uns die Bedeutung des ersten klar und anschaulich werden soll. Metaphern, Bilder, Gleichnisse usf. gehören zu dieser Weise der poetischen Vorstellung. Hier wird dem Inhalte, um den es zu tun ist, noch eine davon verschiedene Hülle hinzugefügt, welche teils nur als Schmuck dient, teils auch zur näheren Erklärung nicht vollständig kann genutzt werden, da sie nur nach einer bestimmten Seite hin zu jenem ersten Inhalt gehört; wie Homer z. B. den Ajax, der nicht fliehen will, einem hartnäckigen Esel vergleicht. Besonders aber hat die orientalische Poesie diese Pracht und Fülle in Bildern und Vergleichungen, da ihr symbolischer Standpunkt einerseits ein Umhersuchen nach Verwandtem nötig macht und bei der Allgemeinheit der Bedeutungen eine große Breite konkreter ähnlicher Erscheinungen darbietet, andererseits bei der Erhabenheit des Anschauens darauf führt, die ganze bunte Mannigfaltigkeit des Glänzendsten und Herrlichsten zum Schmucke des Einen allein zu verwenden, der als das einzig zu Preisende für das Bewußtsein dasteht. Diese Gebilde der Vorstellung gelten dann zugleich nicht als etwas, von dem wir wissen, daß es nur ein subjektives Tun und Vergleichen und nichts für sich Reales und Vorhandenes sei; sondern die Umwandlung alles Daseins zum Dasein der von der Phantasie erfaßten und gestalteten Idee ist im Gegenteil so angesehen, daß sonst nichts anderes für sich vorhanden ist und ein Recht selbständiger Realität haben kann. Der Glaube an die Welt, wie *wir* sie mit prosaischem Auge verständig betrachten, wird zu einem Glauben an die Phantasie, für welche nur *die* Welt da ist, die sich das poetische Bewußtsein erschaffen hat. Umgekehrt ist es die romantische Phantasie, die sich gern metaphorisch ausdrückt, weil in ihr das Äußere für die in sich zurückgezogene Subjektivität nur als ein Beiwesen und nicht als die adäquate Wirklichkeit selber gilt. Dieses dadurch gleichsam uneigentliche Äußere nun mit tiefer Empfindung, mit partikulärer Fülle der Anschauung oder mit dem Humor der Kombination auszugestalten ist ein Trieb, welcher die romantische Poesie zu immer neuen Erfindungen befähigt und anreizt. Ihr ist es dann nicht darum zu tun, sich nur die Sache bestimmt und anschaulich vorzustellen; im Gegenteil, der metaphorische Gebrauch dieser weiter abliegenden Erscheinungen wird für sich selber Zweck; die Empfindung macht sich zum Mittelpunkte, beglänzt ihre reiche Umgebung, zieht sie an sich, verwendet sie geistreich und witzig zu ihrem Schmuck, belebt sie und genießt sich in diesem Herüber und Hinüber, diesem Einarbeiten und sich Ergehen ihrer in ihrem Darstellen.

b. Die prosaische Vorstellung

Der poetischen Vorstellungsweise *zweitens* steht die *prosaische* gegenüber. Bei dieser nun kommt es nicht auf das Bildliche an, sondern auf die Bedeutung als solche, welche sie sich zum Inhalte nimmt; wodurch das Vorstellen zu einem bloßen Mittel wird, den Inhalt zum Bewußtsein zu bringen. Sie hat daher weder das Bedürfnis, uns die nähere Realität ihrer Objekte vor Augen zu stellen, noch – wie es beim uneigentlichen Ausdruck der Fall ist – eine andere Vorstellung, welche über das, was ausgedrückt werden soll, hinausgeht, in uns hervorzurufen. Zwar kann es auch in der Prosa notwendig sein, das Äußere der Gegenstände fest und scharf zu bezeichnen; dies geschieht dann aber nicht der Bildlichkeit wegen, sondern aus irgendeinem besonderen praktischen Zwecke. Im allgemeinen können wir deshalb als Gesetz für die prosaische Vorstellung einerseits die *Richtigkeit,* anderseits die deutliche *Bestimmtheit* und klare *Verständlichkeit* aufstellen, während das Metaphorische und Bildliche überhaupt relativ immer undeutlich und unrichtig ist. Denn in dem eigentlichen Ausdrucke, wie die Poesie ihn in ihrer Bildlichkeit gibt, ist die einfache Sache aus ihrer unmittelbaren Verständlichkeit in die reale Erscheinung herübergeführt, aus der sie soll erkannt werden; in dem uneigentlichen aber wird eine von der Bedeutung sogar abliegende, nur verwandte Erscheinung zur Veranschaulichung benutzt, so daß nun die prosaischen Kommentatoren der Poeten viel zu tun haben, ehe es ihnen gelingt, durch ihre verständigen Analysen Bild und Bedeutung zu trennen, aus der lebendigen Gestalt den abstrakten Inhalt herauszuziehen und dadurch dem prosaischen Bewußtsein das Verständnis poetischer Vorstellungsweisen eröffnen zu können. In der Poesie dagegen ist nicht nur die Richtigkeit und unmittelbar mit dem einfachen Inhalt zusammenfallende Angemessenheit das wesentliche Gesetz. Im Gegenteil, wenn die Prosa sich mit ihren Vorstellungen in dem gleichen Gebiete ihres Inhalts und in der abstrakten Richtigkeit zu halten hat, so muß die Poesie in ein anderes Element, in die *Erscheinung* des Gehalts selbst oder in andere verwandte Erscheinungen hineinleiten. Denn ebendiese Realität ist es, welche für sich auftreten und den Inhalt einerseits zwar darstellen, andererseits aber auch von dem bloßen Inhalte befreien soll, indem die Aufmerksamkeit gerade auf das erscheinende Dasein geführt und die lebendige Gestalt dem theoretischen Interesse zum wesentlichen Zwecke gemacht wird.

c. Die sich aus der Prosa herstellende poetische Vorstellung

Tun sich diese poetischen Forderungen nun in einer Zeit hervor, in welcher die bloße Richtigkeit der prosaischen Vorstellung schon zur gewohnten Norm geworden ist, so hat die Poesie, auch in betreff auf ihre Bildlichkeit, eine schwierigere Stellung. In solchen Tagen nämlich ist die durchgreifende Weise des Bewußtseins überhaupt die Trennung der Empfindung und Anschauung von dem verständigen Denken, welches sich den inneren und äußeren Stoff des Empfindens und

Anschauens entweder zum bloßen Anstoß für das Wissen und Wollen oder zum dienstbaren Material der Betrachtungen und Handlungen macht. Hier bedarf nun die Poesie einer absichtlicheren Energie, um sich aus der gewohnten Abstraktion des Vorstellens in die konkrete Lebendigkeit einzuarbeiten. Erreicht sie aber dies Ziel, so erlöst sie sich nicht nur von jener Trennung des Denkens, das aufs Allgemeine geht, und der Anschauung und Empfindung, welche das Einzelne auffassen, sondern befreit zugleich diese letzteren Formen sowie deren Stoff und Inhalt aus ihrer bloßen Dienstbarkeit und führt sie der Versöhnung mit dem in sich Allgemeinen siegreich entgegen. Da nun aber die poetische und prosaische Vorstellungsweise und Weltanschauung in ein und demselben Bewußtsein zusammengebunden sind, so ist hier eine Hemmung und Störung, ja sogar ein Kampf beider möglich, den, wie z. B. unsere heutige Poesie beweist, nur die höchste Genialität zu schlichten vermag. Außerdem treten noch anderweitige Schwierigkeiten ein, von welchen ich nur in bezug auf das Bildliche einiges bestimmter herausheben will. Wenn nämlich der prosaische Verstand schon an die Stelle der ursprünglich dichterischen Vorstellung getreten ist, so erhält die Wiedererweckung des Poetischen, sowohl was den eigentlichen Ausdruck als auch was das Metaphorische angeht, leicht etwas Gesuchtes, das selbst da, wo es nicht als wirkliche Absichtlichkeit erscheint, sich dennoch zu jener unmittelbar treffenden Wahrheit kaum wieder zurückzuversetzen imstande ist. Denn vieles, was in früheren Zeiten noch frisch war, wird durch den wiederholten Gebrauch und die dadurch entstandene Gewohnheit nach und nach selber gewöhnlich und geht in die Prosa über. Will nun die Poesie sich mit neuen Erfindungen hervortun, so gerät sie oft wider Willen in ihren schildernden Beiwörtern, Umschreibungen usf., wenn auch nicht ins Übertriebene und Überladene, doch ins Gekünstelte, Verzierlichende, gesucht Pikante und Preziöse, das nicht aus einfacher und gesunder Anschauung und Empfindung hervorgeht, sondern die Gegenstände in einem gemachten, auf den Effekt berechneten Lichte erblickt und ihnen dadurch nicht ihre natürliche Farbe und Beleuchtung läßt. Mehr noch ist dies nach *der* Seite hin der Fall, daß mit der eigentlichen Vorstellungsweise überhaupt die metaphorische vertauscht wird, welche sich sodann genötigt sieht, die Prosa zu überbieten und, um ungewöhnlich zu sein, allzu schnell ins Raffinieren und Haschen nach Wirkungen kommt, die noch nicht verbraucht sind.

2. Der sprachliche Ausdruck

Indem sich nun aber die dichterische Phantasie von der Erfindungsart jedes anderen Künstlers dadurch unterscheidet, daß sie ihre Gebilde in Worte kleiden und durch die *Sprache* mitteilen muß, so hat sie die Pflicht, von Anfang an alle ihre Vorstellungen so einzurichten, daß sie sich auch durch die Mittel, welche der Sprache zu Gebote stehen, vollständig kundgeben lassen. Überhaupt ist das Poetische erst dichterisch im engeren Sinne, wenn es sich zu Worten wirklich verkörpert und ausrundet.

Diese sprachliche Seite der Dichtkunst nun könnte uns Stoff zu unendlich weitschichtigen und verwickelten Erörterungen darbieten, welche ich jedoch, um noch für die wichtigeren Gegenstände, die vor uns liegen, Raum zu gewinnen, übergehen muß und deshalb nur die wesentlichsten Gesichtspunkte ganz kurz zu berühren gedenke.

a. Die poetische Sprache überhaupt

Die Kunst soll uns in allen Beziehungen auf einen anderen Boden stellen, als der ist, welchen wir in unserem gewöhnlichen Leben sowie in unserem religiösen Vorstellen und Handeln und in den Spekulationen der Wissenschaft einnehmen. In betreff auf sprachlichen Ausdruck vermag sie dies nur, insofern sie auch eine andere Sprache führt, als wir sonst schon in jenen Sphären gewohnt sind. Sie hat deshalb nicht nur auf der einen Seite das in ihrer Ausdrucksweise zu vermeiden, was uns in das bloß Alltägliche und Triviale der Prosa herunterziehen würde, sondern darf auf der anderen Seite auch nicht in den Ton und die Redeweise der religiösen Erbaulichkeit oder der wissenschaftlichen Spekulation verfallen. Vor allem muß sie die scharfen Sonderungen und Relationen des Verstandes, die Kategorien des Denkens, wenn sie sich aller Anschaulichkeit entkleidet haben, die philosophischen Formen der Urteile und Schlüsse usf. von sich fernhalten, weil diese Formen uns sogleich aus dem Gebiete der Phantasie in ein anderes Feld hineinversetzen. Doch läßt sich in allen diesen Rücksichten die Grenzlinie, an welcher die Poesie aufhört und das Prosaische beginnt, nur schwer ziehen und ist überhaupt mit fester Genauigkeit im allgemeinen nicht anzugeben.

b. Mittel der poetischen Sprache

Gehen wir daher sogleich zu den besonderen *Mitteln* fort, deren sich die poetische Sprache zur Erfüllung ihrer Aufgabe bedienen kann, so lassen sich folgende herausheben.

α) *Erstens* gibt es einzelne, der Poesie vorzugsweise eigentümliche *Wörter* und Bezeichnungen sowohl nach seiten der Veredelung als auch der komischen Erniedrigung und Übertreibung. Dasselbe findet in Ansehung auf Zusammensetzung verschiedener Wörter, auf bestimmte Flexionsformen und dergleichen mehr statt. Hier kann die Poesie teils am Altertümlichen und dadurch im gewöhnlichen Leben Ungebräuchlicheren festhalten, teils sich vornehmlich als vorwärtsschreitende Sprachbildnerin erweisen und darin, wenn sie nur nicht gegen den Genius der Sprache handelt, von großer Kühnheit der Erfindung sein.

β) Ein weiterer Punkt *zweitens* betrifft die *Wortstellung*. In dieses Feld gehören die sogenannten Redefiguren, insoweit sich dieselben nämlich auf die sprachliche Einkleidung als solche beziehen. Ihr Gebrauch jedoch führt leicht in das Rhetorische und Deklamatorische im schlechten Sinne des Worts und zerstört die individuelle Lebendigkeit, wenn diese

Formen eine allgemeine, nach Regeln gemachte Ausdrucksweise an die Stelle des eigentümlichen Ergusses der Empfindung und der Leidenschaft setzen und dadurch besonders das Gegenteil jener innigen, wortkargen, fragmentarischen Äußerung bilden, deren Gemütstiefe nicht viel Redens zu machen weiß und dadurch besonders in der romantischen Poesie zur Schilderung in sich gedrungener Seelenzustände von großer Wirksamkeit ist. Im allgemeinen aber bleibt die Wortstellung eines der reichhaltigsten äußeren Mittel der Poesie.

γ) *Drittens* endlich wäre noch des *Periodenbaues* Erwähnung zu tun, welcher die übrigen Seiten in sich hineinnimmt und durch die Art seines einfachen oder verwickelteren Verlaufs, seiner unruhigen Abgerissenheit und Zerstückelung oder seines stillen Hinfließens, Fortflutens und Stürmens sehr viel zum Ausdruck der jedesmaligen Situation, Empfindungsweise und Leidenschaft beitragen kann. Denn nach allen diesen Seiten muß das Innere in die äußere sprachliche Darstellung hineinscheinen und deren Charakter bestimmen.

c. Unterschiede in der Anwendung der Mittel

In der *Anwendung* der eben genannten Mittel lassen sich *drittens* die ähnlichen Stadien unterscheiden, welche wir schon in Rücksicht auf die poetische Vorstellung bemerklich gemacht haben.

α) Die dichterische Diktion nämlich kann einerseits unter einem Volke zu einer Zeit lebendig werden, in welcher die Sprache noch nicht ausgebildet ist, sondern erst durch die Poesie selbst ihre eigentliche Entwicklung erhält. Dann ist die Rede des Dichters als Aussprechen des Inneren überhaupt schon etwas Neues, das für sich Verwunderung erweckt, indem sich durch die Sprache das bisher Unenthüllte offenbar macht. Dies neue Schaffen erscheint als das Wunder einer Gabe und Kraft, deren Gewohnheit noch nicht eingetreten ist, sondern zum Staunen des Menschen das tief in der Brust Verschlossene zum ersten Male sich frei entfalten läßt. —

In diesem Falle ist die Macht der Äußerung, das Machen der Sprache, nicht aber die vielseitige Bildung und Ausbildung derselben die Hauptsache, und die Diktion bleibt ihrerseits ganz einfach. Denn es kann in so frühen Tagen weder eine Geläufigkeit des Vorstellens noch ein mannigfaches Herüber- und Hinüberwenden des Ausdrucks vorhanden sein; sondern was dargestellt werden soll, gibt sich in kunstloser Unmittelbarkeit der Bezeichnung kund, die noch nicht zu seinen Abschattungen, Übergängen, Vermittlungen und den übrigen Vorzügen einer späteren Kunstgeschicklichkeit vorgedrungen ist, da hier der Dichter in der Tat der erste ist, welcher der Nation gleichsam den Mund öffnet, der Vorstellung zur Sprache und durch diese zu Vorstellungen verhilft. Sprechen ist dann sozusagen noch nicht das gemeine Leben, und die Poesie darf sich noch zu frischer Wirkung alles dessen bedienen, was sich später als Sprache des gemeinen Lebens mehr und mehr aus der Kunst ausscheidet. In dieser Rücksicht kann uns z. B. die Ausdrucksweise Homers für unsere Zeit ganz gewöhnlich vorkommen; für jede Vorstellung steht das eigentliche Wort da, uneigentlicher Ausdrücke finden sich wenige, und wenn auch die Darstellung große Ausführlichkeit hat, so bleibt doch die Sprache selbst höchst einfach. In der ähnlichen Weise wußte Dante gleichfalls seinem Volke eine lebendige Sprache der Poesie zu erschaffen und bekundete auch in dieser Hinsicht die kühne Energie seines erfinderischen Genius.

β) Wenn sich nun aber *zweitens* der Kreis der Vorstellungen mit der eintretenden Reflexion erweitert, die Verknüpfungsweisen sich vermannigfachen, die Fertigkeit, in solchem Vorstellungsgange fortzugehen, wächst und nun auch der sprachliche Ausdruck sich zu völliger Geläufigkeit ausbildet, so erhält die Poesie eine nach seiten der Diktion durchaus veränderte Stellung. Dann nämlich hat ein Volk bereits eine ausgeprägte prosaische Sprache des gewöhnlichen Lebens, und der poetische Ausdruck muß nun, um Interesse zu erregen, von jener gewöhnlichen Sprache abweichen und aufs neue gehoben und geistreich gemacht werden. Im alltäglichen Dasein ist die Zufälligkeit des Augenblicks der Grund des Sprechens; soll aber ein Werk der Kunst hervorkommen, so muß statt augenblicklicher Empfindung die Besonnenheit eintreten und selbst der Enthusiasmus der Begeisterung darf sich nicht gehenlassen, sondern das Produkt des Geistes muß sich aus der künstlerischen Ruhe entwickeln und in der Stimmung eines klar überschauenden Sinnens sich ausgestalten. In frühesten Epochen der Poesie wird diese Sammlung und Ruhe schon durch das Dichten und Sprechen selber angekündigt, in späteren Tagen dagegen hat sich das Bilden und Machen in dem Unterschiede darzutun, welchen der poetische Ausdruck dem prosaischen gegenüber erhält. In dieser Rücksicht sind die Gedichte der auch prosaisch bereits gebildeten Zeiten von denen ursprünglich poetischer Epochen und Völker wesentlich unterschieden.

Hierin nun aber kann die dichterische Produktion so weit gehen, daß ihr dies Machen des Ausdrucks zu einer Hauptsache wird und ihr Augenmerk weniger auf die innerliche Wahrheit als auf die Bildung, die Glätte, Eleganz und den Effekt der sprachlichen Seite gerichtet bleibt. Dies ist dann die Stelle, wo das Rhetorische und Deklamatorische, dessen ich vorhin schon erwähnte, sich in einer die innere Lebendigkeit der Poesie zerstörenden Weise ausbildet, indem die gestaltende Besonnenheit sich als *Absichtlichkeit* kundgibt und eine selbstbewußt geregelte Kunst die wahre Wirkung, die absichtslos und unschuldig sein und scheinen muß, verkümmert. Ganze Nationen haben fast keine andere als solche rhetorische Werke der Poesie hervorzubringen verstanden. So klingt z. B. die lateinische Sprache selbst bei Cicero noch naiv und unbefangen genug; bei den römischen Dichtern aber, bei Vergil, Horaz z. B., fühlt sich sogleich die Kunst als etwas nur Gemachtes, absichtlich Gebildetes heraus; wir erkennen einen prosaischen Inhalt, der bloß mit äußerlichem Schmuck angetan ist, und einen Dichter, welcher in seinem Mangel an ursprünglichem Genius nun in dem Gebiete sprachlicher Geschicklichkeit und rhetorischer Effekte einen Ersatz für das zu finden sucht, was ihm an eigentlicher Kraft und Wirkung des Erfindens und Ausarbeitens abgeht. Auch die Franzosen in der sogenannten klassischen Zeit ihrer Literatur haben eine ähnliche Poesie, für welche sich dann Lehrgedichte und Satiren als besonders passend erweisen. Hier finden die vielen rhetorischen Figuren ihren vornehmlichsten Platz, der Vortrag aber bleibt ihnen zum Trotz im ganzen dennoch prosaisch, und die Sprache wird höchstens bilderreich und geschmückter: etwa wie Herders oder Schillers Diktion. Diese letzteren Schriftsteller aber wendeten solch eine Ausdrucksweise hauptsächlich zum Behufe der prosaischen Darstellung an und wußten dieselbe durch die Gewichtigkeit der Gedanken und das Glück des Ausdrucks erlaubt und erträglich zu machen. Auch die Spanier sind nicht ganz von dem Prunken mit einer absichtlichen Kunst der Diktion freizusprechen. Überhaupt haben die südlichen Nationen, die Spanier und Italiener z. B. und vor ihnen schon die mohammedanischen Araber und Perser, eine große Breite und Weitschweifigkeit in Bildern und Vergleichen. Bei den Alten, besonders beim Homer, geht der Ausdruck immer glatt und ruhig fort; bei diesen Völkern dagegen ist es eine sprudelnde Anschauung, deren Fülle bei sonstiger Ruhe des Gemüts sich nun auszubreiten bestrebt und in dieser theoretischen Arbeit einem streng sondernden, bald spitzfindig klassifizierenden, bald witzig, geistreich und spielend verknüpfenden Verstande unterworfen wird.

γ) Der wahrhaft poetische Ausdruck hält sich sowohl von jener bloß deklamatorischen Rhetorik als auch von diesem Pompe und witzigem Spiel der Diktion, obschon sich darin die freie Lust des Machens in schöner Weise manifestieren kann, insoweit zurück, als dadurch die innere Naturwahrheit gefährdet und das Recht des Inhalts in der Bildung des Sprechens und Aussprechens vergessen wird. Denn die Diktion darf sich nicht für sich verselbständigen und zu *dem* Teile der Poesie machen wollen, auf den es eigentlich und ausschließlich ankomme. Überhaupt darf auch in sprachlicher Rücksicht das besonnen Gebildete nie den Eindruck der Unbefangenheit verlieren, sondern muß immer noch den Anschein geben, gleichsam wie von selber aus dem inneren Keime der Sache emporgewachsen zu sein.

3. Die Versifikation

Die *dritte* Seite endlich der poetischen Ausdrucksweise wird dadurch notwendig, daß sich die dichterische Vorstellung nicht nur in Worte kleidet, sondern zum wirklichen *Sprechen* fortgeht und damit auch in das sinnliche Element des Klingens der Sprachlaute und Wörter herübertritt. Dies führt uns zu dem Gebiete der Versifikation. Versifizierte Prosa gibt zwar noch keine Poesie, sondern nur Verse, wie der bloß poetische Ausdruck bei sonstiger prosaischer Behandlung nur eine poetische Prosa zuwege bringt; dennoch aber ist Metrum oder Reim als der erste und einzige sinnliche Duft für die Dichtung schlechthin erforderlich, ja notwendiger selbst als eine bilderreiche sogenannte schöne Diktion.

Die kunstvolle Ausbildung dieses sinnlichen Elementes kündigt uns nämlich sogleich, wie es auch die Poesie verlangt, ein anderes Bereich, einen anderen Boden an, den wir erst betreten können, wenn wir die praktische und theoretische Prosa des gemeinen Lebens und Bewußtseins verlassen haben, und nötigt den Dichter, sich außerhalb der Schranken des gewöhnlichen Sprechens zu bewegen und seine Expositionen nur den Gesetzen und Forderungen der Kunst gemäß zu bilden. Nur eine ganz oberflächliche Theorie hat deshalb die Versifikation aus dem Grunde, daß sie gegen die Natürlichkeit verstoße, verbannen wollen. Lessing zwar, in seiner Opposition gegen das falsche Pathos des französischen Alexandriners, versuchte vornehmlich in die Tragödie die prosaische Redeweise als die passendere einzuführen, und Schiller und Goethe sind ihm in ihren ersten tumultuarischen Werken im Naturdrang eines mehr stoffartigen Dichtens in diesem Prinzipe gefolgt. Lessing selber aber hat sich in seinem *Nathan* endlich doch dem Jambus wieder zugewendet, Schiller verließ ebenso schon mit dem *Don Carlos* den bisher betretenen Weg, und auch Goethe genügte die frühere prosaische Behandlung seiner *Iphigenie* und des *Tasso* so wenig, daß er sie im Lande der Kunst selbst, sowohl dem Ausdruck als der prosodischen Seite nach, durchweg zu jener reineren Form umschmolz, durch welche diese Werke immer von neuem zur Bewunderung hinreißen.

Allerdings scheint die Künstlichkeit des Versmaßes oder der Reimverschlingungen ein hartes Band der inneren Vorstellungen mit dem Elemente des Sinnlichen zu sein, härter als in der Malerei die Farben. Denn die Außendinge und die menschliche Gestalt sind ihrer Natur nach gefärbt und das Farblose eine erzwungene Abstraktion; die Vorstellung dagegen hat mit den Sprachlauten, die zu bloß willkürlichen Zeichen der Mitteilung gebraucht werden, nur einen sehr weitabliegenden oder gar keinen inneren Zusammenhang, so daß die hartnäckigen Forderungen der prosodischen Gesetze leicht als eine Fessel der Phantasie erscheinen können, durch welche es dem Dichter nicht mehr möglich wird, seine Vorstellungen ganz so mitzuteilen, wie sie ihm innerlich vorschweben. Übt deshalb auch das rhythmische Hinströmen und der melodische Klang des Reims einen unbestreitbaren Zauber aus, so würde es doch zuviel verlangt sein, um dieses sinnlichen Reizes willen oft die besten poetischen Empfindungen und Vorstellungen aufgeopfert zu finden. Doch auch dieser Einwand hält nicht Stich. Einerseits nämlich erweist es sich schon als unwahr, daß die Versifikation nur ein Hemmnis für den freien Erguß sei. Das echte Kunsttalent bewegt sich überhaupt in seinem sinnlichen Material wie in seinem eigentlichsten heimischen Elemente, das ihn, statt hinderlich und drückend zu sein, im Gegenteil hebt und trägt. So sehen wir in der Tat auch alle großen Poeten in dem selbsterschaffenen Zeitmaß, Rhythmus und Reim frei und selbstgewiß einherschreiten, und nur bei Übersetzungen wird das Befolgen der gleichen Metra, Assonanzen usf. häufig ein Zwang und eine künstliche Quälerei. In der freien Poesie aber gibt außerdem die Nötigung, den Ausdruck der Vorstellungen herüber- und hinüberzuwenden, zusammen- zuziehen, auszubreiten, dem Dichter ebensosehr *neue* Ge- danken, Einfälle und Erfindungen, welche ihm ohne solch einen Anstoß nicht gekommen wären. Doch auch abgesehen von diesem relativen Vorteil, gehört nun einmal das sinn- liche Dasein, in der Poesie das Klingen der Worte, von Hause aus zur Kunst und darf nicht so formlos und unbe- stimmt bleiben, wie es in der unmittelbaren Zufälligkeit des Sprechens vorhanden ist, sondern muß lebendig gebildet erscheinen und, wenn es auch in der Poesie als äußerliches Mittel bloß mitklingt, doch als Zweck für sie behandelt und dadurch eine in sich harmonisch begrenzte Gestalt werden. Diese Aufmerksamkeit, die dem Sinnlichen geschenkt wird, fügt, wie in aller Kunst, zum Ernste des Inhalts noch eine andere Seite hinzu, durch welche dieser Ernst zugleich auch entfernt, der Dichter und Hörer davon befreit und eben damit in eine Sphäre hinübergehoben wird, welche in er- heiternder Anmut darübersteht. In der Malerei und Skulp- tur nun ist dem Künstler für die Zeichnung und Färbung der menschlichen Glieder, der Felsen, Bäume, Wolken, Blu- men die Form als sinnliche und räumliche Begrenzung ge- geben; und auch in der Architektur schreiben die Bedürf- nisse und Zwecke, für welche gebaut wird, Mauern, Wände, Dächer usf., eine mehr oder weniger bestimmte Norm vor. Ähnliche feste Bestimmungen hat die Musik in den an und für sich notwendigen Grundgesetzen der Harmonie. In der Dichtkunst aber ist das sinnliche Klingen der Wörter in ihrer Zusammenstellung zunächst ungebunden, und der Dichter erhält die Aufgabe, sich diese Regellosigkeit zu einer sinnlichen Umgrenzung zu ordnen und sich damit gleichsam eine Art von festerem Kontur und klingendem Rahmen für seine Konzeptionen und deren Struktur und sinnliche Schön- heit hinzuzeichnen.

Wie nun in der musikalischen Deklamation der Rhythmus und die Melodie den Charakter des Inhalts in sich aufnehmen und demselben angemessen sein müssen, so ist auch die Versifikation eine Musik, welche, obgleich in entfernter Weise, doch schon jene dunkle, aber zugleich bestimmte Richtung des Ganges und Charakters der Vorstellungen in sich widertönen läßt. Nach dieser Seite hin muß das Versmaß den allgemeinen Ton und geistigen Hauch eines ganzen Gedichtes angeben; und es ist nicht gleichgültig, ob z. B. Jamben, Trochäen, Stanzen, alkäische oder andere Strophen zur äußeren Form genommen werden.

Was die nähere Einteilung betrifft, so sind es vornehmlich *zwei* Systeme, deren Unterschied voneinander wir zu beleuchten haben.

Das *erste* ist die *rhythmische* Versifikation, welche auf der bestimmten Länge und Kürze der Wortsilben sowie auf deren mannigfach figurierter Zusammenstellung und zeitlichen Fortbewegungen beruht.

Die *zweite* Seite dagegen macht das Herausheben des *Klangs* als solchen aus, sowohl in Rücksicht auf einzelne Buchstaben, Konsonanten oder Vokale, als auch in Ansehung ganzer Silben und Wörter, deren Figuration teils nach dem Gesetze gleichmäßiger Wiederholung des gleichen oder ähnlichen Klanges, teils nach der Regel symmetrischer Abwechslung geordnet wird. Hierher gehören die Alliteration, die Assonanz und der Reim.

Beide Systeme stehen in enger Verbindung mit der Prosodie der Sprache, sei es nun, daß dieselbe mehr in der natürlichen Länge und Kürze der Silben von Hause aus ihren Grund finde oder auf dem Verstandesakzent, den die Bedeutsamkeit der Silben hervorbringt, beruhe.

Drittens endlich lassen sich der rhythmische Fortgang und das für sich gestaltete Klingen auch *verbinden*; indem jedoch das konzentriert herausgehobene Tonecho des Reims stark ins Ohr fällt und sich dadurch überwiegend über das bloß zeitliche Moment der Dauer und Fortbewegung geltend macht, so muß in solcher Verknüpfung die rhythmische Seite zurücktreten und die Aufmerksamkeit für sich weniger beschäftigen.

a. Die rhythmische Versifikation

In betreff auf das reimlos-*rhythmische* System sind folgende Punkte die wichtigsten:

erstens das feste Zeitmaß der Silben in dem einfachen Unterschiede der *Längen* oder *Kürzen* sowie deren mannigfaltige Zusammenstellung zu bestimmten Verhältnissen und Versmaßen;

zweitens die rhythmische *Belebung* durch Akzent, Zäsur und Gegenstoß des Vers- und Wortakzents;

drittens die Seite des *Wohlklangs,* welche innerhalb dieser Bewegung durch das Tönen der Wörter hervorkommen kann, ohne sich zu Reimen zusammenzuziehen.

α) Für das Rhythmische, welches nicht das isolierter herausgenommene Klingen als solches, sondern die *zeitliche* Dauer und Bewegung zur Hauptsache macht, bildet nun

αα) den einfachen Ausgangspunkt die *natürliche* Länge und Kürze der Silben, zu deren einfachem Unterschiede die Sprachlaute selbst, die auszusprechenden Buchstaben, Konsonanten und Vokale, die Elemente abgeben.

Natürlich-*lang* sind vor allem die Diphthonge ai, oi, ae usf., weil sie in sich selbst, was auch die neueren Schulmeister sagen mögen, ein konkretes, gedoppeltes Tönen sind, das sich zusammenfaßt wie unter den Farben das Grün. Ebenso die langaushallenden Vokale. Zu ihnen gesellt sich als drittes Prinzip die schon dem Sanskrit sowie dem Griechischen und Lateinischen eigentümliche Position. Stehen nämlich zwischen zwei Vokalen zwei oder mehrere Konsonanten, so bilden diese offenbar für das Sprechen einen schwierigeren Übergang; das Organ braucht, um über die Konsonanten wegzukommen, zur Artikulation eine längere Zeit und bringt ein Verweilen hervor, das nun, dem kurzen Vokale zum Trotz, die Silbe, wenn auch nicht gedehnt, dennoch rhythmisch lang werden läßt. Sage ich z. B. *mentem nec secus,* so ist der Fortgang von dem einen Vokal zum anderen in *mentem* und *nec* nicht so einfach und leicht als in *secus.* Die neueren Sprachen halten diesen letzteren Unterschied nicht fest, sondern machen, wenn sie nach Längen und Kürzen rechnen, andere Kriterien geltend. Doch werden dadurch die der Position unerachtet als kurz gebrauchten Silben wenigstens oft genug hart gefunden, da sie die schnellere Bewegung, die gefordert ist, hindern.

Im Unterschiede jener Längen durch Diphthonge, lange Vokale und Position erweisen sich dagegen als von Natur *kurz* die Silben, welche durch kurze Vokale gebildet sind, ohne daß sich zwischen den ersten und nächstfolgenden zwei oder mehrere Konsonanten stellen.

ββ) Da nun die Wörter teils als vielsilbig schon in sich selbst eine Mannigfaltigkeit von Längen und Kürzen sind, teils, obwohl einsilbig, doch mit anderen Wörtern in Verbindung gesetzt werden, so entsteht dadurch zunächst eine durch kein festes Maß bestimmte, zufällige Abwechslung verschiedenartiger Silben und Wörter. Diese Zufälligkeit zu regeln ist nun ganz ebenso die Pflicht der Poesie, als es die Aufgabe der Musik war, die ordnungslose Dauer der einzelnen Töne durch die Einheit des Zeitmaßes genau zu bestimmen. Die Poesie stellt sich daher besondere Zusammensetzungen von Längen und Kürzen als das Gesetz auf, nach welchem sich in Rücksicht auf Zeitdauer die Folge der Silben zu richten habe. Was wir dadurch zunächst erhalten, sind die verschiedenen *Zeitverhältnisse.* Das einfachste ist hier das Verhältnis des Gleichen zueinander, als z. B. der Daktylus und Anapäst, in welchen sich sodann die Kürzen nach bestimmten Gesetzen wieder zu Längen zusammenziehen dürfen (Spondeus). Zweitens sodann kann sich eine lange Silbe neben eine kurze stellen, so daß schon ein tieferer Unterschied der Dauer, wenn auch in der einfachsten Gestalt, hervorkommt, wie im Jambus und Trochäus. Verwickelter schon wird die Zusammensetzung, wenn zwischen zwei lange Silben sich eine kurze einschiebt oder zwei langen eine kurze vorausgeht wie beim Kretikus und Bacchius.

γγ) Dergleichen *einzelne* Zeitverhältnisse aber würden wiederum dem regellosen Zufalle Tür und Tor öffnen, wenn sie in ihrer bunten Verschiedenheit willkürlich aufeinanderfolgen dürften. Denn einerseits wäre dadurch in der Tat der ganze Zweck der Gesetzmäßigkeit in diesen Verhältnissen zerstört, nämlich die geregelte Folge der langen und kurzen Silben; andererseits fehlte es auch durchaus an einer Bestimmtheit für Anfang, Ende und Mitte, so daß die hierdurch von neuem heraustretende Willkür ganz dem widerstreben würde, was wir oben schon bei Betrachtung des musikalischen Zeitmaßes und Taktes über das Verhältnis des vernehmenden Ich zur Zeitdauer der Töne festgestellt haben. Das Ich fordert eine Sammlung in sich, eine Rückkehr aus dem steten Fortfließen in der Zeit, und vernimmt dieselbe nur durch bestimmte Zeiteinheiten und deren ebenso markiertes Anheben als gesetzmäßiges Aufeinanderfolgen und Abschließen. Dies ist der Grund, weshalb auch die Poesie die einzelnen Zeitverhältnisse *drittens* zu *Versen* aneinanderreiht, welche in Rücksicht auf Art und Anzahl der Füße sowie auf Anfang, Fortgang und Schluß ihre Regel erhalten. Der jambische Trimeter z. B. besteht aus sechs jambischen Füßen, von denen je zwei wieder eine jambische Dipodie bilden; der Hexameter aus sechs Daktylen, die sich an bestimmten Stellen wieder zu Spondeen zusammenziehen dürfen, usf. Indem es nun aber solchen Versen gestattet ist, sich in der gleichen oder ähnlichen Weise stets wieder von neuem zu wiederholen, so tritt in Rücksicht auf diese Aufeinanderfolge wiederum teils eine Unbestimmtheit in Ansehung des festen letzten Abschlusses, teils eine Monotonie und dadurch ein fühlbarer Mangel an innerlich mannigfaltiger Struktur hervor. Um diesem Übelstande abzuhelfen, ist die Poesie endlich zur Erfindung von Strophen und deren verschiedenartiger Organisation, besonders für den lyrischen Ausdruck, fortgegangen. Hierher gehört z. B. schon das elegische Versmaß der Griechen, ferner die alkäische und sapphische Strophe sowie was Pindar und die berühmten dramatischen Dichter in den lyrischen Ergüssen und sonstigen Betrachtungen der Chöre Kunstreiches ausgebildet haben.

Wie sehr nun aber in betreff auf das Zeitmaß Musik und Poesie die ähnlichen Bedürfnisse befriedigen, so dürfen wir doch die Unterschiedenheit beider nicht unerwähnt lassen. Die wichtigste Abweichung bringt hier der *Takt* hervor. Man hat deshalb vielfach hin und her gestritten, ob eine eigentlich taktmäßige Wiederholung der gleichen Zeitabschnitte für die Metra der Alten anzunehmen sei oder nicht. Im allgemeinen läßt sich behaupten, daß die Poesie, welche das Wort zum bloßen Mitteilungsmittel macht, sich in Ansehung der Zeit dieser Mitteilung nicht einem absolut festen Maße für die Fortbewegung in so abstrakter Weise unterwerfen dürfe, als dies in dem musikalischen Takte der Fall ist. In der Musik ist der Ton das Verklingende, Haltlose, das einer Festigkeit, wie der Takt sie hereinbringt, schlechthin bedarf; die Rede aber braucht dies Feste nicht, weil sie einerseits in der Vorstellung selbst ihren Anhalt hat und andererseits sich überhaupt nicht vollständig in das Äußerliche des Klingens und Verklingens hineinlegt, sondern gerade die innere Vorstellung zu ihrem wesentlichen Kunstelemente behält. Deshalb findet in der Tat die Poesie unmittelbar in den Vorstellungen und Empfindungen, welche sie klar in Worten ausspricht, die substantiellere Bestimmung für das Maß des Einhaltens, Forteilens, Verweilens, Zögerns usf., wie denn auch die Musik selbst im Rezitativ schon der bewegungslosen Gleichheit des Taktes sich zu entheben anfängt. Wollte sich deshalb das Metrum ganz der Gesetzgebung des Taktes beugen, so wäre der Unterschied zwischen Musik und Poesie, in dieser Sphäre wenigstens, durchweg ausgelöscht, und das Element der Zeit würde sich überwiegender, als die Poesie es ihrer ganzen Natur nach gestatten darf, geltend machen. Dies läßt sich als Grund für die Forderung hinstellen, daß in der Poesie wohl ein *Zeitmaß,* aber *kein Takt* herrschen, sondern dem Sinn und der Bedeutung der Worte die relativ durchgreifendere Macht über diese Seite bleiben müsse. Betrachten wir in dieser Beziehung die besonderen Versmaße der Alten näher, so scheint freilich der Hexameter am meisten sich einer taktmäßig strengen Fortbewegung, wie z. B. der alte Voss besonders sie forderte, zu fügen; indessen wird im Hexameter eine solche Annahme schon durch die Katalexis des letzten Fußes verhindert. Wenn nun Voss gar die alkäische und sapphische Strophe in so abstrakt gleichförmigen Zeitabschnitten gelesen wissen will, so ist dies nur eine kapriziöse Willkür und heißt den Versen Gewalt antun. Die ganze Forderung mag sich überhaupt aus der Gewohnheit herschreiben, unseren deutschen Jambus in dem stets gleichen Silbenfall und Zeitmaß behandelt zu sehen. Doch schon der alte jambische Trimeter erhält seine Schönheit vornehmlich dadurch, daß er nicht aus sechs der Zeit nach gleichen jambischen Füßen besteht, sondern umgekehrt gerade an jeder ersten Stelle der Dipodie Spondeen oder als Auflösung auch Daktylen und Anapäste erlaubt und in dieser Weise die gleichmäßige Wiederholung desselben Zeitmaßes und damit das Taktartige aufhebt. Bei weitem wechselnder ohnehin sind noch die lyrischen Strophen, so daß es a priori gezeigt werden müßte, daß der Takt an und für sich notwendig wäre, denn a posteriori ist's nicht zu sehen.

β) Das eigentlich *Belebende* nun aber für das rhythmische Zeitmaß bringen erst der *Akzent* und die *Zäsur* hervor, die mit dem parallel gehen, was wir in der Musik als Taktrhythmus haben kennenlernen.

αα) Auch in der Poesie nämlich hat zunächst jedes bestimmte Zeitverhältnis seinen besonderen Akzent, d. h. es werden gesetzmäßig bestimmte Stellen herausgehoben, welche dann die anderen anziehen und sich so erst zu einem Ganzen abrunden. Dadurch ist nun sogleich für die *Vielfältigkeit* des Wertes der Silben ein großer Spielraum eröffnet. Denn einerseits werden die langen Silben überhaupt schon in Vergleich zu den kurzen ausgezeichnet erscheinen, so daß sie sich nun, wenn auf ihnen der Iktus liegt, gegen die kürzeren als doppelt wichtig zeigen und sich selbst den unakzentuierten Längen gegenüber herausstellen. Andererseits aber kann es sich auch treffen, daß kürzere Silben den Iktus erhalten, so daß nun das ähnliche Verhältnis wieder in der umgekehrten Weise zum Vorschein kommt.

Vor allem aber muß, wie ich schon früher erwähnte, Anfang und Ende der einzelnen Füße nicht abstrakt mit dem Beginn und Schluß der einzelnen Wörter zusammenfallen; denn *erstens* bewirkt das Hinübergreifen des in sich geschlossenen Wortes über das Ende des Versfußes die Verbindung der sonst auseinanderfallenden Rhythmen; und liegt nun *zweitens* sogar der Versakzent auf dem Auslaut eines so hinübergreifenden Wortes, so entsteht dadurch außerdem ein merkbarer Zeiteinschnitt, indem ein Wortschluß überhaupt schon in etwas einzuhalten nötigt, so daß es nun dieses Einhalten ist, was durch den sich damit vereinigenden Akzent absichtlich als Einschnitt in die sonst ununterbrochen fortfließende Zeit fühlbar gemacht wird. Dergleichen Zäsuren sind jedem Verse unentbehrlich. Denn obgleich der bestimmte Akzent den einzelnen Füßen schon eine nähere Unterscheidung in sich und dadurch eine gewisse Mannigfaltigkeit zuteilt, so würde diese Art der Belebung – besonders bei Versen, in welchen sich dieselben Füße gleichmäßiger wiederholen, wie in unserem Jambus z. B. – dennoch wieder teils ganz abstrakt und monoton bleiben, teils die einzelnen Füße verbindungslos auseinanderfallen lassen. Dieser kahlen Monotonie steuert die Zäsur und bringt in das durch seine unterschiedslose Regelmäßigkeit wiederum lahme Fortfließen einen Zusammenhang und höheres Leben hinein, welches durch die Verschiedenheit der Stellen, an denen die Zäsur eintreten kann, ebenso mannigfalt wird, als es durch die geregelte Bestimmtheit derselben nicht in eine gesetzlose Willkür zurückzufallen vermag.

Zu dem Versakzent und der Zäsur fügt sich dann endlich

noch ein *dritter* Akzent hinzu, den die Wörter auch sonst schon an und für sich außerhalb ihres metrischen Gebrauchs haben und dadurch nun eine wieder vermehrte Vielfältigkeit für die Art und den Grad der Heraushebung und Senkung der einzelnen Silben entstehen lassen. Denn dieser Wortakzent kann einerseits zwar mit dem Akzent des Verses und der Zäsur verbunden erscheinen und in solcher Verknüpfung beide verstärken, andererseits aber auch von ihnen unabhängig auf Silben stehen, die durch keine sonstige Hebung begünstigt sind und nun gleichsam, insofern sie ihres eigentümlichen Wertes als Wortsilbe wegen dennoch eine Akzentuierung fordern, einen Gegenstoß gegen den Versrhythmus hervorbringen, der dem Ganzen ein neues eigentümliches Leben gibt.

Nach allen den genannten Seiten die Schönheit des Rhythmus herauszuhören ist für unser heutiges Ohr von großer Schwierigkeit, da in unseren Sprachen die Elemente, die zu dieser Art metrischer Vorzüge zusammentreffen müssen, zum Teil nicht mehr in der Schärfe und Festigkeit, welche sie bei den Alten hatten, vorhanden sind, sondern zur Befriedigung anderer Kunstbedürfnisse andere Mittel an die Stelle setzen.

ββ) Außerdem aber *zweitens* schwebt über aller Gültigkeit der Silben und Wörter innerhalb ihrer metrischen Stellung der Wert dessen, was sie von seiten der *poetischen Vorstellung* her bedeuten. Durch diesen ihnen immanenten Sinn werden sie deshalb gleichfalls relativ herausgehoben oder müssen als bedeutungsloser zurückstehen, wodurch dem Verse nun erst die letzte geistige Spitze der Lebendigkeit eingehaucht ist. Doch darf die Poesie hierin füglich nicht so weit gehen, daß sie sich in dieser Rücksicht den rhythmischen Regeln des Metrums direkt gegenüberstellt.

γγ) Dem ganzen Charakter nun eines Versmaßes entspricht, besonders nach seiten der rhythmischen Bewegung, auch eine *bestimmte* Weise des *Inhalts*; vor allem die besondere Art in der Bewegung unserer Empfindungen. So eignet sich

z. B. der Hexameter in seinem ruhig wogenden Fortströmen für den gleichmäßigeren Fluß epischer Erzählung; wogegen er in Verbindung mit dem Pentameter und dessen symmetrisch festen Einschnitten schon strophenartiger wird, doch in der einfachen Regelmäßigkeit sich für das Elegische passend zeigt. Der Jambus wiederum schreitet rasch vorwärts und ist besonders für den dramatischen Dialog zweckmäßig; der Anapäst bezeichnet ein taktartig mutiges, jubelndes Forteilen, und ähnliche Charakterzüge liegen auch bei den übrigen Versmaßen leicht zur Hand.

γ) *Drittens* aber bleibt auch dieses erste Gebiet der rhythmischen Versifikation nicht bei der bloßen Figuration und Belebung der Zeitdauer stehen, sondern geht auch wieder zum wirklichen *Klingen* der Silben und Wörter fort. In Rücksicht auf diesen Klang jedoch zeigen die alten Sprachen, in denen der Rhythmus in der angegebenen Weise als Hauptseite festgehalten wird, einen wesentlichen Unterschied gegen die übrigen neueren, welche sich vorzugsweise dem Reime zuneigen.

αα) Im Griechischen und Lateinischen z. B. bildet sich durch die Flexionsformen der Deklination und Konjugation die Stammsilbe zu einem Reichtum von verschiedenartig tönenden Silben aus, die zwar auch für sich eine Bedeutung haben, doch nur als Modifikation der Stammsilbe, so daß diese sich zwar als die substantielle Grund*bedeutung* jener vielfach ausgebreiteten Laute geltend macht, in Rücksicht auf ihr *Tönen* aber nicht als die vornehmliche oder alleinige Herrscherin auftritt. Denn hören wir z. B. *amaverunt,* so treten drei Silben zu dem Stamme hinzu, und der Akzent scheidet sich schon durch die Anzahl und Ausdehnung dieser Silben, wenn auch keine natürlichen Längen darunter wären, sogleich von der Stammsilbe materiell ab, wodurch die Haupt*bedeutung* und der betonende *Akzent* voneinander *getrennt* werden. Hier kann das Ohr deshalb, insofern die Betonung nicht die *Haupt*silbe, sondern irgendeine andere trifft, die nur eine *Neben*bestimmung ausdrückt, schon aus diesem

Grunde dem Tönen der verschiedenen Silben lauschen und ihrer Bewegung nachgehen, indem es die volle Freiheit behält, auf die *natürliche* Prosodie zu hören, und sich nun aufgefordert findet, diese natürlichen Längen und Kürzen rhythmisch zu bilden.

ββ) Ganz anders dagegen verhält es sich z. B. mit der heutigen deutschen Sprache. Was im Griechischen und Lateinischen in der eben angedeuteten Weise durch Präfixa und Suffixa und sonstige Modifikationen ausgedrückt wird, das löst sich in den neueren Sprachen besonders in den Verbis von der Stammsilbe los, so daß sich nun die bisher in einem und demselben Wort mit vielfachen Nebenbedeutungen entfalteten Flexionssilben zu selbständigen Wörtern zersplittern und vereinzeln. Hierher gehören z. B. der stete Gebrauch der vielen Hilfszeitwörter, die selbständige Bezeichnung des Optativs durch eigene Verba usf., die Abtrennung der Pronomina usw. Dadurch bleibt nun einerseits das Wort, das sich in dem früher angegebenen Falle zu dem mannigfachen Tönen einer Vielsilbigkeit ausdehnte, unter welcher jener Akzent der Wurzel, des Hauptsinns, zugrunde ging, als einfaches Ganzes in sich konzentriert, ohne als eine Folge von Tönen zu erscheinen, die, als bloße Modifikationen gleichsam, nicht durch ihren *Sinn* für sich schon so sehr beschäftigen, daß nicht das Ohr auf ihr freies *Tönen* und dessen zeitliche Bewegung hinhören könnte. Durch diese Zusammengezogenheit andererseits wird ferner die Hauptbedeutung von solcher Schwere, daß sie den Nachdruck des Akzents durchaus auf sich allein hinzieht; und da nun die Betonung an den Hauptsinn gebunden ist, so läßt dieses Zusammenfallen beider die natürliche Länge und Kürze der übrigen Silben nicht mehr aufkommen, sondern übertäubt sie. Die Wurzeln der meisten Wörter sind ohne Zweifel ganz im allgemeinen kurz, gedrungen, einsilbig oder zweisilbig. Wenn nun, wie dies z. B. in unserer heutigen Muttersprache in vollem Maße der Fall ist, diese Wurzeln den Akzent ausschließlich fast für sich in Anspruch nehmen, so ist dies ein durchaus überwiegender Akzent des Sinns, der *Bedeutung,* nicht aber eine Bestimmung, in welcher das Material, das Tönen frei wäre und sich ein von dem Vorstellungsinhalte der Wörter unabhängiges Verhältnis der Länge, Kürze und Akzentuierung der Silben geben könnte. Eine rhythmische, von der Stammsilbe und deren Bedeutung losgebundene Figuration der Zeitbewegung und Betonung kann deshalb hier nicht mehr stattfinden, und es bleibt im Unterschiede des obigen Hinhorchens auf den reichhaltigen Klang und die Dauer solcher Längen und Kürzen in ihrer bunten Zusammenstellung nur ein allgemeines Hören übrig, das ganz von der sinngewichtigen betonten Hauptsilbe gefangengenommen ist. Denn außerdem verselbständigt sich auch, wie wir sahen, die modifizierte Silbenverzweigung des Stamms zu besonderen Wörtern, welche dadurch für sich wichtig gemacht werden und, indem sie ihre eigene Bedeutung erhalten, nun gleichfalls dasselbe Zusammenfallen von Sinn und Akzent hören lassen, das wir soeben bei dem Grundworte, um welches sie sich herstellen, betrachtet haben. Dies nötigt uns, gleichsam gefesselt bei dem Sinn jedes Wortes stehenzubleiben und, statt uns mit der natürlichen Länge und Kürze und mit deren zeitlicher Bewegung und sinnlicher Akzentuierung zu beschäftigen, nur auf den Akzent zu hören, welchen die Grundbedeutung hervorbringt.

γγ) In solchen Sprachen nun hat das Rhythmische wenig Raum oder die Seele wenig Freiheit mehr, in ihm sich zu ergehen, weil die Zeit und das durch ihre Bewegung sich gleichmäßig hinergießende Klingen der Silben von einem ideelleren Verhältnis, von dem Sinn und der Bedeutung der Wörter, überflügelt und dadurch die Macht der rhythmisch selbständigeren Ausgestaltung niedergedrückt ist.

Wir können in dieser Rücksicht das Prinzip der rhythmischen Versifikation mit der *Plastik* vergleichen. Denn die geistige Bedeutung hebt sich hier noch nicht für sich heraus und bestimmt die Länge und den Akzent, sondern der Sinn der Wörter verschmelzt sich ganz dem sinnlichen Element der natürlichen Zeitdauer und dem Klange, um in heiterer Fröhlichkeit diesem Äußerlichen ein volles Recht zu vergönnen und nur um die ideale Gestalt und Bewegung desselben besorgt zu sein.

Wird nun aber diesem Prinzipe entsagt und soll dennoch, wie die Kunst es notwendig macht, dem Sinnlichen noch ein Gegengewicht gegen die bloße Vergeistigung zugeteilt bleiben, so kann, um das Ohr zur Aufmerksamkeit zu nötigen, bei der Zerstörung jenes ersten plastischen Moments der natürlichen Längen und Kürzen und des von dem Rhythmischen ungetrennten, nicht für sich herausgehobenen Tönens kein anderes Material ergriffen werden als der ausdrücklich und isoliert festgehaltene und figurierte Klang der Sprachlaute als solcher.

Dies führt uns auf die zweite Hauptart der Versifikation, auf den *Reim* hin.

b. Der Reim

Man kann äußerlich das Bedürfnis einer neuen Behandlung der Sprache nach ihrer sinnlichen Seite aus dem Verderben erklären wollen, in welches die alten Sprachen durch die fremden Völker gerieten; dieser Fortgang aber liegt in der Natur der Sache selbst. Das nächste, was die Poesie an ihrer Außenseite dem Inneren gemäß macht, ist die von der Bedeutung der Silben unabhängige Länge und Kürze, für deren Zusammenstellungen, Einschnitte usf. die Kunst sich Gesetze ausbildet, welche zwar im allgemeinen mit dem jedesmal darzustellenden Charakter des Inhalts zusammenstimmen sollen, im besonderen und einzelnen jedoch weder die Längen und Kürzen noch die Akzentuierung allein von dem geistigen Sinn bestimmen und diese Seite demselben abstrakt unterwerfen lassen. Je innerlicher aber und geistiger die Vorstellung wird, um desto mehr zieht sie sich aus dieser Naturseite, welche sie nun nicht mehr in plastischer Weise idealisieren kann, heraus und konzentriert sich so sehr in sich, daß sie das gleichsam Körperliche der

Sprache teils überhaupt abstreift, teils an dem Übrigbleibenden nur das heraushebt, worein sich die geistige *Bedeutung* zu ihrer Mitteilung hineinlegt, während sie das übrige als unbedeutend beiherspielen läßt. Wie nun aber die romantische Kunst, welche in Rücksicht auf die ganze Art ihres Auffassens und Darstellens einen ähnlichen Übergang in die in sich konzentrierte Sammlung des Geistigen macht, für dies Subjektive im Klang das entsprechendste Material aufsucht, so vertieft sich nun auch die *romantische* Poesie, da sie überhaupt verstärkter den Seelenton der Empfindung anschlägt, in das Spielen mit den für sich verselbständigten Lauten und Klängen der Buchstaben, Silben und Wörter und geht zu diesem Sichselbstgefallen in ihren Tönungen fort, die sie teils mit der Innigkeit, teils mit dem architektonisch verständigen Scharfsinn der Musik zu sondern, aufeinander zu beziehen und ineinander zu verschlingen lernt. Nach dieser Seite hin hat sich der Reim nicht zufällig nur in der romantischen Poesie ausgebildet, sondern ist ihr notwendig gewesen. Das Bedürfnis der Seele, sich selbst zu vernehmen, hebt sich voller heraus und befriedigt sich in dem Gleichklingen des Reims, das gegen die fest geregelte Zeitmessung gleichgültig macht und nur darauf hinarbeitet, uns durch Wiederkehr der ähnlichen Klänge zu uns selbst zurückzuführen. Die Versifikation wird dadurch dem Musikalischen als solchem, d. h. dem Tönen des Inneren, nähergebracht und von dem gleichsam Stoffartigen der Sprache, jenem natürlichen Maße nämlich der Längen und Kürzen, befreit.

In Ansehung der bestimmteren Punkte, welche für diesen Kreis von Wichtigkeit sind, will ich nur über folgendes kurz einige allgemeine Bemerkungen hinzufügen:

erstens über den Ursprung des Reims;

zweitens über die näheren Unterschiede dieses Gebiets von der rhythmischen Versifikation;

drittens über die Arten, zu welchen dasselbe sich auseinandergelegt hat.

α) Wir sahen bereits, daß der Reim zur Form der romantischen Dichtkunst gehöre, die solch ein stärkeres Prononcieren des für sich gestalteten Klingens fordert, insofern hier die innere Subjektivität im Materiellen des Tons sich selber vernehmen will. Wo sich dies ihr Bedürfnis hervortut, findet sie daher teils von Hause aus eine Sprache vor, wie ich sie oben in Rücksicht auf die Notwendigkeit des Reims angedeutet habe, teils gebraucht sie die alte vorhandene Sprache, die lateinische z. B., welche anderer Konstitution ist und eine rhythmische Versifikation verlangt, dennoch in dem Charakter des neuen Prinzips oder bildet dieselbe insoweit zu einer neuen Sprache um, daß sich das Rhythmische daraus verliert und der Reim nun, wie es z. B. im Italienischen und Französischen der Fall ist, die Hauptsache ausmachen kann.

αα) In dieser Rücksicht finden wir den Reim durch das Christentum schon sehr früh mit Gewalt in die lateinische Versifikation hineingelegt, obgleich dieselbe auf anderen Prinzipien beruhte. Diese Prinzipien jedoch sind ihr selbst schon mehr aus dem Griechischen angebildet worden, und statt sich als ursprünglich aus ihr hervorgegangen zu zeigen, erweisen sie im Gegenteil in der Art der Modifizierung, die sie erleiden, eine dem romantischen Charakter sich annähernde Tendenz. Die römische Versifikation nämlich fand einerseits in der frühesten Zeit ihre Grundlage nicht in der natürlichen Länge und Kürze, sondern maß den Wert der Silben nach dem Akzent, so daß erst durch die genauere Kenntnis und Nachbildung der griechischen Poesie das prosodische Prinzip derselben aufgenommen und befolgt wurde; andererseits verhärteten die Römer die bewegliche, heitere Sinnlichkeit der griechischen Metra, besonders durch die festeren Einschnitte der Zäsur sowohl im Hexameter als auch im Versmaß der alkäischen und sapphischen Strophe usf., zu einer schärfer prononcierten Struktur und strengeren Regelmäßigkeit. Außerdem kommen selbst in den Blütetagen der römischen Literatur bei den gebildetsten Dichtern

schon Reime genug vor. So heißt es z. B. bei Horaz in seiner
Ars poetica, Vers 99 und 100:

Non satis est, pulchra esse poemata: dulcia *sunto,*

Et quocunque volent, animum auditoris *agunto*.[3]

Ist dies auch von seiten des Dichters ganz absichtslos geschehen, so kann man es doch als einen seltsamen Zufall
betrachten, daß gerade an dieser Stelle, in welcher Horaz
»dulcia poemata« fordert, der Reim sich eingefunden hat.
Bei Ovid ferner sind ähnliche Reime noch weniger vermieden. Wenn dies nun auch, wie gesagt, zufällig ist, so
scheinen doch dem gebildeten römischen Ohr Reime nicht
unangenehm gewesen zu sein, so daß sie sich, obschon vereinzelt und ausnahmsweise, einschleichen durften. Doch fehlt
diesem Spiele mit Klängen die tiefere Bedeutsamkeit des
romantischen Reimes, welcher nicht den Klang als solchen,
sondern das Innerliche, die Bedeutung, in demselben hervorhebt. Eben dies bildet den charakteristischen Unterschied
des schon sehr alten indischen Reimes von dem modernen.
Nach dem Eindringen der barbarischen Völkerstämme ging
dann in betreff auf die alten Sprachen mit dem Verderben
der Akzentuation und dem Emporkommen des subjektiven
Moments der Empfindung durch das Christentum das frühere rhythmische System der Versifikation in das des Reimes
über. So richtet sich in dem Hymnus des heiligen Ambrosius
die Prosodie schon ganz nach dem Akzent der Aussprache
und läßt den Reim hervorbrechen; das erste Werk des heiligen Augustinus gegen die Donatisten ist gleichfalls ein ge-
reimter Gesang, und auch die sogenannten Leoninischen
Verse müssen als ausdrücklich gereimte Hexameter und
Pentameter von jenen vorhin erwähnten einzelnen Reimen
sehr wohl unterschieden werden. Diese und ähnliche Erscheinungen zeigen das Hervortreten des Reims aus dem
rhythmischen System selber.

---

3 »Es genügt nicht, daß Dichtungen schön sind: süß sollen sie sein und
den Geist des Hörers entführen, wohin sie wollen.«

ββ) Nun hat man zwar andererseits den Ursprung des neuen Prinzips für die Versifikation bei den *Arabern* gesucht; doch fällt die Ausbildung ihrer großen Dichter teils später als das Vorkommen des Reims im christlichen Abendlande, während der Kreis der vormohammedanischen Kunst mit dem Okzident sich nicht einwirkend berührt, teils liegt auch in der arabischen Poesie schon von Hause aus ein Anklang an das romantische Prinzip, in welchem die Ritter des Abendlandes zur Zeit der Kreuzzüge die gleiche Stimmung bald genug herausfanden, so daß bei der äußerlich unabhängigen Verwandtschaft des geistigen Bodens, aus welchem die Poesie im mohammedanischen Orient wie im christlichen Okzident emporgeht, sich auch ein unabhängiges erstes Hervortreten einer neuen Art der Versifikation vorstellen läßt.

γγ) Ein *drittes* Element, in dem wiederum ohne Einfluß weder der alten Sprachen noch des Arabischen das Entstehen des Reims und dessen, was diesem Gebiete sich anschließt, kann aufgefunden werden, sind die *germanischen* Sprachen, wie wir sie in ihrer frühesten Ausbildung bei den Skandinaviern finden. Hiervon geben z. B. die Lieder der alten Edda ein Beispiel, welche, wenn auch später erst gesammelt und zusammengestellt, doch einen frühen Ursprung nicht verleugnen. Hier ist es zwar, wie wir noch sehen werden, nicht der eigentliche Reimklang, der sich in seiner Vollständigkeit ausgebildet hat, aber doch ein wesentliches Herausheben von einzelnen Sprachlauten und eine gesetzliche Regelmäßigkeit in der bestimmten Wiederholung derselben.

β) Wichtiger nun *zweitens* als der Ursprung ist der charakteristische *Unterschied* des neuen Systems von dem alten. Den Hauptpunkt, auf den es hier ankommt, habe ich bereits oben berührt, und es bleibt nur noch übrig, ihn näher auszuführen.

Die rhythmische Versifikation hat ihre schönste und reichhaltigste Entwicklungsstufe in der griechischen Poesie erreicht, aus der wir uns daher die vornehmlichsten Kennzeichen dieses ganzen Feldes abstrahieren können. Es sind kurz folgende.

Erstens macht sie sich nicht den Klang als solchen der Buchstaben, Silben oder Wörter zu ihrem Material, sondern den Silbenklang in seiner *Zeitdauer,* so daß sich also die Aufmerksamkeit weder auf einzelne Silben oder Buchstaben noch auf die bloß qualitative Ähnlichkeit oder Gleichheit ihres Klingens ausschließlich hinrichten soll. Im Gegenteil bleibt das Klingen noch in ungetrennter Einheit mit dem festen Zeitmaß seiner bestimmten Dauer, und in der Fortbewegung beider hat das Ohr dem Wert jeder einzelnen Silbe wie dem Gesetz in dem rhythmischen Dahinschreiten aller gleichmäßig nachzugehen. *Zweitens* beruht das Maß der Länge und Kürze sowie der rhythmischen Hebung und Senkung und mannigfachen Belebung durch schärfere Einschnitte und Haltepunkte auf dem *Natur*element der Sprache, ohne sich von derjenigen Betonung leiten zu lassen, durch welche der *geistige* Wortsinn einer Silbe oder einem Worte erst seinen Nachdruck gibt. Die Versifikation erweist sich in ihrem Zusammenstellen der Füße, ihrem Versakzent, ihren Zäsuren usf. in dieser Rücksicht ebenso unabhängig als die Sprache selbst, welche auch außerhalb der Poesie schon die Akzentuierung gleichfalls aus den natürlichen Längen und Kürzen und deren Aufeinanderfolge und nicht aus der Bedeutsamkeit der Stammsilbe hernimmt. Dadurch nun stehen *drittens* für das belebende Herausheben bestimmter Silben auf der einen Seite der Versakzent und Rhythmus, auf der anderen die sonstige Akzentuierung da, welche sich beide zu doppelter Mannigfaltigkeit des Ganzen ohne wechselseitige Störung oder Unterdrückung durcheinanderschlingen und in der gleichen Weise nun auch der poetischen Vorstellung das Recht gönnen, den Wörtern, welche ihr der geistigen Bedeutung nach von höherer Wichtigkeit als andere sind, durch die Art der Wortstellung und Bewegung den gebührenden Nachdruck nicht zu entziehen.

αα) Das nächste nun, was die gereimte Versifikation in diesem System ändert, ist das unangefochtene Gelten der *natürlichen Quantität*. Soll deshalb überhaupt noch ein Zeitmaß übrigbleiben, so muß sich dasselbe den Grund für das quantitative Verweilen oder Forteilen, den es nicht mehr in der natürlichen Länge oder Kürze finden will, in einem anderen Gebiete aufsuchen. Dies Gebiet aber, wie wir sahen, kann nur das geistige Element, der Sinn der Silben und Wörter sein. Die *Bedeutsamkeit* ist es, welche als letzte Instanz das quantitative Silbenmaß, wenn es überhaupt noch als wesentlich erachtet wird, bestimmt und somit das Kriterium aus dem äußeren Dasein und dessen natürlicher Beschaffenheit ins Innerliche herüberspielt.

ββ) Hiermit verbindet sich nun aber eine weitere Folge, die als noch wichtiger heraustritt. Denn wie ich schon oben andeutete, verzehrt diese Sammlung des Nachdrucks auf die bedeutsame Stammsilbe jene unabhängige Ausbreitung zu mannigfaltigen Flexionsformen, welche das rhythmische System, da es weder das Maß der Länge und Kürze noch den hervorhebenden Akzent aus der geistigen Bedeutung hernimmt, gegen den Stamm zurückzusetzen noch nicht genötigt wird. Fällt nun aber solche Entfaltung und deren naturgemäßes Einordnen in Versfüße nach fester Quantität der Silben fort, so geht hiermit auch notwendig das ganze System verloren, das auf dem Zeitmaß und dessen Regel beruht. Von dieser Art z. B. sind die französischen und italienischen Verse, denen das Metrum und der Rhythmus im Sinne der Alten gänzlich fehlt, so daß es nur noch auf eine bestimmte Anzahl von Silben ankommt.

γγ) Als einzig möglicher Ersatz für diesen Verlust bietet sich hier nun der *Reim* dar. Ist es nämlich einerseits nicht mehr die Zeitdauer, die zur Gestaltung kommt und durch welche sich der Klang der Silben in gleichmäßiger und natürlicher Gültigkeit hindurch ergießt, während andererseits die geistige Bedeutung sich der Stammsilben bemächtigt und sich mit denselben ohne weitere organische Ausbreitung in eine gedrungene Einheit setzt, so bleibt als letztes sinnliches Material, das sowohl von dem Zeitmaß als auch von dieser Akzentuierung der Stammsilben sich frei halten kann, allein nur noch das Klingen der Silben übrig.

Dies Klingen aber, um für sich Aufmerksamkeit erregen zu können, muß *erstens* viel stärkerer Art sein als die Abwechslung verschiedener Laute, wie wir sie in den alten Versmaßen finden, und hat mit weit überwiegenderer Gewalt aufzutreten, als das Tönen der Silben in dem sonstigen Sprechen in Anspruch nehmen darf, indem es jetzt nicht allein das gegliederte Zeitmaß ersetzen soll, sondern auch die Aufgabe erhält, das sinnliche Element im Unterschiede jener Herrschaft der akzentuierenden und alles überflügelnden Bedeutung herauszuheben. Denn ist einmal die Vorstellung zu der Innerlichkeit und Vertiefung des Geistes in sich gelangt, für welche im Sprechen die sinnliche Seite gleichgültig wird, so muß das Tönen sich materieller aus dieser Innerlichkeit herausschlagen und gröber sein, um überhaupt nur auffallen zu können. Den zarten Bewegungen des rhythmischen Wohlklangs gegenüber ist deshalb der Reim ein plumpes Klingen, das keines in so feiner Weise ausgebildeten Ohres bedarf, als die griechische Versifikation es nötig macht.

Zweitens trennt sich zwar der Reim hier nicht von der geistigen Bedeutsamkeit sowohl der Stammsilben als solcher als auch der Vorstellungen im allgemeinen ab, doch verhilft er zugleich dem sinnlichen Klange zu einer relativ selbständigen Gültigkeit. Dies Ziel ist nur zu erreichen möglich, wenn das Tönen bestimmter Wörter sich für sich vom Erklingen der anderen Wörter abscheidet und nun in dieser *Isolierung* ein unabhängiges Dasein gewinnt, um in kräftigen materiellen Schlägen das Sinnliche wieder zu seinem Rechte zu bringen. Der Reim ist insofern dem durchgängigen rhythmischen Wohllaut gegenüber ein vereinzelt herausgehobenes ausschließliches Tönen.

Drittens sahen wir, daß es die subjektive Innerlichkeit sei, welche sich in ihrer ideellen Zusammenziehung in diesen

Klängen ergehen und genügen sollte. Fallen nun aber die bisher betrachteten Mittel der Versifikation und deren reiche Mannigfaltigkeit fort, so bleibt nach der *sinnlichen* Seite hin für dieses Sichvernehmen nur das formellere Prinzip der Wiederholung ganz gleicher oder ähnlicher Klänge übrig, womit sich dann von seiten des Geistes her wieder das Herausheben und Beziehen verwandter Bedeutungen im Reimklang der sie bezeichnenden Wörter verbinden kann. Das Metrum der rhythmischen Versifikation erwies sich als ein vielfach gegliedertes Verhältnis unterschiedener Längen und Kürzen, der Reim dagegen ist einerseits zwar materieller, andererseits aber in diesem Materiellen selbst abstrakter: die bloße Erinnerung des Geistes und Ohrs an die Wiederkehr gleicher oder verwandter Laute und Bedeutungen, eine Wiederkehr, in welcher das Subjekt sich seiner selbst bewußt wird und sich darin als die setzende und vernehmende Tätigkeit erkennt und befriedigt.

γ) Was nun zum Schluß die besonderen *Arten* angeht, zu welchen sich dies neue System der vornehmlich romantischen Poesie auseinanderlegt, so will ich nur ganz kurz das Wichtigste in Rücksicht auf die Alliteration, die Assonanz und den eigentlichen Reim berühren.

αα) Die *Alliteration* erstens finden wir am durchgängigsten in der älteren skandinavischen Poesie ausgebildet, in welcher sie eine Hauptgrundlage abgibt, während die Assonanz und der Endreim, obschon auch diese eine nicht unbedeutende Rolle spielen, nur in gewissen Versarten vorkommen. Das Prinzip des Stabreims, Buchstabenreims ist das unvollständigste Reimen, weil es nicht die Wiederkehr ganzer Silben fordert, sondern nur auf die Wiederholung ein und desselben Buchstabens, und zwar des Anfangsbuchstabens dringt. Bei der Schwäche dieses Gleichklangs ist es deshalb einerseits notwendig, daß nur solche Wörter zu diesem Behufe gebraucht werden, welche schon an und für sich auf ihrer Anfangssilbe einen hervorhebenden Akzent haben; andererseits müssen diese Wörter nicht weit auseinanderstehen, wenn sich die Gleichheit ihres Anfangs noch wesentlich dem Ohre soll bemerkbar machen. Im übrigen kann der alliterierende Buchstabe sowohl ein doppelter oder einfacher Konsonant als auch ein Vokal sein, doch machen die Konsonanten der Natur der Sprache gemäß, in welcher die Alliteration vorwaltet, die Hauptsache aus. Aus diesen Bedingungen hat sich für die isländische Poesie (*Die Verslehre der Isländer* von [Rasmus Christian] Rask, verdeutscht von Mohnike, Berlin 1830, S. 14–17) die Hauptregel festgestellt, daß alle Reimstäbe *betonte* Silben verlangen, deren Anfangsbuchstaben nicht auch in anderen Hauptwörtern, die auf ihrer ersten Silbe den Akzent tragen, in denselben Zeilen vorkommen darf, während von den drei Wörtern, deren erster Buchstabe den Reim bildet, zwei in der ersten, das dritte, welches den regelnden Hauptstab abgibt, im Beginn der zweiten Zeile stehen muß. Außerdem werden bei der Abstraktion dieses Gleichklangs bloßer Anfangsbuchstaben vornehmlich die ihrer Bedeutung nach wichtigeren Wörter zu Stabreimen gebraucht, so daß es auch hier nicht an einer Beziehung des Tönens und Sinnes der Wörter durchaus fehlt. Das Nähere jedoch muß ich übergehen.

ββ) Die *Assonanz* zweitens betrifft nicht den Anfangsbuchstaben, sondern geht schon dem Reim entgegen, insofern sie eine gleichklingende Wiederholung derselben Buchstaben in der Mitte oder an dem Ende verschiedener Wörter ist. Diese assonierenden Wörter brauchen nun zwar nicht schlechthin den Schluß eines Verses auszumachen, sondern können auch wohl an anderen Stellen vorkommen, hauptsächlich aber treten die Schlußsilben der Zeilen durch die Gleichheit einzelner Buchstaben – im Unterschiede der Alliteration, welche den Hauptstab an den Anfang des Verses stellt – in einen assonierenden Bezug aufeinander. Seiner reichhaltigsten Ausbildung nach weist dieses Assonieren nach den romanischen Völkern, den Spaniern vornehmlich, hin, deren volltönende Sprache sich insbesondere für die Wiederkehr derselben Vokale geeignet zeigt. Im allgemeinen zwar ist die

Assonanz auf die Vokale beschränkt; indessen darf sie teils gleiche Vokale, teils auch gleiche Konsonanten, teils auch Konsonanten in Verbindung mit einem Vokale widerklingen lassen.

γγ) Was nun in dieser Weise Alliteration und Assonanz nur unvollständig herauszustellen befugt sind, bringt endlich der *Reim* zur reifsten Erscheinung. Denn bei ihm tritt bekanntlich mit Ausnahme der Anfangsbuchstaben der vollständige Gleichklang ganzer Stämme hervor, welche dieser Gleichheit wegen in eine ausdrückliche Beziehung ihres Tönens gebracht werden. Auf die Anzahl der Silben kommt es hierbei nicht an; sowohl einsilbige als auch zwei- und mehrsilbige Wörter können und dürfen sich reimen, wodurch einerseits der männliche Reim, der sich auf einsilbige Wörter beschränkt, andererseits der weibliche entsteht, der zu zweisilbigen fortschreitet, sowie drittens der sogenannte gleitende Reim, der sich über drei und mehrere Silben hin erstreckt. Zu dem ersteren neigen sich besonders die nordischen Sprachen, zum zweiten die südlichen, wie das Italienische und Spanische; das Deutsche und Französische mag so ziemlich die Mitte halten; mehr als dreisilbige Reime sind in größerer Anzahl nur in wenigen Sprachen zu finden.

Seine Stellung erhält der Reim am Ende der Zeilen, an welchem das reimende Wort, obschon es nicht etwa jedesmal den geistigen Nachdruck der Bedeutung in sich zu konzentrieren nötig hat, dennoch in Ansehung des Klanges die Aufmerksamkeit auf sich zieht und die einzelnen Verse nun entweder nach dem Gesetze einer ganz abstrakt gleichen Wiederkehr desselben Reims aufeinanderfolgen läßt oder sie durch die künstlichere Form regelmäßiger Abwechslung und mannigfaltiger symmetrischer Verschlingungen verschiedener Reime zu den vielfältigsten, bald näheren, bald ferneren Verhältnissen vereinigt, trennt und bezieht. In solcher Relation scheinen sich dann die einzelnen Reime gleichsam unmittelbar zu finden oder einander zu fliehen und sich dennoch zu suchen, so daß sie in dieser Weise nun auch der lauschenden Erwartung des Ohrs bald ohne weiteres genügen, bald dieselbe durch längeres Ausbleiben necken, täuschen, spannen, durch regelmäßige Ordnung und Wiederkehr aber immer wieder zufriedenstellen.

Unter den besonderen *Arten* der Dichtkunst ist es vornehmlich die *lyrische* Poesie, welche ihrer Innerlichkeit und subjektiven Ausdrucksweise wegen sich am liebsten des Reimes bedient und dadurch das Sprechen selbst schon zu einer Musik der Empfindung und melodischen Symmetrie, nicht des Zeitmaßes und der rhythmischen Bewegung, sondern des Klanges macht, aus welchem das Innere sich selber vernehmlich entgegentönt. Deshalb bildet sich auch diese Art, den Reim zu gebrauchen, zu einer einfacheren oder mannigfaltigeren Gliederung von *Strophen* aus, die sich jede für sich zu einem geschlossenen Ganzen abrunden; wie z. B. die Sonette und Kanzonen, das Madrigal und Triolett solch ein teils empfindungsreiches, teils scharfsinniges Spielen mit Tönen und Klängen sind. Die *epische* Poesie dagegen, wenn sie ihren Charakter mit lyrischen Elementen weniger untermischt, hält mehr ein in seinen Verschlingungen gleichmäßiges Weiterschreiten fest, ohne sich zu Strophen abzuschließen: wofür die Terzinen des Dante in seiner *Göttlichen Komödie* im Unterschiede seiner lyrischen Kanzonen und Sonette ein Beispiel an die Hand geben können. Doch will ich mich in das einzelne nicht weiter verlieren.

c. Vereinigung von rhythmischer Versifikation und Reim

Wenn wir nun aber in der angegebenen Weise die rhythmische Versifikation von dem Reim gesondert und beide einander *entgegengesetzt* haben, so fragt es sich *drittens*, ob nicht auch eine *Vereinigung* beider denkbar und wirklich eingetreten sei. In betreff hierauf werden hauptsächlich einige neuere Sprachen von Wichtigkeit. Bei ihnen nämlich ist weder eine Wiederaufnahme des rhythmischen Systems noch in gewisser Rücksicht eine Verbindung desselben mit dem Reime schlechthin zu leugnen. Bleiben wir z. B. bei unserer eigenen Muttersprache stehen, so brauche ich in ersterer Rücksicht nur an Klopstock zu erinnern, der vom Reim wenig wissen wollte und sich dagegen sowohl in der epischen als auch in der lyrischen Poesie den Alten mit großem Ernst und unermüdlichem Fleiße nachbildete. Voß und andere folgten ihm und suchten für diese rhythmische Behandlung unserer Sprache nach immer festeren Gesetzen. Goethe dagegen war es nicht geheuer bei seinen antiken Silbenmaßen, und er fragte nicht mit Unrecht:

> Stehn uns diese weiten Falten
> Zu Gesichte wie den Alten?

α) Ich will in dieser Rücksicht nur an das wieder anknüpfen, was ich oben bereits über den Unterschied der alten und neueren Sprachen gesagt habe. Die rhythmische Versifikation beruht auf der *natürlichen* Länge und Kürze der Silben und hat hieran von Hause aus einen festen Maßstab, welchen der geistige Nachdruck weder bestimmen noch verändern und wankend machen kann. Solch ein Naturmaß dagegen entbehren die neueren Sprachen, indem in ihnen erst der *Wortakzent* der Bedeutung eine Silbe den anderen gegenüber, denen diese Bedeutsamkeit abgeht, lang machen kann. Dies Prinzip der Akzentuierung nun aber liefert für die natürliche Länge und Kürze keinen gehörigen Ersatz, weil es die Längen und Kürzen selbst wieder schwankend läßt. Denn die nachdrücklichere Bedeutsamkeit eines Worts kann ebensosehr ein anderes, das für sich genommen einen Wortakzent hat, doch wieder zur Kürze herabsetzen, so daß der angegebene Maßstab überhaupt relativ wird. »Du liebst« kann z. B. nach Verschiedenheit des Nachdrucks, der dem Sinne zufolge beiden Wörtern oder dem einen und anderen zugeteilt werden muß, ein Spondeus, Jambus oder Trochäus sein. Man hat es zwar versucht, auch in unserer Sprache auf die *natürliche* Quantität der Silben zurückzukommen und für dieselbe Regeln festzustellen, doch lassen sich dergleichen Bestimmungen bei dem Übergewichte, das die geistige Bedeutung und deren heraushebender Akzent gewonnen hat, nicht durchführen. Und in der Tat liegt dies auch in der Natur der Sache selbst. Denn soll das natürliche Maß die Grundlage bilden, so muß die Sprache sich noch nicht in der Weise vergeistigt haben, in welcher dies heutigentags notwendig der Fall ist. Hat sie sich aber bereits in ihrer Entwicklung zu solcher Herrschaft der geistigen Bedeutung über das sinnliche Material emporgerungen, so ist der Bestimmungsgrund für den Wert der Silben nicht aus der sinnlichen Quantität selbst, sondern aus dem zu entnehmen, für was die Wörter das bezeichnende Mittel sind. Der empfindenden Freiheit des Geistes widerstrebt es, das zeitliche Moment der Sprache sich in seiner objektiven Realität selbständig für sich festsetzen und gestalten zu lassen.

β) Damit soll jedoch nicht gesagt sein, daß wir aus unserer Sprache die reimlose rhythmische Behandlung der Silbenmaße ganz verbannen müßten; aber es ist wesentlich, darauf hinzudeuten, daß es der Natur der heutigen Sprachausbildung gemäß nicht möglich ist, das Plastische des Metrums in der gediegenen Weise der Alten zu erreichen. Es muß daher als Ersatz ein anderes Element herzutreten und sich ausbilden, das an und für sich schon geistigerer Art ist als die feste natürliche Quantität der Silben. Dies Element ist der Akzent des Verses sowie der Zäsur, welche jetzt, statt sich unabhängig von dem Wortakzent fortzubewegen, mit demselben zusammenfallen und dadurch eine bedeutendere, wenn auch abstraktere Heraushebung erhalten, da die Mannigfaltigkeit jener dreifachen Akzentuierung, die wir in der alten Rhythmik fanden, durch dieses Aufeinandertreffen notwendig verlorengeht. Aus dem gleichen Grunde werden sich aber zu günstigem Gelingen nur die schärfer ins Ohr fallenden Rhythmen der Alten nachbilden lassen, indem für die feineren Unterschiede und mannigfacheren Verbindungen die feste quantitative Grundlage fehlt und die gleichsam plumpere Akzentuierung, welche dafür als das Bestimmende eintritt, keine Ersatzmittel in sich hat.

γ) Was nun endlich die wirkliche *Verbindung* des Rhythmischen und des Reims betrifft, so ist auch sie, obschon in noch beschränkterem Grade als das Hineinziehen der alten Versmaße in die neuere Versifikation, zu gestatten.

αα) Denn die vorwaltende Unterscheidung der Längen und Kürzen durch den Wortakzent ist nicht durchweg ein genugsam *materielles* Prinzip und beschäftigt das Ohr von der sinnlichen Seite her nicht überall in dem Maße, daß es nicht bei dem Überwiegen der geistigen Seite der Poesie nötig würde, das Klingen und Widerklingen von Silben und Wörtern als Ergänzung herbeizurufen.

ββ) Zugleich muß dann aber in Ansehung des Metrischen dem Reimklange und seiner Stärke auch ein gleich starkes *Gegengewicht* gegenübergestellt werden. Insofern es nun aber *nicht* der quantitative Naturunterschied der Silben und dessen *Mannigfaltigkeit* ist, welche sich auseinanderlegen soll und vorwalten darf, so kann es in Rücksicht auf dies Zeitverhältnis nur bis zur *gleichen* Wiederholung desselben Zeitmaßes kommen, wodurch der *Takt* sich hier in einer weit stärkeren Weise, als dies in dem rhythmischen Systeme zulässig ist, geltend zu machen anfängt. Von dieser Art sind z. B. unsere deutschen gereimten Jamben und Trochäen, welche wir beim Rezitieren taktmäßiger als die reimlosen Jamben der Alten zu skandieren pflegen, obschon das Einhalten bei Zäsuren, das Herausheben einzelner, durch den Sinn hauptsächlich zu betonender Wörter und das Liegenbleiben auf ihnen wieder einen Gegenstoß gegen die abstrakte Gleichheit und dadurch eine belebende Mannigfaltigkeit hervorbringen kann. Wie denn auch überhaupt das Festhalten des Taktes in der Poesie nie so streng kann in Ausübung gebracht werden, als es in den meisten Fällen in der Musik erforderlich ist.

γγ) Wenn sich nun aber der Reim im allgemeinen schon nur mit solchen Versmaßen zu verbinden hat, welche ihrer einfachen Abwechslung der Längen und Kürzen und der steten Wiederkehr gleichartiger Versfüße wegen für sich genommen in den rhythmisch behandelten neueren Sprachen das sinnliche Element nicht stark genug ausgestalten, so würde die Anwendung des Reims bei den reicheren, den Alten nachgebildeten Silbenmaßen, wie z. B., um nur eins anzuführen, bei der alkäischen und sapphischen Strophe, nicht nur als ein Überfluß, sondern sogar als ein unaufgelöster Widerspruch erscheinen. Denn beide Systeme beruhen auf entgegengesetzten Prinzipien, und der Versuch, sie in der angeführten Weise zu vereinigen, könnte sie nur in dieser *Entgegensetzung* selber verbinden, was nichts als einen unaufgehobenen und deshalb unstatthaften Widerspruch hervorbringen würde. In dieser Hinsicht ist der Gebrauch der Reime nur da zuzugeben, wo das Prinzip der alten Versifikation sich nur noch in entfernteren Nachklängen und nach wesentlichen, aus dem System des Reimens hervorgehenden Umwandlungen geltend machen soll.

Dies sind die wesentlichen Punkte, die sich in Ansehung des poetischen Ausdrucks im Unterschiede der Prosa im allgemeinen feststellen lassen.

C. Die Gattungsunterschiede der Poesie

1. Die beiden Hauptmomente, nach welchen wir bisher die Dichtkunst betrachtet haben, waren auf der einen Seite das *Poetische überhaupt* in betreff auf Anschauungsweise, Organisation des poetischen Kunstwerks und dichtende subjektive Tätigkeit; auf der anderen Seite der poetische *Ausdruck* sowohl rücksichtlich der Vorstellungen, die in *Worte* gefaßt werden sollen, als auch des *sprachlichen* Ausdrucks selbst und der *Versifikation*.

Was wir in dieser Hinsicht vor allem geltend zu machen hatten, bestand darin, daß die Poesie als ihren Inhalt das Geistige ergreifen muß, doch in der künstlerischen Herausarbeitung desselben weder bei der Gestaltbarkeit für die sinnliche Anschauung wie die übrigen bildenden Künste stehenbleiben, noch die bloße Innerlichkeit, die für das Gemüt allein erklingt, noch den Gedanken und die Verhältnisse des reflektierenden Denkens zu ihrer Form machen kann, sondern sich in der Mitte zwischen den Extremen der unmittelbar sinnlichen Anschaulichkeit und der Subjektivität des Empfindens oder Denkens zu halten hat. Dies mittlere Element der Vorstellung gehört deshalb dem einen und anderen Boden an. Vom Denken hat es die Seite der geistigen *Allgemeinheit,* welche die unmittelbar sinnliche Vereinzelung zu einfacherer Bestimmtheit zusammenfaßt; von der bildenden Kunst bleibt dem Vorstellen das räumliche, gleichgültige Nebeneinander. Denn die Vorstellung unterscheidet sich ihrerseits vom Denken wesentlich dadurch, daß sie nach der Weise der sinnlichen Anschauung, von welcher sie ihren Ausgangspunkt nimmt, die besonderen Vorstellungen verhältnislos nebeneinander bestehen läßt, während das Denken dagegen Abhängigkeit der Bestimmungen voneinander, wechselseitiges Verhältnis, Konsequenz der Urteile, Schlüsse usf. fordert und hereinbringt. Wenn deshalb das *poetische* Vorstellen in seinen Kunstprodukten eine innere Einheit alles Besonderen nötig macht, so kann diese Einigung dennoch um der Losheit willen, deren sich das Element der Vorstellung überhaupt nicht zu entschlagen vermag, versteckt bleiben und dadurch gerade die Poesie befähigen, einen Inhalt in organisch lebendiger Durchbildung der einzelnen Seiten und Teile mit anscheinender Selbständigkeit derselben darzustellen. Dabei wird es der Poesie möglich, den erwählten Inhalt bald mehr nach der Seite des Gedankens, bald mehr nach der äußerlichen Seite der Erscheinung hinzutreiben und deshalb weder die erhabensten spekulativen Gedanken der Philosophie noch die äußerliche Naturexistenz von sich auszuschließen, wenn nur nicht jene in der Weise des Räsonnements oder der wissenschaftlichen Deduktion dargelegt oder diese in ihrem bedeutungslosen Dasein an uns vorübergeführt werden; indem auch die Dichtung uns eine vollständige Welt zu geben hat, deren substantielles Wesen sich kunstgemäß gerade in seiner äußeren Wirklichkeit menschlicher Handlungen, Ereignisse und Ergüsse der Empfindung am reichhaltigsten auseinanderlegt.

2. Diese Explikation erhält nun aber, wie wir sahen, ihre sinnliche Existenz nicht in Holz, Stein und Farbe, sondern allein in der Sprache, deren Versifikation, Betonung usf. gleichsam die Gebärden der Rede werden, durch welche der geistige Gehalt ein äußerliches Dasein gewinnt. Fragen wir nun, wo wir sozusagen das *materielle Bestehen* dieser Äußerungsweise zu suchen haben, so ist das Sprechen nicht wie ein Werk der bildenden Kunst für sich, unabhängig von dem künstlerischen Subjekte, da, sondern der *lebendige Mensch* selber, das sprechende Individuum allein ist der Träger für die sinnliche Gegenwart und Wirklichkeit eines dichterischen Produkts. Die Werke der Poesie müssen gesprochen, gesungen, vorgetragen, durch lebendige Subjekte selber dargestellt werden wie die Werke der Musik. Wir sind zwar gewohnt, epische und lyrische Gedichte zu lesen und nur dramatische gesprochen zu hören und von Gebärden begleitet zu sehen; aber die Poesie ist ihrem Begriffe nach wesentlich *tönend,* und dies Erklingen darf ihr, wenn sie *vollständig* als Kunst heraustreten soll, um so weniger fehlen, als es ihre einzige Seite ist, nach welcher sie mit der äußeren Existenz in realen Zusammenhang kommt. Denn gedruckte oder geschriebene Buchstaben sind freilich auch noch äußerlich vorhanden, jedoch nur gleichgültige Zeichen für Laute und Wörter. Sahen wir nun zwar die Wörter schon früher gleichfalls als bloße Bezeichnungsmittel der Vorstellungen an, so gestaltet doch die Poesie wenigstens das zeitliche Element und den Klang dieser Zeichen und erhebt sie dadurch zu einem von der geistigen Lebendigkeit dessen, wofür sie die Zeichen sind, durchdrungenen Material, während der Druck auch diese Beseelung in eine für sich genommen ganz gleichgültige, mit dem geistigen Gehalt nicht mehr zusammenhängende Sichtbarkeit fürs Auge umsetzt und die Verwandlung des Gesehenen in das Element der zeitlichen Dauer und des Klingens unserer Gewohnheit überläßt, statt uns das tönende

Wort und sein zeitliches Dasein wirklich zu geben. Wenn wir uns deshalb mit dem bloßen Lesen begnügen, so geschieht dies teils um der Geläufigkeit willen, mit welcher wir das Gelesene uns als gesprochen vorstellen, teils aus dem Grunde, daß die Poesie allein unter allen Künsten schon im Elemente des Geistes ihren wesentlichsten Seiten nach fertig ist und die Hauptsache weder durch die sinnliche Anschauung noch das Hören zum Bewußtsein bringt. Doch gerade dieser Geistigkeit wegen *muß* sie als Kunst nicht ganz die Seite ihrer wirklichen Äußerung von sich abstreifen, wenn sie nicht zu einer ähnlichen Unvollständigkeit kommen will, in welcher z. B. eine bloße Zeichnung die Gemälde großer Koloristen ersetzen soll.

3. Als Totalität der Kunst nun, die durch keine Einseitigkeit ihres Materials mehr auf eine besondere Art der Ausführung ausschließlicher angewiesen ist, macht die Dichtkunst die unterschiedenen Weisen der Kunstproduktion überhaupt zu ihrer bestimmten Form und hat deshalb den *Einteilungsgrund* für die Gliederung der *Dichtarten* nur aus dem *allgemeinen* Begriffe des künstlerischen Darstellens zu entnehmen.

A. In dieser Rücksicht ist es *erstens* einerseits die Form der äußeren Realität, in welcher die Poesie die entwickelte Totalität der geistigen Welt vor der inneren Vorstellung vorüberführt und dadurch das Prinzip der bildenden Kunst in sich wiederholt, welche die gegenständliche Sache selber anschaubar macht. Diese Skulpturbilder der Vorstellung entfaltet die Poesie andererseits als durch das Handeln der Menschen und Götter bestimmt, so daß alles, was geschieht, teils aus sittlich selbständigen göttlichen oder menschlichen Mächten hervorgeht, teils durch äußere Hemmungen eine Reaktion erfährt und in seiner äußeren Erscheinungsweise zu einer *Begebenheit* wird, in welcher die Sache frei für sich fortgeht und der Dichter zurücktritt. Solche Begebnisse auszurunden ist die Aufgabe der *epischen* Poesie, insofern sie eine in sich totale Handlung sowie die Charaktere, aus denen dieselbe in substantieller Würdigkeit oder in abenteuerlicher Verschlingung mit äußeren Zufällen entspringt, in Form des breiten Sichbegebens poetisch berichtet und damit das *Objektive* selbst in seiner Objektivität herausstellt. – Diese für die geistige Anschauung und Empfindung vergegenständlichte Welt trägt nun nicht der *Sänger* in *der* Weise vor, daß sie sich als seine eigene Vorstellung und lebendige Leidenschaft ankündigen könnte, sondern der *Absänger,* der Rhapsode, sagt sie mechanisch, auswendig in einem Silbenmaße her, welches ebenso gleichförmig, dem Mechanischen mehr sich nähernd, für sich ruhig hinströmend und fortrollend ist. Denn was er erzählt, soll als eine dem Inhalte wie der Darstellung nach von ihm als Subjekt entfernte und für sich abgeschlossene Wirklichkeit erscheinen, mit welcher er weder in bezug auf die Sache selbst noch in Rücksicht des Vortrags in eine vollständig subjektive Einigung getreten sein darf.

B. Die andere umgekehrte Seite *zweitens* zur epischen Poesie bildet die *Lyrik.* Ihr Inhalt ist das Subjektive, die innere Welt, das betrachtende, empfindende Gemüt, das, statt zu Handlungen fortzugehen, vielmehr bei sich als Innerlichkeit stehenbleibt und sich deshalb auch das Sich*aussprechen* des Subjekts zur einzigen Form und zum letzten Ziel nehmen kann. Hier ist es also keine substantielle Totalität, die sich als äußeres Geschehen entwickelt; sondern die vereinzelte Anschauung, Empfindung und Betrachtung der insichgehenden Subjektivität teilt auch das Substantiellste und Sachlichste selbst als das Ihrige, als *ihre* Leidenschaft, Stimmung oder Reflexion und als gegenwärtiges Erzeugnis derselben mit. Diese Erfüllung und innerliche Bewegung nun darf in ihrem *äußeren* Vortrag kein so mechanisches Sprechen sein, wie es für das epische Rezitieren genügt und zu fordern ist. Im Gegenteil, der Sänger muß die Vorstellungen und Betrachtungen des lyrischen Kunstwerks als eine subjektive Erfüllung seiner selbst, als etwas eigen Empfundenes kundgeben. Und da es die *Innerlichkeit* ist, welche den Vortrag beseelen soll, so wird der Ausdruck derselben sich vornehmlich nach der musikalischen Seite hinwenden und eine vielseitige Modulation der Stimme, Gesang, Begleitung von Instrumenten und dergleichen mehr teils erlauben, teils notwendig machen.

C. Die *dritte* Darstellungsweise endlich verknüpft die beiden früheren zu einer neuen Totalität, in welcher wir ebensosehr eine objektive Entfaltung als auch deren Ursprung aus dem Inneren von Individuen vor uns sehen, so daß sich das *Objektive* somit als dem *Subjekt* angehörig darstellt, umgekehrt jedoch das Subjektive einerseits in seinem Übergange zur realen Äußerung, andererseits in dem Lose zur Anschauung gebracht ist, das die Leidenschaft als notwendiges Resultat ihres eigenen Tuns herbeiführt. Hier wird also wie im *Epischen* eine Handlung in ihrem Kampfe und Ausgang vor uns hingebreitet, geistige Mächte sprechen sich aus und bestreiten sich, Zufälle treten verwickelnd ein, und das menschliche Wirken verhält sich zum Wirken eines alles bestimmenden Fatums oder einer leitenden, weltregierenden Vorsehung; die Handlung geht aber nicht in der nur äußeren Form ihres realen Geschehens als ein vergangenes, durch bloße Erzählung verlebendigtes Begebnis an unserem inneren Auge vorüber; sondern wir sehen sie gegenwärtig aus dem besonderen Willen, aus der Sittlichkeit oder Unsittlichkeit der individuellen Charaktere hervortreten, die dadurch in *lyrischem* Prinzipe zum Mittelpunkt werden. Zugleich aber exponieren sich die Individuen nicht nur ihrem *Inneren* als solchem nach, sondern erscheinen in der Durchführung ihrer zu Zwecken vorschreitenden Leidenschaft und messen dadurch, nach Art der das Substantielle in seiner Gediegenheit heraushebenden epischen Poesie, den Wert jener Leidenschaften und Zwecke an den objektiven Verhältnissen und vernünftigen Gesetzen der konkreten Wirklichkeit, um nach Maßgabe dieses Wertes und der Umstände, unter denen das Individuum sich durchzusetzen entschlossen bleibt, ihr Schicksal dahinzunehmen. Diese Objektivität, die aus dem Subjekte herkommt, sowie dies Subjektive, das in seiner Realisation und objektiven Gültigkeit zur Darstellung gelangt, ist der Geist in seiner Totalität und gibt als *Handlung* die Form und den Inhalt der *dramatischen* Poesie ab. – Indem nun dieses konkrete Ganze in sich selbst ebenso subjektiv ist, als es sich auch in seiner äußeren Realität zur Erscheinung bringt, so wird hier in betreff auf das wirkliche Darstellen, außer dem malerischen Sichtbarmachen des Lokals usf., für das eigentlich Poetische die *ganze* Person des Vortragenden in Anspruch genommen, so daß der *lebendige* Mensch selbst das Material der Äußerung ist. Denn einerseits soll im Drama der Charakter, was er in seinem Inneren trägt, als das Seinige wie in der Lyrik[4] aussprechen; andererseits aber gibt er sich wirksam in seinem wirklichen Dasein als ganzes Subjekt gegen andere kund und ist dabei tätig nach außen, wodurch sich unmittelbar die Gebärde anschließt, die ebensogut als das Sprechen eine Sprache des Inneren ist und eine künstlerische Behandlung verlangt. Schon der lyrischen Poesie liegt es nahe, die verschiedenen Empfindungen an unterschiedene Sänger zu verteilen und sich zu Szenen auseinanderzubreiten. Im Dramatischen nun geht die subjektive Empfindung zugleich zur Äußerung der Handlung heraus und macht deshalb die sinnliche Anschaubarkeit des Gebärdenspiels nötig, welches die Allgemeinheit des Wortes näher zur Persönlichkeit des Ausdrucks zusammenzieht und durch Stellung, Mienen, Gestikulation usf. bestimmter individualisiert und vervollständigt. Wird nun die Gebärde künstlerisch bis zu dem Grade des Ausdrucks weitergeführt, daß sie der Sprache entbehren kann, so entsteht die Pantomime, welche sodann die rhythmische Bewegung der *Poesie* zu einer rhythmischen und malerischen Bewegung der *Glieder* werden läßt und in dieser plastischen Musik der Körperstellung und Bewegung das ruhende kalte Skulpturwerk seelenvoll zum Tanze belebt, um in dieser Weise Musik und Plastik in sich zu vereinigen.

---

4 In der 2. Auflage: »Logik«. Offensichtlich ein Druckfehler.

Das Epos, Wort, Sage, sagt überhaupt, was die Sache ist, die zum Worte verwandelt wird, und erfordert einen in sich selbständigen Inhalt, um auszusprechen, *daß* er ist und *wie* er ist. Der Gegenstand als Gegenstand in seinen Verhältnissen und Begebenheiten, in der Breite der Umstände und deren Entwicklung, der Gegenstand in seinem ganzen Dasein soll zum Bewußtsein kommen.

In dieser Rücksicht wollen wir *erstens* den *allgemeinen* Charakter des Epischen bezeichnen;

zweitens die *besonderen* Punkte angeben, welche bei dem eigentlichen Epos von vornehmlicher Wichtigkeit sind; und

drittens einige besondere Behandlungsweisen namhaft machen, die sich in *einzelnen* epischen Werken innerhalb der historischen Ausbildung dieser Gattung verwirklicht haben.

1. Allgemeiner Charakter des Epischen

a. Epigramme, Gnomen und Lehrgedichte

Die einfachste, doch in ihrer abstrakten Zusammengezogenheit noch einseitige und unvollständige epische Darstellungsart besteht darin, aus der konkreten Welt und dem Reichtume veränderlicher Erscheinungen das in sich selbst Begründete und Notwendige herauszuheben und für sich, zum epischen Worte konzentriert, auszusprechen.

α) Das Nächste, womit wir die Betrachtung dieser Art beginnen können, ist das *Epigramm,* insoweit es wirklich noch ein *Epigramm,* eine *Auf*schrift auf Säulen, Gerätschaften, Denkmäler, Geschenke usw. bleibt und gleichsam als eine geistige Hand nach etwas hindeutet, indem es mit dem Worte, das auf den Gegenstand hingeschrieben ist, etwas sonst Plastisches, Örtliches, außer der Rede Gegenwärtiges erklärt. Hier sagt das Epigramm einfach, was *diese* Sache ist. Der Mensch spricht noch nicht sein konkretes Selbst aus, sondern schaut umher und fügt dem Gegenstande, dem Ort, den er sinnlich vor sich hat und der sein Interesse in Anspruch nimmt, eine gedrängte Erläuterung hinzu, welche den Kern der Sache selber betrifft.

β) Den weiteren Schritt sodann können wir darin suchen, daß die Gedoppeltheit des Objekts in seiner äußeren Realität und der Aufschrift getilgt wird, insofern die Poesie, ohne die sinnliche Gegenwärtigkeit des Gegenstandes, ihre Vorstellung von der Sache ausspricht. Hierher gehören z. B. die *Gnomen* der Alten, Sittensprüche, welche das gedrängt zusammenfassen, was stärker ist als die sinnlichen Dinge, bleibender, allgemeiner als das Denkmal für eine bestimmte Tat, dauernder als Weihgeschenke, Säulen, Tempel: die Pflichten im menschlichen Dasein, die Weisheit des Lebens, die Anschauung von dem, was im Geistigen die festen Grundlagen und haltenden Bande für den Menschen im Handeln und Wissen bildet. Der epische Charakter liegt in dieser Auffassungsweise darin, daß sich dergleichen Sentenzen nicht als subjektive Empfindung und bloß individuelle Reflexion kundgeben und auch in Rücksicht auf ihren Eindruck sich ebensowenig mit dem Zwecke der Rührung oder in einem Interesse des Herzens an die Empfindung wenden, sondern das, was das Gehaltvolle ist, dem Menschen als Sollen, als das Ehrenvolle, Geziemende ins Bewußtsein rufen. Die alte griechische Elegie hat zum Teil diesen epischen Ton; wie z. B. von Solon uns einiges in dieser Art, die leicht zum paränetischen Tone und Stile hinübergeht, aufbewahrt ist: Ermahnungen, Warnungen in Rücksicht auf Zusammenleben im Staat, Gesetze, Sittlichkeit usf. Auch die goldenen Sprüche, welche den Namen des Pythagoras tragen, lassen sich hierher rechnen. Doch sind dies alles Zwitterarten, die dadurch entstehen, daß zwar im allgemeinen der Ton einer bestimmten Gattung festgehalten wird, doch bei der Unvollständigkeit des Gegenstandes nicht zur vollkommenen Ausbildung gelangen kann, sondern Gefahr läuft, auch den Ton einer anderen Gattung, hier z. B. der lyrischen, mit hereinzunehmen.

γ) Solche Aussprüche nun, wie ich sie eben angeführt habe, können sich aus ihrer fragmentarischen Besonderung und selbständigen Vereinzelung *drittens* zu einem größeren Ganzen aneinanderreihen und zu einer Totalität abrunden, die schlechthin *epischer* Art ist, da weder eine bloß lyrische Stimmung oder dramatische Handlung, sondern ein bestimmter wirklicher Lebenskreis, dessen wesentliche Natur ebenso im allgemeinen als auch in betreff seiner besonderen Richtungen, Seiten, Vorkommenheiten, Pflichten usf. zum Bewußtsein gebracht werden soll, die zusammenhaltende Einheit und den eigentlichen Mittelpunkt abgibt. Dem Charakter dieser ganzen epischen Stufe gemäß, welche das Bleibende und Allgemeine als solches mit einem meist ethischen Zweck der Warnung, der Lehre und Aufforderung zu einem in sich sittlich gediegenen Leben aufstellt, erhalten dergleichen Produkte einen *didaktischen* Ton; jedoch durch Neuheit der Weisheitssätze, durch frische Lebensanschauung und Naivität der Betrachtungen bleiben sie noch weit von der Nüchternheit späterer Lehrgedichte entfernt und liefern, da sie auch dem beschreibenden Elemente den nötigen Spielraum lassen, den vollen Erweis, das Ganze der Lehre wie der Schilderung sei unmittelbar aus der ihrer Substanz nach durchlebten und ergriffenen Wirklichkeit selber geschöpft. Als näheres Beispiel will ich nur die *Werke und Tage* des Hesiod anführen, deren ursprüngliche Weise des Lehrens und Beschreibens von seiten des Poetischen ganz anders erfreut als die kältere Eleganz, Gelehrsamkeit und systematische Folge in Vergils Gedicht vom Landbau.

b. Philosophische Lehrgedichte, Kosmogonien und Theogonien

Wenn nun die bisher bezeichneten Arten in Epigrammen, Gnomen und Lehrgedichten sich *besondere* Gebiete der Natur oder des menschlichen Daseins zum Stoffe nehmen, um vereinzelter oder umfassender, was das zeitlos Gehaltvolle und wahrhaft Seiende in diesem oder jenem Objekte,

Zustande oder Felde ist, in gedrungenen Worten vor die Vorstellung zu bringen und bei noch enger Verschlungenheit der Poesie und Wirklichkeit auch praktisch durch das Organ der Dichtkunst zu wirken, so dringt ein *zweiter* Kreis teils tiefer, teils hat er weniger den Zweck der Lehre und Besserung. Diese Stellung können wir den Kosmogonien und Theogonien sowie denjenigen ältesten Produkten der Philosophie geben, welche sich noch von der poetischen Form ganz zu befreien nicht imstande gewesen sind.

α) So bleibt z. B. der Vortrag der eleatischen Philosophie in den Gedichten des Xenophanes und Parmenides, besonders bei Parmenides in dem Eingange seines philosophischen Werkes, noch poetischer Art. Der Inhalt ist hier das Eine, welches dem Werdenden und Gewordenen, den besonderen und einzelnen Erscheinungen gegenüber das Unvergängliche und Ewige ist. Nichts Besonderes mehr soll dem Geiste Befriedigung geben, der nach Wahrheit strebt und dieselbe sich zunächst in ihrer abstraktesten Einheit und Gediegenheit zum denkenden Bewußtsein bringt. Von der Größe dieses Gegenstandes ausgeweitet und ringend mit der Mächtigkeit derselben, erhält der Schwung der Seele zugleich eine Wendung gegen das Lyrische hin, obschon die ganze Explikation der in das Denken eingehenden Wahrheiten einen rein sachlichen und dadurch epischen Charakter an sich trägt.

β) In den Kosmogonien *zweitens* ist es das *Werden* der Dinge, vor allem der Natur, das Drängen und Kämpfen der in ihr waltenden Tätigkeiten, was den Inhalt abgibt und die dichtende Phantasie dahin führt, nun konkreter schon und reichhaltiger ein Geschehen in Form von Taten und Begebnissen darzustellen, indem sich die Einbildungskraft die zu unterschiedenen Kreisen und Gebilden sich herausarbeitenden Naturgewalten unbestimmter oder fester personifiziert und symbolisierend in die Form menschlicher Ereignisse und Handlungen kleidet. Diese Art des epischen Inhaltes und Darstellens gehört vorzugsweise den orientalischen Naturreligionen an, und vor allem ist die indische Poesie höchst fruchtbar in Erfindung und Ausmalung solcher oft wilden und ausschweifenden Vorstellungsweisen vom Entstehen der Welt und der in ihr fortwirkenden Mächte gewesen.

γ) Das Ähnliche *drittens* findet in Theogonien statt, welche besonders dann ihre rechte Stellung erhalten, wenn auf der einen Seite weder die einzelnen vielen Götter ausschließlich das Naturleben zum näheren Inhalte ihrer Macht und Hervorbringung haben sollen, noch umgekehrt auf der anderen Seite *ein* Gott aus dem Gedanken und Geist die Welt erschafft und in eifrigem Monotheismus keine anderen Götter neben sich duldet. Diese schöne Mitte hält einzig die griechische religiöse Anschauung und findet einen unvergänglichen Stoff für Theogonien in dem Herausringen des Göttergeschlechts des Zeus aus der Unbändigkeit der ersten Naturgewalten sowie in dem Kampf gegen diese Naturahnen: ein Werden und Streiten, das in der Tat die sachgemäße Entstehungsgeschichte der ewigen Götter der Poesie selber ist. Das bekannte Beispiel solcher epischen Vorstellungsart besitzen wir in der *Theogonie,* welche unter dem Namen des Hesiod auf uns gekommen ist. Hier nimmt das ganze Geschehen schon durchgängig die Form menschlicher Begebnisse an und bleibt um so weniger nur symbolisch, je mehr sich die zu geistiger Herrschaft berufenen Götter nun auch zu der ihrem Wesen entsprechenden Gestalt geistiger Individualität befreien und deshalb wie Menschen zu handeln und dargestellt zu werden berechtigt sind.

Was nun aber dieser Art des Epischen noch fehlt, ist einerseits die echt poetische *Abrundung.* Denn die Taten und Ereignisse, welche dergleichen Gedichte schildern können, sind wohl eine in sich notwendige Sukzession von Vorfällen und Begebenheiten, aber keine individuelle Handlung, die aus *einem* Mittelpunkte hervorgeht und in ihm ihre Einheit und Abgeschlossenheit sucht. Andererseits bietet der Inhalt hier seiner Natur nach nicht die Anschauung einer in sich vollständigen *Totalität* dar, indem er wesentlich der eigentlich menschlichen Wirklichkeit entbehrt, welche erst den wahrhaft konkreten Stoff für das Walten der göttlichen Mächte liefern muß. Die epische Poesie hat sich deshalb, soll sie zu ihrer vollendeten Gestalt gelangen, auch noch von diesen Mängeln loszumachen.

c. Die eigentliche Epopöe

Dies geschieht in demjenigen Gebiete, welches wir mit dem Namen der eigentlichen *Epopöe* bezeichnen können. In den bisherigen Arten, die man gewöhnlich beiseite stellt, ist allerdings epischer Ton vorhanden, ihr Inhalt jedoch ist noch nicht konkret poetisch. Denn besondere Sittensprüche und Philosopheme bleiben in Rücksicht auf ihren bestimmten Stoff beim Allgemeinen stehen; das echt Poetische aber ist das konkret Geistige in individueller Gestalt; und das Epos, indem es zum Gegenstande hat, was ist, erhält das Geschehen einer Handlung zum Objekte, die in ihrer ganzen Breite der Umstände und Verhältnisse als reiche Begebenheit im Zusammenhange mit der in sich totalen Welt einer Nation und Zeit zur Anschauung gelangen muß. Die gesamte Weltanschauung und Objektivität eines Volksgeistes, in ihrer sich objektivierenden Gestalt als wirkliches Begebnis vorübergeführt, macht deshalb den Inhalt und die Form des eigentlich Epischen aus. Zu dieser Totalität gehört einerseits das religiöse Bewußtsein von allen Tiefen des Menschengeistes, andererseits das konkrete Dasein, das politische und häusliche Leben, bis zu den Weisen, Bedürfnissen und Befriedigungsmitteln der äußerlichen Existenz hinunter; und dies alles belebt das Epos durch enges Verwachsensein mit Individuen, da für die Poesie das Allgemeine und Substantielle nur in lebendiger Gegenwart des Geistes vorhanden ist. Solch eine totale und doch ebensosehr ganz individuell zusammengefaßte Welt muß dann in ihrer Realisierung ruhig fortschreiten, ohne praktisch und dramatisch dem Ziele und Resultat der Zwecke entgegenzueilen, so daß wir bei dem, was vorgeht, verweilen, uns in die einzelnen Gemälde des Ganges vertiefen und sie in ihrer Ausführlichkeit genießen können. Dadurch erhält der ganze Verlauf der Darstellung in seiner realen Objektivität die Gestalt eines äußerlichen Anreihens, dessen Grund und Grenze aber im Innern und Wesentlichen des bestimmten epischen Stoffs enthalten sein muß und nur nicht ausdrücklich hervorgehoben ist. Wenn deshalb das epische Gedicht auch weitläufiger und durch die relativ größere Selbständigkeit der Teile locker in seinem Zusammenhange wird, so muß man doch nicht glauben, es dürfe so fort und fort gesungen werden, sondern es hat sich wie jedes andere Kunstwerk poetisch als ein in sich organisches Ganzes abzurunden, das sich jedoch in objektiver Ruhe fortbewegt, damit uns das Einzelne selbst und die Bilder der lebendigen Wirklichkeit interessieren können.

α) Als solch eine ursprüngliche Totalität ist das epische Werk die Sage, das Buch, die Bibel eines Volks, und jede große und bedeutende Nation hat dergleichen absolut erste Bücher, in denen ihr, was ihr ursprünglicher Geist ist, ausgesprochen wird. Insofern sind diese Denkmäler nichts Geringeres als die eigentlichen Grundlagen für das Bewußtsein eines Volkes, und es würde interessant sein, eine Sammlung solcher epischen Bibeln zu veranstalten. Denn die Reihe der Epopöen, wenn sie kein späteres Kunststück sind, würde uns eine Galerie der Volksgeister zeigen. Doch haben weder alle Bibeln die poetische Form von Epopöen, noch besitzen alle Völker, die ihr Heiligstes in betreff auf Religion und weltliches Leben in Gestalt umfassender epischer Kunstwerke gekleidet haben, religiöse Grundbücher. Das Alte Testament z. B. enthält zwar viele Sagenerzählung und wirkliche Geschichte sowie auch eingestreute poetische Stücke, doch ist das Ganze kein Kunstwerk. Ebenso beschränkt sich außerdem unser Neues Testament sowie der Koran hauptsächlich auf die religiöse Seite, von welcher dann die übrige Welt der Völker eine spätere Folge ist. Umgekehrt fehlt es den Griechen, die in den Gedichten des Homer eine poetische Bibel haben, an religiösen Grundbüchern, wie wir sie bei den Indern und Parsen finden. Wo wir aber ursprünglichen Epopöen begegnen, da haben wir die poetischen Grundbücher wesentlich von den späteren klassischen Kunstwerken einer Nation zu unterscheiden, welche nicht mehr eine Totalanschauung des ganzen Volksgeistes geben, sondern denselben abstrakter nur nach bestimmten Richtungen hin abspiegeln. So gibt uns z. B. die dramatische Poesie der Inder oder die Tragödien des Sophokles kein solches Gesamtbild als der Ramajana und Mahabharata oder die Ilias und Odyssee.

β) Indem nun im eigentlichen Epos das naive Bewußtsein einer Nation zum ersten Male in poetischer Weise sich ausspricht, so fällt das echte epische Gedicht wesentlich in die Mittelzeit, in welcher ein Volk zwar aus der Dumpfheit erwacht und der Geist soweit schon in sich erstarkt ist, seine eigene Welt zu produzieren und in ihr sich heimisch zu fühlen, umgekehrt aber alles, was später festes religiöses Dogma oder bürgerliches und moralisches Gesetz wird, noch ganz lebendige, von dem einzelnen Individuum als solchem unabgetrennte Gesinnung bleibt und auch Wille und Empfindung sich noch nicht voneinander geschieden haben.

αα) Denn mit dieser Loslösung des individuellen Selbst von dem substantiellen Ganzen der Nation und ihrer Zustände, Sinnesweise, Taten und Schicksale sowie mit der Scheidung des Menschen in Empfindung und Wille kommt statt der epischen Poesie auf der einen Seite die lyrische, auf der anderen die dramatische zu ihrer reifsten Ausbildung. Dies geschieht vollständig in den späteren Lebenstagen eines Volkes, in denen die allgemeinen Bestimmungen, welche den Menschen in Rücksicht auf sein Handeln zu leiten haben, nicht mehr dem in sich totalen Gemüt und der Gesinnung angehören, sondern bereits selbständig als ein für sich festgewordener rechtlicher und gesetzlicher Zustand, als eine prosaische Ordnung der Dinge, als politische Verfassung, moralische und sonstige Vorschriften erscheinen, so daß nun die substantiellen Verpflichtungen dem Menschen als eine äußere, ihm nicht selber immanente Notwendigkeit, die ihn zum Geltenlassen derselben zwingt, entgegentreten. Solch einer für sich bereits fertigen Wirklichkeit gegenüber wird dann das Gemüt teils zu einer gleichfalls für sich seienden Welt der subjektiven Anschauung, Reflexion und Empfindung, die nicht zum Handeln fortschreitet und ihr Verweilen in sich, die Beschäftigung mit dem individuellen Inneren *lyrisch* ausspricht; teils erhebt sich die praktische Leidenschaft zur Hauptsache und sucht sich handelnd zu verselbständigen, insofern sie den äußeren Umständen, dem Geschehen und den Begebnissen das Recht der epischen Selbständigkeit raubt. Diese sich in sich erstarkende individuelle Festigkeit der Charaktere und Zwecke in Rücksicht auf das Handeln führt dann umgekehrt zur *dramatischen* Poesie. Das Epos aber fordert noch jene unmittelbare Einheit von Empfindung und Handlung, inneren konsequent sich durchführenden Zwecken und äußeren Zufällen und Begebenheiten – eine Einheit, welche in ihrer unzerschiedenen Ursprünglichkeit nur in ersten Perioden des nationalen Lebens wie der Poesie vorhanden ist.

ββ) Dabei müssen wir uns aber nicht etwa die Sache so vorstellen, als ob ein Volk in seiner heroischen Zeit als solcher, der Heimat seines Epos, schon die Kunst besitze, sich selber poetisch schildern zu können; denn etwas anderes ist eine an sich in ihrem wirklichen Dasein poetische Nationalität, etwas anderes die Poesie als das vorstellende Bewußtsein von poetischen Stoffen und als künstlerische Darstellung solch einer Welt. Das Bedürfnis, sich darin als *Vorstellung* zu ergehen, die Bildung der Kunst tritt notwendig später auf als das Leben und der Geist selbst, der sich unbefangen in seinem unmittelbar poetischen Dasein zu Hause findet. Homer und die Gedichte, die seinen Namen tragen, sind Jahrhunderte später als der Trojanische Krieg, der ebensogut als ein wirkliches Faktum gilt, als mir Homer eine historische Person ist. In ähnlicher Art besingt Ossian, wenn die ihm zugeschriebenen Gedichte von ihm herrühren, eine Heldenvergangenheit, deren dahingesunkener Glanz das Bedürfnis poetischer Erinnerung und Ausgestaltung hervorruft.

γγ) Dieser Trennung zum Trotz muß dennoch zugleich ein enger Zusammenhang zwischen dem Dichter und seinem Stoffe übrig sein. Der Dichter muß noch ganz in diesen Verhältnissen, diesen Anschauungsweisen, diesem Glauben stehen und nur das poetische Bewußtsein, die Kunst der Darstellung zu dem Gegenstande hinzuzubringen, nötig haben, der noch seine substantielle Wirklichkeit ausmacht. Fehlt dagegen die Verwandtschaft des wirklichen Glaubens, Lebens und gewohnten Vorstellens, das die eigene Gegenwart dem Dichter aufdringt, und der Begebenheiten, welche er episch schildert, so wird sein Gedicht notwendigerweise in sich selber gespalten und disparat. Denn beide Seiten, der Inhalt, die epische Welt, die zur Darstellung kommen soll, und die sonstige, davon unabhängige Welt des dichterischen Bewußtseins und Vorstellens sind geistiger Art und haben ein bestimmtes Prinzip in sich, das ihnen besondere Charakterzüge gibt. Wenn nun der künstlerische Geist ein wesentlich anderer ist als derjenige, durch welchen die geschilderte Nationalwirklichkeit und Tat ihr Dasein erhielt, so entsteht dadurch eine Scheidung, die uns sogleich als unangemessen und störend entgegentritt. Denn auf der einen Seite sehen wir dann Szenen eines vergangenen Weltzustandes, auf der anderen Formen, Gesinnungen, Betrachtungsarten einer davon verschiedenen Gegenwart, durch welche nun die Gestaltungen des früheren Glaubens in dieser weitergebildeten Reflexion zu einer kalten Sache, einem Aberglauben und leeren Schmuck einer bloß poetischen Maschinerie werden, der alle ursprüngliche Seele eigener Lebendigkeit abgeht.

γ) Dies führt uns auf die Stellung, welche überhaupt in der eigentlich epischen Poesie das dichtende Subjekt einzunehmen hat.

αα) Wie sehr das Epos auch sachlicher Art, die objektive Darstellung einer in sich selbst begründeten und ihrer Notwendigkeit wegen realisierten Welt sein muß, welcher der Dichter mit seiner eigenen Vorstellungsweise noch nahesteht und sich mit ihr identisch weiß, so ist und bleibt das Kunstwerk, das solche Welt darstellt, doch das *freie Produkt* des Individuums. In dieser Rücksicht können wir noch einmal an den großen Ausspruch Herodots erinnert werden: Homer und Hesiod hätten den Griechen ihre Götter gemacht. Schon diese freie Kühnheit des Schaffens, welche Herodot den genannten Epikern beilegt, gibt uns ein Beispiel dafür, daß Epopöen wohl alt in einem Volke sein müssen, doch nicht den ältesten Zustand zu schildern haben. Fast jedes Volk nämlich hat mehr oder weniger in seinen frühesten Anfängen irgendeine fremde Kultur, einen auswärtigen Gottesdienst vor sich gehabt und sich dadurch imponieren lassen; denn darin eben besteht die Gefangenschaft, der Aberglauben, die Barbarei des Geistes: das Höchste, statt darin heimisch zu sein, als ein sich Fremdes, nicht aus dem eigenen nationalen und individuellen Bewußtsein Hervorgegangenes zu wissen. So mußten z. B. die Inder vor der Zeit ihrer großen Epopöen gewiß manche große Revolution ihrer religiösen Vorstellungen und sonstigen Zustände durchmachen; auch die Griechen hatten Ägyptisches, Phrygisches, Kleinasiatisches, wie wir schon früher sahen, umzubilden; die Römer fanden griechische Elemente vor, die Barbaren der Völkerwanderung Römisches und Christliches usf. Erst wenn der Dichter mit freiem Geist solch ein Joch abwirft, in seine eigenen Hände schaut, seinen eigenen Geist würdig erachtet und damit die Trübheit des Bewußtseins verschwunden ist, kann die Epoche für das eigentliche Epos anbrechen; denn auf der anderen Seite sind Zeiten eines abstrakt gewordenen Kultus, ausgearbeiteter Dogmen, festgestellter politischer und moralischer Grundsätze über das konkret Einheimische schon wieder hinaus. Dagegen bleibt der echt epische Dichter in seiner Welt sowohl in Ansehung der allgemeinen Mächte, Leidenschaften und Zwecke, welche sich im Innern der Individuen wirksam erweisen, als auch in betreff aller Außenseiten der Selbständigkeit des Schaffens unerachtet ganz zu Hause. So hat z. B. Homer heimisch von seiner Welt gesprochen, und wo anderen heimisch ist, sind wir auch einheimisch, denn da schauen wir die Wahrheit an, den Geist, der in seiner Welt lebt und *sich* darin hat, und uns wird wohl und heiter zumute, weil der Dichter selbst mit ganzem Sinne und Geist dabei ist. Solche Welt kann auf einer niederen Stufe der *Entwicklung* und Ausbildung stehen, aber sie bleibt auf der Stufe der Poesie und unmittelbaren Schönheit, so daß wir alles, was das höhere Bedürfnis, das eigentlich Menschliche fordert – die Ehre, die Gesinnung, Empfindung, den Rat, die Taten jedes Helden –, dem Gehalt nach anerkennen, verstehen und diese Gestalten in der Ausführlichkeit ihrer Schilderungen als hoch und lebensreich genießen können.

ββ) Um der Objektivität des Ganzen willen muß nun aber der Dichter als *Subjekt* gegen seinen *Gegenstand* zurücktreten und in demselben verschwinden. Nur das Produkt, nicht aber der Dichter erscheint, und doch ist, was in dem Gedichte sich ausspricht, das Seine; er hat es in seiner Anschauung ausgebildet, seine Seele, seinen vollen Geist hineingelegt. Daß er dies aber getan hat, tritt nicht ausdrücklich hervor. So sehen wir z. B. in der Ilias bald den Kalchas die Begebenheiten deuten, bald den Nestor, und doch sind dies Erläuterungen, welche der Dichter gibt; ja selbst was im Innern der Helden vor sich geht, erklärt er objektiv als ein Einschreiten der Götter; wie dem zürnenden Achill, zur Besonnenheit mahnend, Athene erscheint. Dies hat der Dichter gemacht; weil aber das Epos nicht die innere Welt des dichtenden Subjekts, sondern die Sache vorführt, muß das Subjektive der Produktion ganz ebenso in den Hintergrund gestellt sein, als sich der Dichter selbst vollständig in die Welt versenkt, die er vor unseren Augen entfaltet. – Nach dieser Seite besteht der große epische Stil darin, daß sich das Werk für sich fortzusingen scheint und selbständig, ohne einen Autor an der Spitze zu haben, auftritt.

γγ) Dennoch aber kann das epische Gedicht als wirkliches Kunstwerk nur von *einem* Individuum herstammen. Wie sehr nämlich ein Epos auch die Sache der ganzen Nation ausspricht, so dichtet doch ein Volk als Gesamtheit nicht, sondern nur Einzelne. Der Geist einer Zeit, einer Nation ist zwar die substantielle, wirksame Ursache, die aber selber erst zur Wirklichkeit als Kunstwerk heraustritt, wenn sie sich zu dem individuellen Genius *eines* Dichters zusammenfaßt, der dann diesen allgemeinen Geist und dessen Gehalt als seine eigene Anschauung und sein eigenes Werk zum Bewußtsein bringt und ausführt. Denn Dichten ist eine geistige Hervorbringung, und der Geist existiert nur als einzelnes wirkliches Bewußtsein und Selbstbewußtsein. Ist nun in einem bestimmten Tone ein Werk bereits da, so wird dies freilich etwas Gegebenes, so daß dann auch andere imstande sind, den ähnlichen oder gleichen Ton anzuschlagen, wie wir noch jetzt hundert und aber hundert Gedichte in Goethescher Weise singen hören. Viele Stücke, in demselbigen Tone fortgesungen, machen jedoch noch kein einheitsvolles Werk, das nur aus *einem* Geiste entspringen kann. Es ist dies ein Punkt, der besonders in betreff der Homerischen Gedichte sowie des Nibelungenliedes wichtig wird, insofern für das letztere ein bestimmter Autor nicht mit historischer Sicherheit kann erwiesen werden und rücksichtlich der Ilias und Odyssee bekanntermaßen die Meinung geltend gemacht ist, Homer als dieser *eine* Dichter des Ganzen habe nie existiert, sondern Einzelne hätten die einzelnen Stücke produziert, welche sodann zu jenen größeren zwei Werken seien aneinandergefügt worden. Bei dieser Behauptung fragt es sich vor allem, ob jene Gedichte jedes für sich ein organisches episches Ganzes oder, wie jetzt die Meinung verbreitet wird, ohne notwendigen Anfang und Ende seien und sich deshalb ins unendliche hätten fortführen lassen. Allerdings sind die Homerischen Gesänge, statt von dem gedrängten Zusammenhange dramatischer Kunstwerke, ihrer Natur nach von einer loseren Einheit, so daß sie, da jede Partie selbständig sein und erscheinen darf, manchen Einschaltungen und sonstigen Veränderungen offengestanden haben; dennoch aber bilden sie durchaus eine wahrhafte, innerlich organische epische Totalität, und solch ein Ganzes kann nur *einer* machen. Die Vorstellung von der Einheitslosigkeit und bloßen Zusammensetzung verschiedener, in ähnlichem Tone gedichteter Rhapsodien ist eine kunstwidrige barbarische Vorstellung. Soll diese Ansicht aber nur bedeuten, daß der Dichter als Subjekt gegen sein Werk verschwinde, so ist sie das höchste Lob; sie heißt dann nichts anderes, als daß man keine subjektive Manier des Vorstellens und Empfindens erkennen könne. Und dies ist in den Homerischen Gesängen der Fall. Die Sache, die objektive Anschauungsweise des Volks allein stellt sich dar. Doch selbst der Volksgesang bedarf eines Mundes, der ihn aus dem vom Nationalgefühle erfüllten Innern heraus singt, und mehr noch macht ein in sich *einiges* Kunstwerk den in sich einigen Geist *eines* Individuums notwendig.

2. Besondere Bestimmungen des eigentlichen Epos

Wir haben bisher in Rücksicht auf den *allgemeinen* Charakter der epischen Poesie zunächst die unvollständigen Arten kurz angeführt, welche, obschon von epischem Tone, dennoch keine totalen Epopöen sind, indem sie weder einen Nationalzustand noch eine konkrete Begebenheit innerhalb solch einer Gesamtwelt darstellen. Dies letztere aber gibt erst den gemäßen Inhalt für das vollständige Epos ab, dessen Grundzüge und Bedingungen ich soeben bezeichnet habe.

Nach diesen Vorerinnerungen nun müssen wir uns jetzt nach den *besonderen* Anforderungen umsehen, die sich aus der Natur des epischen Kunstwerkes selber herleiten lassen. Hier tritt uns aber sogleich die Schwierigkeit entgegen, daß sich im allgemeinen über dies Speziellere wenig sagen läßt, so daß wir gleich auf das Geschichtliche eingehen und die einzelnen epischen Werke der Völker betrachten müßten, welche bei der großen Verschiedenheit der Zeiten und Nationen für zusammenstimmende Resultate wenig Hoffnung geben. Diese Schwierigkeit findet jedoch ihre Erledigung darin, daß aus den vielen epischen Bibeln *eine* kann herausgehoben werden, in welcher wir den Beleg für das erhalten, was sich als den wahrhaften Grundcharakter des eigentlichen Epos feststellen läßt. Dies sind die *Homerischen* Gesänge. Aus ihnen vornehmlich will ich deshalb die Züge entnehmen, welche, wie mir scheint, für das Epos der Natur der Sache nach die Hauptbestimmungen ausmachen. Wir können dieselben zu folgenden Gesichtspunkten zusammenfassen.

Erstens entsteht die Frage, von welcher Beschaffenheit der *allgemeine* Weltzustand sein müsse, auf dessen Boden das epische Begebnis zu einer angemessenen Darstellung gelangen kann.

Zweitens ist es die Art dieser individuellen Begebenheit selbst, deren Qualität wir zu untersuchen haben.

Drittens endlich müssen wir einen Blick auf die Form werfen, in welcher sich diese beiden Seiten zur Einheit eines Kunstwerks verschlingen und episch abrunden.

a. Der epische allgemeine Weltzustand

Wir haben gleich anfangs gesehen, daß sich in dem wahrhaft epischen Begebnis nicht eine einzelne willkürliche Tat vollbringe und somit ein bloß zufälliges Geschehen erzählt werde, sondern eine in die Totalität ihrer Zeit und nationalen Zustände verzweigte Handlung, welche deshalb nun auch nur innerhalb einer ausgebreiteten Welt zur Anschauung gelangen kann und die Darstellung dieser gesamten Wirklichkeit fordert. – In Rücksicht auf die echt poetische Gestalt dieses allgemeinen Bodens kann ich mich kurz fassen, insofern ich die Hauptpunkte bereits im ersten Teile bei Gelegenheit des allgemeinen Weltzustandes für die ideale Handlung berührt habe (Bd. I, S. 235–257). Ich will daher an dieser Stelle nur das anführen, was für das Epos von Wichtigkeit ist.

α) Das Passendste für den ganzen Lebenszustand, den das Epos zum Hintergrunde macht, besteht darin, daß derselbe für die Individuen bereits die Form vorhandener Wirklichkeit hat, doch mit ihnen noch in dem engsten Zusammenhange ursprünglicher Lebendigkeit bleibt. Denn sollen die Helden, welche an die Spitze gestellt sind, erst einen Gesamtzustand gründen, so fällt die Bestimmung dessen, was da ist oder zur Existenz kommen soll, mehr als es dem Epos geziemt in den subjektiven Charakter, ohne als objektive Realität erscheinen zu können.

αα) Die Verhältnisse des sittlichen Lebens, der Zusammenhalt der Familie sowie des Volkes als ganzer Nation in Krieg und Frieden müssen sich eingefunden, gemacht und entwickelt haben, umgekehrt aber noch nicht zu der Form allgemeiner, auch ohne die lebendige subjektive Besonderheit der Individuen für sich gültiger Satzungen, Pflichten und Gesetze gediehen sein, welche sich auch gegen das individuelle Wollen festzuhalten die Kraft besitzen. Der *Sinn* des Rechts und der Billigkeit, die Sitte, das Gemüt, der Charakter muß im Gegenteil als ihr alleiniger Ursprung und ihre Stütze erscheinen, so daß noch kein Verstand sie in Form prosaischer Wirklichkeit dem Herzen, der individuellen Gesinnung und Leidenschaft gegenüberzustellen und zu befestigen vermag. Einen schon zu organisierter Verfassung herausgebildeten Staatszustand mit ausgearbeiteten Gesetzen, durchgreifender Gerichtsbarkeit, wohleingerichteter Administration, Ministerien, Staatskanzleien, Polizei usf. haben wir als Boden einer echt epischen Handlung von der Hand zu weisen. Die Verhältnisse objektiver Sittlichkeit müssen wohl schon gewollt sein und sich verwirklichen, aber nur durch die handelnden Individuen selbst und deren Charakter, nicht aber sonst schon in allgemein geltender und für sich berechtigter Form ihr Dasein erhalten können. So finden wir im Epos zwar die substantielle Gemeinsamkeit des objektiven Lebens und Handelns, ebenso aber die Freiheit in diesem Handeln und Leben, das ganz aus dem subjektiven Willen der Individuen hervorzugehen scheint.

ββ) Dasselbe gilt für die Beziehung des Menschen auf die ihn umgebende *Natur,* aus welcher er sich die Mittel zur

Befriedigung seiner *Bedürfnisse* nimmt, sowie für die Art dieser *Befriedigung.* Auch in dieser Rücksicht muß ich auf das zurückweisen, was ich früher bereits bei Gelegenheit der äußeren Bestimmtheit des Ideals weitläufiger ausgeführt habe (Bd. I, S. 333–341). Was der Mensch zum äußeren Leben gebraucht, Haus und Hof, Gezelt, Sessel, Bett, Schwert und Lanze, das Schiff, mit dem er das Meer durchfurcht, der Wagen, der ihn zum Kampf führt, Sieden und Braten, Schlachten, Speisen und Trinken: es darf ihm nichts von allem diesen nur ein totes Mittel geworden sein, sondern er muß sich noch mit ganzem Sinn und Selbst darin lebendig fühlen und dadurch dem an sich Äußerlichen durch den engen Zusammenhang mit dem menschlichen Individuum ein selber menschlich beseeltes individuelles Gepräge geben. Unser heutiges Maschinen- und Fabrikenwesen mit den Produkten, die aus demselben hervorgehen, sowie überhaupt die Art, unsere äußeren Lebensbedürfnisse zu befriedigen, würde nach dieser Seite hin ganz ebenso als die moderne Staatsorganisation dem Lebenshintergrunde unangemessen sein, welchen das ursprüngliche Epos erheischt. Denn wie der Verstand mit seinen Allgemeinheiten und deren von der individuellen Gesinnung unabhängig sich durchsetzenden Herrschaft in den Zuständen der eigentlich epischen Weltanschauung sich noch nicht muß geltend gemacht haben, so darf hier auch der Mensch noch nicht von dem lebendigen Zusammenhange mit der Natur und der kräftigen und frischen, teils befreundeten, teils kämpfenden Gemeinschaft mit ihr losgelöst erscheinen.

γγ) Dies ist der Weltzustand, den ich, im Unterschiede des idyllischen, schon andernorts den *heroischen* nannte. In schönster Poesie und Reichhaltigkeit echt menschlicher Charakterzüge finden wir ihn bei Homer geschildert. Hier haben wir im häuslichen und öffentlichen Leben ebensowenig eine barbarische Wirklichkeit als die bloß verständige Prosa eines geordneten Familien- und Staatslebens, sondern jene ursprünglich poetische Mitte vor uns, wie ich sie oben bezeichnet habe. Ein Hauptpunkt aber betrifft in dieser Rücksicht die freie Individualität aller Gestalten. In der Ilias z. B. ist Agamemnon wohl der König der Könige, die übrigen Fürsten stehen unter seinem Zepter, aber seine Oberherrschaft wird nicht zu dem trockenen Zusammenhange des Befehls und Gehorsams, des Herren und seiner Diener. Im Gegenteil, Agamemnon muß viel Rücksicht nehmen und klug nachzugeben verstehen, denn die einzelnen Führer sind keine zusammenberufenen Statthalter oder Generale, sondern selbständig wie er selber; frei haben sie sich um ihn her gesammelt oder sind durch allerlei Mittel zu dem Zuge verleitet, er muß sich mit ihnen beraten, und beliebt es ihnen nicht, so halten sie sich wie Achilles vom Kampfe fern. Die freie Teilnahme wie das ebenso eigenwillige Abschließen, worin die Unabhängigkeit der Individualität sich unversehrt bewahrt, gibt dem ganzen Verhältnisse seine poetische Gestalt. Das Ähnliche finden wir in den Ossianischen Gedichten wie in der Beziehung des Cid zu den Fürsten, denen dieser poetische Held nationaler romantischer Ritterschaft dient. Auch bei Ariost und Tasso ist noch dies freie Verhältnis nicht gefährdet, und bei Ariost besonders ziehen die einzelnen Helden in fast zusammenhangsloser Selbständigkeit auf eigene Abenteuer aus. Wie die Fürsten zu Agamemnon, so steht nun auch das Volk zu seinen Führern. Freiwillig ist es denselben gefolgt; es ist da noch kein zwingendes Gesetz, dem das Volk unterworfen wäre; Ehre, Achtung, Schamgefühl vor dem Mächtigeren, der immer Gewalt brauchen würde, das Imponieren des Heldencharakters usf. macht den Grund des Gehorsams aus. Und so herrscht auch im Innern des Hauses Ordnung, aber nicht als feste Gesindeordnung, sondern als Gesinnung und Sitte. Alles erscheint, als sei es eben unmittelbar so geworden. Von den Griechen z. B. erzählt Homer bei Gelegenheit eines Kampfes mit den Troern, auch sie hätten viele rüstige Streiter verloren, doch weniger als die Troer, denn (sagt Homer) sie gedachten immer einander die harte Not abzuhalten. Sie halfen also einander. Wollten wir nun heutigentags einen Unterschied zwischen einer wohleinexerzierten und unzivilisierten Heeresmacht aufstellen, so würden wir das Wesentliche gebildeter Heere auch in diesem Zusammenhalt und Bewußtsein, nur in Einheit mit anderen zu gelten, suchen müssen. Barbaren sind nur Haufen, in denen sich keiner auf den anderen verlassen kann. Was aber bei uns als Resultat einer strengen und mühseligen Militärdisziplin, als Einübung, Kommando und Herrschaft fester Ordnung erscheint, das ist bei Homer noch eine Sitte, die sich von selber macht und den Individuen als Individuen lebendig innewohnt.

Den gleichen Grund haben nun auch bei Homer die mannigfaltigen Beschreibungen äußerlicher Dinge und Zustände. Bei Naturszenen, wie sie in unseren Romanen beliebt sind, hält er sich zwar nicht viel auf; dagegen ist er höchst umständlich in Schilderung eines Stockes, Zepters, Bettes, der Waffen, Gewänder, Türpfosten und vergißt selbst nicht der Angeln zu erwähnen, auf denen die Tür sich dreht. Bei uns würde dergleichen als sehr äußerlich und gleichgültig erscheinen, ja wir sind sogar unserer Bildung nach gegen eine Menge Gegenstände, Sachen und Ausdrücke von höchst spröder Vornehmigkeit und haben eine weitläufige Rangordnung in den verschiedenen Stockwerken der Kleidung, Gerätschaften usf. Außerdem zersplittert sich jetzigerzeit jede Hervorbringung und Zubereitung irgendeines Befriedigungsmittels unserer Bedürfnisse zu solcher Vielfältigkeit von Geschäften der Fabriks- und Handwerkstätigkeit, daß alle die besonderen Seiten dieser breiten Verzweigung zu etwas Untergeordnetem herabgesetzt sind, das wir nicht beachten und aufzählen dürfen. Die Existenz der Heroen aber hat eine ungleich ursprünglichere Einfachheit der Gegenstände und Erfindungen und kann sich bei ihrer Beschreibung aufhalten, weil alle diese Dinge noch in gleichem Range stehen und als etwas gelten, worin der Mensch, insofern sein ganzes Leben ihn nicht davon ableitet und in eine nur intellektuelle Sphäre führt, noch eine Ehre seiner Geschicklichkeit, seines Reichtums und seines positiven Interesses hat. Ochsen zu schlachten, zuzubereiten, Wein einzuschenken usf. ist ein Geschäft der Heroen selbst, das sie als Zweck und Genuß treiben, während bei uns ein Mittagessen, wenn es nicht alltäglich sein soll, nicht nur seltene delikate Sachen zutage bringen muß, sondern außerdem auch vortreffliche Diskurse verlangt. Die umständlichen Schildereien Homers in diesem Kreise von Gegenständen dürfen uns deshalb nicht eine poetische Zutat zu einer kahleren Sache dünken, sondern diese ausführliche Beachtung ist der Geist der geschilderten Menschen und Zustände selbst; wie bei uns z. B. die Bauern über äußerliche Dinge mit großer Ausführlichkeit reden oder auch unsere Kavaliere von ihren Ställen, Pferden, Stiefeln, Sporen, Hosen usf. mit ähnlicher Breite zu erzählen wissen, was denn freilich in dem Kontrast gegen ein würdigeres intellektuelles Leben als platt erscheint.

Diese Welt nun darf nicht bloß das *beschränkt* Allgemeine der *besonderen* Begebenheit in sich fassen, die auf solch einem vorausgesetzten Boden vor sich geht, sondern muß sich zur *Totalität* der Nationalanschauung erweitern. Hiervon finden wir das schönste Beispiel in der Odyssee, welche uns nicht nur in das häusliche Leben der griechischen Fürsten und ihrer Diener und Untergebenen einführt, sondern auch die mannigfachen Vorstellungen von fremden Völkern, den Gefahren des Meers, der Behausung der Abgeschiedenen usf. aufs reichhaltigste vor uns ausbreitet. Doch auch in der Ilias, wo der Schauplatz der Taten, der Natur des Gegenstandes gemäß, beschränkter sein mußte und inmitten des kriegerischen Kampfes Szenen des Friedens wenig Platz finden konnten, hat Homer z. B. kunstvoll das ganze Rund der Erde und des menschlichen Lebens, Hochzeiten, gerichtliche Handlungen, Ackerbau, Herden usf., Privatkriege der Städte gegeneinander mit bewunderungswürdiger Anschauung angebracht auf dem Schilde des Achill, dessen Beschreibung insofern als kein äußeres Nebenwerk angesehen werden darf. In den Gedichten dagegen, die Ossians Namen tragen, ist die Welt im ganzen zu beschränkt und unbestimmt und hat ebendeswegen schon einen lyrischen Charakter, während auch Dantes Engel und Teufel keine Welt für sich sind, die uns näher anginge, sondern nur dazu dienen, den Menschen zu belohnen und zu strafen. Vor allem aber fehlt in dem Nibelungenliede die bestimmte Wirklichkeit eines anschaulichen Grundes und Bodens, so daß die Erzählung in dieser Rücksicht schon gegen den bänkelsängerischen Ton hingeht. Denn sie ist zwar weitläufig genug, doch in der Art, wie wenn Handwerksburschen von weitem davon gehört und die Sache nun nach ihrer Weise erzählen wollten. Wir bekommen die Sache nicht zu sehen, sondern merken nur das Unvermögen und Abmühen des Dichters. Diese langweilige Breite der Schwäche ist freilich im Heldenbuche noch ärger, bis sie endlich nur von den wirklichen Handwerksburschen, welche Meistersänger waren, übertroffen worden ist.

β) Indem jedoch das Epos für die Kunst eine spezifisch nach allen Seiten der Besonderung bestimmte Welt zu gestalten hat und deshalb an sich selber individuell sein muß, so ist es die Welt eines *bestimmten* Volks, die sich darin abspiegelt.

αα) In dieser Rücksicht geben uns alle wahrhaft ursprünglichen Epopöen die Anschauung eines nationalen Geistes in seinem sittlichen Familienleben, öffentlichen Zuständen des Kriegs und Friedens, in seinen Bedürfnissen, Künsten, Gebräuchen, Interessen, überhaupt ein Bild der ganzen Stufe und Weise des Bewußtseins. Die epischen Gedichte würdigen, sie näher betrachten, auslegen heißt daher, wie wir schon oben sahen, nichts anderes, als die individuellen Geister der Nationen vor unserem geistigen Auge vorbeipassieren lassen. Sie zusammen stellen selbst die Weltgeschichte dar, in deren schönster, freier, bestimmter Lebendigkeit, Hervorbringung und Tat. Griechischen Geist z. B. und griechische Geschichte oder wenigstens das Prinzip dessen, was das Volk in seinem Ausgangspunkte war und was es mitbrachte, um den Kampf seiner eigentlichen Geschichte zu bestehen, lernt man aus keiner Quelle so lebendig, so einfach kennen als aus Homer.

ββ) Nun gibt es aber *zweierlei* Arten nationaler Wirklichkeit: erstens eine ganz *positive* Welt speziellster Gebräuche gerade dieses einzelnen Volks, in dieser bestimmten Zeit, bei dieser geographischen und klimatischen Lage, diesen Flüssen, Bergen, Wäldern und Naturumgebung überhaupt; zweitens die nationale *Substanz* des geistigen Bewußtseins in Ansehung auf Religion, Familie, Gemeinwesen usf. Soll ein ursprüngliches Epos nun, wie wir es forderten, die dauernd gültige Bibel, das Volksbuch sein und bleiben, so wird das Positive der vergangenen Wirklichkeit auf ein fortwirkend lebendiges Interesse nur insofern Anspruch machen können, als die positiven Charakterzüge in einem inneren Zusammenhange mit jenen eigentlich substantiellen Seiten und Richtungen des nationalen Daseins stehen. Denn sonst wird das Positive ganz zufällig und gleichgültig. So gehört z. B. eine einheimische Geographie zur Nationalität; gibt sie aber nicht dem Volke seinen spezifischen Charakter, so ist eine ferne anderweitige Naturumgebung, wenn dieselbe nur nicht der nationalen Eigentümlichkeit widerspricht, teils von keiner Störung, teils kann sie sogar für die Einbildungskraft etwas Anziehendes haben. An die unmittelbare Gegenwart heimischer Berge und Ströme knüpfen sich zwar die sinnlichen Erinnerungen der Jugend; fehlt aber das tiefere Band der ganzen Anschauungs- und Denkweise, so sinkt dieser Zusammenhang doch mehr oder weniger zu etwas Äußerlichem herab. Außerdem ist es bei Kriegsunternehmungen, wie z. B. in der Ilias, nicht möglich, das vaterländische Lokal beizubehalten; ja, hier hat die fremde Naturumgebung sogar etwas Reizendes und Lockendes. – Schlimmer aber steht es mit der dauernden Lebendigkeit eines Epos, wenn sich im Verlauf der Jahrhunderte das geistige Bewußtsein und Leben so umgewandelt hat, daß die Bande dieser späteren Vergangenheit und jenes Ausgangspunktes ganz zerrissen sind. So ist es z. B. Klopstock in anderen Gebieten der Poesie mit seiner Herstellung einer nationalen Götterlehre und in ihrem Gefolge mit Hermann und Thusnelda ergangen. Dasselbe ist vom Nibelungenliede zu sagen. Die Burgunder, Kriemhilds Rache, Siegfrieds Taten, der ganze Lebenszustand, das Schicksal des gesamten untergehenden Geschlechts, das nordische Wesen, König Etzel usf. – das alles hat mit unserem häuslichen, bürgerlichen, rechtlichen Leben, unseren Institutionen und Verfassungen in nichts mehr irgendeinen lebendigen Zusammenhang. Die Geschichte Christi, Jerusalem, Bethlehem, das römische Recht, selbst der Trojanische Krieg haben viel mehr Gegenwart für uns als die Begebenheiten der Nibelungen, die für das nationale Bewußtsein nur eine vergangene, wie mit dem Besen rein weggekehrte Geschichte sind. Dergleichen jetzt noch zu etwas Nationalem und gar zu einem Volksbuche machen zu wollen ist der trivialste, platteste Einfall gewesen. In Tagen scheinbar neu auflodernder Jugendbegeisterung war es ein Zeichen von dem Greisenalter einer in der Annäherung des Todes wieder kindisch gewordenen Zeit, die sich an Abgestorbenem erlabte und darin ihr Gefühl, ihre Gegenwart zu haben auch anderen hat zumuten können.

γγ) Soll nun aber ein nationales Epos auch für *fremde* Völker und Zeiten ein bleibendes Interesse gewinnen, so gehört dazu, daß die Welt, die es schildert, nicht nur von *besonderer* Nationalität, sondern von *der* Art sei, daß sich in dem speziellen Volke und seiner Heldenschaft und Tat zugleich das *Allgemeinmenschliche* eindringlich ausprägt. So hat z. B. der in sich unmittelbar göttliche und sittliche Stoff, die Herrlichkeit der Charaktere und des gesamten Daseins, die anschauliche Wirklichkeit, in welcher der Dichter das Höchste und Geringste vor uns zu bringen weiß, in Homers Gedichten unsterbliche ewige Gegenwart. Es herrscht unter den Nationen in dieser Rücksicht ein großer Unterschied. Dem Ramajana z. B. kann es nicht abgesprochen werden, daß er den indischen Volksgeist, besonders von der religiösen Seite her, aufs lebendigste in sich trägt; aber der Charakter des ganzen indischen Lebens ist so überwiegend spezifischer Art, daß das eigentlich und wahrhaft Menschliche die Schranke dieser Besonderheit nicht zu durchbrechen vermag. Ganz anders dagegen hat sich die gesamte christliche Welt in den epischen Darstellungen, wie sie das Alte Testament vornehmlich in den Gemälden der patriarchalischen Zustände enthält, von früh an heimisch gefunden und diese zu so energischer Anschaulichkeit herausgestellten Begebnisse immer von neuem genossen; wie Goethe z. B. schon in seiner Kindheit ›bei seinem zerstreuten Leben und zerstückelten Lernen dennoch seinen Geist, seine Gefühle auf diesen *einen* Punkt zu einer stillen Wirkung versammelte‹[5] und selbst in spätem Alter noch von ihnen sagt, daß er bei allen Wanderungen durch den Orient immer wieder zu diesen Schriften zurückkehrte, »als den erquicklichsten, obgleich hie und da getrübten, in die Erde sich verbergenden, sodann aber rein und frisch wieder hervorspringenden Quellwassern«[6].

γ) *Drittens* endlich muß der allgemeine Zustand eines besonderen Volks nicht in dieser ruhigen Allgemeinheit seiner Individualität den eigentlichen Gegenstand des Epos abgeben und für sich beschrieben werden, sondern kann nur als die *Grundlage* erscheinen, auf deren Boden sich eine sich fortentwickelnde Begebenheit ereignet, welche alle Seiten der Volkswirklichkeit berührt und dieselben in sich hereintreten macht. Ein solches Geschehen nun darf keine bloß äußere Vorfallenheit, sondern muß ein substantieller, geistiger, durch den Willen sich vollführender Zweck sein. Sollen aber beide Seiten, der allgemeine Volkszustand und die individuelle Tat, nicht auseinanderfallen, so muß die bestimmte Begebenheit ihre Veranlassung in dem Grund und Boden selber finden, auf dem sie sich bewegt. Dies heißt nichts anderes, als daß die vorgeführte epische Welt in so konkreter, einzelner Situation gefaßt sein muß, daß daraus

---

5 *Dichtung und Wahrheit,* 1. Teil, 4. Buch
6 *West-östlicher Divan,* Noten und Abhandlungen, »Alt-Testamentliches«

notwendig die bestimmten Zwecke hervorgehen, deren Realisation das Epos zu erzählen berufen ist. Nun haben wir bereits im ersten Teile bei Gelegenheit der idealen Handlung überhaupt gesehen (Bd. I, S. 266–283), daß dieselbe sich solche Situationen und Umstände voraussetzt, welche zu Konflikten, verletzenden Aktionen und dadurch notwendigen Reaktionen führen. Die bestimmte Situation, in welcher sich der epische Weltzustand eines Volks vor uns auftut, muß deshalb in sich selber *kollidierender* Art sein. Dadurch betritt die epische Poesie ein und dasselbe Feld mit der dramatischen, und wir haben daher an dieser Stelle von Hause aus den Unterschied epischer und dramatischer Kollisionen festzustellen.

αα) Im allgemeinsten läßt sich der Konflikt des *Kriegszustandes* als die dem Epos gemäßeste Situation angeben. Denn im Kriege ist es eben die ganze Nation, welche in Bewegung gesetzt wird und in ihren Gesamtzuständen eine frische Regung und Tätigkeit erfährt, insofern hier die Totalität als solche für sich selber einzustehen die Veranlassung hat. Diesem Grundsatze scheinen zwar, wenn derselbe auch durch die meisten großen Epopöen bestätigt wird, sowohl die Odyssee Homers als auch viele Stoffe geistlicher epischer Gedichte zu widersprechen. Die Kollision aber, von deren Begebnissen uns die Odyssee Bericht erstattet, findet gleichfalls in dem trojanischen Zuge ihren Grund und ist sowohl von seiten der häuslichen Zustände auf Ithaka als auch von seiten des heimstrebenden Odysseus, obschon keine wirkliche Darstellung der Kämpfe zwischen Griechen und Troern, doch aber eine unmittelbare Folge des Kriegs; ja selber eine Art von Krieg, denn viele Haupthelden müssen sich ihre Heimat, die sie nach zehnjähriger Abwesenheit in veränderten Zuständen wiederfinden, von neuem gleichsam erobern. – Was die religiösen Epen angeht, so steht uns hauptsächlich Dantes *Göttliche Komödie* entgegen. Doch auch hier leitet sich die Grundkollision aus jenem ursprünglichen Abfall des Diabolischen von Gott her, welcher innerhalb der menschlichen Wirklichkeit den steten äußeren und inneren Krieg

zwischen dem Gott zuwider kämpfenden und ihm wohlgefälligen Handeln herbeiführt und sich zur Verdammung,
Läuterung und Seligsprechung in Hölle, Fegefeuer und
Paradies verewigt. Auch in der Messiade ist es der nächste
Krieg gegen den Sohn Gottes, welcher allein den Mittelpunkt abgeben kann. Am lebendigsten jedoch und gemäße-
sten wird immer die Darstellung eines wirklichen Krieges
selber sein, wie wir ihn bereits im Ramajana, am reichsten
in der Ilias, sodann aber auch bei Ossian, in Tassos und
Ariostos wie in Camões' berühmtem Gedichte finden. Im
Kriege nämlich bleibt die *Tapferkeit* das Hauptinteresse,
und die Tapferkeit ist ein Seelenzustand und eine Tätigkeit,
die sich weder für den lyrischen Ausdruck noch für das
dramatische Handeln, sondern vorzugsweise für die epische
Schilderung eignet. Denn im Dramatischen ist die innere
geistige Stärke oder Schwäche, das sittlich berechtigte oder
verwerfliche Pathos die Hauptsache, im Epischen dagegen
die *Naturseite* des Charakters. Deshalb steht die Tapferkeit
bei nationalen Kriegsunternehmungen an ihrer rechten Stelle,
da sie nicht eine Sittlichkeit ist, zu welcher sich der Wille
durch sich selber als geistiges Bewußtsein und Wille bestimmt,
sondern auf der Naturseite beruht und mit der geistigen
zum unmittelbaren Gleichgewichte verschmilzt, um praktische Zwecke durchzuführen, die sich gemäßer beschreiben
lassen, als sie in lyrische Empfindungen und Reflexionen
gefaßt werden können. Wie mit der Tapferkeit geht es im
Kriege nun auch mit den Taten selbst und ihrem Erfolge. Die
Werke des Willens und die Zufälle des äußerlichen Geschehens halten einander gleichfalls die Waage. Aus dem Drama
dagegen ist das bloße Geschehen mit seinen nur äußeren
Hemmnissen ausgeschlossen, insofern hier das Äußerliche
kein selbständiges Recht bewahren darf, sondern aus dem
Zweck und den inneren Absichten der Individuen herstammen muß, so daß die Zufälligkeiten, wenn sie je eintreten
und den Erfolg zu bestimmen scheinen, dennoch ihren wahren Grund und ihre Rechtfertigung in der inneren Natur der

Charaktere und Zwecke sowie der Kollisionen und notwendigen Lösung derselben zu finden haben.

ββ) Mit solchen kriegerischen Zuständen als Basis der epischen Handlung scheint sich nun für das Epos eine breite Mannigfaltigkeit des Stoffs zu eröffnen; denn es lassen sich eine Menge interessanter Taten und Begebnisse vorstellen, in welchen die Tapferkeit eine Hauptrolle spielt und der äußeren Macht der Umstände und Vorfallenheiten gleichfalls ein ungeschmälertes Recht verbleibt. Dessenungeachtet ist auch hierin eine wesentliche Beschränkung für das Epos nicht zu übersehen. Echt epischer Art nämlich sind nur die Kriege *fremder* Nationen gegeneinander; Dynastienkämpfe dagegen, einheimische Kriege, bürgerliche Unruhen passen sich mehr für die dramatische Darstellung. So empfiehlt z. B. bereits Aristoteles (*Poetik*, c. 14) den Tragikern, solche Stoffe zu wählen, welche den Kampf eines Bruders gegen den anderen zum Inhalte haben. Von dieser Art ist der Krieg der Sieben gegen Theben. Der Sohn Thebaes selber bestürmt die Stadt, und der sie verteidigt, sein Feind, ist der eigene Bruder. Hier ist die Feindseligkeit nicht Anundfürsichseiendes, sondern beruht im Gegenteil auf der besonderen Individualität der sich bekriegenden Brüder. Der Frieden und Einklang allein würde das substantielle Verhältnis abgeben, und nur das individuelle Gemüt mit seiner gemeinten Berechtigung trennt die notwendige Einheit. Ähnlicher Beispiele ließen sich besonders aus Shakespeares historischen Tragödien eine große Anzahl aufführen, in welchen jedesmal das Zusammenstimmen der Individuen das eigentlich Berechtigte wäre, innere Motive der Leidenschaft und Charaktere aber, die nur *sich* wollen und berücksichtigen, Kollisionen und Kriege herbeiführen. Von seiten einer ähnlichen und deshalb mangelhaften epischen Handlung will ich nur an Lukans *Pharsalia* erinnern. So groß in diesem Gedichte auch die sich befehdenden Zwecke erscheinen mögen, so sind doch die Gegenüberstehenden sich zu nah, zu sehr durch den Boden des gleichen Vaterlandes verwandt, als daß nicht ihr

Kampf, statt ein Krieg nationaler Totalitäten zu sein, zu einem bloßen Streit von Parteien würde, der jedesmal, indem er die substantielle Einheit des Volkes zerschneidet, zugleich subjektiv in tragische Schuld und in Verderben führt und außerdem die objektiven Begebnisse nicht klar und einfach läßt, sondern verworren ineinanderschlingt. Ähnlich verhält es sich auch mit Voltaires *Henriade.* – Die Feindschaft *fremder* Nationen dagegen ist etwas Substantielles. Jedes Volk bildet für sich eine von dem anderen verschiedene und entgegengesetzte Totalität. Geraten diese nun feindlich aneinander, so ist dadurch kein sittliches Band zerrissen, nichts an und für sich Gültiges verletzt, kein notwendiges Ganzes zerstückelt; im Gegenteil, es ist ein Kampf um die unversehrte Erhaltung solcher Totalität und ihres Rechtes zur Existenz. Daß solche Feindschaft sei, ist deshalb dem substantiellen Charakter der epischen Poesie schlechthin gemäß.

γγ) Zugleich aber darf wiederum nicht jeder gewöhnliche Krieg einander feindlich gesinnter Nationen schon deshalb vorzugsweise für episch gehalten werden. Es muß noch eine *dritte* Seite hinzukommen; die *universalhistorische* Berechtigung nämlich, welche ein Volk gegen das andere herantreibt. Erst dann wird das Gemälde einer neuen höheren Unternehmung vor uns aufgerollt, die als nichts Subjektives, als keine Willkür der Unterjochung erscheinen kann, sondern durch die Begründung einer höheren Notwendigkeit in sich selber absolut ist – wie sehr auch die äußere nächste Veranlassung einerseits den Charakter einer einzelnen Verletzung, andererseits der Rache annehmen kann. Ein Analogon dieses Verhältnisses finden wir schon im Ramajana; hauptsächlich aber tritt es in der Ilias hervor, wo die Griechen gegen die Asiaten ziehen und damit die ersten sagenhaften Kämpfe des ungeheuren Gegensatzes ausfechten, dessen Kriege den welthistorischen Wendepunkt der griechischen Geschichte ausmachen. In der ähnlichen Art streitet der Cid gegen die Mauren, bei Tasso und Ariost kämpfen die Christen gegen die Sarazenen, bei Camões die Portugiesen gegen die

Inder; und so sehen wir fast in allen großen Epopöen Völker, in Sitte, Religion, Sprache, überhaupt im Inneren und Äußeren verschieden, gegeneinander auftreten und beruhigen uns vollständig durch den welthistorisch berechtigten Sieg des höheren Prinzips über das untergeordnete, den eine Tapferkeit erficht, welche den Unterliegenden nichts übrigläßt. Wollte man in diesem Sinne den Epopöen der Vergangenheit gegenüber, welche den Triumph des Abendlandes über das Morgenland, des europäischen Maßes, der individuellen Schönheit, der sich begrenzenden Vernunft über asiatischen Glanz, über die Pracht einer nicht zur vollendeten Gliederung hingelangenden patriarchalischen Einheit oder auseinanderfallenden abstrakten Verbindung schildern, nun auch an Epopöen denken, die vielleicht in Zukunft sein werden, so möchten diese nur den Sieg dereinstiger amerikanischer lebendiger Vernünftigkeit über die Einkerkerung in ein ins Unendliche fortgehendes Messen und Partikularisieren darzustellen haben. Denn in Europa ist jetzt jedes Volk von dem anderen beschränkt und darf von sich aus keinen Krieg mit einer anderen europäischen Nation anfangen; will man jetzt über Europa hinausschicken, so kann es nur nach Amerika sein.

b. Die individuelle epische Handlung

Auf solch einem in sich selbst zu Konflikten ganzer Nationen aufgeschlossenen Boden nun ist es, daß *zweitens* die epische Begebenheit vor sich geht, für welche wir jetzt die allgemeinen Bestimmungen aufzusuchen haben. Wir wollen diese Betrachtung nach folgenden Gesichtspunkten sondern.

Das *erste*, was sich ergeben wird, besteht darin, daß der Zweck der epischen Handlung, wie sehr er auch auf einer allgemeinen Grundlage beruht, doch *individuell* lebendig und bestimmt sein müsse.

Indem aber *zweitens* Handlungen nur von Individuen ausgehen können, tritt die Frage nach der allgemeinen Natur *epischer Charaktere* ein.

Drittens bringt sich an der epischen Begebenheit die Objektivität nicht bloß in dem Sinne äußerlichen Erscheinens, sondern ebensosehr in der Bedeutung des in sich selbst Notwendigen und Substantiellen zur Darstellung, so daß wir also die Form festzustellen haben, in welcher diese Substantialität des Geschehens sich teils als innere verborgene Notwendigkeit, teils als offenbare Leitung ewiger Mächte und einer Vorsehung wirksam erweist.

α) Wir haben oben als Grund der epischen Welt eine Nationalunternehmung gefordert, in welcher sich die Totalität eines Volksgeistes in der ersten Frische seiner Heroenzustände ausprägen könnte. Von dieser Grundlage als solcher nun aber muß sich ein *besonderer* Zweck abheben, in dessen Realisierung, da dieselbe mit einer Gesamtwirklichkeit aufs engste verflochten ist, nun auch alle Seiten des nationalen Charakters, Glaubens und Handelns zum Vorschein kommen.

αα) Der zur Individualität belebte Zweck, an dessen Besonderheit sich das Ganze fortbewegt, hat, wie wir schon wissen, im Epos die Gestalt eines Begebnisses anzunehmen, und so müssen wir an dieser Stelle vorerst an die nähere Form erinnern, durch welche das Wollen und Handeln überhaupt zur *Begebenheit* wird. Handlung und Begebnis gehen beide vom Innern des Geistes aus, dessen Gehalt sie nicht nur in theoretischer Äußerung von Empfindungen, Reflexionen, Gedanken usf. kundgeben, sondern ebensosehr praktisch ausführen. In dieser Realisation nun liegen zwei Seiten: *erstens* die innere des vorgesetzten und beabsichtigten Zwecks, dessen allgemeine Natur und Folgen das Individuum kennen, wollen, sich zurechnen und dahinnehmen muß; *zweitens* die äußere Realität der umgebenden geistigen und natürlichen Welt, innerhalb welcher der Mensch allein zu handeln imstande ist und deren Zufälle ihm bald hemmend, bald fördernd entgegentreten, so daß er entweder durch ihre Begünstigung glücklich zum Ziele geleitet wird oder, will er sich ihnen nicht unmittelbar unterwerfen, sie mit der Energie seiner Individualität zu besiegen hat. Ist nun die Welt des Willens in der ungetrennten Einigung dieser zwiefachen Seiten aufgefaßt, so daß beiden die gleiche Berechtigung zusteht, so erhält auch das Innerste selbst sogleich die Form des Geschehens, welche allem Handeln, insofern nun nicht mehr das innere Wollen mit seinen Absichten, subjektiven Motiven der Leidenschaften, Grundsätze und Zwecke als Hauptsache erscheinen kann, die Gestalt von *Begebnissen* gibt. Bei der *Handlung* wird alles auf den inneren Charakter, auf Pflicht, Gesinnung, Vorsatz usf. zurückgeführt; bei *Begebenheiten* dagegen erhält auch die Außenseite ihr ungeteiltes Recht, indem es die objektive Realität ist, welche einerseits die Form für das Ganze, andererseits aber einen Hauptteil des Inhaltes selber ausmacht. In diesem Sinne habe ich früher bereits gesagt, daß es die Aufgabe der epischen Poesie sei, das *Geschehen* einer Handlung darzustellen und deshalb nicht nur die Außenseite der Durchführung von Zwecken festzuhalten, sondern auch den äußeren Umständen, Naturereignissen und sonstigen Zufällen dasselbe Recht zu erteilen, welches im Handeln als solchem das Innere ausschließlich für sich in Anspruch nimmt.

ββ) Was nun näher die Natur des *besonderen* Zwecks angeht, dessen Ausführung das Epos in Form der Begebenheit erzählt, so muß derselbe nach allem, was wir schon vorausgeschickt haben, kein *Abstraktum,* sondern im Gegenteil von ganz *konkreter* Bestimmtheit sein, ohne jedoch, da er sich innerhalb des substantiellen nationalen Gesamtdaseins verwirklicht, der bloßen Willkür anzugehören. Der Staat als solcher z. B., das Vaterland oder die Geschichte eines Staats und Landes ist als Staat und Land etwas Allgemeines, das in dieser Allgemeinheit genommen nicht als subjektiv-individuelle Existenz, d. h. nicht in untrennbarer Zusammengeschlossenheit mit einem bestimmten lebendigen Individuum erscheint. So läßt sich zwar die Geschichte eines Landes, die Entwicklung seines politischen Lebens, seiner Verfassung und Schicksale, auch als Begebenheit erzählen; wenn aber das, was geschieht, nicht als die konkrete Tat, der innere Zweck, die Leidenschaft, das Leiden und Vollbringen bestimmter Helden vorübergeführt wird, deren Individualität die Form und den Inhalt für diese ganze Wirklichkeit abgibt, so steht die Begebenheit nur in ihrem starren, sich für sich fortwälzenden Gehalte als Geschichte eines Volkes, Reiches usw. da. In dieser Rücksicht wäre zwar die höchste Handlung des Geistes die Weltgeschichte selber, und man könnte diese universelle Tat auf dem Schlachtfelde des allgemeinen Geistes zu dem absoluten Epos verarbeiten wollen, dessen Held der Menschengeist, der Humanus sein würde, der sich aus der Dumpfheit des Bewußtseins zur Weltgeschichte erzieht und erhebt; doch eben seiner Universalität wegen wäre dieser Stoff zuwenig individualisierbar für die Kunst. Denn einerseits fehlte diesem Epos von Hause aus ein festbestimmter Hintergrund und Weltzustand sowohl in bezug auf äußeres Lokal als auch auf Sitten, Gebräuche usf. Die einzig voraussetzbare Grundlage nämlich dürfte nur der allgemeine Weltgeist sein, der nicht als besonderer Zustand zur Anschauung kommen kann und zu seinem Lokal die gesamte Erde hat. Ebenso würde der eine in diesem Epos vollbrachte Zweck der Zweck des Weltgeistes sein, der nur im Denken zu fassen und in seiner wahrhaften Bedeutung bestimmt zu explizieren ist, wenn er aber in poetischer Gestalt auftreten sollte, jedenfalls – um dem Ganzen seinen gehörigen Sinn und Zusammenhang zu geben – als das selbständig aus sich Handelnde herausgehoben werden müßte. Dies wäre poetisch nur möglich, insofern der innere Werkmeister der geschichte, die ewige absolute Idee, die sich in der Menschheit realisiert, entweder als leitendes, tätiges, vollführendes Individuum zur Erscheinung gelangte oder sich nur als verborgen fortwirkende Notwendigkeit geltend machte. Im ersten Falle aber müßte die Unendlichkeit dieses Gehalts das immer beschränkte Kunstgefäß bestimmter Individualität zersprengen oder, um diesem Nachteile zu begegnen, zu einer kahlen Allegorie allgemeiner Reflexionen über die

Bestimmung des Menschengeschlechts und seiner Erziehung, über das Ziel der Humanität, moralischen Vollkommenheit, oder wie sonst der Zweck der Weltgeschichte festgesetzt wäre, heruntersinken. Im anderen Falle wiederum müßten als die besonderen Helden die verschiedenen Volksgeister dargestellt sein, zu deren kämpfendem Dasein sich die Geschichte auseinanderbreitet und in fortschreitender Entwicklung weiterbewegt. Soll nun aber der Geist der Nationen in seiner Wirklichkeit poetisch erscheinen, so könnte dies nur dadurch geschehen, daß die wirklich weltgeschichtlichen Gestalten in ihren Taten vor uns vorüberzögen. Dann hätten wir aber nur eine Reihe besonderer Figuren, die in bloß äußerlicher Folge auftauchten und wieder versänken, so daß es ihnen an einer individuellen Einheit und Verbindung mangelte, da sich der regierende Weltgeist als das innere Ansich und Schicksal dann nicht als selber handelndes Individuum an die Spitze stellen dürfte. Und wollte man auch die Volksgeister in ihrer Allgemeinheit ergreifen und in dieser Substantialität agieren lassen, so würde auch dies nur eine ähnliche Reihe geben, deren Individuen außerdem nur, indischen Inkarnationen gleich, einen Schein des Daseins hätten, dessen Erdichtung vor der Wahrheit des in der wirklichen Geschichte realisierten Weltgeistes erblassen müßte.

γγ) Hieraus läßt sich die allgemeine Regel abstrahieren, daß die besondere epische Begebenheit nur dann zu poetischer Lebendigkeit gelangen könne, wenn sie mit *einem* Individuum aufs engste verschmelzbar ist. Wie *ein* Dichter das Ganze ersinnt und ausführt, so muß auch *ein* Individuum an der Spitze stehen, an welches die Begebenheit sich anknüpft und an derselben *einen* Gestalt sich fortleitet und abschließt. Doch treten auch in dieser Rücksicht noch wesentlich nähere Forderungen hinzu. Denn wie vorhin die weltgeschichtliche, so könnte jetzt umgekehrt die *biographisch*-poetische Behandlung einer bestimmten Lebensgeschichte als der vollständigste und eigentlich epische Stoff erscheinen. Dies ist aber nicht der Fall. In der Biographie nämlich bleibt das

Individuum wohl ein und dasselbe, aber die Begebenheiten, in die es verwickelt wird, können schlechthin unabhängig auseinanderfallen und das Subjekt nur zu ihrem ganz äußerlichen und zufälligen Verknüpfungspunkt behalten. Soll aber das Epos eins in sich sein, so muß auch die Begebenheit, in deren Form es seinen Inhalt darstellt, in sich selber Einheit haben. Beides, die Einheit des Subjekts und des objektiven Geschehens in sich, muß zusammentreffen und sich verbinden. In dem Leben und den Taten des Cid macht zwar auf dem vaterländischen Boden nur das *eine* große Individuum, das allenthalben sich getreu bleibt, in seiner Entwicklung, Heldenschaft und Ende das Interesse aus; seine Taten gehen an ihm vorüber wie an einem Gotte der Skulptur, und es selbst ist zuletzt an uns, an ihm selber vorübergegangen; aber die Gedichte vom Cid sind auch als Reimchronik kein eigentliches Epos und als spätere Romanzen, wie diese Gattung es verlangt, nur eine Zersplitterung in einzelne Situationen dieses nationalen Heldendaseins, die sich nicht zur Einheit *eines* besonderen Begebnisses zusammenzuschließen nötig haben. Am schönsten dagegen finden wir der eben aufgestellten Forderung in der Ilias und Odyssee Genüge getan, wo Achill und Odysseus als die Hauptgestalten hervorragen. Auch im Ramajana ist das Ähnliche der Fall. Eine besonders merkwürdige Stellung aber nimmt Dantes *Göttliche Komödie* in dieser Rücksicht ein. Hier nämlich ist der epische Dichter selbst das eine Individuum, an dessen Wanderung durch Hölle, Fegefeuer und Paradies sich alles und jedes anknüpft, so daß er die Gebilde seiner Phantasie als eigene Erlebnisse erzählen kann und deshalb auch das Recht erhält, seine eigenen Empfindungen und Reflexionen, mehr als es anderen Epikern zusteht, mit in das objektive Werk einzuflechten.

β) Wie sehr nun also die epische Poesie überhaupt das, was ist und geschieht, berichtet und somit das Objektive zu seinem Inhalte wie zu seiner Form hat, so werden auf der anderen Seite, da es das Geschehen einer *Handlung* ist, welches sich an uns vorüberbewegt, dennoch gerade die *Individuen* und deren Tun und Leiden das eigentlich Heraustretende. Denn nur Individuen, seien sie Menschen oder Götter, können wirklich handeln, und je lebendiger sie mit dem verwebt sein müssen, was vor sich geht, um so reichhaltiger werden sie das Hauptinteresse auf sich zu ziehen die Berechtigung haben. Nach dieser Seite steht die epische Poesie auf dem gleichen Boden sowohl mit der Lyrik als mit der dramatischen Dichtkunst, und es muß uns deshalb von Wichtigkeit sein, bestimmter hervorzuheben, worin das spezifisch *Epische* in der Darstellung der Individuen besteht.

αα) Zur Objektivität eines epischen Charakters gehört zunächst besonders für die Hauptgestalten, daß sie in sich selbst eine *Totalität* von Zügen, ganze Menschen sind und deshalb an ihnen alle Seiten des Gemüts überhaupt und näher der nationalen Gesinnung und Art des Handelns entwickelt zeigen. In dieser Rücksicht habe ich schon im ersten Teile (Bd. I, S. 308) auf die Homerischen Heldenfiguren, hauptsächlich auf die Mannigfaltigkeit rein menschlicher und nationaler Eigenschaften, aufmerksam gemacht, die Achill lebendig in sich vereinigt, zu welchem der Held der Odyssee das reichhaltigste Gegenbild abgibt. In ähnlicher Vielseitigkeit der Charakterzüge und Situationen stellt auch der Cid sich dar: als Sohn, Held, Liebender, Gatte, Hausherr, Vater, im Verhältnis zu seinem König, seinen Getreuen, seinen Feinden. Andere mittelalterliche Epopöen dagegen bleiben weit abstrakter in dieser Art der Charakteristik, besonders wenn ihre Helden nur die Interessen des Rittertums als solchen verfechten und sich von dem Kreise des eigentlich substantiellen Volksgehaltes entfernen.

Sich als diese Totalität in den verschiedenartigsten Lagen und Situationen zu entfalten ist nun eine Hauptseite in der Darstellung der epischen Charaktere. Die tragischen und komischen Figuren der dramatischen Poesie können zwar auch von gleicher innerer Fülle sein; da bei ihnen aber der scharfe Konflikt eines immer einseitigen Pathos mit einer entgegengesetzten Leidenschaft innerhalb ganz bestimmter Gebiete und Zwecke die Hauptsache ausmacht, so ist solche Vielseitigkeit teils ein – wenn auch nicht überflüssiger, doch aber mehr beiläufiger – Reichtum, teils wird derselbe überhaupt von der *einen* Leidenschaft und deren Gründen, ethischen Gesichtspunkten usf. überwogen und in der Darstellung zurückgedrängt. In der Totalität des Epischen aber behalten alle Seiten die Befugnis, sich in einer selbständigeren Breite zu entwickeln. Denn einesteils liegt dies im Prinzip der epischen Form überhaupt, andererseits hat das epische Individuum schon dem ganzen Weltzustande nach ein Recht, zu sein und geltend zu machen, wie es und was es ist, da es in Zeiten lebt, wo eben dieses *Sein,* die unmittelbare Individualität, hingehört. Allerdings kann man in betreff auf den Zorn des Achilles z. B. sehr wohl die moralisch weise Betrachtung anstellen, was dieser Zorn für Unheil gebracht und Schaden angerichtet habe, und daraus eine Schlußfolge gegen die Vortrefflichkeit und Größe des Achilles selber ziehen, der kein vollendeter Held und Mensch sein könne, da er sich nicht einmal im Zorn zu mäßigen Kraft und Selbstbeherrschung genug gehabt habe. Aber Achill ist nicht zu tadeln, und wir brauchen ihm nicht etwa seinen Zorn nur der übrigen großen Eigenschaften wegen nachzusehen, sondern Achill *ist* der, der er *ist,* und damit ist die Sache in epischer Hinsicht abgetan. Ebenso geht es auch mit seinem Ehrgeiz und seiner Ruhmbegierde. Denn das Hauptrecht dieser großen Charaktere besteht in ihrer Energie, *sich* durchzusetzen, da sie in ihrer Besonderheit zugleich das Allgemeine tragen; während umgekehrt die gewöhnliche Moralität in der Nichtachtung der eigenen Persönlichkeit und in dem Hineinlegen der ganzen Energie in diese Nichtachtung besteht. Welch ungeheures Selbstgefühl erhob nicht Alexander über seine Freunde und das Leben so vieler Tausende. – Selbstrache, ja ein Zug von Grausamkeit ist die ähnliche Energie in heroischen Zeiten, und auch in dieser

Beziehung ist Achill als epischer Charakter nicht zu schulmeistern.

ββ) Dadurch nun eben, daß sie totale Individuen sind, welche glänzend das in sich zusammenfassen, was sonst im Nationalcharakter zerstreut auseinanderliegt, und darin große, freie, menschlich schöne Charaktere bleiben, erhalten diese Hauptgestalten das Recht, an die Spitze gestellt zu sein und die Hauptbegebenheit an ihre Individualität geknüpft zu sehen. Die Nation konzentriert sich in ihnen zum lebendigen einzelnen Subjekt, und so fechten sie die Hauptunternehmung aus und dulden die Schicksale der Begebenheiten. In dieser Rücksicht ist z. B. Gottfried von Bouillon in Tassos *Befreitem Jerusalem,* obschon er, als der besonnenste, tapferste, gerechteste aller Kreuzfahrer, zum Anführer des ganzen Heeres gewählt wird, keine so hervorragende Figur als Achill, diese Jünglingsblüte als solche des gesamten griechischen Geistes, oder Odysseus. Die Achäer können nicht siegen, wenn Achill vom Kampfe sich fernhält; er allein durch den Sieg über Hektor besiegt auch Troja; und in Odysseus' einzelner Heimfahrt spiegelt sich die Wiederkehr *aller* Griechen von Troja, nur mit dem Unterschiede, daß gerade in dem, was ihm zu dulden auferlegt ist, die Totalität der Leiden, Lebensanschauungen und Zustände, welche in diesem Stoffe liegen, erschöpfend zur Darstellung gelangt. Dramatische Charaktere hingegen treten nicht so als in sich selbst totale Spitze eines Ganzen auf, das sich an ihnen objektiv macht, sondern stehen mehr für sich selber in ihrem Zwecke da, den sie aus ihrem Charakter oder aus bestimmten, mit ihrer einsameren Individualität verwachsenen Grundsätzen usf. entnehmen.

γγ) Eine *dritte* Seite in betreff der epischen Individuen läßt sich daraus herleiten, daß das Epos nicht eine Handlung als Handlung, sondern eine Begebenheit zu schildern hat. Im Dramatischen kommt es darauf an, daß sich das Individuum wirksam für seinen Zweck erweise und gerade in dieser Tätigkeit und deren Folgen dargestellt werde. Diese unverrückte Sorge für die Realisation des einen Zwecks fällt im Epischen fort. Hier können die Helden zwar auch Wünsche und Zwecke haben, aber was ihnen alles bei dieser Gelegenheit begegnet, und nicht die alleinige Wirksamkeit für ihren Zweck, ist die Hauptsache. Die Umstände sind ebenso tätig und häufig tätiger als sie. So ist z. B. die Heimkehr nach Ithaka das wirkliche Vorhaben des Odysseus. Die Odyssee zeigt uns nun diesen Charakter nicht nur in der tätigen Ausführung seines bestimmten Zwecks, sondern erzählt in breiter Entfaltung alles, was ihm auf seiner Irrfahrt begegnet, was er duldet, welche Hemmungen sich ihm in den Weg stellen, welche Gefahren er überstehen muß und zu was er aufgeregt worden. Alle diese Erlebnisse sind nicht, wie es im Dramatischen notwendig wäre, aus seiner Handlung entsprungen, sondern geschehen bei Gelegenheit der Fahrt, meist ganz ohne das eigene Dazutun des Helden. Nach den Abenteuern mit den Lotophagen, dem Polyphem, den Lästrygonen hält ihn z. B. die göttliche Kirke ein Jahr lang bei sich zurück; dann, nachdem er die Unterwelt besucht, Schiffbruch erlitten, verweilt er bei der Kalypso, bis ihm aus Gram um die Heimat die Nymphe nicht mehr gefiel und er tränenden Blickes hinausschaut auf das öde Meer. Da gibt ihm endlich Kalypso selber die Materialien zu dem Floß, das er baut, sie versieht ihn mit Speise, Wein und Kleidern und nimmt recht besorgten und freundlichen Abschied; zuletzt, nach dem Aufenthalt bei den Phäaken, ohne es zu wissen, schlafend wird er an das Gestade seiner Insel gebracht. Diese Art, einen Zweck durchzuführen, würde nicht dramatisch sein. – In der Ilias wiederum ist der Zorn des Achilles, der mit allem, was sich aus dieser Veranlassung Weiteres begibt, den besonderen Gegenstand der Erzählung ausmacht, nicht einmal von Hause aus ein Zweck, sondern ein Zustand; Achill, beleidigt, wallt auf; und danach greift er nicht etwa dramatisch ein; im Gegenteil, er zieht sich untätig zurück, bleibt mit Patroklos, grollend, daß ihn nichts geachtet der Fürst der Völker, bei den Schiffen am Strande des Meeres; dann zeigen sich die Folgen dieser Entfernung, und erst als der Freund ihm durch Hektor erschlagen ist, sieht Achill sich tätig in die Handlung verwickelt. In anderer Weise wieder ist dem Äneas der Zweck vorgeschrieben, den er vollbringen soll, und Vergil erzählt nun alle die Begebnisse, durch welche diese Realisierung so mannigfaltig verzögert wird.

γ) Wir haben jetzt in Rücksicht auf die Form des Begebens im Epos nur noch einer *dritten* wichtigen Seite Erwähnung zu tun. Ich sagte bereits früher, daß im Drama der innerliche Wille, das, was derselbe fordert und soll, das wesentliche Bestimmende sei und die bleibende Grundlage ausmache von allem, was vor sich geht. Die Taten, welche geschehen, erscheinen schlechthin durch den Charakter und dessen Zwecke gesetzt, und das Hauptinteresse dreht sich demnach vornehmlich um die Berechtigung oder Berechtigungslosigkeit des Handelns innerhalb der vorausgesetzten Situationen und herbeigeführten Konflikte. Wenn daher auch im Drama die äußeren Umstände von Wirksamkeit sind, so erhalten sie doch nur Geltung durch das, was Gemüt und Wille aus ihnen macht, und die Art und Weise, in welcher der Charakter gegen sie reagiert. Im Epos aber gelten die Umstände und äußeren Zufälle in dem gleichen Maße als der subjektive Wille, und was der Mensch vollbringt, geht an uns wie das vorüber, was von außen geschieht, so daß die menschliche Tat sich nun auch wirklich ebensosehr durch die Verwicklung der Umstände bedingt und zuwege gebracht erweisen muß. Denn episch handelt der Einzelne nicht nur frei aus sich und für sich selber, sondern steht mitten in einer Gesamtheit, deren Zweck und Dasein im breiten Zusammenhange einer in sich totalen inneren und äußeren Welt den unverrückbaren wirklichen Grund für jedes besondere Individuum abgibt. Dieser Typus muß allen Leidenschaften, Beschlüssen und Ausführungen im Epos bewahrt bleiben. Nun scheint zwar bei dem gleichen Werte des Äußeren in seinen unabhängigen Vorfallenheiten jeder Laune des Zufalls ein unbezweifelbarer

Spielraum gegeben zu sein, und doch soll das Epos umgekehrt gerade das wahrhaft Objektive, das in sich substantielle Dasein zur Darstellung bringen. Diesem Widerspruche ist sogleich dadurch zu begegnen, daß in die Begebnisse und das Geschehen überhaupt *Notwendigkeit* hineingelegt wird.

αα) In diesem Sinne nun läßt sich behaupten, im Epos, nicht aber, wie man es gewöhnlich nimmt, im Drama, herrsche das *Schicksal*. Der dramatische Charakter macht sich durch die Art seines Zwecks, den er unter gegebenen und gewußten Umständen kollisionsvoll durchsetzen will, sein Schicksal *selber*; dem epischen im Gegenteil *wird* es gemacht, und diese Macht der Umstände, welche der Tat ihre individuelle Gestalt aufdringt, dem Menschen sein Los zuteilt, den Ausgang seiner Handlungen bestimmt, ist das eigentliche Walten des Schicksals. Was geschieht, gehört sich, es ist so und geschieht notwendig. In der Lyrik läßt sich die Empfindung, Reflexion, das eigene Interesse, die Sehnsucht hören; das Drama kehrt das innere Recht der Handlung objektiv heraus; die epische Poesie aber stellt im Elemente des in sich notwendigen totalen Daseins dar, und für das Individuum bleibt nichts übrig, als diesem substantiellen Zustande, dem Seienden zu folgen, ihm gemäß zu sein oder nicht und dann, wie es kann und muß, zu leiden. Das Schicksal bestimmt, was geschehen soll und geschieht, und wie die Individuen selber plastisch sind, so auch die Erfolge, Gelingen und Mißlingen, Leben und Tod. Denn das Eigentliche, was sich vor uns auftut, ist ein großer allgemeiner Zustand, in welchem die Handlungen und Schicksale des Menschen als etwas Einzelnes und Vorübergehendes erscheinen. Dies Verhängnis ist die große Gerechtigkeit und wird nicht tragisch im dramatischen Sinne des Worts, in welchem das Individuum als *Person,* sondern in dem epischen Sinne, in welchem der Mensch in seiner *Sache* gerichtet erscheint und die tragische Nemesis darin liegt, daß die Größe der Sache zu groß ist für die Individuen. So schwebt ein Ton der Trauer über dem Ganzen; wir sehen das Herrlichste früh vergehen; schon im

Leben trauert Achilles über seinen Tod, und am Ende der Odyssee sehen wir ihn selbst und Agamemnon als vergangen, als Schatten mit dem Bewußtsein, Schatten zu sein; auch Troja sinkt, am Hausaltar wird der alte Priamos getötet, die Weiber, die Mädchen werden zu Sklavinnen gemacht, Äneas auf Götterbefehl zieht aus, in Latium ein neues Reich zu gründen, und die siegenden Helden kehren erst nach mannigfaltigen Leiden zu glücklichem oder bitterem Ende in die Heimat zurück.

ββ) Die Art und Weise aber, in welcher diese Notwendigkeit der Begebnisse zur Darstellung gebracht wird, kann sehr verschieden sein.

Das Nächste, Unentwickelteste ist das bloße Hinstellen der Begebnisse, ohne daß der Dichter durch Hinzufügung einer leitenden Götterwelt das Notwendige in den einzelnen Vorfällen und dem allgemeinen Resultat näher aus dem Beschließen, Einschreiten und Mithandeln ewiger Mächte erklärt. In diesem Falle muß dann aber aus dem ganzen Tone des Vortrags sich die Empfindung aufdrängen, daß wir es in den erzählten Begebenheiten und großen Lebensschicksalen einzelner Individuen und ganzer Geschlechter nicht mit dem nur Veränderlichen und Zufälligen im menschlichen Dasein, sondern mit in sich selbst begründeten Geschicken zu tun haben, deren Notwendigkeit jedoch das dunkle Wirken einer Macht bleibt, die nicht selbst als diese Macht in ihrem göttlichen Herrschen bestimmter individualisiert und in ihrer Tätigkeit poetisch vorgestellt wird. Diesen Ton hält z. B. das Nibelungenlied fest, indem es die Leitung des blutigen letzten Ausgangs aller Taten weder der christlichen Vorsehung noch einer heidnischen Götterwelt zuschreibt. Denn in Rücksicht auf das Christentum ist nur etwa von Kirchgang und Messe die Rede, auch sagt der Bischof von Speyer, als die Helden in König Etzels Land ziehen wollen, zur schönen Ute: Gott müsse sie da bewahren. Außerdem kommen dann warnende Träume, die Wahrsagung der Donauweiber an Hagen und dergleichen mehr vor, doch keine eigentlich leitend eingreifenden Götter. Dies gibt der Darstellung etwas Starres, Unaufgeschlossenes, eine gleichsam objektive und dadurch höchst epische Trauer, ganz im Gegensatz der Ossianischen Gedichte, in welchen einerseits gleichfalls keine Götter auftreten, andererseits aber die Klage über den Tod und Untergang des gesamten Heldengeschlechts sich als subjektiver Schmerz des ergrauten Sängers und als die Wonne wehmütiger Erinnerung kundgibt.

Von dieser Art der Auffassung ist nun wesentlich die vollständige Verwebung aller menschlichen Schicksale und Naturereignisse mit dem Ratschluß, Willen und Handeln einer vielgestaltigen Götterwelt unterschieden, wie wir sie z. B. in den großen indischen Epopöen, bei Homer, Vergil usf. antreffen. Die von seiten des Dichters mannigfache poetische Ausdeutung selbst anscheinend zufälliger Begebenheiten durch das Mitwirken und Erscheinen der Götter habe ich früher bereits (Bd. II, S. 79 ff.) bemerklich gemacht und durch Beispiele aus der Ilias und Odyssee zu veranschaulichen versucht. Hier tritt nun besonders die Forderung ein, in dem Handeln der Götter und Menschen das poetische Verhältnis wechselseitiger Selbständigkeit zu bewahren, so daß weder die Götter zu leblosen Abstraktionen noch die menschlichen Individuen zu bloß gehorchenden Dienern herabsinken können. Wie dieser Gefahr zu entgehen sei, habe ich gleichfalls an einer anderen Stelle schon (Bd. I, S. 292–301) weitläufiger angegeben. Das indische Epos ist in dieser Rücksicht zu dem eigentlich idealen Verhältnis der Götter und Menschen nicht hindurchgedrungen, indem auf dieser Stufe der symbolischen Phantasie die menschliche Seite in ihrer freien schönen Wirklichkeit noch zurückgedrängt bleibt und die individuelle Tätigkeit des Menschen teils als Inkarnation der Götter erscheint, teils überhaupt als das Nebensächlichere verschwindet oder als asketische Erhebung in den Zustand und die Macht der Götter geschildert ist. – Umgekehrt wieder haben im Christentume die besonderen personifizierten Mächte, Leidenschaften, Genien der Menschen, Engel usf.

größtenteils zuwenig individuelle Selbständigkeit und werden dadurch leicht zu etwas Kaltem und Abstraktem. Das Ähnliche ist auch im Mohammedanismus der Fall. Bei der Entgötterung der Natur und Menschenwelt und dem Bewußtsein von der prosaischen Ordnung der Dinge läßt sich innerhalb dieser Weltanschauung, besonders wenn sie zum Märchenhaften übergeht, schwerer die Gefahr vermeiden, daß dem an und für sich Zufälligen und Gleichgültigen in den äußerlichen Umständen, die nur als Gelegenheit für das menschliche Handeln und die Bewährung und Entwicklung des individuellen Charakters da sind, ohne inneren Halt und Grund eine wunderbare Deutung gegeben wird. Hiermit ist zwar der ins Unendliche fortlaufende Zusammenhang von Wirkung und Ursache abgebrochen, und die vielen Glieder in dieser prosaischen Kette von Umständen, die nicht alle deutlich gemacht werden können, sind auf einmal in eins zusammengefaßt; geschieht dies aber ohne Not und innere Vernünftigkeit, so stellt sich solche Erklärungsweise, wie z. B. häufig in den Erzählungen in Tausendundeine Nacht, als ein bloßes Spiel der Phantasie heraus, welche das sonst Unglaubliche durch dergleichen Erdichtungen als möglich und wirklich geschehen motiviert.

Die schönste Mitte hingegen vermag die griechische Poesie auch in dieser Rücksicht zu halten, da sie sowohl ihren Göttern als auch ihren Helden und Menschen der ganzen Grundanschauung nach eine wechselseitig ungestörte Kraft und Freiheit selbständiger Individualität geben kann.

γγ) Doch kommt in betreff auf die gesamte Götterwelt besonders im Epos eine Seite zum Vorschein, die ich schon oben in anderer Beziehung angedeutet habe: der Gegensatz nämlich *ursprünglicher* Epopöen und in späterer Zeit *künstlich gemachter*. Am schlagendsten zeigt dieser Unterschied sich bei Homer und Vergil. Die Stufe der Bildung, aus welcher die Homerischen Gedichte hervorgegangen sind, bleibt mit dem Stoffe selbst noch in schöner Harmonie; bei Vergil dagegen erinnert uns jeder Hexameter daran, daß die Anschauungsweise des Dichters durchaus von der Welt verschieden ist, die er uns darstellen will, und die Götter vornehmlich haben nicht die Frische eigener Lebendigkeit. Statt selber zu leben und den Glauben an ihr Dasein zu erzeugen, erweisen sie sich als *bloße* Erdichtungen und äußerliche Mittel, mit denen es weder dem Dichter noch dem Zuhörer Ernst sein kann, obschon der Schein hineingelegt ist, als sei es wirklich mit ihnen großer Ernst. In dem ganzen Vergilischen Epos überhaupt scheint der gewöhnliche Tag, und die alte Überlieferung, die Sage, das Feenhafte der Poesie tritt mit prosaischer Klarheit in den Rahmen des bestimmten Verstandes herein; es geht in der *Äneis* wie in der römischen Geschichte des Livius her, wo die alten Könige und Konsuln Reden halten wie zu Livius' Zeiten ein Orator auf dem Markte Roms oder in der Schule der Rhetoren; wogegen denn, was sich traditionell erhalten hat wie die Fabel des Menenius Agrippa vom Magen (Livius, II, 32), als Redekunst der alten Zeit gewaltig absticht. Bei Homer aber schweben die Götter in einem magischen Lichte zwischen Dichtung und Wirklichkeit; sie sind der Vorstellung nicht so weit nahegebracht, daß uns ihre Erscheinung in alltäglicher Vollständigkeit entgegentreten könnte, und doch wieder ebensowenig so unbestimmt gelassen, daß sie keine lebendige Realität für unsere Anschauung haben sollten. Was sie tun, ließe sich gleich gut aus dem Inneren der handelnden Menschen erklären, und weshalb sie uns einen Glauben an sie aufdringen, das ist das Substantielle, der Gehalt, der ihnen zugrunde liegt. Nach dieser Seite ist es auch dem Dichter Ernst mit ihnen, ihre Gestalt aber und äußere Wirklichkeit behandelt er selber ironisch. So glaubten, wie es scheint, auch die Alten an diese Außenform der Erscheinung nur wie an Werke der Kunst, welche durch den Dichter ihre Bewährung und ihren Sinn erhalten. Diese heitere menschliche Frische der Veranschaulichung, durch welche selbst die Götter menschlich und natürlich erscheinen, ist ein Hauptverdienst der Homerischen Gedichte, während die Gottheiten des Vergil als kalt erdichtete Wunder und künstliche Maschinerie innerhalb des wirklichen Laufes der Dinge auf und nieder steigen. Vergil ist trotz seiner Ernsthaftigkeit, ja gerade um dieser ernsthaften Miene willen der Travestie nicht entgangen, und Blumauers[7] Merkur, als Kurier in Stiefeln mit Sporen und Peitsche, hat sein gutes Recht. Die Homerischen Götter braucht kein anderer ins Lächerliche zu ziehen; Homers eigene Darstellung macht sie genugsam lächerlich; denn müssen doch bei ihm selbst die Götter über den hinkenden Hephaistos lachen und über das kunstreiche Netz, in welchem Mars mit Venus liegt; außerdem erhält Venus Backenstreiche, und Mars schreit und fällt um. Durch diese naturfrohe Heiterkeit befreit uns der Dichter ebensosehr von der äußeren Gestalt, die er aufstellt, und hebt doch wiederum nur dieses menschliche Dasein auf, das er preisgibt, die durch sich selbst notwendige substantielle Macht dagegen und den Glauben an sie bestehen läßt. Um ein paar nähere Beispiele anzuführen, so ist die tragische Episode der Dido von so moderner Färbung, daß sie den Tasso zur Nachbildung, ja zum Teil zur wörtlichen Übersetzung anfeuern konnte und noch jetzt fast das Entzücken der Franzosen ausmacht. Und doch wie ganz anders menschlich naiv, ungemacht und wahr ist das alles in der Geschichte der Kirke und Kalypso. Von ähnlicher Art ist bei Homer das Hinabsteigen des Odysseus in den Hades. Dieser dunkle abendliche Aufenthalt der Schatten erscheint in einem trüben Nebel, in einer Mischung von Phantasie und Wirklichkeit, die uns mit wunderbarem Zauber ergreift. Homer läßt seinen Helden nicht in eine fertige Unterwelt niedersteigen, sondern Odysseus selbst gräbt sich eine Grube, und dahinein gießt er das Blut des Bockes, den er geschlachtet hat, dann zitiert er die Schatten, die sich zu ihm heranbemühen müssen, und heißt die einen das belebende Blut trinken, damit sie zu ihm reden und ihm Bericht geben können, und verjagt

---

7 Aloys Blumauer, 1760–1835, Altphilologe; travestierte Vergils *Aeneis*

die anderen, die sich um ihn im Durste nach Leben drängen, mit dem Schwert. Alles geschieht hier lebendig durch den Helden selbst, der sich nicht demütig wie Äneas und Dante benimmt. Bei Vergil dagegen steigt Äneas ordentlich herab, und die Treppe, der Zerberus, Tantalos und das übrige auch gewinnt die Gestalt einer bestimmt eingerichteten Haushaltung wie in einem steifen Kompendium der Mythologie.

Noch mehr steht uns dies Gemachte des Dichters als ein nicht aus der Sache selbst geschöpftes, sondern künstlich erarbeitetes Machwerk vor Augen, wenn die Geschichte, welche erzählt wird, uns sonst schon in ihrer eigentlich frischen Form oder historischen Wirklichkeit bekannt und geläufig ist. Von dieser Art z. B. sind Miltons *Verlorenes Paradies*, die Noachide Bodmers, Klopstocks *Messias*, Voltaires *Henriade* und andere mehr. In allen diesen Gedichten ist der Zwiespalt des Inhalts und der Reflexion des Dichters, aus welcher er die Begebenheiten, Personen und Zustände beschreibt, nicht zu verkennen. Bei Milton z. B. finden wir ganz die Gefühle, Betrachtungen einer modernen Phantasie und der moralischen Vorstellungen seiner Zeit. Ebenso haben wir bei Klopstock einerseits Gottvater, die Geschichte Christi, Erzväter, Engel usf., auf der anderen Seite die deutsche Bildung des achtzehnten Jahrhunderts und die Begriffe der Wolffischen Metaphysik. Und dies Gedoppelte erkennt sich in jeder Zeile. Allerdings legt hier der Inhalt selbst manche Schwierigkeit in den Weg. Denn Gottvater, der Himmel, die himmlischen Heerscharen sind nicht so für die Individualisierung der freien Phantasie geeignet als die Homerischen Götter, welche gleich den zum Teil phantastischen Erdichtungen im Ariost in ihrem äußeren Erscheinen, wenn sie nicht als Momente menschlicher Handlungen, sondern für sich als Individuen gegeneinander auftreten, zugleich den Spaß über dies Erscheinen enthalten. Klopstock gerät nun in Rücksicht auf religiöse Anschauung in eine bodenlose Welt hinein, die er mit dem Glanze einer weitschweifigen Phantasie ausstattet und dabei von uns verlangt, daß wir alles, was *er* ernsthaft meint, nun auch ernsthaft aufnehmen sollen. Dies ist besonders bei seinen Engeln und Teufeln schlimm. Etwas Gehaltvolles und individuell Einheimisches haben dergleichen Fiktionen noch, wenn, wie bei den Homerischen Göttern, der Stoff ihrer Handlungen im menschlichen Gemüte oder in einer sonstigen Realität gegründet ist, wenn sie z. B. als die eigenen Genien und Schutzengel bestimmter Menschen, als Patrone einer Stadt usf. Wert erhalten; außerhalb solcher konkreten Bedeutung aber geben sie sich um so mehr als eine bloße Leerheit der Einbildung, je mehr ihnen eine ernsthafte Existenz zugeschrieben wird. Abbadona z. B., der reuige Teufel (*Messias*, 2. Gesang, Vers 627–850), hat weder irgendeinen rechten allegorischen Sinn – denn in dieser fixierten Abstraktion, dem Teufel, ist eben keine solche Inkonsequenz des Lasters, das sich zur Tugend umkehrt –, noch ist solche Gestalt etwas in sich wirklich Konkretes. Wäre Abbadona ein Mensch, so würde die Hinwendung zu Gott gerechtfertigt erscheinen, bei dem Bösen für sich aber, das nicht ein einzelnes menschliches Böses ist, bleibt sie eine nur gefühlvolle moralische Trivialität. In solchen unrealen Erdichtungen von Personen, Zuständen und Begebenheiten, die nichts aus der daseienden Welt und deren poetischem Gehalte Herausgegriffenes sind, gefällt sich Klopstock vor allem. Denn auch mit seiner moralischen Weltrichterschaft der Schwelgerei der Höfe usf. steht es nicht besser, besonders dem Dante gegenüber, der die bekannten Individuen seiner Zeit mit einer ganz anderen Wirklichkeit in die Hölle verdammt. Von derselben poetischen Realitätslosigkeit dagegen ist bei Klopstock auch die Auferstehungsfreude der schon zu Gott versammelten Seelen Adams, Noahs, Sems und Japhets usw., die im 11. Gesange der Messiade auf Gabriels Gebot ihre Gräber wieder besuchen. Das ist nichts Vernünftiges und in sich selbst Haltbares. Die Seelen haben im Anschauen Gottes gelebt, sehen nun die Erde, aber gelangen zu keinem neuen Verhältnis; daß sie dem Menschen erschienen, wäre noch das Beste, zu dem es kommen könnte, aber auch das geschieht nicht einmal. Es fehlt hier zwar nicht an schönen Empfindungen, lieblichen Situationen, und besonders ist der Moment, in welchem die Seele sich wieder verleiblicht, von anziehender Schilderung, aber der *Inhalt* bleibt für uns eine Erdichtung, an die wir nicht glauben. Solchen abstrakten Vorstellungen gegenüber hat das Bluttrinken der Schemen bei Homer, ihre Wiederbelebung zum Erinnern und Sprechen unendlich mehr innere poetische Wahrheit und Realität. – Von seiten der Phantasie sind diese Gemälde bei Klopstock wohl reich geschmückt, das Wesentlichste jedoch bleibt immer die lyrische Rhetorik der Engel, welche nur als bloße Mittel und Diener erscheinen, oder auch der Erzväter und sonstiger biblischer Figuren, deren Reden und Expektorationen dann schlecht genug mit der historischen Gestalt zusammenstimmen, in welcher wir sie sonst bereits kennen. Mars, Apollo, Krieg, Wissen usf., diese Mächte sind weder ihrem Gehalt nach etwas bloß Erdichtetes wie die Engel noch bloß historische Personen von historischem Fond wie die Erzväter, sondern es sind bleibende Gewalten, deren *Form* und Erscheinung nur *poetisch* gemacht ist. In der Messiade aber, soviel Vortreffliches sie auch enthält – ein reines Gemüt und glänzende Einbildungskraft –, kommt doch gerade durch die Art der Phantasie unendlich viel Hohles, abstrakt Verständiges und zu einem beabsichtigten Gebrauche Herbeigeholtes herein, das bei der Gebrochenheit des Inhalts und der Vorstellungsweise desselben das ganze Gedicht nur zu bald zu etwas Vergangenem gemacht hat. Denn es lebt und erhält sich nur, was ungebrochen in sich auf ursprüngliche Weise ursprüngliches Leben und Wirken darstellt. An die ursprünglichen Epopöen muß man sich deshalb halten und sich ebenso von den entgegenstrebenden Gesichtspunkten seiner wirklichen geltenden Gegenwart als auch vor allem von den falschen ästhetischen Theorien und Ansprüchen entbinden, wenn man die ursprüngliche Weltanschauung der Völker, diese große geistige

Naturgeschichte, genießen und studieren will. Wir können unserer neuesten Zeit und unserer deutschen Nation Glück wünschen, daß sie zur Erreichung dieses Zwecks die alte Borniertheit des Verstandes durchbrochen und den Geist durch die Befreiung von beschränkten Ansichten empfänglich für solche Anschauungen gemacht hat, die man als Individuen nehmen muß, welche befugt sind, so zu sein, wie sie waren, als die berechtigten Völkergeister, deren Sinn und Tat in ihren Epopöen aufgeschlagen vor uns liegt.

c. Das Epos als einheitsvolle Totalität

Wir haben bisher in betreff auf die besonderen Anforderungen an das eigentliche Epos auf der einen Seite von dem *allgemeinen* Welthintergrunde gesprochen, auf der anderen Seite von der *individuellen* Begebenheit, die auf diesem Boden vor sich geht, sowie von den unter Leitung der Götter und des Schicksals handelnden Individuen. Diese beiden Hauptmomente nun müssen sich *drittens* zu ein und demselben epischen Ganzen zusammenschließen, rücksichtlich dessen ich nur folgende Punkte näher berühren will:

erstens nämlich die Totalität der *Objekte,* welche um des Zusammenhanges der besonderen Handlung mit ihrem substantiellen Boden willen zur Darstellung gelangen dürfen;

zweitens den von der Lyrik und dramatischen Poesie verschiedenen Charakter der epischen *Entfaltungsweise*;

drittens die konkrete *Einheit,* zu welcher sich das epische Werk seiner breiten Auseinanderlegung ungeachtet in sich abzurunden hat.

α) Der Inhalt des Epos ist, wie wir sahen, das Ganze einer Welt, in der eine individuelle Handlung geschieht. Hier treten deshalb die mannigfaltigsten Gegenstände ein, die zu den Anschauungen, Taten und Zuständen einer Welt gehören.

αα) Die lyrische Dichtkunst geht zwar zu bestimmten Situationen fort, innerhalb welcher dem lyrischen Subjekte eine große Mannigfaltigkeit des Inhalts in seine Empfin-

dung und Reflexion hineinzuziehen vergönnt bleibt; doch ist
es in dieser Gattung immer die Form des Inneren, die den
Grundtypus abgibt und schon dadurch die breite Veranschaulichung der äußeren Realität von sich ausschließt.
Umgekehrt führt uns das dramatische Kunstwerk die Charaktere und das Geschehen der Handlung selbst in wirklicher
Lebendigkeit vor, so daß hier die Schilderung des Lokals,
der Außengestalt der handelnden Personen und des Begebens als solchen von Hause aus fortfällt und überhaupt
mehr die inneren Motive und Zwecke als der breite Weltzu-
sammenhang und die reale Zuständlichkeit der Individuen
zur Sprache kommen muß. Im Epos aber gewinnt außer
der umfassenden Nationalwirklichkeit, auf welcher die Handlung basiert ist, ebensowohl das Innere als das Äußere Platz,
und so legt sich hier die ganze Totalität dessen auseinander,
was zur Poesie des menschlichen Daseins zu rechnen ist.
Hierher können wir auf der einen Seite die Naturumgebung zählen, und zwar nicht nur etwa als die jedes-
malige bestimmte Örtlichkeit, in welcher die Handlung vor
sich geht, sondern auch als die Anschauung von dem Ganzen
der Natur; wie ich z. B. bereits anführte, daß wir aus der
Odyssee kennenlernen, in welcher Weise sich die Griechen
zur Zeit des Homer die Form der Erde, des umherfließenden
Meeres usf. zur Vorstellung brachten. Aber diese Naturmo-
mente sind nicht der Hauptgegenstand, sondern die bloße
Grundlage; denn auf der anderen Seite entfaltet sich als das
Wesentlichere die Vorstellung von der gesamten Götterwelt
in ihrem Dasein, Wirken, Handeln, und dazwischen drittens
tritt das Menschliche als solches in seiner Totalität häuslicher
und öffentlicher, friedlicher und kriegerischer Situationen,
Sitten, Gebräuche, Charaktere und Begebnisse; und zwar
immer nach zwei Richtungen hin, sowohl nach der des individuellen Begebnisses als auch nach der eines allgemeinen
Zustandes innerhalb nationeller und sonstiger Wirklichkeit.
In bezug auf diesen geistigen Inhalt endlich stellt sich nicht
etwa nur das äußere Geschehen dar, sondern gleichmäßig

sollen uns auch die inneren Empfindungen, die Zwecke und Absichten, die Darlegung des berechtigten oder unberechtigten individuellen Handelns zum Bewußtsein kommen. Der eigentliche Stoff des Lyrischen und Dramatischen also bleibt gleichfalls nicht aus, obschon im Epischen sich diese Seiten, statt die Grundform für die ganze Darstellung herzugeben, nur als Momente geltend machen und dem Epos seinen eigentümlichen Charakter nicht abstreifen dürfen. Es ist daher nicht als wahrhaft episch anzusehen, wenn die lyrischen Äußerungen, wie dies z. B. bei Ossian der Fall ist, den Ton und die Färbung bestimmen oder wenn sie, wie zum Teil bei Tasso schon und dann vornehmlich bei Milton und Klopstock, sich als diejenige Partie herausheben, in welcher der Dichter das Beste leistete, was er zu liefern vermag; sondern die Empfindungen und Reflexionen müssen, wie das Äußere, gleichfalls als etwas Geschehenes, Gesagtes, Gedachtes berichtet werden und den ruhig fortschreitenden epischen Ton nicht unterbrechen. Der abgerissene Schrei der Empfindung, überhaupt das Sichaussingen der inneren Seele, die nur, um *sich* darstellig zu machen, zum Ergusse kommt, hat daher im Epos keinen Spielraum. Nicht minder lehnt die epische Poesie auch die Lebendigkeit des dramatischen Dialogs von sich ab, in welchem die Individuen ihrer unmittelbaren Gegenwart nach ein Gespräch führen und die Hauptrücksicht immer das charakteristische Entgegenreden der Personen bleibt, die einander überzeugen, gebieten, imponieren oder mit der Leidenschaft ihrer Gründe gleichsam umrennen wollen.

ββ) Den eben angeführten vielseitigen Inhalt nun aber *zweitens* hat uns das Epos nicht in seiner nur für sich selbst daseienden Objektivität vor Augen zu stellen; sondern die Form, durch welche es zum eigentlichen Epos wird, ist, wie ich schon mehrfach sagte, ein *individuelles* Begebnis. Soll diese in sich begrenzte Handlung mit dem sonst noch hinzutretenden Stoffe in Verbindung bleiben, so muß dieser weitere Kreis in steten Bezug auf das Geschehen der individuellen Begebenheit gebracht sein und darf nicht selbständig aus derselben herausfallen. Für solch ein Ineinanderflechten gibt die Odyssee das schönste Vorbild. Die häuslichen Friedenszustände der Griechen z. B. sowie die Vorstellungen von fremden barbarischen Völkern und Ländern, von dem Reiche der Schatten usf. sind so eng mit der individuellen Irrfahrt des heimkehrenden Odysseus und des nach dem Vater ausreisenden Telemachos verwebt, daß sich keine dieser Seiten abstrakt von dem eigentlichen Begebnis ablöst und sich für sich verselbständigt oder wie der Chor in der Tragödie, der nicht handelt und nur das Allgemeine vor sich hat, träge sich in sich zurückziehen kann, sondern mit in das Fortrücken der Begebenheiten einwirkt. In der ähnlichen Weise erhält auch die Natur und Götterwelt nicht ihrer selbst wegen, sondern im Verhältnis zu der besonderen Handlung, welche zu leiten die Obliegenheit der Götter ist, eine dadurch erst individuelle und lebensreiche Darstellung. In diesem Falle allein kann das Erzählen nirgend als eine bloße Schilderung unabhängiger Gegenstände erscheinen, da es überall das fortlaufende Geschehen der Begebenheit berichtet, welche sich der Dichter zum einigenden Stoffe des Ganzen auserwählt hat. Umgekehrt aber darf das besondere Begebnis seinerseits die substantielle Nationalgrundlage und Totalität, auf der es sich hinbewegt, nicht so sehr in sich hineinnehmen und aufzehren wollen, daß dieselbe sich aller selbständigen Existenz entschlagen und sich als nur dienstbar erweisen müßte. In dieser Hinsicht wäre z. B. der Zug des Alexander gegen den Orient kein guter Stoff für eine echte Epopöe. Denn diese Heldentat beruht ihrem Entschluß wie ihrer Ausführung nach so sehr nur auf ihm als diesem *einen* Individuum, sein individueller Geist und Charakter ist so sehr ihr alleiniger Träger, daß der nationalen Basis, dem Heer und den Führern desselben, ganz die unabhängige Existenz und Stellung fehlt, die wir oben als notwendig bezeichnet haben. Alexanders Heer ist sein Volk, schlechthin an ihn und seinen Befehl gebunden, ihm *nur* untergeben, nicht freiwillig gefolgt; die eigentlich epische Lebendigkeit aber liegt darin, daß beide Hauptseiten, die besondere Handlung mit ihren Individuen und der allgemeine Weltzustand, zwar in steter Vermittlung bleiben, doch in diesem wechselseitigen Verhältnis zugleich die nötige Selbständigkeit bewahren, um sich als eine Existenz geltend zu machen, die auch für sich selber Dasein gewinnt und hat.

γγ) Wenn wir nun schon an den epischen substantiellen Boden überhaupt die Forderung stellten, daß er, um aus sich eine individuelle Handlung entstehen zu lassen, kollisionsvoll sein müsse, und zweitens sahen, daß diese allgemeine Grundlage nicht für sich, sondern nur in Form einer bestimmten Begebenheit und in bezug auf sie zum Vorschein kommen dürfe, so wird in diesem individuellen Begebnisse auch der *Ausgangspunkt* für das ganze epische Gedicht zu suchen sein. Dies ist besonders für die Anfangssituationen von Wichtigkeit. Auch hierin können wir die Ilias und Odyssee als Muster bezeichnen. In ersterer ist der Trojanische Krieg der allgemeine, lebendig mit eintretende Hintergrund, der uns aber nur innerhalb der bestimmten Begebenheit, welche sich an den Zorn des Achilles knüpft, vor Augen kommt, und so beginnt das Gedicht in schönster Klarheit mit den Situationen, welche den Haupthelden zur Leidenschaft gegen Agamemnon aufreizen. In der Odyssee sind es zwei verschiedene Zustände, die den Stoff für den Anfang liefern können: die Irrfahrt des Odysseus und die häuslichen Vorfälle auf Ithaka. Homer rückt sie beide nahe aneinander, indem er zuerst von dem heimkehrenden Helden nur kurz berichtet, daß Kalypso ihn zurückgehalten, und dann sogleich zu Penelopes Leiden und der Fahrt des Telemachos überschreitet. Was die gehinderte Rückkehr möglich und was sie von seiten der daheim Zurückgebliebenen notwendig macht, beides überschauen wir mit einem Blicke.

β) Von solch einem Anfange aus hat nun *zweitens* das epische Werk in einer von dem lyrischen und dramatischen Gedicht ganz verschiedenen Weise fortzuschreiten.

αα) Das Nächste, was in Ansehung hierauf zu berücksichtigen ist, betrifft die *Breite*, zu welcher das Epos auseinandergeht. Sie findet ihren Grund sowohl im Inhalte desselben als auch in der Form. Die Mannigfaltigkeit der Gegenstände, welche zu einer nach ihren inneren Kräften, Trieben und Verlangen des Geistes wie nach ihrer äußerlichen Situation und Umgebung vollständig entwickelten epischen Welt gehören, haben wir soeben gesehen. Indem nun alle diese Seiten die Form der Objektivität und realen Erscheinung annehmen, bildet sich jede derselben zu einer in sich selbständigen inneren und äußeren Gestalt aus, bei welcher der epische Dichter beschreibend oder darstellend verweilen und ihr erlauben darf, sich in ihrer Äußerlichkeit zu entfalten, während die Lyrik alles, was sie auffaßt, zur Innigkeit der Empfindung konzentriert oder zur zusammenfassenden Allgemeinheit der Reflexion verflüchtigt. Mit der Objektivität ist unmittelbar das Außereinander und die bunte Fülle mannigfaltiger Züge gegeben. Schon in dieser Rücksicht hat in keiner anderen Gattung das Episodische so sehr ein Recht, sich fast bis zum Scheine ungefesselter Selbständigkeit zu emanzipieren, als im Epos. Die Lust an dem, was da ist, und an der Form der wirklichen Realität darf jedoch, wie ich schon sagte, nicht so weit gehen, auch Zustände und Erscheinungen mit in das Gedicht aufzunehmen, welche in gar keinem Zusammenhange mit der besonderen Handlung oder deren Grundlage stehen, sondern selbst die Episoden müssen sich in betreff auf den Fortgang der Begebenheit, sei es auch als Hemmnis und aufhaltendes Zwischenereignis, wirksam erweisen. Dessenungeachtet kann um der Form der Objektivität willen im Epos die Verbindung der einzelnen Teile nur lockerer Art sein. Denn im Objektiven bleibt die Vermittlung das innere Ansich; was sich dagegen nach außen kehrt, ist die unabhängige Existenz der besonderen Seiten. Dieser Mangel an strenger Einigung und herausgehobener Beziehung der einzelnen Glieder des epischen Gedichtes, das seiner ursprünglichen Gestalt nach außerdem eine frühe Epoche des

Entstehens hat, wird dann der Grund, daß es sich einerseits leichter als lyrische und dramatische Werke zu späteren Anfügungen oder Fortlassungen hergibt, während es andererseits selber einzelne, schon vorher bis zu einer gewissen Kunsthöhe ausgestaltete Sagen als besondere Seiten in das neue zusammenfassende Ganze einreiht.

ββ) Wenden wir uns nun *zweitens* auf die Art und Weise hin, in welcher die epische Poesie den Fortgang und Verlauf der Ereignisse zu *motivieren* befugt sein kann, so darf sie den Grund dessen, was geschieht, weder nur aus der subjektiven Stimmung noch aus der bloßen Individualität des Charakters entnehmen und dadurch das eigentliche Gebiet des Lyrischen und Dramatischen betreten, sondern muß sich auch in dieser Rücksicht an die Form der Objektivität halten, welche den epischen Grundtypus ausmacht. Auf der einen Seite nämlich sahen wir bereits mehrfach, daß die äußeren Umstände für die erzählende Darstellung von nicht minderer Gewichtigkeit wären als die Bestimmungen vom Innern des Charakters aus. Denn im Epos stehen Charakter und Notwendigkeit des Äußerlichen als gleich stark nebeneinander; und das epische Individuum kann deshalb den äußeren Umständen, ohne Schaden für seine poetische Individualität, nachzugeben scheinen und in seinem Handeln das Resultat der Verhältnisse sein, so daß diese dadurch als das Mächtige an die Stelle des im Drama ausschließlich wirkenden Charakters treten. In der Odyssee vornehmlich ist der Fortgang der Ereignisse fast durchweg in dieser Weise motiviert. Ebenso in den Abenteuern des Ariost und sonstigen Epopöen, welche einen mittelalterlichen Stoff besingen. Auch der Götterbefehl, welcher den Äneas zum Gründer Roms bestimmt, sowie die mannigfaltigen Vorfälle, welche die Ausführung ins Weite hinausschieben, würden eine schlechthin undramatische Motivierungsart sein. Der ähnliche Fall tritt in Tassos *Befreitem Jerusalem* ein, wo sich außer der tapferen Gegenwehr der Sarazenen noch vielfach Naturereignisse dem Zwecke des christlichen Heeres entgegenstellen. Und solcher Beispiele ließen sich viele fast aus allen berühmten Epopöen anführen. Denn solche Stoffe gerade, in welchen diese Darstellungsweise möglich und notwendig wird, hat der epische Dichter auszuwählen.

Dasselbige findet da statt, wo sich das Resultat aus dem wirklichen Entschluß der Individuen ergeben soll. Auch hier nämlich muß nicht dasjenige herausgenommen und ausgesprochen werden, was der Charakter im dramatischen Sinne des Worts, seinem Zwecke und der individuellen Leidenschaft nach, die ihn einseitig beseelt, aus den Umständen und Verhältnissen macht, um seinen Charakter sowohl gegen dies Äußere als auch gegen andere Individuen zu behaupten; sondern das epische Individuum schließt dies reine Handeln nach seinem subjektiven Charakter sowie den Erguß bloß subjektiver Stimmungen und zufälliger Gefühle aus und hält sich umgekehrt einerseits an die Umstände und deren Realität, so wie andererseits das, wodurch es bewegt wird, das an und für sich Gültige, Allgemeine, Sittliche usw. sein muß. Homer besonders gibt hierüber zu unerschöpflichen Betrachtungen Anlaß. Die Klagen z. B. der Hekuba über Hektors, des Achilles über Patroklos' Tod, welche dem Inhalte nach ganz lyrisch behandelt sein könnten, gehen dennoch nicht aus dem epischen Tone heraus, und ebensowenig fällt Homer in Situationen, die sich für dramatische Darstellung eignen würden, wie z. B. der Streit des Agamemnon und Achill im Rate der Fürsten oder der Abschied Hektors und Andromaches, irgend in den dramatischen Stil. Nehmen wir z. B. die letztere Szene, so gehört sie zum Schönsten, was die epische Poesie irgend zu geben imstande ist. Selbst in Schillers Wechselgesang der Amalie und des Karl in den *Räubern,* wo derselbe Gegenstand ganz lyrisch behandelt sein soll, klingt noch ein epischer Ton aus der Ilias nach. Zu welch epischer Wirkung aber beschreibt Homer im sechsten Buch der Ilias, wie Hektor Andromache im Hause vergeblich aufsucht und sie dann erst auf dem Wege am Skäischen Tore findet, wie sie ihm entgegeneilt, neben ihn tritt und zu ihm, der mit stillem Lächeln sein Knäblein auf dem Arme der Wärterin anblickt, sagt: »Wunderbarer, verderben wird dich dein Mut, und du erbarmst dich weder des unmündigen Knaben noch meiner, der Unglücklichen, die bald Witwe sein wird von dir; denn bald töten werden dich die Achäer, zusamt einstürmend: mir aber wäre es besser, habe ich dich verloren, unter die Erde zu gehn. Nicht bleibt mir ein anderer Trost, wenn auch du dem Schicksal erlegen, als Leiden! Weder den Vater habe ich mehr noch die hohe Mutter.« Und nun erzählt sie weitläufig den Hergang von ihres Vaters und der sieben Brüder Tode, die ihr alle Achilles erschlug; von der Mutter Gefangenschaft, Auslösung und Ende. Dann erst wendet sie sich wieder mit eindringlicher Bitte zu Hektor, der ihr nun Vater und Mutter ist, Bruder und blühender Gatte, und fleht ihn an, auf dem Turme zu bleiben und nicht den Knaben zur Waise und sie, die Gattin, zur Witwe zu machen. Ganz in der ähnlichen Art antwortet ihr Hektor: »Auch ich, um dies alles bin ich besorgt, o Weib, aber zu sehr scheue ich die Troer, wenn ich hier als ein Feiger die Schlacht vermiede; auch nicht die Wallung des Augenblicks treibt mich, da ich gewohnt bin, immer tapfer zu sein und unter den vordersten Troern zu kämpfen, schirmend zugleich den hohen Ruhm des Vaters und den meinen. Wohl zwar weiß ich es in Sinn und Gemüt, kommen werde der Tag, an welchem das heilige Ilion fällt und Priamos und das Volk des lanzenkundigen Königs. Aber nicht um der Troer Leid sorg ich soviel noch um Hekubas selber und des Priamos noch der leiblichen Brüder, die in den Staub fallen werden unter den Feinden, als um dich, wenn dich Weinende ein erzumschienter Achäer wegführt, den Tag dir der Freiheit raubend, und du in Argos an dem Rocken einer anderen spinnst oder mühsam Wasser trägst, widerwillig, aber die mächtige Notwendigkeit über dir liegt und dann wohl einer sagt, dich sehend, die Weinende: dies ist Hektors Weib, des tapfersten Kämpfers unter den Troern, als um Ilion gestritten ward. So spricht vielleicht irgendwer, und dich wird dann das Weh befallen, daß du solch eines Mannes entbehrst, der von dir die Knechtschaft abwehrte. Mich aber möge die Erde verbergen, ehe ich von deinem Geschrei und deinem Wegführen höre.« Was Hektor hier sagt, ist empfindungsreich, rührend, doch nicht in lyrischer Weise nur oder in dramatischer, sondern episch, weil das Bild der Leiden, welches er entwirft und das ihm selber wehe tut, einerseits die Umstände, das rein Objektive darstellt, während andererseits das, was ihn treibt und bewegt, nicht als persönliches Wollen, als subjektiver Entschluß erscheint, sondern als eine Notwendigkeit, die gleichsam nicht sein eigener Zweck und Wille ist. Von ähnlich *epischer* Rührung sind auch die Bitten, mit welchen Besiegte in umständlichen Angaben und mit Gründen die siegenden Helden um ihr Leben anflehen; denn eine Bewegung des Gemüts, die nur aus den Umständen herfließt und nur durch Motive der objektiven Verhältnisse und Situationen zu rühren unternimmt, ist nicht dramatisch, obschon neuere Tragiker sich hin und wieder auch dieser Wirkungsart bedient haben. Die Szene auf dem Schlachtfelde z. B. in Schillers *Jungfrau von Orleans* zwischen dem englischen Ritter Montgomery und Johanna (2. Akt, 6. Szene) ist, wie schon andere richtig bemerkt haben, mehr episch als dramatisch. Den Ritter verläßt in der Stunde der Gefahr sein ganzer Mut, und dennoch vermag er, gedrängt von dem ergrimmten Talbot, der die Feigheit mit dem Tode straft, und der Jungfrau, welche auch die Tapfersten besiegt, nicht die Flucht zu ergreifen. Oh, ruft er aus,

> Wär ich nimmer über Meer hierher geschifft,
> Ich Unglücksel'ger! Eitler Wahn betörte mich,
> Wohlfeilen Ruhm zu suchen in dem Frankenkrieg,
> Und jetzo führt mich das verderbliche Geschick
> In diese blut'ge Mordschlacht. – Wär ich weit von hier
> Daheim noch an der Savern' blühendem Gestad
> Im sichern Vaterhause, wo die Mutter mir
> In Gram zurückblieb und die zarte, süße Braut.

Dies sind unmännliche Äußerungen, welche die ganze Figur des Ritters weder für das eigentliche Epos noch für die Tragödie passend machen, sondern sie mehr in die Komödie verweisen. Als nun Johanna mit dem Ausruf:

Du bist des Todes! Eine brit'sche Mutter zeugte dich –

auf ihn zuschreitet, wirft er Schwert und Schild fort und fleht zu ihren Füßen um sein Leben. Die Gründe sodann, welche er, um sie zu bewegen, weitläufig ausführt: seine Wehrlosigkeit; der Reichtum des Vaters, der ihn mit Golde auslösen werde; die Milde des Geschlechts, zu welchem Johanna als Jungfrau gehöre; die Liebe der süßen Braut, die weinend daheim der Wiederkehr des Geliebten harre; die jammervollen Eltern, die er zu Haus verlassen; das schwere Schicksal, in der Fremde unbeweint zu sterben – alle diese Motive betreffen einerseits an sich selber schon objektive Verhältnisse, die Wert und Gültigkeit haben, andererseits ist die ruhige Exposition derselben epischer Art. In der gleichen Weise motiviert der Dichter den Umstand, daß Johanna ihn anhören muß, äußerlich durch die Wehrlosigkeit des Bittenden, während sie ihn doch, dramatisch genommen, gleich beim ersten Anblick ohne Zögern töten müßte, da sie als unrührbare Feindin aller Engländer auftritt und diesen verderbenbringenden Haß mit großer Rhetorik ausspricht und dadurch rechtfertigt, daß sie dem Geisterreiche durch den furchtbar bindenden Vertrag verpflichtet sei,

Mit dem Schwert zu töten alles Lebende, das mir
Der Schlachten Gott verhängnisvoll entgegenschickt.

Käme es ihr nur darauf an, daß Montgomery nicht unbewaffnet sterben solle, so hätte er, da sie ihn so lange schon angehört hat, das beste Mittel, am Leben zu bleiben, in seinen Händen: er brauchte nur nicht wieder zu den Waffen zu greifen. Doch auf ihre Aufforderung, mit ihr, der selber Sterblichen, um des Lebens süße Beute zu kämpfen, faßt er das Schwert wieder und fällt von ihrem Arm. Dieser *Fortgang* der Szene, ohne die breiten epischen Explikationen, würde sich besser schon für das Drama eignen.

γγ) Im allgemeinen nun *drittens* können wir die Art des poetischen Verlaufs epischer Begebnisse sowohl in bezug auf die äußere Breite, zu welcher die nähere Veranschaulichung nötigt, als auch in Rücksicht auf das Vorschreiten zu dem Endresultat der Handlung besonders der dramatischen Poesie gegenüber so charakterisieren, daß die epische Darstellung nicht nur überhaupt beim Ausmalen der objektiven Realität und inneren Zustände verweilt, sondern außerdem der endlichen Auflösung *Hemmungen* entgegenstellt. Hierdurch vornehmlich leitet sie von der Durchführung des Hauptzweckes, dessen konsequent sich fortentwickelnden Kampf der dramatische Dichter nie darf aus den Augen verlieren, nach vielen Seiten hin ab und erhält damit eben die Gelegenheit, uns die Totalität einer Welt von Zuständen vor Augen zu bringen, welche sonst nicht zur Sprache kommen könnte. Mit solch einem Hemmnis überhaupt z. B. beginnt die Ilias, insofern Homer gleich von der tödlichen Krankheit erzählt, welche Apollo im Lager der Griechen hat ausbrechen lassen, und daran nun den Streit des Achill und Agamemnon knüpft. Dieser Zorn ist das zweite Hemmnis. Mehr noch ist in der Odyssee jedes Abenteuer, das Ulysses bestehen muß, eine Verzögerung der Heimkehr. Besonders aber dienen die *Episoden* zur Unterbrechung des unmittelbaren Fortgangs und sind größtenteils hemmender Art. So z. B. der Schiffbruch des Äneas, die Liebe zur Dido, das Auftreten der Armida bei Vergil und Tasso sowie in dem romantischen Epos überhaupt die vielen selbständigen Liebesabenteuer der einzelnen Helden, welche bei Ariosto sogar zu einer so bunten Mannigfaltigkeit sich anhäufen und durcheinanderschlingen, daß dadurch der Kampf der Christen und Sarazenen ganz verdeckt wird. In Dantes *Göttlicher Komödie* treten zwar keine ausdrücklichen Hindernisse für den Fortgang ein, aber hier liegt das episch langsame Vorschreiten teils überhaupt in der überall sich aufhaltenden Schilderung, teils in den vielen kleinen episodischen Geschichten und Besprechungen mit einzelnen Verdammten usf., von denen der Dichter einen genaueren Bericht erstattet.

In dieser Rücksicht ist es nun aber vor allem notwendig, daß dergleichen Hindernisse, welche sich dem zum Ziele voreilenden Gange in den Weg legen, sich nicht als bloße zu äußeren Zwecken angewendete Mittel zu erkennen geben. Denn wie schon der allgemeine Zustand, auf dessen Boden die epische Welt sich bewegt, nur dann wahrhaft poetisch ist, wenn er sich von selber gemacht zu haben scheint, so muß auch der ganze Verlauf durch die Umstände und das ursprüngliche Schicksal um so mehr wie von selber entstehen, ohne daß man dabei die subjektiven Absichten des Dichters herausmerkt, je mehr gerade die Form der Objektivität, sowohl nach seiten der realen Erscheinung als auch in betreff auf das Substantielle des Gehalts, dem Ganzen wie den einzelnen Teilen den Anspruch zuteilt, durch sich und für sich selber dazusein. Steht aber eine leitende Götterwelt an der Spitze, deren Hand die Begebnisse lenkt, so ist besonders in diesem Falle wieder für den Dichter selbst ein noch frischer, lebendiger Götterglaube nötig, da es meistens die Götter sind, durch welche dergleichen Hindernisse hervorgerufen werden, so daß nun also, wo diese Mächte nur als leblose Maschinerie gehandhabt sind, auch das, was von ihnen ausgeht, zu einem absichtlichen bloßen Machwerk des Dichters herabsinken muß.

γ) Nachdem wir nun die Totalität der Gegenstände kurz berührt haben, welche das Epos durch Verwebung einer besonderen Begebenheit mit einem allgemeinen nationalen Weltzustande entfalten kann, und sodann zur Entwicklungsweise im Verlauf der Ereignisse fortgegangen sind, fragt es sich *drittens* nur noch nach der *Einheit* und *Abrundung* des epischen Werks.

αα) Dies ist ein Punkt, der, wie ich früher bereits andeutete, jetzt um so wichtiger ist, als man neuerdings der Vorstellung hat Raum geben wollen, man könne ein Epos sich beliebig enden lassen oder es fortsingen, wie man wolle. Obschon diese Ansicht von geistvollen und gelehrten Männern wie z. B. von F. A. Wolf verfochten worden ist, so bleibt sie dennoch nicht weniger roh und barbarisch, da sie in der Tat nichts anderes als den schönsten epischen Gedichten den eigentlichen Charakter von Kunstwerken absprechen heißt. Denn nur dadurch, daß ein Epos eine total in sich beschlossene und hiermit erst selbständige Welt schildert, ist es überhaupt ein Werk der freien Kunst, im Unterschiede der teils zerstreuten, teils in einem endlosen Verlaufe von Abhängigkeiten[8], Ursachen, Wirkungen und Folgen sich fortziehenden Wirklichkeit. Freilich kann man so viel zugeben, daß für das eigentliche, ursprüngliche Epos die rein ästhetische Beurteilung des Planes und der Organisation der Teile, der Stellung und Fülle der Episoden, der Art der Gleichnisse usf. nicht die Hauptsache sei, indem hier mehr als in der späteren Lyrik und kunstreichen dramatischen Ausbildung die Weltanschauung, der Götterglaube, überhaupt das Gehaltvolle solcher Volksbibeln als die überwiegende Seite muß angesprochen werden. Dessenungeachtet aber dürfen auch die nationalen Grundbücher wie der Ramajana, die Ilias und Odyssee und selbst das Lied von den Nibelungen darüber nicht dasjenige verlieren, was allein in Rücksicht auf Schönheit und Kunst ihnen die Würde und Freiheit von Kunstwerken geben kann, daß sie uns nämlich ein abgerundetes Ganzes von Handlung vor die Anschauung bringen. Es ist daher wesentlich nur darum zu tun, die begriffsmäßige Art dieser Abgeschlossenheit aufzufinden.

ββ) »Einheit«, so ganz im allgemeinen genommen, ist auch für die Tragödie ein trivial gewordenes Wort, das zu vielen Mißbräuchen verleiten kann. Denn jede Begebenheit geht in ihren Veranlassungen und Folgen ins Unendliche fort und leitet sich nach seiten der Vergangenheit wie der Zukunft ganz ebenso unberechenbar an einer Kette von besonderen Umständen und Taten weiter, als es sich nicht bestimmen

---

8 so in der 1. Auflage gegenüber »Unabhängigkeiten« in der 2. Auflage

läßt, was alles von Zuständen und sonstigen Einzelheiten darein eintreten und als damit zusammenhängend angesehen werden soll. Nimmt man nur auf diese *Reihenfolge* Rücksicht, dann freilich läßt sich ein Epos nach rückwärts und vorwärts immer fortsingen und gibt außerdem zu Einschiebseln die stets offenstehende Gelegenheit. Solche Reihenfolge aber macht gerade das Prosaische aus. Um ein Beispiel anzuführen, so haben die zyklischen Dichter bei den Griechen den ganzen Umkreis des Trojanischen Krieges besungen und deshalb da fortgefahren, wo Homer aufhört, und vom Ei der Leda wieder angefangen; doch eben um deswegen schon sind sie, den Homerischen Gedichten gegenüber, prosaischer geworden. Ebensowenig, wie ich bereits oben sagte, kann ein Individuum als solches den alleinigen Mittelpunkt abgeben, weil von diesem die mannigfaltigsten Ereignisse ausgehen und demselben begegnen können, ohne untereinander irgend als Begebenheiten in Zusammenhang zu stehen. Wir haben uns daher nach einer anderen Art der Einheit umzublicken. In dieser Hinsicht müssen wir kurz den Unterschied zwischen einem bloßen *Geschehen* und einer bestimmten Handlung, welche, episch erzählt, die Form der *Begebenheit* annimmt, feststellen. Ein bloßes *Geschehen* ist schon die Außenseite und Realität jedes menschlichen Tuns zu nennen, ohne daß darin die Ausführung eines besonderen Zweckes zu liegen braucht, überhaupt jede äußere Veränderung in der Gestalt und Erscheinung dessen, was da ist. Wenn der Blitz einen Menschen erschlägt, so ist dies ein bloßes Geschehen, ein äußerer Vorfall; in der Eroberung einer feindlichen Stadt aber liegt mehr, die Erfüllung nämlich eines beabsichtigten Zweckes. Solch ein in sich selbst bestimmter Zweck nun, wie die Befreiung des Heiligen Landes von dem Joche der Sarazenen und Heiden, oder besser noch die Befriedigung eines besonderen Triebes, wie z. B. der Zorn des Achilles, muß in Gestalt epischer Begebenheit die zusammenhaltende Einheit der Epopöe bilden, insofern nur das vom Dichter erzählt wird, was von diesem selbstbewußten Zwecke oder dem bestimmten Triebe die eigene Wirkung ist und sich deshalb mit ihm zu einer in sich geschlossenen Einheit abrundet. Handeln und sich durchsetzen aber kann nur der Mensch, so daß von dieser Seite her das mit dem Zweck und Trieb verwachsene *Individuum* an der Spitze steht. Tritt nun ferner die Handlung und Befriedigung des ganzen Heldencharakters, aus welchem Zweck und Trieb herfließen, nur unter ganz bestimmten Situationen und Veranlassungen heraus, welche zu einem weiten Zusammenhange rückwärts auseinandergehen, und hat die Ausführung des Zweckes wiederum nach vorwärts mancherlei Folgen, so ergeben sich hieraus allerdings für die bestimmte Handlung einerseits mannigfaltige Voraussetzungen und andererseits vielfache Nachwirkungen, welche aber mit der Bestimmtheit gerade dieses dargestellten Zweckes in keinem näheren poetischen Zusammenhange stehen. In diesem Sinne hat z. B. der Zorn des Achilles auf den Raub der Helena oder das Urteil des Paris, obschon das eine dem anderen als Voraussetzung vorangegangen war, ebensowenig Bezug als auf die wirkliche Eroberung Trojas. Wenn daher behauptet wird, die Ilias habe weder einen notwendigen Anfang noch den gehörigen Schluß, so liegt hierin nur der Mangel an der bestimmten Einsicht, daß es der Zorn des Achilles sei, der in der Ilias besungen werden und deshalb den Einheitspunkt liefern solle. Faßt man dagegen die Gestalt des Achilles fest ins Auge und stellt sie in ihrem durch Agamemnon aufgeregten Zorne als den Zusammenhalt des Ganzen auf, so ist Anfang und Ende nicht schöner zu erfinden. Denn die unmittelbare Veranlassung dieses Zorns macht, wie ich schon sagte, den Beginn, während die Folgen desselben in dem weiteren Verlauf enthalten sind. Hiergegen hat sich zwar die Meinung geltend zu machen versucht, daß dann die letzten Gesänge unnütz seien und ebensogut hätten fortbleiben mögen. Diese Ansicht aber erweist sich dem Gedichte gegenüber als durchaus unhaltbar, denn wie das Verweilen bei den Schiffen und Abstehen vom Kampf bei

Achilles selbst nur eine Folge ist seines unwilligen Zornes und sich an diese Tatlosigkeit der bald errungene Vorteil der Troer über das Heer der Griechen sowie der Kampf und Tod des Patroklos knüpft, so ist auch mit diesem Fall seines tapferen Freundes die Klage und Rache des edlen Achilles und sein Sieg über Hektor eng verbunden. Glaubt man aber, mit dem Tode schon sei alles aus und jetzt könne man weglaufen, so bezeugt dies nichts als eine Roheit der Vorstellung. Mit dem Tode ist nur die *Natur* fertig, nicht der Mensch, nicht die *Sitte* und *Sittlichkeit,* welche für die gefallenen Helden die Ehre der Bestattung fordert. So fügen sich allem Bisherigen die Spiele an Patroklos' Grabe, die erschütternden Bitten des Priamos, die Versöhnung des Achilles, der dem Vater den Leichnam des Sohns zurückgibt, damit auch diesem die Ehre der Toten nicht fehle, zum schönsten Abschlusse befriedigend an.

γγ) Indem wir nun aber eine bestimmte, aus bewußten Zwecken oder Heldentrieben hervorgegangene individuelle Handlung in der angeführten Weise zu dem machen wollen, worin das epische Ganze die Haltpunkte für seinen Zusammenhang und seine Abrundung finden soll, so kann es scheinen, daß wir dadurch die *epische* Einheit allzu nahe gegen die *dramatische* hinrücken. Denn auch im *Drama* macht *eine* aus selbstbewußtem Zweck und Charakter entsprungene besondere Handlung und deren Konflikt den Mittelpunkt aus. Um deshalb nicht beide Dichtarten, die epische und dramatische, wenn auch nur scheinbar zu verwechseln, will ich ausdrücklich noch einmal auf das wieder zurückweisen, was ich früher schon über den Unterschied von Handlung und Begebenheit gesagt habe. Außerdem beschränkt sich das epische Interesse nicht nur auf diejenigen Charaktere, Zwecke und Situationen, welche in der besonderen Handlung als solcher, deren Verlauf das Epos erzählt, begründet sind, sondern diese Handlung findet den weiteren Anlaß zu ihrer Kollision und Lösung sowie ihren ganzen Vorgang nur innerhalb einer nationalen Gesamtheit und deren substantieller Totalität, welche nun auch ihrerseits das volle Recht hat, eine Mannigfaltigkeit von Charakteren, Zuständen und Ereignissen mit in die Darstellung hineintreten zu lassen. In dieser Rücksicht liegt die Abrundung und Ausgestaltung des Epos nicht nur in dem besonderen Inhalt der *bestimmten* Handlung, sondern ebensosehr in der *Totalität* der *Weltanschauung,* deren objektive Wirklichkeit sie zu schildern unternimmt; und die epische Einheit ist in der Tat erst dann vollendet, wenn die besondere Handlung einerseits für sich beschlossen, andererseits aber in ihrem Verlaufe auch die in sich totale Welt, in deren Gesamtkreis sie sich bewegt, in voller Totalität zur Anschauung gebracht ist und beide Hauptsphären dennoch in lebendiger Vermittlung und ungestörter Einheit bleiben.

Dies sind die wesentlichsten Bestimmungen, welche sich in der Kürze in betreff auf das eigentliche Epos hinstellen lassen. Dieselbe Form der Objektivität nun aber ist auf andere Gegenstände angewendet worden, deren Gehalt nicht die wahre Bedeutung echter Objektivität in sich trägt. Mit dergleichen Nebenarten kann man den Theoretiker in Verlegenheit setzen, wenn von ihm verlangt wird, er solle Einteilungen machen, worein alle Gedichte – und Gedicht sei auch alles das, was diesen Halbarten zuzurechnen ist – ohne Unterschied paßten. In einer wahrhaften Einteilung jedoch kann nur das Platz gewinnen, was einer Begriffsbestimmung gemäß ist; was sich dagegen unvollkommen an Inhalt oder an Form oder an beiden zugleich erweist, läßt sich, weil es eben nicht ist, wie es sein soll, nur schlecht unter den Begriff, d. h. unter die Bestimmung bringen, wie die Sache sein soll und der Wahrheit nach wirklich ist. Von dergleichen untergeordneten Nebenzweigen des eigentlich Epischen will ich deshalb zum Schlusse nur noch anhangsweise einiges beifügen.

Vor allem gehört hierher die *Idylle* in dem modernen Sinne des Worts, in welchem sie von allen tieferen allgemeinen Interessen des geistigen und sittlichen Lebens absieht und den Menschen in seiner Unschuld darstellt. Unschuldig leben heißt hier aber nur: von nichts wissen als von Essen und Trinken, und zwar von sehr einfachen Speisen und Getränken, zum Exempel von Ziegenmilch, Schafmilch und zur Not höchstens von Kuhmilch, von Kräutern, Wurzeln, Eicheln, Obst, Käse aus Milch – Brot, glaube ich, ist schon nicht mehr recht idyllisch –, doch muß Fleisch schon eher erlaubt sein, denn ganz werden die idyllischen Schäfer und Schäferinnen ihr Vieh doch nicht den Göttern haben opfern wollen. Ihre Beschäftigung nun besteht darin, diesem lieben Vieh mit dem treuen Hunde den ganzen lieben Tag lang aufzupassen, für Speise und Trank zu sorgen und nebenher mit so vieler Sentimentalität als möglich solche Empfindungen zu hegen und zu pflegen, welche diesen Zustand der Ruhe und Zufriedenheit nicht stören, d. h. in ihrer Art fromm und zahm zu sein, auf der Schalmei, der Rohrpfeife usf. zu blasen oder sich etwas vorzusingen und vornehmlich einander in größter Zartheit und Unschuld liebzuhaben. – Die Griechen dagegen hatten in ihren plastischen Darstellungen eine lustigere Welt: das Gefolge des Bacchus, Satyrn, Faune, welche, harmlos um einen Gott bemüht, die tierische Natur in einer ganz anderen Lebendigkeit und Wahrheit zu menschlichem Frohsinn steigern als jene prätentiöse Unschuld, Frömmigkeit und Leerheit. Derselbe Kern lebendiger Anschauung bei frischen Vorbildern nationaler Zustände läßt sich auch noch in den griechischen Bukolikern, in Theokrit z. B., erkennen, sei es nun, daß er sich bei wirklichen Situationen des Fischer- und Hirtenlebens verweilt oder die Ausdrucksweise dieser oder ähnlicher Kreise auch auf weitere Gegenstände überträgt und dergleichen Lebensbilder nun entweder episch schildert oder in lyrischer und äußerlich dramatischer Form behandelt. Kahler schon ist Vergil in seinen *Eklogen,* am langweiligsten aber *Geßner,* so daß ihn wohl niemand heutigentags mehr liest und es nur zu verwundern ist, daß die Franzosen jemals so viel Geschmack an ihm gefunden haben, daß sie ihn für den höchsten deutschen Dichter halten konnten. Doch mag wohl einerseits ihre Empfindsamkeit, welche das Gewühl und die Verwicklungen des Lebens floh und dennoch irgendeine Bewegung verlangte, andererseits die vollkommene Ausleerung von allen wahren Interessen, so daß die sonstigen störenden Verhältnisse unserer Bildung nicht eintraten, das Ihrige zu dieser Vorliebe beigetragen haben.

Nach einer anderen Seite lassen sich zu diesen Zwitterarten die halb beschreibenden, halb lyrischen Gedichte zählen, wie sie bei den Engländern beliebt waren und hauptsächlich die Natur, die Jahreszeiten usf. zum Gegenstand nehmen. Auch die mannigfaltigen *Lehrgedichte*, Kompendien der Physik, Astronomie, Medizin, des Schachspiels, der Fischerei, Jagd, Kunst zu lieben, mit prosaischem Inhalt in dichterisch verzierender Einfassung, wie sie schon in der späteren griechischen Poesie und dann bei den Römern und neuerdings vornehmlich bei den Franzosen sehr kunstreich sind ausgearbeitet worden, gehören in dieses Bereich. Sie können gleichfalls, des epischen, allgemeinen Tones ungeachtet, leicht in die lyrische Behandlung herübergezogen werden.

Poetischer freilich, doch ohne festen Gattungsunterschied, sind die *Romanzen* und *Balladen*, Produkte des Mittelalters und der modernen Zeit, dem Inhalte nach zum Teil episch, der Behandlung nach dagegen meist lyrisch, so daß man sie bald der einen, bald der anderen Gattung zurechnen möchte.

Ganz anders verhält es sich dagegen mit dem *Roman*, der modernen *bürgerlichen* Epopöe. Hier tritt einerseits der Reichtum und die Vielseitigkeit der Interessen, Zustände, Charaktere, Lebensverhältnisse, der breite Hintergrund einer totalen Welt sowie die epische Darstellung von Begebenheiten vollständig wieder ein. Was jedoch fehlt, ist der *ursprünglich* poetische Weltzustand, aus welchem das eigentliche Epos hervorgeht. Der Roman im modernen Sinne setzt eine bereits zur *Prosa* geordnete Wirklichkeit voraus, auf deren Boden er sodann in seinem Kreise – sowohl in Rücksicht auf die Lebendigkeit der Begebnisse als auch in betreff der Individuen und ihres Schicksals – der Poesie, soweit es bei dieser Voraussetzung möglich ist, ihr verlorenes Recht wieder erringt. Eine der gewöhnlichsten und für den Roman passendsten Kollisionen ist deshalb der Konflikt zwischen der Poesie des Herzens und der entgegenstehenden Prosa der Verhältnisse sowie dem Zufalle äußerer Umstände: ein Zwiespalt, der sich entweder tragisch und komisch löst oder seine Erledigung darin findet, daß einerseits die der gewöhnlichen Weltordnung zunächst widerstrebenden Charaktere das Echte und Substantielle in ihr anerkennen lernen, mit ihren Verhältnissen sich aussöhnen und wirksam in dieselben eintreten, andererseits aber von dem, was sie wirken und vollbringen, die prosaische Gestalt abstreifen und dadurch eine der Schönheit und Kunst verwandte und befreundete Wirklichkeit an die Stelle der vorgefundenen Prosa setzen. – Was die Darstellung angeht, so fordert auch der eigentliche Roman wie das Epos die Totalität einer Welt- und Lebensanschauung, deren vielseitiger Stoff und Gehalt innerhalb der individuellen Begebenheit zum Vorschein kommt, welche den Mittelpunkt für das Ganze abgibt. In bezug auf das Nähere jedoch der Auffassung und Ausführung muß dem Dichter hier um so mehr ein großer Spielraum gestattet sein, je weniger er es zu vermeiden vermag, auch die Prosa des wirklichen Lebens mit in seine Schilderungen hineinzuziehen, ohne dadurch selber im Prosaischen und Alltäglichen stehenzubleiben.

3. Die Entwicklungsgeschichte der epischen Poesie

Blicken wir auf die Art und Weise zurück, in welcher wir die übrigen Künste betrachtet haben, so faßten wir die verschiedenen Stufen des *bauenden* Kunstgeistes von Hause aus in ihrer historischen Entwicklung der symbolischen, klassischen und romantischen Architektur auf. Für die *Skulptur* dagegen stellten wir die mit dem Begriff dieser *klassischen* Kunst schlechthin zusammenfallende griechische Skulptur als den eigentlichen Mittelpunkt hin, aus welchem wir die besonderen Bestimmungen entwickelten, so daß wir der spezielleren historischen Betrachtung nur eine geringe Ausdehnung zu geben nötig hatten. Der ähnliche Fall trat in Ansehung ihres *romantischen* Kunstcharakters für die *Malerei* ein, welche sich jedoch dem Begriffe ihres Inhaltes und dessen Darstellungsform nach zu einer gleichmäßig wichtigen Entwicklung unterschiedener Völker und Schulen auseinanderbreitet, so daß hier reichhaltigere historische Bemerkungen notwendig wurden. Dieselbe Forderung hätte sich dann auch bei der *Musik* geltend machen lassen; da mir jedoch für die Geschichte dieser Kunst ebensosehr brauchbare fremde Vorarbeiten als eine genauere eigene Bekanntschaft abgingen, so blieb mir nichts übrig, als einzelne historische Andeutungen gelegentlich einzuschalten. Was nun unseren jetzigen Gegenstand, die *epische* Poesie, betrifft, so geht es damit ungefähr wie mit der Skulptur. Die Darstellungsweise dieser Kunst verzweigt sich zwar zu allerlei Arten und Nebenarten und dehnt sich über viele Zeiten und Völker aus; in ihrer vollständigen Gestalt jedoch haben wir sie als das eigentliche Epos kennenlernen und die kunstgemäßeste Wirklichkeit dieser Gattung bei den Griechen gefunden. Denn das Epos hat überhaupt mit der Plastik der Skulptur und deren Objektivität, im Sinne sowohl des substantiellen Gehalts als auch der Darstellung in Form realer Erscheinung, die meiste innere Verwandtschaft, so daß wir es nicht als zufällig ansehen dürfen, daß auch die epische Poesie wie die Skulptur bei den Griechen gerade in dieser ursprünglichen, nicht übertroffenen Vollendung hervorgetreten ist. Diesseits und jenseits nun aber dieses Kulminationspunktes liegen noch Entwicklungsstufen, welche nicht etwa untergeordneter und geringer Art, sondern für das Epos notwendig sind, da der Kreis der Poesie alle Nationen in sich einschließt und das Epos gerade den substantiellen Kern des Volksgehaltes zur Anschauung bringt, so daß hier die weltgeschichtliche Entwicklung von größerer Wichtigkeit wird als in der Skulptur.

Wir können deshalb für die Gesamtheit der epischen Dichtkunst und näher der Epopöe wesentlich die drei Hauptstufen unterscheiden, welche überhaupt den Entwicklungsgang der Kunst ausmachen:

erstens nämlich das orientalische Epos, das den symbolischen Typus zu seinem Mittelpunkte hat;

zweitens das klassische Epos der Griechen und dessen Nachbildung bei den Römern;

drittens endlich die reichhaltige und vielseitige Entfaltung der episch-romantischen Poesie innerhalb der christlichen Völker, welche zunächst jedoch in ihrem germanischen Heidentum auftreten, während von der anderen Seite her, außerhalb der eigentlich mittelalterlichen Rittergedichte, das Altertum wieder in einem anderen Kreise teils als allgemeines Bildungsmittel zur Reinigung des Geschmacks und der Darstellung, teils direkter als Vorbild benutzt wird, bis sich zuletzt der Roman an die Stelle des eigentlichen Epos setzt.

Gehen wir nun zur Erwähnung der einzelnen epischen Kunstwerke über, so kann ich jedoch hier nur das Wichtigste herausheben und überhaupt dieser ganzen Betrachtung nur den Raum und den Wert eines flüchtig skizzierenden Überblicks geben wollen.

a. Das orientalische Epos

Bei den Morgenländern ist, wie wir schon sahen, einerseits die Dichtkunst überhaupt ursprünglicher, weil sie der substantiellen Weise der Anschauung und dem Aufgehen des einzelnen Bewußtseins in das *eine* Ganze noch näher bleibt, so daß sich andererseits in Rücksicht auf die besonderen Gattungen der Poesie das Subjekt nicht zu der Selbständigkeit des individuellen Charakters, der Zwecke und Kollisionen herausarbeiten kann, welche für die echte Ausbildung der dramatischen Poesie schlechthin erforderlich ist. Das Wesentlichste, was wir deshalb hier antreffen, beschränkt sich außer einer lieblichen, duftreichen und zierlichen oder zu dem *einen* unaussprechbaren Gott sich erhebenden Lyrik auf Gedichte, welche zur *epischen* Gattung gerechnet werden müssen. Dessenungeachtet begegnen wir eigentlichen Epopöen nur bei den Indern und Persern, doch bei diesen nun auch in kolossalem Maßstabe.

α) Die *Chinesen* dagegen besitzen kein nationales Epos. Denn der prosaische Grundzug ihrer Anschauung, welche selbst den frühesten Anfängen der Geschichte die nüchterne Form einer prosaisch geregelten historischen Wirklichkeit gibt, sowie die für eigentliche Kunstgestaltung unzugänglichen religiösen Vorstellungen setzen sich dieser höchsten epischen Gattung von Hause aus als unübersteigbares Hindernis in den Weg. Was wir aber als Ersatz reichlich ausgebildet finden, sind spätere kleine Erzählungen und weitausgesponnene Romane, welche uns durch die klare Anschaulichkeit aller Situationen und genaue Darlegung privater und öffentlicher Verhältnisse, durch die Mannigfaltigkeit, Feinheit, ja häufig durch die reizende Zartheit besonders der weiblichen Charaktere sowie durch die ganze Kunst dieser in sich abgerundeten Werke in Erstaunen bringen müssen.

β) Eine völlig entgegengesetzte Welt eröffnet sich uns in den *indischen* Epopöen. Schon die frühsten religiösen Anschauungen – nach dem wenigen zu urteilen, was bis jetzt aus den Wedas bekannt geworden ist – enthalten einen fruchtbaren Keim für eine episch darstellbare Mythologie, die sich denn auch, verzweigt mit menschlichen Heldentaten, schon viele Jahrhunderte vor Christus – denn die chronologischen Angaben sind noch sehr schwankend – zu wirklichen Epopöen ausgebildet hat, welche jedoch halb noch auf dem rein religiösen und halb erst auf dem Standpunkte freier Poesie und Kunst stehen. Besonders die beiden berühmtesten dieser Gedichte, der *Ramajana* und *Mahabharata*, legen uns die Weltanschauung der Inder in der ganzen Pracht und Herrlichkeit, Verwirrung, phantastischen Unwahrheit und Zerflossenheit und ebenso umgekehrt in der schwelgenden Lieblichkeit und den individuellen, feinen Zügen der Empfindung und des Gemüts dieser geistigen Pflanzennaturen dar. Sagenhafte menschliche Taten erweitern sich zu Handlungen der inkarnierten Götter, deren Tun nun unbestimmt zwischen göttlicher und menschlicher Natur schwebt und die individuelle Begrenztheit der Gestalten und Taten ins Maßlose auseinandertreibt; die substantiellen Grundlagen des Ganzen sind von der Art, daß die abendländische Weltanschauung, wenn sie sich nicht die höheren Forderungen der Freiheit und Sittlichkeit aufzugeben entschließt, sich darin weder zurechtfinden noch damit sympathisieren kann; die Einheit der besonderen Teile ist von großer Lockerheit, und die weitschichtigsten Episoden treten mit Göttergeschichten, Erzählungen von asketischen Bußübungen und der dadurch errungenen Macht, ausgesponnenen Explikationen über philosophische Lehren und Systeme sowie mit sonstigem vielseitigen Inhalt so sehr aus dem Zusammenhange des Ganzen heraus, daß man sie hin und wieder als spätere Anfügung ansprechen muß; immer aber zeugt der Geist, dem diese großartigen Gedichte entsprungen sind, von einer Phantasie, welche nicht nur der prosaischen Ausbildung vorangegangen, sondern überhaupt zu dem Verstande prosaischer Besonnenheit schlechthin unfähig ist und die Grundrichtungen des indischen Bewußtseins als eine an sich totale Weltzusammenfassung in ursprünglicher Poesie zu gestalten vermochte. Die späteren Epen dagegen, welche im engeren Sinne des Worts *Puranas,* d. i. Gedichte der Vorzeit heißen, scheinen mehr in der ähnlichen Weise, die wir in den nachhomerischen zyklischen Dichtern wiederfinden, alles, was zum Mythenkreise eines bestimmten Gottes gehört, prosaischer und trockener aneinanderzureihen und von der Welt- und Götterentstehung aus in weitem Verlauf bis zu den Genealogien menschlicher Helden und Fürsten herabzusteigen. Zuletzt dann endlich verflüchtigt sich auf der einen Seite der epische Kern der alten Mythen zu dem

Duft und der künstlichen Zierlichkeit der äußeren poetischen Form und Diktion, während auf der anderen Seite die sich in Wundern träumerisch ergehende Phantasie zu einer Fabelweisheit wird, welche Moral und Lebensklugheit zu lehren zur vornehmlichsten Aufgabe erhält.

γ) In einem *dritten* Kreise der orientalisch-epischen Dichtkunst können wir die *Hebräer, Araber* und *Perser* nebeneinanderstellen.

αα) Die Erhabenheit der jüdischen Phantasie hat zwar in ihrer Vorstellung von der Schöpfung, in den Geschichten der Erzväter, der Wanderschaft durch die Wüste, der Eroberung Kanaans und in dem weiteren Verlauf nationaler Begebenheiten, bei der markigen Anschaulichkeit und naturwahren Auffassung viele Elemente ursprünglicher epischer Poesie, doch waltet hier so sehr das *religiöse* Interesse vor, daß es, statt zu eigentlichen Epopöen, teils nur zu religiös-poetischer Sagengeschichte und Historie, teils nur zu didaktisch-religiösen Erzählungen kommt.

ββ) Von Hause aus aber poetischer Natur und von früh an wirkliche Dichter sind die *Araber*. Schon die lyrisch erzählenden Heldenlieder, die Muallakat, welche zum Teil aus dem letzten Jahrhundert vor dem Propheten stammen, schildern bald in abgerissen springender Kühnheit und prahlendem Ungestüm, bald in besonnenerer Ruhe und sanfter Weichheit die ursprünglichen Zustände der noch heidnischen Araber – die Stammehre, die Glut der Rache, die Gastfreundschaft, Liebe, Lust an Abenteuern, die Wohltätigkeit, Trauer, Sehnsucht – in ungeschwächter Kraft und in Zügen, welche an den romantischen Charakter der spanischen Ritterlichkeit erinnern können. Dies zuerst ist im Orient eine wirkliche Poesie, ohne Phantasterei oder Prosa, ohne Mythologie, ohne Götter, Dämonen, Genien, Feen und das sonstige orientalische Wesen, sondern mit gediegenen, selbständigen Gestalten und, wenn auch seltsam, wunderlich und spielend in Bildern und Vergleichen, doch aber menschlichreal und fest in sich beschlossen. Die Anschauung einer ähnlichen Heldenwelt geben uns auch noch die später gesammelten Gedichte der Hamasa sowie des noch nicht edierten Diwans der Hudailiten. Nach den weithin ausgedehnten erfolgreichen Eroberungen der mohammedanischen Araber verwischt sich jedoch nach und nach dieser ursprüngliche Heldencharakter und macht in dem Verlauf der Jahrhunderte im Gebiete der epischen Poesie teils lehrreichen Fabeln und heiteren Weisheitssprüchen, teils jenen märchenhaften Erzählungen Platz, wie wir sie in Tausendundeiner Nacht finden, oder jenen Abenteuereien, von denen uns Rückert durch seine Übersetzung der mit Wortklängen und Reimen, Sinn und Bedeutung gleich witzig und künstlich spielenden Makamen des Hariri eine höchst dankenswerte Anschauung verschafft hat.

γγ) Die Blüte der *persischen* Poesie fällt umgekehrt in die Zeit ihrer schon zu einer neuen Bildung durch den Mohammedanismus umgewandelten Sprache und Nationalität. Doch begegnen wir hier gleich im Beginne dieser schönsten Blütezeit einem epischen Gedichte, das wenigstens dem Stoffe nach in die fernste Vergangenheit der altpersischen Sagen und Mythen zurückgreift und seine Erzählung durch das heroische Zeitalter hindurch bis zu den letzten Tagen der Sassaniden herüberführt. Dies umfangreiche Werk ist das aus dem *Basta-Name* entstandene *Schah-Name* des *Firdusi*, des Gärtnerssohnes aus Tus. Eine eigentliche Epopöe jedoch dürfen wir auch dieses Gedicht nicht nennen, da es keine individuell umschlossene Handlung zum Mittelpunkte macht. Bei dem Wechsel der Jahrhunderte fehlt es an einem festen Kostüm in Rücksicht auf Zeit und Lokal, und besonders die ältesten mythischen Gestalten und trüben verworrenen Traditionen schweben in einer phantastischen Welt, bei deren unbestimmterer Darstellung wir oft nicht wissen, ob wir es mit Personen oder ganzen Stämmen zu tun haben, während dann auf der anderen Seite wieder wirkliche historische Figuren auftreten. Als Mohammedaner war der Dichter wohl freier in Handhabung seines Stoffes, doch gerade in dieser Freiheit mangelt ihm das Feste der individuellen Gebilde, das die ursprünglichen Heldenlieder der Araber auszeichnet, und bei dem weiten Abstande von der längstversunkenen Sagenwelt geht ihm zugleich jener frische Hauch unmittelbarer Lebendigkeit ab, der dem nationalen Epos schlechthin notwendig ist. – In dem weiteren Verfolge breitet sich die epische Kunst der Perser teils über *Liebesepopöen* von großer Weiche und vieler Süßigkeit aus, durch welche *Nisami* vornehmlich sich berühmt machte, teils nimmt sie in ihrer reichen Lebenserfahrung eine Wendung gegen das *Didaktische* hin, worin der weitgereiste *Saadi* Meister war, und vertieft sich endlich zu jener pantheistischen Mystik, die *Dschelal ed-din Rumi* in Geschichten und legendenartigen Erzählungen usf. lehrt und empfiehlt.

Mit diesen kurzen Andeutungen muß ich es hier genug sein lassen.

b. Das klassische Epos der Griechen und Römer

Die Poesie der *Griechen* und *Römer* nun *zweitens* führt uns erst in die wahrhaft epische Kunstwelt ein.

α) Zu solchen Epopöen gehören vor allem diejenigen, welche ich schon oben an die Spitze stellte, die *Homerischen.*

αα) Jedes dieser Gedichte ist – was man auch sagen mag – in sich so vollendet, ein so bestimmtes, so feinsinniges Ganzes, daß gerade die Meinung, sie seien beide nur so von einzelnen Rhapsoden fortgesungen und fortgesetzt, für mich diesen Werken nur das richtige Lob erteilt, daß sie in ihrem ganzen Tone der Darstellung schlechthin national und sachlich und selbst in ihren einzelnen Teilen so abgerundet seien, daß jeder derselben für sich als ein Ganzes erscheinen könne. – Wenn im Orient das Substantielle und Allgemeine der Anschauung noch die Individualität der Charaktere und ihrer Zwecke und Begebenheiten symbolisch oder didaktisch verzehrt[9] und dadurch auch die Gliederung und Einheit des

---

9 Bassenge: »verzerrt«

Ganzen unbestimmter und loser läßt, so finden wir die Welt dieser Gedichte zum ersten Male auf der schönen Schwebe zwischen den allgemeinen Lebensgrundlagen der Sittlichkeit in Familie, Staat und religiösem Glauben und der individuellen Besonderheit des Charakters, in dem schönen Gleichgewicht zwischen Geist und Natur, zweckvoller Handlung und äußerem Geschehen, nationaler Basis der Unternehmungen und einzelnen Absichten und Taten; und wenn auch die individuellen Helden in ihrer freien lebendigen Bewegung vorzuherrschen scheinen, so ist diese doch wieder durch die Bestimmtheit der Zwecke und den Ernst des Schicksals so ermäßigt, daß die ganze Darstellung auch für uns noch als das Höchste gelten muß, was wir im Kreise des Epos genießen und lieben können. Denn selbst die Götter, welche diesen ursprünglich menschlichen, tapferen, rechtlichen, edlen Helden widerstreiten oder ihnen beistehen, müssen wir ihrer Bedeutung nach anerkennen und in der Gestalt ihres Erscheinens durch die volle Naivität der ihre eigenen menschlichen Göttergebilde ebenso heiter wieder belächelnden Kunst befriedigt sein.

ββ) Die nachfolgenden *zyklischen* Dichter jedoch treten aus dieser echt epischen Darstellung mehr und mehr hinaus, indem sie auf der einen Seite die Totalität der nationalen Weltanschauung mehr in deren besondere Sphären und Richtungen zerlegen und auf der anderen, statt der poetischen Einheit und Abgeschlossenheit einer individuellen Handlung, mehr nur an der Vollständigkeit der Ereignisse vom Ursprung bis zum Ende der Begebenheit oder an der Einheit der Person festhalten und die epische Poesie in selbst schon historischer Tendenz der Geschichtsschreibung der Logographen entgegenführen.

γγ) Die spätere epische Poesie nach der Zeit Alexanders endlich wendet sich teils dem engeren bukolischen Kreise zu, teils bringt sie es nur zu mehr gelehrter und künstlichen als eigentlich poetischen Epopöen sowie zu Lehrgedichten, welche wie diese ganze Sphäre der ursprünglichen unbefangenen Frische und Beseelung in steigendem Grade entbehren.

β) Dieser Charakterzug, mit dem das griechische Epos endet, ist nun *zweitens* bei den *Römern* von Hause aus herrschend. Eine epische Bibel, wie die Homerischen Gedichte, suchen wir deshalb hier vergebens, wie sehr man sich auch in neuester Zeit die älteste römische Geschichte in nationale Epopöen aufzulösen bemüht hat. Dagegen macht sich früh bereits neben dem eigentlichen Kunstepos, als dessen schönstes Produkt die *Äneis* stehenbleibt, das historische Epos und das Lehrgedicht zu dem Beweise geltend, daß es den Römern hauptsächlich anstand, die halb schon prosaischen Gebiete der Poesie auszubilden, wie denn auch besonders die Satire bei ihnen als heimische Gattung zur Vollendung kam.

c. Das romantische Epos

So konnte denn ein neuer Hauch und Geist in die epische Poesie nur durch die Weltanschauung und den religiösen Glauben, die Taten und Schicksale *neuer* Völkerschaften hereinkommen. Dies ist bei den *Germanen* sowohl in ihrer heidnischen Ursprünglichkeit als auch nach ihrer Umwandlung durch das Christentum sowie bei den *romanischen* Nationen in um so reicherer Weise der Fall, je weiter die Verzweigung dieser Völkergruppen wird und in je mannigfaltigeren Stufenfolgen sich das Prinzip der christlichen Weltanschauung und Wirklichkeit entfaltet. Doch gerade diese vielfache Ausbreitung und Verschlingung stellt einer kurzen Übersicht große Schwierigkeiten entgegen. Ich will deshalb hier nur der Hauptrichtungen nach folgenden Haltpunkten Erwähnung tun.

α) Zu einer *ersten* Gruppe können wir alle die poetischen Überreste rechnen, welche sich noch aus den vorchristlichen Tagen der neuen Völkerschaften größtenteils durch mündliche Tradition und deshalb nicht unversehrt erhalten haben. Hierher sind vornehmlich die Gedichte zu zählen, die man dem *Ossian* zuzuteilen pflegt. Obschon englische berühmte

Kritiker wie z. B. Johnson[10] und Shaw[11] blind genug gewesen sind, sie für ein eigenes Machwerk Macphersons[12] auszugeben, so ist es doch ganz unmöglich, daß irgendein heutiger Dichter dergleichen alte Volkszustände und Begebenheiten aus sich selber schöpfen könne, so daß hier notwendig ursprüngliche Poesien zugrunde liegen, wenn sich auch in ihrem ganzen Tone und der Vorstellungs- und Empfindungsweise, welche sich in ihnen ausspricht, im Verlaufe so vieler Jahrhunderte manches ins Moderne hin geändert hat. Denn ihr Alter ist zwar nicht konstatiert, sie mögen aber doch wohl eintausend oder fünfzehnhundert Jahre im Munde des Volks lebendig geblieben sein. In ihrer ganzen Haltung erscheinen sie vorherrschend lyrisch: es ist Ossian, der alte erblindete Sänger und Held, der in klagevoller Erinnerung die Tage der Herrlichkeit vor sich aufsteigen läßt; doch obgleich seine Gesänge von der Wehmut und Trauer ausgehen, so bleiben sie ebenso ihrem Gehalte nach wiederum episch, denn eben diese Klagen gehen um das, was gewesen ist, und schildern diese jüngst erst vergangene Welt, deren Helden, Liebesabenteuer, Taten, Züge über Meer und Land, Liebe, Waffenglück, Schicksal und Untergang in so episch-sachlicher, wenn auch durch Lyrik unterbrochener Weise, als wenn etwa bei Homer die Helden, Achill, Odysseus oder Diomed, von ihren Taten, Begebnissen und Schicksalen sprächen. Doch ist die geistige Entwicklung der Empfindung und der ganzen nationalen Wirklichkeit, obschon Herz und Gemüt eine vertieftere Rolle spielen, noch nicht so weit als bei Homer gediehen; besonders fehlt die feste Plastik der Gestalten und die taghelle Klarheit der Veranschaulichung. Denn wir sind schon dem Lokal nach in ein nordisches, stürmisches Nebelland verwiesen, mit trübem Himmel und schweren Wolken, auf denen die Geister reiten oder sich auf einsamer Heide in Wolkengestalt

10 Samuel Johnson, 1709–1784, englischer Schriftsteller
11 William Shaw, 1749–1831, englischer Gelehrter
12 James Macpherson, 1736–1796, schottischer Dichter

kleiden und den Helden erscheinen. – Außerdem sind erst neuerdings noch andere altgälische Bardengesänge entdeckt worden, welche nicht nach Schottland und Irland, sondern nach Wallis in England hindeuten, wo sich der Bardengesang in ununterbrochener Folge fortsetzte und vieles früh bereits schriftlich aufgezeichnet wurde. In diesen Gedichten ist unter anderem von Wanderungen nach Amerika die Rede; auch Cäsars geschieht darin Erwähnung, seinem Zuge wird aber die Liebe zu einer Königstochter, die, nachdem er sie in Gallien gesehen, nach England heimgekehrt war, als Grund untergelegt. Als merkwürdige Form will ich nur die Triaden anführen, eine eigene Konstruktion, welche immer in drei Gliedern drei ähnliche Begebenheiten, obschon aus verschiedener Zeit, zusammenstellt.

Berühmter als diese Gedichte endlich sind einesteils die Heldenlieder der älteren *Edda,* anderenteils die Mythen, mit welchen wir zum erstenmal in diesem Kreise neben der Erzählung menschlicher Schicksale auch mannigfache Geschichten von der Entstehung, den Taten und dem Untergang der Götter antreffen. Den hohlen Aufspreizungen aber, den natursymbolischen Grundlagen, die doch wieder in partikulär-menschlicher Gestalt und Physiognomie zur Darstellung kommen, dem Thor mit seinem Hammer, dem Fenriswolf, dem entsetzlichen Metsaufen, überhaupt der Wildheit und trüben Verworrenheit dieser Mythologie habe ich keinen Geschmack abgewinnen können. Zwar steht uns dies ganze nordische Wesen der Nationalität nach näher als z. B. die Poesie der Perser und des Mohammedanismus überhaupt, doch es unserer heutigen Bildung als etwas aufdrängen wollen, das auch jetzt noch unsere tiefere heimische Mitempfindung in Anspruch nehmen dürfe und für uns etwas Nationales sein müsse, dieser mehrfach gewagte Versuch heißt sowohl den Wert jener zum Teil mißgestalten und barbarischen Vorstellungen durchaus überschätzen, als auch den Sinn und Geist unserer eigenen Gegenwart völlig verkennen.

β) Wenn wir nun *zweitens* auf die epische Poesie des

christlichen Mittelalters einen Blick werfen, so haben wir zunächst vornehmlich diejenigen Werke zu beachten, welche ohne direkteren und durchgreifenden Einfluß der alten Literatur und Bildung aus dem frischen Geiste des Mittelalters und befestigten Katholizismus hervorgegangen sind. In dieser Rücksicht finden wir die mannigfaltigsten Elemente, welche den Inhalt und die Veranlassung zu epischen Gedichten abgeben.

αα) Das *erste,* das ich kurz berühren will, sind jene dem Gehalt nach echt epischen Stoffe, die noch schlechthin *nationale* mittelalterliche Interessen, Taten und Charaktere in sich fassen. Hier ist vor allem der *Cid* zu nennen. Was diese Blume nationalen mittelalterlichen Heldentums den Spaniern galt, das haben sie episch in dem Poema *Cid* und dann später in lieblicherer Vortrefflichkeit in einer Folge von erzählenden Romanzen gezeigt, die Herder in Deutschland bekannt gemacht hat. Es ist eine Schnur von Perlen, jedes einzelne Gemälde fest in sich gerundet und doch alle so zueinander passend, daß sie sich zu einem Ganzen zusammenreihen; durchaus im Sinne und Geist des Rittertums, aber zugleich national spanisch; reich an Gehalt und voll vielseitiger Interessen in Rücksicht auf Liebe, Ehe, Familienstolz, Ehre und Herrschaft der Könige im Kampf der Christen gegen die Mauren. Dies alles ist so episch, so plastisch, daß nur die Sache in ihrem reinen hohen Inhalt und doch in einem Reichtum der edelsten menschlichen Szenen in einer Entfaltung der herrlichsten Taten und zugleich in einem so schönen, reizenden Kranze vor uns gebracht wird, daß wir Modernen ihn dem Schönsten des Altertums an die Seite stellen dürfen.

Dieser wenn auch zersplitterten, doch aber dem Grundtypus nach epischen Romanzenwelt kann das *Nibelungenlied* ebensowenig als der *Ilias* und *Odyssee* an die Seite gesetzt werden. Denn obschon es diesem schätzenswerten, echt germanischen, deutschen Werk nicht an einem nationalen substantiellen Gehalt in bezug auf Familie, Gattenliebe,

Vasallentum, Diensttreue, Heldenschaft und an innerer Markigkeit fehlt, so ist doch die ganze Kollision, aller epischen Breite zum Trotz, eher dramatisch-tragischer als vollständig epischer Art, und die Darstellung tritt einerseits ungeachtet ihrer Ausführlichkeit weder zu individuellem Reichtum noch zu wahrhaft lebendiger Anschaulichkeit heraus, andererseits verliert sie sich oft ins Harte, Wilde und Grausame, während die Charaktere, wenn sie auch derb und in ihrem Handeln prall erscheinen, doch in ihrer abstrakten Schroffheit mehr rohen Holzbildern ähnlich sehen, als sie der menschlich ausgearbeiteten, geistvollen Individualität der Homerischen Helden und Frauen vergleichbar sind.

ββ) Ein zweites Hauptelement bilden die *religiösen* mittelalterlichen Gedichte, welche sich die Geschichte Christi, der Maria, Apostel, Heiligen und Märtyrer, das Weltgericht usw. zum Inhalt nehmen. Das in sich gediegenste und reichhaltigste Werk aber, das eigentliche Kunstepos des christlichen katholischen Mittelalters, der größte Stoff und das größte Gedicht ist in diesem Gebiete Dantes *Göttliche Komödie*. Zwar können wir auch dies streng, ja systematisch fast geregelte Gedicht nicht eine Epopöe im gewöhnlichen Sinne des Worts nennen, denn hierzu fehlt eine auf der breiten Basis des Ganzen sich fortbewegende, individuell abgeschlossene Handlung; dennoch aber geht gerade diesem Epos die festeste Gliederung und Rundung am wenigsten ab. Statt einer besonderen Begebenheit hat es das ewige Handeln, den absoluten Endzweck, die göttliche Liebe in ihrem unvergänglichen Geschehen und ihren unabänderlichen Kreisen zum Gegenstande, die Hölle, das Fegefeuer, den Himmel zu seinem Lokal und senkt nun die lebendige Welt menschlichen Handelns und Leidens und näher der individuellen Taten und Schicksale in dies wechsellose Dasein hinein. Hier verschwindet alles Einzelne und Besondere menschlicher Interessen und Zwecke vor der absoluten Größe des Endzweckes und Ziels aller Dinge; zugleich aber steht das sonst Vergänglichste und Flüchtigste der lebendigen Welt objektiv in seinem Innersten ergründet, in seinem Wert und Unwert durch den höchsten Begriff, durch Gott gerichtet, vollständig episch da. Denn wie die Individuen in ihrem Treiben und Leiden, ihren Absichten und ihrem Vollbringen waren, so sind sie hier für immer, als eherne Bilder versteinert, hingestellt. In dieser Weise umfaßt das Gedicht die Totalität des objektivsten Lebens: den ewigen Zustand der Hölle, der Läuterung, des Paradieses; und auf diesen unzerstörbaren Grundlagen bewegen sich die Figuren der wirklichen Welt nach ihrem besonderen Charakter, oder vielmehr sie *haben* sich bewegt und sind nun mit ihrem Handeln und Sein in der ewigen Gerechtigkeit erstarrt und selber ewig. Wie die Homerischen Helden für *unsere* Erinnerungen durch die Muse dauernd sind, so haben diese Charaktere ihren Zustand für *sich*, für ihre Individualität hervorgebracht und sind nicht in unserer Vorstellung, sondern an *sich selber* ewig. Die Verewigung durch die Mnemosyne des Dichters gilt hier objektiv als das eigene Urteil Gottes, in dessen Namen der kühnste Geist seiner Zeit die ganze Gegenwart und Vergangenheit verdammt oder seligspricht. – Diesem Charakter des für sich schon fertigen Gegenstandes muß auch die Darstellung folgen. Sie kann nur eine Wanderung sein durch die ein für allemal festen Gebiete, welche, obschon sie mit derselben Freiheit der Phantasie erfunden, ausgestattet und bevölkert sind, mit der Hesiod und Homer ihre Götter bildeten, dennoch ein Gemälde und einen Bericht des selbst Gesehenen liefern sollen: energisch bewegt, doch plastisch in Qualen, starr, schreckensreich beleuchtet, doch durch Dantes eigenes Mitleid klagevoll ermäßigt in der Hölle; milder, aber noch voll und rund herausgearbeitet im Fegefeuer; lichtklar endlich und immer gestaltenlos, gedankenewiger im Paradiese. Das Altertum blickt zwar in diese Welt des katholischen Dichters herein, doch nur als Leitstern und Gefährte menschlicher Weisheit und Bildung, denn wo es auf Lehre und Dogma ankommt, führt nur die Scholastik christlicher Theologie und Liebe das Wort.

γγ) Als ein *drittes* Hauptgebiet, in welchem sich die epische Poesie des Mittelalters bewegt, können wir das *Rittertum* angeben, sowohl in seinem weltlichen romantischen Inhalt der Liebesabenteuer und Ehrenkämpfe als auch in Verzweigung mit religiösen Zwecken als Mystik der christlichen Ritterlichkeit. Die Handlungen und Begebenheiten, welche sich hier durchführen, betreffen keine nationalen Interessen, sondern es sind Taten des Individuums, die nur das Subjekt als solches, wie ich es schon oben bei Gelegenheit des romantischen Rittertums geschildert habe, zum Inhalt gewinnen. Dadurch stehen die Individuen freilich in voller Selbständigkeit auf freien Füßen da und bilden innerhalb der zu prosaischer Ordnung noch nicht befestigten Weltumgebung ein neues Heroentum, das jedoch bei seinen teils religiösphantastischen, teils nach der weltlichen Seite hin rein subjektiven und eingebildeten Interessen jener substantiellen Realität entbehrt, auf deren Boden die griechischen Heroen vereint oder vereinzelt kämpfen, siegen oder untergehen. Zu wie mannigfach epischen Darstellungen deshalb auch dieser Inhalt Veranlassung gegeben hat, so führt doch die Abenteuerlichkeit der Situationen, Konflikte und Verwicklungen, welche aus solchem Stoffe hervorgehen können, einerseits mehr in eine romanzenartige Behandlung, so daß die vielen einzelnen Aventüren sich zu keiner strengeren Einheit zusammenflechten; andererseits zum Romanhaften, das sich jedoch hier noch nicht auf der Grundlage einer fest eingerichteten bürgerlichen Ordnung und eines prosaischen Weltlaufs hinbewegt. Dennoch aber begnügt sich die Phantasie nicht damit, ganz außerhalb der sonstigen Wirklichkeit sich ritterliche Heldenfiguren und Abenteuer zu erfinden, sondern knüpft die Taten derselben an große sagenhafte Mittelpunkte, hervorragende historische Personen, durchgreifende Kämpfe der Zeit und erhält hiermit im allgemeinsten wenigstens eine Basis, wie sie für das Epos unentbehrlich ist. Auch diese Grundlagen aber werden meistenteils ins Phantastische wieder herübergezogen und gewinnen nicht jene klar ausgeführte objektive Anschaulichkeit, durch welche das Homerische Epos vor allen anderen sich auszeichnet. Außerdem fällt hier bei der Ähnlichkeit, in welcher Franzosen, Engländer, Deutsche und zum Teil auch Spanier dieselben Stoffe bearbeiten, relativ wenigstens das eigentlich Nationale fort, das bei den Indern, Persern, Griechen, Kelten usf. den festen epischen Kern des Inhaltes und der Darstellung ausmachte. – In bezug auf das Nähere jedoch kann ich mich hier nicht darauf einlassen, einzelne Werke zu charakterisieren und zu beurteilen, und will deshalb nur die größeren Kreise angeben, in welchen sich dem Stoffe nach die wichtigsten dieser Ritterepopöen hin und her bewegen.

Eine *erste* Hauptgestalt gibt Karl der Große mit seinen Pairs ab im Kampfe gegen die Sarazenen und Heiden. In diesem fränkischen Sagenkreise bildet das feudale Rittertum eine Hauptgrundlage und verzweigt sich mannigfaltig zu Gedichten, deren vornehmlichster Stoff die Taten irgendeines der zwölf Helden ausmachen, wie z. B. Rolands oder des Doolin von Mainz und anderer. Besonders in Frankreich während der Regierung Philipp Augusts wurden viele dieser Epopöen gedichtet. – Ein *zweiter* Kreis von Sagen findet seinen Ursprung in England und hat die Taten des Königs Arthur und der Tafelrunde zum Gegenstande. Sagengeschichte, englisch-normannische Ritterlichkeit, Frauendienst, Vasallentreue mischen sich hier trübe und phantastisch mit allegorischer christlicher Mystik, indem ein Hauptzweck aller Rittertaten in der Aufsuchung des heiligen Grals besteht, eines Gefäßes mit dem heiligen Blute Christi, um welches sich die buntesten Gewebe von Abenteuern erzeugen, bis die ganze Genossenschaft zum Priester Johann nach Abessinien flüchtet. Diese beiden Stoffe fanden ihre reichste Ausbildung besonders in Nordfrankreich, England und Deutschland. – Willkürlicher endlich, von geringerem Gehalt und mehr in Übertreibungen ritterlicher Heldenschaft, in Feerei und fabelhaften Vorstellungen vom Morgenlande ergeht sich ein *dritter* Kreis von Rittergedichten, welche nach

Portugal oder Spanien ihrer ersten Entstehung nach hindeuten und die weitläufige Familie der Amadis zu Haupthelden haben.

Prosaischer *zweitens* und abstrakter sind die großen allegorischen Gedichte, wie sie besonders in Nordfrankreich im dreizehnten Jahrhundert beliebt waren und von denen ich als Beispiel nur den bekannten *Roman de la Rose* anführen will. Ihnen können wir als Gegensatz die vielfachen Anekdoten und größeren Erzählungen, die sogenannten *fabliaux* und *contes,* zur Seite stellen, welche ihren Stoff mehr aus der Wirklichkeit des Tages hernahmen und von Rittern, Geistlichen, Bürgern der Städte, vor allem Liebes- und Ehebruchsgeschichten teils im komischen, teils in tragischem Tone, bald in Prosa, bald in Versen vortrugen, – eine Gattung, welche in reinster Weise mit gebildeterem Geist Boccaccio zur Vollendung brachte.

Ein *letzter* Kreis endlich wendet sich mit einer ungefähren Kenntnis des Homerischen und Vergilschen Epos und der antiken Sage und Geschichte den Alten zu und besingt in der unveränderten Weise der Ritterepopöe nun auch die Taten der trojanischen Helden, die Gründung Roms durch Äneas, die Abenteuer Alexanders und dergleichen mehr.

Dies mag in betreff auf die epische Poesie des Mittelalters genug sein.

γ) In einer *dritten* Hauptgruppe nun, von der ich noch reden will, eröffnet das reichhaltige und nachwirkende Studium der *alten* Literatur den Ausgangspunkt für den reineren Kunstgeschmack einer neuen Bildung, in deren Lernen, Aneignen und Verschmelzen sich jedoch häufig jenes ursprüngliche Schaffen vermissen läßt, das wir bei den Indern, Arabern sowie bei Homer und im Mittelalter bewundern dürfen. Bei der vielseitigen Entwicklung, in welcher von dieser Zeit der wiederauflebenden Wissenschaften und ihres Einflusses auf die Nationalliteraturen an die Wirklichkeit sich in Religion, Staatszuständen, Sitten, sozialen Verhältnissen usw. fortbildet, ergreift nun auch die epische

Poesie sowohl den verschiedenartigsten Inhalt als auch die mannigfaltigsten Formen, deren geschichtlichen Verlauf ich nur kurz auf die wesentlichsten Charakterzüge zurückführen kann. Es lassen sich in dieser Rücksicht folgende Hauptunterschiede herausheben.

αα) *Erstens* ist es noch das *Mittelalter,* welches wie bisher die Stoffe für das Epos liefert, obschon dieselben in einem neuen, von der Bildung nach den Alten durchdrungenen Geiste aufgefaßt und dargestellt werden. Hier sind es vornehmlich *zwei* Richtungen, in welchen die epische Dichtkunst sich tätig erweist.

Auf der einen Seite nämlich führt das vorschreitende Bewußtsein der Zeit notwendig dahin, das Willkürliche in den mittelalterlichen Abenteuerlichkeiten, das Phantastische und Übertriebene des Rittertums, das Formelle in der Selbständigkeit und subjektiven Vereinzelung der Helden innerhalb einer sich schon zu größerem Reichtum nationaler Zustände und Interessen aufschließenden Wirklichkeit ins Lächerliche zu ziehen und somit diese ganze Welt, wie sehr das Echo in ihr auch mit Ernst und Vorliebe hervorgehoben bleibt, vom Standpunkte der *Komik* aus zur Anschauung zu bringen. Als die Gipfelpunkte dieser geistreichen Auffassung des ganzen Ritterwesens habe ich früher bereits (Bd. II, S. 217 f.) *Ariost* und *Cervantes* hingestellt. Ich will deshalb jetzt nur auf die glänzende Gewandtheit, den Reiz und Witz, die Lieblichkeit und kernige Naivität aufmerksam machen, mit welcher Ariosto, dessen Gedicht sich noch mitten in den poetischen Zwecken des Mittelalters bewegt, nur versteckter das Phantastische sich durch närrische Unglaublichkeiten scherzhaft in sich selber auflösen läßt, während der tiefere Roman des Cervantes das Rittertum schon als eine Vergangenheit hinter sich hat, die daher nur als isolierte Einbildung und phantastische Verrücktheit in die reale Prosa und Gegenwart des Lebens hereintreten kann, doch ihren großen und edlen Seiten nach nun auch ebensosehr wieder über das zum Teil Täppische, Alberne, zum Teil Gesinnungslose und

Untergeordnete dieser prosaischen Wirklichkeit hinausragt und die Mängel derselben lebendig vor Augen führt.

Als des gleich berühmt gewordenen Repräsentanten einer *zweiten* Richtung will ich nur *Tassos* erwähnen. In seinem *Befreiten Jerusalem* sehen wir im Unterschiede des Ariost den großen gemeinsamen Zweck der christlichen Ritterschaft, die Befreiung des Heiligen Grabes, diese erobernde Wallfahrt der Kreuzzüge ohne alle und jede Zutat komischer Laune zum Mittelpunkte erwählt und nach dem Vorbilde des Homer und Vergil mit Begeisterung, Fleiß und Studium ein Kunstepos zustande gebracht, das sich jenen Vorbildern selber sollte an die Seite stellen dürfen. Und allerdings treffen wir hier außer einem wirklichen, zum Teil auch nationalen heiligen Interesse eine Art der Einheit, Entfaltung und Abrundung des Ganzen an, wie wir sie oben gefordert haben; ebenso einen schmeichelnden Wohlklang der Stanzen, deren melodische Worte noch jetzt im Munde des Volkes leben; dennoch aber fehlt es gerade diesem Gedicht am meisten an der Ursprünglichkeit, welche es zum Grundbuche einer ganzen Nation machen könnte. Statt daß nämlich, wie es bei Homer der Fall ist, das Werk, als eigentliches *Epos,* das *Wort* für alles findet, was die Nation in ihren Taten ist, und dies Wort in unmittelbarer Einfachheit ein für allemal ausspricht, erscheint dieses Epos als ein Poem, d. h. als eine *poetisch gemachte* Begebenheit, und vergnügt und befriedigt sich vornehmlich an der Kunstbildung der schönen, teils lyrischen, teils episch schildernden Sprache und Form überhaupt. Wie sehr deshalb Tasso sich auch in betreff auf die Anordnung des epischen Stoffes Homer zum Muster genommen hat, so ist es für den ganzen Geist der Konzeption und Darstellung doch hauptsächlich das Einwirken Vergils, das wir nicht eben zum Vorteil des Gedichtes hauptsächlich wiedererkennen.

An die genannten großen Epopöen, welche eine klassische Bildung zu ihrer Grundlage haben, schließt sich nun *drittens* die *Lusiaden* des *Camões.* Mit diesem dem Stoffe nach ganz nationalen Werk sind wir, indem es die kühnen Seetaten der Portugiesen besingt, dem eigentlichen Mittelalter schon entrückt und zu Interessen hinübergeleitet, welche eine neue Ära verkündigen. Doch auch hier macht sich, dem Feuer des Patriotismus sowie der meist aus eigener Anschauung und Lebenserfahrung geschöpften Lebendigkeit der Schilderungen und episch abgerundeten Einheit unerachtet, der Zwiespalt des nationalen Gegenstandes und einer zum Teil den Alten, zum Teil den Italienern entlehnten Kunstbildung fühlbar, welcher den Eindruck epischer Ursprünglichkeit raubt.

ββ) Die wesentlich neuen Erscheinungen aber in dem religiösen Glauben und der Wirklichkeit des modernen Lebens finden ihren Ursprung in dem Prinzipe der *Reformation,* obschon die ganze Richtung, welche aus dieser umgewandelten Lebensanschauung hervorgeht, mehr der Lyrik und dramatischen Poesie günstig ist als dem eigentlichen Epos. Doch feiert die religiöse Kunstepopöe auch in diesem Kreise noch eine Nachblüte, hauptsächlich in Miltons *Verlorenem Paradiese* und Klopstocks *Messias.* Was *Milton* angeht, so steht auch er in einer durch Studium der Alten erlangten Bildung und korrekten Eleganz des Ausdrucks für sein Zeitalter zwar als preiswürdiges Muster da, an Tiefe aber des Gehalts, an Energie, origineller Erfindung und Ausführung und besonders an epischer Objektivität ist er dem Dante schlechthin nachzusetzen. Denn einerseits nimmt der Konflikt und die Katastrophe des *Verlorenen Paradieses* eine Wendung gegen den dramatischen Charakter hin, andererseits, wie ich schon oben beiläufig bemerkte, macht der lyrische Aufschwung und die moralisch-didaktische Tendenz einen eigentümlichen Grundzug aus, der von dem Gegenstande seiner ursprünglichen Gestalt nach weit genug abliegt. – Von einem ähnlichen Zwiespalte des Stoffs und der Zeitbildung, welche denselben episch widerspiegelt, habe ich in bezug auf *Klopstock* schon gesprochen, bei welchem dann außerdem noch das stete Bestreben sichtlich wird, durch eine geschraubte Rhetorik der Erhabenheit seinem Gegenstande auch für den Leser dieselbe Anerkennung der begeisternden Würde und Heiligkeit zu verschaffen, zu welcher der Dichter selbst sich heraufgehoben hatte. – Ganz nach einer anderen Seite hin geht es in gewisser Rücksicht auch in Voltaires *Henriade* nicht wesentlich anders zu. Wenigstens bleibt auch hier die Poesie um so mehr etwas Gemachtes, als sich der Stoff, wie ich schon sagte, für das ursprüngliche Epos nicht geeignet zeigt.

γγ) Suchen wir nun in neuester Zeit nach wahrhaft epischen Darstellungen, so haben wir uns nach einem anderen Kreise als dem der eigentlichen Epopöe umzusehen. Denn der ganze heutige Weltzustand hat eine Gestalt angenommen, welche in ihrer prosaischen Ordnung sich schnurstracks den Anforderungen entgegenstellt, welche wir für das echte Epos unerläßlich fanden, während die Umwälzungen, denen die wirklichen Verhältnisse der Staaten und Völker unterworfen gewesen sind, noch zu sehr als wirkliche Erlebnisse in der Erinnerung festhaften, um schon die epische Kunstform vertragen zu können. Die epische Poesie hat sich deshalb aus den großen Völkerereignissen in die Beschränktheit privater häuslicher Zustände auf dem Lande und in der kleinen Stadt geflüchtet, um hier die Stoffe aufzufinden, welche sich einer epischen Darstellung fügen könnten. Dadurch ist denn besonders bei uns Deutschen das Epos *idyllisch* geworden, nachdem sich die eigentliche Idylle in ihrer süßlichen Sentimentalität und Verwässerung zugrunde gerichtet hat. Als naheliegendes Beispiel eines idyllischen Epos will ich nur an die *Luise* von *Voss* sowie vor allem an *Goethes* Meisterwerk, *Hermann und Dorothea,* erinnern. Hier wird uns zwar der Blick auf den Hintergrund der in unserer Zeit größten Weltbegebenheit eröffnet, an welche sich dann die Zustände des Wirtes und seiner Familie, des Pastors und Apothekers unmittelbar anknüpfen, so daß wir, da das Landstädtchen nicht in seinen politischen Verhältnissen erscheint, einen unberechtigten Sprung finden und die Vermittlung des Zusammenhanges vermissen können; doch gerade durch das Weglassen dieses Mittelgliedes bewahrt das Ganze seinen eigentümlichen Charakter. Denn meisterhaft hat Goethe die Revolution, obschon er sie zur Erweiterung des Gedichts aufs glücklichste zu benutzen wußte, ganz in die Ferne zurückgestellt und nur solche Zustände derselben in die Handlung eingeflochten, welche sich in ihrer einfachen Menschlichkeit an jene häuslichen und städtischen Verhältnisse und Situationen durchaus zwanglos anschließen. Was aber die Hauptsache ist, Goethe hat für dieses Werk mitten aus der modernen Wirklichkeit Züge, Schilderungen, Zustände, Verwicklungen herauszufinden und darzustellen verstanden, die in ihrem Gebiete das wieder lebendig machen, was zum unvergänglichsten Reiz in den ursprünglich menschlichen Verhältnissen der Odyssee und der patriarchalischen Gemälde des Alten Testamentes gehört.

Für die sonstigen Kreise des gegenwärtigen nationalen und sozialen Lebens endlich hat sich im Felde der epischen Poesie ein unbeschränkter Raum für den *Roman,* die *Erzählung* und *Novelle* aufgetan, deren breite Entwicklungsgeschichte von ihrem Ursprunge ab bis in unsere Gegenwart hinein ich hier jedoch selbst in den allgemeinsten Umrissen nicht weiter zu verfolgen imstande bin.

II. Die lyrische Poesie

Die *poetische* Phantasie als dichterische Tätigkeit stellt uns nicht wie die Plastik die *Sache* selbst in ihrer, wenn auch durch die Kunst hervorgebrachten, äußeren Realität vor Augen, sondern gibt nur eine *innerliche* Anschauung und Empfindung derselben. Schon nach seiten dieser allgemeinen Produktionsweise ist es die *Subjektivität* des geistigen Schaffens und Bildens, welche sich selbst in der veranschaulichendsten Darstellung den bildenden Künsten gegenüber als das hervorstechende Element erweist. Wenn nun die epische Poesie ihren Gegenstand entweder in seiner substantiellen

Allgemeinheit oder in skulpturmäßiger und malerischer Art als lebendige Erscheinung an unser anschauendes Vorstellen bringt, so verschwindet, auf der Höhe dieser Kunst wenigstens, das vorstellende und empfindende Subjekt in seiner dichtenden Tätigkeit gegen die Objektivität dessen, was es aus sich heraussetzt. Dieser Entäußerung seiner kann sich jenes Element der Subjektivität vollständig nur dadurch entheben, daß es nun einerseits die gesamte Welt der Gegenstände und Verhältnisse in *sich* hineinnimmt und vom Innern des einzelnen Bewußtseins durchdringen läßt, andererseits das in sich konzentrierte Gemüt aufschließt, Ohr und Auge öffnet, die bloße dumpfe Empfindung zur Anschauung und Vorstellung erhebt und diesem erfüllten Innern, um sich als Innerlichkeit auszudrücken, Worte und Sprache leiht. Je mehr nun diese Weise der Mitteilung aus der Sachlichkeit der epischen Kunst ausgeschlossen bleibt, um desto mehr, und gerade dieses Ausschließens wegen, hat sich die subjektive Form der Poesie unabhängig vom Epos in einem eigenen Kreise für sich auszugestalten. Aus der Objektivität des Gegenstandes steigt der Geist in sich selber nieder, schaut in das eigene Bewußtsein und gibt dem Bedürfnisse Befriedigung, statt der äußeren Realität der Sache die Gegenwart und Wirklichkeit derselben im *subjektiven* Gemüt, in der Erfahrung des Herzens und Reflexion der Vorstellung und damit den Gehalt und die Tätigkeit des innerlichen Lebens selber darstellig zu machen. Indem nun aber dies Aussprechen, um nicht der zufällige Ausdruck des Subjektes als solchen seinem unmittelbaren Empfinden und Vorstellen nach zu bleiben, zur Sprache des *poetischen* Inneren wird, so müssen die Anschauungen und Empfindungen, wie sehr sie auch dem Dichter als einzelnem Individuum eigentümlich angehören und er sie als die seinigen schildert, dennoch eine allgemeine Gültigkeit enthalten, d. h. sie müssen in sich selbst wahrhafte Empfindungen und Betrachtungen sein, für welche die Poesie nun auch den gemäßen Ausdruck lebendig erfindet und trifft. Wenn daher sonst schon Schmerz und Lust, in Worte gefaßt, beschrieben, ausgesprochen, das Herz erleichtern können, so vermag zwar der poetische Erguß den gleichen Dienst zu leisten, doch er beschränkt sich nicht auf den Gebrauch dieses Hausmittels; ja, er hat im Gegenteil einen höheren Beruf: die Aufgabe nämlich, den Geist nicht *von* der Empfindung, sondern *in* derselben zu befreien. Das blinde Walten der Leidenschaft liegt in der bewußtseinslosen dumpfen Einheit derselben mit dem ganzen Gemüt, das nicht aus sich heraus zur Vorstellung und zum Aussprechen seiner gelangen kann. Die Poesie erlöst nun das Herz zwar von dieser Befangenheit, insofern sie dasselbe sich gegenständlich werden läßt, aber sie bleibt nicht bei dem bloßen Hinauswerfen des Inhalts aus seiner unmittelbaren Einigung mit dem Subjekte stehen, sondern macht daraus ein von jeder Zufälligkeit der Stimmungen gereinigtes Objekt, in welchem das befreite Innere zugleich in befriedigtem Selbstbewußtsein frei zu sich zurückkehrt und bei sich selber ist. Umgekehrt jedoch darf dies erste Objektivieren nicht so weit fortschreiten, daß es die Subjektivität des Gemüts und der Leidenschaft als in praktischer Tätigkeit und *Handlung*, d. h. in der Rückkehr des Subjekts zu sich in seiner wirklichen Tat darstellt. Denn die nächste Realität des Inneren ist noch die Innerlichkeit selber, so daß jenes Herausgehen aus sich nur den Sinn der Befreiung von der unmittelbaren, ebenso stummen als vorstellungslosen Konzentration des Herzens hat, das sich zum Aussprechen seiner selber aufschließt und deshalb das vorher nur Empfundene in Form selbstbewußter Anschauungen und Vorstellungen faßt und äußert. – Hiermit ist im wesentlichen die Sphäre und Aufgabe der lyrischen Poesie in ihrem Unterschiede von der epischen und dramatischen festgestellt.

Was nun, um sogleich an die nähere Betrachtung heranzutreten, die *Einteilung* dieses neuen Gebiets betrifft, so können wir hier demselben Gange folgen, den ich für die epische Dichtkunst vorgezeichnet hatte.

Erstens also fragt es sich nach dem *allgemeinen* Charakter der Lyrik.

Zweitens müssen wir uns nach den *besonderen* Bestimmungen umsehen, welche in Rücksicht auf den lyrischen Dichter, das lyrische Kunstwerk und die Arten desselben in Betracht zu ziehen sind, und

drittens mit einigen Bemerkungen über die *historische* Entwicklung dieser Gattung der Poesie schließen.

Im ganzen jedoch will ich mich hier aus einem doppelten Grunde kurz fassen: einerseits, weil wir uns noch für die Erörterung des dramatischen Feldes den nötigen Raum aufzubewahren haben, andererseits, weil ich mich ganz auf die allgemeinen Gesichtspunkte beschränken muß, indem das Detail mehr als beim Epos in die Partikularität und deren unberechenbare Mannigfaltigkeit hineinspielt und in größerer Ausdehnung und Vollständigkeit vornehmlich nur auf historischem Wege könnte abgehandelt werden, was hier nicht unseres Amtes ist.

1. Allgemeiner Charakter der Lyrik

Zur epischen Poesie führt das Bedürfnis, die Sache zu hören, die sich für sich als eine objektiv in sich abgeschlossene Totalität dem Subjekt gegenüber entfaltet; in der Lyrik dagegen befriedigt sich das umgekehrte Bedürfnis, *sich* auszusprechen und das Gemüt in der Äußerung seiner selbst zu vernehmen. In Ansehung dieses Ergusses nun sind die wichtigsten Punkte, auf die es ankommt:

erstens der *Inhalt*, in welchem das Innere *sich* empfindet und zur Vorstellung bringt;

zweitens die Form, durch welche der Ausdruck dieses Inhalts zur lyrischen Poesie wird;

drittens die Stufe des Bewußtseins und der Bildung, von welcher aus das lyrische Subjekt seine Empfindungen und Vorstellungen kundgibt.

a. Der Inhalt des lyrischen Kunstwerks

Der *Inhalt* des lyrischen Kunstwerks kann nicht die Entwicklung einer objektiven Handlung in ihrem zu einem Weltreichtum sich ausbreitenden Zusammenhange sein, sondern das einzelne Subjekt und eben damit das Vereinzelte der Situation und der Gegenstände sowie der Art und Weise, wie das Gemüt mit seinem subjektiven Urteil, seiner Freude, Bewunderung, seinem Schmerz und Empfinden überhaupt sich in solchem Gehalte zum Bewußtsein bringt. Durch dies Prinzip der Besonderung, Partikularität und Einzelheit, welches im Lyrischen liegt, kann der Inhalt von der höchsten Mannigfaltigkeit sein und alle Richtungen des nationalen Lebens betreffen, doch mit dem wesentlichen Unterschiede, daß, wenn das Epos in ein und demselben Werke die Totalität des Volksgeistes in seiner wirklichen Tat und Zuständlichkeit auseinanderlegt, der bestimmtere Gehalt des lyrischen Gedichts sich auf irgendeine besondere Seite beschränkt oder doch wenigstens nicht zu der explizierten Vollständigkeit und Entfaltung gelangen kann, welche das Epos, um seine Aufgabe zu erfüllen, haben muß. Die gesamte Lyrik eines Volkes darf deshalb wohl die Gesamtheit der nationalen Interessen, Vorstellungen und Zwecke durchlaufen, nicht aber das einzelne lyrische Gedicht. Poetische Bibeln, wie wir sie in der epischen Poesie fanden, hat die Lyrik nicht aufzuzeigen. Dagegen genießt sie den Vorzug, fast zu allen Zeiten der nationalen Entwicklung entstehen zu können, während das eigentliche Epos an bestimmte ursprüngliche Epochen gebunden bleibt und in späteren Tagen prosaischer Ausbildung nur dürftiger gelingt.

α) Innerhalb dieser Vereinzelung nun steht auf der einen Seite das *Allgemeine* als solches, das Höchste und Tiefste des menschlichen Glaubens, Vorstellens und Erkennens: der wesentliche Gehalt der Religion, Kunst, ja selbst der wissenschaftlichen Gedanken, insofern dieselben sich noch der Form der Vorstellung und der Anschauung fügen und in die

Empfindung eingehen. Allgemeine Ansichten, das Substantielle einer Weltanschauung, die tieferen Auffassungen durchgreifender Lebensverhältnisse sind deshalb aus der Lyrik nicht ausgeschlossen, und ein großer Teil des Inhalts, den ich bei Gelegenheit der unvollkommneren Arten des Epos berührt habe (Bd. III, S. 325–328), fällt somit auch dieser neuen Gattung gleichmäßig anheim.

β) Zu der Sphäre des in sich Allgemeinen tritt sodann *zweitens* die Seite der *Besonderheit,* welche sich nun mit dem Substantiellen einesteils so verweben kann, daß irgendeine einzelne Situation, Empfindung, Vorstellung usf. in ihrer tieferen Wesentlichkeit erfaßt und somit selber in substantieller Weise ausgesprochen wird. Dies ist z. B. durchweg beinahe bei Schiller der Fall sowohl in den eigentlich lyrischen Gedichten als auch in den Balladen, in betreff auf welche ich nur an die grandiose Beschreibung des Eumenidenchors in den »Kranichen des Ibykus« erinnern will, die weder dramatisch noch episch, sondern lyrisch ist. Anderenteils kann die Verbindung so zustande kommen, daß eine Mannigfaltigkeit besonderer Züge, Zustände, Stimmungen, Vorfälle usf. sich als wirklicher Beleg für weitumfassende Ansichten und Aussprüche einreiht und durch das Allgemeine lebendig hindurchwindet. In der Elegie und Epistel z. B., überhaupt bei reflektierender Weltbetrachtung wird diese Art der Verknüpfung häufig benutzt.

γ) Indem es endlich im Lyrischen das *Subjekt* ist, das sich ausdrückt, so kann demselben hierfür zunächst der an sich geringfügigste Inhalt genügen. Dann nämlich wird das Gemüt selbst, die Subjektivität als solche der eigentliche Gehalt, so daß es nur auf die Seele der Empfindung und nicht auf den näheren Gegenstand ankommt. Die flüchtigste Stimmung des Augenblicks, das Aufjauchzen des Herzens, die schnell vorüberfahrenden Blitze sorgloser Heiterkeiten und Scherze, Trübsinn und Schwermut, Klage, genug, die ganze Stufenleiter der Empfindung wird hier in ihren momentanen Bewegungen oder einzelnen Einfällen über die verschiedenartigsten Gegenstände festgehalten und durch das Aussprechen dauernd gemacht. Hier tritt im Felde der Poesie das Ähnliche ein, was ich früher bereits in bezug auf die Genremalerei berührt habe (Bd. II, S. 224 f.). Der Inhalt, die Gegenstände sind das ganz Zufällige, und es handelt sich nur noch um die subjektive Auffassung und Darstellung, deren Reiz in der lyrischen Poesie teils in dem zarten Hauche des Gemüts, teils in der Neuheit frappanter Anschauungsweisen und in dem Witz überraschender Wendungen und Pointen liegen kann.

b. Die Form des lyrischen Kunstwerks

Was nun *zweitens* im allgemeinen die *Form* betrifft, durch welche solch ein Inhalt zum lyrischen Kunstwerk wird, so bildet hier das Individuum in seinem inneren Vorstellen und Empfinden den Mittelpunkt. Das Ganze nimmt deshalb vom Herzen und Gemüt und näher von der besonderen Stimmung und Situation des Dichters seinen Anfang, so daß der Gehalt und Zusammenhang der besonderen Seiten, zu welchen der Inhalt sich entwickelt, nicht objektiv von sich selbst als substantieller Inhalt oder von seiner äußeren Erscheinung als in sich beschlossene individuelle Begebenheit, sondern vom Subjekte getragen bleibt. Deshalb muß nun aber das Individuum in sich selber poetisch, phantasiereich, empfindungsvoll oder großartig und tief in Betrachtungen und Gedanken und vor allem selbständig in sich, als eine für sich abgeschlossene innere Welt erscheinen, von welcher die Abhängigkeit und bloße Willkür der Prosa abgestreift ist. – Das lyrische Gedicht erhält dadurch eine vom Epos ganz unterschiedene Einheit, die Innerlichkeit nämlich der Stimmung oder Reflexion, die sich in sich selber ergeht, sich in der Außenwelt widerspiegelt, sich schildert, beschreibt oder sich sonst mit irgendeinem Gegenstande beschäftigt und in diesem subjektiven Interesse das Recht behält, beinahe wo es will anzufangen und abzubrechen. Horaz z. B. ist häufig da schon zu Ende, wo man der gewöhnlichen Vorstellungsweise und Art der Äußerung gemäß meinen sollte, die Sache müßte nun erst recht ihren Anfang nehmen, d. h. er beschreibt z. B. nur seine Empfindungen, Befehle, Anstalten zu einem Feste, ohne daß wir von dem weiteren Hergang und Gelingen desselben irgend etwas erfahren. Ebenso gibt auch die Art der Stimmung, der individuelle Zustand des Gemüts, der Grad der Leidenschaft, die Heftigkeit, das Sprudeln und springende Herüber und Hinüber oder die Ruhe der Seele und Stille der sich langsam fortbewegenden Betrachtung die allerverschiedenartigsten Normen für den inneren Fortgang und Zusammenhang ab. Im allgemeinen läßt sich deshalb in Rücksicht auf alle diese Punkte, der vielfach bestimmbaren Wandelbarkeit des Inneren wegen, nur wenig Festes und Durchgreifendes aufstellen. Als nähere Unterschiede will ich nur folgende Seiten herausheben.

α) Wie wir im Epos mehrere Arten fanden, welche sich gegen den lyrischen Ton des Ausdrucks hinneigten, so kann nun auch die Lyrik zu ihrem Gegenstande und zu ihrer Form eine dem Gehalt und der äußeren Erscheinung nach epische *Begebenheit* nehmen und insofern an das Epische heranstreifen. Heldenlieder, Romanzen, Balladen z. B. gehören hierher. Die Form für das Ganze ist in diesen Arten einerseits *erzählend,* indem der Hergang und Verlauf einer Situation und Begebenheit, einer Wendung im Schicksal der Nation usw. berichtet wird. Andererseits aber bleibt der Grundton ganz lyrisch; denn nicht die subjektivitätslose Schilderung und Ausmalung des realen Geschehens, sondern umgekehrt die Auffassungsweise und Empfindung des Subjekts, die freudige oder klagende, mutige oder gedrückte Stimmung, die durch das Ganze hindurchklingt, ist die Hauptsache, und ebenso gehört auch die Wirkung, zu welcher solch ein Werk gedichtet wird, ganz der lyrischen Sphäre an. Was nämlich der Dichter im Hörer hervorzubringen beabsichtigt, ist die gleiche Gemütsstimmung, in die ihn das erzählte Begebnis versetzt und welche er deshalb ganz in die Darstellung hineingelegt hat. Er drückt seine Schwermut, Trauer, Heiterkeit, seine Glut des Patriotismus usf. in einem analogen Begebnis in *der* Weise aus, daß nicht der Vorfall selbst, sondern die sich darin widerspiegelnde Gemütslage den Mittelpunkt ausmacht, weshalb er denn auch vorzugsweise nur diejenigen Züge heraushebt und empfindungsvoll schildert, welche mit seiner inneren Bewegung zusammenklingen und, insofern sie dieselbe am lebendigsten aussprechen, das gleiche Gefühl auch im Hörer anzuregen am meisten befähigt sind. So ist der Inhalt zwar episch, die Behandlung aber lyrisch.

Was das Nähere angeht, so fallen hierherein:

αα) Erstens das *Epigramm,* wenn es nämlich nicht als Aufschrift ganz kurz und objektiv nur aussagt, was die Sache sei, sondern wenn sich an diesen Ausspruch irgendeine Empfindung knüpft und der Inhalt dadurch aus seiner sachlichen Realität heraus ins Innere hineinverlegt ist. Dann nämlich gibt sich das Subjekt nicht mehr gegen den Gegenstand auf, sondern macht umgekehrt gerade *sich* in demselben, seine Wünsche in betreff auf ihn, seine subjektiven Scherze, scharfsinnigen Verknüpfungen und unvermuteten Einfälle geltend. Schon die Griechische Anthologie enthält viele solcher witzigen Epigramme, welche den epischen Ton nicht mehr festhalten; und auch in neuerer Zeit finden wir bei den Franzosen in den pikanten Couplets, wie sie z. B. in ihren Vaudevilles so häufig vorkommen, und bei uns Deutschen in den Sinngedichten, Xenien usf. etwas Ähnliches, das hierher zu rechnen ist. Auch Grabschriften selbst können in Rücksicht auf die vorwaltende Empfindung diesen lyrischen Charakter annehmen.

ββ) In derselben Weise *zweitens* breitet sich die Lyrik auch zur schildernden Erzählung aus. Als nächste und einfachste Form will ich in diesem Kreise nur die *Romanze* nennen, insofern sie die verschiedenen Szenen einer Begebenheit vereinzelt und dann jede für sich in vollem Mitgefühle der Schilderung rasch in gedrungenen Hauptzügen fortgehend darstellt. Diese feste und bestimmte Auffassung des eigentlich Charakteristischen einer Situation und scharfe Heraushebung bei der vollen subjektiven Teilnahme tritt besonders bei den Spaniern in nobler Weise hervor und verleiht ihren erzählenden Romanzen eine große Wirkung. Es ist über diesen lyrischen Gemälden eine gewisse Helligkeit verbreitet, welche mehr der klar sondernden Genauigkeit der Anschauung als der Innigkeit des Gemüts zugehört.

γγ) Die *Balladen* dagegen umfassen, wenn auch in kleinerem Maßstabe als in der eigentlich epischen Poesie, meist die Totalität eines in sich beschlossenen Begebnisses, dessen Bild sie freilich auch nur in den hervorstechendsten Momenten entwerfen, zugleich aber die Tiefe des Herzens, das sich ganz damit verwebt, und den Gemütston der Klage, Schwermut, Trauer, Freudigkeit usf. voller und doch konzentrierter und inniger hervordringen lassen. Die Engländer besitzen vornehmlich aus der früheren ursprünglichen Epoche ihrer Poesie viele solcher Gedichte; überhaupt liebt die Volkspoesie, dergleichen meist unglückliche Geschichten und Kollisionen im Tone der schauerlichen, die Brust mit Angst beengenden, die Stimme erstickenden Empfindung zu erzählen. Doch auch in neuerer Zeit haben sich bei uns *Bürger* und dann vor allem *Goethe* und *Schiller* eine Meisterschaft in diesem Felde erworben: Bürger durch seine trauliche Naivität; Goethe bei aller anschaulichen Klarheit durch die innigere Seele, welche sich durch das Ganze lyrisch hindurchzieht, und Schiller wieder durch die großartige Erhebung und Empfindung für den Grundgedanken, den er in Form einer Begebenheit dennoch durchweg lyrisch aussprechen will, um das Herz des Zuhörers dadurch in eine ebenso lyrische Bewegung des Gemüts und der Betrachtung zu versetzen.

β) Explizierter nun *zweitens* tritt schon das subjektive Element der lyrischen Poesie dann heraus, wenn irgendein Vorfall als wirkliche Situation zur bloßen Veranlassung für den Dichter wird, *sich* darin oder darüber zu äußern. Dies ist in dem sogenannten *Gelegenheitsgedichte* der Fall. So sangen z. B. bereits Kallinos und Tyrtaios ihre Kriegselegien für wirkliche Zustände, von denen sie ihren Ausgangspunkt nahmen und für die sie begeistern wollten, obschon ihre subjektive Individualität, ihr eigenes Herz und Gemüt noch wenig zum Vorschein kommt. Auch die Pindarischen Preisgesänge haben in bestimmten Wettkämpfern und Siegern und in den besonderen Verhältnissen derselben ihren näheren Anlaß gefunden; und mehr noch sieht man vielen Horazischen Oden eine spezielle Veranlassung, ja die Intention und den Gedanken an: ich will doch auch als dieser gebildete und berühmte Mann ein Gedicht darauf machen. Am meisten jedoch hat Goethe in neuerer Zeit eine Vorliebe für diese Gattung gehabt, weil ihm in der Tat jeder Lebensvorfall sogleich zum Gedicht wurde.

αα) Soll nun aber das lyrische Kunstwerk nicht in *Abhängigkeit* von der äußeren Gelegenheit und den Zwecken geraten, welche in derselben liegen, sondern als ein selbständiges Ganzes für sich dastehen, so gehört dazu wesentlich, daß der Dichter die Veranlassung auch nur als Gelegenheit benutze, um sich selbst, seine Stimmung, Freudigkeit, Wehmut oder Denkweise und Lebensansicht überhaupt auszusprechen. Die vornehmlichste Bedingung für die lyrische Subjektivität besteht deshalb darin, den realen Inhalt ganz in *sich* hineinzunehmen und zu dem ihrigen zu machen. Denn der eigentliche lyrische Dichter lebt in sich, faßt die Verhältnisse nach seiner poetischen Individualität auf und gibt nun, wie mannigfaltig er auch sein Inneres mit der vorhandenen Welt und ihren Zuständen, Verwicklungen und Schicksalen verschmilzt, dennoch in der Darstellung dieses Stoffs nur die eigene selbständige Lebendigkeit seiner Empfindungen und Betrachtungen kund. Wenn z. B. Pindar eingeladen wurde, einen Sieger in den Wettspielen zu besingen, oder es aus eigenem Antriebe tat, so bemächtigte er sich doch dermaßen seines Gegenstandes, daß sein Werk nicht etwa ein Gedicht *auf* den Sieger wurde, sondern ein Erguß, den er aus sich selbst heraussang.

ββ) Was nun die nähere Darstellungsart eines solchen Gelegenheitsgedichtes angeht, so kann dieselbe allerdings einerseits ihren bestimmteren Stoff und Charakter sowie die innere Organisation des Kunstwerks aus der realen Wirklichkeit des als Inhalt ergriffenen Vorfalls oder Subjekts entnehmen. Denn gerade dieser Inhalt ist es ja, von dem sich das dichterische Gemüt bewegt zeigen will. Als deutlichstes, wenn auch extremes Beispiel brauche ich nur an Schillers »Lied von der Glocke« zu erinnern, welches die äußeren Stufenfolgen im Geschäft des Glockengießens als die wesentlichen Haltpunkte für den Entwicklungsgang des ganzen Gedichts hinstellt und sich dann hieran erst die entsprechenden Ergüsse der Empfindung sowie die verschiedenartigen Lebensbetrachtungen und sonstigen Schilderungen menschlicher Zustände schließen läßt. In einer anderen Art entlehnt auch Pindar aus dem Geburtsorte des Siegers, aus den Taten des Stamms, dem derselbe angehört, oder aus anderweitigen Lebensverhältnissen die nähere Gelegenheit, gerade diese und keine anderen Götter zu preisen, nur dieser Taten und Schicksale Erwähnung zu tun, nur diese bestimmten Betrachtungen anzustellen, diese Weisheitssprüche einzuflechten usf. Andererseits aber ist der lyrische Dichter auch hierin wieder vollständig frei, indem nicht die äußere Gelegenheit als solche, sondern er *selbst* mit seinem Innern sich zum Gegenstande wird und es deshalb von der besonderen subjektiven Ansicht und poetischen Gemütsstimmung allein abhängig macht, welche Seiten des Gegenstandes und in welcher Folge und Verwebung sie zur Darstellung gelangen sollen. Der Grad nun, in welchem die objektive Gelegenheit mit ihrem sachlichen Inhalt oder die eigene Subjektivität des Dichters überwiegen oder beide Seiten sich durchdringen dürfen, läßt sich nicht a priori nach einem festen Maßstabe angeben.

γγ) Die eigentlich lyrische *Einheit* aber gibt nicht der Anlaß und dessen Realität, sondern die subjektive innere Bewegung und Auffassungsweise. Denn die einzelne Stimmung oder allgemeine Betrachtung, zu welcher die Gelegenheit poetisch erregt, bildet den Mittelpunkt, von dem aus nicht nur die Färbung des Ganzen, sondern auch der Umkreis der besonderen Seiten, die sich entfalten können, die Art der Ausführung und Verknüpfung und somit der Halt und Zusammenhang des Gedichts als Kunstwerkes bestimmt wird. So hat Pindar z. B. an den genannten objektiven Lebensverhältnissen seiner Sieger, die er besingt, einen realen Kern für die Gliederung und Entfaltung; bei den einzelnen Gedichten aber sind es immer andere Gesichtspunkte, eine andere Stimmung – der Warnung, des Trostes, der Erhebung z. B. –, die er hindurchwalten läßt und welche, obschon sie allein dem Dichter als poetischem Subjekt angehören, ihm dennoch gerade den Umfang dessen, was er von jenen Verhältnissen berühren, ausführen oder übergehen will, sowie die Art der Beleuchtung und Verbindung eingeben, deren er sich zu der beabsichtigten lyrischen Wirkung bedienen muß.

γ) *Drittens* jedoch braucht der echt lyrische Dichter nicht von äußeren Begebenheiten auszugehen, die er empfindungsreich erzählt, oder von sonstigen realen Umständen und Veranlassungen, die ihm zum Anstoß seines Ergusses werden, sondern er ist für sich eine subjektiv abgeschlossene Welt, so daß er die Anregung wie den Inhalt *in sich selber* suchen und deshalb bei den inneren Situationen, Zuständen, Begegnissen und Leidenschaften seines eigenen Herzens und Geistes stehenbleiben kann. Hier wird sich der Mensch in seiner subjektiven Innerlichkeit selber zum Kunstwerk, während dem epischen Dichter der fremde Heros und dessen Taten und Ereignisse zum Inhalt dienen.

αα) Doch auch in diesem Felde kann noch ein erzählendes Element eintreten, wie z. B. bei vielen der sogenannten Anakreontischen Lieder, welche heitere Bildchen von Vorfällen mit Eros usf. in lieblicher Rundung aufstellen. Solches Begegnis muß dann aber mehr nur gleichsam die Erklärung einer inneren Situation des Gemütes sein. So benutzt auch

Horaz wieder auf andere Weise in seinem »Integer vitae« den Vorfall, daß ihm ein Wolf begegnet, nicht so, daß wir das Ganze dürften ein Gelegenheitsgedicht nennen, sondern als Beleg des Satzes, mit dem er beginnt, und der Unstörbarkeit der Liebesempfindung, mit der er endet.

ββ) Überhaupt braucht die Situation, in welcher der Dichter sich darstellt, sich nicht bloß auf das *Innere* als solches zu beschränken, sondern darf sich als konkrete und damit auch äußerliche Totalität erweisen, indem der Dichter sich in ebenso subjektivem als realem Dasein gibt. In den eben angeführten Anakreontischen Liedern z. B. schildert sich der Dichter unter Rosen, schönen Mädchen und Knaben, bei Wein und Tanz in dem heiteren Genuß, ohne Verlangen und Sehnsucht, ohne Pflicht und Verabsäumung höherer Zwecke, die hier gar nicht vorhanden sind, wie einen Heros, der unbefangen und frei und daher ohne Beschränktheit oder Mangel nur dieses eine ist, was er ist: ein Mensch seiner eigenen Art als subjektives Kunstwerk.

Auch in den Liebesliedern des Hafis sieht man die ganze lebendige Individualität des Dichters, wechselnd an Inhalt, Stellung, Ausdruck, so daß es beinah zum Humor fortgeht. Doch hat er kein besonderes Thema bei seinen Gedichten, kein objektives Bild, keinen Gott, keine Mythologie – ja, wenn man diese freien Ergüsse liest, fühlt man, daß die Orientalen überhaupt keine Gemälde und bildende Kunst haben konnten; er geht von einem Gegenstande zum anderen, er läßt sich überall herumgehen, aber es ist eine Szene, worin immer der ganze Mann mit seinem Wein, Schenken, Mädchen, Hof usf. in schöner Offenheit, ohne Begierde und Selbstsucht in reinem Genuß Aug in Auge, Seele in Seele vor uns gebracht ist. – Proben dieser Art der Darstellung einer nicht nur inneren, sondern auch äußeren Situation lassen sich aufs mannigfaltigste angeben. Führt sich jedoch der Dichter so in seinen subjektiven Zuständen aus, so sind wir nicht geneigt, etwa die partikulären Einbildungen, Liebschaften, häuslichen Angelegenheiten, Vetter- und Basengeschichten kennenzulernen, wie dies selbst bei Klopstocks Cidli und Fanny[13] der Fall ist; sondern wir wollen etwas Allgemeinmenschliches, um es poetisch mitempfinden zu können, vor Augen haben. Von dieser Seite her kann deshalb die Lyrik leicht zu der falschen Prätention fortgehen, daß an und für sich schon das Subjektive und Partikuläre von Interesse sein müsse. Dagegen kann man viele der Goetheschen Lieder, obschon Goethe sie nicht unter dieser Rubrik aufgeführt hat, *gesellige* Lieder nennen. In Gesellschaft nämlich gibt man nicht sich selbst; im Gegenteil, man stellt seine Partikularität zurück und unterhält durch ein Drittes, eine Geschichte, Anekdote, durch Züge von anderen, die man dann in besonderer Laune auffaßt und dem eigenen Tone gemäß durchführt. In diesem Falle ist der Dichter er selbst und auch nicht; er gibt nicht sich, sondern *etwas* zum besten und ist gleichsam ein Schauspieler, der unendlich viele Rollen durchspielt, jetzt hier, dann dort verweilt, hier eine Szene, dort eine Gruppierung einen Augenblick festhält, doch, was er auch darstellen mag, immer zugleich sein eigenes künstlerisches Inneres, das Selbstempfundene und Durchlebte lebendig darein verwebt.

γγ) Ist nun aber die innere Subjektivität der eigentliche Quell der Lyrik, so muß ihr auch das Recht bleiben, sich auf den Ausdruck rein innerlicher Stimmungen, Reflexionen usf. zu beschränken, ohne sich zu einer konkreten, auch in ihrer Äußerlichkeit dargestellten Situation auseinanderzulegen. In dieser Rücksicht erweist sich selbst das ganz leere Lirum-larum, das Singen und Trällern rein um des Singens willen als echt lyrische Befriedigung des Gemüts, dem die Worte mehr oder weniger bloße gleichgültige Vehikel für die Äußerung der Heiterkeiten und Schmerzen werden, doch als Ersatz nun auch sogleich die Hilfe der Musik herbeirufen. Besonders Volkslieder gehen häufig über diese Ausdrucksweise nicht hinaus. Auch in Goetheschen Liedern,

---

13 Klopstocks Oden »An Cidli« und »An Fanny«

bei denen es dann aber schon zu einem bestimmteren, reichhaltigeren Ausdruck kommt, ist es oft nur irgendein einzelner momentaner Scherz, der Ton einer flüchtigen Stimmung, aus dem der Dichter nicht herausgeht und daraus ein Liedchen macht, einen Augenblick zu pfeifen. In anderen behandelt er dagegen ähnliche Stimmungen weitläufiger, selbst methodisch, wie z. B. in dem Liede »Ich hab mein Sach auf nichts gestellt«, wo erst Geld und Gut, dann die Weiber, Reisen, Ruhm und Ehre und endlich Kampf und Krieg als vergänglich erscheinen und die freie sorglose Heiterkeit allein der immer wiederkehrende Refrain bleibt. – Umgekehrt aber kann sich auf diesem Standpunkte das subjektive Innere gleichsam zu Gemütssituationen der großartigsten Anschauung und der über alles hinblickenden Ideen erweitern und vertiefen. Von dieser Art ist z. B. ein großer Teil der Schillerschen Gedichte. Das Vernünftige, Große ist Angelegenheit seines Herzens; doch besingt er weder hymnenartig einen religiösen oder substantiellen Gegenstand, noch tritt er bei äußeren Gelegenheiten auf fremden Anstoß als Sänger auf, sondern fängt im Gemüte an, dessen höchste Interessen bei ihm die Ideale des Lebens, der Schönheit, die unvergänglichen Rechte und Gedanken der Menschheit sind.

c. Der Standpunkt der Bildung, aus welcher das Werk hervorgeht

Ein *dritter* Punkt endlich, worüber wir noch in Rücksicht auf den allgemeinen Charakter der lyrischen Poesie zu sprechen haben, betrifft die allgemeine Stufe des Bewußtseins und der Bildung, aus welcher das einzelne Gedicht hervorgeht.

Auch in dieser Beziehung nimmt die Lyrik einen der epischen Poesie entgegengesetzten Standpunkt ein. Wenn wir nämlich für die Blütezeit des eigentlichen Epos einen im ganzen noch unentwickelten, zur Prosa der Wirklichkeit noch nicht herangereiften nationalen Zustand forderten, so sind umgekehrt der Lyrik vornehmlich solche Zeiten günstig, die schon eine mehr oder weniger fertig gewordene Ordnung der Lebensverhältnisse herausgestellt haben, indem erst in solchen Tagen der einzelne Mensch sich dieser Außenwelt gegenüber in sich selbst reflektiert und sich aus ihr heraus in seinem Inneren zu einer selbständigen Totalität des Empfindens und Vorstellens abschließt. Denn in der Lyrik ist es eben nicht die objektive Gesamtheit und individuelle Handlung, sondern das Subjekt als Subjekt, was die Form und den Inhalt abgibt. Dies darf jedoch nicht etwa so verstanden werden, als ob das Individuum, um sich lyrisch äußern zu können, sich von allem und jedem Zusammenhange mit nationalen Interessen und Anschauungen losmachen und formell nur auf seine eigenen Füße stellen müsse. Im Gegenteil, in dieser abstrakten Selbständigkeit würde als Inhalt nur die ganz zufällige und partikulare Leidenschaft, die Willkür der Begierde und des Beliebens übrigbleiben und die schlechte Querköpfigkeit der Einfälle und bizarre Originalität der Empfindung ihren unbegrenzten Spielraum gewinnen. Die echte Lyrik hat, wie jede wahre Poesie, den wahren Gehalt der menschlichen Brust auszusprechen. Als lyrischer Inhalt jedoch muß auch das Sachlichste und Substantiellste als subjektiv empfunden, angeschaut, vorgestellt oder gedacht erscheinen. *Zweitens* ferner handelt es sich hier nicht um das bloße Sichäußern des individuellen Inneren, um das erste unmittelbare Wort, welches episch sagt, was die Sache sei, sondern um den *kunstreichen,* von der zufälligen, gewöhnlichen Äußerung verschiedenen Ausdruck des *poetischen* Gemüts. Die Lyrik erheischt deshalb, je mehr gerade die bloße Konzentration des Herzens sich zu vielseitigen Empfindungen und umfassenderen Betrachtungen aufschließt und das Subjekt sich in einer schon prosaisch ausgeprägteren Welt seines poetischen Inneren bewußt wird, nun auch eine erworbene Bildung zur Kunst, welche gleichfalls als der Vorzug und das selbständige Werk der zur Vollendung ausgearbeiteten subjektiven Naturgabe hervortreten muß.

Dies sind die Gründe, aus denen die Lyrik nicht auf bestimmte Zeitepochen in der geistigen Entwicklung eines Volks beschränkt bleibt, sondern in den verschiedensten Epochen reichhaltig blühen kann und hauptsächlich der neueren Zeit, in der jedes Individuum sich das Recht erteilt, für sich selbst seine eigentümliche Ansicht und Empfindungsweise zu haben, günstig ist.

Als durchgreifende Unterschiede lassen sich jedoch folgende allgemeinere Standpunkte angeben:

α) *erstens* die lyrische Äußerungsart der *Volkspoesie.*

αα) In ihr vornehmlich kommt die mannigfaltige *Besonderheit* der Nationalitäten zum Vorschein, weshalb man auch in dem universellen Interesse unserer Gegenwart nicht müde wird, Volkslieder jeder Art zu sammeln, um die Eigentümlichkeit aller Völker kennenzulernen, nachzuempfinden und nachzuleben. Schon Herder tat viel hierfür, und auch Goethe hat in selbständigeren Nachbildungen höchst verschiedenartige Produkte dieser Gattung unserer Empfindung anzunähern verstanden. Vollständig aber mitempfinden kann man nur die Lieder seiner eigenen Nation, und wie sehr wir Deutsche uns auch ins Ausland hineinzumachen imstande sind, so ist doch immer die letzte Musik eines nationalen Inneren anderen Völkern etwas Fremdes, das, um in ihnen auch den heimischen Ton der eigenen Empfindung anklingen zu lassen, erst einer umarbeitenden Nachhilfe bedarf. Diese hat Goethe jedoch den ausländischen Volksliedern, die er uns zugebracht, auf die sinnvollste und schönste Weise nur insoweit angedeihen lassen, als dadurch, wie z. B. in dem Klagegesang der edlen Frauen des Asan Aga aus dem Morlackischen, die Eigentümlichkeit solcher Gedichte noch durchaus ungefährdet aufbewahrt bleibt.

ββ) Der allgemeine Charakter nun der lyrischen Volkspoesie ist dem des ursprünglichen Epos nach *der* Seite hin zu vergleichen, daß sich der Dichter als Subjekt nicht heraushebt, sondern sich in seinen Gegenstand hineinverliert. Obschon sich deshalb im Volksliede die konzentrierteste Innigkeit des

Gemüts aussprechen kann, so ist es dennoch nicht ein einzelnes Individuum, welches sich darin auch mit seiner subjektiven Eigentümlichkeit künstlerischer Darstellung kenntlich macht, sondern nur eine Volksempfindung, die das Individuum ganz und voll in sich trägt, insofern es für sich selbst noch kein von der Nation und deren Dasein und Interessen abgelöstes inneres Vorstellen und Empfinden hat. Als Voraussetzung für solche ungetrennte Einheit ist ein Zustand notwendig, in welchem die selbständige Reflexion und Bildung noch nicht erwacht ist, so daß nun also der Dichter ein als Subjekt zurücktretendes bloßes Organ wird, vermittels dessen sich das nationale Leben in seiner lyrischen Empfindung und Anschauungsweise äußert. Diese unmittelbare Ursprünglichkeit gibt dem Volksliede allerdings eine reflexionslose Frische kerniger Gedrungenheit und schlagender Wahrheit, die oft von der größten Wirkung ist; aber es erhält dadurch zugleich auch leicht etwas Fragmentarisches, Abgerissenes und einen Mangel an Explikation, der bis zur Unklarheit fortgehen kann. Die Empfindung versteckt sich tief und kann und will nicht zum vollständigen Aussprechen kommen. Außerdem fehlt dem ganzen Standpunkte gemäß, obschon die Form im allgemeinen vollständig lyrischer, d. h. subjektiver Art ist, dennoch, wie gesagt, das Subjekt, das diese Form und deren Inhalt als Eigentum gerade *seines* Herzens und Geistes und als Produkt *seiner* Kunstbildung ausspricht.

γγ) Völker, welche es nur zu dergleichen Gedichten und es weder zu einer weiteren Stufe der Lyrik noch zu Epopöen und dramatischen Werken bringen, sind deshalb meist halbrohe, barbarische Nationen von unausgebildeter Wirklichkeit und vorübergehenden Fehden und Schicksalen. Denn machten sie selbst in diesen heroischen Zeiten ein in sich reichhaltiges Ganzes aus, dessen besondere Seiten bereits zu selbständiger und doch zusammenstimmender Realität herausgearbeitet wären und den Boden für in sich konkrete und individuell abgeschlossene Taten abgeben könnten, so würden unter ihnen bei ursprünglicher Poesie auch epische Dichter erstehen. Der Zustand, aus welchem wir solche Lieder als einzige und letzte poetische Ausdrucksweise des nationalen Geistes hervorgehen sehen, beschränkt sich deshalb mehr auf Familienleben, Zusammenhalten in Stämmen, ohne weitere Organisation eines schon zu Heroenstaaten herangereiften Daseins. Kommen Erinnerungen an nationale Taten vor, so sind dies meist Kämpfe gegen fremde Unterdrücker, Raubzüge, Reaktionen der Wildheit gegen Wildheit oder Taten Einzelner gegen Einzelne ein und desselben Volkes, in deren Erzählung sich dann Klage und Wehmut oder ein heller Jubel über vorübergehende Siege freien Lauf läßt. Das zu entwickelter Selbständigkeit nicht entfaltete wirkliche Volksleben ist auf die innere Welt der Empfindung zurückgewiesen, die dann aber ebenso im ganzen unentwickelt bleibt und, wenn sie dadurch auch an Konzentration gewinnt, dennoch nun auch ihrem Inhalte nach häufig roh und barbarisch ist. Ob daher Volkslieder für uns ein poetisches Interesse oder im Gegenteil etwas Zurückschreckendes haben sollen, das hängt von der Art der Situationen und Empfindung ab, welche sie darstellen: denn was der Phantasie des einen Volkes vortrefflich erscheint, kann einem anderen abgeschmackt, grauenhaft und widrig sein. So gibt es z. B. ein Volkslied, das die Geschichte von einer Frau erzählt, die auf Befehl ihres Mannes eingemauert wurde und es durch ihre Bitten nur dahin bringt, daß ihr Löcher für ihre Brüste offen gelassen werden, um ihr Kind zu säugen, und die nun auch noch so lange lebt, bis das Kind die Muttermilch entbehren konnte. Dies ist eine barbarische, greuliche Situation. Ebenso haben Räubereien, Taten der Bravour und bloßen Wildheit Einzelner für sich nichts in sich, womit fremde Völker einer anderweitigen Bildung sympathisieren müßten. Volkslieder sind daher auch häufig das Partikulärste, für dessen Vortrefflichkeit es keinen festen Maßstab mehr gibt, weil sie vom Allgemeinmenschlichen zu weit abliegen. Wenn wir deshalb in neuerer Zeit mit Liedern der Irokesen, Eskimos und anderer wilder Völkerschaften sind bekannt geworden, so ist dadurch für poetischen Genuß der Kreis nicht eben jedesmal erweitert.

β) Indem nun aber die Lyrik das totale Aussprechen des inneren Geistes ist, so kann sie weder bei der Ausdrucksweise noch bei dem Inhalt der wirklichen Volkslieder oder der in dem ähnlichen Tone nachgesungenen späteren Gedichte stehenbleiben.

αα) Einerseits nämlich kommt es, wie wir soeben sahen, wesentlich darauf an, daß sich das in sich zusammengedrängte Gemüt dieser bloßen Konzentration und deren unmittelbarer Anschauung enthebe und zum freien Vorstellen seiner selbst hindurchdringe, was in jenen soeben geschilderten Zuständen nur in unvollkommener Weise der Fall ist; andererseits hat es sich zu einer reichhaltigen Welt der Vorstellungen, Leidenschaften, Zustände, Konflikte auszubreiten, um alles, was die Menschenbrust in sich zu fassen imstande ist, innerlich zu verarbeiten und als Erzeugnis des eigenen Geistes mitzuteilen. Denn die Gesamtheit der lyrischen Poesie muß die Totalität des inneren Lebens, soweit dasselbe in die Poesie einzugehen vermag, poetisch aussprechen und gehört deshalb allen Bildungsstufen des Geistes gemeinsam an.

ββ) Mit dem freien Selbstbewußtsein hängt nun auch *zweitens* die Freiheit der ihrer selbst gewissen *Kunst* zusammen. Das Volkslied singt sich gleichsam unmittelbar wie ein Naturlaut aus dem Herzen heraus; die freie Kunst aber ist sich ihrer selbst bewußt, sie verlangt ein Wissen und Wollen dessen, was sie produziert, und bedarf einer Bildung zu diesem Wissen sowie einer zur Vollendung durchgeübten Virtuosität des Hervorbringens. Wenn daher die eigentlich epische Poesie das eigene Bilden und Machen des Dichters verbergen muß oder es dem ganzen Charakter ihrer Entstehungszeit nach noch nicht kann sichtbar werden lassen, so geschieht dies nur deshalb, weil das Epos es mit dem objektiven, nicht aus dem dichtenden Subjekt hervorgegangenen

Dasein der Nation zu tun hat, das daher auch in der Poesie nicht als subjektives, sondern als für sich selbständig sich entwickelndes Produkt erscheinen muß. In der Lyrik dagegen ist das Schaffen wie der Inhalt das Subjektive und hat sich deshalb auch als das, was es ist, kundzugeben.

γγ) In dieser Rücksicht scheidet sich die spätere lyrische *Kunstpoesie* ausdrücklich von dem Volksliede ab. Es gibt zwar auch Volkslieder, welche gleichzeitig mit den Werken eigentlich künstlerischer Lyrik entstehen; sie gehören sodann aber solchen Kreisen und Individuen an, die, statt jener Kunstbildung teilhaftig zu werden, sich in ihrer ganzen Anschauungsweise von dem unmittelbaren Volkssinne noch nicht losgelöst haben. Dieser Unterschied zwischen lyrischer Volks- und Kunstpoesie ist jedoch nicht so zu nehmen, als gewinne die Lyrik erst dann ihren Gipfelpunkt, wenn die Reflexion und der Kunstverstand im Verein mit selbstbewußter Geschicklichkeit in blendender Eleganz an ihr als die wesentlichsten Elemente zum Vorschein kämen. Dies würde nichts anderes heißen, als daß wir Horaz z. B. und die römischen Lyriker überhaupt zu den vorzüglichsten Dichtern dieser Gattung rechnen müßten oder auch, in ihrem Kreise, die Meistersänger etwa der vorangehenden Epoche des eigentlichen Minnegesangs vorzuziehen hätten. In diesem Extreme aber darf jener Satz nicht aufgefaßt werden, sondern er ist nur in dem Sinne richtig, daß die subjektive Phantasie und Kunst eben um der selbständigen Subjektivität willen, die ihr Prinzip ausmacht, für ihre wahre Vollendung auch das freie ausgebildete Selbstbewußtsein des Vorstellens wie der künstlerischen Tätigkeit zur Voraussetzung und Grundlage haben müsse.

γ) Eine *letzte* Stufe endlich können wir von den bisher angedeuteten in folgender Weise unterscheiden. Das Volkslied liegt noch vor der eigentlichen Ausbildung einer auch prosaischen Gegenwart und Wirklichkeit des Bewußtseins; die lyrische echte Kunstpoesie dagegen entreißt sich dieser bereits vorhandenen Prosa und schafft aus der subjektiv selbständig gewordenen Phantasie eine neue poetische Welt der inneren Betrachtung und Empfindung, durch welche sie sich erst den wahren Inhalt und die wahre Ausdrucksweise des menschlichen Innern lebendig erzeugt. Drittens aber gibt es auch eine Form des Geistes, die wiederum nach einer Seite hin höher steht als die Phantasie des Gemüts und der Anschauung, insofern sie ihren Inhalt in durchgreifenderer Allgemeinheit und notwendigerem Zusammenhange zum freien Selbstbewußtsein zu bringen vermag, als dies der Kunst überhaupt möglich wird. Ich meine das *philosophische Denken*. Umgekehrt jedoch ist diese Form andererseits mit der Abstraktion behaftet, sich nur in dem Elemente des Denkens als der bloß ideellen Allgemeinheit zu entwickeln, so daß der konkrete Mensch sich nun auch gedrungen finden kann, den Inhalt und die Resultate seines philosophischen Bewußtseins in konkreter Weise, als durchdrungen von Gemüt und Anschauung, Phantasie und Empfindung, auszusprechen, um darin einen totalen Ausdruck des ganzen Inneren zu haben und zu geben.

Auf diesem Standpunkte lassen sich vornehmlich zwei verschiedene Auffassungsweisen geltend machen. Einesteils nämlich kann es die Phantasie sein, welche über sich selbst hinaus den Bewegungen des Denkens entgegenstrebt, ohne doch zur Klarheit und festen Gemessenheit philosophischer Expositionen hindurchzudringen. Dann wird die Lyrik meist der Erguß einer in sich kämpfenden und ringenden Seele, die in ihrem Gären sowohl der Kunst als dem Denken Gewalt antut, indem sie das eine Gebiet überschreitet, ohne in dem anderen zu Hause zu sein oder heimisch werden zu können. Anderenteils aber ist auch das in sich als Denken beruhigte Philosophieren imstande, seine klar gefaßten und systematisch durchgeführten Gedanken mit Empfindung zu beseelen, durch Anschauung zu versinnlichen und den wissenschaftlich in seiner Notwendigkeit offenbaren Gang und Zusammenhang, wie dies z. B. Schiller in manchen Gedichten tut, gegen jenes freie Spiel der besonderen Seiten einzu tauschen, unter dessen Scheine der Ungebundenheit die Kunst hier ihre inneren Einigungen um so mehr zu verbergen suchen muß, je weniger sie in den nüchternen Ton didaktischer Auseinandersetzung verfallen will.

2. Besondere Seiten der lyrischen Poesie

Nachdem wir nun bisher den allgemeinen Charakter des Inhalts, den die lyrische Poesie sich geben, und der Form, in der sie denselben aussprechen kann, sowie die verschiedenen Standpunkte der Bildung betrachtet haben, welche sich mehr oder weniger dem Prinzip der Lyrik gemäß erweisen, besteht unser nächstes Geschäft darin, diese allgemeinen Punkte nun auch ihren *besonderen* Hauptseiten und Beziehungen nach auszuführen.

Auch in dieser Rücksicht will ich von vornherein den Unterschied andeuten, der zwischen der epischen und lyrischen Poesie besteht. Bei Betrachtung der ersteren wendeten wir unsere vornehmlichste Aufmerksamkeit dem ursprünglichen nationalen Epos zu und ließen dagegen die unzulänglichen *Nebenarten* sowie das dichtende *Subjekt* beiseite liegen. Dies dürfen wir in unserem jetzigen Gebiete nicht tun. Im Gegenteil stellen sich hier als die wichtigsten Gegenstände der Erörterung auf die eine Seite die dichtende Subjektivität, auf die andere die Verzweigung der verschiedenen Arten, zu denen die Lyrik, welche überhaupt die Besonderheit und Vereinzelung des Inhalts und seiner Formen zum Prinzip hat, sich auszubreiten vermag. Wir können uns deshalb den nachfolgenden Gang für unsere näheren Besprechungen feststellen:

Erstens haben wir unseren Blick auf den lyrischen Dichter zu richten.

Zweitens müssen wir das lyrische Kunstwerk als Produkt der subjektiven Phantasie betrachten und

drittens die Arten angeben, welche aus dem allgemeinen Begriff der lyrischen Darstellung hervorgehen.

a. Der lyrische Dichter

α) Den Inhalt der Lyrik machen, wie wir sahen, einerseits Betrachtungen aus, welche das Allgemeine des Daseins und seiner Zustände zusammenfassen, andererseits die Mannigfaltigkeit des Besonderen. Als bloße Allgemeinheiten und besondere Anschauungen und Empfindungen aber sind beide Elemente bloße Abstraktionen, welche, um lebendige lyrische Individualität zu erlangen, einer Verknüpfung bedürfen, die innerlicher und deshalb subjektiver Art sein muß. Als der Mittelpunkt und eigentliche Inhalt der lyrischen Poesie hat sich daher das poetische konkrete Subjekt, der *Dichter*, hinzustellen, ohne jedoch zur wirklichen Tat und Handlung fortzugehen und sich in die Bewegung dramatischer Konflikte zu verwickeln. Seine einzige Äußerung und Tat beschränkt sich im Gegenteil darauf, daß er seinem Inneren Worte leiht, die, was auch immer ihr Gegenstand sein mag, den geistigen Sinn des sich aussprechenden Subjekts darlegen und den gleichen Sinn und Geist, denselben Zustand des Gemüts, die ähnliche Richtung der Reflexion im Zuhörer zu erregen und wach zu erhalten bemüht sind.

β) Hierbei kann nun die Äußerung, obschon sie für andere ist, ein freier Überfluß der Heiterkeit oder des zum Gesang sich lösenden und im Lied sich versöhnenden Schmerzes sein oder der tiefere Trieb, die wichtigsten Empfindungen des Gemüts und weitreichendsten Betrachtungen nicht für sich zu behalten, – denn wer singen und dichten *kann,* hat den Beruf dazu und *soll* dichten. Doch sind äußere Veranlassungen, ausdrückliche Einladung und dergleichen mehr in keiner Weise ausgeschlossen. Der große lyrische Dichter aber schweift in solchem Falle bald von dem eigentlichen Gegenstande ab und stellt sich selber dar. So wurde Pindar, um bei diesem schon mehrfach erwähnten Beispiele zu bleiben, häufig aufgefordert, diesen oder jenen sieggekrönten Wettkämpfer zu feiern, ja er erhielt selbst hin und wieder Geld dafür; und dennoch tritt er, als Sänger, an die Stelle seines

Helden und preist nun in selbständiger Verknüpfung seiner eigenen Phantasie die Taten etwa der Voreltern, erinnert an alte Mythen oder spricht seine tiefe Ansicht über das Leben, über Reichtum, Herrschaft, über das, was groß und ehrenwert, über die Hoheit und Lieblichkeit der Musen, vor allem aber über die Würde des Sängers aus. So ehrt er auch in seinen Gedichten nicht sowohl den Helden durch den Ruhm, den er über ihn verbreitet, sondern er läßt *sich*, den Dichter, hören. Nicht er hat die Ehre gehabt, jene Sieger zu besingen, sondern die Ehre, die sie erhalten, ist, daß Pindar sie besungen hat. Diese hervorragende innere Größe macht den Adel des lyrischen Dichters aus. Homer ist in seinem Epos als Individuum so sehr aufgeopfert, daß man ihm jetzt nicht einmal eine Existenz überhaupt mehr zugestehen will, doch seine Heroen leben unsterblich fort; Pindars Helden dagegen sind uns leere Namen geblieben, er selbst aber, der *sich* gesungen und seine Ehre gegeben hat, steht unvergeßlich als Dichter da; der Ruhm, den die Helden in Anspruch nehmen dürfen, ist nur ein Anhängsel an dem Ruhme des lyrischen Sängers. – Auch bei den Römern erhält sich der lyrische Dichter zum Teil noch in dieser selbständigen Stellung. So erzählt z. B. Sueton (T. III, p. 51, ed. Wolfii[14]), daß Augustus dem Horaz die Worte geschrieben habe: »An vereris, ne apud posteros tibi infame sit, quod videaris familiaris nobis esse«[15]; Horaz aber, da ausgenommen, wo er *ex officio,* wie man leicht herausfühlen kann, von Augustus spricht, kommt größtenteils bald genug auf sich selber zurück. Die 14. Ode des dritten Buchs z. B. hebt mit der Rückkehr des Augustus aus Hispanien nach dem Siege über die Cantabrer an; doch weiterhin rühmt Horaz nur, daß durch die Ruhe, welche Augustus der Welt wiedergegeben, nun auch er selbst als Dichter ruhig seines Nichtstuns und seiner Muße genießen könne; dann befiehlt er, Kränze,

14 *Opera*, hrsg. von Friedrich August Wolf, 4 Bde., Leipzig 1802
15 »Hast du etwa Angst, es könnte dir bei der Nachwelt schaden, wenn man den Eindruck hat, du seist mein Freund?«

Salben und alten Wein zur Feier zu bringen und schnell die Neära herbeizuladen – genug, er hat es nur mit den Vorbereitungen zu seinem Feste zu tun. Doch auf Liebeskämpfe kommt es ihm jetzt weniger an als in seiner Jugend, zur Zeit des Konsul Plancus, denn dem Boten, den er schickt, sagt er ausdrücklich:

Si per invisum mora ianitorem

Fiet, *abito*[16].

Mehr noch kann man es als einen ehrenwerten Zug Klopstocks rühmen, daß er zu seiner Zeit wieder die selbständige Würde des Sängers fühlte und, indem er sie aussprach und ihr gemäß sich hielt und betrug, den Dichter aus dem Verhältnis des Hofpoeten und Jedermannspoeten sowie aus einer müßigen, nichtsnutzigen Spielerei herausriß, womit ein Mensch sich nur ruiniert. Dennoch geschah es, daß nun gerade ihn zuerst der Buchhändler als *seinen* Poeten ansah. Klopstocks Verleger in Halle bezahlte ihm für den Bogen der Messiade einen oder zwei Taler, glaub ich; darüber hinaus aber ließ er ihm eine Weste und Hose machen und führte ihn so ausstaffiert in Gesellschaften umher und ließ ihn in der Weste und Hose sehen, um bemerkbar zu machen, daß *er* sie ihm angeschafft habe. Dem Pindar dagegen (so erzählen wenigstens spätere, wenn auch nicht durchweg verbürgte Berichte) setzten die Athenienser ein Standbild (Pausanias, I, 8), weil er sie in einem seiner Gesänge gerühmt hatte, und sandten ihm außerdem (Aischines, Epistula 4) das Doppelte der Strafe, mit welcher ihn die Thebaner um des übermäßigen Lobes willen, das er der fremden Stadt gespendet, nicht verschonen wollten; ja es heißt sogar, Apollo selber habe durch den Mund der Pythia erklärt, Pindar solle die Hälfte der Gaben erhalten, welche die gesamte Hellas zu den pythischen Spielen zu bringen pflegte.

γ) In dem ganzen Umkreis lyrischer Gedichte stellt sich

---

16 »Schafft Verzug dir dort der verhaßte Pförtner, / Gehe nur wieder!«

drittens nun auch die Totalität eines Individuums seiner poetischen inneren Bewegung nach dar. Denn der lyrische Dichter ist gedrungen, alles, was sich in seinem Gemüt und Bewußtsein poetisch gestaltet, im Liede auszusprechen. In dieser Rücksicht ist besonders Goethe zu erwähnen, der in der Mannigfaltigkeit seines reichen Lebens sich immer dichtend verhielt. Auch hierin gehört er zu den ausgezeichnetesten Menschen. Selten läßt sich ein Individuum finden, dessen Interesse so nach allen und jeden Seiten hin tätig war, und doch lebte er dieser unendlichen Ausbreitung ungeachtet durchweg in *sich,* und was ihn berührte, verwandelte er in poetische Anschauung. Sein Leben nach außen, die Eigentümlichkeit seines im Täglichen eher verschlossenen als offenen Herzens, seine wissenschaftlichen Richtungen und Ergebnisse andauernder Forschung, die Erfahrungssätze seines durchgebildeten praktischen Sinns, seine ethischen Maximen, die Eindrücke, welche die mannigfach sich durchkreuzenden Erscheinungen der Zeit auf ihn machten, die Resultate, die er sich daraus zog, die sprudelnde Lust und der Mut der Jugend, die gebildete Kraft und innere Schönheit seiner Mannesjahre, die umfassende, frohe Weisheit seines Alters – alles ward bei ihm zum lyrischen Erguß, in welchem er ebenso das leichteste Anspielen an die Empfindung als die härtesten schmerzlichen Konflikte des Geistes aussprach und sich durch dieses Aussprechen davon befreite.

b. Das lyrische Kunstwerk

Was *zweitens* das lyrische Gedicht als poetisches Kunstwerk angeht, so läßt sich wegen des zufälligen Reichtums an den verschiedenartigsten Auffassungsweisen und Formen des seinerseits ebenso unberechenbar mannigfaltigen Inhalts im allgemeinen wenig darüber sagen. Denn der subjektive Charakter dieses ganzen Gebiets, obschon dasselbe sich den allgemeinen Gesetzen der Schönheit und Kunst auch hier nicht darf entziehen wollen, bringt es dennoch der Natur der Sache nach mit sich, daß der Umfang von Wendungen und Tönen der Darstellung ganz uneingeschränkt bleiben muß. Es handelt sich deshalb für unseren Zweck nur um die Frage, in welcher Weise der Typus des lyrischen Kunstwerks sich von dem des epischen unterscheidet.

In dieser Rücksicht will ich nur folgende Seiten kurz bemerklich machen:

erstens die Einheit des lyrischen Kunstwerks;

zweitens die Art seiner Entfaltung;

drittens die Außenseite des Versmaßes und Vortrags.

α) Die Wichtigkeit, welche das Epos für die Kunst hat, liegt, wie ich schon sagte, besonders bei ursprünglichen Epopöen weniger in der totalen Ausbildung der vollendet künstlerischen Form als in der Totalität des nationalen Geistes, welche ein und dasselbe Werk in reichhaltigster Entfaltung an uns vorüberführt.

αα) Solch eine Gesamtheit uns zu vergegenwärtigen, muß das eigentlich lyrische Kunstwerk nicht unternehmen. Denn die Subjektivität kann zwar auch zu einem universellen Zusammenfassen fortgehen, will sie sich aber wahrhaft als in sich beschlossenes Subjekt geltend machen, so liegt in ihr sogleich das Prinzip der Besonderung und Vereinzelung. Doch ist auch hiermit eine Mannigfaltigkeit von Anschauungen aus der Naturumgebung, von Erinnerungen an eigene und fremde Erlebnisse, mythische und historische Begebenheiten und dergleichen nicht von vornherein ausgeschlossen; diese Breite des Inhalts aber darf hier nicht wie in dem Epos aus dem Grunde auftreten, weil sie zur Totalität einer bestimmten Wirklichkeit gehört, sondern hat nur darin ihr Recht zu suchen, daß sie in der subjektiven Erinnerung und beweglichen Kombinationsgabe lebendig wird.

ββ) Als den eigentlichen Einheitspunkt des lyrischen Gedichts müssen wir deshalb das subjektive Innere ansehen. Die Innerlichkeit als solche jedoch ist teils die ganz formelle Einheit des Subjekts mit sich, teils zersplittert und zerstreut sie sich zur buntesten Besonderung und verschiedenartigsten Mannigfaltigkeit der Vorstellungen, Gefühle, Eindrücke,

Anschauungen usf., deren Verknüpfung nur darin besteht, daß ein und dasselbe Ich sie als bloßes Gefäß gleichsam in sich trägt. Um den zusammenhaltenden Mittelpunkt des lyrischen Kunstwerks abgeben zu können, muß deshalb das Subjekt einerseits zur konkreten *Bestimmtheit* der Stimmung oder Situation fortgeschritten sein, andererseits sich mit dieser Besonderung seiner als mit sich selber *zusammenschließen*, so daß es *sich* in derselben empfindet und vorstellt. Dadurch allein wird es dann zu einer in sich begrenzten subjektiven Totalität und spricht nur das aus, was aus dieser Bestimmtheit hervorgeht und mit ihr in Zusammenhang steht.

γγ) Am vollständigsten lyrisch ist in dieser Rücksicht die in einem konkreten Zustande konzentrierte Stimmung des Gemüts, indem das empfindende Herz das Innerste und Eigenste der Subjektivität ist, die Reflexion und aufs Allgemeine gerichtete Betrachtung aber leicht in das Didaktische hineingeraten oder das Substantielle und Sachliche des Inhalts in epischer Weise hervorheben kann.

β) Über die Entfaltung *zweitens* des lyrischen Gedichts läßt sich im allgemeinen ebensowenig Bestimmtes feststellen, und ich muß mich daher auch hier auf einige durchgreifendere Bemerkungen einschränken.

αα) Die Fortentwicklung des Epos ist verweilender Art und breitet sich überhaupt zur Darstellung einer weitverzweigten Wirklichkeit aus. Denn im Epos legt das Subjekt sich in das *Objektive* hinein, das sich nun seiner selbständigen Realität nach für sich ausgestaltet und fortbewegt. Im Lyrischen dagegen ist es die Empfindung und Reflexion, welche umgekehrt die vorhandene Welt in *sich* hineinzieht, dieselbe in diesem inneren Elemente durchlebt und erst, nachdem sie zu etwas selber Innerlichem geworden ist, in Worte faßt und ausspricht. Im Gegensatze epischer Ausbreitung hat daher die Lyrik die *Zusammengezogenheit* zu ihrem Prinzipe und muß vornehmlich durch die innere Tiefe des Ausdrucks, nicht aber durch die Weitläufigkeit der Schilderung oder Explikation überhaupt wirken wollen. Doch bleibt dem lyrischen Dichter zwischen der fast verstummenden Gedrungenheit und der zu beredter Klarheit vollständig herausgearbeiteten Vorstellung der größte Reichtum von Nuancen und Stufen offen. Ebensowenig darf die Veranschaulichung äußerer Gegenstände verbannt sein. Im Gegenteil, die recht konkreten lyrischen Werke stellen das Subjekt auch in seiner äußeren Situation dar und nehmen deshalb die Naturumgebung, Lokalität usf. gleichfalls in sich hinein; ja, es gibt Gedichte, welche sich ganz auf dergleichen Schilderungen beschränken. Dann aber macht nicht die reale Objektivität und deren plastische Ausmalung, sondern das Anklingen des Äußeren an das Gemüt, die dadurch erregte Stimmung, das in solcher Umgebung sich empfindende Herz das eigentlich Lyrische aus, so daß uns durch die vors Auge gebrachten Züge nicht dieser oder jener Gegenstand zur äußeren Anschauung, sondern das Gemüt, das sich in denselben hineingelegt hat, zum inneren Bewußtsein kommen und uns zu derselben Empfindungsweise oder Betrachtung bewegen soll. Das deutlichste Beispiel liefern hierfür die Romanze und Ballade, welche, wie ich schon oben andeutete, um so lyrischer sind, je mehr sie von der berichteten Begebenheit nur gerade das herausheben, was dem inneren Seelenzustande entspricht, in welchem der Dichter erzählt, und uns den ganzen Hergang in solcher Weise darbieten, daß uns daraus diese Stimmung selber lebendig zurückklingt. Deshalb bleibt alles eigentliche, wenn auch empfindungsvolle Ausmalen äußerer Gegenstände, ja selbst die weitläufige Charakteristik innerer Situationen in der Lyrik immer von geringerer Wirksamkeit als das engere Zusammenziehen und der bezeichnungsreich konzentrierte Ausdruck.

ββ) *Episoden* zweitens sind dem lyrischen Dichter gleichfalls unverwehrt, doch darf er sich ihrer aus einem ganz anderen Grunde als der epische bedienen. Für das Epos liegen sie im Begriffe der objektiv ihre Seiten verselbständigenden Totalität und erhalten in Rücksicht auf den Fortgang der epischen Handlung zugleich den Sinn von Verzögerungen und Hemmnissen. Ihre lyrische Berechtigung dagegen ist subjektiver Art. Das lebendige Individuum nämlich durchläuft seine innere Welt schneller, erinnert sich bei den verschiedensten Gelegenheiten der verschiedensten Dinge, verknüpft das Allermannigfaltigste und läßt sich, ohne dadurch von seiner eigentlichen Grundempfindung oder dem Gegenstande seiner Reflexion abzukommen, von seiner Vorstellung und Anschauung herüber- und hinüberführen. Die gleiche Lebendigkeit steht nun auch dem *poetischen* Inneren zu, obschon es sich meistens schwer sagen läßt, ob dieses und jenes in einem lyrischen Gedichte episodisch zu nehmen sei oder nicht. Überhaupt aber gehören Abschweifungen, wenn sie nur die Einheit nicht zerreißen, vor allem aber überraschende Wendungen, witzige Kombinationen und plötzliche, fast gewaltsame Übergänge gerade der Lyrik eigens zu.

γγ) Deshalb kann die Art des Fortgangs und Zusammenhanges in diesem Gebiete der Dichtkunst gleichfalls teils unterschiedener, teils ganz entgegengesetzter Natur sein. Im allgemeinen verträgt die Lyrik, ebensowenig als das Epos, weder die Willkür des gewöhnlichen Bewußtseins noch die bloß verständige Konsequenz oder den spekulativ in seiner Notwendigkeit dargelegten Fortschritt des wissenschaftlichen Denkens, sondern verlangt eine Freiheit und Selbständigkeit auch der einzelnen Teile. Wenn sich aber für das Epos diese relative Isolierung aus der Form des realen Erscheinens herschreibt, in dessen Typus die epische Poesie veranschaulicht, so gibt umgekehrt wieder der lyrische Dichter den besonderen Empfindungen und Vorstellungen, in denen er sich ausspricht, den Charakter freier Vereinzelung, weil jede derselben, obschon alle von der ähnlichen Stimmung und Betrachtungsweise getragen sind, dennoch ihrer Besonderheit nach sein Gemüt erfüllt und dasselbe so lange auf diesen einen Punkt konzentriert, bis es sich zu anderen Anschauungen und Seiten der Empfindung herüberwendet. Hierbei nun kann der fortleitende Zusammenhang ein wenig unterbrochener, ruhiger Verlauf sein, ebensosehr aber auch in lyrischen Sprüngen von einer Vorstellung vermittlungslos zu einer anderen, weitabliegenden übergehen, so daß der Dichter sich scheinbar fessellos umherwirft und dem besonnen folgernden Verstande gegenüber in diesem Fluge trunkener Begeisterung sich von einer Macht besessen zeigt, deren Pathos ihn selbst wider seinen Willen regiert und mit sich fortreißt. Der Schwung und Kampf solcher Leidenschaft ist einigen Arten der Lyrik so sehr eigen, daß z. B. Horaz in vielen Gedichten dergleichen den Zusammenhang anscheinend auflösende Sprünge mit feiner Berechnung künstlich zu machen bemüht war. – Die mannigfaltigen Mittelstufen der Behandlung endlich, welche zwischen diesen Endpunkten des klarsten Zusammenhangs und ruhigen Verlaufs einerseits und des ungebundenen Ungestüms der Leidenschaft und Begeisterung andererseits liegen, muß ich übergehen.

γ) Das letzte nun, was uns in dieser Sphäre noch zu besprechen übrigbleibt, betrifft die *äußere* Form und Realität des lyrischen Kunstwerks. Hierherein fallen vornehmlich das *Metrum* und die *Musikbegleitung*.

αα) Daß der Hexameter in seinem gleichmäßigen, gehaltenen und doch auch wieder lebendigen Fortströmen das Vortrefflichste der epischen Silbenmaße sei, läßt sich leicht einsehen. Für die Lyrik nun aber haben wir sogleich die größte *Mannigfaltigkeit* verschiedener Metra und die vielseitigere innere Struktur derselben zu fordern. Der Stoff des lyrischen Gedichts nämlich ist nicht der Gegenstand in seiner ihm selbst angehörigen realen Entfaltung, sondern die subjektive innere Bewegung des Dichters, deren Gleichmäßigkeit oder Wechsel, Unruhe oder Ruhe, stilles Hinfließen oder strudelnderes Fluten und Springen sich nun auch als zeitliche Bewegung der Wortklänge, in denen sich das Innere kundgibt, äußern muß. Die Art der Stimmung und ganzen Auffassungsweise hat sich schon im Versmaß anzukündigen. Denn der lyrische Erguß steht zu der *Zeit,* als äußerem Elemente der Mitteilung, in einem viel näheren Verhältnis als das epische Erzählen, das die realen Erscheinungen in die Vergangenheit verlegt und in einer mehr räumlichen Ausbreitung nebeneinanderstellt oder verwebt, wogegen die Lyrik das augenblickliche Auftauchen der Empfindungen und Vorstellungen in dem zeitlichen Nacheinander ihres Entstehens und ihrer Ausbildung darstellt und deshalb die verschiedenartige zeitliche Bewegung selbst künstlerisch zu gestalten hat. – Zu dieser Unterschiedenheit nun gehört *erstens* das buntere Aneinanderreihen von Längen und Kürzen in einer abgebrocheneren Ungleichheit der rhythmischen Füße, *zweitens* die verschiedenartigeren Einschnitte und *drittens* die Abrundung zu Strophen, welche sowohl in Rücksicht auf Länge und Kürze der einzelnen Zeilen als auch in betreff auf die rhythmische Figuration derselben in sich selbst und in ihrer Aufeinanderfolge von reichhaltiger Abwechslung sein können.

ββ) Lyrischer nun *zweitens* als diese kunstgemäße Behandlung der zeitlichen Dauer und ihrer rhythmischen Bewegung ist der Klang als solcher der Wörter und Silben. Hierher gehört vornehmlich die Alliteration, der Reim und die Assonanz. Bei diesem Systeme der Versifikation nämlich überwiegt, wie ich dies früher schon auseinandergesetzt habe, einerseits die geistige Bedeutsamkeit der Silben, der Akzent des Sinns, der sich von dem bloßen Naturelement für sich fester Längen und Kürzen loslöst und nun vom Geist her die Dauer, Hervorhebung und Senkung bestimmt; andererseits tut sich der auf bestimmte Buchstaben, Silben und Wörter ausdrücklich konzentrierte Klang isoliert hervor. Sowohl dies Vergeistigen durch die innere Bedeutung als auch dies Herausheben des Klangs ist der Lyrik schlechthin gemäß, insofern sie teils das, was da ist und erscheint, nur in *dem* Sinne aufnimmt und ausspricht, welchen dasselbe für das Innere hat, teils als Material ihrer eigenen Mitteilung vornehmlich den Klang und Ton ergreift. Zwar kann sich auch in diesem Gebiete das rhythmische Element mit dem Reime verschwistern, doch geschieht dies dann in einer selbst wieder dem musikalischen Takt sich annähernden Weise. Strenggenommen ließe sich deshalb die poetische Anwendung der Assonanz, der Alliteration und des Reims auf das Gebiet der Lyrik beschränken, denn obschon sich das mittelalterliche Epos nicht von jenen Formen, der Natur der neueren Sprachen zufolge, fernhalten kann, so ist dies jedoch hauptsächlich nur deswegen zulässig, weil hier von Haus aus das lyrische Element innerhalb der epischen Poesie selber von größerer Wirksamkeit wird und sich stärker noch in Heldenliedern, romanzen- und balladenartigen Erzählungen usw. Bahn bricht. Das Ähnliche findet in der dramatischen Dichtkunst statt. Was nun aber der Lyrik eigentümlicher angehört, ist die verzweigtere Figuration des Reims, die sich in betreff auf die Wiederkehr der gleichen oder die Abwechslung verschiedener Buchstaben-, Silben- und Wortklänge zu mannigfach gegliederten und verschränkten Reimstrophen ausbildet und abrundet. Dieser Abteilungen bedienen sich freilich die epische und die dramatische Poesie gleichfalls, doch nur aus demselben Grunde, aus welchem sie auch den Reim nicht verbannen. So geben z. B. die Spanier in der ausgebildetesten Epoche ihrer dramatischen Entwicklung dem spitzfindigen Spiele der in ihrem Ausdruck alsdann wenig dramatischen Leidenschaft einen durchaus freien Raum und verleiben Oktavreime, Sonette usf. ihren sonstigen dramatischen Versmaßen ein oder zeigen wenigstens in fortlaufenden Assonanzen und Reimen ihre Vorliebe für das tönende Element der Sprache.

γγ) *Drittens* endlich wendet sich die lyrische Poesie noch in verstärkterem Grade, als dies durch den bloßen Reim möglich ist, der Musik dadurch zu, daß das Wort zur wirklichen Melodie und zum Gesang wird. Auch diese Hinneigung läßt sich vollständig rechtfertigen. Je weniger nämlich der lyrische Stoff und Inhalt für sich Selbständigkeit und Objektivität hat, sondern vorzugsweise innerlicher Art ist und nur in dem Subjekt als solchem wurzelt, während er dennoch zu seiner Mitteilung einen äußeren Haltpunkt nötig macht, um so mehr fordert er für den Vortrag eine entschiedene Äußerlichkeit. Weil er innerlicher bleibt, muß er äußerlich erregender werden. Diese sinnliche Erregung aber des Gemüts vermag nur die Musik hervorzubringen.

So finden wir denn auch in Rücksicht auf äußere Exekution die lyrische Poesie durchgängig fast in der Begleitung der Musik. Doch ist hier ein wesentlicher Stufengang in dieser Vereinigung nicht zu übersehen. Denn mit eigentlichen Melodien verschmilzt sich wohl erst die romantische und vornehmlich die moderne Lyrik, und zwar in solchen Liedern besonders, in welchen die Stimmung, das Gemüt das Vorwaltende bleibt und die Musik nun diesen inneren Klang der Seele zur Melodie zu verstärken und auszubilden hat; wie das Volkslied z. B. eine musikalische Begleitung liebt und hervorruft. Kanzonen dagegen, Elegien, Episteln usf., ja selbst Sonette werden in neuerer Zeit nicht leicht einen Komponisten finden. Wo nämlich die Vorstellung und Reflexion oder auch die Empfindung in der Poesie selbst zu vollständiger Explikation kommt und sich schon dadurch teils der bloßen Konzentration des Gemüts, teils dem sinnlichen Elemente der Kunst mehr und mehr enthebt, da gewinnt die Lyrik bereits als sprachliche Mitteilung eine größere Selbständigkeit und gibt sich dem engen Anschließen an die Musik nicht so gefügig hin. Je unexplizierter umgekehrt das Innere ist, das sich ausdrücken will, desto mehr bedarf es der Hilfe der Melodie. Weshalb nun aber die Alten, der durchsichtigen Klarheit ihrer Diktion zum Trotz, dennoch beim Vortrag die Unterstützung der Musik und in welchem Maße sie dieselbe forderten, werden wir noch später zu berühren Gelegenheit haben.

c. Die Arten der eigentlichen Lyrik

Was nun *drittens* die besonderen Arten angeht, zu denen die lyrische Poesie auseinandertritt, so habe ich einiger, welche den Übergang aus der erzählenden Form des Epos in die subjektive Darstellungsweise bilden, bereits nähere Erwähnung getan. Auf der entgegengesetzten Seite könnte man nun ebenso das Hervorkommen des Dramatischen aufzeigen wollen; dieses Herüberneigen aber zur Lebendigkeit des Dramas beschränkt sich hier im wesentlichen nur darauf, daß auch das lyrische Gedicht als Zwiegespräch, ohne jedoch zu einer sich konfliktvoll weiterbewegenden Handlung fortzugehen, die äußere Form des Dialogs in sich aufzunehmen vermag. Diese Übergangsstufen und Zwitterarten wollen wir jedoch beiseite liegenlassen und nur kurz diejenigen Formen betrachten, in welchen sich das eigentliche Prinzip der Lyrik unvermischt geltend macht. Der Unterschied derselben findet seinen Grund in der Stellung, welche das dichtende Bewußtsein zu seinem Gegenstande einnimmt.

α) Auf der einen Seite nämlich hebt das Subjekt die Partikularität seiner Empfindung und Vorstellung auf und versenkt sich in die allgemeine Anschauung Gottes oder der Götter, deren Größe und Macht das ganze Innere durchdringt und den Dichter als Individuum verschwinden läßt. Hymnen, Dithyramben, Päane, Psalmen gehören in diese Klasse, welche sich dann wieder bei den verschiedenen Völkern verschiedenartig ausbildet. Im allgemeinsten will ich nur auf folgenden Unterschied aufmerksam machen.

αα) Der Dichter, der sich über die Beschränktheit seiner eigenen inneren und äußeren Zustände, Situationen und der damit verknüpften Vorstellungen erhebt und sich dafür dasjenige zum Gegenstande macht, was ihm und seiner Nation als absolut und göttlich erscheint, kann sich das Göttliche *erstens* zu einem objektiven Bilde abrunden und das für die innere Anschauung entworfene und ausgeführte Bild zum Preise der Macht und Herrlichkeit des besungenen Gottes für andere hinstellen. Von dieser Art sind z. B. die Hymnen, welche dem Homer zugeschrieben werden. Sie enthalten vornehmlich mythologische, nicht etwa nur symbolisch aufgefaßte, sondern in episch gediegener Anschaulichkeit ausgestaltete Situationen und Geschichten des Gottes, zu dessen Ruhm sie gedichtet sind.

ββ) Umgekehrt *zweitens* und lyrischer ist der dithyramben-
mäßige Aufschwung als *subjektiv* gottesdienstliche Erhebung,
die, fortgerissen von der Gewalt ihres Gegenstandes, wie
im Innersten durchgerüttelt und betäubt, in ganz allgemeiner Stimmung es nicht zu einem objektiven Bilden und Gestalten bringen kann, sondern beim Aufjauchzen der Seele
stehenbleibt. Das Subjekt geht aus sich heraus, hebt sich
unmittelbar in das Absolute hinein, von dessen Wesen und
Macht erfüllt es nun jubelnd einen Preis über die Unendlichkeit anstimmt, in welche es sich versenkt, und über die
Erscheinungen, in deren Pracht sich die Tiefen der Gottheit
verkündigen.

Die Griechen haben es innerhalb ihrer gottesdienstlichen
Feierlichkeiten nicht lange bei solchen bloßen Ausrufungen
und Anrufungen bewenden lassen, sondern sind dazu fortgegangen, dergleichen Ergüsse durch Erzählung bestimmter
mythischer Situationen und Handlungen zu unterbrechen.
Diese zwischen die lyrischen Ausbrüche hineingestellten
Darstellungen machten sich dann nach und nach zur Hauptsache und bildeten, indem sie als lebendig abgeschlossene
Handlung für sich in Form der Handlung hervortraten, das
Drama aus, das nun seinerseits wieder die Lyrik der Chöre
als integrierenden Teil in sich hineinnahm.

Durchgreifender dagegen finden wir diesen Schwung der
Erhebung, dies Aufblicken, Jauchzen und Aufschreien der
Seele zu dem Einen, worin das Subjekt das Endziel seines
Bewußtseins und den eigentlichen Gegenstand aller Macht
und Wahrheit, alles Ruhmes und Preises findet, in vielen der
erhabeneren *Psalmen* des Alten Testamentes. Wie es z. B.
im 33. Psalm heißt: »Freuet euch des Herrn, ihr Gerechten;
die Frommen sollen ihn schön preisen. Danket dem Herrn
mit Harfen und lobsinget ihm auf dem Psalter von zehn
Saiten; singet ihm ein neues Lied, und machet's gut auf
Saitenspiel mit Schalle. Denn des Herrn Wort ist wahr-
haftig, und was er zusaget, das hält er gewiß. Er liebet
Gerechtigkeit und Gericht. Die Erde ist voll der Güte des

Herrn; der Himmel ist durchs Wort des Herrn gemacht und all sein Heer durch den Geist seines Mundes« usw. Ebenso im 29. Psalm: »Bringet her dem Herrn, ihr Gewaltigen, bringet her dem Herrn Ehre und Stärke. Bringet dem Herrn die Ehre seines Namens; betet an den Herrn in heiligem Schmuck. Die Stimme des Herrn gehet auf den Wassern; der Gott der Ehren donnert, der Herr auf großen Wassern. Die Stimme des Herrn gehet mit Macht, die Stimme des Herrn gehet herrlich. Die Stimme des Herrn zerbricht die Zedern, der Herr zerbricht die Zedern des Libanon. Und machet sie lecken wie ein Kalb, Libanon und Sirjon wie ein junges Einhorn. Die Stimme des Herrn sprühet Feuerflammen. Die Stimme des Herrn erreget die Wüste« usf.

Solch eine Erhebung und lyrische Erhabenheit enthält ein Außersichsein und wird deshalb weniger zu einem Sichvertiefen in den konkreten Inhalt, so daß die Phantasie in ruhiger Befriedigung die Sache gewähren ließe, als sie sich vielmehr nur zu einem unbestimmten Enthusiasmus steigert, der das dem Bewußtsein Unaussprechliche zur Empfindung und Anschauung zu bringen ringt. In dieser Unbestimmtheit kann sich das subjektive Innere seinen unerreichbaren Gegenstand nicht in beruhigter Schönheit vorstellen und seines Ausdrucks im Kunstwerke genießen; statt eines ruhigen Bildes stellt die Phantasie die äußerlichen Erscheinungen, die sie ergreift, ungeregelter, abgerissen zusammen, und da sie im Inneren zu keiner festen Gliederung der besonderen Vorstellungen gelangt, bedient sie sich auch im Äußeren nur eines willkürlicher heraustoßenden Rhythmus.

Die *Propheten*, welche der Gemeinde gegenüberstehen, gehen dann mehr schon – großenteils im Grundtone des Schmerzes und der Wehklage über den Zustand ihres Volks, in diesem Gefühl der Entfremdung und des Abfalls, in der erhabenen Glut ihrer Gesinnung und ihres politischen Zornes – zur paränetischen Lyrik fort.

Aus übergroßer Wärme nun aber wird in späteren nachbildenden Zeiten diese dann künstlichere Hitze leicht kalt und abstrakt. So sind z. B. viele hymnen- und psalmenartige Gedichte Klopstocks weder von Tiefe der Gedanken noch von ruhiger Entwicklung irgendeines religiösen Inhalts, sondern was sich darin ausdrückt, ist vornehmlich der Versuch dieser Erhebung zum Unendlichen, das der modernen, aufgeklärten Vorstellung gemäß nur zur leeren Unermeßlichkeit und unbegreiflichen Macht, Größe und Herrlichkeit Gottes, gegenüber der dadurch ganz begreiflichen Ohnmacht und erliegenden Endlichkeit des Dichters, auseinandergeht.

β) Auf einem *zweiten* Standpunkte stehen diejenigen Arten der lyrischen Poesie, welche sich durch den allgemeinen Namen *Ode,* im neueren Sinne des Worts, bezeichnen lassen. Hier tritt im Unterschiede der vorigen Stufe sogleich die für sich herausgehobene *Subjektivität* des Dichters als eine Hauptseite an die Spitze und kann sich gleichfalls in zwiefacher Beziehung geltend machen.

αα) Einerseits nämlich erwählt sich der Dichter auch innerhalb dieser neuen Form und Äußerungsweise wie bisher einen in sich selbst gewichtigen Inhalt, den Ruhm und Preis der Götter, Helden, Fürsten, Liebe, Schönheit, Kunst, Freundschaft usf., und zeigt sein Inneres von diesem Gehalt und dessen konkreter Wirklichkeit *so* durchdrungen, erfüllt und hingerissen, daß es scheint, als habe der Gegenstand sich in diesem Schwunge der Begeisterung der ganzen Seele bemächtigt und walte in ihr als die einzig bestimmende Macht. Wäre dies nun vollständig der Fall, so könnte die Sache sich für sich objektiv zu einem epischen Skulpturbilde plastisch ausgestalten, bewegen und abschließen. Umgekehrt aber ist es gerade seine eigene Subjektivität und deren Größe, welche der Dichter für sich auszusprechen und objektiv zu machen hat, so daß er sich nun seinerseits des Gegenstandes bemächtigt, ihn innerlich verarbeitet, sich selbst in ihm zur Äußerung bringt und deshalb in freier Selbständigkeit den objektiven Entwicklungsgang durch seine eigene Empfindung oder Reflexion unterbricht, subjektiv beleuchtet, verändert und somit nicht die Sache, sondern die von ihr erfüllte *subjektive* Begeisterung zum Meister werden läßt. Hiermit haben wir jedoch zwei verschiedene, ja entgegengesetzte Seiten: die hinreißende Macht des Inhalts und die subjektive poetische Freiheit, welche im Kampf mit dem Gegenstande, der sie bewältigen will, hervorbricht. Der Drang nun dieses Gegensatzes vornehmlich ist es, welcher den Schwung und die Kühnheit der Sprache und Bilder, das scheinbar Regellose des inneren Baues und Verlaufs, die Abschweifungen, Lücken, plötzlichen Übergänge usf. notwendig macht und die innere poetische Höhe des Dichters durch die Meisterschaft bewährt, mit welcher er in künstlerischer Vollendung diesen Zwiespalt zu lösen und ein in sich selber einheitsvolles Ganzes zu produzieren mächtig bleibt, das ihn, als *sein* Werk, über die Größe seines Gegenstandes hinaushebt.

Aus dieser Art lyrischer Begeisterung sind viele der Pindarischen Oden hervorgegangen, deren siegende innere Herrlichkeit sich dann ebenso in dem vielfach bewegten und doch zu festem Maß geregelten Rhythmus kundgibt. Horaz dagegen ist besonders da, wo er sich am meisten erheben will, sehr kühl und nüchtern und von einer nachahmenden Künstlichkeit, welche die mehr nur verständige Feinheit der Komposition vergebens zu verdecken sucht. Auch Klopstocks Begeisterung bleibt nicht jedesmal echt, sondern wird häufig zu etwas Gemachtem, obschon manche seiner Oden voll wahrer und wirklicher Empfindung und von einer hinreißenden männlichen Würde und Kraft des Ausdrucks sind.

ββ) Andererseits aber braucht der Inhalt nicht schlechthin gehaltvoll und wichtig zu sein, sondern der Dichter *zweitens* wird sich selbst in seiner Individualität von solcher Wichtigkeit, daß er nun auch unbedeutenderen Gegenständen, weil *er* sie zum Inhalte seines Dichtens macht, Würde, Adel oder doch wenigstens überhaupt ein höheres Interesse verleiht. Von dieser Art ist vieles in Horazens Oden, und auch Klopstock und andere haben sich auf diesen Standpunkt gestellt. Hier ist es dann nicht das Bedeutende des Gehalts, womit der Dichter kämpft, sondern er hebt im Gegenteil das für sich Bedeutungslose in äußeren Anlässen, kleinen Vorfällen usf. zu der Höhe hinauf, auf welcher er selbst sich empfindet und vorstellt.

γ) Die ganze unendliche Mannigfaltigkeit der lyrischen Stimmung und Reflexion breitet sich endlich auf der Stufe des *Liedes* auseinander, in welchem deshalb auch die Besonderheit der Nationalität und dichterischen Eigentümlichkeit am vollständigsten zum Vorschein kommt. Das Allerverschiedenartigste kann hierunter begriffen werden, und eine genaue Klassifikation wird höchst schwierig. Im allgemeinsten lassen sich etwa folgende Unterschiede sondern.

αα) *Erstens* das *eigentliche* Lied, das zum Singen oder auch nur zum Trällern für sich und in Gesellschaft bestimmt ist. Da braucht's nicht viel Inhalt, innere Größe und Hoheit; im Gegenteil, Würde, Adel, Gedankenschwere würden der Lust, sich unmittelbar zu äußern, nur hinderlich werden. Großartige Reflexionen, tiefe Gedanken, erhabene Empfindungen nötigen das Subjekt, aus seiner unmittelbaren Individualität und deren Interesse und Seelenstimmung schlechthin herauszutreten. Diese Unmittelbarkeit der Freude und des Schmerzes, das Partikuläre in ungehemmter Innigkeit soll aber gerade im Liede seinen Ausdruck finden. In seinen Liedern ist sich jedes Volk daher auch am meisten heimisch und behaglich.

Wie grenzenlos sich nun dies Gebiet in seinem Umfange des Inhalts und seiner Verschiedenheit des Tones ausdehnt, so unterscheidet sich doch jedes Lied von den bisherigen Arten sogleich durch seine Einfachheit in Ansehung des Stoffs, Ganges, Metrums, der Sprache, Bilder usf. Es fängt von sich im Gemüte an und geht nun nicht etwa in begeisterndem Fluge von einem Gegenstande zum andern fort, sondern haftet überhaupt beschlossener in ein und demselben Inhalte fest, sei derselbe nun eine einzelne Situation oder irgendeine bestimmte Äußerung der Lust oder Traurigkeit, deren Stimmung und Anschauungen uns durchs Herz ziehen. In dieser Empfindung oder Situation bleibt das Lied ohne Ungleichheit des Fluges und Affekts, ohne Kühnheit der Wendungen und Übergänge ruhig und einfach stehen und bildet nur dieses Eine in leichtem Flusse der Vorstellung bald abgebrochener und konzentrierter, bald ausgebreiteter und folgerechter sowie in sangbaren Rhythmen und leicht faßlichen, ohne mannigfaltige Verschlingung wiederkehrenden Reimen zu einem Ganzen aus. Weil es nun aber meist das an und für sich Flüchtigere zu seinem Inhalte hat, muß man nicht etwa meinen, daß eine Nation hundert und tausend Jahre hindurch die nämlichen Lieder singen müßte. Ein irgend sich weiterentwickelndes Volk ist nicht so arm und dürftig, daß es nur einmal Liederdichter unter sich hätte; gerade die Liederpoesie stirbt, im Unterschiede der Epopöe, nicht aus, sondern erweckt sich immer von frischem. Dies Blumenfeld erneuert sich in jeder Jahreszeit, und nur bei gedrückten, von jedem Vorschreiten abgeschnittenen Völkern, die nicht zu der immer neubelebten Freudigkeit des Dichtens kommen, erhalten sich die alten und ältesten Lieder. Das einzelne Lied wie die einzelne Stimmung entsteht und vergeht, regt an, erfreut und wird vergessen. Wer kennt und singt z. B. noch die Lieder, welche vor fünfzig Jahren allgemein bekannt und beliebt waren. Jede Zeit schlägt ihren neuen Liederton an, und der frühere klingt ab, bis er gänzlich verstummt. Dennoch aber muß jedes Lied nicht sowohl eine Darstellung der Persönlichkeit des Sängers als solchen als eine Gemeingültigkeit haben, welche vielfach anspricht, gefällt, die gleiche Empfindung anregt und so nun auch von Munde zu Munde geht. Lieder, die nicht allgemein in ihrer Zeit gesungen werden, sind selten echter Art.

Als den wesentlichen Unterschied nun in der Ausdrucksweise des Liedes will ich nur zwei Hauptseiten herausheben, welche ich schon früher berührt habe. Einesteils nämlich kann der Dichter sein Inneres und dessen Bewegungen ganz offen und ausgelassen aussprechen, besonders die freudigen

Empfindungen und Zustände, so daß er alles, was in ihm vorgeht, vollständig mitteilt; anderenteils aber kann er im entgegengesetzten Extrem gleichsam nur durch sein Verstummen ahnen lassen, was in seinem unaufgeschlossenen Gemüte sich zusammendrängt. Die erste Art des Ausdrucks gehört hauptsächlich dem Orient und besonders der sorglosen Heiterkeit und begierdefreien Expansion der mohammedanischen Poesie an, deren glänzende Anschauung sich in sinniger Breite und witzigen Verknüpfungen herüber und hinüber zu wenden liebt. Die zweite dagegen sagt mehr der nordisch in sich konzentrierten Innerlichkeit des Gemüts zu, das in gedrungener Stille oft nur nach ganz äußerlichen Gegenständen zu greifen und in ihnen anzudeuten vermag, daß das in sich gepreßte Herz sich nicht aussprechen und Luft machen könne, sondern wie das Kind, mit dem der Vater im »Erlkönig« durch Nacht und Wind reitet, in sich verglimmt und erstickt. Dieser Unterschied, der auch sonst schon im Lyrischen sich in allgemeiner Weise als Volks- und Kunstpoesie, Gemüt und umfassendere Reflexion geltend macht, kehrt auch hier innerhalb des Liedes mit vielfachen Nuancen und Mittelstufen wieder.

Was nun endlich einzelne Arten betrifft, die sich hierher zählen lassen, so will ich nur folgende erwähnen.

Erstlich *Volkslieder*, welche ihrer Unmittelbarkeit wegen hauptsächlich auf dem Standpunkte des Liedes stehenbleiben und meist sangbar sind, ja des begleitenden Gesanges bedürfen. Sie erhalten teils die nationalen Taten und Begebnisse, in welchen das Volk sein eigenstes Leben empfindet, in der Erinnerung wach, teils sprechen sie die Empfindungen und Situationen der verschiedenen Stände, das Mitleben mit der Natur und den nächsten menschlichen Verhältnissen unmittelbar aus und stimmen die verschiedenartigsten Töne der Lustigkeit oder Trauer und Wehmut an. – Ihnen gegenüber *zweitens* stehen die Lieder einer schon in sich vielfach bereicherten Bildung, welche sich zu geselliger Erheiterung an den mannigfaltigsten Scherzen, anmutigen Wendungen, kleinen Vorfällen und sonstigen galanten Einkleidungen ergötzt oder empfindsamer sich an die Natur und an Situationen des engeren menschlichen Lebens wendet und diese Gegenstände sowie die Gefühle dabei und darüber beschreibt, indem der Dichter in sich zurückgeht und sich an seiner eigenen Subjektivität und deren Herzensregungen weidet. Bleiben dergleichen Lieder bei der bloßen Beschreibung, besonders von Naturgegenständen, stehen, so werden sie leicht trivial und zeugen von keiner schöpferischen Phantasie. Auch mit dem Beschreiben der Empfindungen über etwas geht es häufig nicht besser. Vor allem muß der Dichter bei solcher Schilderung der Gegenstände und Empfindungen nicht mehr in der Befangenheit der unmittelbaren Wünsche und Begierden stehen, sondern in theoretischer Freiheit sich schon ebensosehr darüber erhoben haben, so daß es ihm nur auf die Befriedigung ankommt, welche die Phantasie als solche gibt. Diese unbekümmerte Freiheit, diese Ausweitung des Herzens und Befriedigung im Elemente der Vorstellung gibt z. B. vielen der Anakreontischen Lieder sowie den Gedichten des Hafis und dem Goetheschen *West-östlichen Divan* den schönsten Reiz geistiger Freiheit und Poesie. – *Drittens* nun aber ist auch auf dieser Stufe ein höherer allgemeiner Inhalt nicht etwa ausgeschlossen. Die meisten protestantischen Gesänge für kirchliche Erbauung z. B. gehören zur Klasse der Lieder. Sie drücken die Sehnsucht nach Gott, die Bitte um seine Gnade, die Reue, Hoffnung, Zuversicht, den Zweifel, Glauben usf. des protestantischen Herzens zwar als Angelegenheit und Situation des einzelnen Gemüts aus, aber auf allgemeine Weise, in welcher diese Empfindungen und Zustände zugleich mehr oder weniger Angelegenheit eines jeden sein können oder sollen.

ββ) Zu einer *zweiten* Gruppe dieser umfassenden Stufe lassen sich die *Sonette, Sestinen, Elegien, Episteln* usf. rechnen. Diese Arten treten aus dem bisher betrachteten Kreise des Liedes schon heraus. Die Unmittelbarkeit des Empfindens und Äußerns nämlich hebt sich hier zur Vermittlung der

Reflexion und vielseitig umherblickenden, das Einzelne der Anschauung und Herzenserfahrung unter allgemeinere Gesichtspunkte zusammenfassenden Betrachtung auf; Kenntnis, Gelehrsamkeit, Bildung überhaupt darf sich geltend machen, und wenn auch in allen diesen Beziehungen die Subjektivität, welche das Besondere und Allgemeine in sich verknüpft und vermittelt, das Herrschende und Hervorstechende bleibt, so ist doch der Standpunkt, auf den sie sich stellt, allgemeiner und erweiterter als im eigentlichen Liede. Besonders die Italiener z. B. haben in ihren Sonetten und Sestinen ein glänzendes Beispiel einer feinsinnig reflektierenden Empfindung gegeben, die in einer Situation nicht bloß die Stimmungen der Sehnsucht, des Schmerzes, Verlangens usf. oder die Anschauungen von äußeren Gegenständen mit inniger Konzentration unmittelbar ausdrückt, sondern sich vielfach herumwindet, mit Besonnenheit weit in Mythologie, Geschichte, Vergangenheit und Gegenwart umherblickt und doch immer in sich wiederkehrt und sich beschränkt und zusammenhält. Dieser Art der Bildung ist weder die Einfachheit des Liedes vergönnt noch die Erhebung der Ode gestattet, wodurch denn einerseits die Sangbarkeit fortfällt, andererseits aber als Gegenteil des begleitenden Singens die Sprache selbst in ihrem Klingen und künstlichen Reimen zu einer tönenden Melodie des Wortes wird. Die Elegie dagegen kann in Silbenmaß, Reflexionen, Aussprüchen und beschreibender Darstellung der Empfindungen epischer gehalten sein.

γγ) Die *dritte* Stufe in dieser Sphäre wird durch eine Behandlungsweise ausgefüllt, deren Charakter neuerdings unter uns Deutschen am schärfsten in Schiller hervorgetreten ist. Die meisten seiner lyrischen Gedichte, wie die »Resignation«, »Die Ideale«, »Das Reich der Schatten«, »Die Künstler«, »Das Ideal und das Leben«, sind ebensowenig eigentliche Lieder als Oden oder Hymnen, Episteln, Sonette oder Elegien im antiken Sinne; sie nehmen im Gegenteil einen von allen diesen Arten verschiedenen Standpunkt ein. Was sie auszeichnet, ist besonders der großartige Grundgedanke ihres Inhalts, von welchem der Dichter jedoch weder dithyrambisch fortgerissen erscheint noch im Drange der Begeisterung mit der Größe seines Gegenstandes kämpft, sondern desselben vollkommen Meister bleibt und ihn mit eigener poetischer Reflexion, in ebenso schwungreicher Empfindung als umfassender Weite der Betrachtung mit hinreißender Gewalt in den prächtigsten, volltönendsten Worten und Bildern, doch meist ganz einfachen, aber schlagenden Rhythmen und Reimen nach allen Seiten hin vollständig expliziert. Diese großen Gedanken und gründlichen Interessen, denen sein ganzes Leben geweiht war, erscheinen deshalb als das innerste Eigentum seines Geistes; aber er singt nicht still in sich oder in geselligem Kreise wie Goethes liederreicher Mund, sondern wie ein Sänger, der einen für sich selbst würdigen Gehalt einer Versammlung der Hervorragendsten und Besten vorträgt. So tönen seine Lieder, wie er selbst von seiner Glocke sagt:

> Hoch überm niedern Erdenleben
> Soll sie in blauem Himmelszelt,
> Die Nachbarin des Donners, schweben
> Und grenzen an die Sternenwelt,
> Soll eine Stimme sein von oben
> Wie der Gestirne helle Schar,
> Die ihren Schöpfer wandelnd loben
> Und führen das bekränzte Jahr.
> Nur ewigen und ernsten Dingen
> Sei ihr metallner Mund geweiht,
> Und stündlich mit den schnellen Schwingen
> Berühr im Fluge sie die Zeit.

3. Geschichtliche Entwicklung der Lyrik

Aus dem, was ich teils über den allgemeinen Charakter, teils über die näheren Bestimmungen angedeutet habe, welche in Rücksicht auf den Dichter, das lyrische Kunstwerk und die

Arten der Lyrik in Betracht kommen, erhellt schon zur Genüge, daß besonders in diesem Gebiete der Poesie eine konkrete Behandlung nur in zugleich historischer Weise möglich ist. Denn das Allgemeine, das für sich kann festgestellt werden, bleibt nicht nur seinem Umfange nach beschränkt, sondern auch in seinem Werte abstrakt, weil fast in keiner anderen Kunst in gleichem Maße die Besonderheit der Zeit und Nationalität sowie die Einzelheit des subjektiven Genius das Bestimmende für den Inhalt und die Form der Kunstwerke abgibt. Je mehr nun aber hieraus für uns die Forderung erwächst, eine solche geschichtliche Darstellung nicht zu umgehen, um so mehr muß ich mich eben um dieser Mannigfaltigkeit willen, zu welcher die lyrische Poesie auseinandergeht, ausschließlich auf die kurze Übersicht über dasjenige beschränken, was mir in diesem Kreise zur Kenntnis gekommen ist und woran ich einen regeren Anteil habe nehmen können.

Den Grund für die allgemeine Gruppierung der vielfachen nationalen und individuellen lyrischen Produkte haben wir wie bei der epischen Poesie aus den durchgreifenden Formen zu entnehmen, zu denen sich das künstlerische Hervorbringen überhaupt entfaltet und welche wir als die symbolische, klassische und romantische Kunst haben kennenlernen. Als Haupteinteilung müssen wir deshalb auch in diesem Gebiete dem Stufengange folgen, der uns von der orientalischen zu der Lyrik der Griechen und Römer und von dieser zu den slawischen, romanischen und germanischen Völkern herüberführt.

a. Die orientalische Lyrik

Was nun erstens die *orientalische* Lyrik näher anbetrifft, so unterscheidet sie sich von der abendländischen im wesentlichsten dadurch, daß es der Orient, seinem allgemeinen Prinzipe gemäß, weder zur individuellen Selbständigkeit und Freiheit des Subjekts noch zu jener Verinnigung des Inhaltes bringt, deren Unendlichkeit in sich die Tiefe des romantischen

Gemüts ausmacht. Im Gegenteil zeigt sich das subjektive Bewußtsein seinem *Inhalt* nach auf der einen Seite in das Äußere und Einzelne unmittelbar versunken und spricht sich in dem Zustande und den Situationen dieser ungetrennten Einheit aus, andererseits hebt es sich, ohne festen Halt in sich selber zu finden, gegen dasjenige auf, was ihm in der Natur und den Verhältnissen des menschlichen Daseins als das Mächtige und Substantielle gilt und zu dem es sich nun in diesem bald negativeren, bald freieren Verhältnis in seiner Vorstellung und Empfindung, ohne es erreichen zu können, heranringt. – Der *Form* nach treffen wir deshalb hier weniger die poetische Äußerung selbständiger Vorstellungen über Gegenstände und Verhältnisse als vielmehr das unmittelbare Schildern jener reflexionslosen Einlebung, wodurch sich nicht das Subjekt in seiner in sich zurückgenommenen Innerlichkeit, sondern in seinem Aufgehobensein gegen die Objekte und Situationen zu erkennen gibt. Nach dieser Seite hin erhält die orientalische Lyrik häufig, im Unterschiede besonders der romantischen, einen gleichsam objektiveren Ton. Denn oft genug spricht das Subjekt die Dinge und Verhältnisse nicht so aus, wie sie in *ihm* sind, sondern *so,* wie es in den Dingen ist, denen es nun häufig auch ein für sich selbständig beseeltes Leben gibt; wie z. B. Hafis einmal ausruft:

O komm! die Nachtigall von dem Gemüt Hafisens
Kömmt auf den Duft der Rosen des Genusses wieder.

Andererseits geht diese Lyrik in der Befreiung des Subjekts von sich und aller Einzelheit und Partikularität überhaupt zur ursprünglichen Expansion des Inneren fort, das sich nun aber leicht ins Grenzenlose verliert und zu einem positiven Ausdruck dessen, was es sich zum Gegenstande macht, nicht hindurchdringen kann, weil dieser Inhalt selbst das ungestaltbar Substantielle ist. Im ganzen hat deshalb in dieser letzteren Rücksicht die morgenländische Lyrik besonders bei den Hebräern, Arabern und Persern den Charakter hymnenartiger Erhebung. Alle Größe, Macht und Herrlichkeit der Kreatur häuft die subjektive Phantasie verschwenderisch auf, um diesen Glanz dennoch vor der unaussprechlich höheren Majestät Gottes verschwinden zu lassen, oder sie wird nicht müde, wenigstens alles Liebliche und Schöne zu einer köstlichen Schnur aneinanderzureihen, die sie als Opfergabe demjenigen darbringt, was dem Dichter, sei es nun Sultan, Geliebte oder Schenke, einzig von Wert ist.

Als nähere *Form* des Ausdrucks endlich ist hauptsächlich in dieser Sphäre der Poesie die *Metapher,* das *Bild* und *Gleichnis* zu Hause. Denn teils kann sich das *Subjekt,* das in seinem eigenen Innern nicht frei für sich selber ist, nur im vergleichenden Einleben in Anderes und Äußeres kundgeben; teils bleibt hier das *Allgemeine* und Substantielle abstrakt, ohne sich mit einer bestimmten Gestalt zu freier Individualität zusammenschmelzen zu lassen, so daß es nun auch seinerseits nur im Vergleich mit den besonderen Erscheinungen der Welt zur Anschauung gelangt, während diese endlich nur den Wert erhalten, zur annähernden Vergleichbarkeit mit dem Einen dienen zu können, das allein Bedeutung hat und des Ruhmes und Preises würdig ist. Diese Metaphern, Bilder und Gleichnisse aber, zu welchen das durchweg fast zur Anschauung heraustretende Innere sich aufschließt, sind nicht die wirkliche Empfindung und Sache selbst, sondern ein nur subjektiv vom Dichter *gemachter* Ausdruck derselben. Was deshalb dem lyrischen Gemüte hier an innerlich-konkreter Freiheit abgeht, das finden wir durch die Freiheit des Ausdrucks ersetzt, der sich von naiver Unbefangenheit in Bildern und Gleichnisreden ab, die vielseitigsten Mittelstufen hindurch, bis zur unglaublichsten Kühnheit und dem scharfsinnigsten Witz neuer und überraschender Kombinationen fortentwickelt.

Was zum Schluß die einzelnen Völker angeht, welche sich in der orientalischen Lyrik hervorgetan haben, so sind hier erstens die *Chinesen,* zweitens die *Inder,* drittens aber vor allem die *Hebräer, Araber* und *Perser* zu nennen, auf deren nähere Charakteristik ich mich jedoch nicht einlassen kann.

b. Die Lyrik der Griechen und Römer

Auf der zweiten Hauptstufe, in der Lyrik der Griechen und Römer, ist es die *klassische* Individualität, welche den durchgreifenden Charakterzug ausmacht. Diesem Prinzipe gemäß geht das einzelne Bewußtsein, das sich lyrisch mitteilt, weder in das Äußere und Objektive auf, noch erhebt es sich über sich selbst hinaus zu dem erhabenen Anruf an alle Kreatur: »Alles, was Odem hat, lobe den Herrn!« oder versenkt sich nach freudiger Entfesselung von allen Banden der Endlichkeit in den Einen, der alles durchdringt und beseelt, sondern das Subjekt schließt sich mit dem Allgemeinen als der Substanz seines eigenen Geistes frei zusammen und bringt sich diese individuelle Einigung innerlich zum poetischen Bewußtsein.

Wie von der *orientalischen*, so unterscheidet sich die Lyrik der Griechen und Römer auf der anderen Seite ebensosehr von der *romantischen*. Denn statt sich bis zur Innigkeit partikulärer Stimmungen und Situationen zu vertiefen, arbeitet sie hingegen das Innere zur klarsten Explikation seiner individuellen Leidenschaft, Anschauung und Betrachtungen heraus. Dadurch behält auch sie, selbst als Äußerung des inneren Geistes, soweit dies der Lyrik gestattet ist, den plastischen Typus der klassischen Kunstform bei. Was sie nämlich von Lebensansichten, Weisheitssprüchen usf. darlegt, entbehrt aller durchsichtigen Allgemeinheit ungeachtet dennoch nicht der freien Individualität selbständiger Gesinnung und Auffassungsweise und spricht sich weniger bilderreich und metaphorisch als direkt und eigentlich aus, während auch die subjektive Empfindung teils in allgemeinerer Weise, teils in anschaulicher Gestalt für sich selbst objektiv wird. In derselben Individualität scheiden sich die besonderen Arten in betreff auf Konzeption, Ausdruck, Dialekt und Versmaß voneinander ab, um in abgeschlossener Selbständigkeit den Kulminationspunkt ihrer Ausbildung zu erreichen; und wie das Innere und dessen Vorstellungen ist auch der äußere

Vortrag plastischerer Art, indem derselbe in musikalischer Rücksicht weniger die innerliche Seelenmelodie der Empfindung als den sinnlichen Wortklang in dem rhythmischen Maß seiner Bewegung hervorhebt und hierzu endlich noch die Verschlingungen des Tanzes treten läßt.

α) In ursprünglicher, reichster Entwicklung bildet die *griechische* Lyrik diesen Kunstcharakter vollendet aus. Zuerst als noch episch gehaltenere *Hymnen,* welche im Metrum des Epos weniger die innere Begeisterung aussprechen, als in festen objektiven Zügen, wie ich schon oben anführte, ein plastisches Bild der Götter vor die Seele stellen. – Den nächsten Fortgang sodann bildet dem Metrum nach das *elegische* Silbenmaß, das den Pentameter hinzufügt und durch den regelmäßig wiederkehrenden Anschluß desselben an den Hexameter und die gleichen abbrechenden Einschnitte den ersten Beginn einer strophenartigen Abrundung zeigt. So ist denn auch die Elegie in ihrem ganzen Tone bereits lyrischer, sowohl die politische als auch die erotische, obschon sie besonders als gnomische Elegie dem epischen Herausheben und Aussprechen des Substantiellen als solchen noch naheliegt und daher auch ausschließlich fast den Ioniern angehört, bei welchen die objektive Anschauung die Oberhand hatte. Auch in Rücksicht auf das Musikalische ist es hauptsächlich nur die rhythmische Seite, die zur Ausbildung gelangt. – Daneben *drittens* entwickelt sich in einem neuen Versmaße das jambische Gedicht, das durch die Schärfe seiner Schmähungen eine schon subjektivere Richtung nimmt.

Die eigentlich lyrische Reflexion und Leidenschaft aber entwickelt sich erst in der sogenannten *melischen* Lyrik: die Metra werden verschiedenartiger, wechselnder, die Strophen reicher, die Elemente der musikalischen Begleitung durch die hinzutretende Modulation vollständiger; jeder Dichter macht sich ein seinem lyrischen Charakter entsprechendes Silbenmaß: Sappho für ihre weichen, doch von leidenschaftlicher Glut entflammten und im Ausdruck wirkungsvoll gesteigerten Ergüsse; Alkaios für seine männlich kühneren Oden, –

und besonders lassen die Skolien bei der Mannigfaltigkeit ihres Inhalts und Tones auch eine vielseitige Nuancierung der Diktion und des Metrums zu.

Die *chorische* Lyrik endlich entfaltet sich sowohl in betreff auf Reichtum der Vorstellung und Reflexion, Kühnheit der Übergänge, Verknüpfungen usf. als auch in Rücksicht auf äußeren Vortrag am reichhaltigsten. Der Chorgesang kann mit einzelnen Stimmen wechseln, und die innerliche Bewegung begnügt sich nicht mit dem bloßen Rhythmus der Sprache und den Modulationen der Musik, sondern ruft als plastisches Element auch noch die Bewegungen des Tanzes zu Hilfe, so daß hier die subjektive Seite der Lyrik an ihrer Versinnlichung durch die Exekution ein vollständiges Gegengewicht erhält. Die Gegenstände dieser Art der Begeisterung sind die substantiellsten und gewichtigsten, die Verherrlichung der Götter sowie der Sieger bei den Kampfspielen, in welchen die in politischer Rücksicht häufig getrennten Griechen die objektive Anschauung ihrer nationalen Einheit fanden; und so fehlt es denn auch nach seiten der inneren Auffassungsweise nicht an epischen und objektiven Elementen. Pindar z. B., der in diesem Gebiete den Gipfel der Vollendung erreicht, geht, wie ich bereits angab, von den äußerlich sich darbietenden Anlässen leicht über zu tiefen Aussprüchen über die allgemeine Natur des Sittlichen, Göttlichen, dann der Heroen, heroischer Taten, Stiftungen von Staaten usf. und hat die plastische Veranschaulichung ganz ebenso wie den subjektiven Schwung der Phantasie in seiner Gewalt. Daher ist es aber nicht die Sache, die sich episch für sich fortmacht, sondern die subjektive Begeisterung, ergriffen von ihrem Gegenstande, so daß dieser umgekehrt vom Gemüte getragen und produziert erscheint.

Die spätere Lyrik der alexandrinischen Dichter ist dann weniger eine selbständige Weiterentwicklung als vielmehr eine gelehrtere Nachahmung und Bemühung um Eleganz und Korrektheit des Ausdrucks, bis sie sich endlich zu kleineren Anmutigkeiten, Scherzen usf. verstreut oder in Epigrammen sonst schon vorhandene Blumen der Kunst und des Lebens durch ein Band der Empfindung und des Einfalls neu zu verknüpfen und durch Witz des Lobes oder der Satire aufzufrischen sucht.

β) Bei den *Römern* zweitens findet die lyrische Poesie einen zwar mehrfach angebauten, doch weniger ursprünglich fruchtreichen Boden. Ihre Epoche des Glanzes beschränkt sich deshalb vornehmlich teils auf das Zeitalter des Augustus, in welchem sie als theoretische Äußerung und gebildeter Genuß des Geistes betrieben wurde, teils bleibt sie eine Sache mehr der übersetzenden oder kopierenden Geschicklichkeit und Frucht des Fleißes und Geschmacks als der frischen Empfindung und künstlerischen, originalen Konzeption. Dennoch aber stellt sich, der Gelehrsamkeit und fremden Mythologie sowie der Nachbildung vorzugsweise kälterer alexandrinischer Muster ungeachtet, die römische Eigentümlichkeit überhaupt und der individuelle Charakter und Geist der einzelnen Dichter zugleich wieder selbständig heraus und gibt, wenn man von der innersten Seele der Poesie und Kunst abstrahiert, im Felde sowohl der Ode als auch der Epistel, Satire und Elegie etwas durchaus in sich Fertiges und Vollendetes. Die spätere Satire dagegen, die sich hier hereinziehen läßt, betritt in ihrer Bitterkeit gegen das Verderben der Zeit, in ihrer stachelnden Entrüstung und deklamatorischen Tugend um so weniger den eigentlichen Kreis ungetrübter poetischer Anschauung, je mehr sie dem Bilde einer verworfenen Gegenwart nichts anderes entgegenzusetzen hat als eben jene Indignation und abstrakte Rhetorik eines tugendhaften Eifers.

c. Die romantische Lyrik

Wie in die epische Poesie kommt deshalb auch in die Lyrik ein ursprünglicher Gehalt und Geist erst durch das Auftreten neuer Nationen hinein. Dies ist bei den germanischen, romanischen und slawischen Völkerschaften der Fall, welche bereits in ihrer heidnischen Vorzeit, hauptsächlich aber nach ihrer Bekehrung zum Christentume, sowohl im Mittelalter als auch in den letzten Jahrhunderten, eine *dritte* Hauptrichtung der Lyrik im allgemeinen Charakter der *romantischen* Kunstform immer mannigfacher und reichhaltiger ausbilden.

In diesem dritten Kreise wird die lyrische Poesie von so überwiegender Wichtigkeit, daß ihr Prinzip sich zunächst besonders in Rücksicht auf das Epos, dann aber in einer späteren Entwicklung auch in betreff auf das Drama in einer viel tieferen Weise, als es bei den Griechen und Römern möglich war, geltend macht, ja bei einigen Völkern sogar die eigentlich epischen Elemente ganz im Typus der erzählenden Lyrik behandelt und dadurch Produkte hervorbringt, bei denen es zweifelhaft scheinen kann, ob sie zur einen oder anderen Gattung zu rechnen seien. Dieses Herüberneigen zur lyrischen Auffassung findet seinen wesentlichen Grund darin, daß sich das gesamte Leben dieser Nationen aus dem Prinzip der Subjektivität entwickelt, die das Substantielle und Objektive als das Ihrige aus sich hervorzubringen und zu gestalten gedrungen ist und sich dieser subjektiven Vertiefung in sich mehr und mehr bewußt wird. Am ungetrübtesten und vollständigsten bleibt dies Prinzip bei den germanischen Stämmen wirksam, während sich die slawischen umgekehrt aus der orientalischen Versenkung in das Substantielle und Allgemeine erst herauszuringen haben. In der Mitte stehen die romanischen Völker, welche in den eroberten Provinzen des römischen Reiches nicht nur die Reste römischer Kenntnisse und Bildung überhaupt, sondern nach allen Seiten hin ausgearbeitete Zustände und Verhältnisse vor sich finden und, indem sie sich damit verschmelzen, einen Teil ihrer ursprünglichen Natur dahingeben müssen. – Was den Inhalt angeht, so sind es fast alle Entwicklungsstufen des nationalen und individuellen Daseins, welche sich in bezug auf die Religion und das Weltleben dieser zu immer größerem Reichtum aufgeschlossenen Völker und Jahrhunderte im Reflex des Inneren als subjektive Zustände und

Situationen aussprechen. Der Form nach macht teils der Ausdruck des zur Innigkeit konzentrierten Gemüts – sei es nun, daß sich dasselbe in nationale und sonstige Begebnisse, in die Natur und äußere Umgebung hineinlege oder rein mit sich selber beschäftigt bleibe –, teils die in sich und ihre erweiterte Bildung sich subjektiv vertiefende Reflexion den Grundtypus aus. Im Äußeren verwandelt sich die Plastik der rhythmischen Versifikation zur Musik der Alliteration, Assonanz und mannigfachsten Reimverschlingungen und benutzt diese neuen Elemente einerseits höchst einfach und anspruchslos, andererseits mit vieler Kunst und Erfindung festausgeprägter Formen, während auch der äußere Vortrag die eigentlich musikalische Begleitung des melodischen Gesangs und der Instrumente immer vollständiger ausbildet.

In der Einteilung endlich dieser umfassenden Gruppe können wir im wesentlichen dem Gange folgen, den ich schon in Ansehung der epischen Poesie angegeben habe.

Auf der *einen* Seite steht demnach die Lyrik der neuen Völker in ihrer noch *heidnischen* Ursprünglichkeit.

Zweitens breitet sich reichhaltiger die Lyrik des *christlichen* Mittelalters aus.

Drittens endlich ist es teils das wiederauflebende Studium der *alten* Kunst, teils das moderne Prinzip des *Protestantismus,* das von wesentlicher Einwirkung wird.

Auf eine nähere Charakteristik jedoch dieser Hauptstadien kann ich mich für diesmal nicht einlassen und will mich nur darauf beschränken, zum Schluß noch einen deutschen Dichter herauszuheben, von dem aus unsere vaterländische Lyrik in neuerer Zeit wieder einen großartigen Aufschwung genommen hat und dessen Verdienste die Gegenwart zuwenig würdigt: ich meine den Sänger der Messiade. *Klopstock* ist einer der großen Deutschen, welche die neue Kunstepoche in ihrem Volke haben beginnen helfen; eine große Gestalt, welche die Poesie aus der enormen Unbedeutendheit der Gottschedischen Epoche, die, was in dem deutschen Geiste noch Edles und Würdiges war, mit eigener steifster Flachheit vollends verkahlt hatte, in mutiger Begeisterung und innerem Stolze herausriß und voll von der Heiligkeit des poetischen Berufs in gediegener, wenn auch herber Form Gedichte lieferte, von denen ein großer Teil bleibend klassisch ist. – Seine Jugendoden sind teils einer edlen *Freundschaft* gewidmet, die ihm etwas Hohes, Festes, Ehrenhaftes, der Stolz seiner Seele, ein Tempel des Geistes war; teils einer *Liebe* voll Tiefe und Empfindung, obschon gerade zu diesem Felde viele Produkte gehören, die für völlig prosaisch zu halten sind: wie z. B. »Selmar und Selma«, ein trübseliger, langweiliger Wettstreit zwischen Liebenden, der sich nicht ohne viel Weinen, Wehmut, leere Sehnsucht und unnütze melancholische Empfindung um den müßigen, leblosen Gedanken dreht, ob Selmar oder Selma zuerst sterben werde. – Vornehmlich aber tritt in Klopstock in den verschiedensten Beziehungen das *Vaterlandsgefühl* hervor. Als Protestanten konnten ihm die christliche Mythologie, die Heiligenlegenden usf. (etwa die Engel ausgenommen, vor denen er einen großen poetischen Respekt hatte, obschon sie in einer Poesie der lebendigen Wirklichkeit abstrakt und tot bleiben) weder für den sittlichen Ernst der Kunst noch für die Kräftigkeit des Lebens und eines nicht bloß weh- und demütigen, sondern sich selbst fühlenden, positiv frommen Geistes genügen. Als Dichter aber drängte sich ihm das Bedürfnis einer Mythologie, und zwar einer heimischen, auf, deren Namen und Gestaltungen für die Phantasie schon als ein fester Boden vorhanden wären. Dies Vaterländische geht für uns den griechischen Göttern ab, und so hat denn Klopstock, aus Nationalstolz kann man sagen, die alte Mythologie von Wodan, Hertha usf. wieder aufzufrischen den Versuch gemacht. Zu objektiver Wirkung und Gültigkeit jedoch vermochte er es mit diesen Götternamen, die zwar germanisch *gewesen,* aber nicht mehr *sind,* so wenig zu bringen, als die Reichsversammlung in Regensburg das Ideal unserer heutigen politischen Existenz sein könnte. Wie groß daher auch das Bedürfnis war, eine allgemeine Volksmythologie, die Wahrheit der Natur und des Geistes in nationaler Gestaltung poetisch und wirklich vor sich zu haben, sosehr blieben jene versunkenen Götter doch nur eine völlig unwahre Hohlheit, und es lag eine Art läppischer Heuchelei in der Prätention, zu tun, als ob es der Vernunft und dem nationalen Glauben Ernst damit sein sollte. Für die bloße Phantasie aber sind die Gestalten der griechischen Mythologie unendlich lieblicher, heiterer, menschlich-freier und mannigfacher ausgebildet. Im Lyrischen jedoch ist es der *Sänger,* der sich darstellt, und diesen müssen wir in Klopstock um jenes vaterländischen Bedürfnisses und Versuches willen ehren, eines Versuches, der wirksam genug war, noch späte Früchte zu tragen und auch im Poetischen die gelehrte Richtung auf die ähnlichen Gegenstände hinzulenken. – Ganz rein, schön und wirkungsreich endlich tritt Klopstocks vaterländisches Gefühl in seiner Begeisterung für die Ehre und Würde der deutschen Sprache und alter deutscher historischer Gestalten hervor, Hermanns z. B. und vornehmlich einiger deutscher Kaiser, die sich selbst durch Dichterkunst geehrt haben. So belebte sich in ihm immer berechtigter der Stolz der deutschen Muse und ihr wachsender Mut, sich im frohen Selbstbewußtsein ihrer Kraft mit den Griechen, Römern und Engländern zu messen. Ebenso gegenwärtig und patriotisch ist die Richtung seines Blicks auf Deutschlands Fürsten, auf die Hoffnungen, die ihr Charakter in Rücksicht auf die allgemeine Ehre, auf Kunst und Wissenschaft, öffentliche Angelegenheiten und große geistige Zwecke erwecken könnte. Einesteils drückte er Verachtung aus gegen diese unsere Fürsten, die »im sanften Stuhl, vom Höfling rings umräuchert, jetzt unberühmt und einst noch unberühmter« sein würden, anderenteils seinen Schmerz, daß selbst Friedrich II.

Nicht sah, daß Deutschlands Dichtkunst sich schnell
   erhob,
Aus fester Wurzel daurendem Stamm, und weit
   Der Äste Schatten warf! –

Und ebenso schmerzlich sind ihm die vergeblichen Hoffnungen, die ihn in Kaiser Joseph den Aufgang einer neuen Welt des Geistes und der Dichtkunst erblicken ließen. Endlich macht dem Herzen des Greisen nicht weniger die Teilnahme an der Erscheinung Ehre, daß ein Volk die Ketten aller Art zerbrach, tausendjähriges Unrecht mit Füßen trat und zum ersten Male auf Vernunft und Recht sein politisches Leben gründen wollte. Er begrüßt diese neue

> Labende, selbst nicht geträumte Sonne.
> Gesegnet sei mir du, das mein Haupt bedeckt,
> Mein graues Haar, die Kraft, die nach sechzigen
> > Fortdauert; denn sie wars, so weit hin
> > Brachte sie mich, daß ich dies erlebte!

Ja, er redet sogar die Franzosen mit den Worten an:

> Verzeiht, o Franken (Name der Brüder ist
> Der edle Name), daß ich den Deutschen einst
> > Zurufte, das zu fliehn, warum ich
> > Ihnen itzt flehe, euch nachzuahmen.[17]

Ein um so schärferer Grimm aber befiel den Dichter, als dieser schöne Morgen der Freiheit sich in einen greuelvollen, blutigen, freiheitsmordenden Tag verwandelte. Diesen Schmerz jedoch vermochte Klopstock nicht dichterisch zu bilden und sprach ihn um so prosaischer, haltungsloser und fassungsloser aus, als er seiner getäuschten Hoffnung nichts Höheres entgegenzusetzen wußte, da seinem Gemüte keine reichere Vernunftforderung in der Wirklichkeit erschienen war.

In dieser Weise steht Klopstock groß im Sinne der Nation, der Freiheit, Freundschaft, Liebe und protestantischen Festigkeit da, verehrungswert in seinem Adel der Seele und Poesie, in seinem Streben und Vollbringen, und wenn er auch nach manchen Seiten hin in der Beschränktheit seiner Zeit befangen blieb und viele bloß kritische, grammatische und metrische, kalte Oden gedichtet hat, so ist doch seitdem,

---

17 »Die Etats Généraux«

Schiller ausgenommen, keine in ernster männlicher Gesinnung so unabhängige edle Gestalt wieder aufgetreten.

Dagegen aber haben Schiller und Goethe nicht bloß als solche Sänger ihrer Zeit, sondern als umfassendere Dichter gelebt, und besonders sind Goethes Lieder das Vortrefflichste, Tiefste und Wirkungsvollste, was wir Deutsche aus neuerer Zeit besitzen, weil sie ganz ihm und seinem Volke angehören und, wie sie auf heimischem Boden erwachsen sind, dem Grundton unseres Geistes nun auch vollständig entsprechen.

III. Die dramatische Poesie

Das Drama muß, weil es seinem Inhalte wie seiner Form nach sich zur vollendetesten Totalität ausbildet, als die höchste Stufe der Poesie und der Kunst überhaupt angesehen werden. Denn den sonstigen sinnlichen Stoffen, dem Stein, Holz, der Farbe, dem Ton gegenüber, ist die Rede allein das der Exposition des Geistes würdige Element und unter den besonderen Gattungen der redenden Kunst wiederum die dramatische Poesie diejenige, welche die Objektivität des Epos mit dem subjektiven Prinzip der Lyrik in sich vereinigt, indem sie eine in sich abgeschlossene Handlung als wirkliche, ebensosehr aus dem Inneren des sich durchführenden Charakters entspringende als in ihrem Resultat aus der substantiellen Natur der Zwecke, Individuen und Kollisionen entschiedene Handlung in unmittelbarer Gegenwärtigkeit darstellt. Diese Vermittlung des Epischen durch die Innerlichkeit des Subjekts als gegenwärtig Handelnden erlaubt es dem Drama nun aber nicht, die äußere Seite des Lokals, der Umgebung sowie des Tuns und Geschehens in epischer Weise zu beschreiben, und fordert deshalb, damit das ganze Kunstwerk zu wahrhafter Lebendigkeit komme, die vollständige szenische Aufführung desselben. Die Handlung selbst endlich in der Totalität ihrer inneren und äußeren Wirklichkeit ist einer schlechthin entgegengesetzten

Auffassung fähig, deren durchgreifendes Prinzip, als das Tragische und Komische, die Gattungsunterschiede der dramatischen Poesie zu einer dritten Hauptseite macht.

Aus diesen allgemeinen Gesichtspunkten ergibt sich für unsere Erörterungen nachfolgender Gang:

Erstens haben wir das dramatische Kunstwerk im Unterschiede des epischen und lyrischen seinem allgemeinen und besonderen Charakter nach zu betrachten.

Zweitens müssen wir auf die szenische Darstellung und deren Notwendigkeit unsere Aufmerksamkeit richten und

drittens die verschiedenen Arten der dramatischen Poesie in ihrer konkreten historischen Wirklichkeit durchgehen.

1. Das Drama als poetisches Kunstwerk

Das erste, was wir bestimmter für sich herausheben können, betrifft die *poetische* Seite als solche des dramatischen Werks, unabhängig davon, daß dasselbe für die unmittelbare Anschauung muß in Szene gesetzt werden. Hierher gehören als nähere Gegenstände unserer Betrachtung

erstens das allgemeine Prinzip der dramatischen Poesie;

zweitens die besonderen Bestimmungen des dramatischen Kunstwerks;

drittens die Beziehung desselben auf das Publikum.

a. Das Prinzip der dramatischen Poesie

Das Bedürfnis des Dramas überhaupt ist die Darstellung gegenwärtiger menschlicher Handlungen und Verhältnisse für das vorstellende Bewußtsein in dadurch sprachlicher Äußerung der die Handlung ausdrückenden Personen. Das dramatische Handeln aber beschränkt sich nicht auf die einfache störungslose Durchführung eines bestimmten Zwecks, sondern beruht schlechthin auf kollidierenden Umständen, Leidenschaften und Charakteren und führt daher zu Aktionen und Reaktionen, die nun ihrerseits wieder eine Schlichtung des Kampfs und Zwiespalts notwendig machen. Was wir deshalb vor uns sehen, sind die zu lebendigen Charakteren und konfliktreichen Situationen individualisierten Zwecke, in ihrem Sichzeigen und -behaupten, Einwirken und Bestimmen gegeneinander – alles in Augenblicklichkeit wechselseitiger Äußerung – sowie das in sich selbst begründete Endresultat dieses ganzen sich bewegt durchkreuzenden und dennoch zur Ruhe lösenden menschlichen Getriebes in Wollen und Vollbringen.

Die poetische Auffassungsweise dieses neuen Inhalts soll nun, wie ich schon anführte, eine vermittelnde Einigung des epischen und lyrischen Kunstprinzipes sein.

α) Das Nächste, was sich in dieser Rücksicht feststellen läßt, betrifft die *Zeit,* in welcher die dramatische Poesie sich als hervorragende Gattung geltend machen kann. Das Drama ist das Produkt eines schon in sich ausgebildeten nationalen Lebens. Denn es setzt wesentlich sowohl die ursprünglich poetischen Tage des eigentlichen Epos als auch die selbständige Subjektivität des lyrischen Ergusses als vergangen voraus, da es sich, beide zusammenfassend, in keiner dieser für sich gesonderten Sphären genügt. Zu dieser poetischen Verknüpfung muß das freie Selbstbewußtsein menschlicher Zwecke, Verwicklungen und Schicksale schon vollkommen erwacht und in einer Weise gebildet sein, wie es nur in den mittleren und späteren Entwicklungsepochen des nationalen Daseins möglich wird. So sind auch die ersten großen Taten und Begebnisse der Völker gemeinhin mehr epischer als dramatischer Natur – gemeinsame Züge meist nach außen, wie der Trojanische Krieg, das Heranwogen der Völkerwanderung, die Kreuzzüge, oder gemeinschaftliche heimische Verteidigung gegen Fremde, wie die Perserkriege –, und erst später treten jene selbständigeren einsamen Helden auf, welche aus sich heraus selbständig Zwecke fassen und Unternehmungen ausführen.

β) Was nun *zweitens* die *Vermittlung* des *epischen* und *lyrischen Prinzips* selbst angeht, so haben wir uns dieselbe folgendermaßen vorzustellen.

Schon das Epos führt uns eine Handlung vor Augen, aber als substantielle Totalität eines nationalen Geistes in Form objektiver bestimmter Begebenheiten und Taten, in welchen das subjektive Wollen, der individuelle Zweck und die Äußerlichkeit der Umstände mit ihren realen Hemmnissen sich das Gleichgewicht halten. In der Lyrik dagegen ist es das Subjekt, das in seiner selbständigen Innerlichkeit für sich hervortritt und sich ausspricht.

Soll nun das Drama beide Seiten in sich zusammenhalten, so hat es

αα) *erstens* wie das Epos ein Geschehen, Tun, Handeln zur Anschauung zu bringen; von allem aber, was vor sich geht, muß es die Äußerlichkeit abstreifen und an deren Stelle als Grund und Wirksamkeit das selbstbewußte und tätige Individuum setzen. Denn das Drama zerfällt nicht in ein lyrisches Inneres, dem Äußeren gegenüber, sondern stellt ein Inneres und *dessen* äußere Realisierung dar. Dadurch erscheint dann das Geschehen nicht hervorgehend aus den äußeren Umständen, sondern aus dem inneren Wollen und Charakter und erhält dramatische Bedeutung nur durch den Bezug auf die subjektiven Zwecke und Leidenschaften. Ebensosehr jedoch bleibt das Individuum nicht nur in seiner abgeschlossenen Selbständigkeit stehen, sondern findet sich durch die Art der Umstände, unter denen es seinen Charakter und Zweck zum Inhalte seines Wollens nimmt, sowie durch die Natur dieses individuellen Zweckes in Gegensatz und Kampf gegen andere gebracht. Dadurch wird das Handeln Verwicklungen und Kollisionen überantwortet, die nun ihrerseits, selbst wider den Willen und die Absicht der handelnden Charaktere, zu einem Ausgang hinleiten, in welchem sich das eigene innere Wesen menschlicher Zwecke, Charaktere und Konflikte herausstellt. Dies Substantielle, das sich an den selbständig aus sich handelnden Individuen geltend macht, ist die andere Seite des Epischen, die sich im Prinzip der dramatischen Poesie wirksam und lebendig erweist.

ββ) Wie sehr deshalb auch das Individuum seinem Inneren

nach zum Mittelpunkte wird, so kann sich doch die dramatische Darstellung nicht mit den bloß lyrischen Situationen
des Gemüts begnügen und das Subjekt bereits vollbrachte
Taten in müßiger Teilnahme beschreiben lassen oder überhaupt untätige Genüsse, Anschauungen und Empfindungen
schildern; sondern das Drama muß die Situationen und
deren Stimmung bestimmt zeigen durch den individuellen
Charakter, der sich zu besonderen Zwecken entschließt und
diese zum praktischen Inhalt seines wollenden Selbst macht.
Die Bestimmtheit des Gemüts geht deshalb im Drama zum
Triebe, zur Verwirklichung des Inneren durch den Willen,
zur Handlung über, macht sich äußerlich, objektiviert sich
und wendet sich dadurch nach der Seite epischer Realität
hin. Die äußere Erscheinung aber, statt als bloßes Geschehen
ins Dasein zu treten, enthält für das Individuum selbst die
Absichten und Zwecke desselben; die Handlung ist das
ausgeführte Wollen, das zugleich ein *gewußtes* ist, sowohl in
betreff auf seinen Ursprung und Ausgangspunkt im Innern
als auch in Rücksicht auf sein Endresultat. Was nämlich aus
der Tat herauskommt, geht für das Individuum selber daraus hervor und übt seinen Rückschlag auf den subjektiven
Charakter und dessen Zustände aus. Dieser stete Bezug der
gesamten Realität auf das Innere des sich aus sich bestimmenden Individuums, das ebensosehr der Grund derselben
ist, als es sie in sich zurücknimmt, ist das eigentlich lyrische
Prinzip in der dramatischen Poesie.

γγ) In dieser Weise allein tritt die Handlung als *Handlung*
auf, als wirkliches Ausführen innerer Absichten und Zwecke,
mit deren Realität sich das Subjekt als mit sich selbst zusammenschließt und darin sich selber will und genießt und
nun auch mit seinem ganzen Selbst für das, was aus demselben ins äußere Dasein übergeht, einstehen muß. Das
dramatische Individuum bricht selber die Frucht seiner
eigenen Taten.

Indem nun aber das Interesse sich auf den inneren Zweck
beschränkt, dessen Held das handelnde Individuum ist, und

vom Äußeren nur dasjenige braucht in das Kunstwerk aufgenommen zu werden, was zu diesem Zwecke, der aus dem Selbstbewußtsein herstammt, einen wesentlichen Bezug hat, so ist das Drama *erstens* abstrakter als das Epos. Denn einerseits hat die Handlung, insofern sie in der Selbstbestimmung des Charakters beruht und aus diesem inneren Quellpunkte sich herleiten soll, nicht den epischen Boden einer totalen, sich allen ihren Seiten und Verzweigungen nach objektiv ausbreitenden Weltanschauung zur Voraussetzung, sondern zieht sich zur Einfachheit bestimmter Umstände zusammen, unter welchen das Subjekt sich zu seinem Zwecke entschließt und ihn durchführt; andererseits ist es nicht die Individualität, die sich in dem *ganzen* Komplexus ihrer nationalen epischen Eigenschaften vor uns entwickeln soll, sondern der Charakter in Rücksicht auf sein *Handeln,* das zur allgemeinen Seele einen *bestimmten* Zweck hat. Dieser Zweck, die Sache, auf welche es ankommt, steht höher als die partikuläre Breite des Individuums, das nur als lebendiges Organ und belebender Träger erscheint. Eine weitere Entfaltung des individuellen Charakters nach den verschiedenartigsten Seiten hin, welche mit seinem auf *einen* Punkt konzentrierten Handeln in keinem oder nur in entfernterem Zusammenhange stehen, würde ein Überfluß sein, so daß sich also auch in betreff der handelnden Individualität die dramatische Poesie einfacher zusammenziehen muß als die epische. Dasselbe gilt für die Zahl und Verschiedenheit der auftretenden Personen. Denn insofern, wie gesagt, das Drama sich nicht auf dem Boden einer in sich totalen Nationalwirklichkeit fortbewegt, die uns in ihrer vielgestaltigen Gesamtheit unterschiedener Stände, Alter, Geschlechter, Tätigkeiten usf. zur Anschauung kommen soll, sondern umgekehrt unser Auge stets auf den *einen* Zweck und dessen Vollführung hinzulenken hat, würde dies lässige objektive Auseinandergehen ebenso müßig als störend werden.

Zugleich aber *zweitens* ist der Zweck und Inhalt einer Handlung dramatisch nur dadurch, daß er durch seine Bestimmtheit, in deren Besonderung ihn der individuelle Charakter selbst wieder nur unter bestimmten Umständen ergreifen kann, in anderen Individuen andere entgegenstehende Zwecke und Leidenschaften hervorruft. Dies treibende Pathos können nun zwar in jedem der Handelnden geistige, sittliche, göttliche Mächte sein, Recht, Liebe zum Vaterlande, zu den Eltern, Geschwistern, zur Gattin usf.; soll dieser wesentliche Gehalt der menschlichen Empfindung und Tätigkeit jedoch dramatisch erscheinen, so muß er sich in seiner Besonderung als unterschiedene Zwecke *entgegentreten*, so daß überhaupt die Handlung Hindernisse von seiten anderer handelnder Individuen zu erfahren hat und in Verwicklungen und Gegensätze gerät, welche das Gelingen und Sichdurchsetzen einander wechselseitig bestreiten. Der wahrhafte Inhalt, das eigentlich Hindurchwirkende sind daher wohl die ewigen Mächte, das an und für sich Sittliche, die Götter der lebendigen Wirklichkeit, überhaupt das Göttliche und Wahre, aber nicht in seiner ruhenden Macht, in welcher die unbewegten Götter, statt zu handeln, als stille Skulpturbilder selig in sich versunken bleiben, sondern das Göttliche in seiner Gemeinde als Inhalt und Zweck der menschlichen Individualität, als konkretes Dasein zur Existenz gebracht und zur Handlung aufgeboten und in Bewegung gesetzt.

Wenn jedoch in dieser Weise das Göttliche die innerste objektive Wahrheit in der äußeren Objektivität des Handelns ausmacht, so kann nun auch *drittens* die Entscheidung über den Verlauf und Ausgang der Verwicklungen und Konflikte nicht in den einzelnen Individuen liegen, die einander entgegenstehen, sondern in dem Göttlichen selbst als Totalität in sich, und so muß uns das Drama, sei es, in welcher Weise es wolle, das lebendige Wirken einer in sich selbst beruhenden, jeden Kampf und Widerspruch lösenden Notwendigkeit dartun.

γ) An den dramatischen *Dichter* als produzierendes Subjekt ergeht deshalb vor allem die Forderung, daß er die volle Einsicht habe in dasjenige, was menschlichen Zwecken, Kämpfen und Schicksalen Inneres und Allgemeines zugrunde liegt. Er muß sich zum Bewußtsein bringen, in welche Gegensätze und Verwicklungen der Natur der Sache gemäß das Handeln sowohl nach seiten der subjektiven Leidenschaft und Individualität der Charaktere als auch nach seiten des Inhalts menschlicher Entwürfe und Entschließungen sowie der äußeren konkreten Verhältnisse und Umstände heraustreten könne; und zugleich muß er zu erkennen befähigt sein, welches die waltenden Mächte sind, die dem Menschen das gerechte Los für seine Vollbringungen zuteilen. Das Recht wie die Verirrung der Leidenschaften, welche in der Menschenbrust stürmen und zum Handeln antreiben, müssen in gleicher Klarheit vor ihm liegen, damit sich da, wo für den gewöhnlichen Blick nur Dunkelheit, Zufall und Verwirrung zu herrschen scheint, für ihn das wirkliche Sichvollführen des an und für sich Vernünftigen und Wirklichen selber offenbare. Der dramatische Dichter darf deshalb ebensowenig bei dem bloß unbestimmten Weben in den Tiefen des Gemüts als bei dem einseitigen Festhalten irgendeiner ausschließlichen Stimmung und beschränkten Parteilichkeit in Sinnesweise und Weltanschauung stehenbleiben, sondern hat die größte Aufgeschlossenheit und umfassendste Weite des Geistes nötig. Denn die in dem mythologischen Epos nur verschiedenen und durch die vielseitige *reale* Individualisierung in ihrer *Bedeutung* unbestimmter werdenden geistigen Mächte treten im Dramatischen ihrem einfachen substantiellen Inhalte nach als Pathos von Individuen *gegeneinander* auf, und das Drama ist die Auflösung der Einseitigkeit dieser Mächte, welche in den Individuen sich verselbständigen; sei es nun, daß sie sich, wie in der Tragödie, feindselig gegenüberstehen oder, wie in der Komödie, sich als sich an ihnen selbst unmittelbar auflösend zeigen.

b. Das dramatische Kunstwerk

Was nun *zweitens* das Drama als konkretes Kunstwerk anbetrifft, so sind die Hauptpunkte, die ich herausheben will, kurz folgende:

erstens die Einheit desselben im Unterschiede des Epos und lyrischen Gedichts;

zweitens die Art der Gliederung und Entfaltung;

drittens die äußerliche Seite der Diktion, des Dialogs und des Versmaßes.

α) Das Nächste und Allgemeinste, was sich über die *Einheit* des Dramas feststellen läßt, knüpft sich an die Bemerkung, die ich oben bereits angedeutet habe, daß nämlich die dramatische Poesie, dem Epos gegenüber, sich strenger in sich zusammenfassen müsse. Denn obschon auch das Epos eine individuelle Begebenheit zum Einheitspunkte hat, so geht dieselbe doch auf einem mannigfach ausgedehnten Boden einer breiten Volkswirklichkeit vor sich und kann sich zu vielseitigen Episoden und deren objektiver Selbständigkeit auseinanderschlagen. Der ähnliche Schein eines nur losen Zusammenhangs war aus dem entgegengesetzten Grunde einigen Arten der Lyrik gestattet. Da nun aber im Dramatischen einerseits jene epische Grundlage, wie wir schon sahen, fortfällt und andererseits die Individuen sich nicht in bloß lyrischer Einzelheit aussprechen, sondern durch die Gegensätze ihrer Charaktere und Zwecke so sehr zueinander in Verhältnis treten, daß dieser individuelle Bezug gerade den Boden ihrer dramatischen Existenz ausmacht, so ergibt sich hieraus schon die Notwendigkeit einer festeren Geschlossenheit des ganzen Werks. Dieser engere Zusammenhalt ist sowohl objektiver als subjektiver Natur: objektiv nach seiten des sachlichen Inhalts der Zwecke, welche die Individuen kämpfend durchführen; subjektiv dadurch, daß dieser in sich substantielle Gehalt im Dramatischen als Leidenschaft besonderer Charaktere erscheint, so daß nun das Mißlingen oder Durchsetzen, das Glück oder Unglück, der Sieg oder Untergang wesentlich in ihrem Zweck die Individuen selber trifft.

Als nähere Gesetze lassen sich die bekannten Vorschriften der sogenannten Einheit des Orts, der Zeit und der Handlung angeben.

αα) Die Unveränderbarkeit eines abgeschlossenen Lokals für die bestimmte Handlung gehört zu jenen steifen Regeln, welche sich besonders die Franzosen aus der alten Tragödie und den Aristotelischen Bemerkungen abstrahiert haben. Aristoteles aber sagt nur (*Poetik*, c. 5) von der Tragödie, daß die Dauer ihrer Handlung meist die Dauer eines Tages nicht überschreite, die Einheit des Orts dagegen berührt er nicht, und auch die alten Dichter sind ihr nicht in dem strikten französischen Sinne gefolgt, wie z. B. in den *Eumeniden* des Aischylos und dem *Ajax* des Sophokles die Szene wechselt. Weniger noch kann sich die neuere dramatische Poesie, wenn sie einen Reichtum von Kollisionen, Charakteren, episodischen Personen und Zwischenereignissen, überhaupt eine Handlung darstellen soll, deren innere Fülle auch einer äußeren Ausbreitung bedarf, dem Joche einer abstrakten Dasselbigkeit des Orts beugen. Die moderne Poesie, insoweit sie im romantischen Typus dichtet, der überhaupt im Äußerlichen bunter und willkürlicher sein darf, hat sich daher von dieser Forderung frei gemacht. Ist aber die Handlung wahrhaft zu wenigen großen Motiven konzentriert, so daß sie auch im Äußeren einfach sein kann, so bedarf sie auch keines mannigfaltigen Wechsels des Schauplatzes. Und sie tut wohl daran. Wie falsch nämlich auch jene bloß konventionelle Vorschrift sein mag, so liegt wenigstens die richtige Vorstellung darin, daß der stete Wechsel eines grundlosen Herüber und Hinüber von einem Ort zum anderen ebensosehr unstatthaft erscheinen muß. Denn einerseits hat die dramatische Konzentration der Handlung sich auch in dieser äußerlichen Rücksicht – dem Epos gegenüber, das sich im Raume aufs vielseitigste in breiter Gemächlichkeit und Veränderung ergehen darf – geltend zu machen; andererseits wird das Drama nicht nur wie das Epos für die innere Vorstellung, sondern für das unmittelbare Anschauen gedichtet. In unserer Phantasie können wir uns leicht von einem Ort aus nach einem anderen versetzen; bei realer Anschauung aber muß der Einbildungskraft nicht zu vieles zugemutet werden, was dem sinnlichen Anblick widerspricht. Shakespeare z. B., in dessen Tragödien und Komödien der Schauplatz sehr häufig wechselt, hatte Pfosten aufgerichtet und Zettel angeheftet, auf denen stand, an welchem Orte die Szene spiele. Dies ist nur eine dürftige Aushilfe und bleibt immer eine Zerstreuung. Deshalb empfiehlt sich die Einheit des Orts wenigstens als für sich verständlich und bequem, insofern dadurch alle Unklarheit vermieden bleibt. Doch kann allerdings der Phantasie auch manches zugetraut werden, was der bloß empirischen Anschauung und Wahrscheinlichkeit entgegenläuft, und das gemäßeste Verhalten wird immer darin bestehen, in dieser Rücksicht einen glücklichen Mittelweg einzuschlagen, d. h. weder das Recht der Wirklichkeit zu verletzen, noch ein allzu genaues Festhalten desselben zu fordern.

ββ) Ganz dasselbe gilt für die Einheit der *Zeit*. Denn in der Vorstellung für sich lassen sich zwar große Zeiträume ohne Schwierigkeit zusammenfassen, in der sinnlichen Anschauung aber sind einige Jahre so schnell nicht zu überspringen. Ist daher die Handlung ihrem ganzen Inhalte und Konflikte nach einfach, so wird das beste sein, auch die Zeit ihres Kampfes bis zur Entscheidung einfach zusammenzuziehen. Wenn sie dagegen reichhaltiger Charaktere bedarf, deren Entwicklungsstufen viele der Zeit nach auseinanderliegende Situationen nötig machen, so wird die formelle Einheit einer immer nur relativen und ganz konventionellen Zeitdauer an und für sich unmöglich; und eine solche Darstellung schon deshalb aus dem Bereiche der dramatischen Poesie entfernen zu wollen, weil sie gegen jene festgestellte Zeiteinheit verstößt, würde nichts anderes heißen, als die Prosa der sinnlichen Wirklichkeit zur letzten Richterin über die Wahrheit der Poesie aufwerfen. Am wenigsten aber darf der bloß empirischen Wahrscheinlichkeit, daß wir als Zuschauer in wenigen Stunden auch nur einen kurzen Zeitraum in sinnlicher Gegenwart vor uns könnten vorübergehen sehen, das große Wort gegeben werden. Denn gerade da, wo der Dichter sich ihr am meisten zu fügen bemüht ist, entstehen nach anderen Seiten hin fast unumgänglich wieder die schlimmsten Unwahrscheinlichkeiten.

γγ) Das wahrhaft unverletzliche Gesetz hingegen ist die Einheit der *Handlung*. Worin aber diese Einheit eigentlich liege, darüber kann vielfach Streit entstehen, und ich will mich deshalb über den Sinn derselben näher erklären. Jede Handlung überhaupt schon muß einen *bestimmten* Zweck haben, den sie durchführt, denn mit dem Handeln tritt der Mensch tätig in die konkrete Wirklichkeit ein, in welcher auch das Allgemeinste sich sogleich zu besonderer Erscheinung verdichtet und begrenzt. Nach dieser Seite würde also die Einheit in der Realisation eines in sich selbst bestimmten und unter besonderen Umständen und Verhältnissen konkret zum Ziel gebrachten Zweckes zu suchen sein. Nun sind aber, wie wir sahen, die Umstände für das dramatische Handeln von der Art, daß der individuelle Zweck dadurch von anderen Individuen her Hemmnisse erfährt, indem sich ihm ein entgegengesetzter Zweck, der sich gleichmäßig Dasein zu verschaffen sucht, in den Weg stellt, so daß es in diesem Gegenüber zu wechselseitigen Konflikten und deren Verwicklung kommt. Die dramatische Handlung beruht deshalb wesentlich auf einem *kollidierenden* Handeln, und die wahrhafte Einheit kann nur in der totalen Bewegung ihren Grund haben, daß nach der Bestimmtheit der besonderen Umstände, Charaktere und Zwecke die Kollision sich ebensosehr den Zwecken und Charakteren gemäß herausstelle, als ihren Widerspruch aufhebe. Diese Lösung muß dann zugleich, wie die Handlung selbst, subjektiv und objektiv sein. Einerseits nämlich findet der Kampf der sich entgegenstehenden *Zwecke* seine Ausgleichung; andererseits haben die *Individuen* mehr oder weniger ihr ganzes Wollen und Sein in ihre zu vollbringende Unternehmung hineingelegt, so daß also das Gelingen oder Mißlingen derselben, die volle oder beschränkte Durchführung, der notwendige Untergang oder die friedliche Einigung mit anscheinend entgegengesetzten

Absichten auch das Los des Individuums insoweit bestimmt, als es sich mit dem, was es ins Werk zu setzen gedrungen war, verschlungen hat. Ein wahrhaftes Ende wird deshalb nur dann erzielt, wenn der Zweck und das Interesse der Handlung, um welche das Ganze sich dreht, identisch mit den Individuen und schlechthin an sie gebunden ist. – Je nachdem nun der Unterschied und Gegensatz der dramatisch handelnden Charaktere einfach gehalten oder zu mannigfach episodischen Nebenhandlungen und Personen verzweigt ist, kann die Einheit wieder strenger oder loser sein. Die Komödie z. B. bei vielseitig verwickelten Intrigen braucht sich nicht so fest zusammenzuschließen als die meistenteils in großartiger Einfachheit motivierte Tragödie. Doch ist das romantische Trauerspiel auch in dieser Rücksicht bunter und in seiner Einheit lockerer als das antike. Aber selbst hier muß die Beziehung der Episoden und Nebenpersonen erkennbar bleiben und mit dem Schluß das Ganze auch der Sache nach geschlossen und abgerundet sein. So ist z. B. in *Romeo und Julia* der Zwist der Familien, welcher außerhalb der Liebenden und ihres Zwecks und Schicksals liegt, zwar der Boden der Handlung, doch nicht der Punkt, auf den es eigentlich ankommt, und Shakespeare widmet der Beendigung desselben am Schluß eine, wenn auch geringere, doch aber erforderliche Aufmerksamkeit. Ebenso bleibt im *Hamlet* das Schicksal des dänischen Reiches nur ein untergeordnetes Interesse, dennoch aber erscheint es durch das Auftreten des Fortinbras berücksichtigt und erhält seinen befriedigenden Abschluß.

Nun kann freilich in dem bestimmten Ende, das Kollisionen auflöst, wieder die Möglichkeit neuer Interessen und Konflikte gegeben sein; die *eine* Kollision jedoch, um die es sich handelte, hat in dem für sich abgeschlossenen Werk ihre Erledigung zu finden. Von dieser Art sind z. B. bei Sophokles die drei Tragödien aus dem thebanischen Sagenkreise. Die erste enthält die Entdeckung des Ödipus als Mörder des Laios, die zweite seinen friedlichen Tod im Haine der

Eumeniden, die dritte das Schicksal der Antigone; und doch ist jede dieser drei Tragödien, unabhängig von den anderen, ein in sich selbständiges Ganzes.

β) Was *zweitens* die konkrete *Entfaltungsweise* des dramatischen Kunstwerks angeht, so haben wir hauptsächlich drei Punkte herauszuheben, in welchen sich das Drama vom Epos und Liede unterscheidet: den Umfang nämlich, die Art des Fortgangs und die Einteilung in Szenen und Akte.

αα) Daß sich ein Drama nicht zu derselben Breite ausdehnen dürfe, welche der eigentlichen Epopöe notwendig ist, haben wir schon gesehen. Ich will deshalb außer dem bereits erwähnten Fortfallen des seiner Totalität nach im Epos geschilderten Weltzustandes und dem Hervorstechen der einfacheren Kollision, welche den wesentlichen dramatischen Inhalt abgibt, nur noch den weiteren Grund anführen, daß beim Drama einerseits das meiste von demjenigen, was der epische Dichter in verweilender Muße für die Anschauung beschreiben muß, der wirklichen Aufführung überlassen bleibt, während andererseits nicht das reale Tun, sondern die Exposition der inneren Leidenschaft die Hauptseite ausmacht. Das Innere aber nimmt sich, der Breite realer Erscheinung gegenüber, zu einfachen Empfindungen, Sentenzen, Entschlüssen usf. zusammen und macht im Unterschiede des epischen Außereinander und der zeitlichen Vergangenheit auch in dieser Rücksicht das Prinzip lyrischer Konzentration und des gegenwärtigen Entstehens und Sichaussprechens von Leidenschaften und Vorstellungen geltend. Doch begnügt sich die dramatische Poesie nicht mit Darlegung nur *einer* Situation, sondern stellt das Unsinnliche des Gemüts und Geistes zugleich handelnd als eine Totalität von Zuständen und Zwecken verschiedenartiger Charaktere dar, welche zusamt, was in bezug auf ihr Handeln in ihrem Innern vorgeht, äußern, so daß im Vergleich mit dem lyrischen Gedicht das Drama wiederum zu einem bei weitem größeren Umfange auseinandertritt und sich abrundet. Im allgemeinen läßt sich das Verhältnis so bestimmen, daß die dramatische Poesie ungefähr in der Mitte stehe zwischen der Ausdehnung der Epopöe und der Zusammengezogenheit der Lyrik.

ββ) Wichtiger *zweitens* als diese Seite des äußeren Maßes ist die Art des *dramatischen Fortgangs,* der Entwicklungsweise des Epos gegenüber. Die Form epischer Objektivität fordert, wie wir sahen, überhaupt ein schilderndes Verweilen, das sich dann noch zu wirklichen Hemmungen schärfen darf. Nun könnte es zwar beim ersten Blick scheinen, daß die dramatische Poesie, da sich in ihrer Darstellung dem *einen* Zweck und Charakter andere Zwecke und Charaktere entgegenstellen, dies Aufhalten und Hindern erst recht werde zu ihrem Prinzipe zu nehmen haben. Dennoch aber verhält sich die Sache gerade umgekehrt. Der eigentlich dramatische Verlauf ist die stete *Fortbewegung* zur Endkatastrophe. Dies erklärt sich einfach daraus, daß den hervorstechenden Angelpunkt die *Kollision* ausmacht. Einerseits strebt deshalb alles zum Ausbruche dieses Konfliktes hin, andererseits bedarf gerade der Zwist und Widerspruch entgegenstehender Gesinnungen, Zwecke und Tätigkeiten schlechthin einer Auflösung und wird diesem Resultat zugetrieben. Hiermit soll jedoch nicht gesagt sein, daß die bloße Hast im Vorschreiten schon an und für sich eine dramatische Schönheit sei; im Gegenteil muß sich auch der dramatische Dichter die Muße gönnen, jede Situation sich für sich mit allen Motiven, die in ihr liegen, ausgestalten zu lassen. Episodische Szenen aber, welche, ohne die Handlung weiterzubringen, den Fortgang nur hemmen, sind dem Charakter des Dramas zuwider.

γγ) Die Einteilung endlich in dem Verlaufe des dramatischen Werks macht sich am natürlichsten durch die Hauptmomente, welche im Begriff der dramatischen Bewegung selbst begründet sind. In bezug hierauf sagt bereits Aristoteles (*Poetik*, c. 7), ein Ganzes sei, was Anfang, Mitte und Ende habe: Anfang das, was, selber notwendig, nicht durch anderes sei, woraus jedoch anderes sei und hervorgehe; Ende das Entgegengesetzte, was durch anderes, notwendig oder doch meistens, entstehe, selbst jedoch nichts zur Folge habe; Mitte aber, was sowohl durch anderes als auch woraus anderes hervorgehe. – Nun enthält zwar in der empirischen Wirklichkeit jede Handlung mannigfaltige Voraussetzungen, so daß es sich schwer bestimmen läßt, an welchem Punkte der eigentliche Anfang zu finden sei; insofern aber die dramatische Handlung wesentlich auf einer bestimmten Kollision beruht, wird der gemäße Ausgangspunkt in *der* Situation liegen, aus welcher sich jener Konflikt, obschon er noch nicht hervorgebrochen ist, dennoch im weiteren Verlaufe entwickeln muß. Das Ende dagegen wird dann erreicht sein, wenn sich die Auflösung des Zwiespalts und der Verwicklung in jeder Rücksicht zustande gebracht hat. In die Mitte dieses Ausgangs und Endes fällt der Kampf der Zwecke und Zwist der kollidierenden Charaktere. Diese verschiedenen Glieder nun sind im Dramatischen als Momente der Handlung selber Handlungen, für welche deshalb die Bezeichnung von *Akten* durchaus angemessen ist. Jetzt heißen sie es zwar hin und wieder Pausen, und ein Fürst, der Eile haben mochte oder ohne Unterbrechung beschäftigt sein wollte, zankte einmal im Theater den Kammerherrn aus, daß noch eine Pause komme. – Der *Zahl* nach hat jedes Drama am sachgemäßesten *drei* solcher Akte, von denen der *erste* das Hervortreten der Kollision exponiert, welche sodann im *zweiten* sich lebendig als Aneinanderstoßen der Interessen, als Differenz, Kampf und Verwicklung auftut, bis sie dann endlich im *dritten* auf die Spitze des Widerspruchs getrieben sich notwendig löst. Für diese natürliche Gliederung lassen sich bei den Alten, bei welchen die dramatischen Abschnitte im allgemeinen unbestimmter bleiben, als entsprechendes Analogon die Trilogien das Aischylos anführen, in denen sich jedoch jeder Teil zu einem für sich abgeschlossenen Ganzen ausrundet. In der modernen Poesie folgen hauptsächlich die Spanier der Teilung in drei Akte; die Engländer, Franzosen und Deutschen hingegen zerlegen das Ganze meist in *fünf* Akte, indem die Exposition dem ersten Akt zufällt, während die drei mittleren die verschiedenartigen Angriffe und Rückwirkungen, Verschlingungen und Kämpfe der sich entgegenstehenden Parteien ausführen und im fünften erst die Kollision zum vollständigen Abschluß gelangt.

γ) Das letzte, wovon wir jetzt noch zu sprechen haben, betrifft die *äußeren Mittel*, deren Gebrauch für die dramatische Poesie, insofern sie, abgesehen von der wirklichen Aufführung, in ihrem eigenen Bereiche bleibt, offensteht. Sie beschränken sich auf die spezifische Art der dramatisch wirksamen Diktion überhaupt, auf den näheren Unterschied des Monologs, Dialogs usf. und auf das Versmaß. Im Drama nämlich ist, wie ich schon mehrfach anführte, nicht das reale Tun die Hauptseite, sondern die Exposition des inneren Geistes der Handlung sowohl in betreff auf die handelnden Charaktere und deren Leidenschaft, Pathos, Entschluß, Gegeneinanderwirken und Vermitteln als auch in Rücksicht auf die allgemeine Natur der Handlung in ihrem Kampf und Schicksal. Dieser innere Geist, soweit ihn die Poesie als Poesie gestaltet, findet daher einen gemäßen Ausdruck vorzugsweise in dem poetischen Wort als geistigster Äußerung der Empfindungen und Vorstellungen.

αα) Wie nun aber das Drama das Prinzip des Epos und der Lyrik in sich zusammenfaßt, so hat auch die dramatische Diktion sowohl lyrische als auch epische Elemente in sich zu tragen und herauszustellen. Die *lyrische* Seite findet besonders in dem modernen Drama, überhaupt da ihre Stelle, wo die Subjektivität sich in sich selbst ergeht und in ihrem Beschließen und Tun immer das Selbstgefühl ihrer Innerlichkeit beibehalten will; doch muß die Expektoration des eigenen Herzens, wenn sie dramatisch bleiben soll, keine bloße Beschäftigung mit umherschweifenden Gefühlen, Erinnerungen und Betrachtungen sein, sondern sich in stetem Bezug auf die Handlung halten und die verschiedenen Momente derselben zum Resultate haben und begleiten. – Diesem subjektiven Pathos gegenüber betrifft als episches Element das *objektiv* Pathetische vornehmlich die mehr gegen den

Zuschauer herausgewendete Entwicklung des Substantiellen der Verhältnisse, Zwecke und Charaktere. Auch diese Seite kann wieder einen zum Teil lyrischen Ton annehmen und bleibt nur insoweit dramatisch, als sie nicht aus dem Fortgang der Handlung und aus der Beziehung zu derselben selbständig für sich heraustritt. Außerdem können dann, als zweiter Rest epischer Poesie, erzählende Berichte, Schilderungen von Schlachten und dergleichen mehr eingeflochten werden; doch auch sie müssen im Dramatischen teils überhaupt zusammengedrängter und bewegter sein, teils von ihrer Seite gleichfalls sich für den Fortgang der Handlung selbst notwendig erweisen. – Das eigentlich *Dramatische* endlich ist das Aussprechen der Individuen in dem Kampf ihrer Interessen und dem Zwiespalt ihrer Charaktere und Leidenschaften. Hier können sich nun die beiden ersten Elemente in ihrer wahrhaft dramatischen Vermittlung durchdringen, wozu dann noch die Seite des äußerlichen Geschehens kommt, welches das Wort gleichfalls in sich aufnimmt; wie z. B. das Abgehen und das Auftreten der Personen meistens vorher verkündigt und auch sonst ihr äußeres Gehaben häufig von anderen Individuen angedeutet wird. – Ein Hauptunterschied nun in allen diesen Rücksichten ist die Ausdrucksweise sogenannter Natürlichkeit, im Gegensatze einer konventionellen Theatersprache und deren Rhetorik. Diderot, Lessing, auch Goethe und Schiller in ihrer Jugend wendeten sich in neuerer Zeit vornehmlich der Seite realer Natürlichkeit zu: Lessing mit voller Bildung und Feinheit der Beobachtung, Schiller und Goethe mit Vorliebe für die unmittelbare Lebendigkeit unverzierter Derbheit und Kraft. Daß Menschen wie im griechischen, hauptsächlich aber – und mit dem letzteren Ausspruch hat es seine Richtigkeit – im französischen Lust- und Trauerspiel miteinander sprechen könnten, ward für unnatürlich erachtet. Diese Art der Natürlichkeit aber kann bei einer Überfülle bloß realer Züge leicht wieder nach einer anderen Seite ins Trockene und Prosaische hineingeraten, insofern die Charaktere nicht die

Substanz ihres Gemüts und ihrer Handlung entwickeln, sondern nur, was sie in der ganz unmittelbaren Lebendigkeit ihrer Individualität ohne höheres Bewußtsein über sich und ihre Verhältnisse empfinden, zur Äußerung bringen. Je natürlicher die Individuen in dieser Rücksicht bleiben, desto prosaischer werden sie. Denn natürliche Menschen verhalten sich in ihren Unterredungen und Streitigkeiten überwiegend als bloß *einzelne* Personen, die, wenn sie ihrer unmittelbaren Besonderheit nach geschildert sein sollen, nicht in ihrer substantiellen Gestalt aufzutreten imstande sind. Und hierbei kommt denn die Grobheit und Höflichkeit, in bezug auf das Wesen der Sache, um welche es zu tun ist, letztlich auf dasselbe hinaus. Wenn nämlich die Grobheit aus der besonderen Persönlichkeit entspringt, die sich den unmittelbaren Eingebungen einer bildungslosen Gesinnung und Empfindungsweise überläßt, so geht die Höflichkeit umgekehrt wieder nur auf das abstrakt Allgemeine und Formelle in Achtung, Anerkennung der Persönlichkeit, Liebe, Ehre usf., ohne daß damit irgend etwas Objektives und Inhaltsvolles ausgesprochen wäre. Zwischen dieser bloß formellen Allgemeinheit und jener natürlichen Äußerung ungehobelter Besonderheiten steht das wahrhaft Allgemeine, das weder formell noch individualitätslos bleibt, sondern seine doppelte Erfüllung an der Bestimmtheit des Charakters und der Objektivität der Gesinnungen und Zwecke findet. Das echt Poetische wird deshalb darin bestehen, das Charakteristische und Individuelle der unmittelbaren Realität in das reinigende Element der Allgemeinheit zu erheben und beide Seiten sich miteinander vermitteln zu lassen. Dann fühlen wir auch in betreff auf Diktion, daß wir, ohne den Boden der Wirklichkeit und deren wahrhafte Züge zu verlassen, uns dennoch in einer anderen Sphäre, im ideellen Bereiche nämlich der Kunst befinden. Von dieser Art ist die Sprache der griechischen dramatischen Poesie, die spätere Sprache Goethes, zum Teil auch Schillers und in seiner Weise auch Shakespeares, obschon dieser, dem damaligen Zustande der

Bühne gemäß, hin und wieder einen Teil der Rede der Erfindungsgabe des Schauspielers anheimstellen mußte.

ββ) Näher nun *zweitens* zerscheidet sich die dramatische Äußerungsweise zu Ergüssen der Chorgesänge, zu Monologen und Dialogen. – Den Unterschied des Chors und Dialogs hat bekanntlich das antike Drama vorzugsweise ausgebildet, während im modernen dieser Unterschied fortfällt, indem dasjenige, was bei den Alten der Chor vortrug, mehr den handelnden Personen selbst in den Mund gelegt wird. Der *Chorgesang* nämlich, den individuellen Charakteren und ihrem inneren und äußeren Streit gegenüber, spricht die allgemeinen Gesinnungen und Empfindungen in einer bald gegen die Substantialität epischer Aussprüche, bald gegen den Schwung der Lyrik hingewendeten Weise aus. In *Monologen* umgekehrt ist es das einzelne Innere, das sich in einer bestimmten Situation der Handlung für sich selbst objektiv wird. Sie haben daher besonders in solchen Momenten ihre echt dramatische Stellung, in welchen sich das Gemüt aus den früheren Ereignissen her einfach in sich zusammenfaßt, sich von seiner Differenz gegen andere oder seiner eigenen Zwiespältigkeit Rechenschaft gibt oder auch langsam herangereifte oder plötzliche Entschlüsse zur letzten Entscheidung bringt. – Die vollständig dramatische Form aber *drittens* ist der *Dialog.* Denn in ihm allein können die handelnden Individuen ihren Charakter und Zweck sowohl nach seiten ihrer Besonderheit als in Rücksicht auf das Substantielle ihres Pathos *gegeneinander* aussprechen, in Kampf geraten und damit die Handlung in wirklicher Bewegung vorwärtsbringen. Im Dialoge läßt sich nun gleichfalls wieder der Ausdruck eines *subjektiven* und *objektiven* Pathos unterscheiden. Das erstere gehört mehr der zufälligen besonderen Leidenschaft an, sei es nun, daß sie in sich zusammengedrängt bleibt und sich nur aphoristisch äußert oder auch aus sich herauszutoben und vollständig zu explizieren vermag. Dichter, welche durch rührende Szenen die subjektive Empfindung in Bewegung bringen wollen, bedienen sich besonders dieser Art des Pathos. Wie sehr sie dann aber auch persönliches Leiden und wilde Leidenschaft oder den unversöhnten inneren Zwist der Seele ausmalen mögen, so wird dadurch das wahrhaft menschliche Gemüt doch weniger bewegt als durch ein Pathos, in welchem sich zugleich ein objektiver Gehalt entwickelt. Deswegen machen z. B. die älteren Stücke Goethes, so tief auch der Stoff an sich selber ist, so natürlich auch die Szenen dialogisiert sind, im ganzen weniger Eindruck. Ebenso berühren die Ausbrüche unversöhnter Zerrissenheit und haltungsloser Wut einen gesunden Sinn nur in geringem Grade; besonders aber erkältet das Gräßliche mehr, als es erwärmt. Und da kann der Dichter die Leidenschaft noch so ergreifend schildern, es hilft nichts: man fühlt das Herz nur zerschnitten und wendet sich ab. Denn es liegt nicht das Positive, die Versöhnung darin, welche der Kunst nie fehlen darf. Die Alten dagegen wirkten in ihrer Tragödie vornehmlich durch die objektive Seite des Pathos, dem zugleich, soweit die Antike es fordert, auch die menschliche Individualität nicht abgeht. Auch Schillers Stücke haben dieses Pathos eines großen Gemüts, ein Pathos, das durchdringend ist und allenthalben sich als Grundlage der Handlung zeigt und ausspricht. Besonders diesem Umstande ist die dauernde Wirkung zuzuschreiben, in welcher die Schillerschen Tragödien, hauptsächlich von der Bühne herab, auch heutigentags noch nicht nachgelassen haben. Denn was allgemeinen, anhaltenden, tiefen dramatischen Effekt macht, ist nur das Substantielle im Handeln: als bestimmter Inhalt das Sittliche, als formell die Größe des Geistes und Charakters, in welcher wiederum Shakespeare hervorragt.

γγ) Über das *Versmaß* endlich will ich nur wenige Bemerkungen hinzufügen. Das dramatische Metrum hält am besten die Mitte zwischen dem ruhigen, gleichförmigen Strömen des Hexameters und zwischen den mehr abgebrochenen und eingeschnittenen lyrischen Silbenmaßen. In dieser Rücksicht empfiehlt sich vor allen übrigen das jambische Metrum.

Denn der Jambus begleitet in seinem vorschreitenden Rhythmus, der durch Anapäste einerseits auffahrender und eilender, durch Spondeen gewichtiger werden kann, den fortlaufenden Gang der Handlung am angemessensten, und besonders hat der Senarius einen würdigen Ton edler, gemäßigter Leidenschaft. Unter den Neueren bedienen sich umgekehrt die Spanier der vierfüßigen, ruhig verweilenden Trochäen, welche, teils mit vielfachen Reimverschlingungen und Assonanzen, teils reimlos, sich für die in Bildern schwelgende Phantasie und die verständig-spitzen Auseinandersetzungen, die das Handeln mehr aufhalten als fördern, höchst passend erweisen, während sie außerdem für die eigentlichen Spiele eines lyrischen Scharfsinns noch Sonette, Oktaven usf. einmischen. In ähnlicher Weise stimmt der französische Alexandriner mit dem formellen Anstande und der deklamatorischen Rhetorik bald gemessener, bald hitziger Leidenschaften zusammen, deren konventionellen Ausdruck das französische Drama künstlich auszubilden bemüht gewesen ist. Die realistischeren Engländer dagegen, denen auch wir Deutsche in neuerer Zeit gefolgt sind, haben wieder das jambische Versmaß, welches bereits Aristoteles (*Poetik,* c. 4) als das μάλιστα λεκτικὸν τῶν μέτρων bezeichnet, festgehalten, jedoch nicht als Trimeter, sondern in einem weniger pathetischen Charakter mit vieler Freiheit behandelt.

c. Verhältnis des dramatischen Kunstwerks zum Publikum

Obschon die Vorzüge oder Mängel der Diktion und des Versmaßes auch in der epischen und lyrischen Poesie von Wichtigkeit sind, so ist ihnen dennoch in dramatischen Kunstwerken noch eine entschiedenere Wirkung durch den Umstand zuzuschreiben, daß wir es hier mit Gesinnungen, Charakteren und Handlungen zu tun haben, welche in ihrer lebendigen Wirklichkeit an uns herantreten sollen. Ein Lustspiel von Calderon z. B. mit dem ganzen witzigen Bilderspiel seiner teils verstandesscharfen, teils schwülstigen Diktion und dem Wechsel seiner vielfach lyrischen Versmaße würde sich schon dieser Äußerungsweise wegen bei uns nur schwer eine allgemeine Teilnahme verschaffen können. Dieser sinnlichen Gegenwart und Nähe wegen erhalten die übrigen Seiten des Inhalts wie der dramatischen Form ebenfalls einen bei weitem direkteren Bezug auf das Publikum, dem sie dargeboten werden. Auch auf dieses Verhältnis wollen wir noch kurz einen Blick werfen.

Wissenschaftliche Werke und lyrische oder epische Gedichte haben entweder gleichsam ein Fachpublikum, oder es ist gleichgültig und zufällig, an wen dergleichen Gedichte oder andere Schriften kommen. Wem ein Buch nicht gefällt, der kann's weglegen, wie er an Gemälden oder Statuen, die ihm nicht zusagen, vorübergeht, und dem Autor steht dann immer noch mehr oder weniger die Ausrede zu Gebote, sein Werk sei für den oder jenen nicht geschrieben. Anders verhält es sich mit dramatischen Produktionen. Hier nämlich ist ein bestimmtes Publikum, für welches geschrieben sein soll, in Präsenz, und der Dichter ist ihm verpflichtet. Denn es hat das Recht zum Beifall wie zum Mißfallen, da ihm als gegenwärtiger Gesamtheit ein Werk vorgeführt wird, das es an diesem Orte, zu dieser Zeit mit lebendiger Teilnahme genießen soll. Ein solches Publikum nun, wie es sich als Kollektivum zum Richterspruche versammelt, ist höchst gemischter Art; verschieden an Bildung, Interessen, Gewohnheiten des Geschmacks, Liebhabereien usf., so daß hin und wieder sogar, um vollständig zu gefallen, ein Talent im Schlechten und eine gewisse Schamlosigkeit in Rücksicht auf die reinen Forderungen echter Kunst nötig sein kann. Nun bleibt zwar auch dem dramatischen Dichter der Ausweg übrig, das Publikum zu verachten; er hat dann aber gerade in betreff seiner eigentlichsten Wirkungsweise immer seinen Zweck verfehlt. Besonders bei uns Deutschen ist seit der Tieckschen Zeit her dieser Trotz gegen das Publikum Mode geworden. Der deutsche Autor will sich seiner besonderen Individualität nach aussprechen, nicht aber dem Hörer und Zuschauer seine

Sache genehm machen. Im Gegenteil, in seinem deutschen Eigensinn muß jeder was anderes haben als der andere, um sich als Original zu zeigen. So sind z. B. Tieck und die Herren Schlegel, die in ihrer ironischen Absichtlichkeit des Gemütes und Geistes ihrer Nation und Zeit nicht mächtig werden konnten, hauptsächlich gegen Schiller losgezogen und haben ihn schlechtgemacht, weil er für uns Deutsche den rechten Ton getroffen hatte und am populärsten geworden war. Unsere Nachbarn, die Franzosen, hingegen machen es umgekehrt; sie schreiben für den gegenwärtigen Effekt und behalten stets ihr Publikum im Auge, das nun seinerseits wieder für den Autor ein scharfer und unnachsichtiger Kritiker ist und sein kann, da sich in Frankreich ein bestimmter Kunstgeschmack festgestellt hat, während bei uns eine Anarchie herrscht, in welcher jeder, wie er geht und steht, nach dem Zufalle seiner individuellen Ansicht, Empfindung oder Laune urteilt und Beifall spendet oder verdammt.

Indem nun aber in der eigenen Natur des dramatischen Werks die Bestimmung liegt, an ihm selbst die Lebendigkeit zu besitzen, welche ihm bei seinem Volke auch eine beifällige Aufnahme verschafft, so hat vor allem der dramatische Dichter sich den Anforderungen zu unterwerfen, welche unabhängig von sonstigen zufälligen Richtungen und Zeitumständen diesen nötigen Erfolg kunstgemäß sichern können. Ich will in dieser Rücksicht nur auf die allgemeinsten Punkte aufmerksam machen.

α) *Erstens* müssen die Zwecke, welche in der dramatischen Handlung sich bestreiten und ihren Kampf lösen, entweder ein allgemeinmenschliches Interesse oder doch ein Pathos zur Grundlage haben, welches bei dem Volke, für das der Dichter produziert, ein gültiges, substantielles Pathos ist. Hier kann nun aber das Allgemeinmenschliche und das spezifisch Nationale in betreff auf das Substantielle der Kollisionen sehr weit auseinanderliegen. Werke, welche bei einem Volke auf dem Gipfel der dramatischen Kunst und Entwicklung stehen, können deshalb einer anderen Zeit und

Nation ganz ungenießbar bleiben. Aus der indischen Lyrik z. B. wird uns noch heutigentags vieles höchst anmutig, zart und von reizender Süße erscheinen, ohne daß wir dabei eine abstoßende Differenz empfinden; die Kollision dagegen, um welche sich in der *Sakuntala* die Handlung dreht, der zornige Fluch nämlich des Brahmanen, dem Sakuntala, weil sie ihn nicht sieht, ihre Ehrfurcht zu bezeigen unterläßt, kann uns nur absurd vorkommen, so daß wir bei allen sonstigen Vorzügen dieses wunderbar lieblichen Gedichts dennoch für den wesentlichen Mittelpunkt der Handlung kein Interesse haben können. Dasselbe gilt für die Art und Weise, in welcher die Spanier das Motiv der persönlichen Ehre hin und wieder in einer Abstraktion der Schärfe und Konsequenz behandeln, deren Grausamkeit unsere Vorstellung und Empfindung aufs tiefste verletzt. So entsinne ich mich z. B. des Versuchs, eines der bei uns unbekannteren Stücke Calderons, *Geheime Rache für geheimen Schimpf,* auf die Bühne zu bringen, ein Versuch, der nur aus diesem Grunde gänzlich gescheitert ist. Eine andere Tragödie wiederum, welche in dem ähnlichen Kreise dennoch einen menschlich tieferen Konflikt darstellt, *Der Arzt seiner Ehre,* ist mit einigen Abänderungen mehr durchgedrungen als selbst der *Standhafte Prinz,* welchem wiederum sein steif und abstrakt katholisches Prinzip im Wege steht. In der entgegengesetzten Richtung haben sich umgekehrt die Shakespeareschen Tragödien und Lustspiele ein immer größeres Publikum verschafft, weil in ihnen, aller Nationalität unerachtet, dennoch das Allgemeinmenschliche bei weitem überwiegt, so daß Shakespeare nur da keinen Eingang gefunden hat, wo wiederum die nationalen Kunstkonventionen so enger und spezifischer Art sind, daß sie den Genuß auch solcher Werke entweder schlechthin ausschließen oder doch verkümmern. Den ähnlichen Vorzug der Shakespeareschen Dramen würden auch die alten Tragiker haben, wenn wir nicht, außer den veränderten Gewohnheiten in Rücksicht auf die szenische Darstellung und einige Seiten nationaler Anschauungen, eine subjektivere Tiefe der Innerlichkeit und Breite der partikulären Charakteristik forderten. Die antiken *Stoffe* hingegen werden zu keiner Zeit ihre Wirkung verfehlen. Im allgemeinen läßt sich daher behaupten, daß ein dramatisches Werk, je mehr es, statt substantiell-menschliche Interessen zu behandeln, sich ganz spezifische Charaktere und Leidenschaften, wie sie nur durch bestimmte nationale Zeitrichtungen bedingt sind, zum Inhalt erwählt, bei aller sonstigen Vortrefflichkeit um desto vergänglicher sein werde.

β) Dergleichen allgemeinmenschliche Zwecke und Handlungen müssen nun aber *zweitens* zu lebendiger Wirklichkeit poetisch individualisiert sein. Denn das dramatische Werk hat nicht nur an den lebendigen Sinn, der freilich auch beim Publikum nicht fehlen darf, zu sprechen, sondern es muß in sich selber als eine lebendige Wirklichkeit von Situationen, Zuständen, Charakteren und Handlungen dasein.

αα) Was in dieser Rücksicht die Seite der lokalen Umgebung, Sitten, Gebräuche und sonstigen Äußerlichkeiten innerhalb der vor Augen geführten Handlung betrifft, so habe ich hierüber bereits an einer anderen Stelle weitläufiger gesprochen (Bd. I, S. 341–362). Die dramatische Individualisierung muß hier entweder so durch und durch poetisch, lebendig und interessereich sein, daß wir über das Fremdartige hinwegsehen und uns durch diese Lebendigkeit selbst in das Interesse für dieselbe hineingezogen fühlen, oder sie darf sich nur als äußere Form geltend machen wollen, welche durch das Geistige und Allgemeine, das in ihr liegt, überboten wird.

ββ) Wichtiger als diese Außenseite ist die Lebendigkeit der *Charaktere,* die keine bloß personifizierten Interessen sein dürfen, wie es z. B. bei unseren jetzigen dramatischen Dichtern nur allzuhäufig der Fall ist. Solche Abstraktionen bestimmter Leidenschaften und Zwecke bleiben schlechthin wirkungslos; auch eine bloß oberflächliche Individualisierung genügt in keiner Weise, indem dann nach Art allegorischer Figuren Inhalt und Form auseinanderfallen. Tiefe Gefühle und Gedanken, große Gesinnungen und Worte können für diesen Mangel keinen Ersatz bieten. Das dramatische Individuum muß im Gegenteil an ihm selber durch und durch lebendig, eine fertige Totalität sein, deren Gesinnung und Charakter mit ihrem Zweck und Handeln übereinstimmt. Hierbei macht die bloße Breite partikulärer Charakterzüge nicht die Hauptsache aus, sondern die durchdringende Individualität, welche alles zu der Einheit, die sie selber ist, zusammenfaßt und diese Individualität im Reden wie im Handeln als den einen und gleichen Quellpunkt dartut, aus welchem jedes besondere Wort, jeder einzelne Zug der Gesinnung, Tat und Weise des Benehmens entspringt. Eine bloße Zusammensetzung verschiedener, wenn auch zu einem Ganzen aneinandergereihter Eigenschaften und Betätigungen geben noch keinen lebendigen Charakter, der im Gegenteil von seiten des Dichters selber ein lebendiges phantasiereiches Schaffen voraussetzt. Von dieser Art sind z. B. die Individuen der Sophokleischen Tragödien, obschon sie nicht den gleichen Reichtum besonderer Züge enthalten, in welchem uns die epischen Helden Homers entgegentreten. Unter den Neueren haben vornehmlich Shakespeare und Goethe die lebensvollsten Charaktere aufgestellt, wogegen sich die Franzosen, in ihrer früheren dramatischen Poesie besonders, mehr mit formellen und abstrakten Repräsentanten allgemeiner Gattungen und Leidenschaften als mit wahrhaft lebendigen Individuen zufrieden gezeigt haben.

γγ) *Drittens* aber ist die Sache auch mit dieser Lebendigkeit der Charaktere noch nicht abgetan. Goethes *Iphigenie* und *Tasso* z. B. sind beide nach dieser Seite hin vortrefflich und dennoch, im eigentlichsten Sinne genommen, nicht dramatisch lebendig und bewegt. So sagt schon Schiller von der *Iphigenie,* daß in ihr das Sittliche, was im Herzen vorgeht, die Gesinnung darin zur Handlung gemacht sei und uns gleichsam vor Augen gebracht werde. Und in der Tat ist das Ausmalen und Aussprechen der inneren Welt unterschiedener Charaktere in bestimmten Situationen noch nicht genug, sondern ihre Kollision von *Zwecken* muß hervorstechen und sich vorwärts drängen und treiben. Schiller findet deshalb in der *Iphigenie* einen zu ruhigen Gang, einen zu großen Aufenthalt, so daß er sogar sagt, sie schlage offenbar in das epische Feld hinüber, sobald man den strengen Begriff der Tragödie entgegenhalte. Das dramatisch Wirkende nämlich ist die Handlung als Handlung und nicht die von dem bestimmten Zweck und dessen Durchführung unabhängigere Exposition des Charakters als solchen. Im Epos dürfen die Breite und Vielseitigkeit des Charakters, der Umstände, Vorfälle und Begebenheiten sich Raum verschaffen, im Drama dagegen wirkt die Zusammengezogenheit auf die bestimmte Kollision und deren Kampf am vollständigsten. In diesem Sinne hat Aristoteles recht, wenn er behauptet (*Poetik*, c. 6), für die Handlung in der Tragödie gebe es zwei Quellen (αἴτια δύο), Gesinnung und Charakter (διάνοια καὶ ἦθος), die Hauptsache aber sei der Zweck (τέλος) und die Individuen handelten nicht zur Darstellung von Charakteren, sondern diese würden um der Handlung willen mit einbegriffen.

γ) Eine letzte Seite, welche an dieser Stelle noch kann in Betracht gezogen werden, betrifft den dramatischen *Dichter* im Verhältnis zum Publikum. Die epische Poesie in ihrer echten Ursprünglichkeit verlangt, daß sich der Dichter gegen sein objektiv dastehendes Werk als Subjekt aufhebe und uns nur die Sache gebe; der lyrische Sänger dagegen spricht sein eigenes Gemüt und seine subjektive Weltanschauung aus.

αα) Insofern nun das Drama die Handlung in sinnlicher Gegenwärtigkeit an uns vorüberführt und die Individuen in ihrem eigenen Namen reden und tätig sind, könnte es scheinen, daß sich in diesem Gebiete der Dichter, mehr noch als im Epos, in welchem er wenigstens als Erzähler der Begebenheiten auftritt, ganz zurückziehen müsse. Mit diesem Anschein hat es jedoch nur relativ seine Richtigkeit. Denn wie ich schon anfangs sagte, verdankt das Drama nur solchen Epochen seinen Ursprung, in denen das subjektive Selbstbewußtsein sowohl in betreff der Weltanschauung als auch der künstlerischen Ausbildung bereits eine hohe Entwicklungsstufe erreicht hat. Das dramatische Werk darf deshalb nicht wie das epische den Schein an sich tragen, als sei es aus dem Volksbewußtsein als solchem hervorgegangen, für dessen Sache der Dichter nur das gleichsam subjektivitätslose Organ gewesen sei; sondern wir wollen in dem vollendeten Werke zugleich das Produkt des selbstbewußten und originalen Schaffens und deshalb auch die Kunst und Virtuosität eines individuellen Dichters erkennen. Erst hierdurch gewinnen dramatische Erzeugnisse, im Unterschiede unmittelbar wirklicher Handlungen und Ereignisse, ihre eigentliche Spitze künstlerischer Lebendigkeit und Bestimmtheit. Über die Dichter dramatischer Werke ist daher auch niemals soviel Streit entstanden als über die Urheber der ursprünglichen Epopöen.

ββ) Nach der anderen Seite hin aber will das Publikum, wenn es selber noch den echten Sinn und Geist der Kunst in sich bewahrt hat, in einem Drama nicht etwa die zufälligeren Launen und Stimmungen, die individuellen Richtungen und die einseitige Weltanschauung dieses oder jenes Subjekts vor sich haben, deren Äußerung dem lyrischen Dichter mehr oder weniger muß gestattet bleiben, sondern es hat das Recht, zu verlangen, daß sich in dem Verlaufe und Ausgang der dramatischen Handlung tragisch oder komisch die Realisation des an und für sich Vernünftigen und Wahren vollbracht erweise. In diesem Sinne stellte ich schon früher vor allem an den dramatischen Dichter die Forderung, daß er am tiefsten die Einsicht in das Wesen des menschlichen Handelns und der göttlichen Weltregierung sowie in die ebenso klare als lebensvolle Darstellung dieser ewigen Substanz aller menschlichen Charaktere, Leidenschaften und Schicksale zu gewinnen habe. Mit dieser in der Tat erlangten Einsicht und individuell lebendigen Macht der Kunst kann der Dichter freilich unter gewissen Umständen hin und wieder mit den beschränkten und kunstwidrigen Vorstellungen seiner Zeit und Nation in Konflikt geraten; in diesem Falle aber ist die Schuld des Zwiespalts nicht ihm, sondern dem Publikum aufzubürden. Er selbst hat keine andere Pflicht, als der Wahrheit und dem Genius zu folgen, der ihn treibt und welchem, wenn er nur rechter Art ist, der Sieg, wie überall, wo es sich um Wahrheit handelt, in letzter Instanz nicht fehlen wird.

γγ) Was nun das Maß betrifft, in welchem der dramatische Dichter als Individuum gegen sein Publikum heraustreten darf, so läßt sich hierüber wenig Bestimmtes feststellen. Ich will deshalb im allgemeinen nur daran erinnern, daß in manchen Epochen besonders auch die dramatische Poesie dazu gebraucht wird, um neuen Zeitvorstellungen in betreff auf Politik, Sittlichkeit, Poesie, Religion usf. einen lebendigen Eingang zu verschaffen. Schon Aristophanes polemisiert in seinen früheren Komödien gegen die inneren Zustände Athens und den Peloponnesischen Krieg; Voltaire wiederum sucht häufig auch durch dramatische Werke seine Aufklärungsprinzipien zu verbreiten; vor allem aber ist Lessing in seinem *Nathan* bemüht, seinen moralischen Glauben im Gegensatze religiös bornierter Orthodoxie zu rechtfertigen, und in neuerer Zeit hat auch Goethe in seinen ersten Produkten gegen die Prosa in der deutschen Lebens- und Kunstansicht anzukämpfen gestrebt, worin ihm dann Tieck vielfach gefolgt ist. Erweist sich solch eine individuelle Anschauung des Dichters als ein höherer Standpunkt und tritt sie nicht in selbständiger Absichtlichkeit aus der dargestellten Handlung heraus, so daß diese nicht zum Mittel herabgesetzt erscheint, so ist der Kunst kein Unrecht und Schaden angetan; leidet aber die poetische Freiheit des Werks darunter, so kann zwar der Dichter durch dieses Hinauswenden seiner wenn auch wahren, doch aber von dem künstlerischen Produkt unabhängigeren Tendenzen wohl einen großen Eindruck auf das Publikum hervorbringen; das Interesse jedoch, das er erregt, wird dann nur stoffartig und hat mit der Kunst selbst weniger zu schaffen. Der ähnliche, schlimmste Fall aber tritt dann ein, wenn der Dichter gar einer falschen

Richtung, die im Publikum vorherrscht, der bloßen Gefälligkeit wegen in gleicher Absichtlichkeit schmeicheln will und sich damit doppelt, sowohl gegen die Wahrheit als gegen die Kunst, versündigt. – Um endlich noch eine nähere Bemerkung anzufügen, so erlaubt unter den verschiedenen Arten der dramatischen Poesie die Tragödie einen geringeren Spielraum für das freie Vortreten der Subjektivität des Dichters als die Komödie, in welcher die Zufälligkeit und Willkür des Subjektiven überhaupt schon von Hause aus das Prinzip ist. So macht es sich z. B. Aristophanes in den Parabasen vielfach mit dem atheniensischen Publikum zu tun, indem er teils seine politischen Ansichten über die Begebenheiten und Zustände des Tages nicht zurückhält und seinen Mitbürgern kluge Ratschläge erteilt, teils seine Widersacher und Nebenbuhler in der Kunst abzuführen sucht, ja zuweilen auch seine eigene Person und deren Zufälligkeiten offen preisgibt.

2. Die äußere Exekution des dramatischen Kunstwerks

Unter allen Künsten entbehrt nur die Poesie der vollen, auch sinnlichen Realität äußerer Erscheinung. Indem nun das Drama nicht etwa vergangene Taten für die geistige Anschauung erzählt oder die innere subjektive Welt für die Vorstellung und das Gemüt ausspricht, sondern eine gegenwärtige Handlung ihrer Gegenwart und Wirklichkeit nach darzustellen bemüht ist, so würde es in Widerspruch mit seinem eigenen Zwecke geraten, wenn es auf die Mittel beschränkt bleiben müßte, welche die *Poesie* als solche zu bieten imstande ist. Denn die gegenwärtige Handlung gehört zwar ganz dem Inneren an und läßt sich nach dieser Seite vollständig durch das Wort ausdrücken; umgekehrt aber bewegt sich das Handeln auch zur äußeren Realität heraus und erfordert den ganzen Menschen in seinem auch leiblichen Dasein, Tun, Benehmen, in seiner körperlichen Bewegung und seinem physiognomischen Ausdruck der Empfindungen und Leidenschaften, sowohl für sich als auch in der Einwirkung des Menschen auf den Menschen und der Reaktionen, die hierdurch entstehen können. Das sich in wirklicher Realität darstellende Individuum macht dann ferner eine äußere Umgebung, ein bestimmtes Lokal notwendig, in welchem es sich bewegt und tätig ist; und so bedarf die dramatische Poesie, insofern keine dieser Seiten in ihrer unmittelbaren Zufälligkeit belassen werden kann, sondern als Moment der Kunst selber künstlerisch gestaltet sein muß, die Beihilfe fast aller übrigen Künste. Die Szene umher ist teils, wie der Tempel, eine architektonische Umgebung, teils die äußere Natur, beide malerisch aufgefaßt und ausgeführt. In diesem Lokale treten sodann die Skulpturbilder beseelt auf und machen ihr Wollen und Empfinden in künstlerischer Ausbildung sowohl durch ausdrucksvolle Rezitation als auch durch ein malerisches Mienenspiel und von innen her geformte Stellungen und Bewegungen des übrigen Körpers objektiv. – In dieser Rücksicht nun kann sich näher ein Unterschied hervortun, der an das erinnert, was ich früher schon im Felde der Musik als Gegensatz des Deklamatorischen und Melodischen bezeichnet habe. Wie nämlich in der deklamatorischen Musik das Wort in seiner geistigen Bedeutung die Hauptsache ist, deren charakteristischer Ausdruck sich die musikalische Seite durchaus unterwirft, während die Melodie, obschon sie den Inhalt der Worte in sich aufnehmen kann, sich frei für sich in ihrem eigenen Elemente ergeht und entfaltet, so bedient sich auch die dramatische Poesie einerseits jener Schwesterkünste nur als einer sinnlichen Grundlage und Umgebung, aus welcher sich das poetische Wort als der hervorstechende Mittelpunkt, um den es eigentlich zu tun ist, in freier Herrschaft heraushebt; andererseits aber wird das, was zunächst nur als Beihilfe und Begleitung Gültigkeit hatte, für sich selber Zweck und gestaltet sich in seinem eigenen Bereiche zu einer in sich selbständigen Schönheit aus; die Deklamation geht zum Gesang, die Aktion zum mimischen Tanze fort, und die Szenerie macht durch ihre Pracht und malerischen Reize gleichfalls für sich selber

Anspruch auf künstlerische Vollendung. Stellen wir nun, wie es besonders in neuerer Zeit vielfach geschehen ist, der eben berührten äußeren dramatischen Exekution das Poetische als solches gegenüber, so ergeben sich für die weiteren Erörterungen dieses Gebietes folgende Standpunkte:

erstens die dramatische Poesie, welche sich auf sich selbst als Poesie beschränken will und deshalb von der theatralischen Aufführung ihrer Werke absieht;

zweitens die eigentliche Schauspielkunst, insofern sie sich auf Rezitation, Mienenspiel und Aktion in *der* Weise beschränkt, daß durchweg das poetische Wort das Bestimmende und Vorwaltende bleiben kann;

drittens endlich diejenige Exekution, welche sich aller Mittel der Szenerie, der Musik und des Tanzes bedient und dieselben sich gegen das poetische Wort verselbständigen läßt.

a. Das Lesen und Vorlesen dramatischer Werke

Das eigentlich sinnliche Material der dramatischen Poesie ist, wie wir sahen, nicht nur die menschliche Stimme und das gesprochene Wort, sondern der ganze Mensch, der nicht nur Empfindungen, Vorstellungen und Gedanken äußert, sondern, in eine konkrete Handlung verflochten, seinem totalen Dasein nach auf die Vorstellungen, Vorsätze, das Tun und Benehmen anderer wirkt und ähnliche Rückwirkungen erfährt oder sich dagegen behauptet.

α) Dieser Bestimmung gegenüber, welche in dem Wesen der dramatischen Poesie selbst begründet ist, gehört es jetzigerzeit besonders bei uns Deutschen zu unseren geläufigen Ansichten, die Organisation eines Dramas für die Aufführung als eine unwesentliche Zugabe zu betrachten, obschon eigentlich alle dramatischen Autoren, wenn sie auch gleichgültig oder verächtlich dagegen tun, den Wunsch und die Hoffnung hegen, ihr Werk in Szene zu setzen. So kriegt denn auch die größte Anzahl unserer neueren Dramen nie eine Bühne aus dem ganz einfachen Grunde zu sehen, weil sie undramatisch sind. Nun darf freilich nicht behauptet werden, daß ein dramatisches Produkt nicht schon durch seinen inneren Wert poetisch genügen könne, aber diesen inneren *dramatischen* Wert gibt wesentlich erst eine Behandlung, durch welche ein Drama vortrefflich für die Aufführung wird. Den besten Beleg hierfür liefern die griechischen Tragödien, die wir zwar nicht mehr auf dem Theater vor uns sehen, welche uns aber, betrachten wir die Sache genauer, zum Teil deshalb gerade vollständige Befriedigung gewähren, weil sie zu ihrer Zeit schlechthin für die Bühne gearbeitet waren. Was sie von dem jetzigen Theater verbannt, liegt aber weniger in ihrer dramatischen Organisation, welche sich von der bei uns gewöhnlichen hauptsächlich durch den Gebrauch der Chöre abscheidet, als vielmehr in den nationalen Voraussetzungen und Verhältnissen, auf denen sie häufig ihrem Inhalte nach gebaut sind und in welchen wir uns ihrer Fremdheit wegen mit unserem heutigen Bewußtsein nicht mehr heimisch fühlen können. Die Krankheit des Philoktet z. B., die stinkenden Geschwüre an seinem Fuße, sein Ächzen und Schreien würden wir ebensowenig sehen und hören mögen, als uns die Pfeile des Herkules, um welche es sich vornehmlich handelt, ein Interesse einflößen könnten. In der ähnlichen Weise lassen wir uns die Barbarei des Menschenopfers in der Iphigenia in Aulis und Tauris wohl in der Oper gefallen, in der Tragödie dagegen müßte für uns diese Seite, wie es Goethe getan hat, durchaus anders gewendet werden.

β) Die Verschiedenheit aber unserer Gewohnheit, teils nur selber zu lesen, teils ein Werk lebendig als Totalität exekutiert zu sehen, hat zu dem weiteren Abwege geführt, daß die Dichter selber ihr Werk nun auch zum Teil nur für das *Lesen* in der Meinung bestimmen, dieser Umstand übe auf die Natur der Komposition keinen Einfluß aus. Es gibt allerdings in dieser Rücksicht einzelne Seiten, welche nur das Äußerliche angehen, das in der sogenannten Bühnenkenntnis begriffen ist und dessen Verletzung ein dramatisches Werk, poetisch genommen, in seinem Werte nicht verringert. Hierher gehört z. B. die Berechnung, eine Szene so zurechtzulegen, daß eine andere, welche große Zurüstungen in der Szenerie erfordert, bequem darauf folgen kann oder daß dem Schauspieler Zeit zu der nötigen Umkleidung oder Erholung bleibt usf. Dergleichen Kenntnisse und Geschicklichkeiten geben keinen poetischen Vorzug oder Nachteil und hängen mehr oder weniger von den selber wechselnden und konventionellen Einrichtungen des Theaters ab. Umgekehrt aber gibt es andere Punkte, in bezug auf welche der Dichter, um wahrhaft dramatisch zu werden, wesentlich die lebendige Aufführung vor Augen haben und seine Charaktere im Sinne derselben, d. h. im Sinne einer wirklichen und gegenwärtigen Aktion sprechen und handeln lassen muß. Nach diesen Seiten ist die theatralische Exekution ein wirklicher Prüfstein. Denn vor dem obersten Gerichtshofe eines gesunden oder kunstreifen Publikums halten die bloßen Reden und Tiraden sogenannter schöner Diktion, geht ihnen die dramatische Wahrheit ab, nicht aus. Epochenweise kann zwar auch das Publikum durch die so hoch gepriesene Bildung, d. h. durch das Sich-in-den-Kopf-Setzen der schiefen Meinungen und Marotten der Kenner und Kritiker, verdorben werden; hat es aber noch irgend echten Sinn in sich, so ist es nur dann befriedigt, wenn die Charaktere sich *so* äußern und handeln, wie die lebendige Wirklichkeit sowohl der Natur als auch der Kunst es erheischt und mit sich bringt. Wenn dagegen der Dichter nur für einen einsamen Leser schreiben will, so kann er leicht dahin kommen, seine Figuren so reden und sich benehmen zu lassen, wie es uns etwa bei Briefen ergeht. Schreibt uns irgendwer die Gründe für seine Vorsätze und Taten, gibt er uns Versicherungen oder schließt er sonst sein Herz vor uns auf, so treten für das, was wir darauf sagen wollen oder nicht, zwischen den Empfang des Briefes und unsere wirkliche Antwort vielfache Überlegungen und Vorstellungen ein. Denn die Vorstellung umfaßt ein weites Feld der Möglichkeiten. In der *gegenwärtigen* Rede und Gegenrede aber gilt die Voraussetzung, daß im Menschen sein Wille und Herz, seine Regung und

Entschließung direkter Art sei, daß überhaupt ohne jenen Umweg weitläufiger Überlegungen mit dem unmittelbaren Gemüt Aug zu Auge, Mund zu Mund, Ohr zu Ohr aufgenommen und erwidert werde. Dann nämlich entspringen die Handlungen und Reden in jeder Situation lebendig aus dem Charakter als solchem, der nicht mehr die Zeit zur Auswahl aus den vielen verschiedenartigen Möglichkeiten übrigbehält. – Nach dieser Seite hin ist es nicht unwichtig für den Dichter und seine Komposition, auf die Bühne, welche solch eine dramatische Lebendigkeit erforderlich macht, sein Augenmerk zu richten; ja, meiner Meinung nach sollte eigentlich kein Schauspiel gedruckt werden, sondern, ungefähr wie bei den Alten, als Manuskript dem Bühnenrepertoire anheimfallen und nur eine höchst unbedeutende Zirkulation erhalten. Wir würden dann wenigstens nicht so viele Dramen erscheinen sehen, die wohl eine gebildete Sprache, schöne Empfindungen, vortreffliche Reflexionen und tiefe Gedanken haben, denen es aber gerade an dem gebricht, was das Drama dramatisch macht, nämlich an der Handlung und deren bewegter Lebendigkeit.

γ) Bei dem *Lesen* und *Vorlesen* nun dramatischer Werke läßt es sich schwer entscheiden, ob sie der Art sind, daß sie auch von der Bühne herab ihre Wirkung nicht verfehlen. Selbst Goethe, dem doch in späteren Jahren eine große Theatererfahrung zur Seite stand, war in diesem Punkte sehr unsicher, besonders bei der ungeheuren Verwirrung unseres Geschmacks, der sich das Heterogenste gefallen läßt. Ist der Charakter und Zweck der handelnden Personen für sich selbst groß und substantiell, so wird allerdings das Auffassen leichter; aber die Bewegung der Interessen, der Stufengang in der Handlung, die Spannung und Verwicklung der Situationen, das rechte Maß, in welchem die Charaktere aufeinander wirken, die Würdigkeit und Wahrheit ihres Benehmens und Redens – hierüber läßt sich ohne eine Theateraufführung beim bloßen Lesen schwer ein festes Urteil fällen. Auch das Vorlesen bietet nur eine relative Hilfe. Denn die Rede verlangt im Drama unterschiedene Individuen und nicht nur *einen* Ton, mag derselbe auch noch so künstlich nuanciert und verändert werden. Außerdem stört beim Vorlesen immer die Verlegenheit, ob jedesmal die sprechenden Personen genannt werden sollen oder nicht, was beides seine Übelstände hat. Bleibt der Vortrag eintöniger, so gehört das Nennen der Namen unumgänglich zur Verständlichkeit, dem Ausdruck des Pathos aber wird immer Gewalt angetan; ist der Vortrag dagegen dramatisch lebendiger, so daß er uns ganz in die wirkliche Situation hineinführt, so kann leicht wieder ein neuer Widerspruch hervorgerufen werden. Mit der Befriedigung des Ohrs macht nämlich auch das Auge sogleich seine Forderungen. Hören wir einer Handlung zu, so wollen wir auch die handelnden Personen, ihre Gebärde, Umgebung usf. sehen, das Auge will eine Vollständigkeit und hat nun nichts vor sich als einen Vorleser, der mitten in einer Privatgesellschaft sitzt oder ruhig dasteht. So ist das Vorlesen immer nur ein unbefriedigendes Mittelding zwischen dem anspruchslosen eigenen Lesen, bei welchem die reale Seite ganz fortfällt und der Phantasie überlassen bleibt, und der totalen Exekution.

b. Die Schauspielerkunst

Mit der wirklichen dramatischen Aufführung nun ist neben der Musik eine zweite ausübende Kunst, die *Schauspielerkunst*, gegeben, welche sich vollständig erst in neuerer Zeit entwickelt hat. Ihr Prinzip besteht darin, daß sie zwar Gebärde, Aktion, Deklamation, Musik, Tanz und Szenerie herbeiruft, die *Rede* aber und deren poetischen Ausdruck als die überwiegende Macht bestehen läßt. Dies ist für die Poesie als Poesie das einzig richtige Verhältnis. Denn sobald sich die Mimik oder der Gesang und Tanz für sich selbständig auszubilden anfangen, wird die Poesie als Dichtkunst zum Mittel herabgesetzt und verliert ihre Herrschaft über diese sonst nur begleitenden Künste. In dieser Rücksicht lassen sich folgende Standpunkte unterscheiden.

α) Auf einer *ersten* Stufe finden wir die Schauspielerkunst der Griechen. Hier verbindet sich einerseits die redende Kunst mit der Skulptur; das handelnde Individuum tritt als objektives Bild in totaler Körperlichkeit heraus. Insofern sich aber die Statue belebt, den Inhalt der Poesie in sich aufnimmt und ausspricht, in jede innere Bewegung der Leidenschaften hineingeht und sie zugleich zum Wort und zur Stimme werden läßt, ist diese Darstellung beseelter und geistig klarer als jede Statue und jedes Gemälde. In betreff auf diese Beseelung nun können wir zwei Seiten unterscheiden.

αα) *Erstens* die Deklamation als künstlerisches Sprechen. Sie war bei den Griechen wenig ausgebildet; die Verständlichkeit machte die Hauptsache aus, während wir die ganze Objektivität des Gemüts und Eigentümlichkeit des Charakters in den feinsten Schattierungen und Übergängen wie in den schärferen Gegensätzen und Kontrasten, im Ton und Ausdruck der Stimme und in der Art der Rezitation wiedererkennen wollen. Dagegen fügten die Alten teils zur Heraushebung des Rhythmus, teils zum modulationsreicheren Ausdruck der Worte, wenn diese auch das Überwiegende blieben, der Deklamation die Musikbegleitung hinzu. Doch wurde der Dialog wahrscheinlich gesprochen oder nur leicht begleitet, die Chöre dagegen in lyrisch-musikalischer Weise vorgetragen. Der Gesang mochte durch seine schärfere Akzentuation die Wortbedeutung der Chorstrophen verständlicher machen, sonst weiß ich wenigstens nicht, wie es den Griechen möglich wurde, die Chöre des Aischylos und Sophokles zu verstehen. Denn wenn sie sich auch nicht so damit herumzuplagen nötig hatten als wir, so muß ich doch sagen: obschon ich Deutsch verstehe und etwas fassen kann, würde mir doch eine im ähnlichen Stil geschriebene deutsche Lyrik, vom Theater herab gesprochen und vollends gesungen, immer unklar bleiben.

ββ) Ein *zweites* Element gab die körperliche Gebärde und Bewegung ab. In dieser Rücksicht ist sogleich bemerkenswert, daß bei den Griechen, da ihre Schauspieler Masken trugen, das Mienenspiel ganz fortblieb. Die Gesichtszüge gaben ein unveränderliches Skulpturbild, dessen Plastik den vielbeweglichen Ausdruck partikulärer Seelenstimmungen ebensowenig in sich aufnahm als die handelnden Charaktere, welche ein festes allgemeines Pathos in seinem dramatischen Kampfe durchfochten und die Substanz dieses Pathos sich weder zur Innigkeit des modernen Gemüts vertiefen noch zur Besonderheit heutiger dramatischer Charaktere ausbreiten ließen. Ebenso einfach war die Aktion, weshalb wir auch nichts von berühmten griechischen Mimen wissen. Zum Teil spielten die Dichter selber, wie es z. B. noch Sophokles und Aristophanes taten, zum Teil traten Bürger, die gar kein Metier aus der Kunst machten, in der Tragödie auf. Dagegen wurden die Chorgesänge mit Tanz begleitet, was wir Deutsche bei der heutigen Art des Tanzes für leichtsinnig erachten würden, während es bei den Griechen schlechthin zur sinnlichen Totalität ihrer Theateraufführungen gehörte.

γγ) So bleibt denn bei den Alten dem Wort und der geistigen Äußerung der substantiellen Leidenschaften ein ebenso volles poetisches Recht, als die äußere Realität durch Musikbegleitung und Tanz die vollständigste Ausbildung erhält. Diese konkrete Einheit gibt der ganzen Darstellung einen plastischen Charakter, indem sich das Geistige nicht für sich verinnerlicht und in dieser partikularisierteren Subjektivität zum Ausdruck kommt, sondern sich mit der gleichmäßig berechtigten Außenseite sinnlicher Erscheinung vollkommen verschwistert und versöhnt.

β) Unter Musik und Tanz jedoch leidet die Rede, insofern sie die *geistige* Äußerung des Geistes bleiben soll, und so hat denn auch die *moderne* Schauspielerkunst sich von diesen Elementen zu befreien gewußt. Der Dichter erhält deshalb hier nur noch ein Verhältnis zum Schauspieler als solchem, welcher durch Deklamation, Mienenspiel und Gebärden das poetische Werk zur sinnlichen Erscheinung bringen soll. Dieser Bezug des Autors auf das äußere Material ist jedoch den anderen Künsten gegenüber ganz eigentümlicher Art. In der Malerei und Skulptur bleibt es der Künstler selber, welcher seine Konzeptionen in Farben, Erz oder Marmor ausführt, und wenn auch die musikalische Exekution fremder Hände und Kehlen bedarf, so überwiegt hier, obschon freilich die Seele des Vortrags nicht fehlen muß, dennoch mehr oder weniger die mechanische Kunstfertigkeit und Virtuosität. Der Schauspieler dagegen tritt als ganzes Individuum mit seiner Gestalt, Physiognomie, Stimme usf. in das Kunstwerk hinein und erhält die Aufgabe, mit dem Charakter, den er darstellt, ganz und gar zusammenzugehen.

αα) In dieser Rücksicht hat der Dichter das Recht, vom Schauspieler zu fordern, daß er sich, ohne von dem Seinigen hinzuzutun, ganz in die gegebene Rolle hineindenke und sie so ausführe, wie der Dichter sie konzipiert und poetisch ausgestaltet hat. Der Schauspieler soll gleichsam das Instrument sein, auf welchem der Autor spielt, ein Schwamm, der alle Farben aufnimmt und unverändert wiedergibt. Bei den Alten war dies leichter, da die Deklamation sich, wie gesagt, hauptsächlich auf die Deutlichkeit beschränkte und die Seite des Rhythmus usf. von der Musik besorgt wurde, während die Masken die Gesichtszüge bedeckten und auch der Aktion kein großer Spielraum blieb. Dadurch konnte sich der Akteur ohne Schwierigkeit dem Vortrage eines allgemeinen tragischen Pathos gemäß machen, und wenn auch in der Komödie Porträtbilder lebender Personen, wie z. B. des Sokrates, Nikias, Kleon usf. dargestellt werden sollten, so bildeten teils die Masken diese individuellen Züge treffend nach, teils bedurfte es einer näheren Individualisierung weniger, indem Aristophanes dergleichen Charaktere doch nur benutzte, um dadurch allgemeine Zeitrichtungen zu repräsentieren.

ββ) Anders dagegen verhält es sich im modernen Schauspiel. Hier nämlich fallen die Masken und die Musikbegleitung fort, und an deren Stelle tritt das Mienenspiel, die Mannigfaltigkeit der Gebärde und die reichhaltig nuancierte Deklamation. Denn einerseits müssen die Leidenschaften, selbst wenn sie allgemeiner in gattungsmäßiger Charakteristik vom Dichter ausgedrückt sind, sich doch als subjektiv lebendig und innerlich kundgeben, andererseits erhalten die Charaktere großenteils eine bei weitem breitere Besonderheit, deren eigentümliche Äußerung uns gleichfalls in lebendiger Wirklichkeit vor Augen kommen soll. Die Shakespeareschen Figuren vornehmlich sind für sich fertige, abgeschlossene, ganze Menschen, so daß wir vom Schauspieler verlangen, daß er sie nun seinerseits gleichfalls in dieser vollen Totalität vor unsere Anschauung bringe. Ton der Stimme, Art der Rezitation, Gestikulation, Physiognomie, überhaupt die ganze innere und äußere Erscheinung fordert deshalb eine der bestimmten Rolle angemessene Eigentümlichkeit. Dadurch wird außer der Rede auch das vielseitig nuancierte Gebärdenspiel von ganz anderer Bedeutung; ja, der Dichter überläßt hier der Gebärde des Schauspielers vieles, was die Alten durch Worte würden ausgedrückt haben. So z. B. am Schluß des *Wallenstein*. Der alte Octavio hat zum Untergange Wallensteins wesentlich mitgewirkt; er findet ihn auf Buttlers Anstiften meuchlings ermordet, und in demselben Augenblicke, als nun auch die Gräfin Terzky verkündigt, sie habe Gift genommen, trifft ein kaiserliches Schreiben ein; Gordon hat die Aufschrift gelesen und übergibt den Brief dem Octavio mit einem Blick des Vorwurfs, indem er sagt: »Dem *Fürsten* Piccolomini.« Octavio erschrickt und blickt schmerzvoll zum Himmel. Was Octavio bei dieser Belohnung für einen Dienst empfindet, an dessen blutigem Ausgang er selbst den größeren Teil der Schuld zu tragen hat, ist hier nicht in Worte gefaßt, sondern der Ausdruck ganz an die Mimik des Akteurs gewiesen. – Bei diesen Forderungen nun der modernen dramatischen Schauspielkunst kann die Poesie dem Material ihrer Darstellung gegenüber häufig in ein Gedränge geraten, welches die Alten nicht kannten. Der Schauspieler nämlich, als lebendiger Mensch, hat in Rücksicht auf Organ, Gestalt, physiognomischen Ausdruck wie jedes Individuum seine angeborene Eigentümlichkeit, welche er teils gegen den Ausdruck eines allgemeinen Pathos und einer gattungsmäßigen Charakteristik aufzuheben, teils mit den volleren Gestalten einer reicher individualisierenden Poesie in Einklang zu setzen genötigt ist.

γγ) Man heißt jetzt die Schauspieler Künstler und zollt ihnen die ganze Ehre eines künstlerischen Berufs; ein Schauspieler zu sein ist unserer heutigen Gesinnung nach weder ein moralischer noch ein gesellschaftlicher Makel. Und zwar mit Recht; weil diese Kunst viel Talent, Verstand, Ausdauer, Fleiß, Übung, Kenntnis, ja auf ihrem Gipfelpunkte selbst einen reichbegabten Genius fordert. Denn der Schauspieler muß nicht nur in den Geist des Dichters und der Rolle tief eindringen und seine eigene Individualität im Inneren und Äußeren demselben ganz angemessen machen, sondern er soll auch mit eigener Produktivität in vielen Punkten ergänzen, Lücken ausfüllen, Übergänge finden und uns überhaupt durch sein Spiel den Dichter erklären, insofern er alle geheimen Intentionen und tiefer liegenden Meisterzüge desselben zu lebendiger Gegenwart sichtbar herausführt und faßbar macht.

c. Die von der Poesie unabhängigere theatralische Kunst

Einen *dritten* Standpunkt endlich nimmt die ausübende Kunst dadurch ein, daß sie sich von der bisherigen Herrschaft der Poesie loslöst und dasjenige, was bisher mehr oder minder bloße Begleitung und Mittel war, zum selbständigen Zwecke macht und für sich zur Ausbildung gelangen läßt. Zu dieser Emanzipation geht im Verlaufe der dramatischen Entwicklung sowohl die Musik und der Tanz als auch die eigentliche Kunst des Schauspielers fort.

α) Was zunächst diesen angeht, so gibt es überhaupt für seine Kunst zwei Systeme. Das erstere, nach welchem der Darsteller mehr nur das geistig und leiblich lebendige Organ des Dichters sein soll, haben wir soeben berührt. Die Franzosen, welche viel auf Rollenfächer und Schule halten und überhaupt tpyischer in ihren theatralischen Darstellungen sind, haben sich besonders diesem Systeme in ihrer Tragödie und *haute comédie* treu erwiesen. Die umgekehrte Stellung nun der Schauspielkunst ist darin zu suchen, daß alles, was der Dichter gibt, mehr nur ein Akzessorium und der Rahmen wird für das Naturell, die Geschicklichkeit und Kunst des Akteurs. Man kann häufig genug das Verlangen der Schauspieler hören: die Dichter sollten für sie schreiben. Die Dichtung braucht dann dem Künstler nur die Gelegenheit zu geben, seine Seele und Kunst, dies Letzte seiner Subjektivität, zu zeigen und zur glänzendsten Entfaltung kommen zu lassen. Von dieser Art war schon bei den Italienern die Commedia dell'arte, in welcher zwar die Charaktere des *arlecchino, dottore* usf. feststanden und die Situationen und Szenenfolge gegeben waren, die weitere Ausführung aber fast durchweg den Schauspielern überlassen blieb. Bei uns sind zum Teil die Ifflandschen und Kotzebueschen Stücke, überhaupt eine große Anzahl für sich – von seiten der Poesie her betrachtet – unbedeutender, ja ganz schlechter Produkte solch eine Gelegenheit für die freie Produktivität des Schauspielers, der aus diesen meist skizzenhafter behandelten Machwerken nun erst etwas bilden und gestalten muß, was dieser lebendigen, selbständigen Leistung wegen ein eigentümliches, gerade an diesen und keinen anderen Künstler gebundenes Interesse erhält. Hier hat denn auch besonders die bei uns vielbeliebte Natürlichkeit ihren Platz, worin man es zur Zeit so weit gebracht hatte, daß man ein Brummen und Murmeln der Worte, von denen niemand etwas verstand, als ein vortreffliches Spiel gelten ließ. Goethe, ganz im Gegenteil, übersetzte Voltaires *Tancred* und *Mahomet* für die weimarische Bühne, um seine Schauspieler aus der gemeinen Natürlichkeit herauszutreiben und an einen höheren Ton zu gewöhnen. Wie denn die Franzosen überhaupt, mitten selbst in der Lebendigkeit der Posse, immer das Publikum im Auge behalten und gegen dasselbe hinausgewendet bleiben. Mit der bloßen Natürlichkeit und deren lebendiger Routine ist auch in der Tat die Sache ebensowenig abgetan als mit der bloßen Verständigkeit und Geschicklichkeit der Charakteristik; sondern wenn der Schauspieler in diesem Kreise wahrhaft künstlerisch wirken will, muß er sich zu einer ähnlich genialen Virtuosität erheben, wie ich sie früher bereits bei Gelegenheit der musikalischen Exekution (Bd. III, S. 218–222) bezeichnet habe.

β) Das *zweite* Gebiet, das zu diesem Kreise gezählt werden kann, ist die moderne *Oper,* nach der bestimmten Richtung hin, die sie mehr und mehr zu nehmen anfängt. Wenn nämlich in der Oper überhaupt schon die Musik die Hauptsache ist, welche wohl von der Poesie und der Rede ihren Inhalt zugeteilt erhält, denselben aber frei nach ihren Zwecken behandelt und ausführt, so ist sie in neuerer Zeit besonders bei uns mehr Luxussache geworden und hat die Accessoires, die Pracht der Dekorationen, den Pomp der Kleider, die Fülle der Chöre und deren Gruppierung zu überwiegender Selbständigkeit gebracht. Über den ähnlichen Prunk, den man jetzt oft genug tadeln hört, klagt schon Cicero in betreff der römischen Tragödie. Im Trauerspiel, wo immer die Poesie die Substanz bleiben muß, hat allerdings solch ein Aufwand der sinnlichen Außenseite, obschon auch Schiller in seiner *Jungfrau* auf diesen Abweg geraten ist, nicht seine rechte Stelle. Für die Oper hingegen kann man bei der Sinnenpracht des Gesanges und dem klingenden, rauschenden Chor der Stimmen und Instrumente diesen für sich heraustretenden Reiz der äußeren Ausstattung und Exekution wohl zulassen. Denn sind einmal die Dekorationen prächtig, so dürfen es, um ihnen die Spitze zu bieten, die Anzüge nicht weniger sein, und damit muß dann auch das übrige in Einklang stehen. Solch einem sinnlichen Pomp, der freilich jedesmal ein Zeichen von dem bereits eingetretenen Verfall der echten Kunst ist, entspricht dann als der angemessenste Inhalt besonders das aus dem verständigen Zusammenhange herausgerissene Wunderbare, Phantastische, Märchenhafte, von dem uns Mozart in seiner *Zauberflöte* das maßvoll und künstlerisch durchgeführteste Beispiel gegeben hat. Werden aber alle Künste der Szenerie, des Kostüms, der Instrumentierung usf. erschöpft, so bleibt es am besten, wenn mit dem eigentlich dramatischen Inhalte nicht vollständig Ernst gemacht ist und uns zumute wird, als läsen wir in den Märchen von Tausendundeine Nacht.

γ) Das Ähnliche gilt von dem heutigen *Ballett,* dem gleichfalls vor allem das Märchenhafte und Wunderbare zusagt. Auch hier ist einerseits, außer der malerischen Schönheit der Gruppierungen und Tableaus, vornehmlich die wechselnde Pracht und der Reiz der Dekorationen, Kostüme und Beleuchtung zur Hauptsache geworden, so daß wir uns wenigstens in ein Bereich versetzt finden, in welchem der Verstand der Prosa und die Not und Bedrängung des Alltäglichen weit hinter uns liegt. Andererseits ergötzen sich die Kenner an der ausgebildetsten Bravour und Geschicklichkeit der Beine, die in dem heutigen Tanze die erste Rolle spielen. Soll aber durch diese jetzt bis ins Extrem des Sinnlosen und der Geistesarmut verirrten bloßen Fertigkeit noch ein geistiger Ausdruck hindurchscheinen, so gehört dazu, nach vollständiger Besiegung sämtlicher technischer Schwierigkeiten, ein Maß und Seelenwohllaut der Bewegung, eine Freiheit und Grazie, die von höchster Seltenheit ist. Als zweites Element kommt dann zu dem Tanze, der hier an die Stelle der Chöre und Solopartien der Oper tritt, als eigentlicher Ausdruck der Handlung die Pantomime, welche jedoch, je mehr der moderne Tanz an technischer Künstlichkeit zugenommen hat, in ihrem Werte herabgesunken und in Verfall geraten ist, so daß aus dem heutigen Ballett mehr und mehr das zu verschwinden droht, was dasselbe in das freie Gebiet der Kunst hinüberzuheben allein imstande sein könnte.

3. Die Arten der dramatischen Poesie und deren historische Hauptmomente

Blicken wir kurz auf den Gang zurück, dem wir in unserer bisherigen Betrachtung gefolgt sind, so haben wir *zuerst* das *Prinzip* der dramatischen Poesie ihren allgemeinen und besonderen Bestimmungen nach sowie in ihrem Verhältnisse zum Publikum festgestellt; *zweitens* sahen wir, das Drama, indem es eine abgeschlossene Handlung in deren gegenwärtiger Entwicklung vorüberführt, bedürfe wesentlich einer vollständig sinnlichen Darstellung, welche sie kunstgemäß erst durch die wirkliche theatralische Exekution erhält. Damit die Handlung nun aber in diese äußere Realität eingehen könne, ist es notwendig, daß sie an sich selbst nach seiten der poetischen Konzeption und Ausführung schlechthin bestimmt und fertig sei. Dies ist nur dadurch zu leisten, daß sich die dramatische Poesie *drittens* in besondere *Arten* zerscheidet, die ihren teils entgegengesetzten, teils diesen Gegensatz vermittelnden Typus aus dem Unterschiede entnehmen, in welchem sowohl der Zweck als die Charaktere sowie der Kampf und das Resultat der ganzen Handlung zur Erscheinung gelangt. Die Hauptseiten, die aus diesem Unterschiede hervorgehen und es zu einer mannigfaltigen historischen Entwicklung bringen, sind das Tragische und Komische sowie die Ausgleichung beider Auffassungsweisen, welche erst in der dramatischen Poesie von so wesentlicher Wichtigkeit werden, daß sie die Grundlage für die Einteilung der verschiedenen Arten abgeben können.

Wenn wir jetzt auf die nähere Erörterung dieser Punkte eingehen, haben wir

erstens das allgemeine Prinzip der Tragödie, Komödie und des sogenannten Dramas herauszuheben;

zweitens den Charakter der antiken und modernen dramatischen Poesie zu bezeichnen, zu deren Gegensatz die genannten Arten in ihrer wirklichen Entwicklung auseinandertreten; und *drittens* wollen wir zum Schluß die konkreten Formen betrachten, welche besonders die Komödie und Tragödie innerhalb dieses Gegensatzes anzunehmen fähig sind.

a. Das Prinzip der Tragödie, Komödie und des Dramas

Für die Arten der epischen Poesie liegt der wesentliche Einteilungsgrund in dem Unterschiede, ob das in sich Substantielle, das zur epischen Darstellung kommt, in seiner Allgemeinheit ausgesprochen oder in Form objektiver Charaktere, Taten und Begebenheiten berichtet wird. Umgekehrt gliedert die Lyrik sich zu einem Stufengange verschiedener Ausdrucksweisen durch den Grad und die Art, in welcher der Inhalt mit der Subjektivität, als deren Inneres derselbe sich kundgibt, loser oder fester verschlungen ist. Die dramatische Poesie endlich, welche Kollisionen von Zwecken und Charakteren sowie die notwendige Auflösung solch eines Kampfes zum Mittelpunkt macht, kann das Prinzip ihrer unterschiedenen Arten nur aus dem Verhältnisse herleiten, in welchem die *Individuen* zu ihrem *Zwecke* und dessen Inhalt stehen. Die Bestimmtheit dieses Verhältnisses nämlich ist auch das Entscheidende für die besondere Weise des dramatischen Zwiespalts und Ausganges und gibt dadurch den wesentlichen Typus des ganzen Verlaufs in seiner lebendigen künstlerischen Darstellung ab. Als die Hauptpunkte, welche in Rücksicht hierauf in Betracht kommen, sind im allgemeinen diejenigen Momente hervorzuheben, deren Vermittlung das Wesentliche in jeder wahrhaften Handlung ausmacht: einerseits das der *Substanz* nach Tüchtige, Große, die Grundlage der weltlichen wirklichen Göttlichkeit als der echte und an und für sich ewige Gehalt des individuellen Charakters und Zwecks; andererseits die *Subjektivität* als solche in ihrer ungefesselten Selbstbestimmung und Freiheit. Das an und für sich Wahrhafte erweist sich zwar in der dramatischen Poesie, in welcher Form sie auch immer das Handeln zur Erscheinung herausführen mag, als das eigentlich Durchgreifende; die bestimmte Art aber, in welcher diese Wirksamkeit zur Anschauung kommt, erhält eine unterschiedene, ja entgegengesetzte Gestalt, je nachdem in den Individuen, Handlungen und Konflikten die Seite des Substantiellen oder umgekehrt die Seite subjektiver Willkür, Torheit und Verkehrtheit als die bestimmende Form festgehalten ist.

Wir haben in dieser Beziehung das Prinzip für folgende Arten durchzunehmen:

erstens für die Tragödie ihrem substantiellen ursprünglichen Typus nach;

zweitens für die Komödie, in welcher die Subjektivität als solche in Wollen und Handeln sowie die äußere Zufälligkeit sich zum Meister aller Verhältnisse und Zwecke macht;

drittens für das Drama, Schauspiel im engeren Sinne des Worts, als Mittelstufe zwischen diesen beiden ersteren Arten.

α) Was zunächst die *Tragödie* angeht, so will ich an dieser Stelle nur kurz die allgemeinsten Grundbestimmungen erwähnen, deren konkretere Besonderung erst durch die Verschiedenheit der geschichtlichen Entwicklungsstufen kann zum Vorschein kommen.

αα) Den wahrhaften Inhalt des tragischen Handelns liefert für die *Zwecke*, welche die tragischen Individuen ergreifen, der Kreis der im menschlichen Wollen substantiellen, für sich selbst berechtigten Mächte: die Familienliebe der Gatten, der Eltern, Kinder, Geschwister; ebenso das Staatsleben, der Patriotismus der Bürger, der Wille der Herrscher; ferner das kirchliche Dasein, jedoch nicht als eine auf Handlungen resignierende Frömmigkeit und als göttlicher Richterspruch in der Brust des Menschen über das Gute und Böse beim Handeln, sondern im Gegenteil als tätiges Eingreifen und Fördern wirklicher Interessen und Verhältnisse. Von der ähnlichen Tüchtigkeit sind nun auch die echt tragischen *Charaktere*. Sie sind durchaus das, was sie ihrem Begriff gemäß sein können und müssen: nicht eine vielfache, episch auseinandergelegte Totalität, sondern, wenn auch an sich selbst lebendig und individuell, doch nur die *eine* Macht dieses bestimmten Charakters, in welcher derselbe sich seiner Individualität nach mit irgendeiner besonderen Seite jenes gediegenen Lebensinhalts untrennbar zusammengeschlossen hat und dafür einstehen will. In dieser Höhe, auf welcher die bloßen Zufälligkeiten der unmittelbaren Individualität verschwinden, sind die tragischen Helden der dramatischen Kunst, seien sie nun die lebendigen Repräsentanten substantieller Lebenssphären oder sonst schon durch freies Beruhen auf sich große und feste Individuen, gleichsam zu Skulpturwerken hervorgehoben, und so erklären auch nach dieser Seite hin die an sich selbst abstrakteren Statuen und Götterbilder die hohen tragischen Charaktere der Griechen besser als alle anderweitigen Erläuterungen und Noten.

Im allgemeinen können wir deshalb sagen, das eigentliche Thema der ursprünglichen Tragödie sei das Göttliche; aber nicht das Göttliche, wie es den Inhalt des religiösen Bewußtseins als solchen ausmacht, sondern wie es in die Welt, in das individuelle Handeln eintritt, in dieser Wirklichkeit jedoch seinen substantiellen Charakter weder einbüßt, noch sich in das Gegenteil seiner umgewendet sieht. In dieser Form ist die geistige Substanz des Wollens und Vollbringens das *Sittliche*. Denn das Sittliche, wenn wir es in seiner unmittelbaren Gediegenheit und nicht nur vom Standpunkte der subjektiven Reflexion als das formell Moralische auffassen, ist das Göttliche in seiner *weltlichen* Realität, das Substantielle, dessen ebenso besondere als wesentliche Seiten den bewegenden Inhalt für die wahrhaft menschliche Handlung abgeben und im Handeln selbst dies ihr Wesen explizieren und wirklich machen.

ββ) Durch das Prinzip der Besonderung nun, dem alles unterworfen ist, was sich in die reale Objektivität hinaustreibt, sind die sittlichen Mächte wie die handelnden Charaktere *unterschieden* in Rücksicht auf ihren Inhalt und ihre individuelle Erscheinung. Werden nun diese besonderen Gewalten, wie es die dramatische Poesie fordert, zur erscheinenden Tätigkeit aufgerufen und verwirklichen sie sich als bestimmter Zweck eines menschlichen Pathos, das zur Handlung übergeht, so ist ihr Einklang aufgehoben, und sie treten in wechselseitiger Abgeschlossenheit *gegeneinander* auf. Das individuelle Handeln will dann unter bestimmten Umständen einen Zweck oder Charakter durchführen, der unter diesen Voraussetzungen, weil er in seiner für sich fertigen Bestimmtheit sich einseitig isoliert, notwendig das entgegengesetzte Pathos gegen sich aufreizt und dadurch unausweichliche Konflikte herbeileitet. Das ursprünglich Tragische besteht nun darin, daß innerhalb solcher Kollision beide Seiten des Gegensatzes für sich genommen *Berechtigung* haben, während sie andererseits dennoch den wahren positiven Gehalt ihres Zwecks und Charakters nur als Negation und *Verletzung* der anderen, gleichberechtigten Macht durchzubringen imstande sind und deshalb in ihrer Sittlichkeit und durch dieselbe ebensosehr in *Schuld* geraten.

Den allgemeinen Grund für die Notwendigkeit dieser Konflikte habe ich soeben schon berührt. Die sittliche Substanz ist als konkrete Einheit eine Totalität *unterschiedener* Verhältnisse und Mächte, welche jedoch nur in tatlosem Zustande als selige Götter das Werk des Geistes im Genuß eines ungestörten Lebens vollbringen. Umgekehrt aber liegt es ebensosehr im Begriffe dieser Totalität selbst, sich aus ihrer zunächst noch abstrakten Idealität zur realen Wirklichkeit und weltlichen Erscheinung umzusetzen. Durch die Natur dieses Elementes nun ist es, daß die bloße Unterschiedenheit, auf dem Boden bestimmter Umstände von individuellen Charakteren ergriffen, sich zur Entgegensetzung und Kollision verkehren muß. So erst wird es wahrhaft Ernst mit jenen Göttern, welche nur im Olymp und Himmel der Phantasie und religiösen Vorstellung in ihrer friedlichen Ruhe und Einheit verharren, wenn sie jetzt aber wirklich, als bestimmtes Pathos einer menschlichen Individualität, zum Leben kommen, aller Berechtigung unerachtet durch ihre bestimmte Besonderheit und deren Gegensatz gegen anderes in Schuld und Unrecht führen.

γγ) Hiermit ist jedoch ein unvermittelter Widerspruch gesetzt, der zwar zur Realität heraustreten, sich jedoch in ihr nicht als das Substantielle und wahrhaft Wirkliche erhalten kann, sondern sein eigentliches Recht nur darin findet, daß er sich als Widerspruch *aufhebt*. So berechtigt als der tragische Zweck und Charakter, so notwendig als die tragische Kollision ist daher *drittens* auch die tragische Lösung dieses Zwiespalts. Durch sie nämlich übt die ewige Gerechtigkeit sich an den Zwecken und Individuen in der Weise aus, daß sie die sittliche Substanz und Einheit mit dem Untergange der ihre Ruhe störenden Individualität herstellt. Denn obschon sich die Charaktere das in sich selbst Gültige vorsetzen, so können sie es tragisch dennoch nur in verletzender Einseitigkeit widersprechend ausführen. Das wahrhaft Substantielle, das zur Wirklichkeit zu gelangen hat, ist aber nicht der Kampf der Besonderheiten, wie sehr derselbe auch im Begriffe der weltlichen Realität und des menschlichen Handelns seinen wesentlichen Grund findet, sondern die Versöhnung, in welcher sich die bestimmten Zwecke und Individuen ohne Verletzung und Gegensatz einklangsvoll betätigen. Was daher in dem tragischen Ausgange aufgehoben wird, ist nur die *einseitige* Besonderheit, welche sich dieser Harmonie nicht zu fügen vermocht hatte und sich nun in der Tragik ihres Handelns, kann sie von sich selbst und ihrem Vorhaben nicht ablassen, ihrer ganzen Totalität nach dem Untergange preisgegeben oder sich wenigstens genötigt sieht, auf die Durchführung ihres Zwecks, wenn sie es vermag, zu resignieren. In dieser Rücksicht hat Aristoteles bekanntlich die wahrhafte Wirkung der Tragödie darein gesetzt, daß sie *Furcht* und *Mitleid* erregen und reinigen solle. Unter dieser Behauptung verstand Aristoteles nicht die bloße Empfindung der Zustimmung oder Nichtzustimmung zu meiner Subjektivität, das Angenehme oder Unangenehme, Ansprechende oder Abstoßende, diese oberflächlichste aller

Bestimmungen, die man erst in neuerer Zeit zum Prinzip des Beifalls und Mißfallens hat machen wollen. Denn dem Kunstwerke darf es nur darauf ankommen, das zur Darstellung zu bringen, was der Vernunft und Wahrheit des Geistes zusagt, und um hierfür das Prinzip zu erforschen, ist es notwendig, sein Augenmerk auf ganz andere Gesichtspunkte zu richten. Auch bei diesem Ausspruch des Aristoteles müssen wir uns deshalb nicht an die bloße Empfindung der Furcht und des Mitleidens halten, sondern an das Prinzip des *Inhalts,* dessen kunstgemäße Erscheinung diese Empfindungen reinigen soll. Fürchten kann sich der Mensch einerseits vor der Macht des Äußeren und Endlichen, andererseits aber vor der Gewalt des Anundfürsichseienden. Was nun der Mensch wahrhaft zu fürchten hat, ist nicht die äußere Gewalt und deren Unterdrückung, sondern die sittliche Macht, die eine Bestimmung seiner eigenen freien Vernunft und zugleich das Ewige und Unverletzliche ist, das er, wenn er sich dagegen kehrt, gegen sich selber aufruft. Wie die Furcht hat auch das Mitleiden zweierlei Gegenstände. Der erste betrifft die gewöhnliche Rührung, d. h. die Sympathie mit dem Unglück und Leiden anderer, das als etwas Endliches und Negatives empfunden wird. Mit solchem Bedauern sind besonders die kleinstädtischen Weiber gleich bei der Hand. Bemitleidet und bedauert will aber der edle und große Mensch auf diese Weise nicht sein. Denn insofern nur die nichtige Seite, das Negative des Unglücks herausgehoben wird, liegt eine Herabsetzung des Unglücklichen darin. Das wahrhafte Mitleiden ist im Gegenteil die Sympathie mit der zugleich sittlichen Berechtigung des Leidenden, mit dem Affirmativen und Substantiellen, das in ihm vorhanden sein muß. Diese Art des Mitleidens können uns Lumpe und Schufte nicht einflößen. Soll deshalb der tragische Charakter, wie er uns die Furcht vor der Macht der verletzten Sittlichkeit einflößte, in seinem Unglück eine tragische Sympathie erwecken, so muß er in sich selbst gehaltvoll und tüchtig sein. Denn nur ein wahrhafter Gehalt schlägt in die edle Menschenbrust ein und erschüttert sie in ihren Tiefen. Daher dürfen wir denn auch das Interesse für den tragischen Ausgang nicht mit der einfältigen Befriedigung verwechseln, daß eine traurige Geschichte, ein Unglück als Unglück, unsere Teilnahme in Anspruch nehmen soll. Dergleichen Kläglichkeiten können dem Menschen ohne sein Dazutun und Schuld durch die bloßen Konjunkturen der äußeren Zufälligkeiten und relativen Umstände, durch Krankheit, Verlust des Vermögens, Tod usw. zustoßen, und das eigentliche Interesse, welches uns dabei ergreifen sollte, ist nur der Eifer, hinzuzueilen und zu helfen. Vermag man dies nicht, so sind die Gemälde des Jammers und Elends nur zerreißend. Ein wahrhaft tragisches Leiden hingegen wird über die handelnden Individuen nur als Folge ihrer eigenen, ebenso berechtigten als durch ihre Kollision schuldvollen Tat verhängt, für die sie auch mit ihrem ganzen Selbst einzustehen haben.

Über der bloßen Furcht und tragischen Sympathie steht deshalb das Gefühl der *Versöhnung,* das die Tragödie durch den Anblick der ewigen Gerechtigkeit gewährt, welche in ihrem absoluten Walten durch die relative Berechtigung einseitiger Zwecke und Leidenschaften hindurchgreift, weil sie nicht dulden kann, daß der Konflikt und Widerspruch der ihrem Begriffe nach einigen sittlichen Mächte in der wahrhaften Wirklichkeit sich siegreich durchsetze und Bestand erhalte.

Indem nun, diesem Prinzipe zufolge, das Tragische vornehmlich auf der Anschauung solch eines Konflikts und dessen Lösung beruht, so ist zugleich die dramatische Poesie, ihrer ganzen Darstellungsweise nach, allein befähigt, das Tragische in seinem totalen Umfange und Verlaufe zum Prinzip des Kunstwerks zu machen und vollständig auszugestalten. Aus diesem Grunde habe ich auch jetzt erst von der tragischen Anschauungsweise zu sprechen Gelegenheit genommen, obschon sie, wenn zwar in geringerem Grade, ihre Wirksamkeit auch über die anderen Künste vielfach ausdehnt.

β) Wenn nun in der Tragödie das ewig Substantielle in versöhnender Weise siegend hervorgeht, indem es von der streitenden Individualität nur die falsche Einseitigkeit abstreift, das Positive aber, was sie gewollt, in seiner nicht mehr zwiespältigen, affirmativen Vermittlung als das zu Erhaltende darstellt, so ist es in der *Komödie* umgekehrt die *Subjektivität,* welche in ihrer unendlichen Sicherheit die Oberhand behält. Denn nur diese beiden Grundmomente der Handlung können bei der Scheidung der dramatischen Poesie in verschiedene Arten einander gegenübertreten. In der Tragödie zerstören die Individuen sich durch die Einseitigkeit ihres gediegenen Wollens und Charakters, oder sie müssen resignierend das in sich aufnehmen, dem sie in substantieller Weise selbst sich entgegensetzten; in der Komödie kommt uns in dem Gelächter der alles durch sich und in sich auflösenden Individuen der Sieg ihrer dennoch sicher in sich dastehenden Subjektivität zur Anschauung.

αα) Der allgemeine Boden für die Komödie ist daher eine Welt, in welcher sich der Mensch als Subjekt zum vollständigen Meister alles dessen gemacht hat, was ihm sonst als der wesentliche Gehalt seines Wissens und Vollbringens gilt; eine Welt, deren Zwecke sich deshalb durch ihre eigene Wesenlosigkeit zerstören. Einem demokratischen Volke z. B., mit eigennützigen Bürgern, streitsüchtig, leichtsinnig, aufgeblasen, ohne Glauben und Erkenntnis, schwatzhaft, prahlerisch und eitel, einem solchen Volke ist nicht zu helfen; es löst sich an seiner Torheit auf. Dennoch ist nicht etwa jedes substanzlose Handeln schon um dieser Nichtigkeit willen komisch. In dieser Rücksicht wird häufig das *Lächerliche* mit dem eigentlich *Komischen* verwechselt. Lächerlich kann jeder Kontrast des Wesentlichen und seiner Erscheinung, des Zwecks und der Mittel werden, ein Widerspruch, durch den sich die Erscheinung in sich selber aufhebt und der Zweck in seiner Realisation sich selbst um sein Ziel bringt. Für das Komische aber müssen wir noch eine tiefere Forderung machen. Die Laster der Menschen z. B. sind nichts Komisches.

Davon liefert uns die Satire, in je grelleren Farben sie den Widerspruch der wirklichen Welt gegen das, was der tugendhafte Mensch sein sollte, ausmalt, einen sehr trockenen Beweis. Torheiten, Unsinn, Albernheit brauchen, an und für sich genommen, ebensowenig komisch zu sein, obschon wir darüber lachen. Überhaupt läßt sich nichts Entgegengesetzteres auffinden als die Dinge, worüber die Menschen lachen. Das Plattste und Abgeschmackteste kann sie dazu bewegen, und oft lachen sie ebensosehr über das Wichtigste und Tiefste, wenn sich nur irgendeine ganz unbedeutende Seite daran zeigt, welche mit ihrer Gewohnheit und täglichen Anschauung in Widerspruch steht. Das Lachen ist dann nur eine Äußerung der wohlgefälligen Klugheit, ein Zeichen, daß sie auch so weise seien, solch einen Kontrast zu erkennen und sich darüber zu wissen. Ebenso gibt es ein Gelächter des Spottes, des Hohns, der Verzweiflung usf. Zum Komischen dagegen gehört überhaupt die unendliche Wohlgemutheit und Zuversicht, durchaus erhaben über seinen eigenen Widerspruch und nicht etwa bitter und unglücklich darin zu sein, die Seligkeit und Wohligkeit der Subjektivität, die, ihrer selbst gewiß, die Auflösung ihrer Zwecke und Realisationen ertragen kann. Der steife Verstand ist dessen gerade da, wo er in seinem Benehmen am lächerlichsten für andere wird, am wenigsten fähig.

ββ) Was näher die Art des Inhalts angeht, welcher den Gegenstand der komischen Handlung abgeben kann, so will ich hierüber im allgemeinen nur folgende Punkte berühren.

Auf der einen Seite *erstens* sind die Zwecke und Charaktere an und für sich substanzlos und widersprechend und dadurch unfähig, sich durchzusetzen. Der Geiz z. B., sowohl in Rücksicht auf das, was er bezweckt, als auch in betreff der kleinlichen Mittel, deren er sich bedient, erscheint von Hause aus als in sich selbst nichtig. Denn er nimmt die tote Abstraktion des Reichtums, das Geld als solches, als die letzte Realität, bei der er stehenbleibt, und sucht diesen kahlen Genuß durch die Entbehrung jeder anderen, konkreten Befriedigung zu erreichen, während er dennoch in dieser Ohnmacht seines Zwecks wie seiner Mittel gegen List, Betrug usf. nicht zum Ziel kommen kann. Wenn nun aber das Individuum seine Subjektivität mit solchem in sich selbst falschen Inhalte *ernsthaft* als dem ganzen Gehalt seiner Existenz zusammenschließt, so daß es, wird ihm derselbe unter den Füßen fortgezogen, je mehr es daran festhielt, um desto unglücklicher in sich zusammenfällt, so fehlt in solcher Darstellung der eigentliche Kern der Komik, wie überall, wo einerseits die Peinlichkeit der Verhältnisse, andererseits der bloße Spott und die Schadenfreude noch Raum behalten. Komischer daher ist es, wenn an sich kleine und nichtige Zwecke zwar mit dem Anschein von großem Ernst und umfassenden Anstalten zustande gebracht werden sollen, dem Subjekt aber, wenn es sein Vorhaben verfehlt, eben weil es etwas in sich Geringfügiges wollte, in der Tat nichts zugrunde geht, so daß es sich in freier Heiterkeit aus diesem Untergange erheben kann.

Das umgekehrte Verhältnis *zweitens* findet dann statt, wenn sich die Individuen zu *substantiellen* Zwecken und Charakteren aufspreizen, für deren Vollbringung sie aber, als Individuum, das schlechthin entgegengesetzte Instrument sind. In diesem Falle ist das Substantielle zur bloßen Einbildung und für sich oder andere zu einem Schein geworden, der sich zwar das Ansehen und den Wert des Wesentlichen selbst gibt, doch eben dadurch Zweck und Individuum, Handlung und Charakter in einen Widerspruch verwickelt, durch welchen sich die Erreichung des eingebildeten Zwecks und Charakters selbst zerstört. Von dieser Art sind z. B. die *Ekklesiazusen* des Aristophanes, indem die Weiber, welche die neue Staatsverfassung beraten und begründen wollen, die ganze Laune und Leidenschaft der Weiber beibehalten.

Ein *drittes* Element zu diesen beiden ersten bildet der Gebrauch der äußeren Zufälle, durch deren mannigfache und sonderbare Verwicklung Situationen hervorkommen, in welchem die Zwecke und deren Ausführung, der innere Charakter und dessen äußere Zustände in komische Kontraste gestellt sind und zu einer ebenso komischen Auflösung führen.

γγ) Indem nun aber das Komische überhaupt von Hause aus auf widersprechenden Kontrasten sowohl der Zwecke in sich selbst als auch des Inhalts derselben gegen die Zufälligkeit der Subjektivität und äußeren Umstände beruht, so bedarf die komische Handlung dringender fast als die tragische einer *Auflösung*. Der Widerspruch nämlich des an und für sich Wahrhaften und seiner individuellen Realität stellt sich in der komischen Handlung noch vertiefter heraus.

Was jedoch in dieser Lösung sich zerstört, kann weder das *Substantielle* noch die *Subjektivität* als solche sein.

Denn als wahrhafte Kunst hat auch die Komödie sich der Aufgabe zu unterziehen, durch ihre Darstellung nicht etwa das an und für sich Vernünftige als dasjenige zur Erscheinung zu bringen, was in sich selbst verkehrt ist und zusammenbricht, sondern im Gegenteil als dasjenige, das der Torheit und Unvernunft, den falschen Gegensätzen und Widersprüchen auch in der Wirklichkeit weder den Sieg zuteilt, noch letztlich Bestand läßt. Über das wahrhaft Sittliche im atheniensischen Volksleben, über die echte Philosophie, den wahren Götterglauben, die gediegene Kunst macht sich Aristophanes z. B. nicht lustig; die Auswüchse aber der Demokratie, aus welcher der alte Glaube und die alte Sitte verschwunden sind, die Sophisterei, die Weinerlichkeit und Kläglichkeit der Tragödie, die flatterhafte Geschwätzigkeit, die Streitsucht usf., dies bare Gegenteil einer wahrhaften Wirklichkeit des Staats, der Religion und Kunst ist es, das er in seiner sich durch sich selbst auflösenden Torheit vor Augen stellt. Nur in unserer Zeit erst konnte es Kotzebue gelingen, einer moralischen Vortrefflichkeit den Preis zu geben, welche eine Niederträchtigkeit ist, und das zu beschönigen und aufrechtzuerhalten, was nur, um zerstört zu werden, dasein kann.

Ebensowenig jedoch darf die Subjektivität als solche in der

Komödie zugrunde gehen. Wenn nämlich nur der Schein und die Einbildung des Substantiellen oder das an und für sich Schiefe und Kleine heraustritt, so bleibt das höhere Prinzip die in sich feste Subjektivität, welche in ihrer Freiheit über den Untergang dieser gesamten Endlichkeit hinaus und in sich selbst gesichert und selig ist. Die komische Subjektivität ist zum Herrscher über das geworden, was in der Wirklichkeit erscheint. Die gemäße reale Gegenwart des Substantiellen ist daraus verschwunden; wenn nun das an sich Wesenlose sich durch sich selbst um seine Scheinexistenz bringt, so macht das Subjekt sich auch dieser Auflösung Meister und bleibt in sich unangefochten und wohlgemut.

γ) In der Mitte nun zwischen der Tragödie und Komödie steht eine *dritte* Hauptart der dramatischen Poesie, die jedoch von weniger durchgreifender Wichtigkeit ist, obschon sich in ihr der Unterschied des Tragischen und Komischen zu vermitteln strebt oder beide Seiten wenigstens, ohne sich als einander schlechthin entgegengesetzt zu isolieren, zusammentreten und ein konkretes Ganzes ausmachen.

αα) Hierher gehört z. B. bei den Alten das Satyrspiel, in welchem die Haupthandlung selbst, wenn auch nicht tragischer, doch aber ernster Art bleibt, der Chor der Satyrn hingegen komisch behandelt ist. Auch die Tragikomödie läßt sich in diese Klasse rechnen; wovon uns Plautus ein Beispiel in seinem *Amphitryo* gibt und dies im Prologe schon durch Merkur vorausverkündigen läßt, indem dieser den Zuschauern zuruft:

> Quid contraxistis frontem? quia Tragoediam
> Dixi futuram hanc? Deus sum: conmutavero
> Eamdem hanc, si voltis: faciam, ex Tragoedia
> Comoedia ut sit: omnibus iisdem versibus ...
> Faciam ut conmista sit Tragicocomoedia.[18]

---

18 »Ihr runzelt eure Stirnen, weil ich sagte, / Es wird ein Trauerspiel? Ich bin ein Gott, / Ich kann es ändern, wenn ihr wollt! Ich mache / Sofort ein Lustspiel aus dem Trauerspiel, / ... / Tragikomödie soll dies Stück drum werden.« (Übers. E. R. Leander)

Und als Grund für diese Vermischung führt er den Umstand an, daß einerseits Götter und Könige als handelnde Personen auftreten, andererseits die komische Figur des Sklaven Sosia. Mehr noch spielen in der modernen dramatischen Poesie das Tragische und Komische durcheinander, weil sich hier auch in der Tragödie das Prinzip der Subjektivität, das im Komischen für sich frei wird, von Hause aus als vorherrschend erweist und die Substantialität des Inhalts der sittlichen Mächte zurückdrängt.

ββ) Die tiefere Vermittlung aber der tragischen und komischen Auffassung zu einem neuen Ganzen besteht nicht in dem Nebeneinander oder Umschlagen dieser Gegensätze, sondern in ihrer sich wechselseitig abstumpfenden Ausgleichung. Die Subjektivität, statt in komischer Verkehrtheit zu handeln, erfüllt sich mit dem Ernst gediegener Verhältnisse und haltbarer Charaktere, während sich die tragische Festigkeit des Wollens und die Tiefe der Kollisionen insoweit erweicht und ebnet, daß es zu einer Aussöhnung der Interessen und harmonischen Einigung der Zwecke und Individuen kommen kann. In solcher Konzeptionsweise haben besonders das moderne Schauspiel und Drama ihren Entstehungsgrund. Das Tiefe in diesem Prinzip ist die Anschauung, daß, den Unterschieden und Konflikten von Interessen, Leidenschaften und Charakteren zum Trotz, sich eine in sich einklangsvolle Wirklichkeit dennoch durch das menschliche Handeln zustande bringe. Schon die Alten haben Tragödien, welche einen ähnlichen Ausgang nehmen, indem die Individuen nicht aufgeopfert werden, sondern sich erhalten; wie z. B. der Areopag in den *Eumeniden* des Aischylos beiden Seiten, dem Apoll wie den rächenden Jungfrauen, das Recht der Verehrung zuteilt; auch im *Philoktet* schlichtet sich auf Herakles' Göttererscheinung und Rat der Kampf zwischen Neoptolemos und Philoktetes, und sie ziehen vereint gen Troja. Hier aber geschieht die Ausgleichung von außen durch den Befehl der Götter usf. und hat nicht in den Parteien selbst ihren inneren Quellpunkt, während es im modernen

Schauspiel die Individuen selbst sind, welche sich durch den Verlauf ihrer eigenen Handlung zu diesem Ablassen vom Streit und zur wechselseitigen Aussöhnung ihres Zwecks oder Charakters hingeleitet finden. Nach dieser Seite ist Goethes *Iphigenie* ein echt poetisches Musterbild eines Schauspiels, mehr noch als der *Tasso*, in welchem einerseits die Aussöhnung mit Antonio mehr nur eine Sache des Gemüts und der subjektiven Anerkennung ist, daß Antonio den realen Lebensverstand besitze, der dem Charakter Tassos abgeht, andererseits das Recht des idealen Lebens, welches Tasso im Konflikt mit der Wirklichkeit, Schicklichkeit, dem Anstande festgehalten, vornehmlich nur subjektiv im Zuschauer recht behält und äußerlich höchstens als Schonung des Dichters und Teilnahme für sein Los hervortritt.

γγ) Im ganzen aber sind teils die Grenzen dieser Mittelgattung schwankender als die der Tragödie und Komödie, teils liegt hier die Gefahr nahe, entweder aus dem echt dramatischen Typus herauszugehen oder ins Prosaische zu geraten. Indem nämlich die Konflikte, da sie durch ihren eigenen Zwiespalt zum Friedensschluß hingelangen sollen, von Anfang an nicht in tragischer Schärfe einander entgegenstehen, so sieht der Dichter sich leicht dadurch veranlaßt, die ganze Kraft seiner Darstellung der innerlichen Seite der Charaktere zuzuwenden und den Gang der Situationen zum bloßen Mittel für diese Charakterschilderung zu machen; oder er gestattet umgekehrt der äußeren Seite von Zeit- und Sittenzuständen einen überwiegenden Spielraum; und fällt ihm beides zu schwer, so beschränkt er sich gar etwa darauf, durch das bloße Interesse der Verwicklung spannender Ereignisse die Aufmerksamkeit rege zu erhalten. Zu diesem Kreise gehört deshalb auch eine Masse der neueren Bühnenstücke, welche weniger auf Poesie als auf Theaterwirkung Anspruch machen und entweder statt auf wahrhaft poetische auf bloß menschliche Rührung losgehen oder sich einerseits nur die Unterhaltung, andererseits die moralische Besserung des Publikums zum Zweck machen, dabei aber größtenteils dem Schauspieler vielfache Gelegenheit verschaffen, seine durchgebildete Virtuosität glänzend an den Tag zu legen.

b. Unterschied der antiken und modernen dramatischen Poesie

Dasselbe Prinzip, welches uns den Grund für die Scheidung der dramatischen Kunst in Tragödie und Komödie gab, liefert nun auch die wesentlichen Haltpunkte für die Entwicklungsgeschichte derselben. Denn der Fortgang in dieser Entfaltung kann nur in einem Auseinanderlegen und Ausbilden der Hauptmomente bestehen, die im Begriffe des dramatischen Handelns liegen, so daß auf der einen Seite die ganze Auffassung und Ausführung das *Substantielle* in den Zwecken, Konflikten und Charakteren herauskehrt, während auf der anderen die *subjektive* Innerlichkeit und *Partikularität* den Mittelpunkt ausmacht.

α) In dieser Rücksicht können wir hier, wo es nicht um eine vollständige Kunstgeschichte zu tun ist, von vornherein diejenigen Anfänge der dramatischen Kunst beiseite stellen, welche wir im *Orient* antreffen. Wie weit es nämlich die orientalische Poesie auch im Epos und in einigen Arten der Lyrik gebracht hat, so verbietet dennoch die ganze morgenländische Weltanschauung von Hause aus eine gemäße Ausbildung der *dramatischen* Kunst. Denn zum wahrhaft *tragischen* Handeln ist es notwendig, daß bereits das Prinzip der *individuellen* Freiheit und Selbständigkeit oder wenigstens die Selbstbestimmung, für die eigene Tat und deren Folgen frei aus sich selbst einstehen zu wollen, erwacht sei; und in noch höherem Grade muß für das Hervortreten der *Komödie* das freie Recht der *Subjektivität* und deren selbstgewisser Herrschaft sich hervorgetan haben. Beides ist im Orient nicht der Fall, und besonders steht die großartige Erhabenheit der mohammedanischen Poesie, obschon sich in ihr einerseits die individuelle Selbständigkeit schon energischer geltend machen kann, dennoch jedem Versuche, sich dramatisch auszusprechen, durchaus fern, da andererseits die *eine* substantielle Macht sich jede erschaffene Kreatur nur um so konsequenter unterwirft und ihr Los in rücksichtslosem Wechsel entscheidet. Die Berechtigung eines besonderen Inhalts der individuellen Handlung und der sich in sich vertiefenden Subjektivität kann deshalb, wie es die dramatische Kunst erfordert, hier nicht auftreten, ja die Unterwerfung des Subjekts unter den Willen Gottes bleibt gerade im Mohammedanismus um so abstrakter, je abstrakt-allgemeiner die eine herrschende Macht ist, die über dem Ganzen steht und keine Besonderheit letztlich aufkommen läßt. Wir finden deshalb dramatische Anfänge nur bei den *Chinesen* und *Indern,* doch auch hier, den wenigen Proben nach, die bis jetzt bekannt geworden sind, nicht als Durchführung eines freien, individuellen Handelns, sondern mehr nur als Verlebendigung von Ereignissen und Empfindungen zu bestimmten Situationen, die in gegenwärtigem Verlauf vorübergeführt werden.

β) Den eigentlichen Beginn der dramatischen Poesie haben wir deshalb bei den *Griechen* aufzusuchen, bei denen überhaupt das Prinzip der freien Individualität die Vollendung der klassischen Kunstform zum erstenmal möglich macht. Diesem Typus gemäß kann jedoch auch in betreff auf die Handlung das Individuum hier nur insoweit hervortreten, als es die freie Lebendigkeit des substantiellen Gehalts menschlicher Zwecke unmittelbar erfordert. Dasjenige daher, um das es in dem alten Drama, Tragödie und Komödie, vornehmlich geht, ist das Allgemeine und Wesentliche des Zwecks, den die Individuen vollbringen; in der Tragödie das sittliche Recht des Bewußtseins in Ansehung der bestimmten Handlung, die Berechtigung der Tat an und für sich; und in der alten Komödie wenigstens sind es ebenso die allgemeinen öffentlichen Interessen, welche herausgehoben werden: die Staatsmänner und ihre Art, den Staat zu lenken, Krieg und Frieden, das Volk und seine sittlichen Zustände, die Philosophie und deren Verderbnis usf. Dadurch kann hier weder die mannigfache Schilderung des inneren Gemüts und eigentümlichen Charakters oder die spezielle Verwicklung und Intrige vollständig Platz gewinnen, noch dreht sich das Interesse um das Schicksal der Individuen, sondern statt für diese partikulareren Seiten wird die Teilnahme vor allem für den einfachen Kampf und Ausgang der wesentlichen Lebensmächte und der in der Menschenbrust waltenden Götter in Anspruch genommen, als deren individuelle Repräsentanten die tragischen Helden in der ähnlichen Weise auftreten, in welcher die komischen Figuren die allgemeine Verkehrtheit offenbar machen, zu der sich in der Gegenwart und Wirklichkeit selbst die Grundrichtungen des öffentlichen Daseins umgewandelt haben.

γ) In der *modernen,* romantischen Poesie dagegen gibt die persönliche Leidenschaft, deren Befriedigung nur einen subjektiven Zweck betreffen kann, überhaupt das Schicksal eines besonderen Individuums und Charakters in speziellen Verhältnissen, den vornehmlichen Gegenstand.

Das poetische Interesse darin liegt nach dieser Seite in der Größe der Charaktere, die durch ihre Phantasie oder Gesinnung und Anlage zugleich das Erhobensein über ihre Situationen und Handlungen sowie den vollen Reichtum des Gemüts als reale, oft nur durch Umstände und Verwicklungen verkümmerte und zugrunde gerichtete Möglichkeit zeigen, zugleich aber in der Größe solcher Naturen selbst wieder eine Versöhnung erhalten. In Rücksicht auf den besonderen Inhalt der Handlung ist es deshalb bei dieser Auffassungsweise nicht die sittliche Berechtigung und Notwendigkeit, sondern die einzelne Person und deren Angelegenheiten, worauf unser Interesse hingewiesen ist. Ein Hauptmotiv liefern daher auf diesem Standpunkte die Liebe, der Ehrgeiz usw., ja selbst das Verbrechen ist nicht auszuschließen. Doch wird das letztere leicht zu einer schwer zu umschiffenden Klippe. Denn ein Verbrecher für sich, vollends wenn er schwach und von Hause aus niederträchtig ist wie der Held in Müllners[19] *Schuld*, gibt nur einen ekelhaften Anblick. Hier vor allem muß daher wenigstens die formelle Größe des Charakters und Macht der Subjektivität gefordert werden, alles Negative auszuhalten und ohne Verleugnung ihrer Taten, und ohne in sich zertrümmert zu sein, ihr Los dahinnehmen zu können. Umgekehrt aber sind die substantiellen Zwecke, Vaterland, Familie, Krone und Reich usf., wenn es auch den Individuen darin nicht auf das Substantielle, sondern auf ihre eigene Individualität ankommt, in keiner Weise entfernt zu halten, aber sie bilden dann im ganzen mehr den bestimmten Boden, auf welchem die Individuen ihrem subjektiven Charakter nach stehen und in Kampf geraten, als daß sie den eigentlichen letzten Inhalt des Wollens und Handelns lieferten.

Neben diese Subjektivität kann ferner die Breite der Partikularität sowohl in Rücksicht des Inneren treten als auch in betreff auf die äußeren Umstände und Verhältnisse, innerhalb welcher die Handlung vor sich geht. Dadurch machen sich hier im Unterschiede der einfachen Konflikte, wie wir sie bei den Alten finden, die Mannigfaltigkeit und Fülle der handelnden Charaktere, die Seltsamkeit immer neu durcheinandergeschlungener Verwicklungen, die Irrgewinde der Intrige, das Zufällige der Ereignisse, überhaupt alle die Seiten mit Recht geltend, deren Freiwerden gegen die durchgreifende Substantialität des wesentlichen Inhalts den Typus der romantischen Kunstform im Unterschiede der klassischen bezeichnet.

Dieser scheinbar losgebundenen Partikularität unerachtet muß aber dennoch auch auf diesem Standpunkte, soll das Ganze dramatisch und poetisch bleiben, auf der einen Seite die Bestimmtheit der Kollision, welche sich durchzukämpfen hat, sichtlich herausgehoben sein, andererseits muß sich, hauptsächlich in der Tragödie, durch den Verlauf und Ausgang der besonderen Handlung das Walten einer höheren

---

19 Adolf Müllner, 1774–1829, Dramatiker

Weltregierung, sei es als Vorsehung oder Schicksal, offenbar machen.

c. Die konkrete Entwicklung der dramatischen Poesie und ihrer Arten

In die soeben betrachteten wesentlichen Unterschiede der Konzeption und poetischen Ausführung treten nun die verschiedenen Arten der dramatischen Kunst hinein und gelangen erst, insofern sie sich auf der einen oder anderen Stufe entwickeln, zu ihrer wahrhaft realen Vollständigkeit. Wir haben deshalb zum Schluß auch auf diese konkrete Gestaltungsweise noch unsere Betrachtung hinzulenken.

α) Der nächste Hauptkreis, der uns, wenn wir aus dem oben bereits angeführten Grunde die orientalischen Anfänge ausschließen, als die gediegenste Stufe sowohl der eigentlichen Tragödie als auch der Komödie sogleich vor Augen steht, ist die dramatische Poesie der *Griechen*. In ihr nämlich kommt zum ersten Male das Bewußtsein von dem zum Vorschein, was überhaupt das Tragische und Komische seinem wahren Wesen nach ist, und nachdem diese entgegengesetzten Anschauungsarten des menschlichen Handelns sich zu fester Trennung streng voneinander abgeschieden haben, ersteigen in organischer Entwicklung erst die Tragödie, dann die Komödie den Gipfelpunkt ihrer Vollendung, von welcher endlich die römische dramatische Kunst nur einen schwächeren Abglanz wiedergibt, der selbst das nicht erreicht, was den Römern später in dem ähnlichen Streben im Epos und der Lyrik gelang. – In Rücksicht auf die nähere Betrachtung dieser Stufen jedoch will ich mich, um nur das Wichtigste kurz zu berühren, auf den tragischen Standpunkt des Aischylos und Sophokles sowie auf den komischen des Aristophanes beschränken.

αα) Was nun erstens die *Tragödie* angeht, so sagte ich bereits, daß die Grundform, durch welche sich ihre ganze Organisation und Struktur bestimmt, in dem Herausheben der substantiellen Seite sowohl der Zwecke und ihres Inhalts als auch der Individuen und ihres Kampfes und Schicksals zu suchen sei.

Den allgemeinen Boden für die tragische Handlung bietet wie im Epos so auch in der Tragödie der Weltzustand dar, den ich früher bereits als den *heroischen* bezeichnet habe. Denn nur in den heroischen Tagen können die allgemeinen sittlichen Mächte, indem sie weder als Gesetze des Staats noch als moralische Gebote und Pflichten für sich fixiert sind, in ursprünglicher Frische als die Götter auftreten, welche sich entweder in ihrer eigenen Tätigkeit entgegenstellen oder als der lebendige Inhalt der freien menschlichen Individualität selber erscheinen. Soll nun aber das Sittliche sich von Hause aus als die substantielle Grundlage, als der allgemeine Boden dartun, aus welchem das Gewächse des individuellen Handelns ebensosehr in seiner Entzweiung hervorkommt, als es aus dieser Bewegung wieder zur Einheit zurückgerissen wird, so haben wir für das Sittliche im Handeln zwei unterschiedene Formen vor uns.

Erstlich nämlich das einfache Bewußtsein, das, insofern es die Substanz nur als unentzweite Identität ihrer besonderen Seiten will, in ungestörter Beruhigung für sich und andere tadellos und neutral bleibt. Dies in seiner Verehrung, seinem Glauben und Glück besonderungslose und damit nur allgemeine Bewußtsein aber kann zu keiner bestimmten Handlung kommen, sondern hat vor dem Zwiespalte, der darin liegt, eine Art von Grauen, obschon es, als selber tatlos, zugleich jenen geistigen Mut, in einem selbstgesetzten Zweck zum Entschließen und Handeln herauszutreten, für höher achtet, sich jedoch keines Eingehens darein fähig und als der bloße Boden und Zuschauer weiß und deshalb für die als das Höhere verehrten handelnden Individuen nichts anderes zu tun übrigbehält, als der Energie ihres Beschlusses und Kampfs das Objekt seiner eigenen Weisheit, die substantielle Idealität der sittlichen Mächte nämlich, entgegenzusetzen. Die *zweite* Seite bildet das individuelle Pathos, das die handelnden Charaktere mit sittlicher Berechtigung zu ihrem

Gegensatze gegen andere antreibt und sie dadurch in Konflikt bringt. Die Individuen dieses Pathos sind weder das, was wir im modernen Sinne des Worts Charaktere nennen, noch aber bloße Abstraktionen, sondern stehen in der lebendigen Mitte zwischen beidem als feste Figuren, die nur das sind, was sie sind, ohne Kollision in sich selbst, ohne schwankendes Anerkennen eines anderen Pathos und insofern – als Gegenteil der heutigen Ironie – hohe, absolut bestimmte Charaktere, deren Bestimmtheit jedoch in einer besonderen sittlichen Macht ihren Inhalt und Grund findet. Indem nun erst die *Entgegensetzung* solcher zum Handeln berechtigten Individuen das Tragische ausmacht, so kann dieselbe nur auf dem Boden der menschlichen Wirklichkeit zum Vorschein kommen. Denn nur diese enthält die Bestimmung, daß eine besondere Qualität die Substanz eines Individuums in *der* Weise ausmacht, daß sich dasselbe mit seinem ganzen Interesse und Sein in solch einen Inhalt hineinlegt und ihn zur durchdringenden Leidenschaft werden läßt. In den *seligen* Göttern aber ist die indifferente göttliche Natur das Wesentliche, wogegen der Gegensatz, mit welchem es nicht zu letzlichem Ernste kommt, vielmehr – wie ich schon beim Homerischen Epos anführte – zu einer sich wieder auflösenden Ironie wird.

Diese beiden Seiten, von denen die eine so wichtig für das Ganze ist als die andere – das unentzweite Bewußtsein vom Göttlichen und das kämpfende, aber in göttlicher Kraft und Tat auftretende Handeln, das sittliche Zwecke beschließt und durchführt –, geben die hauptsächlichen Elemente ab, deren Vermittlung die griechische Tragödie als *Chor* und *handelnde* Heroen in ihren Kunstwerken darstellt.

Es ist in neuerer Zeit viel über die Bedeutung des griechischen *Chors* gesprochen und dabei die Frage aufgeworfen worden, ob er auch in die moderne Tragödie eingeführt werden könne und solle. Man hat nämlich das Bedürfnis solch einer substantiellen Grundlage gefühlt und sie doch zugleich nicht recht anzubringen und einzufügen gewußt,

weil man die Natur des echt Tragischen und die Notwendigkeit des Chors für den Standpunkt der griechischen Tragödie
nicht tief genug zu fassen verstand. Einerseits nämlich hat
man den Chor wohl insofern anerkannt, als man gesagt hat,
daß ihm die ruhige Reflexion über das Ganze zukomme,
während die handelnden Personen in ihren besonderen
Zwecken und Situationen befangen blieben und nun am
Chor und seinen Betrachtungen ganz ebenso den Maßstab
des Werts ihrer Charaktere und Handlungen erhielten, als
das Publikum an ihm in dem Kunstwerke einen objektiven
Repräsentanten seines eigenen Urteils über das fände, was
vor sich geht. Mit dieser Ansicht ist teilweise der rechte
Punkt in der Rücksicht getroffen, daß der Chor in der Tat
als das substantielle, höhere, von falschen Konflikten ab-
mahnende, den Ausgang bedenkende Bewußtsein dasteht.
Dessenungeachtet ist er doch nicht etwa eine bloß äußerlich
und müßig wie der Zuschauer reflektierende moralische Person, die, für sich uninteressant und langweilig, nur um dieser
Reflexion wegen hinzugefügt wäre, sondern er ist die wirkliche Substanz des sittlichen heroischen Lebens und Handelns
selbst, den einzelnen Heroen gegenüber das Volk als das
fruchtbare Erdreich, aus welchem die Individuen wie die
Blumen und hervorragenden Bäume aus ihrem eigenen heimischen Boden emporwachsen und durch die Existenz desselben bedingt sind. So gehört der Chor wesentlich dem
Standpunkte an, wo sich den sittlichen Verwicklungen noch
nicht bestimmte rechtsgültige Staatsgesetze und feste religiöse Dogmen entgegenhalten lassen, sondern wo das Sittliche nur erst in seiner unmittelbar lebendigen Wirklichkeit
erscheint und nur das Gleichmaß unbewegten Lebens gesichert gegen die furchtbaren Kollisionen bleibt, zu welchen
die entgegengesetzte Energie des individuellen Handelns
führen muß. Daß aber dieses gesicherte Asyl wirklich vorhanden sei, davon gibt uns der Chor das Bewußtsein. Er
greift deshalb in die Handlung nicht tatsächlich ein, er übt
kein Recht tätig gegen die kämpfenden Helden aus, sondern

spricht nur theoretisch sein Urteil, warnt, bemitleidet oder ruft das göttliche Recht und die inneren Mächte an, welche die Phantasie sich äußerlich als den Kreis der waltenden Götter vorstellt. In diesem Ausdruck ist er, wie wir schon sahen, lyrisch; denn er handelt nicht und hat keine Ereignisse episch zu erzählen; aber sein Inhalt bewahrt zugleich den epischen Charakter substantieller Allgemeinheit, und so bewegt er sich in einer Weise der Lyrik, welche im Unterschiede der eigentlichen Odenform zuweilen dem Päan und Dithyrambus sich nähern kann. Diese Stellung des Chors in der griechischen Tragödie ist wesentlich herauszuheben. Wie das Theater selbst seinen äußeren Boden, seine Szene und Umgebung hat, so ist der Chor, das Volk, gleichsam die geistige Szene, und man kann ihn dem Tempel der Architektur vergleichen, welcher das Götterbild, das hier zum handelnden Helden wird, umgibt. Bei uns dagegen stehen die Statuen unter freiem Himmel ohne solch einen Hintergrund, den auch die moderne Tragik nicht braucht, da ihre Handlungen nicht auf diesem substantiellen Grunde, sondern auf dem subjektiven Willen und Charakter sowie auf dem scheinbar äußerlichen Zufall der Begebenheiten und Umstände beruhen. – In dieser Rücksicht ist es eine durchaus falsche Ansicht, wenn man den Chor als ein zufälliges Nachgeschleppe und ein bloßes Überbleibsel aus der Entstehungszeit des griechischen Dramas betrachtet. Allerdings ist sein äußerlicher Ursprung aus dem Umstande herzuleiten, daß bei den Bacchusfesten, in Ansehung auf Kunst, der Chorgesang die Hauptsache ausmachte, bis dann zur Unterbrechung ein Erzähler hinzutrat, dessen Bericht sich endlich zu den wirklichen Gestalten der dramatischen Handlung umwandelte und erhob. Der Chor aber wurde in der Blütezeit der Tragödie nicht etwa nur beibehalten, um dies Moment des Götterfestes und Bacchusdienstes zu ehren, sondern er bildete sich nur deshalb immer schöner und maßvoller aus, weil er wesentlich zur dramatischen Handlung selbst gehört und ihr so sehr notwendig ist, daß der Verfall der Tragödie sich hauptsächlich auch an der Verschlechterung der Chöre dartut, die nicht mehr ein integrierendes Glied des Ganzen bleiben, sondern zu einem gleichgültigeren Schmuck herabsinken. Für die romantische Tragödie dagegen zeigt sich der Chor weder passend, noch ist sie aus Chorgesängen ursprünglich entstanden. Im Gegenteil ist hier der Inhalt derart, daß jede Einführung von Chören im griechischen Sinne hat mißlingen müssen. Denn schon die ältesten sogenannten Mysterien, Moralitäten und sonstigen Farcen, von denen das romantische Drama ausging, stellen kein Handeln in jenem ursprünglich griechischen Sinne, kein Heraustreten aus dem unentzweiten Bewußtsein des Lebens und des Göttlichen dar. Ebensowenig eignet sich der Chor für das Rittertum und die Königsherrschaft, insofern hier das Volk zu gehorchen hat oder selber Partei und in die Handlung mit dem Interesse seines Gücks oder Unglücks verwickelt wird. Überhaupt kann er da nicht seine rechte Stelle finden, wo es sich um partikulare Leidenschaften, Zwecke und Charaktere handelt oder die Intrige ihr Spiel zu treiben hat.

Das *zweite* Hauptelement, dem Chor gegenüber, bilden die *konfliktvoll* handelnden *Individuen*. In der griechischen Tragödie nun ist es nicht etwa böser Wille, Verbrechen, Nichtswürdigkeit oder bloßes Unglück, Blindheit und dergleichen, was den Anlaß für die Kollisionen hervorbringt, sondern, wie ich schon mehrfach sagte, die sittliche Berechtigung zu einer bestimmten Tat. Denn das abstrakt Böse hat weder in sich selbst Wahrheit, noch ist es von Interesse. Doch muß es auf der anderen Seite auch nicht als bloße Absicht erscheinen, daß man den handelnden Personen sittliche Charakterzüge gibt, sondern ihre Berechtigung muß an und für sich wesentlich sein. Kriminalfälle, wie in neueren Zeiten, nichtsnutzige oder auch sogenannte moralisch edle Verbrecher mit ihrem leeren Geschwätze vom Schicksal finden wir deshalb in der alten Tragödie ebensowenig, als der Entschluß und die Tat auf der bloßen Subjektivität des Interesses und Charakters, auf Herrschsucht, Verliebtheit, Ehre oder sonst auf Leidenschaften beruht, deren Recht allein in der besonderen Neigung und Persönlichkeit wurzeln kann. Solch ein durch den Gehalt seines Zwecks berechtigter Entschluß nun aber, indem er sich in einseitiger Besonderheit zur Ausführung bringt, verletzt unter bestimmten Umständen, welche an sich schon die reale Möglichkeit von Konflikten in sich tragen, ein anderes, gleich sittliches Gebiet menschlichen Wollens, das nun der entgegenstehende Charakter als sein wirkliches Pathos festhält und reagierend durchführt, so daß dadurch die Kollision gleichberechtigter Mächte und Individuen vollständig in Bewegung kommt.

Der Kreis dieses Inhalts nun, obschon er mannigfaltig partikularisiert werden kann, ist dennoch seiner Natur nach nicht von großem Reichtume. Der Hauptgegensatz, den besonders Sophokles nach Aischylos' Vorgang aufs schönste behandelt hat, ist der des *Staats,* des sittlichen Lebens in seiner geistigen Allgemeinheit, und der *Familie* als der natürlichen Sittlichkeit. Dies sind die reinsten Mächte der tragischen Darstellung, indem die Harmonie dieser Sphären und das einklangsvolle Handeln innerhalb ihrer Wirklichkeit die vollständige Realität des sittlichen Daseins ausmacht. Ich brauche in dieser Rücksicht nur an Aischylos' *Sieben vor Theben* und mehr noch an die *Antigone* des Sophokles zu erinnern. Antigone ehrt die Bande des Bluts, die unterirdischen Götter, Kreon allein den Zeus, die waltende Macht des öffentlichen Lebens und Gemeinwohls. Auch in der *Iphigenia in Aulis* sowie in dem *Agamemnon,* den *Choephoren* und *Eumeniden* des Aischylos und in der *Elektra* des Sophokles finden wir den ähnlichen Konflikt. Agamemnon opfert als König und Führer des Heers seine Tochter dem Interesse der Griechen und des trojanischen Zuges und zerreißt dadurch das Band der Liebe zur Tochter und Gattin, das Klytämnestra, als Mutter, im tiefsten Herzen bewahrt und rächend dem heimkehrenden Gatten schmählichen Untergang bereitet. Orest, der Sohn und Königssohn, ehrt die Mutter, aber er hat das Recht des Vaters, des Königs zu vertreten und schlägt den Schoß, der ihn geboren. – Dies ist ein für alle Zeiten gültiger Inhalt, dessen Darstellung daher aller nationalen Unterschiedenheit zum Trotz auch unsere menschliche und künstlerische Teilnahme gleich rege erhält.

Formeller schon ist eine zweite Hauptkollision, welche die griechischen Tragiker besonders in dem Schicksal des Ödipus darzustellen liebten, wovon uns Sophokles das vollendetste Beispiel in seinem *Oedipus rex* und *Ödipus auf Kolonos* zurückgelassen hat. Hier handelt es sich um das Recht des wachen Bewußtseins, um die Berechtigung dessen, was der Mensch mit selbstbewußtem Wollen vollbringt, dem gegenüber, was er unbewußt und willenlos nach der Bestimmung der Götter wirklich getan hat. Ödipus hat den Vater erschlagen, die Mutter geheiratet, in blutschänderischem Ehebette Kinder gezeugt, und dennoch ist er, ohne es zu wissen und zu wollen, in diese ärgsten Frevel verwickelt worden. Das Recht unseres heutigen, tieferen Bewußtseins würde darin bestehen, diese Verbrechen, da sie weder im eigenen Wissen noch im eigenen Wollen gelegen haben, auch nicht als die Taten des eigenen Selbst anzuerkennen; der plastische Grieche aber steht ein für das, was er als Individuum vollbracht hat, und zerscheidet sich nicht in die formelle Subjektivität des Selbstbewußtseins und in das, was die objektive Sache ist.

Für uns von untergeordneterer Art endlich sind andere Kollisionen, welche teils auf die allgemeine Stellung des individuellen Handelns überhaupt zum griechischen Fatum, teils auf speziellere Verhältnisse Bezug haben.

Bei allen diesen tragischen Konflikten nun aber müssen wir vornehmlich die falsche Vorstellung von *Schuld* oder *Unschuld* beiseite lassen. Die tragischen Heroen sind ebenso schuldig als unschuldig. Gilt die Vorstellung, der Mensch sei schuldig nur in *dem* Falle, daß ihm eine Wahl offenstand und er sich mit Willkür zu dem entschloß, was er ausführt, so sind die alten plastischen Figuren unschuldig; sie handeln aus diesem Charakter, diesem Pathos, weil sie gerade dieser Charakter, dieses Pathos sind; da ist keine Unentschlossenheit und keine Wahl. Das eben ist die Stärke der großen Charaktere, daß sie nicht wählen, sondern durch und durch von Hause aus das *sind*, was sie wollen und vollbringen. Sie sind das, was sie sind, und ewig dies, und das ist ihre Größe. Denn die Schwäche im Handeln besteht nur in der Trennung des Subjekts als solchen und seines Inhalts, so daß Charakter, Willen und Zweck nicht absolut in eins gewachsen erscheinen und das Individuum sich, indem ihm kein fester Zweck als Substanz seiner eigenen Individualität, als Pathos und Macht seines ganzen Wollens in der Seele lebt, unentschlossen noch von diesem zu jenem wenden und sich nach Willkür entscheiden kann. Dies Herüber und Hinüber ist aus den plastischen Gestalten entfernt; das Band zwischen Subjektivität und Inhalt des Wollens bleibt für sie unauflöslich. Was sie zu ihrer Tat treibt, ist eben das sittlich berechtigte Pathos, welches sie nun auch in pathetischer Beredsamkeit gegeneinander nicht in der subjektiven Rhetorik des Herzens und Sophistik der Leidenschaft geltend machen, sondern in jener ebenso gediegenen als gebildeten Objektivität, in deren Tiefe, Maß und plastisch lebendiger Schönheit vor allem Sophokles Meister war. Zugleich aber führt ihr kollisionsvolles Pathos sie zu verletzenden, schuldvollen Taten. An diesen nun wollen sie nicht etwa unschuldig sein. Im Gegenteil: was sie getan, wirklich getan zu haben, ist ihr Ruhm. Solch einem Heros könnte man nichts Schlimmeres nachsagen, als daß er unschuldig gehandelt habe. Es ist die Ehre der großen Charaktere, schuldig zu sein. Sie wollen nicht zum Mitleiden, zur Rührung bewegen. Denn nicht das Substantielle, sondern die subjektive Vertiefung der Persönlichkeit, das *subjektive* Leiden rührt. Ihr fester, starker Charakter aber ist eins mit seinem wesentlichen Pathos, und dieser unscheidbare Einklang flößt Bewunderung ein, nicht Rührung, zu der auch Euripides erst übergegangen ist.

Das Resultat endlich der tragischen Verwicklung leitet nun keinem anderen Ausgange zu, als daß sich die beiderseitige Berechtigung der gegeneinander kämpfenden Seiten zwar bewährt, die *Einseitigkeit* ihrer Behauptung aber abgestreift wird und die ungestörte innere Harmonie, jener Zustand des Chors zurückkehrt, welcher allen Göttern ungetrübt die gleiche Ehre gibt. Die wahre Entwicklung besteht nur in dem Aufheben der Gegensätze als *Gegensätze*, in der Versöhnung der Mächte des Handelns, die sich in ihrem Konflikte wechselweise zu negieren streben. Nur dann ist nicht das Unglück und Leiden, sondern die Befriedigung des Geistes das letzte, insofern erst bei solchem Ende die Notwendigkeit dessen, was den Individuen geschieht, als absolute Vernünftigkeit erscheinen kann und das Gemüt wahrhaft sittlich beruhigt ist; erschüttert durch das Los der Helden, versöhnt in der Sache. Nur wenn man diese Einsicht festhält, läßt sich die alte Tragödie begreifen. Wir dürfen deshalb solch eine Art des Abschlusses auch nicht als einen bloß moralischen Ausgang auffassen, demgemäß das Böse bestraft und die Tugend belohnt ist, d. h. »wenn sich das Laster erbricht, setzt sich die Tugend zu Tisch«. Auf diese subjektive Seite der in sich reflektierten Persönlichkeit und deren Gut und Böse kommt es hier gar nicht an, sondern, wenn die Kollision vollständig war, auf die Anschauung der affirmativen Versöhnung und das gleiche Gelten beider Mächte, die sich bekämpften. Ebensowenig ist die Notwendigkeit des Ausgangs ein blindes Schicksal, d. h. ein bloß unvernünftiges, unverstandenes Fatum, das viele antik nennen; sondern die Vernünftigkeit des Schicksals, obschon sie hier noch nicht als selbstbewußte Vorsehung erscheint, deren göttlicher Endzweck mit der Welt und den Individuen für sich und andere heraustritt, liegt eben darin, daß die höchste Gewalt, die über den einzelnen Göttern und Menschen steht, es nicht dulden kann, daß die einseitig sich verselbständigenden und dadurch die Grenze ihrer Befugnis überschreitenden Mächte sowie die Konflikte, welche hieraus folgen, Bestand erhalten.

Das Fatum weist die Individualität in ihre Schranken zurück und zertrümmert sie, wenn sie sich überhoben hat. Ein unvernünftiger Zwang aber, eine Schuldlosigkeit des Leidens müßte statt sittlicher Beruhigung nur Indignation in der Seele des Zuschauers hervorbringen. – Nach einer anderen Seite unterscheidet sich deshalb die *tragische* Versöhnung auch ebensosehr wieder von der *epischen*. Sehen wir in dieser Rücksicht auf Achill und Odysseus, so gelangen beide ans Ziel, und es gehört sich, daß sie es erreichen; aber es ist nicht ein stetes Glück, das sie begünstigt, sondern sie haben die Empfindung der Endlichkeit bitter zu kosten und müssen sich mühsam durch Schwierigkeiten, Verluste und Aufopferungen hindurchkämpfen. Denn so erfordert es die Wahrheit überhaupt, daß in dem Verlauf des Lebens und der objektiven Breite der Ereignisse auch die Nichtigkeit des Endlichen zur Erscheinung komme. So wird zwar Achilles' Zorn versöhnt, er erlangt von Agamemnon das, worin er beleidigt worden war, er nimmt an Hektor seine Rache, die Totenfeier für Patroklos wird vollbracht und Achill als der Herrlichste anerkannt; aber sein Zorn und dessen Versöhnung hat ihn eben seinen liebsten Freund, den edlen Patroklos, gekostet; um diesen Verlust an Hektor zu rächen, sieht er sich gezwungen, selber von seinem Zorne abzulassen und sich wieder in die Schlacht gegen die Troer zu begeben, und indem er als der Herrlichste gekannt ist, hat er zugleich die Empfindung seines frühen Todes. In der ähnlichen Weise langt Odysseus in Ithaka, diesem Ziel seiner Wünsche, endlich an, doch allein, schlafend, nach dem Verlust aller seiner Gefährten, aller Kriegsbeute vor Ilion, nach langen Jahren des Harrens und Abmühens. So haben beide ihre Schuld an die Endlichkeit abgetragen, und der Nemesis ist im Untergange Trojas und dem Schicksal der griechischen Helden ihr Recht geworden. Aber die Nemesis ist nur die alte Gerechtigkeit, die nur überhaupt das allzu Hohe herabsetzt, um das abstrakte Gleichgewicht des Glücks durch Unglück wiederherzustellen, und ohne nähere sittliche Bestimmung nur das endliche Sein berührt und trifft. Dies ist die epische Gerechtigkeit im Felde des Geschehens, die allgemeine Versöhnung bloßer Ausgleichung. Die höhere tragische Aussöhnung hingegen bezieht sich auf das Hervorgehen der bestimmten sittlichen Substantialitäten aus ihrem Gegensatze zu ihrer wahrhaften Harmonie. Die Art und Weise nun aber, diesen Einklang herzustellen, kann sehr verschiedener Art sein, und ich will deshalb nur auf die Hauptmomente, um die es sich in dieser Rücksicht handelt, aufmerksam machen.

Erstlich ist besonders herauszuheben, daß, wenn die Einseitigkeit des Pathos den eigentlichen Grund der Kollisionen ausmacht, dies hier nichts anderes heißt, als daß sie ins lebendige Handeln eingetreten und somit zum alleinigen Pathos eines bestimmten Individuums geworden ist. Soll nun die Einseitigkeit sich aufheben, so ist es also dies Individuum, das, insofern es nur als das *eine* Pathos gehandelt hat, abgestreift und aufgeopfert werden muß. Denn das Individuum ist nur dies *eine* Leben; gilt dies nicht fest für sich als dieses *eine,* so ist das Individuum zerbrochen.

Die vollständigste Art dieser Entwicklung ist dann möglich, wenn die streitenden Individuen, ihrem konkreten Dasein nach, an sich selbst jedes als Totalität auftreten, so daß sie an sich selber in der Gewalt dessen stehen, wogegen sie ankämpfen, und daher das verletzen, was sie ihrer eigenen Existenz gemäß ehren sollten. So lebt z. B. Antigone in der Staatsgewalt Kreons; sie selbst ist Königstochter und Braut des Hämon, so daß sie dem Gebot des Fürsten Gehorsam zollen sollte. Doch auch Kreon, der seinerseits Vater und Gatte ist, müßte die Heiligkeit des Bluts respektieren und nicht das befehlen, was dieser Pietät zuwiderläuft. So ist beiden an ihnen selbst das immanent, wogegen sie sich wechselweise erheben, und sie werden an dem selber ergriffen und gebrochen, was zum Kreise ihres eigenen Daseins gehört. Antigone erleidet den Tod, ehe sie sich des bräutlichen Reigens erfreut, aber auch Kreon wird an seinem Sohne und seiner Gattin gestraft, die sich den Tod geben, der eine um

Antigones, die andere um Hämons Tod. Von allem Herrlichen der alten und modernen Welt – ich kenne so ziemlich alles, und man soll es und kann es kennen – erscheint mir nach dieser Seite die *Antigone* als das vortrefflichste, befriedigendste Kunstwerk.

Der tragische Ausgang nun aber bedarf zum Ablassen beider Einseitigkeiten und ihrer gleichen Ehre nicht jedesmal des Untergangs der beteiligten Individuen. So enden bekanntlich die *Eumeniden* des Aischylos nicht mit dem Tode Orests oder dem Verderben der Eumeniden, dieser Rächerinnen des Mutterbluts und der Pietät dem Apoll gegenüber, welcher die Würde und Verehrung des Familienhauptes und Königs aufrechterhalten will und den Orest angestiftet hatte, Klytämnestra zu töten, sondern dem Orest wird die Strafe erlassen und beiden Göttern die Ehre gegeben. Zugleich aber sehen wir an diesem entscheidenden Schlusse deutlich, was den Griechen ihre Götter galten, wenn sie sich dieselben in ihrer kämpfenden Besonderheit vor die Anschauung brachten. Vor dem wirklichen Athen erscheinen sie nur als Momente, welche die volle harmonische Sittlichkeit zusammenbindet. Die Stimmen des Areopags sind gleich; es ist Athene, die Göttin, das lebendige Athen seiner Substanz nach vorgestellt, die den weißen Stein hinzufügt, den Orest freigibt, aber den Eumeniden ebenso als dem Apoll Altäre und Verehrung verspricht.

Dieser objektiven Versöhnung gegenüber kann die Ausgleichung *zweitens* subjektiver Art sein, indem die handelnde Individualität zuletzt ihre Einseitigkeit selber aufgibt. In dem Ablassen von ihrem substantiellen Pathos aber würde sie charakterlos erscheinen, was der Gediegenheit der plastischen Figuren widerspricht. Das Individuum kann sich deshalb nur gegen eine höhere Macht und deren Rat und Befehl aufgeben, so daß es für sich in seinem Pathos beharrt, durch einen Gott aber der starre Wille gebrochen wird. Der Knoten löst sich in diesem Falle nicht, sondern wird, wie im *Philoktet* z. B., durch einen Deus ex machina zerhauen.

Schöner *endlich* als diese mehr äußerliche Weise des Ausgangs ist die innerliche Aussöhnung, welche ihrer Subjektivität wegen bereits gegen das Moderne hinstreift. Das vollendeteste antike Beispiel hierfür haben wir in dem ewig zu bewundernden *Ödipus auf Kolonos* vor uns. Er hat seinen Vater unwissend erschlagen, den Thron Thebaes, das Bett der eigenen Mutter bestiegen; diese bewußtlosen Verbrechen machen ihn nicht unglücklich; aber der alte Rätsellöser zwingt das Wissen über sein eigenes dunkles Schicksal heraus und erhält nun das furchtbare Bewußtsein, daß er dies in sich geworden. Mit dieser Auflösung des Rätsels an ihm selber hat er wie Adam, als er zum Bewußtsein des Guten und Bösen kam, sein Glück verloren. Nun macht er, der Seher, sich blind, nun verbannt er sich vom Thron und scheidet von Theben, wie Adam und Eva aus dem Paradiese getrieben werden, und irrt, ein hilfloser Greis, umher. Doch den Schwerbelasteten, der in Kolonos, statt seines Sohnes Verlangen, daß er zurückkehren möge, zu erhören, ihm seine Erinnye zugesellt, der allen Zwiespalt in sich auslöscht und sich in sich selber reinigt, ruft ein Gott zu sich; sein blindes Auge wird verklärt und hell, seine Gebeine werden zum Heil, zum Horte der Stadt, die ihn gastfrei aufnahm. Diese Verklärung im Tode ist seine und unsere erscheinende Versöhnung in seiner Individualität und Persönlichkeit selber. Man hat einen christlichen Ton darin finden wollen, die Anschauung eines Sünders, den Gott zu Gnaden annimmt und das Schicksal, das an seiner Endlichkeit sich ausließ, im Tode durch Seligkeit vergütet. Die christliche religiöse Versöhnung aber ist eine Verklärung der Seele, die, im Quell des ewigen Heils gebadet, sich über ihre Wirklichkeit und Taten erhebt, indem sie das Herz selbst – denn dies vermag der Geist – zum Grabe des Herzens macht, die Anklagen der irdischen Schuld mit ihrer eigenen irdischen Individualität bezahlt und sich nun in der Gewißheit des ewigen, rein geistigen Seligseins in sich selbst gegen jene Anklagen festhält. Die Verklärung des Ödipus dagegen bleibt immer noch

die antike Herstellung des Bewußtseins aus dem Streite sittlicher Mächte und Verletzungen zur Einheit und Harmonie
dieses *sittlichen* Gehaltes selber.

Was jedoch Weiteres in dieser Versöhnung liegt, ist die *Subjektivität* der Befriedigung, aus welcher wir den Übergang
in das entgegengesetzte Gebiet der *Komödie* machen können.

ββ) Komisch nämlich, wie wir sahen, ist überhaupt die Subjektivität, die ihr Handeln durch sich selber in Widerspruch
bringt und auflöst, dabei aber ebenso ruhig und ihrer selbst
gewiß bleibt. Die Komödie hat daher das zu ihrer Grundlage und ihrem Ausgangspunkte, womit die Tragödie schließen kann: das in sich absolut versöhnte, heitere Gemüt, das,
wenn es auch sein Wollen durch seine eigenen Mittel zerstört und an sich selber zuschanden wird, weil es aus sich
selbst das Gegenteil seines Zwecks hervorgebracht hat, darum doch nicht seine Wohlgemutheit verliert. Diese Sicherheit des Subjekts aber ist andererseits nur dadurch möglich,
daß die Zwecke und damit auch die Charaktere entweder
an und für sich nichts Substantielles enthalten oder, haben
sie an und für sich Wesentlichkeit, dennoch in einer ihrer
Wahrheit nach schlechthin entgegengesetzten und deshalb
substanzlosen Gestalt zum Zweck gemacht und durchgeführt
werden, so daß in dieser Rücksicht also immer nur das an
sich selber Nichtige und Gleichgültige zugrunde geht und
das Subjekt ungestört aufrecht stehenbleibt.

Dies ist nun auch im ganzen der Begriff der alten klassischen
Komödie, wie sie sich für uns in den Stücken des Aristophanes erhalten hat. Man muß in dieser Rücksicht sehr wohl
unterscheiden, ob die handelnden Personen für sich selbst
komisch sind oder nur für die Zuschauer. Das erstere allein
ist zur wahrhaften Komik zu rechnen, in welcher Aristophanes Meister war. Diesem Standpunkte gemäß stellt sich ein
Individuum nur dann als lächerlich dar, wenn sich zeigt, es
sei ihm in dem Ernste seines Zwecks und Willens selber nicht
Ernst, so daß dieser Ernst immer für das Subjekt selbst seine

eigene Zerstörung mit sich führt, weil es sich eben von Hause aus in kein höheres allgemeingültiges Interesse, das in eine wesentliche Entzweiung bringt, einlassen kann und, wenn es sich auch wirklich darauf einläßt, nur eine Natur zum Vorschein kommen läßt, die durch ihre gegenwärtige Existenz unmittelbar das schon zunichte gemacht hat, was sie scheint ins Werk richten zu wollen, so daß man sieht, es ist eigentlich gar nicht in sie eingedrungen. Das Komische spielt deshalb mehr in unteren Ständen der Gegenwart und Wirklichkeit selbst, unter Menschen, die einmal sind, wie sie eben sind, nicht anders sein können und wollen und, jedes echten Pathos unfähig, dennoch nicht den mindesten Zweifel in das setzen, was sie sind und treiben. Zugleich aber tun sie sich als höhere Naturen dadurch kund, daß sie nicht an die Endlichkeit, in welche sie sich hineinbegeben, ernstlich gebunden sind, sondern darüber erhoben und gegen Mißlingen und Verlust in sich selber fest und gesichert bleiben. Diese absolute Freiheit des Geistes, die an und für sich in allem, was der Mensch beginnt, von Anfang an getröstet ist, diese Welt der subjektiven Heiterkeit ist es, in welche uns Aristophanes einführt. Ohne ihn gelesen zu haben, läßt sich kaum wissen, wie dem Menschen sauwohl sein kann. – Die Interessen nun, in welchen diese Art der Komödie sich bewegt, brauchen nicht etwa aus den der Sittlichkeit, Religion und Kunst entgegengesetzten Gebieten hergenommen zu sein; im Gegenteil, die alte griechische Komödie hält sich gerade innerhalb dieses objektiven und substantiellen Kreises, aber es ist die subjektive Willkür, die gemeine Torheit und Verkehrtheit, wodurch die Individuen sich Handlungen, die höher hinauswollen, zunichte machen. Und hier bietet sich für Aristophanes ein reicher, glücklicher Stoff teils an den griechischen Göttern, teils an dem atheniensischen Volke dar. Denn die Gestaltung des Göttlichen zur menschlichen Individualität hat an dieser Repräsentation und deren Besonderheit, insofern dieselbe weiter gegen das Partikuläre und Menschliche hin ausgeführt wird, selbst den Gegensatz gegen die Hoheit ihrer Bedeutung und läßt sich als ein leeres Aufspreizen dieser ihr unangemessenen Subjektivität darstellen. Besonders aber liebt es Aristophanes, die Torheiten des Demos, die Tollheiten seiner Redner und Staatsmänner, die Verkehrtheit des Krieges, vor allem aber am unbarmherzigsten die neue Richtung des Euripides in der Tragödie auf die possierlichste und zugleich tiefste Weise dem Gelächter seiner Mitbürger preiszugeben. Die Personen, in denen er diesen Inhalt seiner großartigen Komik verkörpert, macht er in unerschöpflicher Laune gleich von vornherein zu Toren, so daß man sogleich sieht, daß nichts Gescheites herauskommen könne. So den Strepsiades, der zu den Philosophen gehen will, seiner Schulden ledig zu werden; so den Sokrates, der sich zum Lehrer des Strepsiades und seines Sohnes hergibt; so den Bacchus, den er in die Unterwelt hinabsteigen läßt, um wieder einen wahrhaften Tragiker hervorzuholen; ebenso den Kleon, die Weiber, die Griechen, welche die Friedensgöttin aus dem Brunnen ziehen wollen usf. Der Hauptton, der uns aus diesen Darstellungen entgegenklingt, ist das um so unverwüstbarere Zutrauen aller dieser Figuren zu sich selbst, je unfähiger sie sich zur Ausführung dessen zeigen, was sie unternehmen. Die Toren sind so unbefangene Toren, und auch die verständigeren haben gleich solch einen Anstrich des Widerspruchs mit dem, worauf sie sich einlassen, daß sie nun auch diese unbefangene Sicherheit der Subjektivität, es mag kommen und gehen, wie es will, niemals verlieren. Es ist die lachende Seligkeit der olympischen Götter, ihr unbekümmerter Gleichmut, der in die Menschen heimgekehrt und mit allem fertig ist. Dabei zeigt sich Aristophanes nie als ein kahler, schlechter Spötter, sondern er war ein Mann von geistreichster Bildung, der vortrefflichste Bürger, dem es Ernst blieb mit dem Wohle Athens und der sich durchweg als wahrer Patriot bewies. Was sich daher in seinen Komödien in voller Auflösung darstellt, ist, wie ich schon früher sagte, nicht das Göttliche und Sittliche, sondern die durchgängige Verkehrtheit, die sich zu dem Schein dieser substantiellen Mächte aufspreizt, die Gestalt und individuelle Erscheinung, in welcher die eigentliche Sache schon von Hause aus nicht mehr vorhanden ist, so daß sie dem ungeheuchelten Spiele der Subjektivität offen kann bloßgegeben werden. Indem aber Aristophanes den absoluten Widerspruch des wahren Wesens der Götter, des politischen und sittlichen Daseins und der Subjektivität der Bürger und Individuen, welche diesen Gehalt verwirklichen sollen, vorführt, liegt selber in diesem Siege der Subjektivität, aller Einsicht zum Trotz, eines der größten Symptome vom Verderben Griechenlands, und so sind diese Gebilde eines unbefangenen Grundwohlseins in der Tat die letzten großen Resultate, welche aus der Poesie des geistreichen, bildungsvollen, witzigen griechischen Volkes hervorgehen.

β) Wenden wir uns jetzt sogleich zur dramatischen Kunst der *modernen* Welt herüber, so will ich auch hier nur im allgemeinen noch einige Hauptunterschiede näher herausstellen, welche sowohl in bezug auf das Trauerspiel als auch auf das Schauspiel und die Komödie von Wichtigkeit sind.

αα) Die Tragödie in ihrer antiken, plastischen Hoheit bleibt noch bei der Einseitigkeit stehen, das Gelten der sittlichen Substanz und Notwendigkeit zur allein wesentlichen Basis zu machen, dagegen die individuelle und subjektive Vertiefung der handelnden Charaktere in sich unausgebildet zu lassen, während die Komödie zur Vervollständigung ihrerseits in umgekehrter Plastik die Subjektivität in dem freien Ergehen ihrer Verkehrtheit und deren Auflösung zur Darstellung bringt.

Die *moderne Tragödie* nun nimmt in ihrem eigenen Gebiete das Prinzip der Subjektivität von Anfang an auf. Sie macht deshalb die subjektive Innerlichkeit des Charakters, der keine bloß individuelle klassische Verlebendigung sittlicher Mächte ist, zum eigentlichen Gegenstande und Inhalt und läßt in dem gleichartigen Typus die Handlungen ebenso durch den äußeren Zufall der Umstände in Kollision kommen, als die ähnliche Zufälligkeit auch über den Erfolg entscheidet oder zu entscheiden scheint. – In dieser Rücksicht sind es folgende Hauptpunkte, die wir zu besprechen haben:

erstens die Natur der mannigfaltigen *Zwecke,* welche als Inhalt der Charaktere zur Ausführung gelangen sollen;

zweitens die tragischen *Charaktere* selbst sowie die Kollisionen, denen sie unterworfen sind;

drittens die von der antiken Tragödie unterschiedene Art des *Ausgangs* und der tragischen Versöhnung.

Wie sehr auch im romantischen Trauerspiel die Subjektivität der Leiden und Leidenschaften, im eigentlichen Sinne dieses Worts, den Mittelpunkt abgibt, so kann dennoch im menschlichen Handeln die Grundlage bestimmter Zwecke aus den konkreten Gebieten der Familie, des Staats, der Kirche usf. nicht ausbleiben. Denn mit dem Handeln tritt der Mensch überhaupt in den Kreis der realen Besonderheit ein. Insofern aber jetzt nicht das Substantielle als solches in diesen Sphären das Interesse der Individuen ausmacht, partikularisieren sich die Zwecke einerseits zu einer Breite und Mannigfaltigkeit sowie zu einer Spezialität, in welcher das wahrhaft Wesentliche oft nur noch in verkümmerter Weise hindurchzuscheinen vermag. Außerdem erhalten diese Zwecke eine durchaus veränderte Gestalt. In dem religiösen Kreise z. B. bleiben nicht mehr die zu Götterindividuen durch die Phantasie herausgestellten besonderen sittlichen Mächte in eigener Person oder als Pathos menschlicher Heroen der durchgreifende Inhalt, sondern die Geschichte Chisti, der Heiligen usf. wird dargestellt; im Staat ist es besonders das Königtum, die Macht der Vasallen, der Streit der Dynastien oder einzelner Mitglieder ein und desselben Herrscherhauses untereinander, was in bunter Verschiedenheit zum Vorschein kommt; ja weiterhin handelt es sich auch um bürgerliche und privatrechtliche und sonstige Verhältnisse, und in der ähnlichen Art tun sich auch im Familienleben Seiten hervor, welche dem antiken Drama noch nicht zugänglich waren. Denn indem sich in den genannten Kreisen das Prinzip der

Subjektivität selber sein Recht verschafft hat, treten eben hierdurch in allen Sphären neue Momente heraus, die der moderne Mensch zum Zweck und zur Richtschnur seines Handelns zu machen sich die Befugnis gibt.

Andererseits ist es das Recht der Subjektivität als solcher, die sich als alleiniger Inhalt feststellt und nun die Liebe, die persönliche Ehre usf. so sehr als ausschließlichen Zweck ergreift, daß die übrigen Verhältnisse teils nur als der äußerliche Boden erscheinen können, auf welchem sich diese modernen Interessen hinbewegen, teils für sich den Forderungen des subjektiven Gemüts konfliktvoll entgegenstehen. Vertiefter noch ist es das Unrecht und Verbrechen, das der subjektive Charakter, wenn er es sich auch nicht als Unrecht und Verbrechen selber zum Zweck macht, dennoch, um sein vorgestecktes Ziel zu erreichen, nicht scheut.

Dieser Partikularisation und Subjektivität gegenüber können sich drittens die Zwecke ebensosehr wieder teils zur Allgemeinheit und umfassenden Weite des Inhalts ausdehnen, teils werden sie als in sich selber substantiell aufgefaßt und durchgeführt. In der ersten Rücksicht will ich nur an die absolute philosophische Tragödie, an Goethes *Faust* erinnern, in welcher einerseits die Befriedigungslosigkeit in der Wissenschaft, andererseits die Lebendigkeit des Weltlebens und irdischen Genusses, überhaupt die tragisch versuchte Vermittlung des subjektiven Wissens und Strebens mit dem Absoluten, in seinem Wesen und seiner Erscheinung, eine Weite des Inhalts gibt, wie sie in ein und demselben Werke zu umfassen zuvor kein anderer dramatischer Dichter gewagt hat. In der ähnlichen Art ist auch Schillers Karl Moor gegen die gesamte bürgerliche Ordnung und den ganzen Zustand der Welt und Menschheit seiner Zeit empört und lehnt sich in diesem allgemeinen Sinne gegen dieselbe auf. Wallenstein faßt gleichfalls einen großen allgemeinen Zweck, die Einheit und den Frieden Deutschlands, einen Zweck, den er ebensosehr durch seine Mittel, die, nur künstlich und äußerlich zusammengehalten, gerade da zerbrechen und zerfahren, wo es ihm Ernst wird, als auch durch seine Erhebung gegen die kaiserliche Autorität verfehlt, an deren Macht er mit seinem Unternehmen zerschellen muß. Dergleichen allgemeine Weltzwecke, wie sie Karl Moor und Wallenstein verfolgen, lassen sich überhaupt nicht durch *ein* Individuum in *der Art* durchführen, daß die anderen zu gehorsamen Instrumenten werden, sondern sie setzen sich durch sich selber teils mit dem Willen vieler, teils gegen und ohne ihr Bewußtsein durch. Als Beispiele einer Auffassung der Zwecke als in sich substantieller will ich nur einige Tragödien des Calderon anführen, in welchen die Liebe, Ehre usf. in Rücksicht auf ihre Rechte und Pflichten von den handelnden Individuen selbst wie nach einem Kodex für sich fester Gesetze gehandhabt wird. Auch in Schillers tragischen Figuren kommt, wenn auch auf einem ganz anderen Standpunkte, häufig das Ähnliche zunächst insofern vor, als diese Individuen ihre Zwecke zugleich im Sinne allgemeiner absoluter Menschenrechte auffassen und verfechten. So meint z. B. schon der Major Ferdinand in *Kabale und Liebe* die Rechte der Natur gegen die Konvenienzen der Mode zu verteidigen, und vor allem fordert Marquis Posa Gedankenfreiheit als ein unveräußerliches Gut der Menschheit.

Im allgemeinen aber ist es in der modernen Tragödie nicht das Substantielle ihres Zwecks, um dessentwillen die Individuen handeln und was sich als das Treibende in ihrer Leidenschaft bewährt, sondern die Subjektivität ihres Herzens und Gemüts oder die Besonderheit ihres Charakters dringt auf Befriedigung. Denn selbst in den eben angeführten Beispielen ist teils bei jenen spanischen Ehren- und Liebeshelden der Inhalt ihrer Zwecke an und für sich so subjektiver Art, daß die Rechte und Pflichten desselben mit den eigenen Wünschen des Herzens unmittelbar zusammenfallen können, teils erscheint in Schillers Jugendwerken das Pochen auf Natur, Menschenrechte und Weltverbesserung mehr nur als Schwärmerei eines subjektiven Enthusiasmus; und wenn

Schiller in seinem späteren Alter ein reiferes Pathos geltend zu machen suchte, so geschah dies eben, weil er das Prinzip der antiken Tragödie auch in der modernen dramatischen Kunst wiederherzustellen im Sinne hatte. Um den näheren Unterschied bemerkbar zu machen, der in dieser Rücksicht zwischen der antiken und modernen Tragödie stattfindet, will ich nur auf Shakespeares *Hamlet* hinweisen, welchem eine ähnliche Kollision zugrunde liegt, wie sie Aischylos in den *Choephoren* und Sophokles in der *Elektra* behandelt hat. Denn auch dem Hamlet ist der Vater und König erschlagen, und die Mutter hat den Mörder geheiratet. Was aber bei den griechischen Dichtern eine sittliche Berechtigung hat, der Tod des Agamemnon, erhält dagegen bei Shakespeare die alleinige Gestalt eines verruchten Verbrechens, an welchem Hamlets Mutter unschuldig ist, so daß sich der Sohn als Rächer nur gegen den brudermörderischen König zu wenden hat und in ihm nichts vor sich sieht, was wahrhaft zu ehren wäre. Die eigentliche Kollision dreht sich deshalb auch nicht darum, daß der Sohn in seiner sittlichen Rache selbst die Sittlichkeit verletzen muß, sondern um den subjektiven Charakter Hamlets, dessen edle Seele für diese Art energischer Tätigkeit nicht geschaffen ist und, voll Ekel an der Welt und am Leben, zwischen Entschluß, Proben und Anstalten zur Ausführung umhergetrieben, durch das eigene Zaudern und die äußere Verwicklung der Umstände zugrunde geht.

Wenden wir uns *zweitens* deshalb jetzt zu der Seite hinüber, welche in der modernen Tragödie von hervorstechenderer Wichtigkeit ist, zu den *Charakteren* nämlich und deren Kollision, so ist das Nächste, was wir zum Ausgangspunkt nehmen können, kurz resümiert, folgendes:

Die Heroen der alten, klassischen Tragödie finden Umstände vor, unter denen sie, wenn sie sich fest zu dem *einen* sittlichen Pathos entschließen, das ihrer eigenen für sich fertigen Natur allein entspricht, notwendig in Konflikt mit der gleichberechtigten, gegenüberstehenden sittlichen Macht geraten müssen. Die romantischen Charaktere hingegen stehen von Anfang an mitten in einer Breite zufälligerer Verhältnisse und Bedingungen, innerhalb welcher sich so und anders handeln ließe, so daß der Konflikt, zu welchem die äußeren Voraussetzungen allerdings den Anlaß darbieten, wesentlich in dem *Charakter* liegt, dem die Individuen in ihrer Leidenschaft nicht um der substantiellen Berechtigung willen, sondern weil sie einmal das sind, was sie sind, Folge leisten. Auch die griechischen Helden handeln zwar nach ihrer Individualität, aber diese Individualität ist, wie gesagt, auf der Höhe der alten Tragödie notwendig selbst ein in sich sittliches Pathos, während in der modernen der eigentümliche Charakter als solcher, bei welchem es zufällig bleibt, ob er das in sich selbst Berechtigte ergreift oder in Unrecht und Verbrechen geführt wird, sich nach subjektiven Wünschen und Bedürfnissen, äußeren Einflüssen usf. entscheidet. Hier *kann* deshalb wohl die Sittlichkeit des Zwecks und der Charakter zusammenfallen, diese Kongruenz aber macht der Partikularisation der Zwecke, Leidenschaften und subjektiven Innerlichkeit wegen nicht die *wesentliche* Grundlage und objektive Bedingung der tragischen Tiefe und Schönheit aus.

Was nun die weiteren *Unterschiede* der Charaktere selber anbetrifft, so läßt sich hierüber bei der bunten Mannigfaltigkeit, der in diesem Gebiete Tür und Tor eröffnet ist, wenig Allgemeines sagen. Ich will deshalb nur die nachstehenden Hauptseiten berühren. – Ein nächster Gegensatz, der bald genug ins Auge springt, ist der einer *abstrakten* und dadurch formellen Charakteristik Individuen gegenüber, die uns als konkrete Menschen lebendig entgegentreten. Von der ersten Art lassen sich als Beispiel besonders die tragischen Figuren der Franzosen und Italiener zitieren, die, aus der Nachbildung der Alten entsprungen, mehr oder weniger nur als bloße Personifikationen bestimmter Leidenschaften – der Liebe, Ehre, des Ruhms, der Herrschsucht, Tyrannei usf. – gelten können und die Motive ihrer Handlungen sowie den

Grad und die Art ihrer Empfindungen zwar mit einem großen deklamatorischen Aufwand und vieler Kunst der Rhetorik zum besten geben, doch in dieser Weise der Explikation mehr an die Fehlgriffe des Seneca als an die dramatischen Meisterwerke der Griechen erinnern. Auch die spanische Tragödie streift an diese abstrakte Charakterschilderung an. Hier aber ist das Pathos der Liebe im Konflikt mit der Ehre, Freundschaft, königlichen Autorität usf. selbst so abstrakt-subjektiver Art und in Rechten und Pflichten von so scharfer Ausprägung, daß es, wenn es in dieser gleichsam subjektiven Substantialität als das eigentliche Interesse hervorstechen soll, eine vollere Partikularisation der Charaktere kaum zuläßt. Dennoch haben die spanischen Figuren oft eine wenn auch wenig ausgefüllte Geschlossenheit und sozusagen spröde Persönlichkeit, welche den französischen abgeht, während die Spanier zugleich, der kahlen Einfachheit im Verlaufe französischer Tragödien gegenüber, auch im Trauerspiel den Mangel an innerer Mannigfaltigkeit durch die scharfsichtig erfundene Fülle interessanter Situationen und Verwicklungen zu ersetzen verstehen. – Als Meister dagegen in Darstellung menschlich voller Individuen und Charaktere zeichnen sich besonders die Engländer aus, und unter ihnen wieder steht vor allen anderen Shakespeare fast unerreichbar da. Denn selbst wenn irgendeine bloß formelle Leidenschaft, wie z. B. im *Macbeth* die Herrschsucht, im *Othello* die Eifersucht, das ganze Pathos seiner tragischen Helden in Anspruch nimmt, verzehrt dennoch solch eine Abstraktion nicht etwa die weiterreichende Individualität, sondern in dieser Bestimmtheit bleiben die Individuen immer noch ganze Menschen. Ja, je mehr Shakespeare in der unendlichen Breite seiner Weltbühne auch zu den Extremen des Bösen und der Albernheit fortgeht, um so mehr gerade, wie ich schon früher bemerkte, versenkt er selbst auf diesen äußersten Grenzen seine Figuren nicht etwa ohne den Reichtum poetischer Ausstattung in ihre Beschränktheit, sondern er gibt ihnen Geist und Phantasie; er macht sie durch das

Bild, in welchem sie sich in theoretischer Anschauung objektiv wie ein Kunstwerk betrachten, selber zu freien Künstlern ihrer selbst und weiß uns dadurch, bei der vollen Markigkeit und Treue seiner Charakteristik, für Verbrecher ganz ebenso wie für die gemeinsten, plattesten Rüpel und Narren zu interessieren. Von ähnlicher Art ist auch die Äußerungsweise seiner tragischen Charaktere: individuell, real, unmittelbar lebendig, höchst mannigfaltig und doch, wo es nötig erscheint, von einer Erhabenheit und schlagenden Gewalt des Ausdrucks, von einer Innigkeit und Erfindungsgabe in augenblicklich sich erzeugenden Bildern und Gleichnissen, von einer Rhetorik – nicht der Schule, sondern der wirklichen Empfindung und Durchgängigkeit des Charakters, daß ihm in Rücksicht auf diesen Verein unmittelbarer Lebendigkeit und innerer Seelengröße nicht leicht ein anderer dramatischer Dichter unter den Neueren kann zur Seite gestellt werden. Denn Goethe hat zwar in seiner Jugend einer ähnlichen Naturtreue und Partikularität, doch ohne die innere Gewalt und Höhe der Leidenschaft nachgestrebt, und Schiller wieder ist in eine Gewaltsamkeit verfallen, für deren hinausstürmende Expansion es an dem eigentlichen Kern fehlt.

Ein *zweiter* Unterschied in den modernen Charakteren besteht in ihrer *Festigkeit* oder ihrem inneren *Schwanken* und Zerwürfnis. Die Schwäche der Unentschiedenheit, das Herüber und Hinüber der Reflexion, das Überlegen der Gründe, nach welchen der Entschluß sich richten soll, tritt zwar auch bei den Alten schon hin und wieder in den Tragödien des Euripides hervor; doch Euripides verläßt auch bereits die ausgerundete Plastik der Charaktere und Handlung und geht zum subjektiv Rührenden über. Im modernen Trauerspiel nun kommen dergleichen schwankende Gestalten häufiger besonders in *der* Weise vor, daß sie in sich selber einer gedoppelten Leidenschaft angehören, welche sie von dem einen Entschluß, der einen Tat zur anderen herüberschickt. Ich habe von diesem Schwanken bereits an einer anderen Stelle gesprochen (Bd. I, S. 312–316) und will hier nur noch hinzufügen, daß, wenn auch die tragische Handlung auf der Kollision beruhen muß, dennoch das Hineinlegen des Zwiespalts in ein und dasselbe Individuum immer viel Mißliches mit sich führt. Denn die Zerrissenheit in entgegengesetzte Interessen hat zum Teil in einer Unklarheit und Dumpfheit des Geistes ihren Grund, zum Teil in Schwäche und Unreifheit. Von dieser Art finden sich noch in Goethes Jugendprodukten einige Figuren: Weislingen z. B., Fernando in *Stella,* vor allem aber Clavigo. Es sind gedoppelte Menschen, die nicht zu fertiger und dadurch fester Individualität gelangen können. Anders schon ist es, wenn einem für sich selbst sicheren Charakter zwei entgegengesetzte Lebenssphären, Pflichten usf. gleich heilig erscheinen und er sich dennoch mit Ausschluß der anderen auf die *eine* Seite zu stellen genötigt sieht. Dann nämlich ist das Schwanken nur ein Übergang und macht nicht den Nerv des Charakters selbst aus. Wieder von anderer Art ist der tragische Fall, daß ein Gemüt gegen sein besseres Wollen zu entgegengesetzten Zwecken der Leidenschaft abirrt, wie z. B. Schillers Jungfrau, und sich nun aus diesem inneren Zwiespalt in sich selbst und nach außen herstellen oder daran untergehen muß. Doch hat diese subjektive Tragik innerer Zwiespältigkeit, wenn sie zum tragischen Hebel gemacht wird, überhaupt teils etwas bloß Trauriges und Peinliches, teils etwas Ärgerliches, und der Dichter tut besser, sie zu vermeiden, als sie aufzusuchen und vorzugsweise auszubilden. Am schlimmsten aber ist es, wenn solch ein Schwanken und Umschlagen des Charakters und ganzen Menschen gleichsam als eine schiefe Kunstdialektik zum Prinzipe der ganzen Darstellung gemacht wird und die Wahrheit gerade darin bestehen soll, zu zeigen: kein Charakter sei in sich fest und seiner selbst sicher. Die einseitigen Zwecke besonderer Leidenschaften und Charaktere dürfen es zwar zu keiner unangefochtenen Realisierung bringen, und auch in der gewöhnlichen Wirklichkeit wird ihnen durch die reagierende

Gewalt der Verhältnisse und entgegenstehenden Individuen
die Erfahrung ihrer Endlichkeit und Unhaltbarkeit nicht
erspart; dieser Ausgang aber, welcher erst den sachgemäßen
Schluß bildet, muß nicht als ein dialektisches Räderwerk
gleichsam mitten in das Individuum selbst hineingesetzt
werden, sonst ist das Subjekt als *diese* Subjektivität eine
nur leere, unbestimmte Form, die mit keiner Bestimmtheit
der Zwecke wie des Charakters lebendig zusammenwächst.
Ebenso ist es noch etwas anderes, wenn der Wechsel im
inneren Zustande des ganzen Menschen eine konsequente
Folge gerade dieser eigenen Besonderheit selber erscheint, so
daß sich dann nur entwickelt und herauskommt, was an und
für sich von Hause aus in dem Charakter gelegen hatte. So
steigert sich z. B. in Shakespeares Lear die ursprüngliche
Torheit des alten Mannes zur Verrücktheit in der ähnlichen
Weise, als Glosters geistige Blindheit zur wirklichen leiblichen Blindheit umgewandelt wird, in welcher ihm dann
erst die Augen über den wahren Unterschied in der Liebe
seiner Söhne aufgehen. – Gerade Shakespeare gibt uns,
jener Darstellung schwankender und in sich zwiespältiger
Charaktere gegenüber, die schönsten Beispiele von in sich
festen und konsequenten Gestalten, die sich eben durch dieses
entschiedene Festhalten an sich selbst und ihren Zwecken ins
Verderben bringen. Nicht sittlich berechtigt, sondern nur von
der formellen Notwendigkeit ihrer Individualität getragen,
lassen sie sich zu ihrer Tat durch die äußeren Umstände
locken oder stürzen sich blind hinein und halten in der
Stärke ihres Willens darin aus, selbst wenn sie jetzt nun
auch, was sie tun, nur aus Not vollführen, um sich gegen
andere zu behaupten, oder weil sie nun einmal dahin gekommen, wohin sie gekommen sind. Das Entstehen der
Leidenschaft, die, an sich dem Charakter gemäß, bisher nur
noch nicht hervorgebrochen ist, jetzt aber zur Entfaltung
gelangt, dieser Fortgang und Verlauf einer großen Seele,
ihre innere Entwicklung, das Gemälde ihres sich selbst zerstörenden Kampfes mit den Umständen, Verhältnissen und

Folgen ist der Hauptinhalt in vielen von Shakespeares interessantesten Tragödien.

Der letzte wichtige Punkt, über den wir jetzt noch zu sprechen haben, betrifft den *tragischen Ausgang,* dem sich die modernen Charaktere entgegentreiben, sowie die Art der tragischen *Versöhnung,* zu welcher es diesem Standpunkte zufolge kommen kann. In der antiken Tragödie ist es die ewige Gerechtigkeit, welche als absolute Macht des Schicksals den Einklang der sittlichen Substanz gegen die sich verselbständigenden und dadurch kollidierenden besonderen Mächte rettet und aufrechterhält und bei der inneren Vernünftigkeit ihres Waltens uns durch den Anblick der untergehenden Individuen selber befriedigt. Tritt nun in der modernen Tragödie eine ähnliche Gerechtigkeit auf, so ist sie bei der Partikularität der Zwecke und Charaktere teils abstrakter, teils bei dem vertiefteren Unrecht und den Verbrechen, zu denen sich die Individuen, wollen sie sich durchsetzen, genötigt sehen, von kälterer, kriminalistischer Natur. Macbeth z. B., die älteren Töchter und Tochtermänner Lears, der Präsident in *Kabale und Liebe,* Richard III. usf. verdienen durch ihre Greuel nichts Besseres, als ihnen geschieht. Diese Art des Ausgangs stellt sich gewöhnlich so dar, daß die Individuen an einer vorhandenen Macht, der zum Trotz sie ihren besonderen Zweck ausführen wollen, zerschellen. So geht z. B. Wallenstein an der Festigkeit der kaiserlichen Gewalt zugrunde; doch auch der alte Piccolomini, der bei der Behauptung der gesetzlichen Ordnung Verrat am Freunde begangen und die Form der Freundschaft mißbraucht hat, wird durch den Tod seines hingeopferten Sohnes bestraft. Auch Götz von Berlichingen greift einen politisch bestehenden und sich fester gründenden Zustand an und geht daran zugrunde, wie Weislingen und Adelheid, welche zwar auf der Seite dieser ordnungsmäßigen Gewalt stehen, doch durch Unrecht und Treubruch sich selbst ein unglückliches Ende bereiten. Bei der Subjektivität der Charaktere tritt nun hierbei sogleich die Forderung ein, daß sich auch die Individuen in sich selbst mit ihrem individuellen Schicksal versöhnt zeigen müßten. Diese Befriedigung nun kann teils religiös sein, indem das Gemüt gegen den Untergang seiner weltlichen Individualität sich eine höhere unzerstörbare Seligkeit gesichert weiß, teils formellerer, aber weltlicher Art, insofern die Stärke und Gleichheit des Charakters, ohne zu brechen, bis zum Untergange aushält und so seine subjektive Freiheit allen Verhältnissen und Unglücksfällen gegenüber in ungefährdeter Energie bewahrt; teils endlich inhaltsreicher durch die Anerkennung, daß es nur ein seiner Handlung gemäßes, wenn auch bitteres Los dahinnehme.

Auf der anderen Seite aber stellt sich der tragische Ausgang auch nur als Wirkung unglücklicher Umstände und äußerer Zufälligkeiten dar, die sich ebenso hätten anders drehen und ein glückliches Ende zur Folge haben können. In diesem Falle bleibt uns nur der Anblick, daß sich die moderne Individualität bei der Besonderheit des Charakters, der Umstände und Verwicklungen an und für sich der Hinfälligkeit des Irdischen überhaupt überantwortet und das Schicksal der Endlichkeit tragen muß. Diese bloße Trauer ist jedoch leer und wird besonders dann eine nur schreckliche, äußerliche Notwendigkeit, wenn wir in sich selbst edle, schöne Gemüter in solchem Kampfe an dem Unglück bloß äußerer Zufälle untergehen sehen. Ein solcher Fortgang kann uns hart angreifen, doch erscheint er nur als gräßlich, und es drängt sich unmittelbar die Forderung auf, daß die äußeren Zufälle mit dem übereinstimmen müssen, was die eigentliche innere Natur jener schönen Charaktere ausmacht. Nur in dieser Rücksicht können wir uns z. B. in dem Untergange Hamlets und Julias versöhnt fühlen. Äußerlich genommen, erscheint der Tod Hamlets zufällig durch den Kampf mit Laertes und die Verwechslung der Degen herbeigeleitet. Doch im Hintergrunde von Hamlets Gemüt liegt von Anfang an der Tod. Die Sandbank der Endlichkeit genügt ihm nicht; bei solcher Trauer und Weichheit, bei diesem Gram, diesem Ekel an allen Zuständen des Lebens fühlen wir von Hause aus, er sei in dieser greuelhaften Umgebung ein verlorener Mann, den der innere Überdruß fast schon verzehrt hat, ehe noch der Tod von außen an ihn herantritt. Dasselbe ist in *Romeo und Julia* der Fall. Dieser zarten Blüte sagt der Boden nicht zu, auf den sie gepflanzt ward, und es bleibt uns nichts übrig, als die traurige Flüchtigkeit so schöner Liebe zu beklagen, die wie eine weiche Rose im Tal dieser zufälligen Welt von den rauhen Stürmen und Gewittern und den gebrechlichen Berechnungen edler, wohlwollender Klugheit gebrochen wird. Dies Weh aber, das uns befällt, ist eine nur schmerzliche Versöhnung, eine *unglückselige Seligkeit* im Unglück.

ββ) Wie uns die Dichter den bloßen Untergang der Individuen vorhalten, ebensowohl können sie nun auch der gleichen Zufälligkeit der Verwicklungen eine solche Wendung geben, daß sich daraus, sowenig die sonstigen Umstände es auch zu gestatten scheinen, ein glücklicher Ausgang der Verhältnisse und Charaktere herbeiführt, für welche sie uns interessiert haben. Die Gunst solchen Schicksals hat wenigstens gleiches Recht als die Ungunst, und wenn es sich um weiter nichts handelt als um diesen Unterschied, so muß ich gestehen, daß mir für meinen Teil ein glücklicher Ausgang lieber ist. Und warum auch nicht? Das bloße Unglück, nur weil es Unglück ist, einer glücklichen Lösung vorzuziehen, dazu ist weiter kein Grund vorhanden als eine gewisse vornehme Empfindlichkeit, die sich an Schmerz und Leiden weidet und sich darin interessanter findet als in schmerzlosen Situationen, die sie für alltäglich ansieht. Sind deshalb die Interessen in sich selbst von der Art, daß es eigentlich nicht der Mühe wert ist, die Individuen darum aufzuopfern, indem sie sich, ohne sich selber aufzugeben, ihrer Zwecke entschlagen oder wechselseitig darüber vereinigen können, so braucht der Schluß nicht tragisch zu sein. Denn die Tragik der Konflikte und Lösung muß überhaupt nur da geltend gemacht werden, wo dies, um einer höheren Anschauung ihr

Recht zu geben, notwendig ist. Wenn aber diese Notwendigkeit fehlt, so ist das bloße Leiden und Unglück durch nichts gerechtfertigt. Hierin liegt der natürliche Grund für die *Schauspiele* und *Dramen,* diesen Mitteldingen zwischen Tragödien und Komödien. Den eigentlich poetischen Standpunkt dieser Gattung habe ich schon früher angegeben. Bei uns Deutschen nun aber ist sie teils auf das Rührende im Kreise des bürgerlichen Lebens und des Familienkreises losgegangen, teils hat sie sich mit dem Ritterwesen befaßt, wie es seit dem *Götz* war in Schwung geraten, hauptsächlich aber war es der Triumph des *Moralischen,* der am häufigsten in diesem Felde gefeiert wurde. Gewöhnlich handelt es sich hier um Geld und Gut, Standesunterschiede, unglückliche Liebschaften, innere Schlechtigkeiten in kleineren Kreisen und Verhältnissen und dergleichen mehr, überhaupt um das, was wir auch sonst schon täglich vor Augen haben, nur mit dem Unterschiede, daß in solchen moralischen Stücken die Tugend und Pflicht den Sieg davonträgt und das Laster beschämt und bestraft oder zur Reue bewegt wird, so daß die Versöhnung nun in diesem moralischen Ende liegen soll, das alles gutmacht. Dadurch ist das Hauptinteresse in die Subjektivität der Gesinnung und des guten oder bösen Herzens hineingesetzt. Je mehr nun aber die abstrakte moralische Gesinnung den Angelpunkt abgibt, je weniger kann es einerseits das Pathos einer Sache, eines in sich wesentlichen Zweckes sein, an welches die Individualität geknüpft ist, während andererseits letztlich auch nicht der bestimmte Charakter aushalten und sich durchbringen kann. Denn wird einmal alles in die bloß moralische Gesinnung und in das Herz hineingespielt, so hat in dieser Subjektivität und Stärke der moralischen Reflexion die sonstige Bestimmtheit des Charakters oder wenigstens der besonderen Zwecke keinen Halt mehr. Das Herz kann brechen und sich in seinen Gesinnungen ändern. Dergleichen rührende Schauspiele wie z. B. Kotzebues *Menschenhaß und Reue* und auch viele der moralischen Vergehen in Ifflands Dramen gehen daher, genau genommen, eigentlich auch weder gut noch schlimm aus. Die Hauptsache nämlich läuft gewöhnlich aufs Verzeihen und auf das Versprechen der Besserung hinaus, und da kommt denn jede Möglichkeit der inneren Umwendung und des Ablassens von sich selber vor. Dies ist allerdings die hohe Natur und Größe des Geistes. Wenn aber der Bursche, wie die Kotzebueschen Helden meistenteils und Ifflands auch hin und wieder, ein Lump, ein Schuft war und sich nun zu bessern verspricht, so kann bei solch einem Gesellen, der von Hause aus nichts taugt, auch die Bekehrung nur Heuchelei oder so oberflächlicher Art sein, daß sie nicht tief haftet und der Sache nur für den Augenblick äußerlich ein Ende macht, im Grunde aber noch zu schlimmen Häusern führen kann, wenn das Ding erst wieder von neuem umzuschlagen anfängt.

γγ) Was zuletzt die moderne *Komödie* angeht, so wird in ihr besonders ein Unterschied von wesentlicher Wichtigkeit, den ich bereits bei der alten attischen Komödie berührt habe: der Unterschied, ob nämlich die Torheit und Einseitigkeit der handelnden Personen nur für andere oder ebenso für sie selber lächerlich erscheint, ob daher die komischen Figuren nur von den Zuschauern oder auch von sich selbst können ausgelacht werden. Aristophanes, der echte Komiker, hatte nur dies letztere zum Grundprinzip seiner Darstellung gemacht. Doch schon in der neuen griechischen Komödie und danach bei Plautus und Terenz bildet sich die entgegengesetzte Richtung aus, welche sodann im modernen Lustspiele zu so durchgreifender Gültigkeit kommt, daß eine Menge von komischen Produktionen sich dadurch mehr oder minder gegen das bloß Prosaisch-Lächerliche, ja selbst gegen das Herbe und Widrige hinwendet. Besonders Molière z. B. steht in seinen feineren Komödien, die keine Possen sein sollen, auf diesem Standpunkte. Das Prosaische hat hier darin seinen Grund, daß es den Individuen mit ihrem Zwecke bitterer Ernst ist. Sie verfolgen ihn deshalb mit allem Eifer dieser Ernsthaftigkeit und können, wenn sie am Ende darum betrogen werden oder sich ihn selbst zerstören, nicht frei und befriedigt mitlachen, sondern sind bloß die geprellten Gegenstände eines fremden, meist mit Schaden gemischten Gelächters. So ist z. B. Molières *Tartuffe,* le faux dévot, als Entlarvung eines wirklichen Bösewichts nichts Lustiges, sondern etwas sehr Ernsthaftes, und die Täuschung des betrogenen Orgon geht bis zu einer Peinlichkeit des Unglücks fort, die nur durch den Deus ex machina gelöst werden kann, daß ihm die Gerichtsperson am Ende sagen darf:

Remettez-vous, monsieur, d'une alarme si chaude.

Nous vivons sous un prince, ennemi de la fraude,

Un prince dont les yeux se font jour dans les cœurs,

Et que ne peut tromper tout l'art des imposteurs.[20]

Auch die häßliche Abstraktion so fester Charaktere, wie z. B. Molières Geiziger, deren absolute, ernsthafte Befangenheit in ihrer bornierten Leidenschaft sie zu keiner Befreiung des Gemüts von dieser Schranke gelangen läßt, hat nichts eigentlich Komisches. – Auf diesem Felde vornehmlich erhält dann als Ersatz die fein ausgebildete Geschicklichkeit in genauer Zeichnung der Charaktere oder die Durchführung einer wohlersonnenen Intrige die beste Gelegenheit für ihre kluge Meisterschaft. Die Intrige kommt größtenteils dadurch hervor, daß ein Individuum seine Zwecke durch die Täuschung der anderen zu erreichen sucht, indem es an deren Interessen anzuknüpfen und dieselben zu befördern scheint, sie eigentlich aber in den Widerspruch bringt, sich durch diese falsche Förderung selbst zu vernichten. Hiergegen wird dann das gewöhnliche Gegenmittel gebraucht, sich nun auch seinerseits wieder zu verstellen und damit den anderen in die gleiche Verlegenheit hineinzuführen: ein Herüber und Hinüber, das sich aufs sinnreichste in unendlich vielen Si-

---

20 »Erholen Sie sich nun von Ihres Kummers Last;
   Denn uns beherrscht ein Fürst, der die Betrüger haßt,
   Ein Fürst, vor dem das Herz der Menschen sich erschließt,
   Vor dessen scharfem Blick der Heuchler Kunst zerfließt.«

tuationen hin und her wenden und durcheinanderschlingen läßt. In Erfindung solcher Intrigen und Verwicklungen sind besonders die Spanier die feinsten Meister und haben in dieser Sphäre viel Anmutiges und Vortreffliches geliefert. Den Inhalt hierfür geben die Interessen der Liebe, Ehre usw. ab, welche im Trauerspiel zu den tiefsten Kollisionen führen, in der Komödie aber, wie z. B. der Stolz, die langempfundene Liebe nicht gestehen zu wollen und sie am Ende doch gerade deshalb selber zu verraten, sich als von Hause aus substanzlos erweisen und komisch aufheben. Die Personen endlich, welche dergleichen Intrigen anzetteln und leiten, sind gewöhnlich, wie im römischen Lustspiele die Sklaven, so im modernen die Bedienten oder Kammerzofen, die keinen Respekt vor den Zwecken ihrer Herrschaft haben, sondern sie nach ihrem eigenen Vorteil befördern oder zerstören und nur den lächerlichen Anblick geben, daß eigentlich die Herren die Diener, die Diener aber die Herren sind, oder doch wenigstens Gelegenheit für sonst komische Situationen darbieten, die sich äußerlich oder auf ausdrückliches Anstiften machen. Wir selbst als Zuschauer sind im Geheimnisse und können, vor aller List und jedem Betruge, der oft sehr ernsthaft gegen die ehrbarsten und besten Väter, Oheime usf. getrieben wird, gesichert, nun über jeden Widerspruch lachen, der in solchen Prellereien an sich selbst liegt oder offen zutage kommt.

In dieser Weise stellt das moderne Lustspiel überhaupt Privatinteressen und die Charaktere dieses Kreises in zufälligen Schiefheiten, Lächerlichkeiten, abnormen Angewöhnungen und Torheiten für den Zuschauer teils in Charakterschilderung, teils in komischen Verwicklungen der Situationen und Zustände dar. Eine so franke Lustigkeit aber, wie sie als stete Versöhnung durch die ganze Aristophanische Komödie geht, belebt diese Art der Lustspiele nicht, ja sie können sogar abstoßend werden, wenn das in sich selbst Schlechte, die List der Bedienten, die Betrügerei der Söhne und Mündel gegen würdige Herrn, Väter und Vormünder, den Sieg davonträgt, ohne daß diese Alten selbst sich von schlechten Vorurteilen oder Wunderlichkeiten bestimmen lassen, um derentwillen sie in dieser ohnmächtigen Torheit lächerlich gemacht und den Zwecken anderer preisgegeben werden dürften.

Umgekehrt jedoch hat auch die moderne Welt dieser im ganzen prosaischen Behandlungsweise der Komödie gegenüber einen Standpunkt des Lustspiels ausgebildet, der echt komischer und poetischer Art ist. Hier nämlich macht die Wohligkeit des Gemüts, die sichere Ausgelassenheit bei allem Mißlingen und Verfehlen, der Übermut und die Keckheit der in sich selber grundseligen Torheit, Narrheit und Subjektivität überhaupt wieder den Grundton aus und stellt dadurch in vertiefterer Fülle und Innerlichkeit des Humors, sei es nun in engeren oder weiteren Kreisen, in unbedeutenderem oder wichtigerem Gehalt, das wieder her, was Aristophanes in seinem Felde bei den Alten am vollendetsten geleistet hatte. Als glänzendes Beispiel dieser Sphäre will ich zum Schluß auch hier noch einmal Shakespeare mehr nur nennen als näher charakterisieren.

Mit den Ausbildungsarten der Komödie sind wir jetzt an das wirkliche Ende unserer wissenschaftlichen Erörterung angelangt. Wir begannen mit der symbolischen Kunst, in welcher die Subjektivität sich als Inhalt und Form zu finden und objektiv zu werden ringt; wir schritten zur klassischen Plastik fort, die das für sich klar gewordene Substantielle in lebendiger Individualität vor sich hinstellt, und endeten in der romantischen Kunst des Gemüts und der Innigkeit mit der frei in sich selbst sich geistig bewegenden absoluten Subjektivität, die, in sich befriedigt, sich nicht mehr mit dem Objektiven und Besonderen einigt und sich das Negative dieser Auflösung in dem Humor der Komik zum Bewußtsein bringt. Doch auf diesem Gipfel führt die Komödie zugleich zur Auflösung der Kunst überhaupt. Der Zweck aller Kunst ist die durch den Geist hervorgebrachte Identität, in welcher das Ewige, Göttliche, an und für sich Wahre in realer Erscheinung und Gestalt für unsere äußere Anschauung, für Gemüt und Vorstellung geoffenbart wird. Stellt nun aber die Komödie diese Einheit nur in ihrer Selbstzerstörung dar, indem das Absolute, das sich zur Realität hervorbringen will, diese Verwirklichung selber durch die im Elemente der Wirklichkeit jetzt für sich frei gewordenen und nur auf das Zufällige und Subjektive gerichteten Interessen zernichtet sieht, so tritt die Gegenwart und Wirksamkeit des Absoluten nicht mehr in positiver Einigung mit den Charakteren und Zwecken des realen Daseins hervor, sondern macht sich nur in der negativen Form geltend, daß alles ihm nicht Entsprechende sich aufhebt und nur die Subjektivität als solche sich zugleich in dieser Auflösung als ihrer selbst gewiß und in sich gesichert zeigt.

In dieser Weise haben wir jetzt bis zum Ende hin jede wesentliche Bestimmung des Schönen und Gestaltung der Kunst philosophisch zu einem Kranze geordnet, den zu winden zu dem würdigsten Geschäfte gehört, das die Wissenschaft zu vollenden imstande ist. Denn in der Kunst haben wir es mit keinem bloß angenehmen oder nützlichen Spielwerk, sondern mit der Befreiung des Geistes vom Gehalt und den Formen der Endlichkeit, mit der Präsenz und Versöhnung des Absoluten im Sinnlichen und Erscheinenden, mit einer Entfaltung der Wahrheit zu tun, die sich nicht als Naturgeschichte erschöpft, sondern in der Weltgeschichte offenbart, von der sie selbst die schönste Seite und den besten Lohn für die harte Arbeit im Wirklichen und die sauren Mühen der Erkenntnis ausmacht. Daher konnte unsere Betrachtung in keiner bloßen Kritik über Kunstwerke oder Anleitung, dergleichen zu produzieren, bestehen, sondern hatte kein anderes Ziel, als den Grundbegriff des Schönen und der Kunst durch alle Stadien hindurch, die er in seiner Realisation durchläuft, zu verfolgen und durch das Denken faßbar zu machen und zu bewähren. Möge meine Darstellung Ihnen in Rücksicht auf diesen Hauptpunkt Genüge geleistet haben, und wenn sich das Band, das unter uns überhaupt und zu diesem gemeinsamen Zwecke geknüpft war, jetzt aufgelöst hat, so möge dafür, dies ist mein letzter Wunsch, ein höheres, unzerstörliches Band der Idee des Schönen und Wahren geknüpft sein und uns von nun an für immer fest vereinigt halten.

Die Vorlesungen über »Ästhetik oder Philosophie der Kunst«, wie Hegel sie anzukündigen pflegte, reichen in die Heidelberger Zeit zurück. In Berlin hielt er sie – in neuer und immer wieder veränderter Form – im ganzen viermal: im Wintersemester 1820/21, in den Sommersemestern 1823 und 1826, schließlich im Wintersemester 1828/29.

Im Rahmen der *Werke* erschienen diese Vorlesungen 1835 in drei Bänden (X, 1–3), herausgegeben von H. G. Hotho. 1842 folgte eine verbesserte zweite Auflage. Während Glockner in der Jubiläumsausgabe die erste Auflage abdruckte, ist hier – ebenso wie in der Ausgabe von Friedrich Bassenge – die zweite Auflage zugrunde gelegt.

Wir zitieren im folgenden einige Passagen aus der Vorrede Hothos, die die Textproblematik sehr deutlich machen.

»... es handelte sich nicht etwa darum, ein von Hegel selber ausgearbeitetes Manuskript oder irgendein als treu beglaubigtes nachgeschriebenes Heft [wie etwa bei den religionsphilosophischen Vorlesungen] mit einigen Stilveränderungen abdrucken zu lassen, sondern die verschiedenartigsten, oft widerstrebenden Materialien zu einem womöglich abgerundeten Ganzen mit größter Vorsicht und Scheu der Nachbesserung zu verschmelzen.

Den sichersten Stoff lieferten hierfür Hegels eigene Papiere, deren er sich jedesmal bei dem mündlichen Vortrage bediente. Das älteste Heft schreibt sich aus Heidelberg her und trägt die Jahreszahl 1818. Nach Art der *Enzyklopädie* und [der] späteren *Rechtsphilosophie* in kurz zusammengedrängte Paragraphen und ausführende Anmerkungen geteilt, hat es wahrscheinlich zu Diktaten gedient und mag vielleicht den Hauptzügen nach bereits in Nürnberg zum Zweck des philosophischen Gymnasialunterrichts entworfen worden sein. Nach Berlin berufen [1818], muß es Hegel jedoch bei seinen ersten Vorträgen über Ästhetik nicht mehr für genügend erachtet haben, denn schon im Oktober 1820 begann er eine durchgängig neue Umarbeitung, aus welcher das Heft entstanden ist, das von nun an die Grundlage für alle seine späteren Vorlesungen über den gleichen Gegenstand blieb, so daß die wesentlicheren Abänderungen aus den Sommersemestern 1823 und 1826 sowie aus dem Wintersemester 1828/29 nur auf einzelne Blätter und Bogen aufgeschrieben und als Beilage eingeschoben sind. Der Zustand dieser verschiedenen Manuskripte ist von der mannigfaltigsten Art; die Einleitungen beginnen mit einer fast durchgängigen stilistischen Ausführung, und auch in dem weiteren Verlauf zeigt sich in einzelnen Abschnitten eine ähnliche Vollständigkeit; der übrige größte Teil dagegen ist entweder in ganz kurzen unzusammenhängenden Sätzen oder meist nur mit einzelnen zerstreuten Wörtern angedeutet, die nur durch Vergleichung der am sorgsamsten nachgeschriebenen Hefte können verständlich werden. (...)

Der oben angedeutete Zustand nun der Hegelschen Manuskripte macht die Beihilfe sorglich nachgeschriebener Hefte durchaus notwendig. Beide verhalten sich wie Skizze und Ausführung. (...) Der Heidelberger Vorlesungen aus dem Jahre 1818 bedurfte ich nicht, da Hegel sich in seinen späteren Manuskripten nur ein oder zwei Mal ausführlicher Beispiele wegen auf sie bezieht; in dem gleichen Maße konnte ich der ersten Berliner Vorträge im Wintersemester 1820/21 entbehren. Für die darauf folgenden, wesentlich umgearbeiteten des Jahres 1823 gab mir ein eigenes in diesem Jahre nachgeschriebenes Heft eine sichere Auskunft. Ein gleiches besaß ich für die Vorlesungen aus dem Jahre 1826, dem sich jedoch zur nötigen Vervollständigung das ausführlich nachgeschriebene [Heft] des Herrn Hauptmann von Griesheim, ein ähnliches vom Referendarius Herrn M. Wolf und ein kurz zusammengefaßtes vom Herrn D. Stieglitz anschlossen. Derselbe Reichtum kam mir für die Wintervorträge 1828/29 zustatten (...).

Die Hauptschwierigkeit nun bestand in der Ineinanderarbeitung und Verschmelzung dieser mannigfaltigen Materialien. (...) es war von Anfang an mein Bestreben, den gegenwärtigen Vorlesungen bei ihrer Durcharbeitung einen buchlichen Charakter und Zusammenhang zu geben (...). Ich habe mir deshalb häufig eine Veränderung in der Trennung, Verknüpfung und inneren Struktur der in den Heften vorgefundenen Sätze, Wendungen und Perioden nicht verboten. (...) Indem es nämlich, um die vorliegenden

Materialien vollständig auszuschöpfen, notwendig war, einzelne Stellen und Wendungen bald diesem bald jenem Jahrgange der verschiedenen Vorträge zu entnehmen, ließ es sich nicht vermeiden, hin und wieder außer den sprachlichen Überleitungen kleine sachlich verbindende Mittelglieder selber zu finden und einzuflechten. (...)
Außer den eben erwähnten Hinzufügungen habe ich es mir gleichfalls zugestanden, auch in solchen Stellen, wo eine gewisse Verwirrung in der *äußerlichen* Anordnung des Stoffs und seiner Folge sich nur den Zufälligkeiten des mündlichen Vortrags zur Last legen ließ, eine übersichtlichere und klarere Ordnung aufzufinden. (...)«

In der Vorrede zur zweiten Auflage sagt Hotho, er sei »bemüht gewesen, eine nochmalige Durchsicht an einigen Stellen zu Verdeutlichungen, an anderen zu geringfügigen stilistischen Abänderungen zu benutzen. Letzteres hauptsächlich in dem Zweck, durch häufiges Fortstreichen der immer wiederkehrenden ›z. B., u. s. f., daher, deshalb, dadurch, nämlich, insofern‹ etc. sowie durch Teilung allzu langer Sätze, überhaupt, wo es möglich war, durch kürzendes Zusammenziehen dem Vortrage, ohne den buchlichen Charakter zu gefährden, relativ wenigstens größere Lebendigkeit zu geben.«
Die zweite Auflage bietet in der Tat einen verbesserten und verläßlicheren Text. Auch Lasson hat ihn verwendet, als er den Versuch unternahm, eine textkritische Ausgabe der Ästhetikvorlesungen zu erarbeiten. Hegels eigenhändige Aufzeichnungen lagen ihm freilich nicht mehr vor; und während Hotho zehn Nachschriften auswerten konnte, standen Lasson nur fünf zur Verfügung (darunter aber die Hothosche von 1823 und die von Griesheimsche von 1826, jedoch keine von 1828/29). Lassons Versuch, der über den ersten Halbband nicht hinausgediehen ist und wohl als gescheitert gelten darf, hat aber immerhin dargetan, wie konsistent und unverzichtbar der von Hotho vorgelegte Text ist. Er wird zweifellos durch die zu erwartende historisch-kritische Ausgabe überholt werden (falls ein historisches Dokument, wie es Hothos Ausgabe darstellt, überhaupt überholt werden kann); bis dahin aber wird der Hegel-Hotho-Text der Vorlesungen über die Ästhetik der verbindliche sein.

Der vorliegenden Edition liegt die zweite Auflage zugrunde. Zur Textherstellung wurde die erste Auflage herangezogen. Wertvolle Hilfe leistete die Ausgabe von Friedrich Bassenge (Aufbau Verlag, Berlin 1955), die ähnlichen Editionsprinzipien folgt. Die Lasson-sche Edition (1931) konnte, weil sie sich ein ganz anderes Ziel setzt, weitgehend unberücksichtigt bleiben.

Über die allgemeinen Editionsprinzipien informiert das Nachwort der Redaktion in Band 20. Hier nur ein paar Hinweise:
– Orthographie und Interpunktion wurden durchgehend normalisiert und modernisiert;
– kleinere Ergänzungen und Korrekturen (z. B. Berichtigung von Druckfehlern, Normalisierung der Grammatik, der Syntax, der Wortstellung) wurden stillschweigend vorgenommen, gewichtigere in Fußnoten nachgewiesen;
– Eigennamen wurden der heutigen Schreibweise angepaßt (also z. B. Hephaistos statt Hephästus);
– Absätze wurden gelegentlich zusammengefaßt, Überschriften aus dem Inhaltsverzeichnis in den Text hineingenommen, wenn sie hier fehlten;
– Zitate wurden (soweit möglich) nachgeprüft und (soweit nötig) korrigiert; bei größeren Abweichungen – Hegel pflegte, besonders in den Vorlesungen, sehr frei zu zitieren, oft nur zu referieren – wurden die Zitate nicht verbessert, sondern in einfache statt in doppelte Anführungszeichen gesetzt (›...‹);
– Zusätze der Redaktion, die in erster Linie als Lesehilfe gedacht sind, stehen in eckigen Klammern ([...]); Anmerkungen der Redaktion finden sich in den Fußnoten unterm Strich.